广东党史研究规划项目丛书

中共广东历史问题研究

(第一辑)

中共广东省委党史研究室
广东中共党史学会 编著

光明日报出版社

图书在版编目（CIP）数据

中共广东历史问题研究.第一辑 / 中共广东省委党史研究室，广东中共党史学会编著. -- 北京：光明日报出版社，2022.3

ISBN 978-7-5194-6557-5

Ⅰ.①中… Ⅱ.①中… ②广… Ⅲ.①中国共产党—党史—研究—广东 Ⅳ.①D235.65

中国版本图书馆CIP数据核字（2022）第140023号

中共广东历史问题研究.第一辑
ZHONGGONG GUANGDONG LISHI WENTI YANJIU. DIYIJI

编　著：中共广东省委党史研究室　广东中共党史学会	
责任编辑：郭玫君	责任校对：阮书平
封面设计：中联华文	责任印制：曹　净

出版发行：光明日报出版社
地　　址：北京市西城区永安路106号，100050
电　　话：010-63169890（咨询），010-63131930（邮购）
传　　真：010-63131930
网　　址：http://book.gmw.cn
E - mail：gmrbcbs@gmw.cn
法律顾问：北京市兰台律师事务所龚柳方律师
印　　刷：三河市华东印刷有限公司
装　　订：三河市华东印刷有限公司
本书如有破损、缺页、装订错误，请与本社联系调换，电话：010-63131930

开　　本：170mm×240mm
字　　数：495千字　　　　　印　　张：27.25
版　　次：2023年6月第1版　　印　　次：2023年6月第1次印刷
书　　号：ISBN 978-7-5194-6557-5
定　　价：99.00元

版权所有　　翻印必究

编委会

主　审：杨建伟
主　编：王　涛
副主编：沈金生　陈永红
编　辑：左梓洁

出版说明

在《中共广东历史问题研究》第一、二辑的编辑过程中,我们以原始档案资料和相关资料文献为底本,对于书中的一些异体字及原标点等予以照原样保留,比如"大余""寻邬""那末"等,特此说明。

编者

2022 年 2 月

前　言

广东是中国大革命的策源地和改革开放的先行地，在中国共产党团结带领中国人民进行革命、建设和改革的伟大历程中，留下了值得书写和研究的历史篇章。广东地方党史研究任重道远。2016年，为了进一步构建"大党史"工作格局，发挥高校党史研究学者在地方党史研究中的作用，中共广东省委党史研究室、广东中共党史学会与广东省哲学社会科学规划领导小组办公室协商一致，决定面向全省高校设立广东省哲学社会科学规划党史特别委托项目。自该项目实施以来，涌现出一批具有较高质量的学术成果，促进了广东地方党史的深化研究。为了集中展现这些学术成果，进一步促进学术交流，现以"中共广东历史问题研究"为题，将部分研究成果选编成册，分辑陆续出版。

目 录 CONTENTS

中共广东区委领导核心的形成与党组织的大发展 ·············· 1
　一、绪论 ·· 1
　二、广东共产党组织的创建与发展（1921—1927） ········ 5
　三、中共广东区委领导核心的形成 ····················· 11
　四、领导核心的形成与党组织的大发展 ················· 21
　五、结语 ··· 26

广东中央苏区与中央苏区核心区域党组织关系研究 ············· 40
　一、绪论 ··· 41
　二、概念界定：中央苏区、核心区域与广东中央苏区 ······ 48
　三、组织建构：中央苏区与广东中央苏区党组织的发展轨迹 ·· 59
　四、关系探究：广东中央苏区与中央苏区核心区域党组织的互动交融 ····· 74
　五、价值定位：广东中央苏区对中央苏区核心区域的组织贡献 ····· 156

中共中央香港分局与华南解放战争指挥中心的形成（1947—1949） ········· 168
　一、绪论 ·· 169
　二、建立华南解放战争指挥中心 ······················ 171
　三、组织开展党建工作 ······························ 180
　四、制定斗争策略，领导华南武装斗争 ················ 188
　五、构建文化宣传阵地 ······························ 219
　六、开展华南地区经济建设 ·························· 228
　七、团结各阶层，发展统一战线 ······················ 241
　八、结语 ·· 255

新中国成立初期广东土地改革研究 ······ 269
 一、绪论 ······ 269
 二、新解放区土地改革的基本情况 ······ 273
 三、广东土地改革的历史背景与准备工作（1949.10—1950.9） ······ 283
 四、广东土地改革的进程（1950.10—1953.4） ······ 300
 五、结语 ······ 318

广东"小三线"建设研究 ······ 329
 一、绪论 ······ 329
 二、广东"小三线"建设的背景与决策 ······ 339
 三、广东"小三线"建设的规划与开启 ······ 350
 四、广东"小三线"建设的实施过程 ······ 356
 五、广东"小三线"军工企业的建设 ······ 369
 六、广东"小三线"建设的评价 ······ 402
 七、结语 ······ 407

 附录一：人物采访名单 ······ 419
 一、南江机械厂 ······ 419
 二、北江机械厂 ······ 420
 三、其他军工厂 ······ 420
 附录二：1971年北江机械厂生产、试制、协作计划表 ······ 421

后　记 ······ 422

中共广东区委领导核心的形成与党组织的大发展

1924年10月之后的中共广东区委，由周恩来、陈延年先后担任委员长、书记，广东区委领导核心在此时形成。在贯彻执行中央制定的国共合作政策大前提之下，广东区委推出了一系列符合广东实际并且行之有效的方针政策，组织领导了军事运动、工人运动、农民运动、青年运动、妇女运动、学生运动等各种革命运动。广东区委领导核心的形成促进了广东党组织的大发展，区委领导机构进一步健全，区委领导下的直属党组织及其下属组织在全省各地建立起来，范围甚至扩大到了广西、云南、福建等地，党员人数飞速发展。广东区委领导核心的形成与党组织的大发展，为党的革命事业积累了宝贵的历史经验。

一、绪论

（一）学术综述

目前，国内学者对中共广东区委的研究，主要从以下几个方面展开。

1. 中共广东区委的形成过程

第一，考证中共广东党组织的建立过程。有的学者认为，广东党组织的历史应从1920年底两位俄国共产主义者与七位无政府主义者建立的"共产党"组织算起；但有的学者认为，真正的广东共产党组织是由陈独秀在思想上直接指导并在其亲自组织下创建起来的。

第二，对广东党组织创建及其活动的特点进行研究。学者们普遍认为广东党组织的创立具有背景的复杂性、过程的曲折性、实践的先导性和党的思想性，是在陈独秀和共产国际的指导和参与之下建立起来的，其创立是历史的选择。

尽管国内对中共广东党组织的建立过程和特点有了初步的研究，但对于中共广东区委领导核心的形成来说，这些研究只能作为中共广东区委领导核心形成的一个大背景。有的学者考证了中共广东区委的建立、改组和撤销的时间，但对其背后的原因和影响尚未深入研究。

虽然在对广东党组织的建立和活动的论述中，有人提及"国共合作后，广东成为全国国民革命的中心。中共中央逐渐加强了对广东革命运动的领导，陆续调派干部到广东工作"①。而且学界也肯定广东党组织对广东革命斗争的领导地位。但关于中共广东区委领导核心的形成过程和形成标志还是没有具体考证，以至于缺乏中共广东区委领导核心的形成对党组织大发展的具体影响这一方面的研究成果。

2. 中共广东区委的活动与贡献

对1923年6月的中共"三大"之后到1927年6月这段时间，中共广东区委活动方面的研究，学界取得了丰富成果。学者们普遍认为，中共广东区委在中共"三大"的革命活动，主要是帮助国民党改组、支持国民党进行保卫广州革命根据地的斗争、与国民党共同开展国民革命运动；动员工农群众，开展工农群众运动、同国民党右派分子进行斗争、发展党组织和进行军事斗争实践②。

中共广东区委成立后，做出的贡献很多。学界一致认为最主要的有以下几方面：

第一，保障中共"三大"的胜利召开。中共广东区委为中共中央顺利迁粤，积极与国民党接触，保持与国民党之间的良好关系，协助中央圆满完成会议的安全保卫和后勤保障任务。

第二，推动实现国共合作，建成革命统一战线。有人指出，在推动国共合作进程、建成革命统一战线方面，中共广东区委功不可没；认为在推动国共合作的进程中、国共实现合作后和国共合作出现裂痕三个阶段中，中共广东区委在政治形势极其复杂的情况下，都做出了重大贡献。③

第三，在工农群众运动中做出了贡献。有的学者认为，由于地缘环境的优势和广东地区浓烈的革命气氛，中共广东区委可以多次公开直接参与和指导大大小小的工人运动、学生运动、妇女运动和农民运动，使工农群众运动在广东地区遍地开花。

第四，在军事方面的贡献。有人认为，中共广东区委一系列的武装斗争探

---

① 陈金葵. 大革命洪流中的广东党组织［J］. 广东党史，2001（2）.
② 吴敏娜. 中共广东区委与中共中央迁粤［A］// 中共三大学术研讨会论文集［C］. 广州：广州出版社，2006.
③ 元邦建. 第一次国内革命战争时期中共广东区委的历史功绩［J］. 华南师院学报（社会科学版），1981（3）.

索和实践提供了宝贵的经验，奠定了党在以后武装斗争的基础。①

学界一般侧重于对国共合作、大革命时期工农群众运动和军事行动所取得功绩的论述，而忽略了关于中共广东区委影响党组织发展的问题；对功绩取得过程的曲折性、功绩背后活动的细节性和经验性的东西，也没有深入探讨。虽有学者指出，中共中央迁粤后广州成为中共中央所在地，中共广东区委的地位和作用明显提高，但还是没有关于中共广东区委成为领导核心这方面问题的详细阐述。

3. 中共广东区委领导人的研究

谭平山、周恩来和陈延年，先后担任过中共广东区委的领导人。

目前学界对谭平山的研究主要集中于他对广东党组织的创建和国共合作这两方面。比如，游慧冰在《浅析谭平山与广东共产党早期组织的创建》一文中认为，谭平山作为中共广东党组织的创建人之一，其地位与陈独秀、李大钊可比，因此有"南谭、北李、中陈"的说法，反映出谭平山在建党时期的贡献。

对周恩来的研究，主要是对周恩来在军事工作方面的研究。比如，中山大学马列室中共党史组在《一九二四——一九二六敬爱的周恩来同志在广东》一文中指出：周恩来同志短时期担任了广东区委委员长职务，陈延年同志到区委后，他就专门担任区委常委兼军事部长，代表我党在黄埔军校工作，其活动主要在军事方面。

对陈延年的研究，有人分析了他的个人品质，论述了他对党组织发展方面的贡献。②

总的来说，学界对中共广东区委领导人的研究，大多集中于其在大革命时期的主要活动和贡献，除了在对陈延年的研究上略有提及关于组织发展的问题，其他的研究均没有解决中共广东区委领导层的领导核心形成问题。

4. 党组织的大发展

第一次国共合作建立后，广东成为革命的中心，中共广东区委得到了很大的发展，党员人数最多，管辖范围除广东外，还包括福建、广西、云南、香港和南洋等地。学界主要针对各自的地方区域展开研究，而且一致认为中共广东区委都直接指导或者领导了其管辖范围内的地方党组织的建立，使党员的数量剧增，促进了党组织规模的扩大。但这忽略了关于党组织发展的另外一个问题，那就是党组织的大发展与中共广东区委领导核心和机构设置之间的联系。

---

① 苏爱荣. 试论大革命时期中共广东区委在军事上的探索及实践 [J]. 红广角，2010（8）
② 谢燕章. 广东区委书记陈延年的"六不" [J]. 红广角，2013（1）

综上所述，目前学界对中共广东区委主要领导人、革命活动和总体贡献这几方面的研究已取得一定的成果，但关于中共广东区委领导核心的定性和形成过程的细节性问题、中共广东区委机构设置与党组织大发展之间的关系问题、中共广东区委领导核心与党组织大发展的关系等问题，则没有专门的研究成果，因此可以在这几方面做深入系统的研究。

（二）研究意义

从以往的研究成果看，尚缺乏对中共广东区委领导核心与党组织大发展的专门研究。所以，以此为课题，有广阔的研究空间。不仅如此，此项课题研究，既有理论意义，也有现实价值。

首先，在理论上和学术上有重大意义。研究中共广东区委领导核心形成对党组织大发展的影响，可以从中形成一套从领导核心的角度出发促进党组织发展的理论，是一种理论上的创新。目前学界对中共广东区委领导核心的形成的研究还比较少，因此有必要在这方面做深入的研究。

其次，存在较大的现实价值。研究中共广东区委领导核心的形成，对广东地区来说，可以全面和充分认识广东党组织的发展和地位；对中共广东区委领导核心的形成过程和影响进行回顾和总结，可以为现在党组织的发展提供借鉴作用，发挥资政育人的功效。

最后，研究成果的形成和发布，可以为高等学校、党校、科研院所、培训机构等提供教学和科研参考资料，直接服务于教学和科研工作。

（三）研究思路和方法

本课题的研究，遵循实事求是原则，沿着正确的思路和方法，坚持唯物史观，做到论从史出、史论结合。

基本思路：运用档案文献和各种资料，阐明有关中共广东区委的基本史实，以问题意识为导向，对中共广东区委领导核心与党组织大发展之间的相互关系不断进行追问和研究，以便厘清中共广东区委领导核心形成的基本情况，以及它与党组织大发展之间的相互关系等一系列基本问题。

基本方法：

第一，历史文献法。通过搜集各方面的档案文献资料，整理出与中共广东区委和党组织大发展有关的资料，供本课题研究使用。

第二，历史叙事法。叙述中共广东区委领导核心的历史过程，阐明史实，弄清问题。同时，采用史论结合的方法，分析中共广东区委与党组织大发展的关系，概括影响，总结经验。

第三，例证法。选取相关的具体案例，通过党组织发展的具体案例和具体领导人的行动,更为形象生动地突出在当时条件下中共广东区委领导核心形成的相关情况及其对党组织大发展的影响。

(四) 创新之处

本课题研究的创新之处,可以从内容和方法两个方面来看。

内容上,学术界对中共广东区委领导核心的形成研究不多,而且对领导核心的形成与党组织大发展之间的关系更是少有涉及。因此,把领导核心的形成与组织大发展联系起来研究,论述中共广东区委领导核心形成与党组织大发展的关系,是本课题的创新之处。其中的亮点之一,就是提出了有创新意义的核心观点:

第一,中共广东区委领导核心的形成是一个曲折的过程,影响其领导核心形成的党外因素和党内因素错综复杂。

第二,中共广东区委领导核心的形成是一个具有标志性意义的事件。

第三,党组织的大发展包含四个方面:党支部或者管辖地区内的地方性党组织数量的增多;党员规模变大;机构设置和党内制度的完善;党员成分构成的变化。

第四,中共广东区委领导核心的形成与党组织的大发展是相互联系、相互促进的。

第五,中共广东区委领导核心的形成对党组织的发展壮大起到了重要作用。

方法上,学术界对中共广东区委的领导人虽然有一些研究,但都是从人物研究的角度出发,而本课题将从事件出发,适当选取不同领导人的多方面活动和表现,作为本课题的论证材料,把事件串联起来。通过例证法,更为形象生动地突出当时条件下中共广东区委领导核心形成的相关情况以及对党组织大发展的影响。

二、广东共产党组织的创建与发展 (1921—1927)

研究中共广东区委领导核心的形成与党组织的发展问题,需要从中共广东区委开始,而研究广东区委,就要把它放到广东共产党组织发展的历程中去考察,因为广东区委是广东共产党组织发展历史的一部分。因此,有必要对广东区委存续期间的组织史——主要选取1921年至1927年之间的阶段性历史——进行简要回顾,以便弄清楚本课题研究的对象。

(一) 广州共产党早期组织的建立

五四运动之后,马克思主义在中国得到广泛传播,并且迅速与工人运动相结合。中国的先进分子，开始以马克思主义为指导，筹建无产阶级政党。从1920年8月至1921年春，先后在上海、武汉、北京、长沙、济南、广州六个城市建立了共产党早期组织（基本情况参见表1，分布情况参见图1）。

1920年8月，陈独秀在上海法租界老渔阳里2号（《新青年》编辑部所在地），成立了上海共产党早期组织，当时定名为"中国共产党"。这是中国第一个共产党组织，书记是陈独秀。同年12月，陈独秀离开上海，去了广州，书记一职由李汉俊和李达先后代理。

1920年10月，在李大钊的直接指导和筹划下，北京的共产党早期组织就在北京大学图书馆李大钊的办公室成立了。当时取名为"共产党小组"，最初的成员只有李大钊、张申府、张国焘三人。同年底，北京党组织决定成立"共产党北京支部"，书记是李大钊，张国焘负责组织工作，罗章龙负责宣传工作。

1920年8月，在上海共产党早期组织的指导下，武汉的共产党早期组织，在武昌抚院街董必武的寓所宣告成立。当时取名为"共产党武汉支部"，书记是包惠僧。

1920年冬，在毛泽东的筹划下，长沙的共产党早期组织在新民学会中秘密诞生。当时的湖南处于反动军阀的残暴统治之下，长沙党组织的建立和活动都处于隐蔽状态。

1921年春，在上海、北京党组织的帮助下，王尽美、邓恩铭等先进分子，在马克思学说研究会的基础上，成立了济南的共产党早期组织。

1921年春，经过与无政府主义者的斗争，广州的先进分子在陈独秀的带领下，成立了广州的共产党早期组织。当时取名为"广州共产党"，先由陈独秀、后由谭平山任书记，陈公博负责组织工作，谭植棠负责宣传工作。

表1　1920年8月至1921年春的国内六个共产党早期组织基本情况

地点	组织名称	创建时间	负责人	成员
上海	中国共产党	1920年8月	陈独秀	陈独秀、俞秀松、李汉俊、陈公培、陈望道、李达、林祖涵等
武汉	共产党武汉支部	1920年8月	包惠僧	包惠僧、刘伯垂、张国恩、陈潭秋、郑凯卿、赵子健等
北京	共产党小组 共产党北京支部	1920年10月 1920年底	李大钊	李大钊、张国焘、罗章龙、刘仁静等

续表

地点	组织名称	创建时间	负责人	成员
长沙		1920年冬	毛泽东	毛泽东、何叔衡、彭璜等
济南		1921年春	王尽美	王尽美、邓恩铭等
广州	广州共产党	1921年春	陈独秀 谭平山	陈独秀、谭平山、陈公博、谭植棠、袁振英、李季等

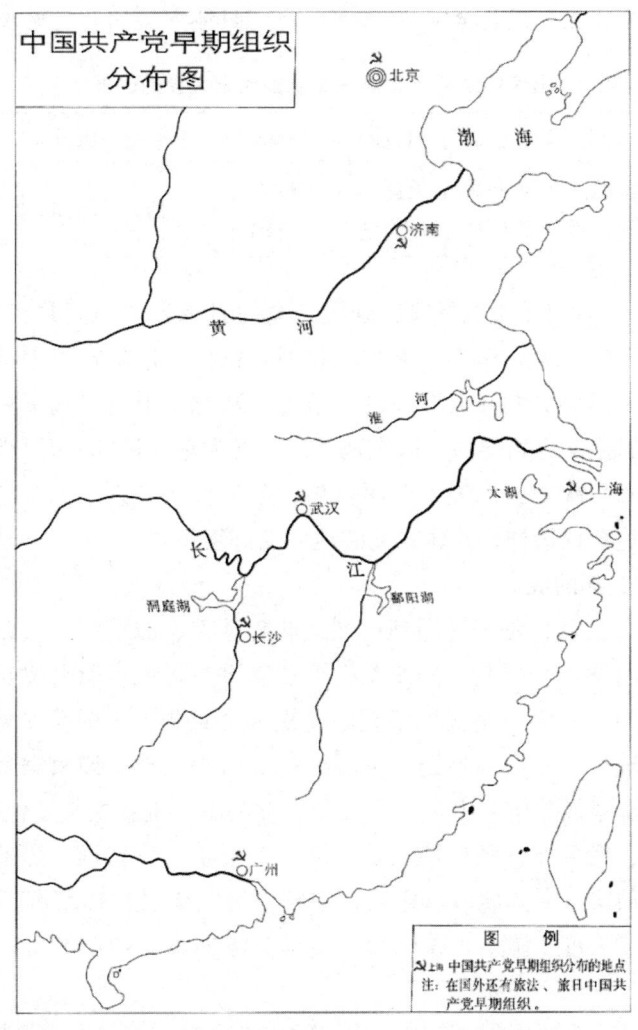

图1 中国共产党早期组织分布图

（二）广东共产党组织的创建与发展

共产党的早期组织成立之后，积极开展各项工作。一方面，进一步促进了马克思主义同中国工人运动的结合；另一方面，工农群众开始接受马克思主义并不断提高阶级觉悟。同时，革命的知识分子也逐步锻炼成为无产阶级的先锋战士。至此，中国共产党正式成立的条件基本具备了。

在共产国际的帮助下，1921年7月23日，中国共产党第一次全国代表大会在上海法租界望志路106号（现兴业路76号）①李汉俊哥哥李书城的住宅内胜利召开。除了共产国际代表马林和尼克尔斯基以外，出席这次大会的代表有13名，由各地党组织派出，代表全国50多名党员，具体人员如下（见表2）。

表2 出席中国共产党第一次全国代表大会的代表

来源	上海	北京	武汉	长沙	济南	广州	旅日	陈独秀指派
姓名	李达 李汉俊	张国焘 刘仁静	董必武 陈潭秋	毛泽东 何叔衡	王尽美 邓恩铭	陈公博	周佛海	包惠僧

党的"一大"，通过了党的纲领，确定了党的名称为"中国共产党"，设立了以陈独秀为书记的中央局作为中央的临时领导机构。这就宣告中国共产党正式成立了。这是中国历史上开天辟地的大事件。从此，中国出现了完全新式的政党，即以马克思主义为指导的、以实现共产主义为奋斗目标的无产阶级政党。

中国共产党第一次全国代表大会闭幕后，各地代表分别返回本地，召集本地党员开会，传达会议精神，并建立党的地方支部组织。

1. 中共广东支部的成立

党的"一大"之后，陈公博回到广州，向陈独秀、谭平山等人介绍了"一大"情况。1921年8月中下旬，广东党组织在宣讲员养成所召开党员大会，听取陈公博关于党的"一大"情况的汇报。这次大会宣告：中国共产党广东支部正式成立。大会选举谭平山为书记，陈公博负责组织工作，谭植棠负责宣传工作。中共广东支部隶属于中共中央局。大会还发展了一批新党员，包括阮啸仙、刘尔崧、杨鲍安、冯菊坡、张善铭、梁复燃、郭植生、黄裕谦、陈适曦、王寒烬、罗绮园、林伯渠、周其鉴等。之后，不断发展新党员，1922年入党的有杨章甫、郭瘦真、谭天度、施卜、曾学增、杨殷、潘兆銮、赖玉润等。当时许多

---

① 关于会议地址，《中国共产党历史》（第一卷）认为是在"上海法租界望志路106号"，《中国共产党组织史大事纪实》（第一册）则表述为"上海法租界贝勒路树德里3号"，本文采用前一种说法。

党员也在团组织中工作，党、团的工作没有完全分开。①

2. 中共广东区委的建立

1921年11月，陈独秀以中央局书记的名义签署，向全国各地党组织发出《中国共产党中央局通告》②，要求在1922年7月党的第二次全国代表大会召开之前，上海、北京、广州、武汉、长沙五个区，必须发展党员达到30人，成立中国共产党区执行委员会。遵照中央的指示，广东党组织积极发展党员，到1922年6月，已经发展到32人，超出了原定30人的基本要求。随着党员人数的增加，中共广东支部扩大为中共广东区委（又称粤区委），谭平山任书记，陈公博负责组织工作，谭植棠负责宣传工作。③

3. 广东区委改为广州地委

1924年初中共广东区委曾一度改为中共广州地委。那是因为中共中央局认为广东区原本只限广州一个地方，没有设区的必要，所以，决定取消区委，只设中共广州地委。广州地委直属中央局领导，由中央驻粤委员谭平山代表中央局具体指导。广东区委改为广州地委之后，其所辖范围不断扩大，除广州市外，逐步向外发展。中央还决定即将成立香港党组织，划归广州地委"就近指挥"。中共广州地委以冯菊坡为负责人，成员有阮啸仙、刘尔崧等。④

4. 广州地委又改为广东区委

1924年1月，国共合作的革命统一战线建立后，广东逐渐成为中国革命的中心。中共中央陆续派遣干部到广东，从而加强了对广东革命斗争的领导。到1924年10月，中共广州地委又改建为中共广东区委（又称"两广区委"），先后由周恩来和陈延年任委员长。⑤

5. 广州临委的出现

1925年5月8日，鉴于广东远离中央，且地位特殊，对党的工作十分重要，中央决定成立中共中央广州临时委员会，简称"广州临委"，由陈延年、谭平

---

① 中共广东省委组织部，中共广东省委党史研究室，广东省档案馆. 中国共产党广东省组织史资料（上册）[M]. 北京：中共党史出版社，1994：7.
② 中央档案馆. 中共中央文件选集（第1册）[M]. 北京：中共中央党校出版社，1989：26.
③ 中共广东省委组织部，中共广东省委党史研究室，广东省档案馆. 中国共产党广东省组织史资料（上册）[M]. 北京：中共党史出版社，1994：8.
④ 中共广东省委组织部，中共广东省委党史研究室，广东省档案馆. 中国共产党广东省组织史资料（上册）[M]. 北京：中共党史出版社，1994：9.
⑤ 中共广东省委组织部，中共广东省委党史研究室，广东省档案馆. 中国共产党广东省组织史资料（上册）[M]. 北京：中共党史出版社，1994：10.

山、周恩来、罗亦农、鲍罗廷5人组成，代表中共中央局就近指导广东地区的一切实际工作。其权限为：关于政治问题，在非常紧急、时间上不能征得中央局同意时，应自行决定主张；但定出的主张，不能与党中央的根本政策相违背。由于广州临委实际上没有存在多久，广东地区党的工作，仍由中共广东区委负责。①

6. 广东省委的成立

1927年，上海发生"四一二"政变，广州发生"四一五"政变，武汉发生"七一五"政变，导致共产党的许多地方组织遭受破坏。4月17日，中共广东区委召开紧急会议，商讨应急措施，决定将区委机关暂时撤离广州，迁驻香港。5月20日，中共中央政治局常委讨论了广东的工作和组织问题，决定陈延年不再回广东，由彭湃、穆青、黄平，另加赖玉润、阮啸仙等组成广东省委。当时，彭湃、黄平仍在武汉，阮啸仙在家乡养病，中央的这一决定没有及时贯彻。广东党的工作主要由穆青和赖玉润负责。6月前后，广东区委曾改称中共广东特委（简称"粤特委"）。②

为了应对时局变化，中共中央在汉口召开了八七会议。会后，中共中央临时政治局派出许多干部到各地传达八七会议的精神，指导地方工作，恢复并整顿地方党的组织。1927年8月11日，中共中央临时政治局决定：在广东同时成立中共广东省委和中共中央南方局③，以张太雷为广东省委书记；张国焘为南方局书记，周恩来、张太雷、彭湃、陈权、恽代英、黄平为南方局委员；并决定在南方局之下设军事委员会，以周恩来为主任。由于当时周恩来等多数南方局委员正随南昌起义部队在南下广东途中，故中央临时政治局又决定：在周恩来等人未到广东之前，由张太雷、杨殷、黄平组织临时南方局，领导广东、广西、闽南及南洋等地党的工作。按照中共中央的指示，张太雷、黄平于19日抵达香港，20日由张太雷主持召开广东省委会议，传达八七会议的精神，正式成立中共广东省委，选出委员13人、候补委员7人，由张太雷任书记。④

综上所述，可以得知：第一，1921年至1927年的中共广东党组织，经历了

---

① 中共中央组织部，中共中央党史研究室，中央档案馆. 中国共产党组织史资料（第1卷）[M]. 北京：中共党史出版社，2000：87.

② 中共广东省委组织部，中共广东省委党史研究室，广东省档案馆. 中国共产党广东省组织史资料（上册）[M]. 中共党史出版社，1994：13.

③ 八七会议之后成立的中央代表机关有四个：中共中央南方局、中共中央北方局、中共中央长江局、中共中央上海局。王健英. 中共中央机关历史演变考实（1921—1949）[M]. 北京：中共党史出版社，2004：98.

④ 陈金龙. 土地革命战争时期广东党组织的曲折发展[J]. 广东党史，2001（3）.

广州共产党、中共广东支部、中共广东区委、中共广州地委、中共广东区委、中共广东省委等六个时期（参见表3）；第二，本课题研究的对象，就是指存在于1922年6月至1927年4月之间的中共广东区委，尤其是它的领导核心形成与党组织发展之间的关系问题。

表3　1921年至1927年中共广东党组织的发展脉络

组织名称	广州共产党	中共广东支部	中共广东区委	中共广州地委	中共广东区委	中共广东省委
存在时间	1921年春至1921年7月	1921年8月至1922年6月	1922年6月至1924年初	1924年初至1924年10月	1924年10月至1927年4月	1927年8月起
负责人	谭平山	谭平山	谭平山	谭平山	周恩来 陈延年	张太雷

三、中共广东区委领导核心的形成

考察领导核心的形成，需要从领导机构入手，了解领导层的变化情况，进而判断领导核心是否形成。

（一）领导机构的演进

中共广东区委，从1922年成立至1927年改组为中共广东省委，其领导机构经历了几次变迁，可以分为三个阶段。

第一阶段：中共"二大"之前至中共"三大"之前

按照1921年11月中共中央局发出的通告要求，各地党组织（主要是上海、北京、广州、武汉、长沙五个区）先后成立了当地的中共区执行委员会（参见表4），中共广东区委就是其中之一。

表4　1922年5—6月间成立的中共各区执行委员会

区委	中共上海区执行委员会（兼上海地方委员会）	中共北京区执行委员会（兼北京地方委员会）①	中共广东区执行委员会	中共武汉区执行委员会	中共湘区执行委员会
负责人	书记：徐梅坤	书记：李大钊	书记：谭平山	书记：陈潭秋	书记：毛泽东

---

① 《中国共产党组织史资料汇编——领导机构沿革和成员名录》称"中共北京区执行委员会"，《中国共产党组织史大事纪实（一）》称"中共北方区执行委员会"，本文采用前一种表述。

中共广东区委成立的一个重要前提，是党组织扩大，且人数不少于30人。到中共"二大"召开时，已经发展党员32人，达到了预设目标。在这种情况下，中共广东支部扩大成了中共广东区委，领导机构与"支部"时期没有变化，还是谭平山为书记，陈公博负责组织工作，谭植棠负责宣传工作。

1922年6月，也就是在中共"二大"召开前夕，广东发生粤军首领陈炯明背叛孙中山、炮轰总统府的重大事件。由于该事件是广东政府的内部分裂事件，且事发突然，中共广东区委的领导人，对事件的性质认识不清，谭平山赴上海请示中央并参加中共"二大"，而陈公博却发表文章支持陈炯明。

1922年7月，中国共产党第二次全国代表大会在上海举行。出席大会的代表，包括中央局成员、党的地方组织的代表和参加远东各国共产党及民族革命团体第一次代表大会后回国的部分人员，他们是：陈独秀、张国焘、李达、陈望道、邓中夏、高君宇、项英、李震瀛、谭平山、王尽美、蔡和森、施存统（参见表5），代表全国195名党员。大会通过了关于"民主的联合战线"的决议案，改变了"一大"文件中关于不跟其他党派建立任何联系的规定，提出了关于统一战线的思想和主张。大会选举产生了由5人组成的中央执行委员会：陈独秀（委员长）、张国焘、蔡和森、高君宇、邓中夏。另有候补委员3人：李汉俊、李大钊、向警予。

表5　出席中国共产党第二次全国代表大会的12名代表①

来源	中央局	上海	北京	武汉	郑州	广东	山东	旅欧	团中央
姓名	陈独秀 张国焘 李达	陈望道	邓中夏 高君宇	项英	李震瀛	谭平山	王尽美	蔡和森	施存统

"二大"之后，党中央对广东陈炯明事件的态度十分明确：支持孙中山、反对陈炯明。但是，陈公博仍继续支持陈炯明，并私自离开广州赴美留学，因此被开除出党。谭平山调离广东，由冯菊坡代理区委书记，负责主持中共广东区委的工作。

1923年1月，孙中山领导的南方各省联军进攻广州，陈炯明率部逃往惠州。2月下旬，孙中山从上海重返广州；3月初，成立了名为"中华民国陆海军大元帅大本营"的广州革命政府。此时，广东的局势并不稳定，孙中山的处境依然

---

① 关于"二大"代表的具体姓名，《中国共产党历史（第一卷）》《中国共产党组织史资料汇编——领导机构沿革和成员名录》《中国共产党组织史资料（第1卷）》《中国共产党组织史大事纪实（一）》的表述各不相同，本文采用最后一种。

十分困难。此时的孙中山,认识到中国共产党虽然人数少,但有朝气、有活力,于是决心跟苏联政府合作、跟中国共产党人合作,同时改组国民党。

3月26日,陈独秀、谭平山、张太雷等人和共产国际代表马林,从上海到达广州,会见孙中山,提出了改组国民党的具体建议。

4月10日,广州孙中山大元帅大本营宣传委员会成立,孙中山任命陈独秀为委员长、谭平山等为委员。国共两党高层领导,开始酝酿两党合作事宜。

就在3、4月间,谭平山回到广州,重新担任中共广东区委书记,以《劳动周报》为党的机关刊物。

第二阶段:中共"三大"至中共"四大"之前

1923年4月底至5月上旬,中共中央机关从上海迁往广州。蔡和森、李大钊、瞿秋白、张国焘、毛泽东等相继到达广州,开始筹备召开中共"三大"的工作。

6月上旬,中共中央领导成员抵达广州后,召开了两天的预备会议,讨论"三大"的日程安排等问题。大会的具体事务性工作,由广东区委负责。

6月12日至20日,中国共产党第三次全国代表大会在广州举行。出席大会的代表30多人(参见表6),代表全国420名党员。

表6 出席中共"三大"的32名代表

来源	中央机关	北京区	上海区	湖北区	粤区	湘区
姓名	陈独秀 张国焘 蔡和森 李大钊 向警予	罗章龙 邓培 何孟雄 刘仁静 王俊 孙云鹏 张德惠 史文彬 刘天章	徐梅坤 于树德 金佛庄	陈潭秋 项英 林育南 陈天	谭平山 冯菊坡 阮啸仙 刘尔崧	毛泽东 袁达时
来源	团中央	旅莫斯科支部	东北	山东	安源	
姓名	张太雷	瞿秋白	陈为人	王用章	朱少连	

大会选举产生由9人组成的中央执行委员会:陈独秀(委员长)、蔡和森、李大钊、毛泽东、王荷波、朱少连、谭平山、项英、罗章龙。另有候补委员5人:邓培、张连光、徐梅坤、李汉俊、邓中夏。选出新的中央局:陈独秀(委员长)、蔡和森、毛泽东、罗章龙、谭平山。

9月,中共中央机关迁回上海,谭平山留在广州,为中央驻粤委员,代表中央指导地方党的工作。当时,中央分派到地方的中央执行委员有:驻京委员李大钊、驻鄂委员项英、驻湘委员朱少连、驻沪委员王荷波。

"三大"之后，中共广东区委积极贯彻中共"三大"的会议精神，帮助国民党进行改组工作。1924年1月，中国国民党第一次全国代表大会在广州举行。大会选举了中国国民党中央执行委员会，共产党员李大钊、谭平山、毛泽东、瞿秋白、张国焘等人当选为中央执行委员或候补中央执行委员，约占委员总数的四分之一。国民党"一大"的召开，标志着国民党改组的完成和第一次国共合作的正式形成。

1924年2月，中共中央局认为广东党组织活动仅限于广州一个地方，没有设区的必要，决定撤销中共广东区委，改设中共广州地方执行委员会。中共广州地委，直属中央局领导；由中央驻粤委员谭平山代表中央局指导广州地委工作。中央还决定了即将成立的香港党组织归广州地委"就近指挥"①。广州地委负责人为冯菊坡，委员有阮啸仙、刘尔崧、张善铭等。

国共合作建立后，广东成为全国国民革命的中心。为了大力发展工农运动，推动反帝、反封建的国民革命，中共中央逐渐加强了对广东革命运动的领导，陆续调派许多干部到广东工作，先后派来的有瞿秋白、林祖涵、毛泽东、邓中夏、罗亦农、张太雷、恽代英、李富春、蔡畅、邓颖超、穆青等。1924年9月，周恩来从法国回到广州。10月，中央决定恢复中共广东区执行委员会（又称"中共两广区执行委员会"，代号"管东渠"），统一领导广东（包括香港）、广西等地党的组织和革命工作，任命周恩来为广东区委委员长，11月还兼任黄埔军校政治部主任。

第三阶段：中共"四大"至中共"五大"

1925年1月11日至22日，中国共产党第四次全国代表大会在上海举行。出席大会的代表20人（参见表7），代表全国994名党员。

表7 出席中共"四大"的20名代表

来源	中央局	团中央	北京	上海	武昌	广东	湖南
姓名	陈独秀 罗章龙 蔡和森 项英 瞿秋白	张太雷 林育南	高君宇	庄文恭 李立三	陈潭秋	谭平山 杨殷	李维汉
来源	铁路委员会	全国总工会	旅莫斯科支部	旅欧支部	山东	安源	
姓名	王荷波	邓中夏	彭述之	周恩来	尹宽	朱锦棠	

---

① 中共广东省委组织部，中共广东省委党史研究室，广东省档案馆.中国共产党广东省组织史资料（上册）[M]．北京：中共党史出版社，1994：9．

大会的中心议题是如何加强党对日益高涨的革命运动的领导。广东党组织的代表为谭平山、杨殷，中共广东区委委员长周恩来以留法组代表身份出席大会。大会选举陈独秀、李大钊、蔡和森、张国焘、项英、瞿秋白、彭述之、谭平山、李维汉等9人为中共中央执行委员会委员，邓培、王荷波、罗章龙、张太雷、朱锦棠等5人为候补委员，组成新的中央执行委员会。中央执行委员会选举陈独秀、彭述之、张国焘、蔡和森、瞿秋白五人组成中央局。中央委员各有分工，其中陈独秀任总书记兼中央组织部主任，谭平山继续担任中央驻粤委员。

1925年春，鉴于周恩来已经担任黄埔军校政治部主任，并率政治部人员出发东征，中共中央决定：陈延年任广东区委书记，周恩来改任区委常委兼军事运动委员会书记。

1925年5月，为迎接即将到来的大革命高潮，中共中央局决定在广州成立临时委员会，代表中央局就近指导广东一切实际工作。该委员会由中共中央委员谭平山，技术委员周恩来、罗觉（罗亦农），中共广东区委书记陈延年和苏联顾问鲍罗廷5人组成①。同年冬，为了加强党对军事工作的领导，中共中央决定成立军事委员会，并在广州成立分会，谭平山担任分会主任。

随着党员人数的增多、党组织的不断扩大，中共广东区委的领导机构也逐步健全起来。

1927年4月27日至5月9日，中国共产党第五次全国代表大会在武汉举行。陈延年、邓中夏、苏兆征、彭湃、黄平等作为广东区的代表，出席了这次大会。因以上同志离开广东去了武汉，中共广东区委的工作由穆青、赖玉润、刘尔崧、李森、杨殷等共同负责。此前的4月15日，国民党反动派在广州等地发动"四一五"政变，全省各地党组织遭到严重破坏，中共广东区委机关被迫迁往香港，继续领导广东的革命斗争。

5月20日，中共中央政治局常委会讨论了广东的工作和组织问题，决定陈延年不再回广东，由彭湃、穆青、黄平，另加赖玉润、阮啸仙等组成广东省委。当时，彭湃、黄平仍在武汉，阮啸仙在家乡养病，中央的这一决定没有及时贯彻。广东党的工作主要由穆青和赖玉润负责。6月前后，广东区委曾改称中共广东特委（简称"粤特委"），约至8月才正式改为中共广东省委②（参见表8）。

---

① 中共广东省委组织部，中共广东省委党史研究室，广东省档案馆.中国共产党广东省组织史资料（上册）[M].北京：中共党史出版社，1994：11.

② 中共广东省委组织部，中共广东省委党史研究室，广东省档案馆.中国共产党广东省组织史资料（上册）[M].北京：中共党史出版社，1994：13.

表8 1927年中共广东区委领导机构变迁情况

组织名称	中共广东区委	中共广东特委	中共广东省委
存在时间	1927年4月—1927年5月	1927年6月—1927年7月	1927年8月—
负责人	陈延年	穆青 赖玉润	张太雷

（二）广东区委领导核心的形成

谈到中共广东区委领导核心的形成问题，需要弄清"领导核心"的两个基本问题：含义与标准。

1. "领导核心"的含义

一般而言，领导核心来源于领导活动，领导活动与生产活动密不可分。生产活动是人类诸多活动中最基本的实践活动。人类为了生存和发展，必须组织起来与大自然作斗争，以获取生活资料。这种依靠群体的力量，向大自然索取生活资料以求得生存和发展的群体行为，就是人类最早出现的领导活动。可见，领导活动是自人类出现以来就存在的一种社会现象。

然而，领导活动通常又是围绕一个核心进行的。所谓核心，即中心。领导核心，就是指在领导活动中处于中心地位的因素，能够发挥决定性作用的因素。组成每个领导活动的基本因素，通常有五个：领导者，被领导者，领导环境，领导目标，领导措施①。这五个基本因素，决定着领导活动的运动规律和性质特点。它们既相互联系又相互制约，形成了许多错综复杂的矛盾，推动着领导活动不断前进。

就中国共产党而言，党中央就是党的领导决策核心，中央制定的路线方针政策，是全党全国人民统一思想、统一意志、统一行动的基本依据。如果中央没有权威，党的路线方针政策就无法落实，党的领导就成了一句空话。

从层次结构来看，领导核心可以从三个层面去理解（参见图2）。

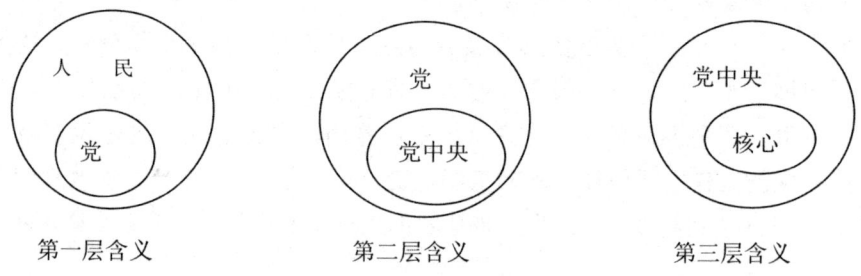

图2 "领导核心"的三层含义

---

① 刘春泉. 浅议领导核心［J］. 石油大学学报（社会科学版），1991（2）.

第一层含义，指中国共产党作为执政党在整体上是领导中国特色社会主义事业的核心力量。对这层含义，毛泽东在第一届全国人民代表大会第一次会议的开幕词中说得很清楚："领导我们事业的核心力量是中国共产党"。① 也就是说，党是领导人民进行各项事业的领导核心。

第二层含义，即中共中央委员会，特别是中央政治局和中央政治局常委会，是对全党实行集中统一领导的核心。对这层含义，党章规定得很清楚："个人服从组织，少数服从多数，下级服从上级，全党服从中央。"② 党章还规定："中央政治局和它的常务委员会在中央委员会全体会议闭会期间，行使中央委员会的职权。"③ 因此，服从党的全国代表大会和中央委员会，在其闭会期间，就是服从中央政治局和中央政治局常委会。也就是说，党的中央领导机构（中央委员会、中央政治局及其常委会）是党的领导核心。

第三层含义，即核心领导层中的核心。对这层含义，邓小平在20个世纪80年代末的几次重要讲话中突出强调："任何一个领导集体都要有一个核心，没有核心的领导是靠不住的"。④ 在中央政治局常委会这个核心领导层，要形成一个大家公认的、人民满意的中央领导集体中的核心。他要求第三代中央领导集体的所有成员都要"有意识地维护一个核心"⑤，这就是中央政治局常委会这个党的核心领导层中的核心。也就是说，从中央政治局常委会中产生出来的中央核心领导人是中央领导集体中的核心。

可见，"领导核心"在党的话语系统中有三层含义，所以要注意全面把握，如果只知其一、不知其二，或者只讲一点、不及其余，都会影响认知。⑥

与之相对应，在地方上，地方组织的"领导核心"，也可以理解为：（1）地方党组织是该地方的核心，例如中共广东党组织是广东人民的领导核心；（2）地方组织的领导机关（委员会）是该地方组织的核心，例如中共广东区委是广东党组织的核心；（3）地方组织领导机关负责人（书记）是地方领导机构的核心，比如周恩来是广东区委的领导核心。

再根据邓小平的论断：（1）遵义会议以前，中国共产党没有形成过一个成

---

① 毛泽东文集（第6卷）[M]. 北京：人民出版社，1999：350.
② 中国革命博物馆. 中国共产党党章汇编[G]. 北京：人民出版社，1979：230.
③ 中国革命博物馆. 中国共产党党章汇编[G]. 北京：人民出版社，1979：232.
④ 邓小平文选（第3卷）[M]. 北京：人民出版社，1993：310.
⑤ 邓小平文选（第3卷）[M]. 北京：人民出版社，1993：310.
⑥ 施芝鸿."核心意识"的三重含义[N]. 北京日报，2016-03-21（13）；双传学."核心意识"的本体意义及实践路径[J]. 中国领导科学，2016（8）.

熟的党中央。党的领导集体，是从遵义会议开始逐步形成的；（2）第一代领导集体的核心是毛泽东。据此是否可以推定——遵义会议之前，地方党组织也没有成熟的领导集体和领导核心？这是一个需要深入研究的问题，目前尚无定论。因为，对地方党组织领导集体和领导核心的研究非常薄弱；涉及相关内容的比较少①；做专门研究的几乎没有。不过，从遵义会议以前党组织所处的复杂环境来看，中央尚且未能形成稳定、成熟、有能力的领导集体，地方就更不用说了。所以，可以推定，地方党组织形成成熟的领导集体，其概率几乎为零。反过来，不成熟的领导集体，其形成概率则接近百分之百。

从上面这两条根据来看，对党的省级地方组织的领导核心（以广东为例），也应有三层含义（参见图3）。第一层：广东党组织是广东人民的领导核心；第二层：广东区委领导机构是广东党组织的领导核心；第三层：广东区委主要负责人（书记）是广东区委的领导核心（不论是否成熟）。

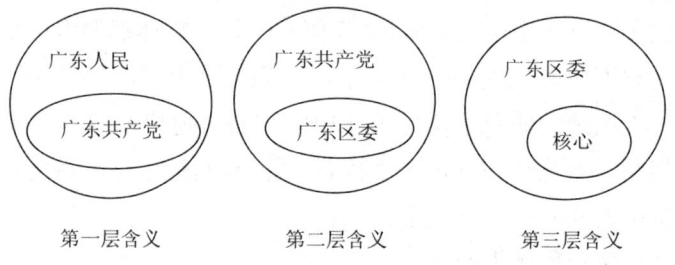

图3 广东党组织"领导核心"的三层含义

对广东党组织"领导核心"这个概念进行释义，目的是要明确本课题研究的主要对象"中共广东区委领导核心"的具体指向。从以上分析可知，它就是指上面提到的第三层含义，而第一层和第二层含义，可以作为次要研究对象，一并考察。

2. 广东区委领导核心的形成

（1）地方党组织"领导核心"形成的标准

1945年刘少奇在《关于修改党章的报告》中，专门提到了"领导核心"这

---

① 研究内容略有涉及遵义会议以前地方党组织领导集体的，主要是组织史方面的：王健英．中国共产党组织史资料汇编——领导机构沿革和成员名录［G］．北京：红旗出版社，1983；王健英．中共中央机关历史演变考实（1921—1949）［M］．北京：中共党史出版社，2004；王健英．中国共产党组织史大事纪实（一）［M］．广州：广东人民出版社，2003；陈丽凤．中国共产党领导体制的历史考察（1921—2006）［M］．上海：上海人民出版社，2008；赵生晖．中国共产党组织史纲要［M］．合肥：安徽人民出版社，1987；肖芳林．中国共产党党章历史发展研究［M］．长沙：湖南大学出版社，2006．

个概念。他说,"在各级党的组织中形成经常健全的、团结一致的、联系群众的领导核心,是极端重要的。各级领导机关和党员群众,都要注意在工作中、斗争中组织各个地方的和各个工作部门的领导核心"①,强调各级党组织在工作中都要注意形成一个"领导核心"。

不过,需要指出的是,刘少奇在这里所说的"核心",应理解为"多人核心",相当于党组织的委员会里面的常委会(多人构成),这与邓小平所说的"核心"不完全一样。因为邓小平所说的"领导核心",是"一人核心",特指常委会里面的某一个特定成员。这就意味着,"领导核心"可以是由委员会选举产生的常委会,也可以是常委会成员中的某一个人。

无论是刘少奇,还是邓小平,在论述"领导核心"时,都特别强调这样几点:

第一,党组织的领导需要有一个核心。这是强调"核心"的重要性,正如邓小平所说,"没有核心的领导是靠不住的"②。

第二,领导核心的形成是需要一个过程的。这是强调"核心"不是与生俱来、一蹴而就的,而是需要历经艰难才可形成的。正如刘少奇所说,"领导核心的形成,绝不是一蹴而就的,决不能性急,而必须是在长期的工作中、斗争中形成起来,有时还必须经过失败与成功、正确与犯错误和错误的改正等曲折的过程,才能形成"。③

第三,领导核心的成员应该有能力且作风正派。这是成为"核心"人物最基本的条件。"我们的一切组织,必须善于组织自己的领导核心,必须善于把优秀的干部选拔到领导核心中去,代替那些没有能力来领导的干部和作风不正派的干部。"④

第四,领导核心形成的重要标志是"健全""稳定""成熟""有能力"。领导机构究竟要发展到什么程度,才算形成了"核心"?这要看领导核心层是否出现了有能力的核心人物,在这个核心人物的领导下,是否有健全的领导机构、是否有稳定的领导班子和政治局面、是否有成熟的指导思想和方针政策。这些条件具备了,则可以认定这个党组织的领导核心已基本形成。

以上几点,可以作为地方党组织领导核心形成的参考标准。

(2)广东区委领导核心的形成

研究中共广东区委领导核心是如何形成的问题,可以对照"领导核心"的

---

① 中国革命博物馆.中国共产党党章汇编[G].北京:人民出版社,1979:133.
② 邓小平文选(第3卷)[M].北京:人民出版社,1993:310.
③ 中国革命博物馆.中国共产党党章汇编[G].北京:人民出版社,1979:133.
④ 中国革命博物馆.中国共产党党章汇编[G].北京:人民出版社,1979:133.

含义与标准，做出如下推断：

第一，中共广东区委是广东党组织的领导核心。之所以这样说，其根据是"领导核心"含义的第二层含义。这个"核心"领导的区域，一度超越广东一省的范围，涵盖广西、云南、福建、香港等地。①

第二，中共广东区委领导核心是逐步形成的。根据"领导核心"含义的第三层含义，"核心"是指核心领导层的某个特定的"核心"人物。在广东区，就是指广东区委的主要负责人，即书记（注：党的"四大"之前称"委员长"），先后担任书记职务的是谭平山、周恩来、陈延年。从谭平山为书记的广东区委，到周恩来为书记的广东区委，再到陈延年为书记的广东区委，经历了一个较长的过程，这个过程是逐步发展的。

第三，判断中共广东区委领导核心形成的主要标准是"健全、稳定、成熟、有能力"。用这个标准来衡量，可以确定：以周恩来、陈延年为委员长（书记）的中共广东区委领导机关，其"领导核心"基本形成。因为"健全""稳定""成熟""有能力"这四个标准条件，已基本达到。例如，在此期间，"中共广东区委领导机构逐步健全"②；党的领导相对稳定，"建立了稳固的后方"③；有了比较成熟的理论，制定了正确的方针政策；表现出了极强的领导能力，积极发动和领导工农运动，参与创建和领导革命军队和工农武装，开展了统一广东革命根据地的斗争，实现了广东革命根据地的统一，为北伐战争奠定了基础。④

（3）以往研究对广东区委领导核心的认识

上面通过研究已经得出结论：周恩来、陈延年领导的中共广东区委成了"领导核心"。此时的"领导核心"，从三层含义去理解，都讲得通。第一层，在周恩来、陈延年领导时期，党是领导广东人民的领导核心；第二层，周恩来、陈延年领导的广东区委是广东党组织的领导核心；第三层，周恩来、陈延年是广东区委的领导核心。当然，这还只是一家之言，能否得到广泛认同，有待检验。

从以往的研究成果来看，有一些观点，与本文的上述结论，虽不是完全相

---

① 中共广东省委组织部，中共广东省委党史研究室，广东省档案馆．中国共产党广东省组织史资料（上册）[M]．北京：中共党史出版社，1994：46-50．
② 中共广东省委组织部，中共广东省委党史研究室，广东省档案馆．中国共产党广东省组织史资料（上册）[M]．北京：中共党史出版社，1994：11．
③ 元邦建．第一次国内革命战争时期中共广东区委的历史功绩 [J]．华南师院学报（社会科学版），1981 (3)．
④ 黄慰慈，陈弘君．中共广东区委与北伐战争 [J]．学术研究，1986 (4)．

同,却有几分相近。例如黄慰慈、陈弘君在《中共广东区委与北伐战争》一文中说:1924年,国共两党在这里建立了合作关系。为了加强对广东及其邻省革命斗争的领导,中共中央先后调派周恩来、陈延年、张太雷、挥代英、邓中夏、熊雄等优秀干部到广东来,与广东党的优秀干部彭湃、阮啸仙、苏兆征、刘尔裕等合作共事,使中共广东区委成为一个强有力的领导核心。① 又如曾庆榴在《周恩来与广东党的建设》一文中说:周恩来主持区委工作之后,他与陈延年等人共同努力,积极贯彻国共合作的方针,大力发展工农运动,迅速开拓了国民革命的新局面,党的队伍也得到了较快发展,党的组织从广州一地逐步向全省扩展,随后又从广东一省向福建、广西、云南和南洋各地扩展;区委领导机构得到了健全,形成了由周恩来、陈延年、张太雷、彭湃、苏兆征等大批优秀分子组成的领导核心。② 再如苏爱荣在《试论大革命时期中共广东区委在军事上的探索及实践》一文中讲道:中共广东区委,全称为中国共产党广东区执行委员会,是中国共产党在第一次国内革命战争时期最大的一个地方党组织,也是广东革命根据地的领导核心,周恩来、陈延年、聂荣臻等曾在此担任重要领导职务。③

这些观点有一个共同之处,就是都认为:中共广东区委的领导核心是在周恩来到广东担任区委委员长之后才形成的。显然,这与本文研究的结论基本一致,从另一个侧面佐证了本文研究结论的正确性。

四、领导核心的形成与党组织的大发展

前面已经对党组织发展的脉络进行了梳理,对领导核心相关问题尤其是它的形成问题进行了探讨,接下来需要进一步研究的是领导核心与党组织发展之间的关系问题。

(一)党组织的发展与领导核心的形成存在正相关关系

领导核心的形成与党组织发展的正相关性,可以从中央领导核心和广东地方领导核心的稳定性,以及党员人数变动情况两个层面来看。

在中央,从"一大"到"五大",党的总书记(或委员长)都是陈独秀,入选的中央委员和候补中央委员,绝大部分是早期马克思主义理论家、青年运动和工人运动的杰出领袖,如李大钊、蔡和森、毛泽东、瞿秋白、邓中夏、张太雷、王荷波、项英等,核心领导层具有很高的稳定性。

---

① 黄慰慈,陈弘君. 中共广东区委与北伐战争[J]. 学术研究,1986(4).
② 曾庆榴. 周恩来与广东党的建设[J]. 广东党史,1998(2).
③ 苏爱荣. 试论大革命时期中共广东区委在军事上的探索及实践[J]. 红广角,2010(8).

在广东，从一大到五大，党的支部书记或区委书记，1921年7月至1924年10月为谭平山，1924年10月至1927年4月为周恩来、陈延年，领导成员当中，除了陈公博被开除以外，其他领导人基本上都能坚守领导岗位。尤其是在大革命时期，广东区委领导核心层呈现比较稳定的状态。

从中央委员会的人员数量来看，从一大到五大，其规模和党的队伍发展呈正相关，呈现稳定增长态势（参见图4）。

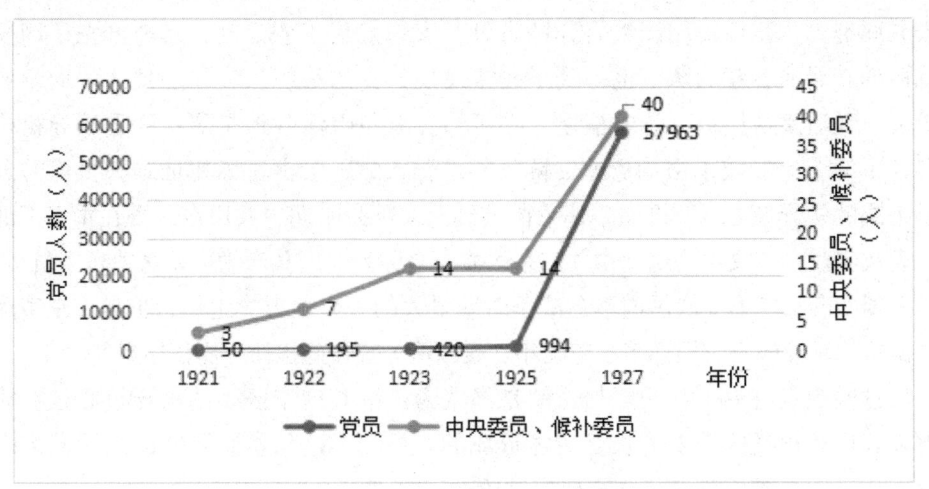

图4　党员与中央委员、中央候补委员数量相关性统计图

1927年由于反动派的疯狂屠杀，党员数量锐减，八七会议选出的中共中央临时政治局委员数量也相应减少，这和革命处于低潮的状态是符合的。1921年党的"一大"时，有50多名党员，中央委员会正式委员3人；1922年党的"二大"时，有党员195名，中央委员会正式委员5人，候补委员2人；1923年党的"三大"时，有党员420名，中央委员会正式委员9人，候补委员5人；1925年党的"四大"时，有党员994名，中央委员会正式委员9人，候补委员5人。1927年党的"五大"时，有党员57963名，中央委员会正式委员29人，候补委员11人。1927年4月以后由于国民党右派的反革命政变，大批党员、团员、进步群众惨遭杀害，也有一些投机分子、意志薄弱者自动脱党、离党，党员数量锐减，至1927年11月仅剩10000余名。1927年8月7日的八七会议选出中共中央临时政治局，正式委员9人，候补委员7人，8月9日，中央临时政治局第一次会议选举瞿秋白、李维汉、苏兆征3人为政治局常委。

从广东支部或区委的领导成员数量来看，从"一大"到"五大"，其规模和党的队伍发展呈正相关，同样呈现稳定增长态势。

1921年党的"一大"时，党员有十余人，包括谭平山、陈公博、谭植棠、阮啸仙、林伯渠、杨匏安、张善铭、周其鉴、冯菊坡、梁复燃、郭植生、陈适曦、王寒烬、罗绮园、刘尔崧、黄裕谦等，支部领导成员3人，即谭平山（书记）、陈公博（组织）、谭植棠（宣传）。①

党的"二大"时，党员有32人，区委领导成员3人，即谭平山（书记）、陈公博（组织）、谭植棠（宣传）。尽管期间因陈炯明叛乱事件干扰，党组织以及党的领导层出现一些不稳定情况，比如陈公博被开除、谭平山被调离，但是这种情况没有持续多久，后来平定叛乱后又恢复正常。

党的"三大"时，因推进国共合作事宜，党员人数虽没有具体统计，但可以肯定，党组织比以往有更大发展，区委下辖支部数的增加（如1923年底广东党组织在广州、顺德等地吸收一批进步分子入党并成立了中共粤汉铁路支部），就足以说明这一点。在党的三大之后到四大之前，广东区委一度改为广州地方执行委员会，领导成员7人。②

党的"四大"之后，广东党组织发展很快，表现在诸多方面，比如领导机构进一步健全，在区委原有的组织、宣传部门的基础上，增设了职运、农运、青运、妇运、学运、监察、秘书等工作机构。③党员人数，据1925年10月统计，为928人。根据谭植棠和谭天度回忆，广东区委于1925年春设主席团，成员有陈延年、张太雷、苏兆征、彭湃、阮啸仙、罗绮园、杨匏安、邓中夏、周恩来、邓颖超、谭植棠等13人。④

党的"五大"召开时，广东区委下辖党组织的支部数量和党员人数，达到了前所未有的规模。据1927年4月统计，党员人数为9027人。广东区执行委员会委员有陈延年、周恩来、罗亦农、张太雷、任卓宣、熊雄、恽代英、冯菊坡、刘尔崧、阮啸仙、彭湃、罗绮园、蔡畅、邓颖超、区梦觉、林伟民、邓中夏、苏兆征、何曜全共19人。⑤

---

① 中共广东省委组织部，中共广东省委党史研究室，广东省档案馆．中国共产党广东省组织史资料（上册）[M]．北京：中共党史出版社，1994：7．
② 中共广东省委组织部，中共广东省委党史研究室，广东省档案馆．中国共产党广东省组织史资料（上册）[M]．北京：中共党史出版社，1994：9．
③ 中共中央组织部，中共中央党史研究室，中央档案馆．中国共产党组织史资料（第1卷）[M]．北京：中共党史出版社，2000：583．
④ 中共广东省委组织部，中共广东省委党史研究室，广东省档案馆．中国共产党广东省组织史资料（上册）[M]．北京：中共党史出版社，1994：11．
⑤ 中共中央组织部，中共中央党史研究室，中央档案馆．中国共产党组织史资料（第1卷）[M]．北京：中共党史出版社，2000：584．

从 1921 年 7 月至 1927 年 4 月，经历了党的第一次、第二次、第三次、第四次、第五次全国代表大会，其间虽然也有负面因素（如军阀、商团叛乱等）影响，但正面因素居多（如国共合作、东征平叛等），从总的趋势看，党组织的发展与核心领导层的稳定，二者存在显著正相关。

（二）领导核心的形成促进了党组织的大发展

关于领导核心的形成，前面已经做了论述和分析，并且得知中共广东区委领导核心是自周恩来、陈延年担任委员长、书记后开始形成的，时间区间应该是在 1924 年 10 月至 1927 年 4 月之间。在此期间，广东党组织得到很大发展，表现在领导机构增多、基层支部增多、党员人数增多等诸多方面。

1. 区委领导机构健全

中共广东区委领导核心形成之前，区委领导核心层只有 3 人，即书记 1 人，负责组织 1 人，负责宣传 1 人。这说明当时的领导机构还不健全。1924 年 10 月，周恩来调入广东区委担任主要负责人之后，区委委员增多，领导机构在原有组织、宣传两个部门的基础上，增设了军事运动委员会（军事部）、职工运动委员会、农民运动委员会、青年运动委员会、妇女运动委员会、学生运动委员会、监察委员会等。① 领导机构得到健全，其数量是以前的四倍多，扩张之快，前所未有（参见图 5）。

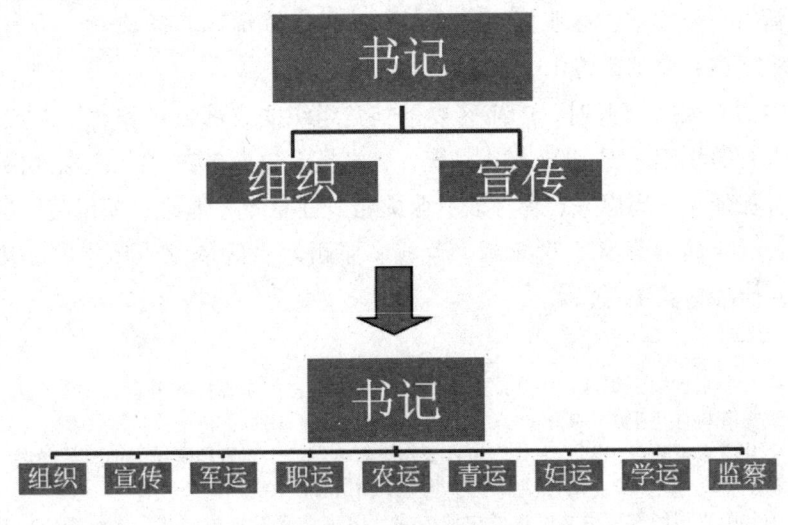

图 5　中共广东区委领导机构得到健全

---

① 中共中央组织部，中共中央党史研究室，中央档案馆.中国共产党组织史资料（第 1 卷）[M].北京：中共党史出版社，2000：584-585.

2. 基层支部迅速增多

至1923年底，广东区委下辖的基层党组织，大致有4个：中共酒米柴炭工会支部、中共碾谷工会支部、中共手车工会支部、中共粤汉铁路支部。① 这说明当时党组织的力量比较弱，至少在数量上处于极低水平。

1924年之后，尤其是在周恩来入粤之后，党的基层组织在各地建立起来，范围扩展到了广东之外，如广西、云南、福建等地，数量呈爆发式增长。

在广东省内，直属广东区委的党支部（特别支部），到1927年4月就有49个（参见图6），是1923年12月的12倍多。它们是：黄埔军校支部、广三铁路支部、石井兵工厂支部、广九铁路支部、广东大学支部、叶挺独立团支部、广州妇女支部、顺德县支部、花县支部、新会支部、江门支部、清远县支部、宝安县支部、中山县支部、佛山县支部、三水县支部、南海县支部、新塘支部、鹤山支部、开平支部、四会县支部、秋溪支部、象山特别支部、龙川特别支部、紫金特别支部、汕头特别支部、大埔县支部、五华特别支部、电白县支部、琼崖特别支部、曲江支部、广东省农会北江办事处支部、曲江乌白支部、英德县支部、南雄县支部、广州芳村大冲口支部、吴川县支部、梅菉市支部、阳江县支部、廉江县支部、茂名县支部、海康县支部、北海市支部、化县支部、东莞支部、广宁支部海陆丰支部、惠州特别支部、梅县特别支部、遂溪县支部。②

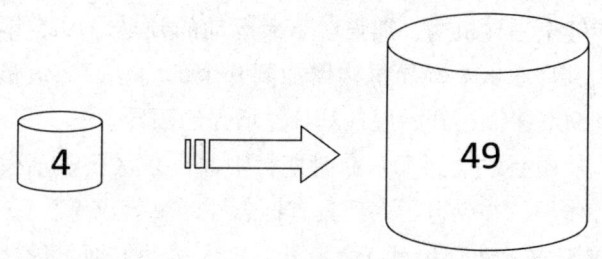

图6　领导核心形成前后直属广东区委的基层党支部数量对比（单位：个）

3. 党员人数飞速发展

广东的党员人数，在1921年党组织刚刚成立时才几个人，1922年"二大"召开时有30余人。1924年之后，因实行国共合作，广东成为全国革命的中心，中共广东党组织随着革命形势的好转而获得迅速发展，党员人数与其他省份相

---

① 中共广东省委组织部，中共广东省委党史研究室，广东省档案馆. 中国共产党广东省组织史资料（上册）[M]. 北京：中共党史出版社，1994：8-9.
② 中共中央组织部，中共中央党史研究室，中央档案馆. 中国共产党组织史资料（第1卷）[M]. 北京：中共党史出版社，2000：684.

比名列前茅。"1926年9月,广东党组织的党员人数增至5039人,居全国各省区之首,是当时我党最大的一个地方组织。"① 到1927年4月中共"五大"召开时,广东党员有9000多人,达到了前所未有的规模,特别是在区委领导核心形成后的1925年1月至1927年4月间,实现了跳跃式的大发展。

五、结语

通过以上分析和论证,可以得出结论:第一,中共广东区委是广东人民革命的领导核心;第二,中共广东区委领导核心是在1924年10月之后形成的;第三,中共广东区委领导核心的形成促进了广东党组织的大发展;第四,领导核心的形成与党组织的发展为党的革命事业积累了宝贵的历史经验。

(一)中共广东区委是广东人民革命的领导核心

自从有了中国共产党,中国革命的面貌就焕然一新。1921年7月中共"一大"召开之后,中国共产党在广东的地方组织即中共广东支部宣告建立,支部领导成员只有3人,党员最初也只有几个人。次年7月,发展成为中共广东区委,区委领导成员还是3人,党员有30余人。虽然这时的中共广东区委影响力非常有限,但已经着手发展党员,开始聚拢人心,领导群众运动。1923年6月中共"三大"确定了国共合作的政策,共产党在广东取得合法地位,积极发展党的组织,逐步健全领导机构,加强对革命运动的领导。1925年1月中共"四大"召开时,中共广东区委领导机构增加到9个部门,领导成员增加到13人,党员人数增加到900多人,开始展现其日益增强的领导力。

事实证明,从中共成立到大革命时期,中共广东区委逐渐发挥了广东人民革命的领导核心作用,并创造了多项具有标志性的重大成果。

1. 率先开展工农运动,壮大革命力量。工人运动方面,1921年8月,中共中央在上海成立中国劳动组合书记部后,在广州成立其南方分部,负责领导广东的工人运动。在中国劳动组合书记部南方分部和中共广东区委的领导下,广东的工人运动迅速发展。1924年8月28日,成立了以共产党员为团长的广州工团军,开创了共产党员领导工人武装的先河。农民运动方面,1922年6月,共产党人彭湃回到家乡广东省海丰县从事农民运动,1923年元旦成立了全国第一个县级农会——海丰县总农会。国共合作后,中共广东组织联合国民党左派大力发展农民运动,于1924年8月以第二届广州农民运动讲习所的学生为基础,

---

① 陈遐瑞.光辉的历程——中共广东省组织发展史概述[A]//中共广东省委党史研究室.广东党史研究文集(第1册)[C].北京:中共党史出版社,1991:4.

成立了全国第一支农民自卫军（200多人）。1925年5月1日，广东省农民协会成立，这是全国第一个省级农民协会。

2. 积极推动国共合作，帮助国民党建立和改组基层组织。1923年元旦，孙中山在上海发表《中国国民党改组宣言》，并筹划吸纳共产党员帮助国民党的改组工作。同年6月，中共在广州召开第三次全国代表大会，讨论和决定国共合作问题。在会上，中共广东支部赞成国共合作，提出在全国范围内发展国民党。同年10月，中共广东区委和青年团广东区委召开全体党团员联席会议，讨论推进国民党改组事宜，并决定按广州警察区域划分的12个区，每区组织一个国民运动委员会，以帮助国民党基层组织工作。随即派出阮啸仙、刘尔崧、杨匏安、周文雍等近20人担任国民党区党部或区分部执行委员。由于中共广东组织的大力推动，至同年底，广州的国民党员已达7780人。在国民党"一大"达成国共合作之前，中共广东组织就先期做了如此大量的工作，这在全国各省区是绝无仅有的。

3. 创立革命军人机构，率先开展军事工作。1922年3月14日，广东社会主义青年团设立了"军人运动委员会"，这是广东乃至全国党团组织最早设立的专门从事军事运动的机构。1923年底，中共广东组织在军队中成立了"军人联合会"，吸收军队中的中共党员、青年团员和革命军人参加，这是中共在军队中最早建立的组织。国共合作后，在两次东征、南征，平定杨希闵、刘震寰叛乱以及在北伐战争中，中共广东组织不仅派出军事骨干和各种人员参加军事行动，而且发动广大民众给予大力支援。这一时期，中共广东区委还掌握了两支革命武装，即铁甲车队和国民革命军第四军十二师三十四团（后扩编为第四军独立团，亦称叶挺独立团），这在全党是没有先例的。

4. 建立全党第一个监察机构，实行党内监督。中共"一大"通过的《中国共产党党纲》明确提出了党内监督问题。中共的"二大"决定与其他民主党派建立"联合战线"后，也专门做出决议，规定本党的国会、省会、市会、县会议员，要绝对接受中央和地方委员会的"监督和指挥"，但并未建立专门的监督机构。1924年秋，周恩来、陈延年分别来到广州后，中共广东区委的组织机构逐步健全。1925年2月周恩来以黄埔军校政治部主任名义参加东征后，由陈延年担任中共广东区委书记。这时，广东区委设立了"监察委员会"，林伟民任书记。这是全党最早建立的监督机构。广东区委监委建立后，对党员进行认真监督。例如，曾参加过中共"一大"的陈公博热衷于个人名利，不听从党组织的安排调遣，便被开除出党。

1927年4月以后，中共广东组织领导各地工农民众群起暴动。11月，海陆丰第三次武装暴动胜利后，中共中央临时政治局委员兼中共东江特委书记彭湃，领导东江地区人民开展建立苏维埃政权和创建农村革命根据地的斗争。11月中旬，先后成立了陆丰、海丰县苏维埃政府，创建了海陆丰革命根据地。中共中央机关刊物《布尔塞维克》曾载文称：海陆丰苏维埃政府是"中国第一个苏维埃"①。同年12月11日，中共广东省委领导发动广州起义，成立了广州苏维埃政府（后称"广州公社"）。这是中国第一个城市苏维埃政权。

广州起义失败后，中共广东省委对于如何领导今后的斗争，进行了严肃认真的思考。1928年1月1日至5日，省委书记李立三主持召开省委全体会议，初步总结了广州起义失败的原因及其经验教训，明确提出了"以乡村包围城市"的主张，要求各地党组织积极实行土地革命，开展武装斗争，"从乡村直到城市，从局部的割据直到夺取全省政权"。会议还做出了关于农村武装斗争的战略决策，并在随后的实践中实施。但这一主张在同年11月召开的省委第二次扩大会议上被否定。尽管如此，这说明中共广东组织已对中国革命的道路进行了有益的探索。②

总而言之，中共广东区委在中国共产党创建和大革命时期，工作积极，成绩突出，在全国党组织当中起到了表率作用。中共中央对广东党组织的工作给予了高度肯定。1926年9月，中共中央对广东区委评价说："粤区有两年多的工作经验，负责同志亦甚得力"，"张太雷编辑《人民周刊》，区委已健全，故指挥工作尚不费力"。同年12月，中共中央又指出："本党在广州的组织已是民众运动的核心及政治变动的一个重要元素。"③

（二）中共广东区委领导核心是在1924年10月之后形成的

从判断领导核心形成的一般标准来看，1924年10月之后的中共广东区委，先后由周恩来、陈延年担任委员长、书记，此时的领导核心同时满足或接近满足"最高""稳定""成熟""有能力"四个条件，由此可以推断：以周恩来、陈延年为书记的中共广东区委，成了名副其实的"领导核心"。

这是因为：（1）周恩来、陈延年担任广东区委的最高领导职务，符合了"最高"的标准。当然，之前的谭平山也符合这个条件，但并不同时符合其他几个条件。（2）领导机构健全而且稳定，担任领导职务的区委委员人数增多而且

---

① 罗浮. 中国第一个苏维埃（广东通信）——海陆丰工农兵的大暴动[J]. 布尔塞维克，1927（8）.
② 黄振位. 中共创立以来广东党组织的创新实践[J]. 广东社会科学，2011（4）.
③ 中央档案馆. 中共中央政治报告选辑（1922—1926）[M]. 北京：中共中央党校出版社，1981：85，121.

比较稳定。这与1924年10月之前的情况大不一样。(3)广东区委领导核心制定和实施的政策比较成熟。在贯彻执行中央制定的国共合作政策大前提之下，还推出了一系列符合广东实际并且行之有效的方针政策。(4)组织领导了军事运动、工人运动、农民运动、青年运动、妇女运动、学生运动等各种革命运动，其中绝大部分获得成功，显现了中共广东区委的领导能力，也在实践中证明了它的领导核心地位。

(三) 中共广东区委领导核心的形成促进了广东党组织的大发展

广东党组织的发展，在1923年中共"三大"召开之后，在中央正确方针政策的指引下，慢慢地有所发展，只是发展的步子不够大。党组织的发展，进入大发展时期，是在1924年10月之后。主要表现在：(1)区委领导机构进一步健全，领导成员增多，工作部门增多，分工越来越细。(2)区委领导下的直属党组织及其下属组织，在全省各地建立起来，范围甚至扩大到了广西、云南、福建等地，由"区委—地委—特支—支部"构成的组织系统，遍布区委领导下的所有区域。(3)党员人数飞速发展，在陈延年调离区委书记之前的1927年4月，党员人数达到9000多人，是谭平山在1921年7月最初担任广东支部书记时的1000倍，是谭平山在1922年7月首次担任区委书记时的300倍，也是中共"三大"召开时的近100倍，中共"五大"召开时的近10倍。

党组织在广东区委领导核心形成之后，之所以能够得到大发展，原因有很多，概括地讲，主要有：(1)贯彻执行了中共中央关于国共合作的正确政策，建立广泛的革命统一战线，这是前提条件。(2)参与和领导了国民革命军的重大军事行动，如东征陈炯明和南讨邓本殷，统一了广东全省，巩固了革命的后方，这为党组织的发展创造了基础性条件。(3)直接领导了工人运动、农民运动、青年运动、妇女运动、学生运动等各种革命运动，扩大了党的影响力，吸引更多的积极分子加入党的队伍。(4)中央重视广东革命，派遣了周恩来、陈延年、张太雷、邓中夏、恽代英、罗亦农、穆青、蔡畅、邓颖超等一大批领导骨干到广东工作，充实了中共广东区委的领导力量。

(四) 领导核心的形成与党组织的大发展为党的革命事业积累了宝贵的历史经验

中共广东区委领导核心的形成，促进了广东地方党组织的大发展；与此同时，地方党组织的大发展，也从一个侧面佐证了区委领导核心层的核心领导地位，二者是相辅相成、相互促进的。领导核心的形成与党组织的大发展，经历艰难曲折，为党的革命事业积累了宝贵的历史经验。

首先，革命要获得成功，必须加强党的建设，特别是要有一个坚强的领导核心，在各个历史阶段发挥核心领导作用。只有这样，党组织才能得到发展，革命的各项事业才能获得成功。相反，如果党的领导缺少核心，则革命的事业就会停滞不前甚至倒退。中共广东区委领导核心形成的历史事实，就是一个很好的例证。

其次，革命要获得成功，必须建立广泛的统一战线。面对强大的敌人，各种革命力量需要团结起来，形成更加强大的力量，才有可能战胜敌人。处于幼年的中国共产党，力量相对弱小，于是跟孙中山领导的南方革命力量进行合作，最后取得了东征和南征的胜利，巩固了广东革命根据地，并将革命的势力范围逐步扩展到长江流域。在此期间，共产党在广东的各级组织获得了前所未有的大发展。

再次，革命要获得成功，必须注重党对军队的领导。20世纪20年代，军阀割据，党派纷争，战乱不停。共产党要想成为政治舞台的领导者，就必须掌握军队。1924年中共广东区委成立了军事运动委员会（军事部），周恩来任军事委员会书记（部长）。黄埔军校和叶挺独立团建立以后，又在这两个单位建立党的组织（支部），从而扩大了党在军队中的影响，加强了党对军队的领导。这为今后在军队中开展党的建设积累了经验，这些经验对于今天进一步加强党对军队的领导也有现实意义。

最后，革命要获得成功，必须发动人民群众。人民是历史的创造者，任何革命运动，没有人民的参与，是不可能取得成功的。在民主革命时期，共产党革命的目的是人民获得解放，所以得到了广大人民群众的拥护。因为，人民群众的觉悟有高有低，所以需要通过宣传、帮助，动员他们加入革命的洪流中来。中共广东区委通过各种途径和渠道，发动工人、农民、学生、妇女等不同阶级和阶层的群众起来革命，这就为革命提供了人员保障，这是革命之源，胜利之本。

【参考文献】

一、档案与文献

[1] 广东省档案馆.广东党组织重要文件选编（上）[G].（内部资料），2011.

[2] 中共广东省委党史研究委员会办公室，广东省档案馆."一大"前后的广东党组织 [M].（内部资料），1981.

[3] 中央档案馆，广东省档案馆.广东革命历史文件汇集 [G].（内部资料），1983.

[4] 王健英. 中国共产党组织史资料汇编：领导机构沿革和成员名录[G]. 北京：红旗出版社，1983.

[5] 中共广东省委组织部，中共广东省委党史研究室，广东省档案馆. 中国共产党广东省组织史资料（上册）[M]. 北京：中共党史出版社，1994.

[6] 广东省档案馆，中共广东省委党史研究委员会办公室. 广东区党、团研究史料（1921—1926）[M]. 广州：广东人民出版社，1983.

[7] 中共中央组织部，中共中央党史研究室，中央档案馆. 中国共产党组织史资料（第1卷）[M]. 北京：中共党史出版社，2000.

[8] 中共广东省委组织部，中共广东省委党史资料征集委员会，广东省档案馆. 中共广东省组织史资料（第一辑）[M]. 北京：中共党史出版社，1986.

[9] 中共广东省委党史资料征集委员会，等. 谭平山研究史料[M]. 广州：广东人民出版社，1989.

[10] 中国社会科学院现代史研究室，中国革命博物馆党史研究室."一大"前后[M]. 北京：人民出版社，1980.

[11] 中共海口市委党史研究室，中共琼崖一大旧址管理处. 中共琼崖一大研究资料选编[G].（内部资料），2009年。

[12] 中共江门市委组织部，中共江门市委党史研究室，江门市档案馆. 中国共产党广东省江门市组织史资料（1922.3—1949.10）[M]. 北京：中共党史出版社，1997.

[13] 中共惠州市委党史办公室，惠州市档案馆，中共惠州市委组织部. 中国共产党广东省惠阳地区组织史资料[M]. 北京：中共党史出版社，1996.

[14] 中共佛山市委组织部，中共佛山市委党史研究室，佛山市档案馆. 中国共产党佛山市组织史资料（1921—1987）[M]. 广州：广东人民出版社，1995.

[15] 中共陆丰县委组织部，中共陆丰县委党史研究室，陆丰县档案馆. 中国共产党广东省陆丰县组织史资料[M].（内部资料），1994.

[16] 中共广东省肇庆地委党史办公室. 肇庆地区党史资料[M].（内部资料），1987.

[17] 中共汕头市委党史领导小组办公室. 潮汕党史资料汇编[G].（内部资料），1985.

[18] 中共广州市委党史研究室. 广州党史资料（第二辑）[M]. 广州：广州出版社，2016.

[19] 广东革命历史博物馆. 中共"三大"资料[M]. 广州：广东人民出版社，1985.

[20] 中共中央党史研究室第一研究部. 共产国际、联共（布）与中国革命档案资料丛书（第1—2卷）[M]. 北京：中共党史出版社，2007.

[21] 中共广东省委党史资料征集委员会，中共广东省委党史研究委员会. 广东党史资料[M]. 广州：广东人民出版社，1983.

[22] 中共中央党校党史教研室选编. 中共党史参考资料（一）[G]. 北京：人民出版社，1979.

[23] 中国革命博物馆党史研究室. 党史研究资料（第一集）[M]. 成都：四川人民出版社，1980.

[24] 中国革命博物馆党史研究室. 党史研究资料（3）[M]. 成都：四川人民出版社，1982.

[25] 中国革命博物馆党史研究室. 党史研究资料（4）[M]. 成都：四川人民出版社，1983.

[26] 中国革命博物馆. 中国共产党党章汇编[G]. 北京：人民出版社，1979.

[27] 中央档案馆. 中共中央文件选集（第1—2册），中共中央党校出版社，1982年。

二、著作

[1] 黄修荣，黄黎. 共产国际与中国共产党关系探源（上卷）[M]. 北京：人民出版社，2016.

[2] 中共中央党史研究室. 中国共产党历史·第一卷（上册）[M]. 北京：中共党史出版社，2002.

[3] 中共广州市委党史研究室. 中共广州地方史（新民主主义革命时期）[M]. 广州：广东人民出版社，1995.

[4] 王健英. 中国共产党组织史大事纪实（一）[M]. 广州：广东人民出版社，2003.

[5] 赵生晖. 中国共产党组织史纲要[M]. 合肥：安徽人民出版社，1987.

[6] 陈丽凤. 中国共产党领导体制的历史考察[M]. 上海：上海人民出版社，2008.

[7] 王健英. 中共中央机关历史演变考实[M]. 北京：中共党史出版社，2005.

[8] 中共广东省委党史研究室. 中国共产党广东地方史（第一卷）[M]. 广州：广东人民出版社，1999.

[9] 中共广东省委党史研究室. 广东党史研究文集（第1—4册）[M]. 北

京：中共党史出版社，1993．

［10］石川祯浩．中国共产党成立史［M］．袁广泉，译．北京：中国社会科学出版社，2006．

［11］中共中央党史研究室第一研究部．中国共产党第一至第六次全国代表大会代表名录［M］．北京：中共党史出版社，2014．

［12］齐卫平．中国共产党创建与上海［M］．上海：上海人民出版社，2016．

［13］中共云南省委党史研究室．中国共产党云南历史（第一卷）［M］．昆明：云南人民出版社，2016．

［14］中共中央党史研究室．中国共产党的九十年（第一册）［M］．北京：中共党史出版社，党建读物出版社，2016．

［15］中共湖北省委党史研究室．中国共产党湖北历史［M］．武汉：湖北人民出版社，1999．

［16］中共廉江市委党史研究室．龙湾人民革命斗争史资料：新民主主义革命时期［M］．（内部资料），1998．

［17］中共肇庆市委党史研究室，肇庆市中共党史学会．西江党史论文选集［M］．（内部资料），1995．

［18］中共澄海县委党史办公室．澄海革命人物［M］．（内部资料），1992．

［19］中共广东省韶关市委党史办公室．北江革命人物［M］．（内部资料），1989．

［20］中共嘉兴市委宣传部，嘉兴市社会科学界联合会，嘉兴学院红船精神研究中心．中国共产党早期组织及其成员研究［M］．北京：中共党史出版社，2013．

［21］中共斗门区委党史研究室．中国共产党斗门历史（1919—1978）［M］．北京：中共党史出版社，2012．

［22］中共阳江市委党史研究室．中国共产党阳江县历史［M］．北京：中共党史出版社，2011．

［23］中共上海市委党史研究室．党的创建与发展在上海［M］．上海：上海书店出版社，2011．

［24］中共湛江市委党史研究室．中国共产党湛江历史（第一卷：1921—1949）［M］．北京：中共党史出版社，2011．

［25］中共梅州市委党史研究室．中国共产党梅州地方史［M］．北京：中共党史出版社，2011．

[26] 中共中山市委党史研究室. 中国共产党中山地方史 [M]. 北京：中共党史出版社，2010.

[27] 中共广州市委党史研究室. 中共广州党史纪事（1919.5—2006.12）[M]. 广州：广州出版社，2008.

[28] 中共湖南省委党史研究室. 中国共产党湖南历史 [M]. 长沙：湖南人民出版社，2008.

[29] 中共江门市委党史研究室. 中国共产党江门地方历史 [M]. 广州：广东人民出版社，2008.

[30] 揭阳市史志办公室. 中国共产党揭阳县地方史（1919—1949）[M]. 北京：中共党史出版社，2008.

[31] 南澳县史志办公室. 中国共产党南澳县地方史 [M]. 北京：中共党史出版社，2007.

[32] 韶关市史志办公室. 中国共产党北江地方史（1919—1949）[M]. 北京：中共党史出版社，2007.

[33] 中共海南省委党史研究室. 中国共产党海南历史 [M]. 北京：中共党史出版社，2007.

[34] 中共博罗县委党史研究室. 中国共产党博罗县地方史：1919.5—1949.10 [M]. 北京：中共党史出版社，2006.

[35] 中共东源县委党史研究室，中共源城区委党史研究室. 中国共产党河源县地方史：1919.5—1949.10 [M]. 北京：中共党史出版社，2006.

[36] 中共惠来县委党史研究室. 中国共产党惠来县地方史：1919—1949 [M]. 北京：中共党史出版社，2006.

[37] 中共汕头市委党史研究室. 中共汕头市区地方史：新民主主义革命时期 [M]. 汕头：汕头大学出版社，2003.

[38] 中共上海市委党史研究室. 中共上海党史大典 [M]. 上海：上海教育出版社，2001.

[39] 中共广东省肇庆市委党史办公室，广东省肇庆市中共党史学会. 西江党史研究 [M].（内部资料），1988.

[40] 谭平山文集 [M]. 北京：人民出版社，1986.

[41] 陈独秀文集（第二卷）[M]. 北京：人民出版社，2013.

[42] 黎显衡，林鸿暖，杨绍练. 陈延年 [M]. 广州：广东人民出版社，1985.

[43] 周恩来选集 [M]. 北京：人民出版社，1997.

[44] 唐宝林，林茂生. 陈独秀年谱[M]. 上海：上海人民出版社，1988.

[45] 中共中央文献研究室. 周恩来年谱[M]. 北京：中央文献出版社，1998.

[46] 丁身尊. 广东民国史[M]. 广州：广东人民出版社，2004.

[47] 中国社会科学院近代史研究所翻译室. 共产主义运动在中国[M]. 北京：中国社会科学出版社，1982.

[48] 中共中央党史研究室第一研究部. 共产国际、联共（布）与中国革命文献资料选辑（1917—1925）[M]. 北京：北京图书馆出版社，1997.

[49] "二大"和"三大"[M]. 北京：中国社会科学出版社，1985.

[50] 中共中央党史研究室. 中共党史大事记[M]. 北京：人民出版社，1989.

[51] 颜虹. 领导核心学[M]. 北京：中国社会科学出版社，2016.

[52] 黄振位. 中共广东党史概论[M]. 广州：广东高等教育出版社，1994.

[53] 陈弘君. 中共广东历史则要探究[M]. 广州：广东人民出版社，2005.

[54] 司马坚. 中共关键会议实录[M]. 北京：中共中央党校出版社，2011.

[55] 张国焘. 我的回忆（第1册）[M]. 北京：东方出版社，1991.

[56] 《中国共产党编年史》编委会. 中国共产党编年史（第1—2册）[M]. 太原：山西人民出版社，2002.

[57] 中共湛江市委党史研究室. 中共南路党史大事记[M]. 广州：广东人民出版社，1996.

[58] 中共广东省委党史研究委员会，中共广东省委党史资料征集委员会. 中共广东大事记[M].（内部资料），1984.

[59] 沙健孙. 中国共产党史稿（1921—1949）（第二卷）[M]. 北京：中央文献出版社，2006.

[60] 陈独秀. 独秀文存[M]. 北京：外文出版社，2013.

[61] 黄平. 往事回忆[M]. 北京：人民出版社，1981.

[62] 王健英. 民主革命时期中共历届中央领导集体述评（上卷）[M]. 北京：中共党史出版社，2007.

[63] 李洪峰. 《中国共产党章程》学习笔记[M]. 北京：中国方正出版社，2006.

[64] 肖芳林. 中国共产党党章历史发展研究[M]. 长沙：湖南大学出版

社,2006.

三、方志

[1] 北京市地方志编纂委员会.北京志:共产党志[M].北京:北京出版社,2012.

[2] 山东省地方史志编纂委员会编.山东省志:共产党志(1921—2005)[M].济南:山东人民出版社,2012.

[3]《云浮市中共组织志》编纂委员会.云浮市中共组织志[M].(内部资料),2008.

[4]《浙江省中国共产党志》编纂委员会.浙江省中国共产党志[M].杭州:浙江人民出版社,2007.

[5]《中共上海党志》编纂委员会.中共上海党志[M].上海:上海社会科学院出版社,2001.

[6] 广东省地方志编委会.广东省志·中共组织志[M].广州:广东人民出版社,2001.

四、论文

[1] 徐光寿.陈独秀是中国共产党的早期领袖——与陈独秀"领导核心"说商榷[J].中共党史研究,2009(11).

[2] 倪德刚."领导核心"的提出及其使命担当[J].毛泽东研究,2017(2).

[3] 王洪标.论中国共产党领导核心的科学内涵[J].福州党校学报,2016(6).

[4] 李东朗.领导核心成熟是党成熟的主要标志——以新民主主义革命历史为例[J].人民论坛,2013(25).

[5] 陈立旭.中共领导核心确立的非凡历程[J].党史博采(纪实),2017(2).

[6] 孔德明,孔德生.新民主主义革命时期中共领导核心群体形成述略[J].昨天·今天·明天(福建党史月刊),1993(7).

[7] 陈永红.大革命时期广东党组织主要负责人[J].广东党史,2007(2).

[8] 谢燕章.广东区委书记陈延年的"六不"[J].红广角,2013(1).

[9] 何立波,寇冠宇,曹雪立.论谭平山在广东建党时期的活动和贡献[J].红广角,2015(7).

[10] 陈金葵.大革命洪流中的广东党组织[J].广东党史,2001(2).

[11] 巫忠. 试论谭平山在"一大"前后的思想和活动 [J]. 佛山大学学报, 1992 (1).

[12] 黄穗生. 中共广东党组织几个历史问题的考证 [J]. 探求, 1988 (1).

[13] 林雄辉. 陈独秀对广东共产党早期组织建立的贡献 [J]. 红广角, 2015 (10).

[14] 赵艳珍. 杨匏安与广东党组织的创建 [J]. 红广角, 2016 (7).

[15] 游慧冰. 浅析谭平山与广东共产党早期组织的创建 [J]. 红广角, 2016 (4).

[16] 陈仕金. 参与创建广东党组织的谭植棠 [J]. 广东党史, 1997 (3).

[17] 蔡洛. 谭平山在广东建党中所起的作用 [J]. 广东党史, 1996 (4).

[18] 张贝，王爱云. 杨匏安与马克思主义在广东的传播 [J]. 兰台世界, 2017 (6).

[19] 鲁阳. 杨匏安——华南传播马克思主义的先驱 [J]. 源流, 2004 (11).

[20] 苏爱荣. 试论大革命时期中共广东区委在军事上的探索及实践 [J]. 红广角, 2010 (8).

[21] 蔡洛, 元邦建. 关于第一次国内革命战争时期中共广东区委的几个问题 [J]. 学术研究, 1981 (4).

[22] 黄振位. 广东人民革命的胜利旗帜——中共广东党组织的建立及其历史作用 [J]. 广东社会科学, 1991 (3).

[23] 陈万安. 中共广东地方组织建立的历史意义 [J]. 广东党史, 1996 (4).

[24] 张玥. 黄学增对中共南路党组织建设的历史贡献 [J]. 广东党史, 2000 (5).

[25] 杨镜培，陈灿和. 中共西江党组织创建人——周其鉴 [N]. 西江日报, 2011-05-19 (1).

[26] 唐正芒、唐金培. 第一次国共合作建立前后中共党员发展缓慢原因 [J]. 求索, 2004 (11).

[27] 唐金培. 第一次国共合作时期中共党员队伍曲折发展原因探析 [J]. 福建党史月刊, 2010 (10).

[28] 杨少平. 中共香港党（团）组织的建立及其早期活动 [J]. 广东党史, 1996 (5).

[29] 黄振位. 中共创立以来广东党组织的创新实践 [J]. 广东社会科学, 2011 (4).

[30] 叶创昌. 曲折的道路 光辉的篇章——新民主主义革命时期中共广州地方党组织发展简况 [J]. 探求, 1989 (4).

[31] 元邦建. 第一次国内革命战争时期中共广东区委的历史功绩 [J]. 华南师院学报（社会科学版）, 1981 (3).

[32] 叶文益. 中共广东组织建设的历史特点 [J]. 广东党史, 1996 (4).

[33] 李明. 陈延年：组织才能卓越的"两广王" [N]. 深圳特区报, 2011-06-14 (A9).

[34] 吴敏娜. 中共广东区委与中共中央迁粤 [A] //中共中央党史研究室第一研究部. 中共三大学术研讨会论文集 [C]. 广州：广州出版社, 2006.

[35] 杨汉卿. 中共广东党组织与党的三大 [A] //中共中央党史研究室第一研究部. 中共三大学术研讨会论文集 [C]. 广州：广州出版社, 2006.

[36] 苏爱荣. 中共广东区委与第一次国共合作 [A] //中共中央党史研究室第一研究部. 中共三大学术研讨会论文集 [C]. 广州：广州出版社, 2006.

[37] 陈金葵. 中共广东党组织与第一次国共合作 [A] //中共中央党史研究室第一研究部. 中共三大学术研讨会论文集 [C]. 广州：广州出版社, 2006.

[38] 邓荣元. 中共三大前后的陈独秀 [A] //中共中央党史研究室第一研究部. 中共三大学术研讨会论文集 [C]. 广州：广州出版社, 2006.

[39] 邢照华. 1921年至1923年马林对国共两党采取的不同策略及历史贡献 [A] //中共中央党史研究室第一研究部. 中共三大学术研讨会论文集 [C]. 广州：广州出版社, 2006.

[40] 元邦建. 鲍罗廷在广东的几个问题 [J]. 近代史研究, 1984 (4).

[41] 林鸿暖. 中共广东区委卓越的领导者陈延年 [J]. 源流, 1994 (6).

[42] 王秉默. 谭平山：从追随孙中山到拥护中共"五一口号" [J]. 团结, 2008 (2).

[43] 向海英, 向永红. 浅论谭平山对创建中国共产党的贡献 [J]. 中山大学学报论丛, 2001 (6).

[44] 李鹏. 大革命时期的周恩来与共产国际 [J]. 红广角, 2013 (8).

[45] 卢权. 大革命时期周恩来与广东工人运动 [J]. 学术研究, 1998 (2).

[46] 黄海英. 妇运先驱 妇女风范——浅谈邓颖超在中共广东区委工作的杰出贡献和影响 [J]. 传承, 2013 (7).

[47] 何锦洲，沙东迅. 广东最初共产党组织之研究［J］. 学术研究，1980 (4).

[48] 肖淑娥. 陈独秀与广州地区社会主义青年团的创建发展——兼论早期党团关系的处理［D］. 北京：中国共产党中央委员会党校，2014.

[49] 连莎、刘占磊. 青运先驱 工运领袖——刘尔崧与广东早期青年运动［J］. 红广角，2015 (7).

[50] 黄慰慈，陈弘君. 中共广东区委与北伐战争［J］. 学术研究，1986 (4).

[51] 曾庆榴. 周恩来与广东党的建设［J］. 广东党史，1998 (2).

项目负责人：龙观华　华南师范大学马克思主义学院教授

成　员：陈金龙　谢锦霞　刘　敏　蒋积伟　许　冲　周连顺
　　　　李　昂　谭振权

执　笔：龙观华

广东中央苏区与中央苏区核心区域党组织关系研究

"苏区"是"苏维埃区域"的简称,其中"苏"字缘于俄语汉译"苏维埃","苏维埃"在俄文中是"代表会议"或"会议"的意思,是十月革命后苏联的基本政治制度。因此,"苏区"就是指实行"苏维埃政权"组织形式的区域。中国共产党第一份党纲明确表示承认苏维埃管理制度,党的"二大"后进一步提出建立"苏维埃政权"的思想。1927年11月由彭湃分别在广东陆丰县、海丰县成立了中国第一个县级苏维埃政府,1931年11月中华苏维埃共和国在江西诞生,1934年1月中国苏维埃运动发展达到高峰,在赣、闽、粤、湘、鄂、川、陕等10多个省的边界地区和远离中心城市的偏远山区,创建了约15块大小不等的革命根据地,在全国231个县、1910万人中建立了县以上苏维埃式政权。中央革命根据地地跨粤、赣、闽三省,是土地革命时期中国共产党所创建的众多革命根据地中最大、最重要的一块革命根据地,在党的建设、军队建设、政权建设、社会治理等方面进行了大量探索和尝试,为中国革命做出了重大贡献和巨大牺牲,在中国革命史上具有特殊的重要地位,因而对土地革命时期和中共苏区的研究长期以来都是中共党史研究的一个"重点"和"热点"。对中央革命根据地的历史地位和作用,1934年,毛泽东在第二次全国苏维埃大会上指出,中央革命根据地"是苏维埃中央政府的所在地,是全国苏维埃运动的大本营"①。党的十一届六中全会通过的《关于建国以来党的若干历史问题的决议》指出:"在土地革命战争中,毛泽东、朱德同志领导的红一方面军和中央革命根据地起了最重要的作用"②,充分肯定了中央苏区在土地革命时期的地位和作用,也彰显了对中央苏区革命历史进行深入研究的价值。

---

① 江西省档案馆,中共江西省委党校党史教研室. 中央革命根据地史料选编(下册)[G]. 南昌:江西人民出版社,1982:297.
② 中国共产党史中央委员会.《关于若干历史问题的决议》和《关于建国以来党的若干历史问题的决议》[M]. 北京:中央党史出版社,2010:41.

一、绪论

中国共产党成立近百年来，从小到大、从弱到强，攻坚克难、一路成长，现在已经成为拥有 9000 多万党员、460 多万个基层党组织的世界第一大执政党，形成了包括中央组织、地方组织、基层组织在内的严密组织体系。习近平总书记指出，"无论我们走得多远，都不能忘记来时的路"，要"牢记红色政权是从哪里来的、新中国是怎么建立起来的"①。选取土地革命时期广东中央苏区县与中央苏区核心区域党组织关系为对象，综合运用文献研究法、历史研究法、比较研究法、系统研究法等，广泛收集革命历史文献资料，深入探讨广东中央苏区与中央苏区核心区域党组织的相互关系，对在新时代挖掘历史经验智慧以资借鉴、加强地方和基层党组织建设、深化区域协同发展等具有重要意义。

（一）广东中央苏区研究背景

选取广东中央苏区和中央苏区核心区域党组织关系为研究内容，其中既有土地革命和中央苏区的历史地位和重要作用的原因，也是因为近年来中央苏区等革命老区的改革发展事业日益得到中央重视，政策倾斜、资金扶持等力度不断加大，广东中央苏区县的历史地位也在广东省党史研究部门和各地市、县、区党史研究部门的共同努力下得到承认。此外，党的建设不断加强和深化，区域协调发展、高质量发展等新发展理念日益深入人心，从中共党史中寻求经验智慧也有利于加强新时代党的建设。

一是土地革命时期和中央苏区在中共党史和中国革命史上有着极其重要的历史地位和作用。由粤东北与闽西、赣西南共同组成的中央苏区，既是大革命失败以后农民暴动的频发地，更是中国共产党人领导全国土地革命斗争的中心地区和指挥所，共同经历了反抗南京国民政府多次"围剿"和"清剿"的战争洗礼。中国共产党在这里创建了中央苏区和中华苏维埃共和国，创造和积累了丰富的执政经验，成为后来中华人民共和国执政的伟大预演。1934 年 1 月，毛泽东在第二次全国苏维埃代表大会上指出："中国苏维埃区域是全中国反帝国主义的革命根据地"，"至于中央苏区，这里是苏维埃中央政府的所在地，是全国苏维埃运动的大本营"。② 1981 年 6 月，中共中央《关于建国以来党的若干历史

---

① 习近平. 在"不忘初心、牢记使命"主题教育工作会议上的讲话 [M]. 北京：人民出版社，2019.
② 江西省档案馆，中共江西省委党校党史教研室. 中央革命根据地史料选编（下册）[G]. 南昌：江西人民出版社，1982：297.

问题的决议》指出:"在土地革命战争中,毛泽东、朱德同志直接领导的红军第一方面军和中央革命根据地起了最重要的作用"①。2011年11月9日,在纪念中央革命根据地创建暨中华苏维埃共和国成立80周年座谈会上,习近平指出,在党创建的各个革命根据地中,中央革命根据地是最大最重要的一个,最具有代表性。② 跨入新世纪后,国务院认为,"赣南等原中央苏区地跨赣闽粤,是土地革命战争时期中国共产党创建的最大最重要的革命根据地,是中华苏维埃共和国临时中央政府所在地,是人民共和国的摇篮和苏区精神的主要发源地,为中国革命做出了重大贡献和巨大牺牲"。③ 这些都是对中央革命根据地历史地位和作用的客观评价,研究和宣传苏区光荣历史、光荣传统,传承红色记忆、弘扬苏区精神,将有助于我们更好地坚定理想信念。

二是中央苏区的改革发展不断得到重视和加强。新中国成立特别是改革开放以来,中央不断加大原中央苏区的建设力度,赣南、闽西、粤东北等原中央苏区发生了翻天覆地的变化。进一步振兴发展原中央苏区,既是一项重大的经济任务,更是一项重大的政治任务。近年来,中央不断加大对原中央苏区的政策倾斜和资金支持,先后出台了《国务院关于支持福建省加快建设海峡西岸经济区的若干意见》(2009年5月14)、《国务院关于支持赣南等原中央苏区振兴发展的若干意见》(2012年7月2日)④、《国家发展改革委关于印发赣闽粤原中央苏区振兴发展规划的通知》(2014年3月20日)等文件,其中《国务院关于支持福建省加快建设海峡西岸经济区的若干意见》⑤ 要求加大对原中央苏区、革命老区、少数民族地区的扶持力度,《国务院关于支持赣南等原中央苏区振兴发展的若干意见》⑥ 提出将赣南等原中央苏区打造成全国革命老区扶贫攻坚示范区、全国稀有金属产业基地、先进制造业基地和特色农产品深加工基地、重

---

① 关于建国以来党的若干历史问题的决议(一九八一年六月二十七日中国共产党第十一届中央委员会第六次全体会议一致通过)[EB/OL].人民网.http://www.people.com.cn/item/20years/newfiles/b1040.html.

② 习近平.在纪念中央革命根据地创建暨中华苏维埃共和国成立80周年座谈会上的讲话[EB/OL].http://www.71.cn/2011/1109/644501.shtml

③ 国务院办公厅.国务院关于支持赣南等原中央苏区振兴发展的若干意见:国发[2012]21号[A/OL].http://www.gov.cn/zwgk/2012-07/02/content_2174947.htm.

④ 国务院办公厅.国务院关于支持赣南等原中央苏区振兴发展的若干意见:国发[2012]21号[A/OL].http://www.gov.cn/zwgk/2012-07/02/content_2174947.htm.

⑤ 国务院办公厅.国务院关于支持福建省加快建设海峡西岸经济区的若干意见:国发[2009]24号[A/OL].http://www.gov.cn/zwgk/2009-05/14/content_1314194.htm.

⑥ 国务院办公厅.国务院关于支持赣南等原中央苏区振兴发展的若干意见:国发[2012]21号[A/OL].http://www.gov.cn/zwgk/2012-07/02/content_2174947.htm.

要的区域性综合交通枢纽、我国南方地区重要的生态屏障和红色文化传承创新区,《赣闽粤原中央苏区振兴发展规划》①提出培育壮大赣中、赣东、赣西、闽西北、闽南、粤东北组团,打造"双核六组团"的空间发展格局。这些政策扶持和发展举措提出了相应的改革发展举措和建设目标,为包括粤东北苏区县在内的原中央苏区迎来新的发展机遇,更是对粤东北、赣西南、闽西苏区人民在土地革命战争时期,在中国共产党领导下进行艰苦卓绝革命斗争历史的肯定,不仅告慰了长眠在这片红土地下的英魂,而且为苏区人民留下了一笔宝贵的历史遗产和精神财富。深化中央苏区的历史研究,充分挖掘、宣传和弘扬土地革命时期中央苏区革命历史、革命人物、革命事迹和革命精神等,大力弘扬苏区精神,对进一步落实国家发展改革委《赣闽粤原中央苏区振兴发展规划》,加快赣闽粤原中央苏区振兴发展,探索革命老区扶贫攻坚新路子、推动实现跨越式发展、全国同步实现全面建成小康社会的奋斗目标,具有十分重要的意义。

三是广东中央苏区的历史地位和贡献得到确认。闽、粤、赣边区三地党组织迂回曲折、艰苦卓绝的土地革命历史是中共党史的重要组成部分,研究和分析土地革命时期粤东北与赣西南、闽西苏区党组织的历史演进和组织关系,有利于深入了解土地革命时期粤东北与赣南、闽西党组织的生存发展状态及沟通联动机制,厘清土地革命时期广东中央苏区县与赣南、闽西两个中央苏区核心区域的相互关系和内在勾联,为新时期区域协同的改革发展事业提供一种借鉴和视角。经过广东省委党史研究室及各地市、县(区)党史研究室的努力,粤东北苏区县(区)"原中央苏区县"的历史事实逐一得到确认,重新定格了粤东北苏区县(区)在中国革命史上的影响与地位,告慰了无数长眠于地下的革命先烈,更鼓舞着大埔老区人民为推动经济、社会的发展策马扬鞭。新中国成立后特别是改革开放以来,在中国共产党的正确领导下,粤东北苏区人民继承发扬苏区精神,积极贯彻落实新发展理念,充分发挥自身优势,励精图治、艰苦创业,认真探索和实践城乡、山区的科学发展和高质量发展,争当粤东西北振兴发展排头兵、全国生态文明建设示范区、新型城镇化创新区,使这片红色的土地发生了翻天覆地的变化。经济发展提速、城乡环境提质、幸福指数提升、发展后劲增强,城乡呈现富裕、文明、民主、和谐的蓬勃朝气,在粤东北苏区这片用先辈鲜血染红的沃土上,建设中国特色社会主义,促进粤东北苏区经济

---

① 国家发展改革委关于印发赣闽粤原中央苏区振兴发展规划的通知:发改地区〔2014〕480号〔A/OL〕.http://www.quanzhou.gov.cn/zfb/xxgk/zfxxgkzl/fgwj/yhfczc/201405/t20140506_81618.htm.

社会各项事业发展，奏出更加壮丽美好的新时代乐章，实现中华民族伟大复兴。

四是区域协同的新发展理念日益深入人心。大革命失败后，中共中央制定了农民暴动、武装斗争和土地革命的方针，然而农民暴动如何发动、武装斗争如何进行、土地革命怎么开展，在当时并没有现成的经验和模式可以借鉴和运用，只能从实践中摸索和总结。由于缺乏相互支持，土地革命初期各地单独的、地区性的武装斗争和农民暴动多以失败告终，大多无法取得理想成效甚至以失败告终。在不断的革命实践中，中共中央和各级地方党组织逐渐认识到，建立和发展革命根据地，必须把武装斗争、土地革命和政权建设紧密结合，必须注重实现闽、粤、赣等各地区的协同配合，中央为此先后要求湘、鄂、粤、赣、闽等各省在发动农民暴动、造成割据、夺取政权方面，要注重不同地区之间、城市与乡村之间、军队与地方之间、工人运动与农民运动之间的相互配合、相互响应、相互声援，尤其要注意东江、闽西与赣西南邻近地区的相互联系，反对地方主义、保守主义倾向。事实说明，在党的领导下，武装斗争、土地革命和政权建设三位一体，红军部队与群众武装、闽粤赣三地、苏区与白区相互配合、相辅相成、协同发展，成为建立、巩固和发展革命根据地的主要因素，推动了党组织建设、武装斗争和土地革命的快速发展，粉碎了国民党的多次"围剿"，也为建设和改革提供了经验。党的十六届三中全会提出了"五个统筹"科学发展观；党的十九大提出"必须坚定不移贯彻创新、协同、绿色、开放、共享的新发展理念"，"实施区域协调发展战略"，要求加大力度支持革命老区、民族地区、边疆地区、贫困地区加快发展，建立更加有效的区域协调发展新机制；习近平总书记也指出，制定决策部署，"要统筹谋划、通盘考虑各方面因素，兼顾各方面利益，协调各方面关系，明确轻重缓急，使各方面资源发挥最大效用"。这些理念、战略和论断，既浸透着历史智慧，也指引着工作方向。近年来，供给侧结构性改革、京津冀协同发展、粤港澳大湾区建设、长三角一体化、打造长江经济带、成渝地区双城经济圈等协同发展实践逐步深化，不断推动中国经济、社会、文化的高质量发展。

五是注重从中共党史中汲取全面从严治党的经验智慧。习近平总书记指出，"中国共产党是世界上最大的政党。大就要有大的样子"①，"我们党面临的'四大考验'是长期的、复杂的，面临的'四种危险'是尖锐的、严峻的，党内存

---

① 习近平总书记在十九届中共中央政治局常委同中外记者见面时的讲话_新华网文字实录［EB/OL］．http：//www.xinhuanet.com/politics/19cpcnc/2017－10/25/c_129726 443.htm.

在的思想不纯、政治不纯、组织不纯、作风不纯等突出问题尚未得到根本解决"，强调"全面从严治党永远在路上"。① 这是对中国共产党人做出的鞭策和要求，也是对全党的要求、责任和担当。中国共产党是一个成熟的、久经考验的马克思主义政党，善于总结汲取历史的经验和教训。党的十一届三中全会以来，特别是进入21世纪以来，党更加注意汲取组织建设方面的历史经验和教训，努力发扬党的优良传统，在加强党的组织建设方面提出了许多紧跟时代前进步伐的新理念，推出了许多新举措，并且收到了良好的效果。回顾走过的历程，波澜壮阔、非同寻常；展望未来的征途，前景光明、任重道远。在"党要管党、全面从严治党"不断深化的新时代、新起点上，坚持以习近平新时代中国特色社会主义思想为指导，以提升组织力为重点，选取广东中央苏区与中央苏区核心区域党组织关系作为研究内容和对象，通过收集整理革命历史文献资料，研究梳理中央苏区党组织生存、发展和壮大的历史状况和过程，分析、把握中央苏区党组织的整体状况和不同区域的具体特点，归纳、厘清广东中央苏区和中央苏区核心区域党组织的关系和特点，有利于从历史角度把握土地革命时期中央苏区的形成和发展过程，丰富对中央苏区党组织的创立、发展和建设情况的认识，从而科学认识中共早期建设的历史场景、实践特点和现实意义，正确把握中央苏区核心区域与周边区域、中央苏区和其他苏区的相互关系，更加注重党的组织体系建设和区域协同发展，继承革命传统、弘扬苏区精神，为新时代全面加强党的建设、推进基层党建创新、贯彻区域协同的新发展理念提供历史借鉴，不断增强地方党组织和基层党组织的政治领导力、思想引领力、群众组织力、社会号召力。

（二）广东中央苏区研究综述

总体而言，关于中央苏区的研究及其进程，大概自20世纪80年代开始，20世纪90年代形成了一股热潮，进入21世纪后又得到进一步的深化。随着新民主主义革命文献资料的整理转换和编印出版，学术界在对各类文献资料进行消化和研究的基础上，逐渐形成了一大批的研究文献、整编资料和理论著述，并开始由综合型、宏观化的研究向专题型、局域化的研究发展转变，研究广度与深度不断拓展和深化，其中既有对新民主主义革命时期的党的建设和政权建设的研究，也有关于根据地政治、经济、文化和社会的专项研究，呈现全面探索和局部深化并举的研究趋势。还有学者以论文形式对中共组织建设、局部政权

---

① 习近平. 在"不忘初心、牢记使命"主题教育工作会议上的讲话 [M]. 北京：人民出版社，2019.

的建设过程、内容、特征、经验等进行专题研究，而其中关于根据地史、文化教育等方面的研究又相对更加突出、清晰和完整，如《中央苏区史（上下册）》（余伯流、凌步机，2017）、《中国共产党执政历程（1—3）》（柳建辉等，2011）、《苏维埃时期中国共产党执政经验研究》（黄国华、陈廷湘，2009），等等。关于中央苏区以及广东中央苏区的研究成果，大致可以分为以下几方面：

一是革命历史文献资料的汇集、整理、编辑和出版。关于革命历史的汇集、文集、选编、回忆录等文献类资料，主要包括20世纪80、90年代编印出版的中共中央、中央根据地、川陕根据地、湘赣根据地、海陆丰根据地、西北根据地等各根据地，以及广东、江西、湖南、福建、陕西等各省的革命历史文件汇集等综合性、丛书性文献资料，如《建党以来重要文献选编（1921—1949）》（共26册）、《中央革命根据地历史资料文库》（共13卷）、《广东革命历史文件汇集》（共70册）、《福建革命历史文件汇集》《东江革命根据地史料选编》等，这类资料经比较全面的收集整理，形成了区域性、阶段性、专题性的革命历史文献资料集，为研究革命历史及其发展过程提供了详细的资料支撑，极大地方便了广大革命历史研究者的研究工作。其中，仅《建党以来重要文献选编（1921—1949）》全套就有26册、约1350万字、文献3600多篇（其中300余篇为首次公开发表），仅《广东革命历史文件汇集》及其索引就有70册、近5000篇文件、2000多万字。关于中共及政权建设分类史料，包括《革命根据地经济史料选编》（上中下）、《中国新民主主义革命时期革命根据地法制文献选编》（上中下）、《中央苏区革命文化史料汇编》、《中国共产党组织史资料（1—13卷）》等。这些综合性、地域性与专题性史料集的选编出版，为开展中共党史、组织建设、局部执政史研究奠定了扎实的史料基础，学术界对中共党史、组织建设、局部执政史研究的资料主要来源于此，这些文献资料也有力地推动了中共党史、局部执政史以及政权建设的研究。此外，还有关于苏区的统计性、整编性的词典文献资料，如《中国苏区辞典》（陈立明等，1998）、《中央苏区人物谱》（张孝忠等，2009）、《中央苏区革命歌谣选集》（谢济堂，1990）等，形成专题性的分类性文献资料，有利于查找词语和概念等的内涵、说明及相应资料。

二是理论性、综合性、专题性的研究著述。关于中央苏区的研究著述，有整体性的、全面性的研究，有关于中央苏区某个专题、事件等的专题性研究，有关于不同苏区的比较研究，还有关于苏区研究的综述性研究。关于苏区整体性、全面性的研究，如《中央苏区史》（余伯流等，2017）、《中央苏区党的建设概述》（谢镇祥，1989）、《中央苏区党的建设史》（杨小冬等，1999）、《中央苏区党的建设》（廖明耕等，2009）、《中央苏区政权建设》（蒋伯英著，2009）等，这类理论著述综合研究了中央苏区时期党的建设、政权建设、廉政建设、军队建设等内容，丰富、系统地展示苏区各个方面的历史画卷；关于中央苏区时期某个专题、事件等的专题性研究，如《中央苏区区域范围考察》（凌步机，2012年）、《周恩来1927年至1935年》（黄少群，2006）、《农民性格与中共的乡村动员模式——以中央苏区为中心的考察》（张宏卿等，2010）、《乡村社会中的革命动员——以中央苏区为例》（钟日兴，2016）、《中央苏区党建经验对规范党内政治生活的启示》（孟颖，2017）、《苏区时期中共党员群体构成与人事嬗递》（刘魁、敖洪，2017）、《"到苏区提款"：苏区为上海中共中央输送黄金之考察——以赣东北、中央苏区为中心》（孙健伟，2019年）等，针对性地阐述了中央苏区历史中的某专题或某事件内容；不同苏区的比较研究，如《论中央苏区与西北苏区》（陈安，2016）分析了中央苏区和西北苏区之间的显著区别和相同之处，《关于闽西、赣南两个中央苏区核心区域的比较研究》（苏俊才，2012）既分析了闽西、赣南两个中央苏区核心区域的共同点及其历史贡献，也分析了由于地理位置、社会经济状况、革命的形势、环境和所担负任务的不同而造成的差异性和不同特色，具体分析和研究了不同苏区的异同和特色；关于苏区研究的综述性研究，如《2015年中国苏区史研究述评》（庞振宇，2016）、《2016年中国苏区史研究综述》（庞振宇，2017），反映了不同时间段苏区研究的概况。综合而言，这些研究选择了不同层面和角度，分别研究分析了苏区的某个系统、某个方面、某些地域、某些人物的不同情况，阐释了它们在马克思主义中国化、中国特色革命道路的形成以及党的局部执政过程中的重要实践，以及为中国革命做出的重大贡献和巨大牺牲。

三是围绕苏区开展的资料整编与理论阐释。为了还原粤东北苏区历史，确认粤东北苏区的历史地位，广东省委党史研究室、梅州市委党史研究室等，围绕申苏工作开展了一系列的资料梳理和理论研究，先后分别就广东11个苏区县整理编辑了《广东中央苏区历史丛书》，按照行政区划分卷编印出版，同时形成了《粤东北中央苏区的形成及其归属考》（陈弘君，2014年）、《粤东北是中央苏区重要组成部分的考证》（2015年）、《略论粤东北与中央苏区的关系》（连建文，2011年）、《广东中央苏区与中央苏区关系探析》（魏法谱，2016年）[①]、

---

① 魏法谱.广东中央苏区与中央苏区关系探析［EB/OL］. http://www.gddx.gov.cn/xyzl/xywh/content/post_ 219164. html.

《广东苏区是中央苏区的南方屏障》（李森翔，2017年）、《铭记历史：梅州全属中央苏区范围》（梅州日报，2019年）等研究文献，阐述了广东中央苏区县的地位、作用以及范围等内容，分析了广东中央苏区与中央苏区的关系。

综上所述，关于中央苏区的研究，至今已经形成了数量众多的资料整编与学术成果，较好地梳理了中央苏区的形成过程、发展历史、组织建设、政权建设、军事斗争等，并在一定程度上分析了广东中央苏区与中央苏区、中央苏区核心区域间的相互关系，为进一步深化广东中央苏区和中央苏区核心区域党组织关系研究奠定了基础。

（三）课题研究思路与方法

在研究思路与方法方面，本项目主要采取文献研究法、历史研究法、比较研究法和系统研究法等，并综合运用各种研究方法之长，相互补充。其中，文献资料搜集的来源渠道，主要包括图书馆、档案馆、博物馆、网络和个人交往等方式，文献搜集检索的方向主要围绕研究课题的历史时期、区域范围和内容重点等方面进行。文献搜集力求丰富、全面、权威、真实、准确，文献整理使用方面力求做到仔细鉴别和审慎运用。在充分、扎实的文献收集、整理、甄别基础上，将所得文献材料运用到研究之中，作为建构课题研究成果的支撑材料，厘清相关问题和理论观点的来龙去脉，进而提炼观点、形成研究成果。在运用文献研究法进行资料收集、整理和研究的基础上，再进一步运用历史研究法、比较研究法和系统研究法，从历史和系统的角度，分析粤赣闽三地特别是毗邻边区的中共地方组织的创建、发展、壮大、调整及合并等历史演进过程，梳理闽粤赣三地毗邻地区党组织在组织建设、军事斗争和土地革命中的发展轨迹、内在关联及互动关系，再以此为基础考量闽粤赣三地党组织特别是广东中央苏区党组织在革命斗争中的组织贡献及当代价值。

二、概念界定：中央苏区、核心区域与广东中央苏区

地处广东、江西、福建三省边界的闽粤赣边区，崇山峻岭、地势险要，山水相连、唇齿相依，交通往来也甚为方便，三地人民中的绝大部分是客家民众，他们之间语言相通、风俗习惯大致相同，人员来往密切。毛泽东曾对寻乌的地理及交通情况进行过调查：水路方面，"寻乌水从桂岭山盘古嶂一带山地发源，经澄江、吉潭、石排下、车头、留车、流入龙川，下惠州，故寻乌水乃是东江的上游……"，在陆路方面，"从寻乌城出发，往门岭90里，往武平180里，往梅县240里，往兴宁240里，往安远110里，往龙川310里，往定南（经上坪、

胡山、太平、鹅公圩）160里"。① 由于所处的地理位置、社会环境、经济状况、革命形势的邻近、关联与差异，造成了粤东北、闽西、赣南这三个中央苏区区域的差异性和不同特色。从发展过程来看，粤东北地区自1925年开始建立党组织，"四一二"反革命政变后毅然发动讨蒋武装起义，1927年底在海丰、陆丰等县建立了中共领导下最早的一批县级苏维埃政权，1930年5月建立了东江苏维埃政权，直到1935年夏东江特委解体，经历了从创建——失败——再创建——再挫折的10年艰难曲折的过程，积极支持了闽西、赣西南、闽粤赣苏区的创建。闽西、赣南地区都是1926年开始建立中共党组织，1928年在一系列武装暴动基础上建立游击队和正规红军，在吉安县东固、永定县溪南区等建立红色政权，红四军转战赣南、闽西后，逐步发展成为中央苏区的核心区域。苏区中央局做出"在瑞金居中指挥"②的决定后，使以瑞金为中心的赣南苏区成为中央苏区的政治中心，而闽西则成了中央苏区的经济中心。

（一）中央苏区的发展历程

"四一二"反革命政变后，中共总结了革命失败的教训，确定了土地革命和武装斗争的总方针，开始了独立领导革命武装、开展土地革命和建立苏维埃政权的斗争，逐步建立和拓展根据地。中央苏区是在闽西、赣西南地方武装暴动的基础上建立起来的，从1927年大革命失败后赣南、闽西的农民武装暴动开始，到1937年抗日战争全面爆发后赣粤边、闽西等地红军的三年游击战争结束。中央革命根据地前后历经10年之久，大致经过奠基开创、初步形成、正式建立、鼎盛发展、最终丧失、游击战争6个阶段，在1929年1月至1930年10月期间由红四军转战赣西南、闽西、粤东北后逐渐创建和发展形成，主要包括粤东北的平远、蕉岭、梅县、兴宁、大埔、丰顺等数县市，赣东南的广昌、石城、宁都、瑞金、会昌、寻邬、零都、兴国、赣县、赣州、安远、信丰、定南，闽西的长汀、上杭、武平、永定、龙岩、连城、宁化等数县市。中央苏区辖区范围内的县称"中央苏区县"，截至目前经中共中央党史研究室确认的中央苏区县共有97个，其中江西省49个区域、福建省37个、广东省11个。从行政区划分及地域分布看，中央苏区的核心区域主要在江西西南部和福建西部。

1. 中央苏区的地域概况

中央苏区，亦称"中央革命根据地"、中央苏维埃区域，是指土地革命战争

---

① 毛泽东. 寻乌调查（1930年5月）[A] //毛泽东文集：第一卷[M]. 北京：人民社出版，1993：120-122，128-129.
② 中共江西省委党史资料征集委员会，中共江西省党史研究室. 江西党史资料：第19辑（中央苏区第三次反"围剿"）[M]. (内部资料)，1991：135.

时期中国共产党在赣南、闽西、粤东北建立的革命根据地，是全国革命根据地中面积最大、人口最多的一块，是中华苏维埃共和国的核心区域和党、政、军首脑机关所在地。中共中央建立中央苏区，主要是从地理位置、革命力量和整个苏维埃区域的发展战略来考虑的。从地理区位看，闽粤赣边区境内山地与丘陵居多，中心地带是南北斜贯的武夷山脉南端余脉和东西横亘的九连山脉的相交处，东南滨海有漳州、汕头平原；汀江、九龙江、韩江、东江、赣江川流其间，分别注入东海和南海，上述众多县市行政中心散落于山脉的河谷地带或盆地中央。这种崇山峻岭、沟壑纵横、交通不便的山地环境，使地处三省边陲的闽粤赣边区远离三省的政治经济中心（南昌、福州、广州），社会经济发展相对滞后，成为传统统治者眼中的一个贼渊盗薮、鞭长莫及的化外之地，从边区诸多县份的初始冠名，如安远、宁都、长宁（寻乌县原名）、定南、镇平（蕉岭县原名）、平远、武平、永定、宁化等，就可看出传统统治者的忧思以及长治久安的愿望。闽粤赣边区属亚热带湿润季风气候，温暖多雨，物产和矿藏丰富，人口众多，政治、经济、文化发展很不平衡，由于地理上相互毗连，交流历来十分密切，在中国众多区域中具有显著的地方特色。从革命传统来看，早在大革命时期，粤东、闽西南、赣南三个地区的共产党人即广泛发动群众，宣传党的纲领和路线方针，领导大规模的革命运动，有力地配合和推动了国共合作的国民革命，为以后党在边区发动和领导更加深入的、波澜壮阔的革命斗争奠定了基础。因此，独特的地理区位、自然条件、社会经济和历史文化传统，民主革命新思想的熏陶和民众的早醒悟，革命火种的播撒和革命运动的日益发展，为中央苏区奠定了基础，并具备了向湘、赣、粤、闽、广西等省全省境发展的优势。

2. 中央苏区的创建过程

中共在策划南昌起义时，同步训令湘粤鄂赣四省发动和组织农民暴动，争取建立乡村政权。随后，中共在全国各地先后发动了一百多次武装起义，粤东、赣南、闽西地区党组织在很短时间内组织了一系列的武装暴动。1927年9月，毛泽东领导湘赣边界秋收起义后，把起义部队带上井冈山，建立了以宁冈为中心的根据地，于1928年先后与朱德、彭德怀率领的部队会合并成立了红四军、红五军。1927年11月至1928年3月，在中共赣西、赣南特委的领导下，经赣西南地区武装起义，开创了东固、桥头等革命根据地；1928年3月和6月，经闽西地区武装起义创建了永定溪南革命根据地和地方工农武装。赣西南、闽西的这些小块红色割据区域，奠定了中央苏区的基础。1929年，毛泽东、朱德、陈毅等率红四军主力转战赣西南、闽西，在上述根据地和地方工农武装的配合下，于 4 月建成赣西南苏区，同年 7 月形成了以龙岩、永定、上杭三县为中心的闽西苏区，先后开辟了赣西南、闽西革命根据地。1929 年 10 月，红四军出击东江失利后，分兵游击赣南、闽西、粤东北，到 1930 年春逐步形成了包括兴国、雩都、瑞金、赣县、安远、寻邬、信丰、南康等县的赣西南根据地以及闽西革命根据地，至 1930 年 10 月初步形成了以赣西南苏维埃区域为基础的中央苏区。经过三次反"围剿"，赣南、闽西两块苏区连成一片，以赣西南、闽西为基础的中央苏区成为当时全国最大的苏区，在红军东方军两次向福建和赣东北出击后，中央苏区于 1933 年达到鼎盛，成为全国最大的革命根据地。至此，中央苏区总面积为 8.4 万平方公里、总人口 453 万、党员总数约 13 万人，辖江西、福建、闽赣、粤赣 4 个省级苏维埃政权，共设有 60 个行政县。① 红军发展到拥有七个军团，总兵力达 10 余万人。从 1931 年 11 月开始，王明"左"倾教条主义的错误领导，给中央苏区的革命和建设带来了严重危害。1934 年 10 月，第五次"反围剿"失败，中央党政军领导机关和红军主力 8.7 万人被迫撤离中央苏区，中央苏区因此丧失。1937 年抗日战争全面爆发后，随着国共合作抗日局面的形成，各红军游击队改编为新四军开赴抗日战场，至此苏区正式退出了历史舞台。

3. 中央苏区的形成标志

中央苏区正式建立的标志，是中华苏维埃共和国及其中央政府的诞生。1930 年 2 月 4 日，中央通告称，鉴于"遍长江及珠江流域各省，几无不有苏维埃区域及游击战争的存在"，"中央特号召全国各级党部尤其是农村地方党部在群众中公开宣传今年五一节将开全国苏维埃区域代表大会，以联系全国苏维埃区域与红军，以统一中国革命的指导与行动"，并对各类代表名额做了明确要求。② 经过充分准备，中华苏维埃第一次全国代表大会于 1931 年 11 月 7—20 日在赣南瑞金叶坪村召开，宣告了中华苏维埃共和国临时中央政府的成立，选举毛泽东为中华苏维埃共和国中央执行委员会主席，定都于瑞金（中央苏区瑞金县），以中国工农红军作为国家的武装力量。中华苏维埃共和国临时中央政府是中国共产党领导创建的第一个国家形态的工农民主专政的中央红色政权，标志着中国共产党领导建立的政权首次登上了中国的政治舞台，对统一领导与加强全国苏区和红军部队的斗争及发展，发挥了重要的作用。1934 年 1 月，第二次

---

① 舒龙，凌步机 . 中华苏维埃共和国史 [M]. 南京：江苏人民出版社，1999：133 页 .
② 中共中央文献研究室，中央档案馆 . 建党以来重要文献选编（1921—1949）：第 7 册 [G]. 北京：中央文献出版社，2011：39-41.

全国苏维埃代表大会在瑞金召开，通过了修改后的宪法大纲等决议案和关于国旗、国徽、军旗的决定，中华苏维埃共和国临时中央政府正式成为中华苏维埃共和国中央政府。中华苏维埃共和国，是中华人民共和国的历史预演，是中国共产党领导、管理和建设国家的初步尝试与宝贵探索。

4. 中央苏区的疆域版图

中央苏区的版图疆域与武装斗争特别是与五次"围剿"密切相联，由于红军"作战线的不固定，影响到根据地的范围不固定。时大时小时缩时伸是经常的，此起彼落也往往发生"①，经历了一个随革命斗争形势的变化而不断发展变化的过程，中央苏区人口数量同样因斗争时期和战争形势的发展变化而变化。1931年9月，特约通讯《江西的中央苏区》列举了"中央苏区"所在区域有"卅一县"，分别是"吉安、吉水、泰和、万安、永新、遂川、宁冈、安福、宜春、分宜、新喻、清江、峡江、永丰、乐安、安丰（安丰为南丰，印刷有误）、广昌、宁都、瑞金、石城、兴国、赣县、雩都、安远、寻邬、会昌、信丰、南康、上犹、崇义，除去时常受敌人攻击而缩小或没有恢复一定的外围数县以外，经常能够有联系的同时受苏维埃政权统治的纵约四百里，自赣县至永丰，横约三百里，由万安至瑞金"②；1933年9月，毛泽东在《今年的选举》中说，"我们今年是在十个苏维埃省内——江西省、福建省、粤赣省、闽赣省、闽浙赣省、湘赣省、湘鄂赣省、鄂豫皖省、湘鄂西省、四川省进行选举"③；1933年10月，工农红军参谋部情报说，"中央苏区占有45个县连成一片的土地，人口有1100万"。④ 从中央苏区的形成过程及其地域范围来看，1930年10月作为中央苏区主要辖区的赣西南苏区共有34县，1932年中央苏区辖有江西、福建两省共29县，1933年秋中央苏区辖有江西、福建、闽赣、粤赣4省共60县，进入鼎盛时期。⑤ 中央苏区长期或较长时间占有的县城有24座：瑞金、雩都、兴国、宁都、石城、会昌、寻邬、安远、信丰、上犹、广昌、崇义、黎川、长汀、龙岩、上

---

① 毛泽东选集（第一卷）[M]. 北京：人民出版社，1991：229.
② 江西省档案馆，中共江西省委党校党史教研室. 中央革命根据地史料选编（上册）[G]. 南昌：江西人民出版社，1982：392.
③ 中共中央文献研究室中央档案馆. 建党以来重要文献选编（1921—1949）：第10册[G]. 北京：中央文献出版社，2011：503.
④ 中共江西省委党史研究室等. 中央革命根据地历史资料文库·党的系统：第4册[M]. 北京：中央文献出版社，2011：2921.
⑤ 余伯流，凌步机. 中央苏区史（修订版）[M]. 南昌：江西人民出版社，2017：447-449.

杭、永定、连城、武平、宁化、清流、归化（今明溪）、泰宁、建宁。① 至1934年春，整个中央苏区设有江西、福建、闽赣、粤赣4个省和瑞金直辖县，先后共辖66个行政县。因此，中央苏区先后辖有江西（1930年10月成立）、福建（1932年3月成立）、闽赣（1933年12月成立）、粤赣（1933年12月成立）和赣南（1934年8月成立）5个省级苏维埃政权，其中江西省先后辖有54县、福建省先后辖有25县（含1县级市）、闽赣省先后辖有22县、粤赣省先后辖有10县、赣南省先后辖有8县，中央苏区先后辖有的县级苏维埃政府有102个。

表1 中央苏区行政区划表

	2013年		2014年	
主要依据	2013年7月23日，中央党史和文献研究院正式下发《关于原中央苏区范围认定的有关情况》（中史字［2013］51号）文件，确认中央苏区范围内的县为97个，其中江西省49个、福建省37个、广东省11个。		2014年3月，国家发改委印发《赣闽粤原中央苏区振兴发展规划》②（发改地区［2014］480号），以原中央苏区为核心，统筹考虑有紧密联系的周边县（市、区）发展，规划范围不等同于原中央苏区范围。	
	具体县（市、区）名称	数量	具体县（市、区）名称	数量
广东	梅州市：梅江区、梅县区、兴宁市、五华县、丰顺县、大埔县、平远县、蕉岭县 河源市：龙川县 潮州市：饶平县 韶关市：南雄市	11	梅州市：梅江区、梅县区、兴宁市、五华县、丰顺县、大埔县、平远县、蕉岭县 河源市：龙川县、和平县、连平县 潮州市：饶平县 韶关市：南雄市	13

---

① 余伯流，凌步机. 中央苏区史（修订版）［M］. 南昌：江西人民出版社，2017：481-482.
② 国家发展改革委关于印发赣闽粤原中央苏区振兴发展规划的通知：发改地区［2014］480号［A/OL］. http://www.quanzhou.gov.cn/zfb/xxgk/zfxxgkzl/fgwj/yhfczc/201405/t20140506_81618.htm.

续表

	具体县（市、区）名称	数量	具体县（市、区）名称	数量
江西	赣州市：瑞金市、会昌县、寻邬县、安远县、信丰县、雩都县、兴国县、宁都县、石城县、崇义县、上犹县、南康区、赣县、章贡区、大余县、定南县、龙南县、全南县 吉安市：永丰县、青原区、泰和县、万安县、吉安县、井冈山市、峡江县、安福县、遂川县、永新县、吉州区、新干县、吉水县 抚州市：广昌县、黎川县、乐安县、宜黄县、南丰县、资溪县、崇仁县、南城县、金溪县 鹰潭市：贵溪市 上饶市：铅山县、广丰县、上饶县 宜春市：樟树市、袁州区 新余市：渝水区、分宜县 萍乡市：莲花县	49	赣州市、吉安市、新余市（全境） 抚州市：黎川县、广昌县、乐安县、宜黄县、崇仁县、南丰县、南城县、资溪县、金溪县 上饶市：铅山县、广丰县、上饶县、横峰县、弋阳县 宜春市：袁樟树、市州区 萍乡市：莲花县、安源区、芦溪县 鹰潭市：余江县、贵溪市	43
福建	龙岩市：新罗区、永定县、上杭县、武平县、长汀县、连城县、漳平市 三明市：梅列区、三元区、尤溪县、沙县、将乐县、永安市、大田县、明溪县、清流县、宁化县、建宁县、泰宁县 南平市：延平区、顺昌县、邵武市、光泽县、武夷山市、浦城县、建阳市、建瓯市、松溪县、政和县 漳州市：芗城区、平和县、诏安县、南靖县、龙海市、漳浦县、云霄县、华安县	37	一、原中央苏区县（37个） 龙岩市：新罗区、永定县、上杭县、武平县、长汀县、连城县、漳平市 三明市：梅列区、三元区、尤溪县、沙县、将乐县、永安市、大田县、明溪县、清流县、宁化县、建宁县、泰宁县 南平市：延平区、顺昌县、邵武市、光泽县、武夷山市、浦城县、建阳市、建瓯市、松溪县、政和县 漳州市：芗城区、平和县、诏安县、南靖县、龙海市、漳浦县、云霄县、华安县 二、视同原中央苏区县（4个） 泉州市：安溪县、南安市、永春县、德化县 三、比照原中央苏区县政策（11个） 宁德市：蕉城区、福安市、霞浦县、福鼎市、柘荣县、寿宁县、周宁县、屏南田、古田县 福州市：连江县、罗源县	52
共计		97		108

（二）中央苏区的核心区域

从中央苏区的发展历程来看，虽然中央苏区的地域范围一直在发展变化，但始终以瑞金为中心、由赣南和闽西两大区域组成，学术界提到最多的也是赣南与闽西两地。中共中央党史研究室认为，"党的六大以后，各地党组织抓住国民党新军阀混战的有利时机，发动农民开展游击战争，实行土地革命，建立革命政权，红军和根据地不断巩固和扩大。其中影响较大的，首推毛泽东、朱德领导开辟的赣南、闽西根据地"，"赣南、闽西根据地的形成和发展，为后来中央革命根据地的建立奠定了基础，并对各地区红军游击战争的发展和根据地的建设起了鼓舞和示范的作用"。① 在本课题的研究与分析中，笔者采用中央党史研究室的界定法，以赣南和闽西作为中央苏区的核心区域，并以此为基础探讨广东中央苏区县与中央苏区核心区域赣西南、闽西党组织的相互关系。考虑到红军的流动斗争范围以及赣南、赣西党组织的分合关系，本文主要用"赣西南"来指称和涵盖赣南、赣西等地区。

核心区域一：赣西南苏区的发展演变

江西简称赣，四周高、中间低，东临闽浙、西连湘鄂、南接广东、北邻安徽，东、南、西面分布着怀玉山、武夷山、大庾岭、九连山、井冈山、幕阜山等一系列山脉，境内有赣江、抚河、信江、饶河、修水五大河；其中，武夷山脉东起连接闽赣，罗霄山脉西亘贯穿湘赣，五岭、九连山脉蟠结于南构成赣粤天堑，鄱阳湖水北入长江形成肥沃的赣北平原。因此，在近代公路、铁路交通兴起以前，江西长期以来就是一个相对完整又相对闭合的地理单元，是一个难进难出的"死盆地"。革命前的江西农村社会是一个典型的传统社会，它以家族作为社会的基本组织，这种家族组织同自给自足的自然经济、同农村传统文化牢固地纠缠在一起。从1927年9月到1928年底，在赣西南地区党组织的领导下，先后爆发了声势浩大的农民武装暴动，建立了县、区苏维埃政府和工农革命委员会，组建了工农革命武装，形成了弋（阳）横（峰）、吉安东固、兴（国）于（都）边、安（远）定（南）信（丰）边等小块红色武装割据区，并在持续不断的武装斗争中不断扩大。1929年1月，红四军进军赣南、闽西，在赣西南地方武装暴动和吉安东固等根据地基础上，于1930年3月创建了赣西南革命根据地和以曾山为主席的赣西南苏维埃政府，同年5月下设东路、西路、北路和东河、西河5路办事处，不久后东、西河办事处合并为赣南革命委员会，

---

① 中共中央党史研究室. 中国共产党历史：第一卷（上册）[M]. 北京：中共党史出版社, 2002：346-348.

同年7月增设中路办事处。1931年1月赣东、赣西办事处改为东路、西路办事处，撤销赣南办事处；同年6月又撤销东路、西路、北路办事处。1931年7月，江西省赣江以西各县苏区划归新成立的湘赣省管辖，赣江以东的赣东南苏区归中央苏区江西省管辖。1932年5月，江西苏区省委确认，江西苏区"现在跨有旧有的十八个县的范围……，占有七个全县，七个县城……，面积纵约七百五十里以上，横约五百四十里以上，居民有二百四十五万以上，东南边与闽西苏区完全联系起来，打成一片，西则以赣江为界与河西白区对峙，南则界广东及三南"。① 1931年1月，共产国际执委会强调，考虑到第一次反"围剿"的严峻形势，中共应当要"把赣南基本的最主要的根据地保持在我们手里"②，充分说明了赣南根据地对中共和红军的重要性以及共产国际与中共中央对赣南根据地的重视程度。

核心区域二：闽西苏区的发展演变

福建地处东南沿海，与广东、江西、浙江省为邻，隔海与台湾地区相望，因山岭阻塞内陆交通甚为不便，有"八山、一水、一分田"之称，矿产、水力、农业、林业、水产等资源丰富。闽西地区位于福建省西南部，包括龙岩、上杭、永定、长汀、连城、武平、宁化、清流、归化（今明溪）、漳平、宁洋（今分属漳平、龙岩、永安）十一个县；其中，"永定接近粤边，可由韩江通潮汕，为闽粤交通的孔道之一"③；汀州"与广东潮汕毗连，声气亦较通"，"溯汀江而下可直扑潮汕，由武平可直进蕉岭、梅县而通兴宁、五华"，"市面流通均用广东毫子及大洋，不用纸币，金融以潮汕、赣省为转移"。④ 闽西地区西接赣西南，西南邻粤东，地理形势十分险要复杂，同时物产资源丰富、历史悠久、文明发达，具有进可攻退可守的战略意义和实行工农武装割据、开展游击战争、创建革命根据地的有利条件。"八七会议"后，闽西各县于1928年3月至6月先后组织了龙岩后田、平和长乐、上杭蛟洋和永定等闽西"四大暴动"，掀起了闽西土地革命斗争的第一次高潮，其中永定暴动是闽西工农武装起义中规模最大、影响

---

① 江西省档案馆，中共江西省委党校党史教研室．中央革命根据地史料选编（中册）[G]．南昌：江西人民出版社，1982：425．
② 中共江西省委党史研究室，中共赣州市委党史工作办公室，中共龙岩市委党史研究室．中央革命根据地历史资料文库：党的系统（第2册）[M]．南昌：江西人民出版社，2011：1333．
③ 中央档案馆，福建省档案馆．福建革命历史文件汇集（省委文件）：1927年—1928年（上）[G]．（内部资料），1983：196．
④ 中央档案馆，福建省档案馆．福建革命历史文件汇集（各县委文件）：1928年—1931年[G]．（内部资料），1985：3-4．

最深的一次工农武装起义。永定农民武装暴动后，1928年7月初由张鼎丞、邓子恢等率部组成红军营，1928年8月中旬正式成立了闽西第一个区苏维埃政权——溪南区苏维埃政府，并有13个乡成立了苏维埃政府。1929年1月，红四军主力转战赣南、闽西，极大地促进了闽西红色区域的发展；同年3月和5月，红四军两次由赣入闽，在地方党组织和各地农民暴动武装的密切配合下，相继取得了瑞金县大柏地、宁都城、长汀县长岭寨、龙岩城、永定城、上杭县白砂等地战斗的重大胜利，同时建立了工农革命政权。1929年7月，毛泽东指导召开中共闽西第一次代表大会，认为"闽西可以造成一个割据"，明确闽西党的总路线是"坚决的领导群众，为实现闽西工农政权而奋斗"。① 1930年2月，中共闽西特委在龙岩召开第二次扩大会议，组织了闽西苏维埃政府筹备处，着手准备召开闽西第一次工农兵代表大会；1930年3月，闽西第一次工农兵代表大会召开，成立闽西苏维埃政府，标志着闽西革命根据地的正式形成。在闽西革命根据地不断发展的形势下，闽西苏维埃政府于1932年3月改组为福建省苏维埃政府并入驻长汀县城，先后下辖的县级政区有长汀、连城（明光）、汀连、新泉、新汀、上杭、武平、杭武、新杭、新汀杭、永定、龙岩、代英、宁化、彭湃、泉上、清流、归化、汀东、汀西、兆征、泰宁、石城、饶和埔、汀州（市）。1934年7月，鉴于粤赣省苏区大部失守，中央设立赣南省，辖雩都、登贤、赣县、杨殷4县，并于8月成立赣南省苏维埃政府。1934年11月国民党侵占雩都，1935年3月赣南省苏维埃政府停止活动。

（三）广东中央苏区的发展演变

广东省（简称粤）濒临南海，背依五岭，东邻福建，西连广西，北与江西、湖南接壤，南与海南隔海相望。广东对外通商早、华侨众多，是中国近代最早接触西方各种社会思潮的省份，因而成为大革命的策源地和中心区域，有深厚的组织基础和群众基础，中共党组织发展迅猛，工农革命运动风起云涌。1927年"四一五"反革命政变发生后，广东率先举起反击国民党右派背叛行径的武装斗争旗帜，举行了上百次武装起义，先后创建了海陆丰、东江、琼崖革命根据地。随着土地革命的深入开展和武装割据区域的扩大，特别是南昌起义部队和红四军先后多次进军粤东北，促进了粤东北土地革命和苏维埃运动的发展，南雄、大埔、梅县、饶平等逐渐与赣南、闽西等地密切了关系，促进了粤东北苏区与赣南、闽西苏区的融合，推动创建了闽粤赣特区，使粤东北苏区融入成

---

① 中共龙岩地委党史资料征集领导小组，龙岩地区行政公署文物管理委员会.闽西革命史文献资料：第2辑［M］.（内部资料），1982：145.

为中央苏区的组成部分。粤东北苏区主要由海（丰）陆（丰）惠（阳）紫（金）（由早期的海陆丰革命根据地发展而成）、揭（阳）丰（顺）（五）华（即八乡山）、潮（阳）普（宁）惠（来）（即大南山）、五（华）兴（宁）龙（川）、梅（县）（大）埔丰（顺）、蕉（岭）平（远）寻（乌）、潮（安）澄（海）饶（平）（南）澳（即凤凰山苏区）、饶（平）（平）和（大）埔诏（安）、陆（丰）惠（来）9块边区县的苏区组成，与广东苏区县直接相关的主要是梅（县）（大）埔丰（顺）、五（华）兴（宁）龙（川）、饶（平）（平）和（大）埔诏（安）、蕉（岭）平（远）寻（乌）几块根据地。这些苏区基本都是由几个县联合起来建立的，大多数横跨在几个县的范围甚至两省范围，基本上没有单独在一个县的范围内建立的，这些苏区普遍成立了苏维埃政权并开展了一系列的政权建设、经济建设、土地分配、教育宣传等。经中央确认，广东省现有11个原中央苏区县，分别为梅州市的大埔县、平远县、兴宁市、梅县、梅江区、蕉岭县、丰顺县、五华县，韶关市的南雄市，潮州市的饶平县，河源市的龙川县。1930年5月，东江第一次工农兵代表大会在丰顺县八乡山举行，讨论并通过了革命政纲、各种法令和决议，选举产生了东江苏维埃政府执行委员会，同时成立了红军第十一军，标志着东江革命根据地的正式形成。至1930年冬，东江"苏维埃区域，扩大到占全东江面积之半"，苏区人口近100万人。① 在全盛时期，东江革命根据地拥有约3000人的红十一军和约200万的苏区人口，根据地范围遍及粤东地区20多个县市，并发展到福建和江西南部。② 由于王明"左"倾冒险主义的影响，东江革命根据地的党组织也遭受了敌人的严重摧残。1935年夏，东江革命根据地的中心大南山根据地最后失陷，东江特委随之解体。红十一军军长古大存带领小部分武装从大南山突围，转移到丰顺、梅县、大埔一带的山区坚持斗争。

在现有的广东苏区县（区）中，由于地理位置的原因，南雄是一个相对独立的苏区县（市）。1928年2月13日，南雄县委领导全县人民进行武装暴动，2月18日宣布成立南雄县苏维埃政府，同时南雄下辖的二、三、五、六区及所辖120多个乡相继成立苏维埃政府。1928年春，南雄农民武装暴动失败后停止活动。1929年1月，毛泽东、朱德率领红四军进入南雄，1929年6月彭德怀、滕

---

① 中央档案馆，广东省档案馆. 广东革命历史文件汇集（苏维埃、工会、农会文件）：1927年—1934年［G］.（内部资料），1984：457-461.
② 中共广东省委党史研究委员会，中共广东省委党史资料征集委员会，东江革命根据地党史资料征集研究编写协作领导小组. 东江革命根据地史［M］. 北京：中共党史出版社，1989：1-9.

代远率领红五军攻占南雄,宣布成立南雄县革命委员会。1930年4月毛泽东、朱德率领红四军再度攻占南雄,8月中央苏区范围扩展到南雄县境,10月再次成立南雄县苏维埃政府,先后隶属赣西南苏维埃政府、江西省苏维埃政府。①1932年7月毛泽东、朱德、王稼祥率领红一方面军在南雄水口与粤军余汉谋部激战三天两夜,发生了惨烈的"水口战役"。1934年10月中央红军主力部队长征后,南雄成为项英、陈毅领导的三年艰苦卓绝游击战争的主要区域,陈毅同志在此写下了气壮山河的《梅岭三章》革命诗篇。

三、组织建构:中央苏区与广东中央苏区党组织的发展轨迹

土地革命时期是中共领导新民主主义革命的重要阶段,也是党、政、军、团、群等各类组织不发展、壮大、调整、成熟、完善的重要时期,中共各级、各地、各类组织从党员、小组、支部、特支、区委、县委、特委到省委,经历了从无到有、从小到大、从低到高的发展历程。从中共组织结构来看,包含了中央领导机构、中央派出机构、地方组织机构等类别,分为中央—省委—县委—支部—支分部或小组等层级,以及在"省委县委之下可以有特支特区……为工作需要的临时组织"②。其中,中央组织机构包括中共中央领导机构——中央委员会,工作机构——秘书处、组织部、宣传部、职工部等,中共中央军委与中革军委,全总、铁总、海总中共党团;中央派出机构包括南方局及军事组织、北方局、长江局、中苏区中央局及军群组织、上海中央局及群众团体组织、苏区中央分局及军事组织等;地方组织机构包括革命根据地及游击区地方组织,国民党、地方军阀统治区的中共地方组织及政军群组织。从关联性来看,与粤东北苏区党组织相关的党组织主要有中共中央、苏区中央局以及广东省委、江西省委、福建省委、湖南省委、东江特委、赣西南特委、闽西特委等。根据中共中央政治局的规定:"特委下依地势与地区宽广的需要,得于某些地域内设分区委员会管辖这些县委"③,东江苏区还成立有西北分委、西南分委。

(一)中央苏区党组织的发展沿革

从1930年7月到1934年10月,赣西南革命根据地与闽西革命根据地连成

---

① 中共江西省委党史研究室,中共吉安市青原区委,吉安市青原区人民政府,等.东固·赣西南革命根据地史料选编:第2册[G].北京:中央文献出版社,2007:581-590.
② 中共中央文献研究室,中央档案馆.建党以来重要文献选编(1921—1949):第4册[G].北京:中央文献出版社,2011:722-728.
③ 中共中央文献研究室,中央档案馆.建党以来重要文献选编(1921—1949):第7册[G].北京:中央文献出版社,2011:599.

一片，形成中央革命根据地，在瑞金建立了中央一级的党、政、军、群组织，先后建立了江西、福建、粤赣、赣南、闽赣、湘赣、湘鄂赣7个省及相应的党、政、军、群组织，统一受中共苏区中央局领导（其中湘鄂赣一度受中共中央湘鄂西分局领导）。党在中央苏区的组织领导系统主要分为"中共中央—中共苏区中央局—各省省委—各县委、区委"，另外还曾出于与中央联系的需要设立"联省党委员会""联省的党委"① 及"中央区党委"②，但因各种原因并没有成立，此外，为方便管理还"指定某些中心县委兼管其附近各县委，或联合数县乃至十数县成立道委员会，以介乎省委与县委之间"③。因此，中央苏区的组织领导机构除了中共中央这一最高领导机构及其组织机构外，就是作为中共中央"代表"的中共苏区中央局。

1. 中共苏区中央局的发展沿革

在苏区中央局成立之前，各根据地党组织主要直属中共中央领导，中央政治局也可直接对红军和根据地发出指示。随着革命斗争的不断发展，加上国民党反动派的严密封锁和频繁"围剿"、中共中央和中央军委处于上海等原因，迫切需要加强根据地党的统一领导，以便把城乡斗争、工农斗争、各革命根据地斗争密切结合起来。1930年5月，中共中央在上海召开全国苏区代表大会，决定建立全国的苏维埃政权，并为此成立了中央苏维埃代表大会准备委员会（简称中央苏准会）（《红旗日报》，1930年9月12日，第4版）。1930年8月26日，中央总行委在上海召开主席团会议，提议在苏区成立党的中央局，以统一和加强对全国各苏维埃区域工作的指导。1930年9月18日，扩大的六届三中全会"完全同意中央政治局立即在苏维埃区域建立中央局的办法，以统一各苏区之党的领导。……苏区各特委凡能与苏区中央局发生直接关系的地方，都应隶属其指挥。"④ 随后，中共中央政治局于10月3日初步确定了苏区中央局组成人员，10月17日最终确定了成员名单，同时讨论决定了苏维埃区域中央军事委员会组成人员名单；10月24日，中央政治局正式决定，"党在苏维埃中央区设立中央局，直接指导各苏区之党的特区委员会"，苏区中央局还负有计划"召开全

---

① 中共中央文献研究室，中央档案馆. 建党以来重要文献选编（1921—1949）：第8册[G]. 北京：中央文献出版社，2011：436.
② 中共江西省委党史研究室等. 中央革命根据地历史资料文库·党的系统：第3册[M]. 北京：中央文献出版社，2011：1737.
③ 中共中央文献研究室，中央档案馆. 建党以来重要文献选编（1921—1949）：第8册[G]. 北京：中央文献出版社，2011：436.
④ 中共中央文献研究室，中央档案馆. 建党以来重要文献选编（1921—1949）：第7册[G]. 北京：中央文献出版社，2011：488-489.

国苏维埃大会与建立中央临时政府的任务"。① 于是，苏区中央局就成了中央苏区乃至全国苏维埃区域党的最高领导机构。根据中央指示，项英于1930年11月离开上海，由地下交通站护送经广东汕头进入闽粤赣苏区，12月底进入江西苏区，1931年1月初抵达宁都县小布，与红一方面军总部领导人毛泽东、朱德等会合。1931年1月15日，中共苏区中央局在宁都县小布乡赤坎村的龚氏宗祠正式成立，在周恩来未达江西苏区前由项英代理书记职务，由于苏区中央局成员各有其职，负责实际工作的仅项英1人。尽管如此，从1931年1月到3月，在项英的主持下，中共苏区中央局一连发出17个通告（或通知），较好地处理和解决了中央苏区发生的一系列重大事件和重大问题。苏区中央局成立，中央进一步对其管辖范围和职责功能做了规定。1931年5月，中央明确指出："江西苏区的中央局，它的管辖范围包括江西省委、闽粤赣省委、湘东南省委、湘鄂赣省委、赣东北省委各苏区"。② 因此，苏区中央局的职责范围便由"直接指导【全国】各苏区之党的特区委员会"改为只是负责与江西地域密切相连的几个苏区。1931年12月，周恩来进入永定苏区并于1932年1月开始主持苏区中央局工作，苏区中央局的各工作部门逐步健全完善。1932年冬，由于"左"倾冒险使党在上海等白区城市的工作遭受重大损失，中共中央、共青团中央和赤色工会总理事会（即全国总工会）等被迫从上海迁往中央苏区，在上海只留下这些机构的全权代表。1933年4月，中共苏区中央局、苏维埃临时中央政府各部、局和少共苏区中央局等机关迁至瑞金城西南的沙洲坝一带办公，中共苏区中央局遂与中共中央合并办公。苏区中央局的成立，既表明中共中央对农村工作的高度重视，而且使全国十余省的农村革命根据地第一次拥有了统一的苏区党的组织机构，这对领导全国苏区党组织和根据地工作、建立各苏区之间的联系和统一红军的军事行动极为有利。1934年10月，中央机关和红军主力长征后，中央苏区组建了中央分局、中华苏维埃临时中央政府办事处和中央军区，项英、陈毅等随后坚持和领导了艰苦卓绝的南方三年游击战争。

2. 前委及中央军委的发展沿革③

"前委"即"前敌委员会"，亦称"前线委员会"，是中共中央在革命战争

---

① 中共中央文献研究室，中央档案馆. 建党以来重要文献选编（1921—1949）：第7册[G]. 北京：中央文献出版社，2011：590-591，599.
② 中共中央文献研究室，中央档案馆. 建党以来重要文献选编（1921—1949）：第8册[G]. 北京：中央文献出版社，2011：435-436.
③ 余伯流，凌步机. 中央苏区史（修订版）[M]. 南昌：江西人民出版社，2017：369-371.

时期，为组织领导某一地区武装起义或组织指挥重大战役而设立的党的高级领导机关。在1927年南昌起义前，中共中央指定周恩来、李立三、恽代英、彭湃组成前敌委员会，周恩来任书记。同年8月秋收起义前，中共湖南省委亦按照八七会议精神决定由毛泽东、卢德铭、余洒度等组成前敌委员会，毛泽东任书记。红四军成立后重新组织了前委并经过几次改选，随着红军发展壮大而逐步构建了完善的军事组织系统。1928年6月，中央对"前委"组织的机构设置、人员组织、管辖范围等做出详细指示，认为"有前敌委员会组织之必要"，要在"前委之下组织军事委员会（同时即是最高苏维埃的军事委员会）"和"职工运动委员会"，明确"前委所管辖的范围当然要由环境决定"，"在江西境内时受江西省委指导，在湖南境内时受湖南省委指导，同时与两个省委发生密切关系"，暂时包括永新、宁冈、遂川、万安、茶陵、攸县、酃县，且"所有这一区域内的工作完全受前委指挥"，指定由毛泽东、朱德、一工人同志、一农民同志及前委所在地党部的书记五人组成前委。① 1928年11月，根据中共中央指示，红四军前委在井冈山成立，统辖中共湘赣边界特委和中共红四军军委。到1930年春，红四军发展到4个纵队，红五军发展到5个纵队，赣西新成立红六军，于是红四军前委、赣西特委和红五军、红六军军委于1930年2月6-9日召开联席会议，决定在红四军前委的基础上组建新的前委作为联合行动的最高机关。2月16日，新的前委宣告成立，提出了当前赣西南革命斗争的任务。② 1930年6月，红四军、红六军（不久后改称红三军）和红十二军组成第一军团（始称第一路军），同时以原中共红四、五、六军共同前委为基础成立红一军团前委，领导红军和赣、闽、粤三省红色区域的革命斗争。

为了建立中央军事指挥系统，加上"左"倾冒险主义的影响，中共中央于1930年4、7、8月先后发出通知，就建立健全红军组织及指挥系统做出规定和要求。1930年4月，中央就全国红军"指挥的系统既紊乱而决定又常不免有抵触"问题，明确"以后各地已组织的正式红军，一切指挥权完全统一于中央军委"，对于"距离太远指挥不灵便"的地方则设立办事处代表中央军委工作，对"距办事处还远的地方，中央军委当委托各省军委指挥"，各省省委以至特委"与当地的红军发生很密切的经常的横的关系"，"供给他们政治消息文件刊物，建立交通以及一切物质上精神上一切可能的帮助"，"至于地方的赤卫队游击队

---

① 中共中央文献研究室，中央档案馆. 建党以来重要文献选编（1921—1949）：第5册[G]. 北京：中央文献出版社，2011：237-238.
② 江西省档案馆，中共江西省委党校党史教研室. 中央革命根据地史料选编（中册）[G]. 南昌：江西人民出版社，1982：174.

及一切地方性的武装,均应渐次集中组织为红军,但在未成立红军之前,仍归地方指挥,一至成立红军后则指挥权应移交中央军委"。① 1930年7月,中央明确指出:"红色区域的军事政治指导机关,……就是工农革命委员会。……这一委员会可以由九人到二十一人不等,内设常委三人,负经常指导的责任。"② 1930年8月,中央再次对党的军事机关组织与系统进行明确:"军委组织应有独立的系统,军委在政治上完全在党的领导之下,独立的计划一切军事工作,在组织上军事人才以及各级军委组织,各级党部不能随意与随时改组,军事工作人员完全归军委管理",并对中央军委、各军区军委、各省军委组织的内设机构做出规定,对各特委市委县委、中心城市的区委、县以下的区委、支委等军事组织机构设置做出要求。③ 中共六届三中全会纠正了李立三的"左"倾错误,提出在中央苏区设立中央局和中央军委,专门负责领导全国苏维埃区域军事武装力量。1931年1月15日,中共苏区中央局成立时,中央革命军事委员会同时成立,原中共红一方面军总前委宣布撤销,2月17日苏维埃中央军委原总政治部成立,3月设立军委原总参谋部。1931年6月,苏区中央局决定在前方成立中共红一方面军临时总前委。从1931年5月24日起到10月底,红一方面军的军事行动和红军所到之处的地方工作,实际上都由总前委领导。1931年11月,中华苏维埃共和国中央革命军事委员会成立时,宣布撤销红一方面军番号,取消红一方面军总司令、总政委名义,中共红一方面军临时总前委也随之撤销。

(二) 中央苏区核心区域党组织发展沿革

随着马克思主义在闽、粤、赣边区传播,加上中共成立后领导的工人运动的影响和推动,特别是大革命洪流迅速波及闽粤赣边区,闽、粤、赣三地积极组织各种进步团体、党团外围组织及创办各种革命刊物,有力地促进了马克思主义的广泛传播和党团组织的创建,各地先后创建党小组、支部、特支、区委、部委、县委、特委等,随着工农暴动、土地革命、武装斗争、政权建设的深入发展,闽、粤、赣边区党组织不断壮大、健全和成熟。

1. 赣西南苏区:江西省及赣西南党组织的发展沿革

在赣西南苏区,除中共中央以及苏区中央局外,还先后有中共江西省委、

---

① 中共中央文献研究室,中央档案馆. 建党以来重要文献选编(1921—1949):第7册[G]. 北京:中央文献出版社,2011:128-129.
② 中共中央文献研究室,中央档案馆. 建党以来重要文献选编(1921—1949):第7册[G]. 北京:中央文献出版社,2011,309-309.
③ 中共江西省委党史研究室等. 中央革命根据地历史资料文库·党的系统:第2册[M]. 北京:中央文献出版社,2011:982-984.

赣西特委、赣南特委、赣西南特委、闽粤赣特区委等党组织,与广东苏区县党组织相关联。由于革命形势及战争环境影响,这些党组织发展迅速、调整频繁,始终处于不断的发展变化之中,其相互关系也屡屡发生改变。

(1) 中共江西省委的历史沿革

1922年2月,毛泽东等人建立了江西第一个共产党基层组织——中共安源路矿支部,相继发展为安源地委、特别区委。1924年5月,中共南昌特别支部成立,1926年4月中共江西地方执行委员会成立,1927年1月中共江西区执行委员会成立,1927年5月改为中共江西省执行委员会。至1927年7月,江西全省80个县中,建立了党组织的县达59个,未建立党组织但有党员活动的有14个,另有萍乡和寻邬分属湖南和广东领导。为了落实中央湘鄂粤赣四省秋收暴动的计划,陈潭秋于1927年10月接任江西省委书记,于10月底将全省改为东西南北四区,分别成立特委、赣西特委、赣南特委于1927年10月先后成立。1928年1月,江西省委撤销赣西、赣南特委成立赣西南特委,同年2月撤销赣西南特委分设赣南和湘赣边特委。1930年1月,赣西、湘赣边两特委合并为赣西特委,2月下旬赣西、赣南和湘赣边3特委合并改称赣西南特委。同年10月以赣西南特委为基础成立江西省行委,直属中央总行委领导,下设5路行委。1927年8月至1930年5月,设在国民党统治区的江西省委负责领导全省的党、政、军、群组织,期间先后四次遭到敌人严重破坏。从1930年5月江西省委被破坏到1938年初,在国统区未能恢复建立中共江西省委组织,后来成立的则是苏区江西省委。1931年10月,苏区江西省委正式成立,所辖中共赣东、赣南、永吉泰三个特委于1931年11月中旬撤销,由省委直辖各县委和中心县委。从中共江西省委1931年11月正式成立起至1935年春斗争失败止,先后共辖有39个中共县委(或工委、临时县委),在1933年5月全盛时期曾同时辖有瑞金、零都、寻邬等22个县委和南丰临时县委。其中,中共寻邬县委于1928年8月正式成立,1931年1月与广东东江地区的蕉岭、平远两县党组织联合成立中共蕉平寻县委,隶属中共闽粤赣边特委西北分委,1931年10月恢复中共寻邬县委后隶属中共江西省委。1930年7月至1934年10月,江西省周边革命根据地内先后建立了7个省委,1934年10月至1937年7月江西各级党政军群组织遭受重大挫折,进入三年游击战争。从1934年10月到1937年7月,江西、闽赣、粤赣、赣南等省级党、政、军、群组织相继解体,湘赣省委、湘鄂赣省委得以保存,闽浙赣省委改为皖浙赣省委,1936年5月再次成立中共闽赣省委,1937年7月抗日战争全面爆发后改编为新四军,离开江西开赴抗日前线。

(2) 赣西南党组织的历史沿革

在赣西,1926年3月成立中共吉安特别支部,1927年初升格为中共吉安地委,至1927年7月共辖有3个正式县委、1个临时县委、2个区委、1个特别支部、44个支部和3个小组。在赣南,1926年8月成立了中共赣州支部,1927年1月升格为中共赣州地委,辖有1个特支、7个支部、1个中心支部。1927年7、8月间,赣南、赣西党组织先后被迫停止活动,转移到外地或农村山区;8月下旬,中共江西省委决定在全省成立6个中共特委,10月重新划分为赣东、赣西、赣南、赣北4个特区并分别建立特委,其中赣西特委于10月中旬成立,赣南特委于10月下旬成立。赣南特委活动范围为赣州、雩都(于都)、兴国、石城、瑞金、会昌、寻邬(今寻乌)、安远、龙南、定南、虔南(今全南)、信丰、南康、大庾(今大余)、上犹、崇义等县。1928年1月,中共江西省委决定撤销原已建立的中共赣西、赣南特委,成立中共赣西南特委,领导赣西、赣南30余县,2月,中共赣西南特委撤销后建立赣南特委、湘赣边界特委和吉安县委。中共赣南特委于1928年3月初在赣州恢复,3月23日被破坏,4月成立中共赣南临时特委,10月18日再次被破坏而停止活动,同年12月赣南各县党组织领导人在雩都恢复中共赣南特委。1929年5月,赣西南特委召开第二次党员代表大会改组。在这期间,红四军和红五军先后游击赣南,特委工作由河东转向河西,10月10日特委机关第三次遭破坏但随即恢复。1929年3月20日,中共红四军前委报告,"赣南党部,于都及东固最好,兴国、信丰、宁都、安远、寻邬次之,瑞金、会昌、石城尚无组织。"① 1928年7月,江西省委决定重新成立中共赣西特委,于1929年3月进行改组,随后于9月改选和健全,11月8日遭到大破坏,此时中共湘赣边特委也遭到较大损失。1930年2月"二七"会议上,赣西、赣南、湘赣边3个特委联合组成赣西南特委,并从5月开始先后成立了东路、西路、北路、中路、东河、西河等行委。1930年10月,赣西南党、团、工会合并成立江西省行动委员会。1931年1月,江西省委撤销后成立了中共赣西南特区委,设东路、南路、北路、西路和西河等分委,广东南雄划归中共西河分委管辖。此后,苏区中央局撤销赣南特区并分别成立赣南、赣东、永吉泰3个特委,隶属苏区中央局。中共赣西南特区委撤销后于1931年6月成立中共赣南特委,辖兴国、雩都、万安、赣县、信丰、安远、寻邬、会昌、南康、上崇、南雄等县。同年7月,寻邬与广东蕉岭、平远联合成立中共蕉平寻县委,隶属

---

① 中共中央文献研究室,中央档案馆.建党以来重要文献选编(1921—1949):第6册[G].北京:中央文献出版社,2011:91.

中共闽粤赣特委。1931年11月，苏区中央局撤销赣东、赣南和永吉泰3个特委，成立江西省委，均直属苏区中央局领导。

(3) 中共粤赣省委的历史沿革

随着根据地不断拓展壮大，1933年8月16日，中央人民委员会认为："江西省苏辖境太大，行政指挥上不便利，同时为开展南方战线上的战争，克服消灭与驱逐粤桂敌人，向西南发展苏区，深入现有区域的阶级斗争，开发钨矿和发展出入口贸易，有单独在南方设立一个省的必要"①。粤赣省于是设立，先后辖会昌、西江、门岭、雩都、寻邬、信康、安远、寻安武西、会西、兴龙等县。11月4日，粤赣省党的第一次代表大会选举产生了中共粤赣省执行委员、候补执行委员、省监察委员会委员以及省执委会常委，成立中共粤赣临时省委及各工作部门，成立了粤赣省临时苏维埃政府（粤赣军区已于1933年4月设立）。由于国民党粤军在中央苏区南线不断向苏区发动进攻，粤赣省苏区逐渐被国民党粤军侵占，1933年冬至1934年2月安远和寻邬两县苏区先后全部失守，1934年4月筠门岭被国民党粤军攻占，5月粤赣省所辖西江县划归中央直接领导，粤赣省仅剩会昌、雩都、登贤（原信康县改称）等县苏区及几个游击区。1934年7月下旬，中共中央和中央政府决定新设赣南省，雩都、登贤两县划属赣南省。至1934年8月后，粤赣省只领导会昌一个县。中共粤赣省委和省苏机关的大部分领导力量和工作人员，都转移到赣南省工作。同年10月，留守粤赣省的省委书记刘晓和粤赣军区司令员何长工奉中央命令参加长征，中共粤赣省委遂解体。

(4) 中共赣南省委的历史沿革

赣南省设立于1934年7月下旬。在赣南省设立之前，1934年5月中旬在雩都县城设立赣南军区，项英任司令员兼政治委员；同月设立赣南动员区，负责雩都、登贤、赣县、杨殷四县扩红动员任务；6月下旬设立赣南战地委员会，项英为主任。7月下旬在赣南战地委员会的基础上，新设立赣南省，辖有雩都、登贤、赣县、杨殷四县苏区，后期还设立过寻安会县、于西县和兴龙寻安等县。中共赣南省委先隶属中共中央，1934年10月后隶属中共中央分局。赣南省设立后，即成立了中共赣南省委。由于反"围剿"战事紧张，当时未召开全省党代表大会，省委组成人员由中共中央指定，钟循仁任省委书记。1934年12月钟循仁调任中共闽赣省委书记后，由阮啸仙接任省委书记，设有秘书处、组织部（部长罗孟文）、白区工作部（部长张谨瑜）、妇女部（部长刘莲仔）等工作部门。中共赣南省委成立后，中共信康赣县委由粤赣省委改隶中共赣南省委领导，

---

① 人民委员会第十八次会议 [N]. 红色中华，1933-08-11.

1934年12月起受中共信康赣雄特委领导。中共信康赣雄（赣粤边）特委于1934年12月由中共中央分局和中共赣南省委成立，1935年春后改称为中共赣粤边特委。

2. 闽西苏区：福建省及闽西党组织的发展沿革

在闽西苏区，除了中共中央以及苏区中央局外，与广东苏区县党组织相关联的党组织，先后有中共福建省委、闽西特委、闽粤赣特委等。闽西苏区的党组织发展迅速但调整变化相对较少，与广东苏区县的相互关系也相对稳定一些，在苏区的创建和斗争上有着其他苏区所不可比的东西，如：在长汀首先绘制了创建中央苏区的蓝图，随后闽西成为继井冈山之后中共在南方建立的较早且较巩固的又一块有全国影响力的革命根据地，成为中央苏区的后方基地和东南屏障；1929年3月成立的长汀县革命委员会，是红四军下井冈山以来，在赣南、闽西创建的第一个县级红色政权。

（1）中共福建（闽粤赣）省委的历史沿革

五四运动后，马克思主义首先在漳州、厦门及其邻近的泉州、龙岩等县市逐步得到传播，福建各地党团组织随之产生。1926年4月，相继成立中共福州地委和中共厦门支部，1927年1月成立中共闽南特委。"四一二"反革命政变后，中共中央于1927年7月派陈明、陈昭礼等人分别回厦门和福州地区，整顿、恢复和重建了中共闽南临委、闽北临委和一些基层党组织。1927年12月，根据中央"必须使闽南闽北两特委年内合并成为一个临时省委，地点必须在厦门"①的指示，选举成立中共福建临时省委。会后，全省连续爆发平和、龙岩、上杭、永定、崇安等地的农民暴动，先后建立了2个特委、14个县委和7个县特别支部。1928年8月，省临委在中央巡视员的帮助下，正式成立了中共福建省委。1929年，红四军3次入闽，闽西、闽北和闽南逐步形成了武装割据的农村革命根据地、党的队伍、党领导的政权组织和地方武装力量。到1930年底，全省已建立5个特委、2个市委、26个县委以及12个特区委和特支，其中有9个县建立了县苏维埃政府。1931年1月，中央决定将闽西、东江和赣南苏区合并为闽粤赣边特区，建立中共闽粤赣边特委。1931年5月，闽粤赣边特区改设为闽粤赣省，中共闽粤赣边特委相应改为中共闽粤赣临时省委。1931年7月和1932年3月，特区委发展为中共闽粤赣省委和中共福建（苏区）省委。1932年3月，中共闽粤赣苏区省第二次代表大会召开，会后中共闽粤赣省委改称"中共福建

---

① 中共中央文献研究室，中央档案馆. 建党以来重要文献选编（1921—1949）：第4册[G]. 北京：中央文献出版社，2011：729-732.

省委"。1933年2月28日至3月上旬,中共闽粤赣临时代表大会在汀州召开,改组了省委。1933年4月,中央决定在闽赣边区基础上建立中共闽赣省委。1933年10月28日至11月2日,中共福建省第三次代表大会在长汀县城召开,陈潭秋为省委书记。① 1934年2月初,陈潭秋在"二苏大会"上被任命为苏维埃中央政府粮食部部长,福建省委书记由曾洪易接任;同年7月,曾洪易以中央代表身份参加北上抗日先遣队行动,中央任命刘少奇为中共福建省委书记;同年10月,刘少奇随红军野战军参加突围转移,福建省委书记由原福建省军区政委万永诚接任。

(2) 闽西党组织的历史沿革

在大革命的洪流中,陈明、郭滴人、张鼎丞、阮山、邓子恢等人在外地入党后,先后返回家乡组织工农运动、发展党员、建立组织,上杭、龙岩、平和、永定等县纷纷建立党组织。1926年夏,闽西第一个党支部——中国共产党永定支部(后称上湖支部)成立,隶属中共厦门特支领导。1926年冬至1927年初,中共龙岩县支部(1927年11月成立龙岩临时县委)、中共平和县支部(1927年12月成立平和临时县委)、中共永定金丰支部(1927年10月成立永定临时县委)、中共上杭支部(1928年1月成立上杭临时县委)等先后成立,长汀县和连城县也于1927年至1928年相继建立了党的组织,均隶属于中共闽南特委领导。1927年9月,南昌起义军进入长汀、上杭、永定、武平等县,发展了一批党员,建立了党的基层组织,帮助地方建立武装,开展革命斗争。1927年9月,闽南特委根据中央决定改为闽南临时委员会,隶属广东省委和中央南方局,1927年10月底南方局撤销后直属中央。1928年1月,永定、龙岩、上杭相继成立县委或临时县委,武平建立特支,党员总数达200余人。从1928年3月起,闽西龙岩、永定、上杭、平和先后发动农民暴动,建立革命武装,并进行了分配土地、建立苏维埃政权的工作;7月15日,根据中共福建省委指示,成立了中共闽西临时特委和闽西暴动委员会,标志着闽西各县的党组织有了自己的领导核心。闽西农民暴动先后受挫,中共闽西临时特委于1928年冬撤销。至1929年3月红四军入闽前,闽西地方党组织已建立永定、上杭、龙岩、长汀、武平5个县委,区委8个、特支1个、支部72个,党员755人,占全省党员总数的56%。中共福建省委坚决支持红四军前委关于在赣南闽西20余县建立割据区域的战略决策,决定闽西的工作以上杭、长汀、龙岩、永定四县为中心,并于1929年3月间恢复了中共闽西临时特委,邓子恢任书记。至1929年7月,全闽

---

① 福建第三次党代表大会的成功 [N]. 红色中华, 1933-11-11.

西有永定、上杭、龙岩、长汀、武平、平和、饶和埔诏7个县建立了中共县委（或临时县委），还有2个边界特区委。1929年7月20日至29日，毛泽东亲自指导在上杭县召开中共闽西第一次代表大会，正式成立闽西特委。1930年5月，据龙岩、上杭、永定、长汀、连城、武北、漳平（永福）等县的不完全统计，共有中共区委53个、支部546个、特支19个、党员7756人。由于"左"倾错误，7月8日至24日中共闽西第二次代表大会改选了特委组织，后于8月6日成立了闽西党、团、工会合并的闽西总行动委员会，并于同年11月间撤销后重建闽西特委，归南方局领导。1930年10月，闽西苏区改称闽粤赣边特区；11月，恢复并改组中共闽西特委；12月，成立中共闽粤赣边区特委，原闽西特委机关撤销，闽西苏区各县委直属闽粤赣边区特委领导。1931年4月以后，闽粤赣边区特委直辖苏区中央局；6月，闽粤赣边区特委改为中共闽粤赣苏区临时省委（又称闽粤赣省委）；9月，赣南、闽西连成一片，闽西革命根据地成为中央革命根据地的重要组成部分。1932年3月，闽粤赣省委改为中共福建省委，成立福建省苏维埃政府。由于"左"倾冒险主义，闽西党的组织建设和地方政权、经济、文化建设遭到破坏，革命力量受到削弱。

（三）广东省中央苏区党组织发展沿革

广东11个中央苏区县所在的东江潮梅地区具有悠久的革命历史，太平天国、义和团运动、辛亥革命都曾在潮梅地区掀起轩然大波，大批人士纷纷参加孙中山创建领导的兴中会、同盟会，大革命时期更有大批人员参加东征北伐。在第二次东征胜利和广东全省获得统一的有利形势下，东江地区党团组织迅速发展，陆丰、紫金、惠阳、潮安、澄海、五华、大埔、梅县、兴宁、丰顺等县先后建立了党小组、支部、特委、部委、县委等党组织，这些党组织先后隶属于广东省的潮梅特委、汕头地委、东江特委，江西省的赣西南特委、福建省的闽西特委，以及后来的闽粤赣特区委等党组织。与广东现有11个苏区县相关联的党组织，主要包括广东省委及南方局、潮梅特委、汕头地委、东江特委、北江特委以及闽粤赣边特委等。

1. 广东省委及南方局的历史沿革

在五四运动之后，中国共产党组织在广东应运而生，1921年春广州共产主义小组成立，1921年8月成立中共广东支部，1922年6月成立中共广东区委，1924年春改为中共广州地方执行委员会，同年10月又改为中共广东区委。"四一二"反革命政变后，中共广东区委转移到香港并改为中共广东特别委员会，并于1927年8月成立中共广东省委员会。至1927年12月，广东省委已辖有东江、琼崖、南路、西江、西江上游、北江等特委，普遍建立了县级组织，全省党员约 3 万人。从 1927 年夏秋至 1928 年夏秋，全省各地共发动了 100 多次武装暴动，先后建立了 20 多个县级的革命政权和一大批区、乡革命政权，创建了工农革命军第二师（后称红二师）、工农红军第四师和琼崖工农红军。1927 年 12 月领导广州起义并建立广州苏维埃政府，在海丰、陆丰和陵水等县建立了全国最早的一批县级工农民主政权。1928 年 2 月，广东全省党员 4 万多人，其中海丰 1.1 万人，潮梅各县共 5000 人；至 1928 年 6 月，全省建立县、市委达 69 个，新建立了潮梅特委、江门市委和海（丰）陆（丰）惠（阳）紫（金）特委，党员人数已达 5.3 万人，占全国党员总数的 40%。到 1928 年 8 月，广东党员人数增至 6.4 万多人。1928 年 10 月，广东省委有正式委员 31 人、候补 11 人，常委 7 人，设组织、宣传两部以及军委、农委、妇委，下设东、南、西、北、海陆丰五个特委，全省县委有 40 个左右。① 1928 年夏收暴动失败后，海陆丰革命根据地丧失，各级党组织受到很大损失，党员人数大量减少，直至 1929 年春蒋桂战争爆发后，根据地的党组织才逐步得到恢复和发展。从 1930 年秋开始，广东接连受到以李立三和王明为代表的两次"左"倾冒险主义错误的严重影响，到 1931 年全省党员从 6.4 万人减少到 1 万人左右。广东省委机关从 1931 年初至 1934 年 9 月屡次遭到严重破坏，省委先后三易其名，期间于 1931 年 3 月改为中共两广（广东、广西）省委，1932 年 9 月改称中共两广工委，1934 年 3 月再改为香港工委，1934 年 9 月被破坏后广东省级党组织机关被迫中断活动两年之久。与此同时，潮梅特委、南路特委、北江特委、广州市委、香港市委及中路地区党组织遭敌人破坏而相继停止活动。1936 年 9 月，在香港成立了中共南方临时工作委员会（简称"南临委"）。1937 年 7 月，全国性抗日战争开始后，张文彬受委派到广东整顿和加强南方党组织，于 10 月撤销南临委成立中共南方工作委员会，领导广东、广西和港澳党组织，同月成立中共闽粤赣边省委员会，潮梅地区的党组织划归闽粤赣边省委领导。

在土地革命时期，南方局先后存在过两段时期，一是 1927 年 8—10 月，二是 1930 年 8 月至 1931 年初。1927 年 8 月 11 日，中央在决定成立广东省委的同时，决定在广东成立南方局，领导广东、广西、闽南及转移到海外的党组织，机关设在香港；10 月 15 日，南方局与广东省委在香港召开联席会议，改组了南方局；10 月 23 日，中央决定撤销南方局，将广西和二十五师设一特委归广东省委指挥。1930 年 8 月初，中央再次决定成立南方局，并于 8 月 12 日正式成立，

---

① 中央档案馆，广东省档案馆.广东革命历史文件汇集（中共广东省委文件）：1928 年（六）[G].（内部资料），1982：127-130.

机关设在香港。1930年12月至1931年1月,南方局与广东省委机关遭到严重破坏,领导人卢永炽、林道文、陈舜仪、杨剑英等被捕。1931年3月,根据中央指示,成立了以李富春为书记的两广省委,南方局实际上不再存在。这一时期的南方局与广东省委的领导实际上是同一套班子,两个名称同时使用。

2. 潮梅特委、汕头地委及东江特委的历史沿革

潮梅地区党组织随着国民革命军两次东征和国共合作而不断发展,海丰、陆丰则是中国农民运动的发祥地之一。1925年春,广东区委派彭湃等人进入海陆丰等地发展党组织,1925年3月建立中共海陆丰支部,同年4月改为中共海陆丰特支,直属于中共广东区委领导;1925年10月成立中共海陆丰地委,辖海丰、陆丰各部委、特支和支部。① 1925年12月,广东区委派赖玉润等人前往潮梅地区开展党的工作,在周恩来指导下,在汕头市成立了中共潮梅特委,隶属中共广东区委,下辖汕头市及郊区的党支部、大埔特支、潮阳支部、揭阳特支、潮安支部、澄海支部、惠来支部、饶平支部、普宁支部等组织。② 1926年初,潮梅地区十几个县市先后建立了共产党的特支和支部。1926年3月,中共潮梅特委改为中共汕头地委,隶属于中共广东区委,3月底由杨石魂代理地委书记职务,同年8月由罗明接任汕头地委书记,同年12月由郭瘦真继任直至1927年5月。到1926年冬,中共海陆丰地委、潮梅特委和汕头地委相继成立,大埔、五华、梅县、兴宁、丰顺、平远等先后建立支部或特别支部。1926年10月,中共丰顺县部委、大埔县部委先后成立。1927年1月,中共梅县特支改组成为部委,下辖梅、兴、华、平、蕉、寻(江西寻邬)、武(福建武平)等党组织。从1925年12月至1927年,潮梅特委(汕头地委)领导包括梅州在内的潮梅(汕头)地区革命斗争,党团组织也在斗争中得到很大的锻炼和发展。1927年4月下旬,中共东江特别委员会成立。③ 由于组织不健全,广东省委于1927年10月决定取消东江特委,成立工农革命军第二师特委,管理原东江特委所辖各县党组织,决定未及实行便又于11月决定恢复东江特委。④ 1928年1月,广东省委决定改组东江特委;1928年2月,广东省委决定成立潮梅特委,6月省委将潮

---

① 中共广东省委党史研究室. 中共广东党史大事记 [M]. 广州: 广东人民出版社,2004: 57.
② 中共汕头市委组织部,等. 中国共产党广东省汕头地区组织史资料(1925—1949年) [M]. (内部资料),1993: 16.
③ 中共广东省委党史研究室. 中共广东党史大事记 [M]. 广州: 广东人民出版社,2004: 94.
④ 中央档案馆,广东省档案馆. 广东革命历史文件汇集(中共广东省委文件): 1927年 [G]. (内部资料),1982: 169.

梅特委合并于东江特委，10月底省委批准成立海陆惠紫特委，12月海陆惠紫特委改为海陆紫特委，同时东江特委改组为中共临时东江特委。1929年1月，海陆紫特委选举产生新的特委，同年6月又扩大为海陆惠紫特委，同年4月东江特委成立宣委和军委，6月选举产生新的东江特委，9月再次进行改组。截至1929年8月，全东江党员共5079人，县委14个，区委50个，支部490个；全东江农会会员52052人，在东委地域内人口524万，加入工作组织者2691人。①至1930年夏时，东江党员有5000多人。1930年9月，东江特委把党、团和工会的领导机关合并为"东江行动委员会"；同年10月，海陆惠紫特委并入东江特委，11月成立海陆紫县委，归东江特委直接领导。1930年11月，闽粤赣边特委成立后，东江特委被取消，"在东江设（党的）西南、西北分委"②，隶属闽粤赣苏区特委领导；中共西南、西北分委虽已成立，但由于交通不便，实际上仍受广东省委指挥。经中共中央批准，于1931年5月中旬取消西南、西北分委，恢复中共东江特委。1931年7月，东江特委辖有15个县委。1932年4月18日，东江特委召开扩大会议，对领导机构进行了改组。1933年1月10日，东江特委再次进行调整。1933年至1934年，东江革命根据地受到国民党军队的不断"围剿"，特委组织机构处于不健全状态。1935年夏，东江特委停止活动。东江特委机关先后曾驻海丰、惠阳、惠来、普宁、潮安、八乡山、大南山等地。特委机关1927年8月至1928年3月设在海丰，后迁往惠来、普宁、潮安。1929年2月中旬，中共东江特委机关从潮安秘密转移到丰顺县释迦岽下，加强了与中共丰顺县委、五华县委的联系。1929年夏以后迁往揭（阳）丰（顺）（五）华边的八乡山，后迁往潮（阳）普（宁）惠（来）边的大南山。从1930年10月至1935年6月，大南山苏区都是中共东江特委和东江苏维埃政府机关的所在地，成为东江革命根据地的神经中枢和中心区域。

3. 广东中央苏区县的党组织历史沿革

在广东11个中央苏区县中，除南雄县外，其他苏区县均位于东江潮梅地区，其中梅县、大埔、丰顺、五华、兴宁、龙川、蕉岭、平远、寻邬、饶平、平和、大埔、诏安，各自形成一个相对完整的边界苏区，因而各县的党组织相应出现了时而独立组建、时而又联合组建的情况。总体来说，广东11个苏区县

---

① 中共东江特委给省委的报告——东委组织系统与组织工作状况（1929年8月2日）[A]//中央档案馆，广东省档案馆. 广东革命历史文件汇集（中共东江特委文件）：1929年（一）[G]. (内部资料)，1983：175-200.
② 闽粤赣边区党史编审领导小组，林天乙. 中共闽粤赣边区史[M]. 北京：中共党史出版社，1999：78.

的党组织，主要是由一批旅欧和在北京、上海、广州等地读书入党的大学生，经组织选派，利用寒暑假回家乡宣传马列主义，成立党团组织。在领导农民暴动、土地革命和武装斗争的过程中，党小组、支部、特支、区委、县委等逐渐发展壮大。从创建时间来看，蕉岭、潮安等地最早于1921年成立了青年团组织；1925年先后在大埔、五华、梅县等地建立中共支部、特支，隶属潮梅特委；1926年又先后建立饶平、梅县、兴宁、平远、丰顺、大埔、五华支部、特支及部委。具体来看，梅县于1925年12月、1926年4月、1927年1月、1927年12月先后成立支部、特支、部委、县委。大埔于1925年4月、5月、11月，1925年冬和1927年11月先后成立党小组、支部、特支、部委、县委。丰顺于1926年8月、9月和1928年5月先后成立支部、部委、县委。饶平于1926年1月、11月和1927年7月先后成立支部、部委、县委。五华于1925年5月、7月和1927年8月先后成立党小组、支部、县委。兴宁于1926年春、8月、12月和1927年12月先后成立党小组、支部、特支、县委。龙川于1925年10月、1929年1月、11月先后成立特支、临时县委、县委。蕉岭于1927年7月、9月、11月先后成立支部、特支、县委。平远于1927年8月、1928年8月、10月先后成立区委、临时县委、县委。在广东中央苏区县中，梅县升级为特支后改由广东区委领导且下辖兴宁、平远、蕉岭、江西寻邬、福建武平等地党员，梅县部委成立后辖有兴宁特支以及平远、江西寻邬、福建武平等地党组织。1927年，东江特委成立初期辖有的广东苏区县仅有五华，随后有饶平、梅县、大埔、丰顺等县逐渐隶属东江特委。八七会议后，东江特委辖有饶平、龙川、梅县、兴宁、五华、大埔、丰顺、平远、蕉岭等苏区县委党组织，以及丰（顺）梅（县）县委（1931年1月-1932年夏）、五（华）兴（宁）龙（川）县委（1930年12月-1932年6月）、闽粤边工委（饶和埔诏中心县委、饶和埔县委，1929年春-1930年底）、蕉（岭）平（远）县委（1929年10月-1931年1月）、蕉（岭）平（远）寻（邬）县委（1931年1月-12月）等由苏区县组成的边界县级党组织。

4. 北江特委及南雄县委发展历程

土地革命时期，北江地区主要包括曲江、仁化、南雄、乐昌、英德、乳源、始兴、阳山、连县、连山等县。从1923年起就有共产党员到北江进行革命宣传，1925年先后建立起党、团组织，1926年冬建立中共北江地方执行委员会，1927年12月成立北江特委，1928年1月进行改组，1928年3月自行解体后于1928年9月重新恢复，1928年11月再次调整。1929年1月北江特委被破坏，3月下旬广东省委决定取消北江特委，由曲江县委作为中心县委与北江各县发生密切联系。1929年11月省委恢复北江特委，1930年秋冬间再次调整。北江特委机关在1930年夏天以前设在韶关，1930年夏以后设在曲江和英德等地。

从大革命时期直至新中国成立，南雄党组织活动和革命斗争延绵不断，革命红旗高高飘扬。南雄县于1926年6月成立支部，隶属广东区委领导；同年秋，建立中共南雄特支，隶属北江特委领导；1927年12月，成立了中共南雄县委员会，隶属中共北江特委。1928年2月南雄县委改组，3月南雄暴动失败后解体，7月恢复南雄临时县委，10月进行改选。1929年1月，配合红四军在油山一带活动，4月南雄县委进行改组。1929年6月配合红五军攻占南雄城，成立南雄县革命委员会。1929年下半年，中共赣南特委决定成立中共信（丰）（南）康（南）雄中心县委。红五军撤离南雄县城后，南雄县委于1929年11月被破坏，不久后组成新的县委。由于形势恶化，新成立的县委失去了与北江特委和广东省委的联系，于1930年初与赣南党组织取得联系，1930年3月起归赣西南西河行委领导，4月配合红四军占领南雄城一个星期，1930年9月南雄县委重归北江特委领导，10月重建南雄县苏维埃政府。1931年夏以后，南雄县委正式划归赣西南特委西河分委（后改为西河特委）领导，同年6月被划归新成立的赣南特委领导。1932年3月，成立新的南雄县委，同时重新组建游击队，坚持斗争到1938年初，奉中央命令改编为新四军，开赴抗日前线。

四、关系探究：广东中央苏区与中央苏区核心区域党组织的互动交融

土地革命时期，在中共中央、苏区中央局的领导以及红军的穿插帮助下，广东中央苏区县与江西、福建中央苏区三地党组织紧密联系和协同配合，在组织建设、军事斗争方面相互支持和配合，联合举行工农暴动、开展土地革命、建立红军部队，分别创建赣西南、闽西、东江革命根据地，携手粉碎国民党的屡次三番的"会剿""围剿"，在地域连通后融合形成闽粤赣边特区并融入中央革命根据地，成为中央苏区的组成部分和南部屏障，共同推动着苏维埃革命并影响着中国革命的发展进程，为中央苏区的革命斗争和发展做出了重要贡献。

（一）领导指导：广东中央苏区与中央苏区核心区域党组织的层级关系

在新民主主义革命时期，广东充分发挥革命策源地和先行地优势，充分辐射带动闽西、赣西南党组织的创建、发展和壮大。"四一二"反革命政变以及南昌起义、秋收暴动后，与闽西、赣西南党组织相互交叉指导、协同共建，配合建立赣西南、闽西、东江、中央苏区以及开展反"围剿"战争，为中央苏区的巩固、发展和反"围剿"斗争做出了重要贡献。

1. 粤东北对闽西、赣西南党组织的辐射、带动与指导

由于地域经济发展、思想文化传播、革命传统影响等各方面因素，中国革命发展的不平衡性成为一种客观存在。自鸦片战争以来，广东便一直是近代中国革命的策源地和先行地，始终高擎反封建、反剥削、反压迫大旗，在传播马克思主义、创建党团组织、引领工农运动等方面走在全国前列，先后孕育出农民运动领袖洪秀全，中国变法维新运动领袖康有为、梁启超，革命先行者、资产阶级民主革命领袖孙中山和无产阶级革命家彭湃、苏兆征、阮啸仙、叶剑英、廖承志等大批杰出人物，毛泽东、刘少奇、朱德、周恩来等都在广东进行过革命斗争。第一次国共合作建立后，广东成了当时中国国民革命运动的中心，两次东征和北伐战争促进了党团组织及革命活动在闽粤赣边区特别是东江地区的创建和发展，对周边地区产生了辐射和带动作用，使赣西南和闽西党组织以及工农群众运动迅速展开；"四一二"反革命政变后，在中共中央的积极安排部署下，广东特别是粤东北党组织领导工农群众在全国率先发动了无数次工农武装起义，较早地建立革命根据地和革命政权，对闽西、赣西南地区产生了示范和引领作用，加上广东省委及潮梅地区党组织的积极推动和具体指导，进一步促进了闽西、赣西南地区的组织发展。

（1）协助培养和发展党员

从赣西南、闽西党组织的早期创建过程来看，江西、福建籍人士先后在广东加入党组织，接受农运、军事培训后，或者留在广东为革命奉献甚至牺牲，或者积极回乡培养和发展党员、开展农民运动，采取广东模式发展赣、闽党组织。在江西及赣西南地区，袁玉冰、方志敏、赵醒侬、刘九峰、罗石冰、曾延生、古柏等一批先进青年知识分子在北京、上海、广州等地加入中国共产党后，积极回乡组织进步社团、创办进步报刊、传播马列主义、创建党团组织。江西省农民协会赣州办事处开办的"农民运动训练班"培训学员100多名，这些学员结业回乡之后大多成了农民运动的中坚骨干。北伐战争在江西胜利后，赣西南地区农民运动由秘密转入公开，到1927年农协会员达到30多万人。① 在闽西，最早的一批共产党人大致都是来自厦门、广州和其他地区的青年知识分子，其中有数十位在黄埔军校（包括潮汕分校）及广东全国农民运动讲习所（包括海丰农讲所）学习，如广州农民运动讲习所第五届学员赖玉珊、赖秋实以及第

---

① 夏道汉，陈立明. 江西苏区史 [M]. 南昌：江西人民出版社，1987：49.

六届学员郭滴人①、朱积垒②、李联星、陈庆隆、胡永东、王奎福、温加福等，还有由广东党组织发展的党员，如罗扬才、李觉民等分别于1925年11月和翌年1月经罗明和共青团广东区委书记杨善集介绍入党。这些先进分子在外地入党后于1926年至1927年间相继被派遣回乡，发展党员并创建党组织，积极组织讲习所，开展农民运动。例如，阮山、林心尧、陈庆隆等在龙岩和上杭开办的"岩平宁政治监察署宣传人员养成所"和"汀属八县社会运动人员养成所"；李联星、黄昭明等在漳浦县城开办的小型农民运动讲习所，其课程和教学、管理、实习等都参照广州农民运动讲习所的做法，在短时间内即培养了一批农民运动骨干。同样，闽西籍人士在广东广州、潮梅地区，潮梅地区人士在闽西，也积极协助广东、潮梅、闽西党的发展，为革命做出贡献和牺牲。例如，闽西永定人何耀全，是广东工人运动的杰出领袖之一，1925年被选为中华全国总工会执行委员，同年夏加入中国共产党，6月和苏兆征等领导了震惊中外的省港大罢工并任罢工委员会副委员长，1926年4月当选为第一届香港总工会委员兼交际部长，同年5月在第三次全国劳动大会上当选为中华全国总工会常务委员，1927年"四一二"反革命政变后在广州牺牲；在广东大埔任教的张鼎丞③、参加广州起义负伤的张赤男④等闽西籍人士，都在加入中共后被派回闽西从事革命活动，大埔人张扬才、汕头人徐琛、澄海人余哲贞等都对福建党组织的早期发展有较大影响。

(2) 协助创建和发展党团组织

由于粤、闽、赣三省地理位置的相邻，以及广东的辐射带动，福建、江西、湖南、广西等相邻省份的一些地方党组织，在创建初期主要由广东省委及潮梅地方党组织协助创建发展并隶属广东省（区）委，由潮梅地区党组织领导和指

---

① 郭滴人，龙岩县湖洋乡人，1906年出生，1926年在广州农讲所入党，1928年与邓子恢等领导龙岩后田暴动，历任龙岩县苏维埃政府主席、中共闽西特委书记、福建省苏维埃政府政治保卫局局长、中共陕北省委宣传部长，1936年11月病逝于陕北。
② 朱积垒，1905年出生于平和县九峰，1926年在广州农讲所入党，1928年领导了平和暴动，历任中共平和县委书记、平和县农民协会委员长，1929年被敌人杀害于广东大埔。
③ 张鼎丞，1898年出生于永定县金砂，1927年5月在广东大埔加入共产党，1928年参与领导了永定暴动，历任永定县革命委员会主席、中共闽西特委军委书记、福建省委委员、闽西苏维埃政府主席、福建省苏维埃政府主席、新四军二支队司令员、华中军区司令员，新中国成立以后曾任福建省委书记兼省人民政府主席、中央组织部第一副部长、最高人民检察院检察长、全国人大常委会副委员长等职，1981年12月病逝于北京。
④ 张赤男，1906年出生于长汀宣城，1926年参加北伐军，1927年在武汉加入共产党，同年12月参加广州起义，历任红四军三纵队政委、红十二师政委，1932年在江西新城战斗中牺牲。

导。其中闽南、闽西党组织便是在广东省（区）委领导、指导下创建和发展起来的，赣西南党组织也得到了梅县、东江党组织的支持和帮助。1926年春，中共广东区委派罗明等人到厦门招收广州农讲所学员和发展党、团组织，于1926年2月、4月和6月先后成立中共厦门大学支部（特支）、中共福州地委、中共莆田支部、中共永定支部等党组织，其中厦门特支归中共广东区委领导。1926年冬，由中共汕头地委派遣随同北伐军入闽的朱积垒等人，在平和、诏安、上杭、龙岩等地开展建党活动，先后创建了中共平和支部、诏安支部、上杭支部等党组织，这些党组织在中共闽南部委建立之前，均归中共汕头地委领导。1926年6月，中共梅县支部升级为特别支部，隶属中共广东区委，辖梅县各支部以及兴宁、平远、江西寻邬、福建武平等地党组织。1927年1月，中共梅县特支升格为梅县部委，继续辖梅县、兴宁、五华、平远、江西寻邬、福建武平等地党组织，梅县成为闽粤赣边区党团组织的领导核心地区，梅县部委发展成为闽粤赣边地区性的党组织。从1926年后，江西省先后建立了赣州、兴国、南康、信丰、雩都、崇义、寻邬、大余等市、县的支部和县委组织，宁都、瑞金、安远等县也于1927年秋冬相继建立党组织；其中，寻邬县位于江西省最南端，与广东省平远、龙川两县及福建武平县接壤，因此古柏等人于1927年秋冬建立中共寻邬支部后，寻邬县党组织先后隶属于中共梅县部委、中共东江特委领导，后划归赣南特委领导，并于1928年初成立了中共寻邬特区委。

（3）协助指导闽赣地方党组织

在福建、江西的地方党组织逐渐发展壮大后，广东省（区）委、汕头地委、东江特委仍然按照中央和广东省委要求，积极支持、指导和协助福建、江西地方党组织，不断强化福建、江西地方党组织的建设和发展。1927年1月，中共广东区委派汕头地委书记罗明（广东大埔人）到厦门、漳州等地，帮助建立了中共厦门市委、中共闽南部委（特委），统一领导厦门、泉属、漳属和闽西各地党组织，其中闽南部委先归汕头地委领导，成立特委后隶属广东区委领导。到1927年4月，闽南部委（特委）已下辖厦门市委及其所属的13个党支部，和漳州、石码、海澄、平和、诏安、龙岩、永定、上杭、泉州、南安、永春、同安、德化、惠安、漳浦等县的16个党支部、总支。为了加强福建地方党组织建设，中央分别致信广东省委、闽北闽南临委，要求福建成立闽北临委、由中央指导，成立闽南临委、归广东省委指导，同时成立南方局统一领导广东、福建、广西等省，以便统筹贯彻中央八七会议精神。1927年8月6日，中共中央致信广东省委，明确要求闽南党的组织设立临时委员会，受广东省委领导，广东省委须派人帮助闽南农运，使之与东江农运相呼应。① 8月7日，中央决定闽省暂时划分闽南、闽北两区，各设临时委员会管理，闽北临时委员会直隶中央，闽南临时委员会由粤省委指挥，管辖兴化②、泉州、厦门、漳州、龙岩、汀州各属，闽北闽南两临委应互相联络互派交通。③ 8月11日，中央致信广东、广西省委及闽南临时委员会，决定设立中共中央南方局，统一领导广东、广西、闽南及南洋一带党组织，负责准备并指导这些区域内的暴动及政治军事事宜。④ 1927年9月，闽南特委根据中央决定改为闽南临时委员会，隶属广东省委和中央南方局，1927年10月底南方局撤销后则与闽北临委合并，直辖于中央，下辖厦门市委、永定县委、平和临时县委、莆田临时县委以及龙岩、上杭、漳州、武平、长汀、惠安等县党组织。10月23日，中共中央专门致信南方局，"中央决定取消南方局，广西划归广东省委指挥，福建已决定南北合并改组成一临委，直接由中央指挥，惟二十五师则设一特委归广东省委指挥，但特委所到地方，应与该地党部发生密切关系，共同领导该地工农暴动工作。"⑤ 期间，中共闽南特委遵照中共中央指示，一面派出得力干部到各地去整顿和恢复发展党组织，一面积极准备发动地方工农武装暴动。

可以看出，鉴于广东革命策源地和先行地的特征，中共中央对于南方各省的革命斗争十分重视，要求广东省委协助及指导邻近省份党组织，也要邻近省份党组织积极与广东省特别是潮梅地区党组织联系。与中央要求相应的是，邻近的福建、江西等地方党组织也认为应该加强与广东的联系。例如，1928年3月，福建省委指出，"闽、粤地域相连，特别是闽南与东江在军事上、政治上有这么多相联的地方。所以不但省委与省委间要发生密切的关系，就是闽、粤边党相邻数县在工作上亦须彼此联络。闽委已写信给粤委述此付意见，请中央再写信给粤，以示重要"。⑥ 1928年4月，福建省委报告称，"福建工作与粤之东

---

① 中共厦门市委党史办．厦门革命历史文献资料选编：1927年8月—1929年6月（第2集）［G］．1987：1．
② 兴化即莆田、仙游等县地区。
③ 中共江西省委党史研究室等．中央革命根据地历史资料文库·党的系统：第1册［M］．北京：中央文献出版社，2011：4．
④ 中共中央党校史资料征集委员会，等．广州起义［M］．北京：中共党史出版社，1988：24．
⑤ 中共中央文献研究室，中央档案馆．建党以来重要文献选编（1921—1949）：第4册［G］．北京：中央文献出版社，2011：572．
⑥ 中央档案馆，福建省档案馆．福建革命历史文件汇集（省委文件）：1927年—1928年（上）［G］．（内部资料），1983：148．

江及浙之温州，甚有关系"。① 事实上，由于南方各省地方党组织发展不平衡的特点，使广东省委的指导范围相应较大，曾涵盖了广东、广西、福建、江西、湖南，甚至云南等地。1931年2月，广东省委报告中央，认为"广东省委工作范围目前是很大的"，建议中央"除广东本省工作外，广西工作、闽粤赣特区工作、湖南工作省委指导外，赣南问题解决后即由中央区直管，云南工作由中央直管"②，强调"广西的工作、福建、广东、江西和湖南特区的工作都应受'中心区'的领导，……除中心区之外，我们与各地建立了联系，给他们作了指示"。③

2. 中共中央对粤、湘、赣、闽党组织的期盼、指导与执行

受大革命和北伐战争的影响，中共在广东、湖南、江西、福建、湖北等省的组织建设和群众基础更为扎实。粤东北、赣西南、闽西地区的党组织自成立之始就十分重视农民运动的组织与领导，积极选派人员参加农民运动培训，在各地分别举办了农民运动骨干的培训班。在大革命失败后的一年多时间里，中共中央始终高度重视粤、赣、湘、鄂、闽等数省的革命运动，积极部署和推进工农武装暴动。相应的，粤、赣、闽、湘等边区党组织积极贯彻中央部署，贯彻中央八七会议精神及有关指示要求，积极恢复党的组织，先后在边区各县领导了大小数十次的工农武装暴动。由于地理位置邻近的原因，粤东北、闽西、赣西南三地在党组织的创建和发展过程，始终相互联系、相互支持、相互配合，共同举行工农暴动。

（1）中共中央对粤、湘、赣、闽地区的革命期待与统筹部署

大革命失败后，中共中央确定了武装斗争的革命道路，积极统筹部署各省工农武装暴动，要求各省组织农民暴动及城市暴动并相互配合，要求把南昌起义与秋收暴动汇合一致，要求湘鄂、粤、赣同步组织农民秋收暴动，突出强调了工农阶级的联合、革命进程的连贯和邻省地域的协同，希望以此为基础汇合形成"全国总暴动的局面"。1927年8月1日，中央致信前委，"南昌暴动，其主要意义，在广大的发动土地革命的争斗。因此这一暴动，应当与中央决定之

---

① 中央档案馆，福建省档案馆. 福建革命历史文件汇集（省委文件）：1927年—1928年（上）[G]. （内部资料），1983：250.

② 中央档案馆，广东省档案馆. 广东革命历史文件汇集（中共广东省委文件）：1931年[G]. （内部资料），1982：19-22.

③ 中央档案馆，广东省档案馆. 广东革命历史文件汇集（中共广东省委文件）：1931年[G]. （内部资料），1982：25-28.

秋收暴动计划汇合为一贯的斗争。"① 8月3日,《中央关于湘鄂粤赣四省农民秋收暴动大纲》发布,对湖北、湖南、江西、广东四省农民秋收暴动提出要求。② 10月,中央要求"抛弃以前的机会主义,决定坚固领导民众起来武装暴动,发展工农的革命斗争——这是今后革命胜利的唯一道路"③。11月,中央要求各地党部"各在当地发动群众,领导群众起来斗争",指出"只有各地自己努力的发动群众,方能造成汇合而为全国总暴动的局面"。④ 为了确保暴动计划的有效实施并取得成功,中共中央在对全党做出部署的同时,还分别致信对广东、江西、福建的武装斗争做出了具体部署。1927年12月14日,在获悉广州暴动胜利后,中央通告全党,要求"江西应集中党团的力量到赣南赣西发动,与湘南湘东联合造成割据的局面",明确指出"赣南湘南须立即发动,可以直接声援广东","要以两湖及赣东南的暴动保卫广东的胜利,扩大全国的总局势","真正给予广东以有力的援助"。⑤ 12月13日,中央通过《江西工作计划》,全面分析了江西状况并做了工作部署,认为江西"西南农民过去基础较好,且经过多次斗争",可以"创造一个暴动割据的局面"。⑥ 12月15日,中央致信湖南省委,要求"湖南省委在湘东、湘南的工作应与赣西、赣南联络一气,中央除通知江西省委外,要你们迅速确定行动和组织上的关系"⑦。12月18日,在获悉广州起义失败后,中央致信广东省委,认为"广州暴动是广东总暴动的开始,是全国各地工农暴动的信号",要求广东省委要"努力领导已经爆发的农民革命的高潮"。⑧

在南昌起义、秋收起义等接连不断的工农武装暴动后,中共党组织和新创建的军事武装如何生存、如何壮大、往哪发展,成为摆在中共以及红军面前的

---

① 中共中央文献研究室,中央档案馆. 建党以来重要文献选编(1921—1949):第4册[G]. 北京:中央文献出版社,2011:375.
② 中共中央文献研究室,中央档案馆. 建党以来重要文献选编(1921—1949):第4册[G]. 北京:中央文献出版社,2011:382-384.
③ 中共中央文献研究室,中央档案馆. 建党以来重要文献选编(1921—1949):第4册[G]. 北京:中央文献出版社,2011:597.
④ 中共中央文献研究室,中央档案馆. 建党以来重要文献选编(1921—1949):第4册[G]. 北京:中央文献出版社,2011:608.
⑤ 中央档案馆. 中共中央文件选集:第3册[M]. 北京:中共中央党校出版社,1989:571-572.
⑥ 中共江西省委党史研究室等. 中央革命根据地历史资料文库·党的系统:第1册[M]. 北京:中央文献出版社,2011:113.
⑦ 中共中央文献研究室,中央档案馆. 建党以来重要文献选编(1921—1949):第4册[G]. 北京:中央文献出版社,2011:782-787.
⑧ 中共中央文献研究室中央档案馆. 建党以来重要文献选编(1921—1949):第4册[G]. 北京:中央文献出版社,2011:796-797.

首要问题和迫切需要。由于地理位置相邻的缘故,粤东北地区成为联系、沟通和配合湘南、赣西南、闽西等地的关键,加上广东革命策源地和先行地优势,广东之广州及东江、北江地区的革命斗争始终受到中央的高度关注、支持和肯定,中央迫切期望发挥广东的革命基础和组织优势形成一个革命中心,亦反复强调要以广东作为中国革命的一个中心区域。中央认为,广东是大革命的策源地,具有"(一)工农力量在东江的雄厚;(二)东江地形较北江平易,且敌军已集中于北江不能各个击破它;(三)东江海口有利,可望苏联接济,财政亦丰;(四)可以福建为后方"等有利条件,党组织经受了大革命风暴的考验,工农群众也经受了革命斗争锻炼,因此在南昌起义后决定"迅速先取东江,充实力量,次取广州"。① 1927年10月,中央指出:"两湖与广东为中国土地革命的中心区域"②。11月,中央在分析"八一事变中前委的错误"时指出:"不走农民运动较有基础的赣西直入广东的路,而只顾避免敌人攻击,采取农民运动完全没有起来的赣东荒凉道路;在瑞金会昌战胜敌军之后,复不直往南下进攻梅县,唯恐伤兵辎重运输之困难而折回走上杭汀州绕道取潮汕,使敌人从容布置以致完全失败!"③ 随即又提出,"在乡村中大发展游击战争,……集中力量割据某县或数县。……湘省委,应当发动广大的农民群众割据湘西,湘南,湘北各数县与鄂西鄂南联合。"④ 1928年1月初,中央专门分析了广东革命在党组织和工农阶级力量方面的优势,即"广东党的组织特别是广州有更多的斗争经验,而且极赋有无产阶级的精神","广州市工人阶级的组织和政治力量足以成为全广东的指导者","广东农民的斗争已有比较深的历史基础和比较彻底的阶级觉悟","当南昌暴动之后回粤革命军南下潮汕之际,广东的工农引领相望准备相机而动,以影响彼等;虽然终遭失败,但是广州与全省的群众斗争不独未曾因之低落而且加强起来"。⑤ 由于这些革命优势因素的存在,中共中央于1月22日

---

① 南昌八一起义纪念馆. 南昌起义 [M]. 北京:中共党史出版社,1987:145.
② 中共中央文献研究室,中央档案馆. 建党以来重要文献选编(1921—1949):第4册 [G]. 北京:中央文献出版社,2011:532-533.
③ 中共中央文献研究室,中央档案馆. 建党以来重要文献选编(1921—1949):第4册 [G]. 北京:中央文献出版社,2011:643.
④ 中央档案馆. 中共中央文件选集:第3册 [M]. 北京:中共中央党校出版社,1989:520-527.
⑤ 中央档案馆. 中共中央文件选集:第4册 [M]. 北京:中共中央党校出版社,1989:45-55.

仍然坚定地认为,"广东虽经广州暴动失败的摧残,仍旧是革命的中心区域"①。随着湘、赣农民暴动的发展,中共中央于3月份的通知指出,"现有两个革命中心区域,第一是广东,第二是湘鄂赣及豫南","湖南南境农民自发暴动的事实,湖南反动军队崩溃的急遽,湖南与广东的毗连——两省暴动区域实在已经日益连结",已经充分注意到了粤东北、湘南的革命特点与相互关系。② 为此,中央致信湘鄂赣三省,积极部署粤、赣、湘边的农民暴动,要求"在三省暴动这个区域与广东暴动相联系这点上应以湖南为三省暴动布置的中心,……目前暴动发展的路线已是由广东及赣西南而发展到湘南及醴陵萍乡",湖南"发展的趋势应该注意从广东到湖北的湘赣边界,各区发展的趋势应趋向于长沙。……其次湘东之醴萍茶攸鄱与赣西南之遂川宁冈莲花诸县在工作上应有密切的联系,湘东特委与赣西南特委必须经常发生密切关系",要求江西"须注意加紧各处割据局面之创造扩大与深入,对于南浔路的工作要特别的加紧,不要只专注意于赣西南的局面"。③ 这些决议、指示信,明确肯定广东是中国革命的一个中心,提出沿广东、江西、湖南、湖北等边界创建割据并谋求发展,要求粤、湘、赣、鄂间注重建立联系。

为实现湘粤鄂赣四省总暴动计划,中央于1928年1月11日、1月28日、2月2日、6月4日连续多次致信江西省委,3月10日致信湘鄂赣三省,4月30日再次发出《江西工作大纲》,要求江西立即发动全省总暴动,夺取江西全省政权,要求江西"省委应当努力创造赣西农民大暴动割据的局面,与湖南联合造成湘鄂赣大暴动的形势"④,"应加紧总动员的工作以极大的努力发动群众扩大斗争,并设法与湘鄂两省取得联络"⑤,强调"赣西南割据局面之发展与完成为江西全省总暴动之先决条件,这个区域现在要切实注意,真能造成全赣西南割据的局面","要一区一区的将各县暴动的农民联合起来"⑥,强调"湘鄂赣粤四

---

① 中共中央文献研究室,中央档案馆.建党以来重要文献选编(1921—1949):第5册[G].北京:中央文献出版社,2011:84-85.

② 中共中央文献研究室,中央档案馆.建党以来重要文献选编(1921—1949):第5册[G].北京:中央文献出版社,2011:125,136.

③ 中央档案馆.中共中央文件选集:第4册[M].北京:中共中央党校出版社,1989:162.

④ 中共江西省委党史研究室等.中央革命根据地历史资料文库·党的系统:第1册[M].北京:中央文献出版社,2011:148.

⑤ 中共江西省委党史研究室等.中央革命根据地历史资料文库·党的系统:第1册[M].北京:中央文献出版社,2011:184.

⑥ 中共江西省委党史研究室等.中央革命根据地历史资料文库·党的系统:第1册[M].北京:中央文献出版社,2011:204.

省在工作上应该建立很密切的关系",江西省内"赣南赣西,赣西北为中心区域,次之为赣东北,……特别是赣南赣西,赣西北与粤湘鄂边境割据局面之造成为三省总暴动胜利之主要条件"①,要求江西省委"加紧派人到赣南各县工作以响应赣西的割据是为至要"②。同年5月,中央致信广东省委指出:"北江英德既很好,而南雄又曾有广大群众暴动。当此,赣南农民暴动发动的时候,省委应特别注意此路的布置及南雄暴动的复起,使之与赣南暴动联系而形成粤赣边境的割据。"③ 8月,中央致信江西省委,认为"目前江西党的任务还是在如何完成赣西南的割据局面",建议"朱毛部队首先恢复宁冈、万安、遂川,以主力向赣南发展,占领吉安赣州,更加深入扩大吉安、赣州、泰和、兴国、零都、南康、信丰、寻乌的暴动,使之联成一气",认为"赣西南的割据局面是很有希望的"。④ 由此可见,中央高度重视粤、赣、湘、鄂等省的工农暴动并积极促进邻近地区农民暴动的密切配合、互相呼应,以期创造粤东北、湘南、赣西南边界的割据局面。

鉴于广东的革命地位,在广东占领东江地区并作为根据地,向湘南、赣西南拓展,实现粤、赣、湘、鄂间的相互联系,自然而然成了共产国际、中共中央革命宏图的重要内容和对粤、赣、湘、闽等省工作的发展规划。1928年4月,共产国际建议:"占领能够作为运动根据地的某个地区并在那里巩固下来。最好是东江地区,并首先向湖南边境扩大。"⑤ 6月,中央指出,红四军的任务"就是在湘赣或赣粤边界,……发动广大的工农群众,实行土地革命,造成割据的局面,向四周发展而推进湘鄂赣粤四省暴动局面的发展"。⑥ 8月,中央进一步指出,"两广福建,以广东为中心。广东各方面工作都具备了相当形式",要"在东江配合各个暴动区域的革命力量,完成东江的割据","发动北江的农暴,以与湘南赣南联成一气",福建"党的任务是要加紧厦门福州及闽南各县市工

---

① 中共江西省委党史研究室等. 中央革命根据地历史资料文库·党的系统:第1册[M]. 北京:中央文献出版社,2011:299.
② 中共江西省委党史研究室等. 中央革命根据地历史资料文库·党的系统:第1册[M]. 北京:中央文献出版社,2011:360.
③ 解放军历史资料丛书编委会. 土地革命战争时期各地武装起义:综合册[M]. 北京:中国人民解放军出版社,2001:510.
④ 中共中央文献研究室,中央档案馆. 建党以来重要文献选编(1921—1949):第5册[G]. 北京:中央文献出版社,2011:524-525.
⑤ 中共江西省委党史研究室等. 中央革命根据地历史资料文库·党的系统:第1册[M]. 北京:中央文献出版社,2011:291-292.
⑥ 中共中央文献研究室,中央档案馆. 建党以来重要文献选编(1921—1949):第5册[G]. 北京:中央文献出版社,2011:233-234.

作，布置闽南割据，以与广东东江联成一气"；湘鄂赣三省"以湖南为中心"，"湖南革命的发展成了以湘东为中心，从湘东北之平浏经过株醴萍安茶攸以至湘粤大道的割据基础，这一形势，南通广东，北接湖北，而与赣西南以至西北联成一气，显然成了三省暴动的枢纽"；江西"要扩大赣西的割据，向赣东赣南发展。组织赣南群众暴动与粤北湘南联络，扩大深入弋阳的暴动，与鄂东联络，发动修水铜鼓的斗争，与平浏会合"。① 1928年10月，中央强调，"闽西在目前不要幻想创造广大的苏维埃区域，更不要以为只有失败而自行解散，也不应该固守在一个区域"，"要使现在的武装组织与闽西各县的农民有密切的联系，往来于各县去帮助农民斗争"，要"在游击战争当中强健并扩大各县党的组织"。② 一年后，中央要求江西、湖南加强赣南、湘东南工作，加强粤、湘、赣的联系。1929年9月，中央指示江西省委，"赣南工作在赣州及其附近县份均有其很重要的意义，那些地方民情强悍，受朱毛影响较多，斗争易于发展，而其工作之发展与否，对于闽西粤东北影响颇大，所以省委必须派得力人员前往巡视指导工作"；③ 10月，中央指示湖南省委，"湖南若有革命的兵变发生，必须向湘东南进展，与粤赣及平浏斗争取得联络。"④ 1930年春，受"左"倾错误影响，中央提出了"一省或数省先胜"的目标，要求闽西红军向东江发展。1930年3月11日，中央致信福建省委，认为"武汉与广东省有首先胜利的可能"，提出"争取这两个中心省份的首先胜利"，要求福建省委"坚决地使闽西红军向着东江发展，出梅县大埔，向韩江下游发展，以与东江军配合"。⑤

(2) 中共广东省委与东江党组织对中央部署的贯彻执行

受大革命影响，潮梅地区农民暴动、土地革命、武装斗争、政权建设等发展更早、更成熟，东江地区在广东革命斗争中占有更为重要地位。大革命失败后，粤、闽、赣三省积极贯彻中央要求，领导和发动工农武装暴动。"四一二"反革命政变后，在广东省委、东江特委和各级党组织的领导下，从沿海到内地、

---

① 中央档案馆．中共中央文件选集：第4册[M]．北京：中共中央党校出版社，1989：551-553．

② 中共江西省委党史研究室等．中央革命根据地历史资料文库·党的系统：第1册[M]．北京：中央文献出版社，2011：475-476．

③ 中共江西省委党史研究室等．中央革命根据地历史资料文库·党的系统：第1册[M]．北京：中央文献出版社，2011：630-631．

④ 中共中央文献研究室，中央档案馆．建党以来重要文献选编（1921—1949）：第6册[G]．北京：中央文献出版社，2011：576．

⑤ 中共江西省委党史研究室等．中央革命根据地历史资料文库·党的系统：第1册[M]．北京：中央文献出版社2011：738-739．

从平原到山区，纷纷举行武装暴动，潮梅地区先后爆发了普宁、潮安、揭阳、饶平、潮阳、惠来、梅县、大埔、兴宁、五华等县的武装暴动，参加人数少则数百人、多则几万人，其中以普宁"四二三"工农武装暴动和梅县"五一二"工农武装暴动声势与影响最大。为迎接南昌起义军，广东省委积极落实中央指示，部署农民暴动，派人分赴寻邬、蕉岭、五华、梅县、大埔、兴宁等地传达决议，并提出了政权组织、没收土地财产、武装工农等要求。① 在东江特委领导下，海丰、陆丰、潮安、澄海、潮阳、普宁、兴宁、饶平、大埔等县掀起一波又一波的暴动高潮，暴动农民军先后进袭或攻占县城，相继建立了工农武装的团、队组织，于11月中旬分别成立了陆丰县、海丰县苏维埃政府，并接管了部分区乡政权。之后，潮梅地区持续不断地发动了秋收斗争、年关斗争、夏收斗争等，1928年8月五县暴动委员会组织发动了著名的"畲坑暴动"，1929年4月又爆发了丰顺起义。

根据中央指示，广东省委积极组织推动东江革命斗争，同时积极关心北江地区的斗争情况，特别指示北江特委要注重数县联通，与湘南、赣西形成割据。1928年1月，广东省委报告中央，省委"已决定在曲江、仁化、南雄三县极力发展暴动，造成北江第二割据局面"②。1928年4月，广东省委指出，"北江的暴动仍应继续发展，中心区域应有两个，一个是曲江为中心，曲江、仁化、乐昌、始兴、南雄、乳源数县，一个是以英德为中心，英德、清远、花县等数县。前一个区域应与湘南的汝城及江西的大余联络，后一个区域应与西江的广宁、四会联络"。③ 对此，中央于4月30日指出，"赣西之万遂曾有将近2个月的苏维埃政权，广东之南雄最近亦曾有广大的农暴起来，这一区域斗争的发展应注意向着万遂和南雄，与之联成一气，并向吉安发展，并经过上犹、崇义以与湘南连结，创造湘鄂赣边境广大割据局面的基础"。④ 然而，随着潮梅地区农民暴动和武装斗争的不断发展，加上自身力量不足，广东省委对北江工作有鞭长莫及之感。对此，广东省委于1928年8月明确表示，"省委对于中央指示应特别注意北江工作及南雄暴动之复起，使与赣南、湘南暴动联系，而形成粤赣湘边

---

① 中央档案馆，广东省档案馆. 广东革命历史文件汇集（中共广东省委文件）：1927年［G］.（内部资料），1982：279.
② 中央档案馆，广东省档案馆. 广东革命历史文件汇集（中共广东省委文件）：1928年（一）［G］.（内部资料），1982：104-105.
③ 中央档案馆，广东省档案馆. 广东革命历史文件汇集（中共广东省委文件）：1928年（二）［G］.（内部资料），1982：197.
④ 中共江西省委党史研究室等. 中央革命根据地历史资料文库·党的系统：第1册［M］.北京：中央文献出版社，2011：296-307.

境的割据,不能完全同意","假如中央认为为闽、赣、湘南之工作,而且相信闽、赣、湘南之党部确能正确执行党的政策,省委认为将大埔、南雄交由他们指导或较妥当",同时"认定东江、琼崖工作的重要,……例如东江并注意兴宁、潮阳、揭阳、潮安、饶平、大埔等地,……不单注意特委或红军所在地方"。① 当然,北江特委一直积极落实中央和省委要求。1928年10月,北江特委报告,整个北江"乡村工作以向西北到湘南大路之乐昌,向东北到赣南大路之仁化及南雄,向南到广州之英德,及环于韶城的五县为第一位工作",对南雄来说,则是"以南雄城及从南雄到始兴到大庾到信丰等重要圩场及其周围的乡村为第一位工作对象"。② 广东省委在注重东江工作的同时,也按照中央要求对北江工作进行部署和推动。1928年11月,广东省委致信北江特委,"北江工作的中心,应当坚决确定为韶关与粤汉路各县(曲江、英德、清远、花县),其次是与湘南交通之要道乐昌,与赣南交通之要道南雄,及有斗争历史之仁化","南雄的工作如能有力顾到自然更好,但现在特委的力量,对这一地的工作一时或未必能派出特派员前往指导工作,而且南雄接近赣南,赣南群众工作不如湘南之发展,朱毛影响亦弱,所以亦不能与乐昌同样看待"。③ 1928年11月,广东省委扩大会议认为,"北江北联湘、赣,在湘、赣农民斗争发展与深入的现在,对于粤、湘、赣三省暴动前途的联系,是占了很重要的地位。"④ 由此可见,广东高度重视东江、北江在中国革命版图中的中心地位,积极落实中央部署和要求,促进粤、湘、赣、鄂的联系和沟通。

(3)赣、闽党组织自觉落实中央要求,积极响应粤东北革命行动

由于粤东北苏区县地处闽、赣、粤边陲的地理位置,自然而然地成了中央苏区与粤东北苏区革命斗争发生联系不可或缺的重要枢纽,创造赣、闽、粤、湘四省边界割据并不断扩大形成一片,既是中央的要求也是江西、福建、湖南、广东四省在革命进程中逐渐形成的共识,赣西南、闽西、闽粤赣等党组织对此极为重视。早在1927年8月,江西省委便先后制定了《江西全省秋暴煽动大纲》《江西省革命委员会行动政纲》和《江西省苏维埃临时政纲》等计划,在

---

① 中央档案馆、广东省档案馆. 广东革命历史文件汇集(中共广东省委文件):1928年(五)[G].(内部资料),1982:58-61.
② 中央档案馆、广东省档案馆. 广东革命历史文件汇集(中共北江、湘南特委文件):1928年—1933年[G].(内部资料),1982:153-164.
③ 中央档案馆、广东省档案馆. 广东革命历史文件汇集(中共广东省委文件):1928年(六)[G].(内部资料),1982:19,22.
④ 中央档案馆、广东省档案馆. 广东革命历史文件汇集(中共广东省委文件):1928年(六)[G].(内部资料),1982:65-66.

全省各地组织和发动了工农武装暴动；11月，江西省委按照中央要求重新制定全省策略，提出"赣西南准备于最近造成一个大的割据局面，赣东北与赣东联络一气亦形成割据局面"；① 12月，江西省委提出，"赣南应集中力量，……形成西南伟大的割据局面，和湘东的茶陵、攸县、桂东及粤北的南雄一带联合互相声援"②。1928年2月，江西再次制定全省总暴动计划，将全省划分为西南、西北、东北、赣东、南浔路5个暴动区，对赣西南的暴动程序和暴动后革命斗争的发展方向等做出规定，提出"西南区为全省总暴动的爆发点，东北、西北两区继续响应，再次为赣东区的暴动"③。对此，江西省委计划通过工农斗争汇合成总暴动，联合朱德部队及地方武装，"形成赣西南的割据，与广东北江、湘东、湘南打成一片"④。在江西省委、赣西特委、赣南特委和后来成立的赣西南特委的领导下，从1927年11月至1928年夏，赣西、赣南爆发了系列声势浩大、历时经年、影响深远的农民暴动，包括万安暴动（1927年11月—1928年1月）、东固暴动（1927年11月）、泰和三十都暴动（1927年11月）、赣县大埠暴动（1928年2—3月）、雩都县里仁、步前、桥头暴动（1928年2—3月）、寻邬暴动（1928年3月）等，揭开了武装割据赣西南斗争的序幕。其中，万安暴动是赣西南最先爆发的农民武装暴动，建立了江西省第一个县级苏维埃政府，开创了"江西革命最光荣的一个新纪元"，"为江西革命开辟了个新的局面——苏维埃革命的局面"⑤。由于南昌起义军在潮汕的失败以及历次农民暴动的失败，中央关于中国革命由点及面、逐渐深化扩展的策略部署直到红四军转战赣南、闽西才逐渐得以实现。

在福建，中央派闽西籍党员陈明从武汉回闽南恢复与巩固党组织，于1927年8月中旬将中共闽南部委改组为中共闽南特委⑥，广东大埔人罗明奉派赴闽西迎接南下的南昌起义部队，同时指导闽西地方党组织开展工作，发动以农民为

---

① 江西省档案馆，中共江西省委党校党史教研室. 中央革命根据地史料选编（中册）[G]. 南昌：江西人民出版社，1982：4-5.
② 中共江西省委党史研究室等. 中央革命根据地历史资料文库·党的系统：第1册[M]. 北京：中央文献出版社，2011：151-152.
③ 陈立明. 中共江西省委1927—1930 [M]. 南昌：江西教育出版社，2014：86.
④ 江西省万安县文史档案局. 中国共产党万安历史：第1卷（1919—1949）[M]. 北京：光明日报出版社，2011：263.
⑤ 江西省档案馆，中共江西省委党校党史教研室. 中央革命根据地史料选编（中册）[G]. 南昌：江西人民出版社，1982：31.
⑥ 中共龙岩地委党史资料征集领导小组，龙岩地区行政公署文物管理委员会. 闽西革命史文献资料：第1辑 [M]. （内部资料），1981：126-128.

主体的工农武装暴动。从 1927 年 12 月到 1928 年春夏,闽西南各县根据中央八七会议精神和福建临时省委指示,高举土地革命和武装斗争的旗帜,由抗租、抗捐、抗税、抗粮、抗债"五抗"斗争,逐渐发展到武装暴动和土地革命,其中影响较大的有龙岩后田暴动(1928 年 3 月)、平和暴动(1928 年 2—3 月)、上杭蛟洋暴动(1928 年 6 月)、永定暴动(1928 年 6—7 月)等工农武装暴动。1929 年 7 月,福建省委认为,"闽西斗争在朱毛红军帮助之下,党的政治影响更加扩大,全省群众工作必因之更易于进行",因此"闽西斗争应成为工作中心之一"。① 同时,闽西特委则认为,"东江赣南的红军和苏维埃区域的发展,使闽西打破了孤立的形势",使"闽西有一个工农武装割据的前途",进而"与赣南东江及湘赣边界的革命势力取得联系",因此闽西工农政权的建立与发展"具有全国意义",提出要加强闽西"与东江赣南湘赣边界之联系",具体包括:"1. 加紧长汀武平工作,注意瑞金、会昌、寻邬、平远、蕉岭工作,特别是闽赣粤三省枢纽的长汀要加紧工作。2. 建立闽西赣南、东江、湘赣边界四个区域的最高党部,指挥四区域的工作,造成四省边界的赤色政权。3. 应与东江赣南两地党部发生秘密关系"。② 这些相互影响、相互呼应的工农武装暴动,奠定了闽、粤、赣相邻地区武装斗争的军事基础;相应地,闽西党组织的策略方针则进一步夯实了闽、粤、赣相邻地区党组织的组织基础和思想基础。

1929 年 10 月,为拓展和巩固东江革命根据地,红四军奉命出击东江。对此,福建省委表示同意中央关于"红军全部即到东江游击,向潮梅发展"的指示,建议"红军应即帮助闽西工农扩大自己的武装,拥护和扩大土地革命的胜利。必须如此,红军出发才不致被敌人从后追击;亦必须如此,东江的农民斗争,才能与闽西互相声援",认为"朱毛红军虽然离开闽西,闽西特委仍应坚决的领导群众与敌人斗争,扩大群众的武装。以上杭、永定为中心,积极向外发展"。③ 闽西特委则进一步把"扩大赤色区域,使汀河两岸赤化联系东江、赣南革命势力,次为武平、连城等处"作为目前中心工作之一④。在红四军东江失利后,福建省委仍然重视与东江的关系,要求加强闽西工作。1929 年 11 月,福

---

① 中央档案馆,福建省档案馆. 福建革命历史文件汇集(省委文件):1929 年(下)[G].(内部资料),1984:5-6.
② 江西省档案馆,中共江西省委党校党史教研室. 中央革命根据地史料选编(中册)[G].南昌:江西人民出版社,1982:108,124,128.
③ 中央档案馆,福建省档案馆. 福建革命历史文件汇集(省委文件):1929 年(下)[G].(内部资料),1984:338-340.
④ 中央档案馆,福建省档案馆. 福建革命历史文件汇集(闽西特委文件):1928 年—1936 年[G].(内部资料),1984:151.

建省委指出,"上杭为闽西的政治经济中心点,……与各县交通便利,且与广东东江接连,在军事上极为重要,所以上杭县是目前唯一的中心工作"①。对于与粤东北的关系,赣西南党组织也相当重视。1930年5月,中共赣西南特委强调指出:"西河行委应以信丰、南康为中心向大庾、南雄发展与北江取联系",并说:"特委特别指出吉安、袁州、樟树、萍乡、安源、三曲滩、南雄、大庾、南康、赣州为赣西南全党的中心区域"。1931年6月,中共赣西南特区委西河分委报告称:"南雄党在去年九月以前是归赣南行委指挥,后来又划为北江特委指挥了。自划北江以后,南雄斗争和军事行动,与赣南的联系上已发生了极大困难,实际上南雄一切斗争和行动还须与赣南一致才能够得到大的胜利,而赣南工作又不致于受任何影响。在苏区范围来说,南雄和赣南已经是一片的,那末,在苏区的一切斗争与组织上,南雄在没有夺取南雄城以前不能立即划分到北江特委去,在地形和交通关系上说,南雄是处在三南、信丰、大庾三足鼎立之中心点,又在粤赣大道广东方面的东北边,与西河分委随时可以发生密切关系(实际上南雄这次受敌人的进攻除信丰可退外,别无他处),和北江特委发生关系非常困难,所以分委对南雄指挥上的划分,认为南雄党必须立即划归西河分委指挥,请速转知广东省委通知北江特委照办。"② 1930年12月,闽粤赣苏区特委西北分委指出,"兴宁是西北的主要县份,蕉平寻是闽粤赣的联系中心县份,龙川是西北与东江惠州联系的重要县份"③;半个月后再次通告称,"东江西北的党,更抓住年关,……争取以梅县为中心的胜利,转变西北的斗争,争取以西南的斗争有平衡的开展,与闽西赣南的斗争有紧密的联系,向争取全国苏维埃胜利的道路前进,这是西北党当前最迫切最严重的任务。"④

3. 粤东北、赣西南、闽西三地党组织在险恶环境中的交叉指导

因为地域上的邻近,加上国民党白色恐怖的威胁和反动军队的隔离,粤东北、闽西、赣西南出现了隶属关系的交叉和具体业务上的协助指导情况,其中闽西、赣西南的县级党组织划归广东东江、北江特委指导,而粤东北的县级党组织也同样划归闽西、赣西南党组织指导,如与东江特委发生关系的福建平和、

---

① 中央档案馆,福建省档案馆.福建革命历史文件汇集:1929年(下)[G].(内部资料),1984:332.

② 中央档案馆,江西省档案馆.江西革命历史文件汇集:1931年[G].(内部资料),1988:80-97.

③ 中共梅县地委党史办公室,等.东江革命根据地蕉平寻苏区史料汇编[G].(内部资料),1987:53.

④ 闽粤赣苏区特委西北分委通告第二号——加紧年关斗争,反对进攻苏维埃及红军(1930年12月27日)[A].南昌:江西省档案馆,1931档案G001-2-403-1-4.

江西寻邬，以及与赣西南特委发生关系的广东南雄等等。

(1) 粤东北对赣西南、闽西党组织的指导

由于白色恐怖的恶劣环境以及秘密工作的要求，县委、特委、省委机关之间的联系常常存在困难甚至被破坏，为了能够得到及时指导，福建平和、江西寻邬先后曾要求就近接受东江特委指导。1928年5月，东江特委报告，"福建之平和县委，因数月来接不到福建省委和闽西特委的指示，故要求东委去管理他。……我们日来经有去信着他派一负责同志来我处做一口头报告，以致布置平和全县的工作。"① 江西寻邬县委于1928年8月成立，原隶属赣西南特委南路行委，因为交通原因改由东江特委给予指导。1929年2月，东江特委报告，"寻邬县委因与江西省委交通断绝，无法得到江西省委之指示。故由东委与他商定，直接受东委指挥"，东江特委同时列明了接管的理由："一、寻邬处在赣边与兴宁接壤，在政治上及过去工作与东江有密切之关系；二、东江工作要向江西发展，必打寻邬一路；三、寻邬县委近东委，三五天便到，比江西省委近得多（要十八天才能到南昌），易接受东委之指挥"。② 随后，广东省委复信确认此事，称："寻邬县委你们可与之发生关系，至隶属问题省委当即请示中央，俟中央答复后再告"。③ 在之后的东江特委报告以及中央巡视报告中，也包括了寻邬的情况。1929年3月，东江特委报告，"寻邬工作：前本有报告来，工作亦有进行，但最近因朱、〔毛〕红军从该地经过，曾有一度'昙花一现'的打反动乡村的工作。但朱、毛军退福建后（详情续后），负责人都跟朱、毛军以俱去，无形中已停止工作了"。④ 1930年3月，赣西南特委报告，"东河行委在赣南东河……以于都为中心已与广东二江福建闽西赤色政权打成一片，寻邬亦有大半组织并已夺取县城，现划归东江特委指挥"。⑤ 同年5月18日，东江特委报告称，"东委所管理的十六个县份中，（南沃算下去共十七县）已有县革命委员会八个（寻乌、龙川、梅县、兴宁、五华、丰顺、大埔、潮安），县苏维埃一个，

---

① 中央档案馆，广东省档案馆.广东革命历史文件汇集（中共东江特委文件）：1927年—1934年[G].（内部资料），1983：149-159.
② 中央档案馆，广东省档案馆.广东革命历史文件汇集（中共东江特委文件）：1929年（一）[G].（内部资料），1983：11-18.
③ 中央档案馆，广东省档案馆.广东革命历史文件汇集（中共广东省委文件）：1929年（一）[G].（内部资料），1982：156.
④ 中央档案馆，广东省档案馆.广东革命历史文件汇集（中共东江特委文件）：1929年（一）[G].（内部资料），1983：46.
⑤ 中央档案馆，江西省档案馆.江西革命历史文件汇集：1930年（一）[G].（内部资料），1988：67.

区苏维埃二十个，区革命委员会十多个。"① 1930年7月，中央巡视员报告，东江党员总数在五千以上，支部总数五百多，市委有1个（汕头），县委有15个，包括"丰顺、梅县、兴宁、五华、惠来、普宁、潮阳、潮安、大埔、揭阳、龙川、饶平、蕉平（是蕉岭、平远合而为一县委，故曰蕉平）、澄海（南澳县归澄海指挥）、寻邬"，区委有50个以上，其中丰顺6个、梅县7个、兴宁4个、五华6个、大埔5个、龙川2个、饶平3个、寻邬5个。② 本属于江西的寻邬已经在东江的管辖范围中。至1930年10月，寻邬党团组织合并为寻邬县行委，隶属江西省行委赣南行委；12月，寻邬与赣南的交通再次受阻，改隶中共闽粤赣特委西北分委；1931年1月，撤销寻邬县行委，与广东蕉（岭）、平（远）县委合并，成立蕉（岭）平（远）寻（乌）县委，先隶属闽粤赣特委西北分委，从4月起属东江特委，12月蕉平寻县委停止活动，恢复为寻邬县委。此外，由于斗争需要，处于边界的党组织常常对所辖行政区域的隶属关系进行调整，或进行跨省转移。1929年11月，兴平寻龙四县县委书记召开联席会议，决定将平远的大信划归兴宁，寻邬的丹溪划归平远；12月，中共平远县委迁至丹溪，并将丹溪编为平远第八区；1930年5月，平远县委同时从丹溪迁抵平远县城；6月，由于敌人的反复围剿，县委被迫转移到江西寻邬县丹溪乡；12月，平远县委、县革委、县赤卫大队总指挥部均移驻大塘山（寻邬属，处于八尺中行交界处）。

（2）赣西南对粤东北苏区党组织的指导

粤东北苏区与赣西南、闽西连在一起，而当时广东省委机关长驻香港地区，东江特委机关则较长时间在大南山地区。由于地理位置及革命形势所迫，粤东北地区先后成立及恢复重建的党组织有各县委以及梅（县）（大）埔丰（顺）县委、五兴龙县委、蕉平寻县委等边界党组织，与广东省委、北江特委、东江特委等关系都不稳固或不密切，先后就近隶属于西河行委、赣西南特委、闽粤赣苏区特委等党组织，如南雄县委就较长时间归属赣西南特委及西河分委，东江西北各县以及西北分委也较长时间隶属闽粤赣特区委。1927年10月，在赣州成立中共赣南特委，随后相继恢复了雩都、瑞金、安远、寻邬等赣南12个县的党组织，其中原属东江特委的寻邬支部及县委后来划归赣南特委领导。1929年

---

① 中央档案馆，广东省档案馆.广东革命历史文件汇集（中共东江特委文件）：1927年—1934年［G］.（内部资料），1983：311-312.
② 中央档案馆，广东省档案馆.广东革命历史文件汇集（中共广东省委文件）：1930年（二）［G］.（内部资料），1982：181-183.

11月,大埔县委给东委报告,"秋斗期中,决定割据埔北,与永定县委发生密切关系"①。1930年,中共西河行委正式成立,南雄党组织划归西河行委指导。1930年3月,赣西南特委报告,"西河行委在赣南西河,现有上犹、崇义、南康、大余、赣县、信丰、南雄七县,都有组织"②。1930年4月,毛泽东、朱德率红四军攻入南雄县城,此后南雄县委改属赣南党组织。4月9日,西河行委通告,"六县(南雄、大余、信丰、南康、上犹、崇义)代表大会,在前委直接指导之下,顺利地成功了"③。5月18日,赣西南特委指出,南雄等地为"赣西南全党的中心区域","特委应督促各党部迅速完成打通向赣东北、湘鄂赣、闽西、东江的关系,并与省委、中央前委取得联系",要求"西河行委应以信丰、南康为中心向大庾、南雄发展与北江取联系"④;5月22日,赣西南特委报告,"赣南之兴国、雩都、寻邬、安远、信丰、大庾、南雄、上犹、崇义、会昌等县都先后分了田或正在分田"⑤,可见南雄已经纳入赣西南统一指导。1931年1月,中共中央将赣西南苏区改称为赣西南特区,并于1月17日解散江西省行委,同时成立相当于省级的中共赣西南特区委,辖东、南、西、北四路分委(即由原江西省委的赣东、赣西、赣南及北路行委改组而成),至5月又增辖西河分委。赣南特委于1931年2月由赣南临时行委自行改称而来,曾派人与中共广东省委联系请求指导未果而只好自行领导西河各县革命斗争,后于5月改称赣西南特区委西河分委,辖信丰、安远、南康、南雄等县。1931年夏天,广东南雄由北江特委划属赣西南特委属下的西河分委。1931年6月16日,西河分委报告称:"南雄党在去年九月以前是归赣南行委指挥,后来又划为北江特委指挥了,自划北江以后,南雄斗争和军事行动,与赣南的联系上已发生了极大困难,实际上南雄一切斗争和行动还须要与赣南一致才能够得到大的胜利,而赣南工作又不致于受任何影响,在苏区范围来说,南雄和赣南已经是一片的,那末,在苏区的一切斗争与组织上南雄是没有夺取南雄城以前不能立即划分北江特委去,在地形和交通关系上说,南雄是处在三南、信丰、大庾三足鼎立之中心点,又在

---

① 中央档案馆,广东省档案馆.广东革命历史文件汇集(中共潮、梅各县委文件):1928年—1932年[G].(内部资料),1983:207.
② 中央档案馆,江西省档案馆.江西革命历史文件汇集:1930年(一)[G].(内部资料),1988:67.
③ 许志新,刘清生.珠玑文化丛书:红色文化[M].广州:广州出版社,2011:377.
④ 中央档案馆,江西省档案馆.江西革命历史文件汇集:1930年(一)[G].(内部资料),1988:132-139.
⑤ 中共江西省委党史研究室,中共吉安市青原区委,吉安市青原区人民政府,等.东固·赣西南革命根据地史料选编:第2册[G].北京:中央文献出版社,2007:458.

粤赣大道广东方面的东北边,与西河分委随时可以发生密切关系,和北江特委发生关系非常困难,所以分委对南雄指挥上的划分,认为南雄党委必须立即划归西河分委指挥,请速转知广东省委通知北江特委照办。"① 赣南特委指出,"赣南特委指挥兴国、万安、赣县、雩都、信丰、安远、寻邬、会县、南康、上崇、南雄等地工作"②。1931年11月,赣南行委发出关于改造党、团组织的通告,要求"赣南在一月内要发展三万党员团员"并分配给"南雄200名"(赣南行委通告第四号,1931-11-14),南雄县党、团组织较好地完成了任务。1932年2月,南雄游击大队编入湘赣军区所辖之红军河西独立第43团,3月南雄县委重新组建油山游击队,8月建立南山游击队,次年3月建立北山游击队,三支游击队共有300多人,均受中共江西省委和江西省军区指导。自1932年春起,国民党粤军陈济棠部不断对中央苏区南部边界骚扰进犯、构成严重安全威胁,中央苏区从红四军派南雄籍党员叶修林回南雄恢复重组县委和游击队。1932年7月上旬,红一方面军发起南雄水口战役,沉重打击了侵犯赣南苏区的国民党粤军,随后,中共江西省委决定成立中共信康雄中心县委,加强对南雄革命斗争的领导。可见,南雄曾较长时间属赣西南党组织领导。此外,五兴龙县委、蕉平寻县委等边界党组织,也曾因斗争形势而改变隶属关系,由赣西南党组织指导。1930年12月至1932年6月,五华、兴宁、龙川县委合并成立五(华)兴(宁)龙(川)县委,先后隶属于中共广东省委东江特委、中央苏区闽粤赣特(省)委、江西省委、粤赣省委、赣南省委,其间,1931年冬后因活动范围缩小改组为兴龙县委,隶属于中共赣西南特委。平远、蕉岭与中央苏区"赣南发生了关系",蕉平寻县委持续到1932年5月。1932年5月24日,中央巡视员定川汇报两广工作情况时说:"兴宁、龙川、五华一个县委,有六七十个同志","蕉平(寻)县委开了联席会议,找省委不到,他们与江西寻乌有关系"③;5月30日,中央巡视员再次报告,"有蕉平县委,现已与赣南发生了关系"④。1935年1月,成立兴(宁)龙(川)寻(乌)安(远)县革委,隶属赣南省苏维埃政府,同年2月因受到国民党军进攻而解散。

---

① 中央档案馆,江西省档案馆.江西革命历史文件汇集:1931年[G].(内部资料),1988:80-97.
② 中共江西省委党史资料征集委员会,中共江西省党史研究室.江西党史资料:第14辑(中央苏区江西省)[M].(内部资料),1990:34.
③ 中央档案馆,广东省档案馆.广东革命历史文件汇集(中共广东省委文件):1932年1月—9月[G].(内部资料),1982:93.
④ 中央档案馆,广东省档案馆.广东革命历史文件汇集(中共广东省委文件):1932年1月—9月[G].(内部资料),1982:132-133.

(3) 闽西对粤东北党组织的指导

由于地缘关系，粤东北地方党组织曾部分地划归福建省及闽西接管、指导，或给予帮助。1928年11月，据福建省委统计，"大埔、饶平暴动失败，同志多跑来诏安、平和边境组2支部，又在平和成立1支部，大埔1支部，由这些支部合组一指导机关，名为饶大特委"，该特委隶属诏安县委。此外，惠安"同志三人被捕，工作停顿，农民表示望共产党再去，殷殷询问海陆丰情形"①。厦门有一个"广东支部"，有5名工人同志，支部"能按时开会"，"因不懂福建话均是广东人"②。1930年秋，由于国民党军在"围剿"中加强了东江革命根据地南、北间的封锁，中共大埔县委与东江特委失去联系，中共大埔县委领导的红色区域归属闽西苏区领导，统一按闽西苏维埃政府的分配，派员参加参观团赴江西学习、完成苏区红军学校招生的配额等。③ 1930年11月，中共南方局巡视员陈舜仪经大埔到闽西巡视后，决定大埔县委、平和县委和饶平县委合并组建中共饶和埔县委，由中共闽西特委负责改组，丘宗海任书记（原大埔县委书记）④；12月，饶和埔县委书记丘宗海当选为闽粤赣苏维埃政府筹备委员会委员。与此同时，闽西特委报告，"要平和、上杭两县负责加紧饶平、大埔一带工作，与东江革命势力取得联系"⑤。1931年2月，闽西苏维埃政府对饶和埔苏区的红军改编、财政等工作做出部署，要求"饶和埔、杭武、汀连三县，所集中的赤卫团及赤卫营，应即编一补充连"⑥，在解决闽西政府需款方面"饶和埔负担二百元"⑦。相应地，东江团组织也因各种原因接受闽西的指导。1931年1月，共青团闽西特委报告："饶和埔县委也成立了不久，本来是要受闽粤赣苏区团特委指挥的，但因苏区团特委未成立，同时也与东江团特委关系不甚好，所

---

① 中央档案馆，福建省档案馆. 福建革命历史文件汇集（省委文件）：1928年（下）[G]. （内部资料），1984：327-328.

② 中央档案馆，福建省档案馆. 福建革命历史文件汇集（省委文件）：1928年（下）[G]. （内部资料），1984：328-329.

③ 中央档案馆，福建省档案馆. 福建革命历史文件汇集（苏维埃政府文件）：1930年[G]. （内部资料），1985：265-266，309-311.

④ 中央档案馆. 福建革命历史文件汇集（闽西特委文件）：1928年—1936年[G]. （内部资料），1984：234-236.

⑤ 中央档案馆，福建省档案馆. 福建革命历史文件汇集（闽西特委文件）：1928年—1936年[G]. （内部资料），1984：232-233.

⑥ 中央档案馆，福建省档案馆. 福建革命历史文件汇集（苏维埃政府文件）：1931年—1933年[G]. （内部资料），1985：31.

⑦ 中央档案馆，福建省档案馆. 福建革命历史文件汇集（苏维埃政府文件）：1931年—1933年[G]. （内部资料），1985：44.

以在苏区团特委未成立前受闽西团特委指挥，一方面也受东江特委指挥。"① 至1931年4月，闽西苏区已有9个县成立了县级苏维埃政权，即永定、上杭（武杭）、龙岩、（长）汀连（城）、连城、汀东、饶（平）（平）和（大）埔以及五（华）兴（宁）龙（川）县、蕉（岭）平（远）寻（邬）县（这两个县1931年4月后划归广东东江地区管辖）。1932年2月，中共闽粤赣省委特别通告："福建苏区已成立军事指挥部，指挥十二军、独立师及各县地方武装，发展革命战争，巩固闽西，向闽北发展，使闽赣苏区打成一片。"② 其中，"各县委"包括粤东北梅（埔）丰、饶和埔县委，饶和埔后来于1934年8月划属中共闽粤边委领导。1932年3月，闽粤赣省改称福建省，大埔县苏区亦归属福建省委领导。苏区中央局根据大埔与饶和埔苏区处于中央苏区东南端、是唯一能通往中央苏区的红色交通线必经之地的特殊位置，对大埔等苏区的工作进行部署，福建省苏维埃政府也对粤东北苏区工作加强了领导。③ 1931年秋，中共杭武县委书记蔡端致信梅县县委，称"遵闽粤干特省委密旨，固梅武边尤为要，仲（陈仲平）前来加强党工作，是县东部安置为妥，明之"④。闽西武平县受闽粤赣省委要求，派象洞区宣传部长陈仲平、练玉辉等一批干部，到梅县苏区加强党的建设和武装斗争力量。1932年5月，中共福建省委秘书长萧向荣致函梅丰县委黎果、叶明章，称："梅丰之前，早与西北委难联，东近属闽粤干，西北委已失，省苏会后纳省直属西南区域。函悉后须循原省'二、十六特别通告'，以武力固梅河东、西赤区，配合十二军打击军阀团匪，完成扩红诸任务，有关事项与武方亦加强联络。"⑤ 6月，中共闽粤赣省指示，"永定要注意大埔及广东边境的工作，特别是经常指导饶和埔北部工作团的工作"⑥。福建省委还在广东遭受

---

① 中共龙岩地委党史资料征集研究委员会，龙岩地区行政公署文物管理委员会．闽西革命史文献资料（第5辑）[M]．(内部资料)，1984：19.
② 中央档案馆．闽粤赣革命历史文件汇集：1932年—1933年[G]．(内部资料)，1985：54-58.
③ 中共中央文献研究室中央档案馆．建党以来重要文献选编（1921—1949）：第9册[G]．北京：中央文献出版社，2011：293-309；中央档案馆，福建省档案馆．福建革命历史文件汇集（苏维埃政府文件）：1931年—1933年[G]．(内部资料)，1985：258-263，386-399.
④ 杭武委给梅委信（1931年秋）[A]．汕头：汕头档案馆，革命历史文献卷1-1-4.
⑤ 中共福建省委致梅丰县委黎叶函（1932年5月）[A]．汕头：汕头档案馆，革命历史文献卷1-1-52.
⑥ 中央档案馆．闽粤赣革命历史文件汇集：1932年—1933年[G]．(内部资料)，1985：672-673.

破坏时给予帮助。11月，东江特委报告称：西北各县五华、兴宁已断绝关系很久。① 1933年3月，东江特委报告称："饶和埔、丰梅等县及军委前方，到现在来都断绝关系"②，东江"各地关系也极困难，所以这两个月来……饶和埔、丰梅……的工作同志仍断绝关系"③。这些地区在失去与东江特委及广东省委的联系后，转而归入接受福建指导。5月，因两广省委被破坏失掉接头处而寻中央事，周大林、陈云山辗转"于4月21日由惠阳直来香港找两广省委"，无奈两广省委及香港市委也于两个月前遭到破坏，仍是无法找到两广省委，加上"在香港无法作长久的立足"，不得已致信厦门市委及福建省委，"主要的是要找到你们转达中央报告一切及讨论一切"④。8月，福建省苏维埃政府要求，对"大埔之七里桥"在查田运动中存在"侵犯中农利益"的错误，要求"针对着这些错误缺点彻底纠正"，"在白区或边远的区域——如饶和埔、闽南游击区游击队，大埔城等——必须有计划地立刻去做选举运动的工作"，对苏区边远区域的大埔与饶和埔苏区的工作做出部署。⑤ 10月，大埔县北部（简称埔北）已成为中共福建省委领导下的县级区域，要求"饶和埔诏及闽南应坚决地向北发展……扩大武装扩大游击区。埔北应……向北发展，与永定取得联系"⑥。根据福建省委分配的名额，大埔派代表出席了福建省第三次临时代表会议，并承担扩红任务100名，饶和埔（含大埔东部、南部地区）承担扩红（军）150名的任务。⑦ 11月14日，《红色中华》报道了福建省第三次党代表大会代表认领的扩红计划，其中就包括了饶和、埔北等县。⑧

---

① 中央档案馆，广东省档案馆. 广东革命历史文件汇集（中共东江特委文件）：1932年［G］.（内部资料），1983：426.
② 中央档案馆，广东省档案馆. 广东革命历史文件汇集（中共东江特委文件）：1927年—1934年［G］.（内部资料），1983：461-462.
③ 中央档案馆，广东省档案馆. 广东革命历史文件汇集（中共东江特委文件）：1927年—1934年［G］.（内部资料），1983：467-492.
④ 中央档案馆，广东省档案馆. 广东革命历史文件汇集（中共东江特委文件）：1927年—1934年［G］.（内部资料），1983：495-498.
⑤ 中央档案馆，福建省档案馆. 福建革命历史文件汇集（苏维埃政府文件）：1931年—1933年［G］.（内部资料），1985：393、398.
⑥ 福建省档案馆，广东省档案馆. 闽粤赣边区革命历史档案汇编：第1辑（1930.12—1935.12）［G］. 北京：中国档案出版社，1987：398.
⑦ 中共大埔县委党史研究室. 大埔党史（总第23期）［M］.（内部资料），2010：84.
⑧ 福建省第三次党代表大会代表自愿承认领导群众加入红军的统计表［N］. 红色中华，1933-11-14.

4. 中共中央对粤东北苏区党组织的直接指导

由于地理位置、革命形势等原因，东江特委曾无法接受中共广东省委的直接领导，而是转头与中央苏区甚至中共中央发生直接关系，其中五兴龙、蕉平等红色区域则归中央苏区江西省领导，对此广东省委甚至还进一步要求中央区以及中央加强对东江等地的领导和指导。1931年11月，广东省委提出，"东江方面要和中央区发生直接关系，这是非常必要，请中央同意。同时请中央帮助省委对东江、琼崖苏区的领导"①。1932年1月，东江特委报告，"对西北各地的工作仍未派得力同志去帮助其转变，尤其对打通闽西及中央区的交通仍未做到，这更是大损失"。如前所述，东江特委自1931年5月重新成立以来，直至1933年3月仍未与东江西北苏区发生关系。1932年4月，东江特委扩大会议决定，"努力实现中央的指示，保持原有苏区，加紧韩江上游的工作，与闽西取得很好的联系"②。5月30日，中央巡视员报告了东江红军及政治保卫队、常备赤卫队、枪支及扩红等情况。③ 1933年，东江特委先后多次向中央报告了东江地区交通的困难导致与西北各县联系的断绝，使中央的精神传达及执行非常迟滞。1月17日，中共东江特委报告称，"在敌人几个月新的进攻中，东江党在组织上是受到极严重的损失……饶和埔支部也减少了极多，部分干部精神异常不好，甚至与县委负责人精神不一致，时发生纠纷，半数党的组织甚微弱"；东江特委同时请求中央加强指导、巡视，"请中央快快地派一二同志来我处主持工作或巡视，有力地帮助东江整个工作的顺利转变，负责军事工作的同志亦望派一二人来"，"特请中央搜集各种较重要的文件（过去是没有付来的），设法继续付来，书籍方面如《列宁传》《苏联五年经济计划》《俄国革命史》以及我们不知名词的各种紧要刊物，亦希设法付来"④。2月14日，东江特委报告，"潮澄澳、饶和埔、惠阳因交通断绝，至今还未传达出去"⑤；2月25日，东江特委报告，"对各地近来关系都很不好……饶和埔、潮澄澳、丰梅数月来都无消息来"，"两

---

① 中央档案馆，广东省档案馆. 广东革命历史文件汇集（中共广东省委文件）：1931年[G]．（内部资料），1982：298-299.

② 中央档案馆，广东省档案馆. 广东革命历史文件汇集（中共广东省委文件）：1932年1月—9月[G]．（内部资料），1982：227-234.

③ 中央档案馆，广东省档案馆. 广东革命历史文件汇集（中共广东省委文件）：1932年1月—9月[G]．（内部资料），1982：127-128.

④ 中央档案馆，广东省档案馆. 广东革命历史文件汇集（中共东江特委文件）：1927年—1934年[G]．（内部资料），1983：417-418.

⑤ 中央档案馆，广东省档案馆. 广东革命历史文件汇集（中共东江特委文件）：1927年—1934年[G]．（内部资料），1983：423-430.

广工作委员会还与他发生关系",并再次请求中央给予指导及书籍帮助,"我们要建立侦探工作及谍报等秘密技术工作,希你们详细指示来。前要你们寄书,希望寄来"①。3月14日,东江特委报告中央,"我们对各地党部很多不能发生关系,有的四五月来都无消息来","你们须设法找一二个通讯处给我们,因为恐怕交通上失了关系。我们要与中央〔苏〕区发生关系,希帮助我们路线。两广临时工作委员会,我们还与他发生关系,这次帮助他数十元"②。5月16日,周大林、陈云山给厦门市委及福建省委写信,"东江特委工作最近是直接中央指导"③。1934年7月,中共香港工委报告中央:"东特委我们已和他发生横的关系,但是对于工作两不相通,特此告知。"④ 可见,由于东江特委对外联系非常困难,在广东省委被破坏及与中闽西苏区失去联系后,东江特委主要接受中央的直接指导。除了东江党组织,东江团组织的隶属及指导上也存在同样的问题。1933年1月,中共东江特委报告,"自广东 C. Y. 省委受破获之后,对东江特委失了关系和指导。现我们主张 C. Y. 特委东江团的工作和党一样改变为团中央直接指导"⑤。

(二)协同共建:广东中央苏区与中央苏区核心区域党组织的互动模式

由于地域邻近,加上红军部队军事行动中需要沟通协调、往返穿插,粤东北、闽西、赣西南三地特委及相邻各县党组织在组织建设上相互联系、互相支持,在干部培养、任用方面相互选派、共同培育、共同使用,协同迎接南昌起义部队南下、共同举行农民武装暴动、共同创建和发展地方武装部队、共同承担和完成扩红任务,在经济及经费使用上相互接济与帮助,随着革命形势的发展和实际斗争的需要而调整组织设置、增进组织沟通交流、协同开展军事行动,在组织互动中不断创建、发展和壮大革命根据地、地方党组织、革命武装和苏维埃政权。

---

① 中央档案馆,广东省档案馆. 广东革命历史文件汇集(中共东江特委文件):1927年—1934年 [G]. (内部资料),1983:431-434.
② 中央档案馆,广东省档案馆. 广东革命历史文件汇集(中共东江特委文件):1927年—1934年 [G]. (内部资料),1983:465-466.
③ 中央档案馆,广东省档案馆. 广东革命历史文件汇集(中共东江特委文件):1927年—1934年 [G]. (内部资料),1983:495-498.
④ 中央档案馆,广东省档案馆. 广东革命历史文件汇集(中共广东省委文件):1932年10月—1934年10月 [G]. (内部资料),1982:285-294.
⑤ 中央档案馆,广东省档案馆. 广东革命历史文件汇集(中共东江特委文件):1927年—1934年 [G]. (内部资料),1983:391-418.

1. 党组织建设上的合组协作与共同发展

在敌强我弱、白色恐怖、反复被"围剿"的险恶形势下,处于广东、江西、福建三省邻近地域的粤东北、赣西南、闽西边界地带,为了收拢整合革命力量,先后出现了一些由两县、三县甚至四县联合组建党组织的现象,其中有部分属于跨省联建的党组织,隶属关系也屡经调整变迁,或是归东江特委领导,或是归赣西南特委领导,或是归闽西特委领导,或是统一由后来成立的闽粤赣特委(闽粤赣省委)领导,或者成立中心县委、特支以领导或指导邻近数县的工作,或者双重领导。这种跨原有行政区划联合组建党组织的情形,可以有效地整合革命力量和武装,增强在险恶环境中的生存能力,同时可以实现信息的互通共享。对粤东北、赣西南、闽西三地特委组织来说,由于地域邻近、风险类似,也存在着互通信息、相互协同、共同发展的情况。

(1) 联合组建县级党组织

对于地方党组织的地域架构,中共大体基于原有行政区划来进行设置,但由于初期的革命力量弱小、人力财力不足或险恶形势逼迫,跨原有行政区划组建党组织或调整隶属关系的情况,也就成为客观需要且并不鲜见。例如,1928年7月,广东省委报告:"为人力、财力易于支配及注意力集中起见,确定各路的中心县份,专力注意这几县的工作,务于最短期间发动群众的斗争以达于暴动,以影响其他的县份。"① 1929年9月,福建省委报告,闽西"特委之下除了上杭、连城、武平、永定、龙岩、长汀六个县委之外,还有二区委:一是岩、杭、连三县交界区域,一是杭、汀、武三县交界区域"②。1930年8月,中共寻邬县委第二次扩大会议决定,"重新分配全县工作人员","充实县委加强指导力量"和"建立定南龙川两县党",具体来说,"成立定南特别支部,直受寻委指导","成立龙川特别支部直受寻委指导"③。对于县域组织间的跨省联建,中共中央曾做过专门的说明和规范。1930年10月,中央指出,"苏区之党的中心组织,仍在地方党部。……县党部的管辖区域为便利于革命的发展和革命战争的联系,有时得不限于旧的县治,或两三县合组一县委,或将这一县某几乡区划归另一县委管辖,但一般的原则,仍依旧时县治为中共各县委管辖区域的标准,

---

① 中央档案馆,广东省档案馆. 广东革命历史文件汇集(中共广东省委文件):1928年(四)[G].(内部资料),1982:23-38.
② 中央档案馆,福建省档案馆. 福建革命历史文件汇集(省委文件):1929年(下)[G].(内部资料),1984:312.
③ 中央档案馆,江西省档案馆. 江西革命历史文件汇集:1930年(二)[G].(内部资料),1988:10.

县以下乡区的划分亦然"①。1931年5月,中央决定,"省委管辖的区域如太宽广时,可指定某些中心县委兼管其附近各县委,或联合数县乃至十数县成立道委员会,以介乎省委与县委之间,但这不是极经常经〔极〕普遍的组织。……中心县委不宜兼管县委太多,道委可扩大至十数县"②。这种跨县联建的党组织和政权成立后,其工作范围就相应地涵盖了几县范围。

  跨越闽、粤、赣三省原行政区域建立的县级党组织,比较具有代表性的有饶和埔诏、蕉平寻、寻兴龙、南康雄等县委,成立的原因既有革命形势的逼迫和需要而被动为之、自动为之,亦有因为地域邻近而主动为之,以饶和埔诏、蕉平寻为例做说明。1928年11月,大埔、饶平、平和农民暴动失败后,部分同志转移到平和、诏安边境,建立4个党支部,后联合组成中共饶大特委。1928年冬,福建省委巡视员谢汉秋到诏安巡视时和特委取得联系,建立了福建省委和广东东江特委对饶大特委的双重领导体制。1929年春,撤销饶大特委,将其并入中共闽粤边区工作委员会,归东江特委领导。③ 1930年5月,饶、和、埔三县联合成立饶和埔县委,由东江特委领导,1930年年底以后改由闽粤赣特委(闽粤赣省委)领导。1931年3月,饶和埔县委扩大为饶和埔诏县委,基本上同时接受东江特委与闽粤赣特委的领导。1932年6月,建立了中共饶和埔诏县委,并于1934年1月划归闽粤边特区。因此,年关暴动、秋收暴动等失败后,各县、区的党组织和武装力量大多被迫转移或分散隐蔽,在与上级失去联系的情况下,各县委通过自觉的联络和协商,联合组建跨原有行政区划的党组织和革命武装,而这种联合更多是一种基于需要的被动整合。相对来说,蕉平寻县委的联合组建则更多是上级党组织主动的有意安排。1930年12月,闽粤赣苏区特委西北分委指出,"寻邬经济政治问题上面与东江的关系更密切","由寻邬县委即召集蕉平两县委筹备蕉平寻3县合并党代表会开会时间地点"④。1931年1月,蕉平寻党团代表大会召开,确定了"加紧严密和发展群众组织""扩大党的政治宣传鼓动工作""扩大红军工作"等几项任务,主席团成员包括赵冠鹏、赵尚杰、赖兴邦、李大南、廖裕德、林汉佩、陈传标、曾加棉、罗月福共9人,其中林汉佩、

---

① 中共中央文献研究室,中央档案馆. 建党以来重要文献选编(1921—1949):第7册[G]. 北京:中央文献出版社,2011:599-600.
② 中共中央文献研究室,中央档案馆. 建党以来重要文献选编(1921—1949):第8册[G]. 北京:中央文献出版社,2011:436.
③ 中央档案馆,福建省档案馆. 福建革命历史文件汇集(省委文件):1928年(下)[G]. (内部资料),1984:293-304,324-331.
④ 中共梅县地委党史办公室,等. 东江革命根据地蕉平寻苏区史料汇编[G]. (内部资料),1987:53-55.

陈传标、曾加棉为平远籍革命人士，赖兴邦为平远赤卫队干部①；选举产生了中共蕉平寻县委、中国共青团蕉平寻县委和蕉平寻县苏维埃政府。蕉平寻县委成立后即通告全体同志，称："依据各种地域交通关系集中人才便于指挥起见，设立东江西北分委指挥西北各县工作，在分委指示之下组织蕉平寻县委，指挥原有三县斗争。蕉平寻县委已在三县党团代表大会正式成立。……今后蕉平寻各区工作，可直接与蕉平寻县委发生关系。"② 至1931年夏，蕉平寻苏区发展到统辖寻城、篁乡、大柘、坝头、新铺、吉潭、留车、八尺、蕉城、平城10个区的范围，共30多万人口。③

这种联合组建的县域党组织，重建、新建或健全、加强了所在地域的地方党组织和基层党组织，有效地保存、整合、发展、统筹、积蓄了革命力量，较好地统筹整合了所辖行政地区的组织建设、武装斗争和土地革命。例如，1930年12月，饶和埔县委布置落实年关工作，详尽分析了"饶和埔政治斗争形势""党的策略任务"以及"实际工作布置"等内容，要求"坚决执行扩大会议的精神与决议"，"坚决纠正过去的错误与缺点"，加紧五大中心工作（职运、农村、军事、政权、土地），布置好"五大中心区域"，尤其是"黄冈高陂党更应集中人力财力去布置建立我们的基础，使年关取得工人之领导和中心工作的建立，取得配合来完成党的任务"④。1932年6月，福建省苏区土地部长联席会议决议，在"帮助新发展区域分配土地问题"方面，"饶和埔发展时，永定要负责"，而且"每县至少要准备善能分配土地的人50人以上到新区域去帮助分配土地"，"准备调去新区域工作的人要县苏负责训练一短时期，要在一个半月做到"，"调去新区域工作的人的条件，要分配过土地而有实际经验的积极分子，要阶级意识强的分子，要坚决为中农、贫农、雇农谋利益而不调和不妥协的分子"⑤。1932年夏，饶和埔诏县委要求在夏斗与"八一"中，要举办7个短期训练班、建立9个模范支部、新发展党员109人、新建立支部16个，同时"实行

---

① 中共梅县地委党史办公室，等. 东江革命根据地蕉平寻苏区史料汇编［G］.（内部资料），1987：58.
② 中共梅县地委党史办公室，等. 东江革命根据地蕉平寻苏区史料汇编［G］.（内部资料），1987：59.
③ 中共梅县地委党史办公室，等. 东江革命根据地蕉平寻苏区史料汇编［G］.（内部资料），1987：99.
④ 中共饶平县委党史研究室，等. 饶和埔诏苏区史料汇编［G］. 广州：广东人民出版社，1994：91-96.
⑤ 中央档案馆，福建省档案馆. 福建革命历史文件汇集（苏维埃政府文件）：1931年—1933年［G］.（内部资料），1985：258-259.

各区革命工作比赛，决定 8 月 10 日开检阅会议，比赛胜负"以保证任务的实现。① 蕉平寻县委从 1931 年 1 月成立，1932 年 1 月以后依然持续，其间先后就党组织的建设做出决议、发布通知，要求所辖各级党组织加强调查工作、整理党的组织、发展党员、调整支部、规范会议等，切实加强了党组织建设。在 1931 年 1 月下旬至 2 月中旬，蕉平寻县委先后召开了三次组织工作会议，要求纯洁组织、健全支部生活、建立巡视员制度，吸收在斗争中积极勇敢坚定的贫雇农入党。1931 年 2 月，蕉平寻县委第二次组织会议讨论决定，根据西北分委关于组织发展的来信要求，"三蕉铺区发展支部十个同志 60 人"，"石坝东长区发展支部五个同志 30 人"，"新平赤区发展支部五个同志 30 人"，在拟开办的训练班中，"石新二区各派二人"，要求三蕉铺区（蕉岭）支部 10 位同志发展党员 60 人。②

(2) 特委组织间相互支持

由于国民党持续不断的"会剿""围剿""清剿"和白色恐怖，闽西特委、东江特委、北江特委、赣西、赣南及赣西南特委等经常失去与上级组织的联系和交通，为了及时报告自身情况并获得上级指示，不得已转而与地缘上接近的特委组织间发生关系，或者与流动作战的红军前委发生关系，从而获得上级党组织直至中央的方针政策、决议指示和信函信息。例如，北江特委曾与赣南特委发生关系并给予文件材料支持。1928 年 10 月，北江特委报告"与赣南特委发生关系"情况，"北委决即写一信给他们，略告诉他们以现时我们的政策及第六次大会的精神，并要他们告诉我们以接头处，即派一人来北委取文件去，赣南特委在赣州，离此六百里五天可达"，并提出请省委"将十月革命文件，六次大会各决议，中央 63、64、65 号通告，中央训练大纲，各多付六份来，以便转给各重要地方及赣南"③。东江特委也采取措施积极与前委和闽西特委、赣南特委发生关系。1929 年 4 月，东江特委报告称，"朱、毛红军在赣、闽接近县之县委，派人与之发生关系外，东委已派人与之接洽"，"东委设法与闽西特委及赣南特委发生关系。如闽西、赣南、东江三个有关系时，除经常工作上互相帮助

---

① 中共饶平县委党史研究室，等.饶和埔诏苏区史料汇编 [G].广州：广东人民出版社，1994：150-152.
② 蕉平寻县委第二次组织会议决案（1931 年 2 月 18 日）[A].南昌：江西省档案馆，1931，档案 G001-2-411.
③ 中央档案馆，广东省档案馆.广东革命历史文件汇集（中共北江、湘南特委文件）：1928 年—1933 年 [G].（内部资料），1982：153-164.

外，对于朱、毛红军行动当更便利"①。1929年11月，梅县县委报告，"希望东委调得力人来去切实整顿蕉、平二县工作，同时与赣南方面发生好的关系，使东北与赣南、闽西打成一片，完成割据三省边界的工作"②。1930年6月，中共赣西南特委通告，赣南特委"给湘赣鄂边特委，闽西东江等特委的信件从未得到某一党部是否送去了的报告"③；7月，赣西南报告，"西南特委与东江闽西湘东湘鄂赣等特委均有关系，不过没有发生工作的密切关系，我在特委时主张开一联席会议，交换工作的经验取得政治上的联系，西南与赣东赣北还没有取得联系，不过西南已注意这一问题"④；8月，闽西特委告知东江特委，"闽西政府第二次代表会决定'九一'开幕，请派代表到来参加"⑤。1932年9月，东江特委报告，"我处又对闽西交通正在设法打通是有可能的。……如中央无法带文件去闽西，不妨由我处转，但恐时日太久耳。漳州中心县委现在和饶和埔县委有关系（去闽西交通亦由该处转），但和闽西交通不通"⑥。在闽西特委与赣南特委间，也存在类似的相互支持。1930年12月，闽西特委报告，"刘伯坚同志十二月三日已到岩城，带来中央三全扩大会的一切密件已收妥，即转抄一份给赣西南特委了"⑦。由此可见，闽、粤、赣三地特委间的横向联系，有效地加强了组织间的沟通与协同，实现了中央方针政策、文件决议等的互通和共享，弥补和克服了各地党组织在失去纵向层级联系时的困难和不足，增强了各地方党组织的生存和发展能力。

（3）业务上相互交流和促进

粤东北、赣西南、闽西三地，除了在党组织上相互交织，在苏维埃政权建设方面也相互借鉴学习。1930年2月，巡视员报告福建情况："大规模地送工人

---

① 中央档案馆，广东省档案馆.广东革命历史文件汇集（中共东江特委文件）：1929年（一）[G].（内部资料），1983：49-72.
② 中央档案馆，广东省档案馆.广东革命历史文件汇集（中共潮、梅各县委文件）：1928年—1932年[G].（内部资料），1983：179-186.
③ 中央档案馆，江西省档案馆.江西革命历史文件汇集：1930年（一）[G].（内部资料），1984：174.
④ 江西省档案馆，中共江西省委党校党史教研室.中央革命根据地史料选编（上册）[G].南昌：江西人民出版社，1982：227.
⑤ 中共龙岩地委党史资料征集研究委员会，龙岩地区行政公署文物管理委员会.闽西革命史文献资料：第四辑[M].（内部资料），1983：26.
⑥ 中央档案馆，广东省档案馆.广东革命历史文件汇集（中共东江特委文件）：1932年[G].（内部资料），1983：305-308.
⑦ 中央档案馆，福建省档案馆.福建革命历史文件汇集（闽西特委文件）：1928年—1936年[G].（内部资料），1984：238.

农民去闽西拜望苏维埃。参观绝大规模送遣，特别是在漳州、南靖、大埔、饶平的人只要工会农会介绍，即予招待接洽。自然同安、海澄、梅县、兴宁以及福州、厦门、闽北等处都要派人去，去的人最好是乡村无坏名声的贫农，回来一定可以扩大闽西影响，发展本地工作。"① 1930年10月，广东省委通告，"在复选中没有当选出席全国大会者，可组织代表团到苏维埃区域参观，或入红军学校。香港、广州、中路、西北江都须组织代表团到东江、闽西参观及征求工人加进红军"。② 为了加强闽西苏维埃建设，1930年11月，闽西苏维埃政府组织了100人的大规模参观团到江西参观，学习江西苏维埃政府的斗争经验，交流传达闽西两年来的斗争教育，交流闽西与江西的经验，其中专门分配了5个名额给广东大埔县。③ 随后，陈舜仪致信南方局称，"我已与易尔士（中央派来的财政专员）斟酌过，派他到赣西南专办此事，并带参观团去"④。除了选派代表团参观外，闽西举办红军学校时，也招收东江学员。1930年12月，闽西苏维埃政府就红军学校招生事宜通告各级苏维埃政府，"中国红军中央军事政治学校第一分校续办第二期，决定八百名，除分派各地招生外，闽西学额规定二百名，定于1931年1月1日开学"，在名额分配上"十二军二十人""大埔五人、饶平五人"⑤。由此可见，大埔、饶平苏区县也统一按要求选派学员参加了闽西培训。

2. 共同培育和使用干部，缓解与克服干部恐慌现象

革命形势快速发展，党员队伍、党组织和军事武装力量快速壮大，苏维埃根据地和政权的不断创建和拓展等带来了对干部的极大需求，而白色恐怖对干部的不断迫害、杀害又导致干部大量牺牲减少，因而在党、政、军等各条战线都普遍出现了干部不足甚至"恐慌"的现象。为了解决干部不足乃至恐慌的问题，在广东苏区县与中央苏区核心区域之间，中共中央与地方党组织之间，闽、粤、赣边区之间，积极进行干部的调配、共用和培训，有效地保障了组织建设、

---

① 中央档案馆，福建省档案馆. 福建革命历史文件汇集（省委文件）：1930年［G］.（内部资料），1984：376.

② 中央档案馆，广东省档案馆. 广东革命历史文件汇集（中共广东省委文件）：1930年（二）［G］.（内部资料），1982：302.

③ 中央档案馆，福建省档案馆. 福建革命历史文件汇集（苏维埃政府文件）：1930年［G］.（内部资料），1985：265-266.

④ 中央档案馆，福建省档案馆. 福建革命历史文件汇集（闽西特委文件）：1928年—1936年［G］.（内部资料），1984：234-236.

⑤ 中央档案馆，福建省档案馆. 福建革命历史文件汇集（苏维埃政府文件）：1930年［G］.（内部资料），1985：309-310.

武装斗争、政权建设和土地革命的需要。

（1）干部恐慌现象及其原因

自土地革命以来，干部不足乃至恐慌的现象就在广东东江地区、中央苏区、中共中央等各地区、各层面不同程度地存在，成为中共各级党、政、军发展壮大的重要制约因素。这种缺乏和不足既体现在数量方面，也体现在能力素质方面。在广东省以及东江地区，干部缺乏问题长期存在。1928年6月，广东省委指出，"潮梅党的干部人才，是过于缺乏，现在有些负县委责任的同志，观念极模糊，而且工农分子实际参加到指导机关里来而起作用者尚甚少，这是潮梅党目前一个很重大的危机"①。1929年3月，广东省委指出，"各县的干部分子都极缺乏"②；9月，东江特委报告，"我们总感觉到人才还不够分配工作。在各县缺少中心人才"③；1931年3月，两广省委报告，"干部的缺乏成为广东党最严重的问题"④；7月，巡视员报告，广东"干部恐慌——尤其缺乏粤籍的中下级干部"，"苏区缺乏坚决执行国际路线的领导者——中央未注意派人到东江苏区去"⑤；1932年12月，因被敌特破获而大批干部牺牲，两广临委报告称"缺乏干部及主持工作主要人，务请中央马上派人来主持党、团省委"⑥，临委"多数是新的干部，经验少，能力薄弱，仅能维持现状，一点也没有办法发展"⑦。在中共中央、中央苏区，干部缺乏问题同样存在。1929年7月，中共中央称，现在中共"有一更严重的干部恐慌，便是职工运动人才的缺乏"，"军事工作人员现在非常之缺乏"，同时"中国党还急迫地需要理论人才"，需要造成"职工、农民、组织、宣传、军事以至专门的技术人才（写油印记录的人最缺）、事务人

---

① 中央档案馆，广东省档案馆.广东革命历史文件汇集（中共广东省委文件）：1928年（三）[G].（内部资料），1982：149-154.
② 中央档案馆，广东省档案馆.广东革命历史文件汇集（中共广东省委文件）：1929年（一）[G].（内部资料），1982：231-240.
③ 中央档案馆，广东省档案馆.广东革命历史文件汇集（中共东江特委文件）：1929年（一）[G].（内部资料），1983：263-274.
④ 中央档案馆，广东省档案馆.广东革命历史文件汇集（中共广东省委文件）：1931年[G].（内部资料），1982：71-78.
⑤ 中央档案馆，广东省档案馆.广东革命历史文件汇集（中共广东省委文件）：1931年[G].（内部资料），1982：171-180.
⑥ 中央档案馆，广东省档案馆.广东革命历史文件汇集（中共广东省委文件）：1932年10月—1934年10月[G].（内部资料），1982：173-182.
⑦ 中央档案馆，广东省档案馆.广东革命历史文件汇集（中共广东省委文件）：1932年10月—1934年10月[G].（内部资料），1982：183-190.

才"等专门人才。① 1930年2月，中共中央表示，"中下级干部缺乏，积极分子一时难以迅速地大批产生，这是一件最大的难题"②。1931年8月，中共赣东特委报告，"整个中央区的党干部问题是非常严重的，中央在三中全会后派赤区二百五十人中，中区不到五十人，希中央注意以后多派人来中区工作"③；1931年9、10、11月，中央苏区接连报告，"江西地方党的组织力量是脆弱的"，"最困难的问题，现在旧的干部是没有几个了……没有干部实在是困难极了"④；"现苏区党务干部很缺乏……望多派得力同志来苏区工作"⑤；"干部非常缺乏，在各种工作中都感困难，请中央加派大批干部来此，技术人员也缺乏得很，请尽量将学生及知识分子同志派来"⑥。在红军部队中，干部缺乏尤为严重。1929年11月，红四军前委报告，"四军工作人员非常缺乏"，"以前说四军干部缺乏，现在状况更不如前了。……四军干部已到了山穷水尽，无法可想了"⑦。

干部缺乏以致恐慌现象的造成，既是因为革命形势快速发展产生了大量的干部需求，也是因为提拔、培养不足导致干部数量不足、能力素质达不到要求，还有白色恐怖、战争造成的大量干部牺牲损失的原因，以至于干部需求巨大却又无人可调、无处可调。1928年8月，中央指出，"经年以来，党内教育训练工作，各级党部都做得异常之少，因此不积极的分子，因不了解党的策略而犹豫不前，积极勇敢的分子，亦常常是一知半解地蛮干，甚至于盲目地干"⑧。1929年1月，红军"第四军从井冈山出发以来，总计损失约二百枪、六百人，最大的就是干部损失多员最为可惜"，"因战事太多，老的干部损失太大，战斗力不

---

① 中共中央文献研究室，中央档案馆. 建党以来重要文献选编（1921—1949）：第6册 [G]. 北京：中央文献出版社，2011：329-334.
② 中共中央文献研究室，中央档案馆. 建党以来重要文献选编（1921—1949）：第7册 [G]. 北京：中央文献出版社，2011：38.
③ 中央档案馆，江西省档案馆. 江西革命历史文件汇集：1931年 [M].（内部资料），1986：191-195.
④ 中共江西省委党史研究室等. 中央革命根据地历史资料文库·党的系统：第3册[M]. 北京：中央文献出版社，2011：1770-1771.
⑤ 中共江西省委党史研究室等. 中央革命根据地历史资料文库·党的系统：第3册[M]. 北京：中央文献出版社，2011：1792-1793.
⑥ 中共江西省委党史研究室等. 中央革命根据地历史资料文库·党的系统：第3册[M]. 北京：中央文献出版社，2011：1896.
⑦ 中央档案馆，广东省档案馆. 广东革命历史文件汇集（中共东江特委文件）：1929年（二）[G].（内部资料），1983：201-206.
⑧ 中央档案馆. 中共中央文件选集：第4册 [M]. 北京：中共中央党校出版社，1989：535-556.

及从前","因两次损伤的结果,军官及政治工作人员之缺乏,达于极点"①。1930年9月,中央指出,"全党对于干部问题的注意,都还存着一种听其自生自灭的状态"②。1931年9月,中央苏区报告,"一班同志的政治水平都低,党的训练教育工作都缺乏,训练的材料亦很少,并且文字的材料不能深入群众中去"③。在白色恐怖和频繁战争的状态中,中共各级党组织经常被国民党破获,而频繁战争也带来了大量干部和积极分子的牺牲;干部的出身、籍贯、语言能力等极大影响到干部的工作、生活甚至生命,有时会对干部选用形成极大的限制。对干部缺乏的原因,中央分析称:"有的因为一再破坏,一时没有好的领导干部(如河北、山东、广东、芜湖等处),有的因为始终没有忠心可靠的干部,不充分了解国际路线的实际内容,不懂得如何来转变实际工作(如浙江、徐、海、蚌等),有的因为转变中不能团结积极的工农干部,国际路线被阶级异己分子所曲解,以致不能得到转变中很大的效果,甚至造成很严重的局面(如闽粤赣及皖西北)。"④ 1929年5月,广东省委指出,"省委对东江交通曾经很久地物色,都无适当的人才。因为要懂得东江的情形与懂得东江的言语的人,在省委是无法找到的,因此,这个交通非东委找定派来省委不可"⑤。1931年1月,广东省委等机关被敌特破获,大部分干部被捕牺牲,不少干部需要调离回避白色恐怖危险,省委也须重新组建。对此,广东省委反复提出,"干部只要能说广州话能刻苦耐劳工作的",省委改组则"务必调一二能懂广州话的来"⑥;"来的同志最好是广东人","原有的干部(如君清、丙太、师贤、新甲),都要调走才好"⑦;"我们将行动成问题的同志继续调开,分赴沪、闽、东江工作"⑧。广东

---

① 中共中央文献研究室,中央档案馆.建党以来重要文献选编(1921—1949):第6册[G].北京:中央文献出版社,2011:88-92.

② 中共中央文献研究室,中央档案馆.建党以来重要文献选编(1921—1949):第7册[G].北京:中央文献出版社,2011:487.

③ 中共江西省委党史研究室等.中央革命根据地历史资料文库·党的系统:第3册[M].北京:中央文献出版社,2011:1749-1779.

④ 中共中央文献研究室,中央档案馆.建党以来重要文献选编(1921—1949):第9册[G].北京:中央文献出版社,2011:97.

⑤ 中央档案馆,广东省档案馆.广东革命历史文件汇集(中共广东省委文件):1929年(二)[G].(内部资料),1982:43-48.

⑥ 中央档案馆,广东省档案馆.广东革命历史文件汇集(中共广东省委文件):1931年[G].(内部资料),1982:1-2.

⑦ 中央档案馆,广东省档案馆.广东革命历史文件汇集(中共广东省委文件):1931年[G].(内部资料),1982:7-12.

⑧ 中央档案馆,广东省档案馆.广东革命历史文件汇集(中共广东省委文件):1931年[G].(内部资料),1982:13-14.

省委反复报告,"中央调人来特别要注意能适合广东工作者,尤其要能适合香港的环境","有适合于湘南、赣南、闽粤赣、广西的工作亦望注意送来"①;"中央向广东派送同志,应该负责他们能在广东开展工作,特别是要适合香港的环境"②。1932年1月,东江特委报告,"各县区虽有训练班的召集,但仍不能经常有计划地训练活动分子"③,片面重视军事行动,忽视甚至放弃党的工作,对干部培养提拔重视不足,是各地党组织存在的一个错误。1929年7月,南雄县委报告,"原因是偏于军事行动,放弃党的工作,这是很大的错误"④。

(2) 不同层级间干部的调配流动

由于革命工作对干部的大量需求,中央要求从各省、各地选调干部,各省、各地也要求中央选派干部;各省委则要各地方选送干部,各地特委也要省委选派干部。然而,中央往往难以满足各省、各地的要求,而各省、各地也难以选送干部到中央,各省委难以选派干部到各地,各地也难以选送干部到省委。1927年9月,周恩来在《向潮汕进军的问题》中说,"我军如已取得潮、汕,望即由上海派一得力人来接头","如汕头攻下,请派得力人员尤其是军事人员前来工作为要"⑤。为了加强领导、发展苏区,广东省委数次要求中央调派干部,同时也向东江特委要人或派人。1929年1月,中共广东省委请求中央,由于"特务工作很少人负责,且经费缺乏","希将省委派去训练的两个同志即刻派回来工作"⑥;同年2月,中共广东省委致信东江特委,"省委派卢同志来的问题,在最近不能办到","因人才缺乏又不能另调人到东江工作",并"决定东江调八个同志来省委一次"以加紧东江工作。⑦ 3月,广东省委致信东江特委,"派来上训练班的人,俟训练班结束即当派回","另外海陆丰许多同志,因

---

① 中央档案馆,广东省档案馆.广东革命历史文件汇集(中共广东省委文件):1931年[G].(内部资料),1982:19-22.
② 中央档案馆,广东省档案馆.广东革命历史文件汇集(中共广东省委文件):1931年[G].(内部资料),1982:25-28.
③ 中央档案馆,广东省档案馆.广东革命历史文件汇集(中共东江特委文件):1932年[G].(内部资料),1983:1-18.
④ 中央档案馆,广东省档案馆.广东革命历史文件汇集(中共广东北江、西江、琼崖等县、市委文件):1928年—1931年[G].(内部资料),1982:73-78.
⑤ 中共中央文献研究室,中央档案馆.建党以来重要文献选编(1921—1949):第4册[G].北京:中央文献出版社,2011:517.
⑥ 中央档案馆,广东省档案馆.广东革命历史文件汇集(中共广东省委文件):1929年(一)[G].(内部资料),1982:27-28.
⑦ 中央档案馆,广东省档案馆.广东革命历史文件汇集(中共广东省委文件):1929年(一)[G].(内部资料),1982:156.

为敌人搜索红色乡村太厉害，不能立足工作者，省委已函调出，可派往东江各地工作"①。1929年10月，四军前委报告，"唯因人员太少，队伍扩大，游击区域推广，实不敷分配，同志政治水平虽有长进，仍有低落得很，各级党部不健全，意是要你们遵照前议还是政治军事各一百人的要求"②。1929年11月，四军前委再次报告，"中央前后派来了刘安恭、金石声、曾省吾、罗□、郭□、张怀秋、陈定秋、丰少牛、钱□、骆□、陶□、谭□等人。曾、刘二人已阵亡。粤委又介绍三人来受训练，均已分配工作。当然不能尽合用，表现有许多缺点，但亦盼望中央、省委继续送来。四军干部已到了山穷水尽，无法可想了。务望继续注意补充，愈多愈妙。陈毅同志任前委书记，暂时可以代理，毛同志未回。中央对此重要工作，千万派人来担任为要"③。1931年1月，中共广东省临委先后报告，"望中央至少要准备三十人来"，其中"省委至少要补充二人"，"香港市委必须来一二能艰苦做群众工作的"，"能做巡视员的调二三人来"④；"中央最近派来的美国工作同志已到来，派到香港工作。此后来人务须选忠实胆大有相当工作能力的，否则宁缺毋滥"⑤。1931年6月，中共闽粤赣省委请求，"中央体察目前闽西实际情形，要求给予人才及经济上之帮助，特别是对枪支的帮助，请你们拨出一部分军事政治干部人才并发给一千支步枪来闽西，以发展闽西的工作，巩固中央区的后方"⑥。1931年8月，中央致信闽粤赣苏区省委，"关于干部的供给，中央只能注意领导机关的加强，一般地，你们必须尽量根据当地的工农干部达到干部自给的目的"⑦。闽粤赣特委甚至将中央派往中央苏区的干部"截"留闽西。1931年4月，"中央许可由中央派到中央苏区的各种干部都应暂时留在闽西工作，分配的决定由××及××三同志共同决定。……中央并

---

① 中央档案馆，广东省档案馆. 广东革命历史文件汇集（中共广东省委文件）：1929年（一）[G]. （内部资料），1982：231-240.
② 中共江西省委党史研究室. 中央革命根据地地历史资料文库·军事系统：第9册 [M]. 北京：中央文献出版社，2015：125.
③ 中央档案馆，广东省档案馆. 广东革命历史文件汇集（中共东江特委文件）：1929年（二）[G]. （内部资料），1983：205-206.
④ 中央档案馆，广东省档案馆. 广东革命历史文件汇集（中共广东省委文件）：1931年 [G]. （内部资料），1982：7-12.
⑤ 中央档案馆，广东省档案馆. 广东革命历史文件汇集（中共广东省委文件）：1931年 [G]. （内部资料），1982：13-14.
⑥ 中央档案馆. 闽粤赣革命历史文件汇集：1930年—1931年 [G]. （内部资料），1984：222.
⑦ 中央档案馆. 中共中央文件选集：第7册 [M]. 北京：中共中央党校出版社，1989：354.

决定在福建省委抽调一部分干部前来，××同志已调来，他可参加特委"①。

由此可见，在干部人才极度缺乏甚至恐慌的情况下，中央向地方要人、上级向下级要人与地方向中央要人、下级向上级要人交织在一起。据周恩来报告，从1930年9月至1931年4月，政治局共向苏区派了228名同志，其中172人到达了目的地。其中，向中央苏区派了67人，57人到达。向第一军派了48人，43人到达；向第十二军派了14人，12人到达。1931年5月，共青团派了1名同志去闽西苏区、1名同志去湘鄂西苏区；党中央也派出曾弘毅去赣东北苏区第十军，徐锡根去湘鄂西苏区，并向第十六军、第七军和闽西各派了一名同志；党中央派往中央苏区的3名无线电报务员，也安全抵达。② 1931年5月，中央决议，"对苏区干部的供给，自三中全会后，全数虽已将近二百五十人"③，但由于各地都向中央请求派干部，而中央又无法满足各地的要求，因而只能要求各地自行培养和提拔干部。1931年5月，中央要求，各级党部"要规定具体的方法，来引进和培养新的干部，特别是工人干部"，彻底消除"各省各地都向中央要干部的现象"④。当然，本省本地干部不足、不愿意调出、注重本地发展的倾向也一定程度存在。1928年10月，广东省委对中央"调人问题"表示，"反对中央调代英走，不派人来只是调人去，工作没有办法"⑤；12月，"石魂如命调到中央，卓棠、天僇，二人此刻无法离开此地"，"事实上二人主持全省工作"，周天僇如果调走则"省委宣传工作将陷于停顿"⑥。1930年7月，中央巡视员邓凤翱报告，"东江的干部分〔子〕可以说完全都是革命职业家"，区以上单位的干部数量最少在350人，性别多数是男子，成分知识分子还要占优势，工作情绪大多数都是不错的，然而各县区"都是没有准备上级的调动，只是解决当地的人才的恐慌，在广东省委是叠〔次〕要东委调人，而东委亦只是调去

---

① 中共中央文献研究室，中央档案馆. 建党以来重要文献选编（1921—1949）：第8册 [G]. 北京：中央文献出版社，2011：326.
② 中共江西省委党史研究室等. 中央革命根据地历史资料文库·党的系统：第3册 [M]. 北京：中央文献出版社，2011：1641-1642.
③ 中共中央文献研究室，中央档案馆. 建党以来重要文献选编（1921—1949）：第8册 [G]. 北京：中央文献出版社，2011：406-413.
④ 中共中央文献研究室，中央档案馆. 建党以来重要文献选编（1921—1949）：第8册 [G]. 北京：中央文献出版社，2011：383.
⑤ 中央档案馆，广东省档案馆. 广东革命历史文件汇集（中共广东省委文件）：1928年（五）[G]. （内部资料），1984：337-339.
⑥ 中央档案馆，广东省档案馆. 广东革命历史文件汇集（中共广东省委文件）：1928年（六）[G]. （内部资料），1982：445-446.

数个而已"①。

(3) 闽粤赣干部的相互调派

为了解决干部恐慌的难题，各地方在向中央要人的同时，也积极通过中央向其他地方要人，或者相互支持。1929年2月，江西省委建议中央，除"开办短期训练班"外，要"抽调江苏、广东先进的工人同志到工作落后而地方重要的党部去工作"②。10月，福建省委指出，在"朱毛红军全部立即开到东江去帮助东江广大群众的斗争"过程中，闽西党要在"四军离开时，尽可能地派出少数得力干部来加强闽西的工农的武装组织"，"如有可能或调一部分闽西的武装跟着四军去东江"，随红四军去东江参加工作，"在实际斗争中来训练他们，打破其家乡的观念与加强其战斗力。经过相当时期派回来闽西工作"③。1930年1月，鉴于红四军东江攻梅失败，广东省委请求中央"无论如何都要派一个政治上能负责的同志主持前委工作"④；2月，中央复信广东省委，"自然四军是所有红军的主干，中央必将以最大力量注意。过去指导很少，也是一个缺点，今后将经常予以注意"，要求广东"立即派侯镜如至四军去"⑤。1930年9月，中共中央指示，"军事干部必须以派往三、四、五、八、二、六军去为第一等工作"⑥；11月，中央指出，"大批地输送工人成分到红军中去工作，是各级党部特别是环绕有广大红军各大城市的党部之最中心的任务之一"⑦。1930年11月，陈舜仪致信南方局，"最近我要在大埔调学秋同志去，他可到广州工作，他是工人同志（大埔常委）能说广州话。闽西亦有一工友同志会说广州话，可派广州或汕头工作"⑧。1930年11月，中共闽粤赣边特委成立，其领导成员主要从广

---

① 中央档案馆，广东省档案馆. 广东革命历史文件汇集（中共广东省委文件）：1930年（二）[G]. （内部资料），1982：188-189.
② 中央档案馆，江西省档案馆. 江西革命历史文件汇集（省委文件）：1929年（一）[G]. （内部资料），1987：58.
③ 中央档案馆，福建省档案馆. 福建革命历史文件汇集：1929年（下）[G]. （内部资料），1984：331.
④ 中央档案馆，广东省档案馆. 广东革命历史文件汇集（中共广东省委文件）：1930年[G]. （内部资料），1982：32.
⑤ 中共中央文献研究室，中央档案馆. 建党以来重要文献选编（1921—1949）：第7册[G]. 北京：中央文献出版社，2011：38.
⑥ 中共中央文献研究室，中央档案馆. 建党以来重要文献选编（1921—1949）：第7册[G]. 北京：中央文献出版社，2011：393.
⑦ 中共中央文献研究室，中央档案馆. 建党以来重要文献选编（1921—1949）：第7册[G]. 北京：中央文献出版社，2011：669-670.
⑧ 中央档案馆，福建省档案馆. 福建革命历史文件汇集（闽西特委文件）：1928年—1936年[G]. （内部资料），1984：234-236.

东中央苏区调任,除中共闽粤赣边特委书记由原广东省委组织部长邓发担任外,特委组织部部长(后任宣传部部长)李明光、秘书长肖向荣、妇委书记李坚真、工委书记方方4人均来自东江苏区,此后他们一直生活和战斗在中央苏区。①1931年1月底,蕉平寻县委与赣南红三十五军军委举行联席会议,决定由县委、县苏从地方输送300名兵员补充红三十五军;二三月间,红三十五军与地方赤卫队协同作战,保卫了蕉平寻苏区。②1931年6月,中共闽粤赣省委报告,"特请中央转函广东省委调一些工人来我处"③。1932年3月,中共闽粤赣苏区党第二次全省大会决议,"首先要东江、韩江流域、漳泉、闽北与苏区相邻的各县,三个月内要调出三十个干部,担任白区工作"④;6月,福建省苏区土地部长联席会议讨论决定,在发展方向与协助负责上"武平西南——如岩前、象洞等地由武平、上杭负责","饶和埔发展时,永定要负责","每县至少要准备善能分配土地的人50人到新区域去帮助分配土地"⑤;7月,少共苏区中央局要求"各省必须选举最好的干部,特别是青工雇农苦力干部,到红军政府中工作,江西12人,闽粤赣15人,湘赣、湘鄂赣亦须有相当数目","省委要帮助现有苏区各县委培养新的县委书记,准备好将原有书记调到新发展的城市和县份去工作。在冲锋季内,江西要准备调8人(县委书记),闽粤赣、湘赣、湘鄂赣各要准备4人"⑥。从广东调入的干部,为中央苏区的创建、发展和反"围剿"斗争做出了重要贡献。

3. 军事行动中的联合部署与相互支持

大革命失败的惨痛教训,使中国共产党认识到掌握军队、以革命武装反对反革命武装的极端重要性,精心策划了南昌起义,通告湘、鄂、粤、闽等省进行了农民秋收暴动。南昌起义、秋收起义、井冈山斗争的先后爆发和开展,开辟了农村包围城市、武装夺取政权的道路,使湘粤赣闽边区成为大革命失败后

---

① 市委党史研究室副主任李淼翔:广东苏区是中央苏区的南方屏障[N].南方日报,2017-06-29.
② 中共梅县地委党史办公室,等.东江革命根据地蕉平寻苏区史料汇编[G].(内部资料),1987:20-22.
③ 中央档案馆.闽粤赣革命历史文件汇集:1930年—1931年[G].(内部资料),1984:175.
④ 江西省档案馆,中共江西省委党校党史教研室.中央革命根据地史料选编(中册)[G].南昌:江西人民出版社,1982:358.
⑤ 中央档案馆,福建省档案馆.福建革命历史文件汇集(苏维埃政府文件):1931年—1933年[G].(内部资料),1985:258-259.
⑥ 共青团中央青运史研究室,中央档案馆.中国青年运动历史资料:1932年6月—12月[M].北京:中共党史出版社,1988:160-166.

领导工农群众武装反抗国民党反动派、实行土地革命、建立红色政权的重要区域之一。广东、福建、江西、湖南等积极贯彻中央要求,粤东北、闽西、赣西南三地党组织协同开展武装暴动,共同迎接南昌起义军,配合红军游击赣闽粤地区,积极创建红军、赤卫队、游击队等军事武装,共同反对国民党的各次"会剿"和"围剿",不断取得军事斗争及武装暴动的胜利,为开辟和建立闽粤赣苏区奠定了坚实基础。

(1) 共同迎接南昌起义部队南下

南昌起义打响了武装反抗国民党反动派的第一枪,原计划"先得潮、汕、海陆丰,建立工农政权"①,再举北伐完成中国革命。8月初,起义军分批撤离南昌取道抚州、宜黄、广昌南下广东,途中相继攻占瑞金、会昌,后改变计划,于9月5日进占长汀城②,10日进占上杭县城,18日至19日相继从上杭、永定进入东江大埔境内,23日和24日进占潮州和汕头,9月底至10月初,经"汤坑战役"和"三河坝战役"后转入海丰、陆丰地区。在南昌起义前后,中央专门致信广东、福建,对起义工作的筹备接应、进军线路沿途农民运动及配合行动等都做了部署,"决令粤省委即刻以全力在东江接应"③,要求"闽南设立临委受粤省委之指导,闽南与东江接近,应使闽南农民运动与东江相衔接。最好能派农运同志帮助闽南农运,不久叶挺到东江可使闽南农民同时响应"④;要求闽省"工运要注意产业工人,如造船、海员等,海员工作应与广东一致进行","闽南农民工作应特别加紧工作与广东东江方面相响应。闽南临委应即刻派最活动分子到各县,特别是与广东接近的地方组织农民暴动,参加土匪民团工作,以与广东将起之农民暴动打成一片。关于此事应由闽南临委即与粤省委接洽"⑤;同时,前委请求中央"电知粤省委号召东江、潮、汕工农响应一切"⑥。在起义军南下途中,中央致信南方局并转广东省委,要求"叶、贺之师须迅速到达目的地占领东江",要求"东江须立即开始广大的暴动,发表政治的口号为

---

① 中共中央文献研究室,中央档案馆. 建党以来重要文献选编 (1921—1949) : 第4册 [G]. 北京:中央文献出版社, 2011 : 516-517.
② 李立三. 八一革命之经过与教训 [J]. 中央通讯, 1927 (7).
③ 南昌八一起义纪念馆. 南昌起义 [M]. 北京:中共党史出版社, 1987 : 2.
④ 中共厦门市委党史办. 厦门革命历史文献资料选编 (1927年8月—1929年6月) : 第2集 [G]. (内部资料), 1987 : 1.
⑤ 中共江西省委党史研究室等. 中央革命根据地历史资料文库·党的系统:第1册[M]. 北京:中央文献出版社, 2011 : 4-5.
⑥ 中共中央文献研究室,中央档案馆. 建党以来重要文献选编 (1921—1949) : 第4册 [G]. 北京:中央文献出版社, 2011 : 517.

叶、贺内应"，"立即派出原路交通（步哨）与贺、叶通消息并为之做向导"①。广东省委、东江特委以及闽粤赣边区的地方党组织和工农革命群众，积极落实中央指示，做好策应工作，派专人联系起义军，组织工农武装配合作战，发动各地武装暴动，掩护起义军撤退。广东省委及时进行改组并成立广州、西江、北江暴动委员会，改组和恢复各县党团组织，制订暴动计划、举行武装暴动、成立革命政权，有力地配合了南昌起义军向潮汕进军。② 9月上旬，东江特委在三河坝设立东江工农革命军副总指挥部，梅县、大埔党组织亦分别从两路前往迎接，大埔县委派人驻25师互通情报并组建暴动委员会，在起义军支援下攻占大埔县城，成立工农革命政府，组织群众筹集物资，"争献茶水和食物，并为大军挑行李"③。中共闽南特委派人赶赴上杭"争取起义部队支持闽西的武装斗争"④，利用秋收时节发动农民开展减租、抗捐运动，联络闽西南地方民军使之"对贺、叶军事取中立"⑤，上杭、永定等地党组织积极落实"（一）搞好交通运输；（二）供应粮食；（三）做好警卫和探听情报；（四）收容和医治伤病员"⑥等策应工作。经历了潮汕失败后，广东省委、东江特委以及潮梅地区党组织按照中央"可以留在广东的工作同志，或可以就近归家之同志，须尽量留在广东或暂时回家，不能留者则令其回沪""在前敌负重要工作的同志，无必要留在前敌时，须一律设法回沪""广州暴动的计划应即停止""整个的广东工作以后交南方局及广东省委指挥"⑦ 等善后工作要求，安置起义军官兵，护送周恩来、贺龙、叶挺等人分别取道陆丰、惠来撤到香港。南昌起义部队南下广东，途经了赣南的石城、宁都、瑞金、会昌，闽西的长汀、上杭、永定，以及粤东北的大埔、丰顺、潮州、汕头、饶平等地区，在这些地区分别留下了一批武器、弹药和革命骨干，对于播撒和保存革命火种具有重大历史意义，为后来东江、赣西南、闽西革命根据地等的创建奠定了基础。

---

① 中共中央文献研究室，中央档案馆. 建党以来重要文献选编（1921—1949）：第4册 [G]. 北京：中央文献出版社，2011：483-485.
② 中央档案馆，广东省档案馆. 广东革命历史文件汇集（中共广东省委文件）：1927年 [G].（内部资料），1982：23-24.
③ 中共梅州市委史研究室，中共大埔县委党史研究室. 三河坝战役史料选编 [G].（内部资料），1992：180.
④ 罗明. 罗明回忆录 [M]. 福州：福建人民出版社，1991：64.
⑤ 中共龙岩地委党史资料征集领导小组，龙岩地区行政公署文物管理委员会. 闽西革命史文献资料：第1辑 [M].（内部资料），1981：127.
⑥ 罗明. 罗明回忆录 [M]. 福州：福建人民出版社，1991：66.
⑦ 中共中央文献研究室，中央档案馆. 建党以来重要文献选编（1921—1949）：第4册 [G]. 北京：中央文献出版社，2011：557-558.

(2) 共同举行武装暴动

大革命失败后,广东率先暴发一系列工农武装暴动,对闽西、赣西南、湘东等地产生了积极影响和示范效应,同时粤、赣、闽、湘党组织相互支持、遥相呼应,在农民暴动中互通信息,互派农军参加暴动,取得了良好的革命成果和效果。1928年,中央先后多次通报粤、赣、闽、湘等省农民暴动情形。3月初,广东"海陆丰之东惠来、普宁一带,其北五华、紫金一带,其西三多祝、惠阳一带,都有农民群众陆续的斗争","北江、仁化、乐昌一带,农民也已经暴动起来,建立苏维埃政权","江西的西南与湖南的东边几县,农民势力已经占领乡村,而在遂川、万安等处也已成立了苏维埃政权","湖南醴陵及沿株萍路一带,都有农民斗争"①;3月底,"紫金、惠来、普宁、潮阳,则更有新的暴动的爆发","湘南二十余县都被工农割据","赣西万安遂川宁冈莲花一带仍在工农之手,安福分宜也已占领,并已发展到了赣南的雩都信丰等县"②;6月,"在东江、西江、南路、北江、琼崖造成几个中心区域的割据","湖北从秋收暴动一直到现在……现在湘南湘东湘西仍有不断的群众斗争在发展,醴陵平江更有乡村苏维埃之存在","赣南赣东北都有许多斗争"③;8月,"最近海陆丰农民还把蔡廷锴打得落花流水……两个月来中路、西路、南路及梅属各县农民组织和斗争都有新的发展","湖南方面以湘东为中心,沿湘东北以至湘粤大道农暴声势继续扩展……湘西群众斗争亦已开始发展","几个月中赣西赣南赣东赣东北,农民暴动继续不断地起来","闽南(平和、永定为中心)……的农民正在为土地革命而奋斗"④。对于广东工农暴动的影响,福建省委先后多次指出,"广东大埔、饶平之农军,三月来常常爆发暴动,自然波及于永定,此也是最堪注意的一点"⑤,"广州的暴动,永定农民更受着很深的刺激"⑥,认为"广东海陆丰的农民和广州市的工人,在历史上已经为我们立下了榜样",并号召福建工

---

① 中共中央文献研究室,中央档案馆.建党以来重要文献选编(1921—1949):第5册[G].北京:中央文献出版社,2011:125.

② 中共中央文献研究室,中央档案馆.建党以来重要文献选编(1921—1949):第5册[G].北京:中央文献出版社,2011:150-151.

③ 中共中央文献研究室,中央档案馆.建党以来重要文献选编(1921—1949):第5册[G].北京:中央文献出版社,2011:228.

④ 中央档案馆.中共中央文件选集:第4册[M].北京:中共中央党校出版社,1989:535-556.

⑤ 中央档案馆,福建省档案馆.福建革命历史文件汇集(省委文件):1927年—1928年(下)[G].(内部资料),1983:41.

⑥ 中央档案馆,福建省档案馆.福建革命历史文件汇集(省委文件):1927年—1928年(下)[G].(内部资料),1983:50.

农群众"起来学着广东、湖南、湖北、江苏以及全国的工人农民"①，强调"广东海陆丰革命土地的经验，与最近广州大暴动的经验，应广为宣传"②，认为"广东的革命潮流易于输入，特别是粤边"是工农群众表现比较好的一个原因③，"闽南农民因为受广东省农会的影响，都默认福建有省农会的组织，而且信仰"④，闽西在"地理上与粤、赣接壤，受着邻省的影响"，尤其"近两年来受着广东工农斗争高潮的震荡"，因而奠定了"在全省的特殊地位"⑤。除相互呼应外，粤东北、闽西、赣西南在暴动中还相互支持，暴动失败后更是携手共渡难关。江西寻邬暴动失败后，参与群众化整为零，分散转移到南部天嶂山区活动，配合广东东江红军刘光夏部攻打罗浮；在泰和三十都暴动前，共产党员康纯于1927年8月前往广州，找到了广东省委书记张太雷，得到了八七会议精神，随后回到泰和县三十都召开会议进行传达，并组织农民暴动。⑥ 1927年5月，大埔县党组织得到闽西特委指导后组建了大埔县暴委并决定举行暴动，于12月听取闽南特委传达八七会议精神后，于次年1月发动了高陂年关暴动。1928年，广东饶平、大埔，福建平和等县党组织相互联系并互相支持⑦，暴动失败后部分骨干会合在闽粤边界坚持游击战争，共同创建了饶和埔诏苏区；暴动中，闽西区"由永定、平和与大埔、饶平联络"⑧，平和非常注重"与永定、大埔、龙岩农民相呼应"⑨；11月，闽西"特委决定令该北洋兵即刻在汀城以兵变方式……如力最大可占据汀城，作广大的革命宣传。如不能抗抵时，可用闽西特委名义写介绍信与江西瑞金、石城（距长汀八十里，经红军占据）各县委

---

① 中央档案馆，福建省档案馆.福建革命历史文件汇集（省委文件）：1927年—1928年（上）[G].（内部资料），1983：57.

② 中央档案馆，福建省档案馆.福建革命历史文件汇集（省委文件）：1927年—1928年（上）[G].（内部资料），1983：116.

③ 中央档案馆，福建省档案馆.福建革命历史文件汇集（省委文件）：1927年—1928年（上）[G].（内部资料），1983：130.

④ 中央档案馆，福建省档案馆.福建革命历史文件汇集（省委文件）：1927年—1928年（上）[G].（内部资料），1983：138.

⑤ 中央档案馆，福建省档案馆.福建革命历史文件汇集（省委文件）：1929年（上）[G].（内部资料），1984：122-124.

⑥ 余伯流、凌步机.中央苏区史（修订本）[M].南昌：江西人民出版社，2016：77.

⑦ 中央档案馆，福建省档案馆.福建革命历史文件汇集（省委文件）：1927年—1928年（上）[G].（内部资料），1983：209-211.

⑧ 中央档案馆，福建省档案馆.福建革命历史文件汇集（省委文件）：1927年—1928年（下）[G].（内部资料），1983：247.

⑨ 中央档案馆，福建省档案馆.福建革命历史文件汇集（省委文件）：1927年—1928年（下）[G].（内部资料），1983：98.

请其收容该部武装"①；12月，"最近因大埔、饶平暴动失败后，同志多跑来诏安、平和边境组织二个支部，又在平和组织一个支部，大埔一个支部，他们合组一指导机关，名为饶大特委，现已与省委发生关系"②。1929年11月，大埔县报告，"在秋斗期中，决定割据埔北，与永定县委发生密切关系，并要求派一部分武装配合动作，红军可能前来协助进行游击工作以扩大武装组织"③。

（3）共同创建和发展地方武装

闽、粤、赣地区的红军部队都是在同敌人的不断斗争中，逐渐建立地方武装并壮大为地方红军，进而编入主力红军。对此，毛泽东曾指出："扩大人民武装的路线是经由乡赤卫队、区赤卫大队、县赤卫总队、地方红军直至正规红军这样一套办法。"④ 东江地区的武装力量，肇始于大革命时期的农民自卫军，后历经农工救党、工农讨逆军、工农革命军，以至建立起工农红军，形成了一支正规的革命武装。1929年春夏，中央同意东江地区建立红军第6军（后改为第11军），并在东江第一次工农兵代表大会上宣布成立红11军，下辖5个团、1个教导队、1所军校，全军约3000人。闽西红军是在龙岩后田、平和长乐、上杭蛟洋和永定四大农民暴动中逐步建立和发展起来的，于1928年7月整编为工农红军第7军第19师，下辖3个团；红四军两次入闽，促进闽西先后创建了红9、12、20军和新12、19军等，以及大量的群众性军事组织。赣西南的革命武装由农会成员、破产农民发展形成赤卫队、红军，于1930年1月由4个独立团合编为红军第六军，同年7月组建了赣西红军第20军，8月至11月先后组建了赣南红军第22军、第35军。至1930年，赣西南除6军（3军）外，还有散布各县的"21、25、26三个纵队"等红军及游击队、赤卫队。⑤

在红军的创建、发展和壮大中，东江、赣西南、闽西三地党组织共同组建了红军武装并为红军主力部队提供了兵源支持，与红军军委共同组织前委，统一领导土地革命和武装斗争。东江、闽西、赣西南地方武装常根据形势进行合组、分设的调整，其中东江与闽西，广东南雄、龙川，江西信丰、大庾、寻邬

---

① 中央档案馆，福建省档案馆．福建革命历史文件汇集（闽西特委文件）：1928年—1936年［G］．（内部资料），1984：35．
② 中央档案馆，福建省档案馆．福建革命历史文件汇集（省委文件）：1927年—1928年（下）［G］．（内部资料），1983：302．
③ 中央档案馆，广东省档案馆．广东革命历史文件汇集（中共潮、梅各县委文件）：1929年—1932年［G］．（内部资料），1983：207．
④ 毛泽东选集：第一卷［M］．北京：人民出版社，1991：98．
⑤ 中央档案馆，江西省档案馆．江西革命历史文件汇集：1930年（二）［G］．（内部资料），1988：190．

等联系最为紧密。1929年，红四军转战赣南、闽西、东江等地期间，红四军"人数由二千五百人扩大至八千人，枪数由千八百扩充到五千左右"，"足有三团兵力"，部分地方游击队部分骨干被编入红军。①在"广东先胜"和"左倾"思想指导下，中央于1930年4月先后要求，红12军"向东江、韩江、大埔发展，与东江红军汇合，争取广东的胜利"②，红11军"向着惠州发展，朝向广州总的目标"，红12军"向着东江韩江发展，发动东江地方暴动，与11军协同动作"，同时要"特别注意闽粤桂三省红军政治上策略上的领导及行动的配合"③。与此同时，"由赣西南特委、闽西特委、粤东特委、四五六三军军委共同组织前委，为目前一切斗争的中心指导，唯省委不参加"④。根据中央要求，刚成立不久的闽西红9军，于4月改编为12军，5月奉命出击东江，后来在大埔芦下坝等战斗中受挫。⑤6月，广东省委等要求，"第12军必须由大埔攻梅县后，分一部分力量帮助丰顺的暴动，而向兴宁、五华经紫金向惠州发展，决不应另有回闽西的决定"⑥，同时认为"11、12两军同在东江，应有前委的组织"，要求"11、12两军在军事指挥方面即成立军团总指挥处"，同时"地方党部对红军的扩大，物质的补充，军事侦探向导等工作，应尽量帮助军中党解决一切困难"⑦。红12军出击东江后，闽西再次组建红21军，并于8月按要求向广东推进，遭遇失败后于9月被迫返回闽西，10月间再次出击东江，再次遭遇失败。1930年10月，中央要求"闽西两军东江一军合编为第6军"⑧，红21军与红20军于11月合编为新12军；12月，东江红11军改编为红6军第2师，下辖2个团，原红11军第48团编入闽西红12军，原52团与平远、寻邬、龙川游击队整

---

① 中央档案馆，广东省档案馆．广东革命历史文件汇集（中共东江特委文件）：1929年（二）[G]．(内部资料), 1983：201-206.
② 中共江西省委党史研究室等．中央革命根据地历史资料文库·党的系统：第1册[M]．北京：中央文献出版社, 2011：760-768.
③ 中共中央文献研究室，中央档案馆．建党以来重要文献选编（1921—1949）：第7册[G]．北京：中央文献出版社, 2011：142-155.
④ 江西省档案馆，中共江西省委党校党史教研室．中央革命根据地史料选编（上册）[G].南昌：江西人民出版社, 1982：199.
⑤ 中央档案馆，福建省档案馆．福建革命历史文件汇集（省委文件）：1930年[G]．(内部资料), 1984：315-318.
⑥ 中央档案馆，广东省档案馆．广东革命历史文件汇集（中共广东省委文件）：1930年（二）[G]．(内部资料), 1982：7-22.
⑦ 中央档案馆，广东省档案馆．广东革命历史文件汇集（中共广东省委文件）：1930年（二）[G]．(内部资料), 1982：61, 67-68.
⑧ 中共中央文献研究室，中央档案馆．建党以来重要文献选编（1921—1949）：第7册[G]．北京：中央文献出版社, 2011：608.

编为寻邬独立营，46团与闽西20、21军编入中央红军第12军。1931年3月，东江红军"四十八团已与闽西红军汇合"①。

此外，闽、粤、赣三地还协同进行军事人才的教育培养，闽西红军学校（后更名为福建红军学校，并升格为中国红军军官学校第一分校）积极从东江、赣南等地招生，东江方面则积极给予生源、军官、教官、经费等方面的支持。1930年8月，闽西特委致函东江特委，表示"1. 红校学生尚缺许多，你处学生赶快送来以编列上课；2. 学生来时，其军官、政治教官应一并派得力人才来；3. 红校经费发生严重问题，四军又没有款子来，闽西政府财政非常困难，不能完全负担，校委预算计要四万元，要你们负担一万元，请即筹付才能支持"②。1930年11月，闽西红军学校决定"扩大学校学生要由上海、厦门、赣西南、东江各地招来"③，同时决定将"东江100，赣南100，闽西200"的招生计划增改为"东江200，赣南450，闽西200"，经费则由"闽西担任三万万元，东江担任一万万元，赣西南担任六万万元"改为"闽西政府要担任十万万元"，"十万万元要赣西南负担"，而东江不再负担。④

4. 共同承担扩红任务

为了发展和巩固革命根据地，打破国民党"围剿"，中共中央始终坚持把扩大红军作为各级党组织的中心任务，对闽、粤、赣三省扩红工作做出了规定和要求，提出了明确的扩红数量和时间要求。1929年11月，中央军部提出了扩大红军的策略、发展方向、发展的路线与策略、联络方法、六大红色区域的布置等，对朱毛红军（闽粤赣）的扩红工作做出了具体要求⑤；随后，中共中央拟订扩红计划，明确红四军"最大的任务就是尽所有的力量以扩大红军发展地方暴动"，要求"红军的本身与闽、粤、赣三省省委及三省边界的地方党部"扩大宣传，认为"汇合并扩大东江、闽西、赣南的日常斗争发展或广泛的武装斗争实行地方暴动必然会生长红军出来"，"要集中东江、闽西各处的武装农民群众

---

① 中央档案馆，广东省档案馆. 广东革命历史文件汇集（中共广东省委文件）：1931年[G]. （内部资料），1982：43-52.
② 中共龙岩地委党史资料征集研究委员会，龙岩地区行政公署文物管理委员会. 闽西革命史文献资料：第四辑[M]. （内部资料），1983：26.
③ 中央档案馆，福建省档案馆. 福建革命历史文件汇集（闽西特委文件）：1928年—1936年[G]. （内部资料），1984：19.
④ 中央档案馆，福建省档案馆. 福建革命历史文件汇集（闽西特委文件）：1928年—1936年[G]. （内部资料），1984：187-188.
⑤ 中共中央文献研究室，中央档案馆. 建党以来重要文献选编（1921—1949）：第6册[G]. 北京：中央文献出版社，2011：640-651.

从斗争过程中编成红军",要求闽、粤、赣省委"调集下级军政干部人才,送入红军中以资补充"①。1930年4月,中央军委要求"猛烈地普遍地扩大"红军,全国范围要由现有的10.4万扩大到"五卅"时的20万以及年底的51.8万。其中,红11军要由0.3万扩大到0.6万以及1.5万,红12军要由0.7万扩大到1.3万以及3万。②1931年12月,中央对红军进行改编,要求"东江红军成立一独立师"③。1932年6月8日,中央要求各苏区的党"从现在起到'八一'止,必须尽量扩大红军,为增加四分之一的红军而斗争"④。6月17日,苏区中央局要求,"中央苏区(包括江西、闽粤赣、湘赣、湘鄂赣)要在三个月内(七、八、九)达到扩大红军一倍的成绩"⑤。6月21日,中央再次要求,"尽量扩大与巩固红军,中央区除完成预定计划外,扩大三分之一","闽西12军与赣南22军,必须充实起来"⑥。6月22日,苏区中央局要在三个月内扩红42700人,其中江西17700人、福建6500人,还要"普遍地成立城乡赤卫军",建立"地方游击队""独立师独立团"等。⑦1933年2月,苏区中央局提出"在全中国各苏区创造一百万铁的红军",要求"赣闽两省一二月份扩大红军的数量必须于二月二十日完成,从二月二十日起到三月二十日止,赣闽两省必须输送一万新战士到前方(赣七千,闽三千)"⑧。1933年3月,中央指示,"动员所有的赤卫队、少年先锋队、民警等……武装起来并受到训练,以便为红军的经常部队,特别是红军的补充"⑨。

---

① 中共中央文献研究室,中央档案馆. 建党以来重要文献选编(1921—1949):第6册[G]. 北京:中央文献出版社,2011:688-689.
② 中共中央文献研究室,中央档案馆. 建党以来重要文献选编(1921—1949):第7册[G]. 北京:中央文献出版社,2011:146.
③ 中共中央文献研究室,中央档案馆. 建党以来重要文献选编(1921—1949):第8册[G]. 北京:中央文献出版社,2011:752-753.
④ 中共中央文献研究室,中央档案馆. 建党以来重要文献选编(1921—1949):第9册[G]. 北京:中央文献出版社,2011:290.
⑤ 中共中央文献研究室,中央档案馆. 建党以来重要文献选编(1921—1949):第9册[G]. 北京:中央文献出版社,2011:301.
⑥ 中共中央文献研究室,中央档案馆. 建党以来重要文献选编(1921—1949):第9册[G]. 北京:中央文献出版社,2011:320-321.
⑦ 中共江西省委党史研究室等. 中央革命根据地历史资料文库·党的系统:第4册[M]. 北京:中央文献出版社,2011:2253-2256.
⑧ 中共中央文献研究室,中央档案馆. 建党以来重要文献选编(1921—1949):第10册[G]. 北京:中央文献出版社,2011:70.
⑨ 中共中央文献研究室,中央档案馆. 建党以来重要文献选编(1921—1949):第10册[G]. 北京:中央文献出版社,2011:139-140.

为顺利完成扩红任务，中共中央、苏区中央局等先后致信福建、江西、广东省委，给各地分配了扩红数量，拟订了扩红计划与时间要求。广东省委、闽粤赣省委、福建省委等则进一步细化了东江、闽西的扩红要求。例如，1929年12月，中央要求福建省委"将帮助朱毛红军执行深入土地革命的任务，与扩大并汇合闽西游击队、赤卫队等农民武装，坚决执行游击战争的任务以生长为红军，两相联系起来"①，要求广东通过"扩大红军的宣传""实行地方暴动""集中东江的武装农民群众"等方式尽量扩大朱毛及东江红军②。1930年3月，福建省委指示"闽西要无条件地扩大红军，力求向外发展"③。6月，广东省委"希望东江红军在三个月以内发展到五万人，充实11军的数量，同时必须号召广大群众加入12军，充实12军"④。1931年3月，两广省委要求"在四、五两月中东江应调动五百人入第二师……湘南、赣南、东江的党要动员一千人到7军，并要动员好的党员到各红军教导队中去"⑤。1932年1月，闽粤赣省委号召，"在1月至3月份……最少要扩大3000战斗员到独立师，到12军"⑥。3月，中共闽粤赣苏区第二次代表大会决定，首先要完成省委提出的到4月扩大3000名红军的计划，其中党、团员至少要占1000名。⑦ 1932年7月，福建省委要求"在八一运动中要做到省委所规定各县三个月扩大红军数量三分之一"，总数量为2150人。⑧ 1933年8月，福建省苏维埃政府决定，"在八、九、十、十一四个月扩大红军新战士一万人，充实12军团及独立师独立团"，"要领导模范

---

① 中共中央文献研究室，中央档案馆. 建党以来重要文献选编（1921—1949）：第6册[G]. 北京：中央文献出版社，2011：693.

② 中共中央文献研究室，中央档案馆. 建党以来重要文献选编（1921—1949）：第6册[G]. 北京：中央文献出版社，2011：700-701.

③ 中央档案馆，福建省档案馆. 福建革命历史文件汇集（省委文件）：1930年[G].（内部资料），1984：128.

④ 中央档案馆，广东省档案馆. 广东革命历史文件汇集（中共广东省委文件）：1930年（二）[G].（内部资料），1982：64-65.

⑤ 中央档案馆，广东省档案馆. 广东革命历史文件汇集（中共广东省委文件）：1931年[G].（内部资料），1982：83.

⑥ 江西省档案馆，中央江西省委党校党史教研室. 中央革命根据地史料选编[G]. 南昌：江西人民出版社，1982：603.

⑦ 江西省档案馆，中共江西省委党校党史教研室. 中央革命根据地史料选编（中册）[G].南昌：江西人民出版社，1982：361.

⑧ 中央档案馆，福建省档案馆. 福建革命历史文件汇集（省委文件）：1929年—1934年[G].（内部资料），1984：193.

营、模范队整营整团地加入红军去"①。

闽、粤、赣苏区积极落实中共中央、苏区中央局扩红要求,积极设立红军征集组织机构,筹备扩红经费和物资,大力进行扩红宣传,颁布和实施拥军优属条例和办法,在苏区中形成当红军光荣的氛围,积极动员和组织群众踊跃参加红军以及各地群众性的、不脱离生产的武装——赤卫军、游击队等。1929年11月,西北七联会要求"各县区设立征集红军委员会专负责征集红军事务,每县先备足征集费五十元,交由征集红军之用。并指定乡农会、乡政府专人负责在乡中征集红军"②。1930年11月,陈舜仪报告,"除将十二军的改编坚实外,更积极地来扩大红军并预备队伍"③。1931年2月,闽西苏维埃政府指出,"扩大红军是当前的迫切任务",要求"饶和埔、杭武、汀连三县,所集中的赤卫团及赤卫营,应即编一补充连"④。1932年1月,闽粤赣省委要求各级党组织"立即成立各级拥护红军委员会,发动群众进行优待红军18条工作,并努力领导群众热烈当红军"⑤。东江饶和埔诏苏区、五兴龙苏区、蕉平寻苏区的党组织,积极选派其中骨干编入红军主力,发动当地青年响应号召参加红军。1931年1月底、2月初,蕉平寻县委指出,"现三十五军为要充实军队,加强红军力量,限一星期内扩充红军三百名",要求各区委特支马上动员全党同志号召广大劳苦工农群众自动去当红军⑥;"县委兹决定党的同志征派三十名充当士兵……兹定光留篁区须送十五名、吉澄寻区须送十人、新平尺区须送五人,限九号至十一号止三天内,一齐送来"⑦。1932年夏,饶和埔诏县委要求"各地党部以十二万分的精神来执行大会对扩大红军的决议,应立即动员最高限度地扩大红军,应照

---

① 中央档案馆,福建省档案馆.福建革命历史文件汇集(苏维埃政府文件):1931年—1933年[G].(内部资料),1985:390-391.

② 中央档案馆,广东省档案馆.广东革命历史文件汇集(中共潮、梅各县委文件):1928年—1932年[G].(内部资料),1983:1-6.

③ 中央档案馆,福建省档案馆.福建革命历史文件汇集(闽西特委文件):1928年—1936年[G].(内部资料),1984:234-236.

④ 中央档案馆,福建省档案馆.福建革命历史文件汇集(苏维埃政府文件):1931年—1933年[G].(内部资料),1985:28-31.

⑤ 江西省档案馆,中共江西省委党校党史教研室.中央革命根据地史料选编(中册)[G].南昌:江西人民出版社,1982:601-607.

⑥ 蕉平寻县委通告第七号——关于猛烈扩大红军问题(1931年1月29日)[A].南昌:江西省档案馆,1931档案G001-2-409.

⑦ 蕉平寻县委紧急通告第二号(1931年2月8日)[A].南昌:江西省档案馆,1931档案G001-2-412.

大会所规定的数量,在夏斗与'八一'中就要实现起来"①。1932年7月,东江特委要求"动员党员群众一千人加入红军(党员至少占20%)"②。9月,闽粤赣省委要求在"长汀——大埔、四都、濯田、畬心、水口"征调十分之一的党员到红军中去③。9月,武平县委致信梅丰县委称:"省示武平扩红100,吾处吃紧,接信速筹员补数,任务数我委统转报。"④ 1933年5月,少共闽粤赣省委提出,"在'八一'之前征调二千一百个青少年到少共国际师去,创立一团",其中"汀市(包括大埔、古城)200"人,埔北(大埔县北部苏区,简称埔北)承担征调青年到少共国际师去的任务。⑤ 1933年6月,中央局要求,"在'八一'运动的准备中,江西、福建、闽赣三省委必须以完成工人师与少共国际师的动员为自己的重要任务"⑥。11月,福建省第三次党代表大会期间,参会代表自愿承认领导群众加入红军共计19990人,慰劳品布草鞋63400双、军衣1000套。其中,饶和(埔)县150人、埔北100人。⑦ 梅县遵照福建省委省苏指示,与武平共同承担和完成筹员、"扩红"等任务,在补充兵源等方面支援中央苏区反"围剿"。1933年7月,武平县委急函梅丰县委:"省谕少共国际师扩红数武平100,武平含梅,祈你处速筹员,共承任务。"⑧ 12月,武平县委致函梅县县委,称:"梅早与吾岩前、象洞同属闽赤区西南,为粉碎国民党敌军五次围剿,闽委密谕是地属中革三战区。统一按上级部署,抗犯之敌,群众工作,扰敌前犯,尤为主要任责,祈灵活行之。"⑨

---

① 中共饶平县委党史研究室,等.饶和埔诏苏区史料汇编[G].广州:广东人民出版社,1994:147.
② 中央档案馆,广东省档案馆.广东革命历史文件汇集(中共东江特委文件):1932年[G].(内部资料),1983:181-198.
③ 福建省档案馆,广东省档案馆.闽粤赣边区革命历史档案汇编:第1辑(1930.12—1935.12)[G].北京:中国档案出版社,1987:233.
④ 中共武平县委给梅丰委信(1932年9月)[A].汕头:汕头档案馆,革命历史文献卷1-1-43.
⑤ 福建省档案馆,广东省档案馆.闽粤赣边区革命历史档案汇编:第1辑(1930.12—1935.12)[G].北京:中国档案出版社,1987:310.
⑥ 中共江西省委党史研究室等.中央革命根据地历史资料文库·党的系统:第4册[M].北京:中央文献出版社,2011:2685.
⑦ 福建省第三次党代表大会,代表自愿承认领导群众加入红军统计表[N].红色中华,1933-11-14.
⑧ 中共武平县委给梅×急函(1933年7月)[A].汕头:汕头档案馆藏,革命历史文献卷1-1-46.
⑨ 武委开周给梅×函(1933年12月)[A].汕头:汕头档案馆藏,革命历史文献卷1-1-48.

在党和苏维埃政府以及各群团组织的宣传动员下，在土地革命中得到翻身解放的苏区贫苦农民踊跃参加红军，各苏区到处可见父送子、妻送郎、兄弟相争当红军的感人场面，各地红军迅速发展。1929年年初，红四军主力离开井冈山出击赣南闽西时只有3600余人，到1930年6月红四军离开闽西时，已有16000多人，在红四军与闽西红12军及赣西南的红6军在汀州整编为红军第1路军（不久改为红军第1军团）时为2万余人。8月，红军第1、3军团合编组建第一方面军时有3万余人。对此，闽西通讯报道称，"当朱毛红军重回闽西时，闽西革命势力尤其猛烈地发展"，"红军人数激增十数倍"，"游击区域扩大"①。至1931年2月，中央指出，"中国苏区与红军的发展，已成为一个不可蔑视的力量"②。为响应中共中央局和中革军委"创造一百万铁的红军"的号召，中央苏区先后创建了兴国模范师、少共国际师、红军工人师等，并对中央苏区的红军编制及番号进行了调整，在随后两年中迅速扩大。据统计，至1933年年底，中央红军辖6个军团约10万人，占当时全国红军正规部队总数30万人的1/3以上。中央苏区从1933年5月至8月期间共扩大红军约5万人。在闽粤赣省委、东江特委、闽西特委、赣西南特委等党组织的领导发动下，粤东北、闽西、赣西南苏区掀起了空前规模的群众性扩红、参军热潮，极大地促进了地方武装和主力红军的发展。

5. 经济上的相互接济与帮助

对革命进程中的中共地方党组织，特别是对尚未建立根据地及政权、无稳定可靠经济来源的地方党组织和红军部队来说，革命所需要的工作经费、武器装备常常成为心头之痛，极大地制约了各地方党组织和红军部队的革命斗争。1928年5月，中共东江特委报告，"因为经济的困难，军用品无法弄得好点，目前每杆枪只有二十多粒子弹，在行动上时要受了少子弹的限制；兵士的生活也无法于很快期间内改善，服装很不好"③。10月，毛泽东说，"在白色势力的四面包围中，军民日用必需品和现金的缺乏，成了极大的问题。一年以来，边界政权割据的地区，因为敌人的严密封锁，食盐、布匹、药材等日用必需品，无时不在十分缺乏和十分昂贵之中，因此引起工农小资产阶级群众和红军士兵群

---

① 中共龙岩地委党史资料征集研究委员会，龙岩地区行政公署文物管理委员会. 闽西革命史文献资料：第4辑 [M]. （内部资料），1983：71.
② 中共中央文献研究室，中央档案馆. 建党以来重要文献选编（1921—1949）：第8册 [G]. 北京：中央文献出版社，2011：93-94.
③ 中央档案馆，广东省档案馆. 广东革命历史文件汇集（中共东江特委文件）：1927年—1934年 [G]. （内部资料），1983：322.

众的生活的不安，有时真是到了极度。……每天除粮食外的五分钱伙食费都感到缺乏，营养不足，病的甚多，医院伤兵，其苦更甚"①。1930年1月，红四军前委报告："有一当前大问题，即是全军给养，业已告罄。当此敌情吃紧之际，若不能等数日内筹得一笔款子（现全军开向连城筹款），则在闽西久顿将生困难。"② 这种经济困难，在遭遇国民党破获后，表现得更加突出和明显。例如，1931年1月广东省委被破获后报告中央，"钱的问题无论如何送来一月份常费，又建设费若干"③，"钱的问题九日好在东江送来3000元，十四日会计被捕后，幸而大盛去搜到存钱1000元及闽西来钱汇票540元才渡过。但因新的机关建立又破坏（如油印科），同志（如吴近本派他来沪的）被捕的损失，又在400元以上了，钱已大成问题，望中央除迅速汇来一月份经费外，并望发特别建设费1000元。火急！火急"④！2月，广东省委请求中央"给各种组织（共青团、军事委员会）一定数量的经费"⑤。1933年1月，中共两广临委报告，对中央要求"经济的帮助（党、团的工作费及营救费）请中央酌量快点付来"⑥。2月，中共两广临委致信东江特委，"经济，没有经济，现在所工作同志皆是饿肚，甚至于过海二个仙士找不出来，关系都弄不好"，要求"经济的帮助，无论如何请你们设法，愈快愈好，不拘多少，甚至于一元都好"，并说明省临委"当时以为有你们帮助及中央的接济，我们刻苦地奋斗过去，一个月来同志无衣无食，能够找工做参加生产去了，找不到工做的挨饿。……欠下〔一〕个多月的房租……简直寄封信的钱都找不出。房租、吃饭、过海都成问题，倘若再没有办法真不知怎样了"⑦。

为了维持革命工作的正常进行，除各地党组织各自想方设法筹措经费，上

---

① 中共中央文献研究室，中央档案馆. 建党以来重要文献选编（1921—1949）：第5册 [G]. 北京：中央文献出版社，2011：630.
② 中共中央文献研究室，中央档案馆. 建党以来重要文献选编（1921—1949）：第7册 [G]. 北京：中央文献出版社，2011：12.
③ 中央档案馆，广东省档案馆. 广东革命历史文件汇集（中共广东省委文件）：1931年 [G].（内部资料），1982：2.
④ 中央档案馆，广东省档案馆. 广东革命历史文件汇集（中共广东省委文件）：1931年 [G].（内部资料），1982：7-12.
⑤ 中央档案馆，广东省档案馆. 广东革命历史文件汇集（中共广东省委文件）：1931年 [G].（内部资料），1982：25-28.
⑥ 中央档案馆，广东省档案馆. 广东革命历史文件汇集（中共两广省委文件）：1932年10月—1934年10月 [G].（内部资料），1982：173-182.
⑦ 中央档案馆，广东省档案馆. 广东革命历史文件汇集（中共两广省委文件）：1932年10月—1934年10月 [G].（内部资料），1982：183-190.

下级之间、不同地方、不同系统间互相资助、支持，共渡难关。例如，1928年11月，中央指示福建省委，"子弹事中央做不到，唯广东定之10万发可以运到厦门或石码，如你们要望派一人来中央转去广东专门交涉此事，大约需款2万元，可是你们一定要告诉闽西，不要专门希望外面的接济，这是不一定靠得住的，主要的是要继续发动广大群众起来，设法夺取敌人的武器"①；中共广东省委致信北江特委，"特委有交通到朱德同志处，可请其拨若干款津贴北江工作，但拨得若干及其用途，须报告省委"②。1930年6月，中共广东省委、中央军部、南方办事处致信东江、惠属两特委及十一军、十二军军委信称，"中央经济万分困难，各军今后在经济的取得时须解一部〔分〕来此转解中央"③。在广东省委被破获后，也得到了赣西南、闽西的帮助以渡过难关。1930年11月，陈舜仪致信南方局："简祥明同志带去的金子，伟良同志带去汇票500元、银200元有无收到，为何无回信，使我真挂念！大埔最近有1000元可付去，赣西南已有10余万元给中央，中央有一二万元给南方局之希望。……这里我要辞行1万元，大约已有把握，最近有5000元可付去（本来要由我带去的）。"④ 1930年12月，闽西特委报告，"特委准备筹万元解送中央，一万元解送南方局，一万元解送闽省委"，"前月交铁玉同志带给中央的汇票大洋二千元，又邓海汀、周德人二人带来南方局大洋千元"，"再转去大洋一千元由谢东三同志带来"⑤。1931年1月，中共广东省临委报告，"因闽西送来千五百元，目前已无问题"⑥。对于经费的欠缺和不足，一些地方则是通过各下级组织机构的分担来解决。例如，1931年2月，闽西苏维埃政府通告称："闽西政府本身半月需款三千元。这三千元岩、杭、永各负担五百元；汀、连负担三百元；饶和埔负担二百元；其余一

---

① 中共江西省委党史研究室等. 中央革命根据地历史资料文库·党的系统：第1册[M]. 北京：中央文献出版社，2011：499-500.
② 中央档案馆，广东省档案馆. 广东革命历史文件汇集（中共广东省委文件）：1928年（六）[G].（内部资料），1982：24.
③ 中央档案馆，广东省档案馆. 广东革命历史文件汇集（中共广东省委文件）：1930年（二）[G].（内部资料），1982：55-68.
④ 中央档案馆，福建省档案馆. 福建革命历史文件汇集（闽西特委文件）：1928年—1936年[G].（内部资料），1984：234-236.
⑤ 中央档案馆，福建省档案馆. 福建革命历史文件汇集（闽西特委文件）：1928年—1936年[G].（内部资料），1984：238-239.
⑥ 中央档案馆，广东省档案馆. 广东革命历史文件汇集（中共广东省委文件）：1931年[G].（内部资料），1982：13-14.

千元由政府本身设法解决。"① 严重的白色恐怖，有时使这种相互帮助也难以实现。1930年8月，剑英报告中央，"东江虽然能多少地可以帮助，但目前白色恐怖异常厉害，三条交通线最近通通断绝，不只钱不能带，就在指导方面都成了问题"②。

（三）归并整合：广东中央苏区与中央苏区核心区域党组织的目标指向

鉴于粤东北、赣西南、闽西的地缘关系，加上粤、赣、闽等省在近现代革命中的先行优势，以及中共早期努力奠定的思想基础、群众基础和组织优势，因而在开创革命根据地、深化苏区建设、实施反"围剿"斗争等过程中，打通粤、赣、闽等省边界区域，使广东中央苏区与中央苏区核心区域连成一片，实现地域贯通、互相支持、共同发展，自然成了中共中央、闽粤赣三地党组织与红军的战略共识、革命目标和行动计划。红军为了生存和不断发展壮大，积极落实中共中央指示部署，把巩固与发展闽西、赣南、东江苏区，打通闽粤赣三省边界，造成三省边界的赤色割据作为长远的战略目标，多次转战湘、赣、粤、闽边界地区，在湘、赣、粤、闽等边界进行开辟和建立根据地的军事斗争、土地革命和政权建设活动，有效地促进了红军前委、闽西特委及福建省委、赣南特委及江西省委、东江特委及广东省委等党组织间的相互沟通联系和协同配合，在粤东北、闽西、赣西南三地打通连成一片后，中共中央及时推进成立闽粤赣特区，整合粤东北、闽西和赣西南的革命力量，实现了根据地的地域扩展、军事联动和组织整合。

1. 赣南、闽西根据地的初步形成

苏区的建立主要是依靠当地党组织的力量，在红军的帮助下，通过不断地工农武装暴动，创建和发展地方武装，以点带面、燎原壮大，不断扩大地域范围，逐步建立和升级苏维埃政权，形成巩固的革命根据地。1928年，毛泽东、朱德率部在井冈山会师后，于5月成立中国工农红军第四军，同年12月与彭德怀、滕代远率领的"红五军"会合，不断巩固和发展了井冈山革命根据地。1928年冬、1929年年初，井冈山根据地遭到湖南军阀何键的"会剿"；同年，国民党新军阀大小混战数十起，蒋桂战争、反蒋战争、两广战争先后爆发，给了南方各革命根据地特别是闽粤赣边区发展机会。为了突破"会剿"，毛泽东、

---

① 中央档案馆，福建省档案馆．福建革命历史文件汇集（苏维埃政府文件）：1931年—1933年［G］．（内部资料），1985：43-44．
② 中央档案馆，广东省档案馆．广东革命历史文件汇集（中共广东省委文件）：1930年（二）［G］．（内部资料），1982：215-225．

朱德、陈毅等拟采取"围魏救赵"的办法，于1929年1月率领红四军主力共3600余人出发赣南，继而进军闽西、粤东北。1929年3月，红四军前委决定"以赣南闽西二十余县为范围"创建"公开苏维埃政权割据"，"由此割据区域以与湘赣边界之割据区域相连接"，提醒中央"福建全省，浙江全省，赣东赣南两边……三地统治势力既弱，又通海口"，建议中央"以此三地方为目标，首先创造公开割据"，且特别强调"惟闽西、赣南一区内之由发动群众到公开割据，这一计划是决须确立，无论如何，不能放弃，因为这是前进的基础"①。4月5日，毛泽东分析了闽、浙、赣3省形势，认为"广东湖南二省国民党军力太大，湖南则更因我党盲动主义错误，致使党内党外群众几乎尽失"，闽、浙、赣3省具有"国民党军力最弱"和"党的错误比较少"的优势，而且"江西、福建二省党及群众基础都比湖南好"，从而"形成了向南昌包围之势"②。5月18日，毛泽东建议，"我们要和蒋桂二派争取江西，同时兼及闽西浙西，在三省扩大红军的数量，造成以一年为期完成此计划"③。红四军前委提出的打造"公开割据"设想，得到党中央的认可，闽、粤、赣三省的邻近部分也成为后来中央通告中明确指出的"闽西、赣西、潮梅"等七大苏维埃区域中的三个部分④，其中的"潮梅"（潮汕、梅县地区）即是"粤"的范围，后来由于斗争形势的变化也就仅限于粤东北苏区。

红四军先入赣南，1929年1月下旬在大庾作战失利并遭袭，使"人数由三千六，减至三千"⑤，在转移到南雄县乌迳时得到南雄县党组织送来的情报，避免了被包围的极端危险，2月10日在大柏地伏击国民党军获大胜，18日与赣西、赣南革命武装会师，前委与赣南特委、赣西特委接上了关系，前委书记毛泽东向赣南、赣西党组织传达了中共六大会议精神，对赣西南革命斗争做了指示。3月11日，红四军从赣南转战闽西，14日攻占长汀，"在长汀的意外战果，

---

① 中共中央文献研究室，中央档案馆. 建党以来重要文献选编（1921—1949）：第6册[G]. 北京：中央文献出版社，2011：88-92.
② 中共中央文献研究室，中央档案馆. 建党以来重要文献选编（1921—1949）：第6册[G]. 北京：中央文献出版社，2011：118.
③ 中共中央文献研究室，中央档案馆. 建党以来重要文献选编（1921—1949）：第6册[G]. 北京：中央文献出版社，2011：120.
④ 中共中央文献研究室，中央档案馆. 建党以来重要文献选编（1921—1949）：第7册[G]. 北京：中央文献出版社，2011：39-43.
⑤ 中共江西省委党史研究室等. 中央革命根据地历史资料文库·军事系统：第9册[M]. 北京：中央文献出版社，2015：30.

这是革命发展的转折点"①，15日在汀州进行了整编，20日毛泽东在长汀召开红四军前委扩大会议。红四军东进入闽，前委从此便成为赣南、赣西和闽西党组织统一的指导机构。对此，红四军前委曾报告，"赣南特委与江西省委非常隔绝，但与前委已发生密切关系"，"闽西特委须速建立""福建省委须立即派遣一闽西特委来汀州指导汀属八邑工作"②。4月1日，红四军从长汀回师瑞金，与彭德怀率领的红五军会合，5日在瑞金讨论中央2月来信，会后彭德怀部"受了使命回边界恢复群众割据"，经过北江、赣南、湘南、湖北、湘东游击"实力已增加四倍左右"③。5月15日，红四军经宁都重返大柏地，20日第二次入闽，先后占领了龙岩、永定、上杭、连城等县的广大地区。6月22日，红四军党的第七次代表大会在龙岩召开。7月20—25日，中共闽西第一次代表大会在上杭县蛟洋文昌阁召开，毛泽东以红四军前委代表身份向大会做政治报告，会议认为，"东江赣南的红军和苏维埃区域的发展，使闽西打破了孤立的形势，于斗争的前途是有利的"，闽西"红色政权区域比前扩大，并且连成了一片"是有利条件，但"赣南东江的群众革命势力，还没有与闽西联络起来"亦是缺点。④ 随后，红四军在闽西进行了著名的"七月分兵"。经过几个月的艰苦努力，赣西南和闽西红色政权在土地革命、武装斗争与自身建设方面都取得了很大成绩，建立了地方红军并扩大了红四军主力部队，初步形成了以兴国、宁都、雩都3县为中心的赣南革命根据地和以龙岩、永定、上杭3县为中心的闽西革命根据地，并使粤东北、赣南、闽西三地初步联系在了一起。

2. 红四军转战东江与闽、粤、赣党组织的互动

红四军离开井冈山不久，广东省委、东江特委正在准备年关总暴动，希望红四军能到东江。1929年3月，东江"北部七县（丰顺、五华、兴宁、大埔、梅县、平远、蕉岭七县）党部为响应朱、毛红军而召集"联席会议，中心问题专门改为"斗争"。⑤ 广东省委认为："赣闽粤边是敌人的弱点"，"东江的敌军

---

① 艾格妮丝·史沫特莱. 伟大的道路——朱德的生平和时代 [M]. 梅念，译. 北京：东方出版社 2005：293.
② 中共中央文献研究室，中央档案馆. 建党以来重要文献选编（1921—1949）：第6册 [G]. 北京：中央文献出版社，2011：88-92.
③ 中共中央文献研究室，中央档案馆. 建党以来重要文献选编（1921—1949）：第6册 [G]. 北京：中央文献出版社，2011：454.
④ 江西省档案馆，中共江西省委党校党史教研室. 中央革命根据地史料选编（中册）[G]. 南昌：江西人民出版社，1982：108-113.
⑤ 中央档案馆，广东省档案馆. 广东革命历史文件汇集（中共东江特委文件）：1929年（一）[G]. （内部资料），1983：35-48.

第五军比较是少战斗力,目前党和群众的工作又比较有进步,东委指挥之下的党部已有十四个县份,并且由赣边的党部亦与东委发生密切的关系",建议"朱毛部应在赣之东陲和闽之西南作游击战争","朱毛应入潮梅,彭部由和平、龙川前进,与东江农民群众一致夺取整个东江",但"目前朱毛等红军是不宜入东江的,一方面党和群众的工作还不够……二方面军阀战争未爆发"①。4月,中央谈到红四军发展去向时提出:"摆在你们面前的出路有三条:一是仍向赣南发展……二是向闽西发展……三是向东江……这三条路究竟向哪一方面发展,实际情况如何,还应由你们决定"②。对此,前委称,"我们在宁都时,广东特委曾来信说,东江准备暴动,要红军分兵去帮助。前敌委员会复信,不赞成此时举行总暴动,此时只能发动游击战争,红军实不能分兵去助,因虎石台处反动势力大,且路途很远,到闽西后,又去一信要他们做群众工作,红军在闽西工作一期后,有向东江游击一时期的可能"③。5月,广东省委获悉了红四军行动计划及游击情况后表示,"你们据湘粤赣与闽粤赣边境作游击战争区域是对的。……你们进入粤北是对的"④。在转战过程中,红四军已经与广东省委、东江特委实现了联系,就军事行动进行了积极沟通。

与此相应,福建省委积极响应和配合红四军行动,指示闽西特委要积极与东江党组织联系,希望红四军能出击东江,进一步拓展根据地并巩固闽西。与之相应,1929年3月,福建省委认为,"广东、江西是革命先进、斗争极剧烈的省份,闽西的革命势力发展与东江、赣南互相呼应配合,是革命胜利的条件之一",并提出要"由永定打通大埔,长汀打通瑞金。使闽西易与东江、赣南联系起来"⑤。4月,福建省委"于四月半召集闽西与长汀、上杭、武平、龙岩、永定五县代表成立特委于上杭,以便指挥各县工作",特委"与东江特委、梅县县

---

① 中央档案馆,广东省档案馆. 广东革命历史文件汇集(中共广东省委文件):1929年(一)[G].(内部资料),1982:227-228.
② 中共中央文献研究室,中央档案馆. 建党以来重要文献选编(1921—1949):第6册[G].北京:中央文献出版社,2011:136.
③ 江西省档案馆,中共江西省委党校党史教研室. 中央革命根据地史料选编(中册)[G].南昌:江西人民出版社,1982:432.
④ 中央档案馆,广东省档案馆. 广东革命历史文件汇集(中共广东省委文件):1929年(二)[G].(内部资料),1982:40-41.
⑤ 中央档案馆,福建省档案馆. 福建革命历史文件汇集(省委文件):1929年(上)[G].(内部资料),1984:122-124.

委也有联络"①；同时认为，闽西"应与闽南及东江、赣南等接近县份发生联系"②，并且"闽西特委已派人往梅县开联席会议，讨论闽西与粤东工作之联系问题"③，以便迎接朱毛红军转战闽西；甚至，"省委因为很注意闽西工作，于是在事实上便不能兼顾到厦门，遂使厦门工作不能不有些停顿的现象"④。5月，福建省委指示，"闽西各县斗争要注意联系"，"与东江、赣南的联系也甚重要"⑤，要求"红军游击的范围必须扩大到东江去"⑥。5月，红四军到闽西后，遇张贞、陈国辉大部入粤讨桂，于是提出三种主张，其中一种是"利用两广战争入东江消灭张贞，造成东江割据，趁蒋桂决斗而渐扩大割据于全粤境"，由于红四军"对于东江的情形完全不明了，于东江的党没有交通"，对"入粤消灭张贞是不十分有把握"，且担心长途行军中政局有变，因此"前委主张红军在闽西七县游击，一面整顿红军，一面帮助闽西党之改造，一面发动七县群众斗争"⑦。6月，红四军前委及闽西派代表到东江告知红四军行动，要求东江特委做好一切准备，东江特委随即召开会议讨论红四军行动计划，决定告知红四军暂不来东江，如果红四军在闽西南难以立足，前委认为有必要时也可以来东江，但只可到接近闽赣边之蕉岭、平远等县。⑧ 红四军前委根据东江特委决定，改变了进军东江的计划。

  1929年夏秋，东江地区的革命形势不断发展，国民党实施三省"会剿"红军，同时国民党两广军阀矛盾日趋激化，红四军出击东江的时机日益成熟，中共中央、广东省委、东江特委都不断建议红四军相继出击东江，以打通闽西、粤东北和赣西南的联系，进一步促进了闽、粤党组织和前委的互动。8月8日，

---

① 中央档案馆，福建省档案馆. 福建革命历史文件汇集（省委文件）：1929年（下）[G].（内部资料），1984：59.
② 中央档案馆，福建省档案馆. 福建革命历史文件汇集（省委文件）：1929年（上）[G].（内部资料），1984：174-175.
③ 中央档案馆，福建省档案馆. 福建革命历史文件汇集（省委文件）：1929年（上）[G].（内部资料），1984：232.
④ 中央档案馆，福建省档案馆. 福建革命历史文件汇集（省委文件）：1929年（上）[G].（内部资料），1984：207.
⑤ 中央档案馆，福建省档案馆. 福建革命历史文件汇集（省委文件）：1929年（上）[G].（内部资料），1984：244.
⑥ 中央档案馆，福建省档案馆. 福建革命历史文件汇集（省委文件）：1929年（上）[G].（内部资料），1984：238.
⑦ 中共中央文献研究室，中央档案馆. 建党以来重要文献选编（1921—1949）：第6册[G]. 北京：中央文献出版社，2011：481.
⑧ 中央档案馆，广东省档案馆. 广东革命历史文件汇集（中共东江特委文件）：1929年（一）[G].（内部资料），1983：159-162.

福建省委尚认为红军"东江、赣皆不能去,只有留在闽西",建议"以古田、大小池等地为中心"造成闽西根据地①,并提醒红四军前委,"据报载,此时边境粤军驻防的该不少,是否向边界进行,要你们详细侦探当地的实际情况和主观力量来决定"②。13日,广东省委建议"游击区域定闽西、东江、赣南,不要到闽北、赣东去"③。22日,闽西特委高度评价了红四军在闽西的军事成就,称"四军来闽西后,发动了岩、杭、永三县广大群众斗争,并影响到闽南东江方面革命势力的增长"④。至1929年9月,红四军"游击区域"主要是"闽西——龙岩,永定,连城,上杭,汀州,武平六县",计划"取道闽北入赣东转入赣南发动沿途的群众,或入闽省腹地到福州延平之间活动,或分兵两路,一路往闽北,一路留闽西"⑤。对此,中央肯定"红军此时主要的采取粤湘赣闽四省边界游击的策略是对的,但要注意使这四个区域的赤色势力联系起来",表示"至两广军阀混战爆发东江空虚时,红军可进至梅县、丰顺、五华、兴宁一带游击",要求"前委对赣南闽西的游击工作亦要同时注意,要与该地方党部有密切联系,然后才能使其与红四军及东江斗争相策应","如军阀战争结束较快或蒋系军队得胜时,红军仍留粤、闽、赣边界一带游击,以发动群众"⑥。广东省委巡视员、东江特委都认为"全东江的工作大部分已恢复起来",红四军"在此时仍应坚决地向闽西南东江边界做游击进展"⑦。红四军"因不明了全国形势及东江地方状况,未能立即集中动员",仍"决定由闽西上杭推进到粤边后,再做第二步入东江之计划"⑧。

为了使红四军顺利出击东江,福建省委、广东省委、东江特委、前委密切

---

① 中央档案馆,福建省档案馆. 福建革命历史文件汇集(省委文件):1929年(下)[G]. (内部资料),1984:111.

② 中央档案馆,福建省档案馆. 福建革命历史文件汇集(省委文件):1929年(下)[G]. (内部资料),1984:88-89.

③ 中央档案馆,广东省档案馆. 广东革命历史文件汇集(中共广东省委文件):1929年(二)[G]. (内部资料),1982:201-224.

④ 中央档案馆,福建省档案馆. 福建革命历史文件汇集(闽西特委文件):1928年—1936年[G]. (内部资料),1984:105.

⑤ 中共中央文献研究室,中央档案馆. 建党以来重要文献选编(1921—1949):第6册[G]. 北京:中央文献出版社,2011:466.

⑥ 中共中央文献研究室,中央档案馆. 建党以来重要文献选编(1921—1949):第6册[G]. 北京:中央文献出版社,2011:512-513,522-523.

⑦ 中央档案馆,广东省档案馆. 广东革命历史文件汇集(中共广东省委文件):1929年(二)[G]. (内部资料),1982:399-412.

⑧ 中央档案馆,广东省档案馆. 广东革命历史文件汇集(中共东江特委文件):1929年(二)[G]. (内部资料),1983:201-206.

联系和沟通，苏区县党组织积极协助做好交通工作，红四军前委也积极寻求粤省委的支持。10月6日，福建省委转达中央意见，表示"同意中央对前委的指示，朱毛红军全部立即开到东江去，帮助东江广大群众的斗争"，指出朱毛红军"开往东江并不是放弃闽西，反是，要扩大我们的工作到东江来，与闽西互相呼应，取得很好的联络，使闽西、东江连成一片"，"四军去东江之后，要与闽西发生很密切的联系，建立严密的交通"①，认为红军出发东江"应向梅县、兴宁、五华、丰顺方面前进，使能与海陆丰发生联系"，"应以闽西之上杭、永定等地为后防"②。同时，福建省委派遣省委常委、省委组织部部长谢汉秋携带中央和省委的指示信，从厦门赶赴上杭传达中央精神。与此同时，东江特委于10月6日收悉"红军乘机进取东江"指示后，立即研究开展秋收斗争"与红军进取东江相配合"的策略和计划，7日致信红四军前委，称赞"红军在闽、粤、赣英勇的奋斗，确给予东江及其他各地群众斗争向前进展以莫大的帮助、推动和影响"，表示"在策略上、斗争上、工作极谋与你们相联系、相配合外"，希望"经常注意与红军、闽西、赣南、惠州、海陆丰发生切实的关系"，经常与毗连闽、赣的梅、蕉、平三县发生密切关系，派出代表连同所有文件到红四军前委报告。③ 9日，东江特委表示，"一俟朱、毛红军逼近梅城时则实行暴动"，要求"东江应与闽西、赣南、惠属红军前委发生最亲密的关系"，在"红军已决定来东江时，直接致信于梅、蕉委，指定梅、蕉、平、兴四县派出向导到前委去听候调遣"，指定"由武平转蕉委"和"由上杭转梅县松口区委"作为前委与东委的经常交通，建议"红军大部分力量集中武平，很迅速分二路进展"④。11日，东江特委通过决议案，对红四军进入东江和为建立统一的东江苏维埃政权做了必要准备，决定"与红军前委经常交通联系，由梅县专负其责，赣南由兴宁专负其责"⑤。10月中旬，陈毅从上海经香港与广东省委联系后到东江特委驻地，告知中央决定并传达了广东省委要求东委配合红四军行动的指示，由于该

---

① 中央档案馆，福建省档案馆. 福建革命历史文件汇集：1929年（下）[G]. （内部资料），1984：330.
② 中央档案馆，福建省档案馆. 福建革命历史文件汇集：1929年（下）[G]. （内部资料），1984：339.
③ 中央档案馆，广东省档案馆. 广东革命历史文件汇集（中共东江特委文件）：1929年（二）[G]. （内部资料），1983：1-8.
④ 中央档案馆，广东省档案馆. 广东革命历史文件汇集（中共东江特委文件）：1929年（二）[G]. （内部资料），1983：16-17.
⑤ 中央档案馆，广东省档案馆. 广东革命历史文件汇集（中共东江特委文件）：1929年（二）[G]. （内部资料），1983：19-30.

指示与东江特委的计划"大体完全相同",使东委更坚定地执行省委的指示。随后,东委于 20 日向各县发出紧急通告,以后又发出一系列的指示,要求各县配合红四军进军东江。由此可见,因红四军转战东江,福建省委、闽西特委和东江特委的认识不断趋于一致,沟通联系在不断加强。

与此同时,红四军也在积极准备向东江的进军。10 月 18 日,前委和闽西特委召开联席会议,决定"取进攻策略,先占蕉平、梅口等区域,……待机夺取大的城市","粤桂战争紧急时,再游击潮梅,深入东江"。报告称,"在十月十三日接此信后,立即调三个纵队向潮梅布置游击,准于十月二十日集中粤边,十月二十一日以后,进攻蕉岭,……留一个纵队(第四纵队)红军在闽西坚持游击战争","粤桂战争紧急时,再游击潮梅,深入东江",请求中央"要粤省委来重要同志,来指示我们的工作"①。随后,红四军陆续向闽粤边境进发,战斗中纵队司令员刘安恭牺牲。② 10 月 20 日,前委由上杭进抵武平县象洞;22 日,红四军军部和二、三纵队开至松源集中,前委书记陈毅此时抵达松源回到前委机关,带来中央的指示信(中央"九月来信");朱德、陈毅召开前委会议后,打算经平远、兴宁转丰顺、五华,以便"引敌人到赤色区域中消灭他们"③。在东江红军的配合下,红四军于 24 日占领蕉岭县城,25 日占领梅县县城,26 日在强敌反攻下退出梅县县城,转移到梅县南坑和丰顺马图一带休整。10 月 31 日,反攻梅城失利后撤离梅县向平远、寻邬转移休整。红四军的到来,虽未完成预定战略任务,却打击和震撼了国民党在闽西、东江地区的反动势力,扩大了共产党和红军的政治影响,加速了东江革命斗争的发展和地方革命武装力量的壮大,加快了东江红色政权建设的步伐。红四军转战东江期间,在粤东北成立了由 21 人组成的东江革命委员会,颁布了由东江革命委员会主席团毛泽东、朱德、古大存、刘光夏、朱子干、陈魁亚、陈海云 7 人署名的《关于公布执行土地政纲的布告》(第 177 号),推动了东江地区土地革命的发展。红四军离开东江时,留下了梁锡祜、雷鸣远、康健、陈林等一批政治、军事骨干,一个大队的兵力和政工干部共 150 多人以及一批武器,加强了东江地区的工农武装力量。红四军留下的骨干及官兵,与梅县农军 10 团、县模范赤卫总队、坚持

---

① 中共江西省委党史研究室. 中央革命根据地历史资料文库·军事系统: 第 9 册 [M]. 北京: 中央文献出版社, 2015: 124-125.
② 龙岩市委党史研究室. 闽西革命史文献资料: 第三册 [M]. (内部资料), 1982: 259-264.
③ 龙岩市委党史研究室. 闽西革命史文献资料: 第三册 [M]. (内部资料), 1982: 259-264.

在九龙嶂活动的大埔农军16团及兴宁、五华、丰顺的武装合组为工农红军第46团（简称红46团），夯实了含梅县在内的梅埔丰边区土地革命斗争的基础。陈毅曾向中央报告，称"梅县群众大部分归我们领导"。

3. 东江、闽西、赣西南根据地的巩固与连通

为利用两广军阀混战之机发展和扩大根据地，打通赣南、闽西与东江的联系，红四军按照中央要求出击东江地区，迭克蕉岭、梅县和大埔青溪等地，但因孤军深入、敌强我弱，终"遭一次严重的失败"，连同历次战斗伤亡及留在东江地方武装的人员，全军减员1000余人。红四军出击东江失利后，前委决定遵照中央"九月来信"的指示，开赴粤、闽、赣边界一带游击。红四军在粤赣边境工作十多天以后，于1929年11月中旬由平远县进入闽西，16日占领武平、17日攻取高梧，随后在上杭官庄强渡汀江击败守敌周志群旅，23日再次攻克汀州，实现了打通汀江两岸赤色区域、发展汀南苏区的计划。到11月底，闽西红色区域迅速发展扩大到龙岩、永定、上杭、武平、长汀、连城6县的纵横300多里之间的大片地区，先后建立了4个县苏维埃政府、2个县革命委员会和50多个区、400多个乡的苏维埃政府，极大地促进闽西工农革命和政权建设。对此，前委报告称，"四军11月18日回到官庄，前委即决定扩大闽西赤色区域，建立闽西政权的政策。四军于11月23占领长汀，……28日前委在长汀开扩大会，闽省委巡视员谢汉秋及东江特委代表亦先后赶到"①。中共中央对红四军行动做了指示，要求广东省委军委及东江特委给予支持配合。12月10日，中央要求红四军，在目前形势下，一是"向广东韩江上游游击推向东江发展"，二是"与闽西、赣南的游击队及各种农民武装取得密切联络与声援"，三是"集中三省边界的武装农民编成红军统一指挥而扩大发展"，四是利用两广战争紧张以及东江地方暴动普遍发展的时机"深入东江（兴宁、五华及韩江下游）并向潮汕推进"，五是"深入闽西土地革命向着闽南发展"②。12月19日，中央致信广东省委军委，明确"朱毛红军主要地在韩江上游游击与东江红军取得密切联系，以推向东江发展"，具备条件时"可深入东江"，而"东江红军，即在朱毛红军因特殊困难不到东江，亦应尽量地向外发展及扩大"③。

---

① 中共中央文献研究室，中央档案馆．建党以来重要文献选编（1921—1949）：第7册[G]．北京：中央文献出版社，2011：11-12.

② 中共中央文献研究室，中央档案馆．建党以来重要文献选编（1921—1949）：第6册[G]．北京：中央文献出版社，2011：690.

③ 中共中央文献研究室，中央档案馆．建党以来重要文献选编（1921—1949）：第6册[G]．北京：中央文献出版社，2011：701.

在1929年下半年至1930年上半年间,"在党内存在着的若干'左'倾思想和'左'倾政策,又有了某些发展"①,东江、闽西、赣南三地红军和党组织的联系和互动因而进一步加深,形成了巩固、发展和连通根据地的"共识"。1930年1月16日,中央致信福建省委,"闽西斗争区域的扩大,是第一个重要问题"②。2月1日,中央致信广东省委,转述红四军"目前因环境所限,恐须先在闽西深入,但前途必向东江游击",同时估计"大概四、七两军主要的发展方向是向着广东,湘南、赣南游击队亦应与北江游击队相互策应"③。2月7—9日,毛泽东在吉安主持召开联席会议(史称"二七会议"),将红四军前委扩大为红四、五、六军共同前委,同时决定将赣西、赣南和湘赣边特委合并为赣西南特委。15日,在兴国县召开的赣南工作会议,决定将赣南梅花式的红色区域连成一片,打通与闽西和东江苏区的联系。23日,福建省委提出要使"东江与闽西打成一片",认为"大埔、饶平、五华、兴宁、梅县均在经济上与闽西有密切关系,必须联合起来",表示"已决定闽西召集各县联席会议……并设法与饶平联络起来","东江敌人亦很空虚,闽西决以一半实力向东江发展",要求"除请中央即函粤委注意外,并须请东委与此地省委及闽西特委发生横的关系,经常有人来往,对工作一致进行"④。24日,福建省委指出,"闽西赤色区域应该向外扩大,一方面向东江的大埔、饶平,一方面向漳平、永福、华安等地,发展到漳州,以便与漳州联结起来"⑤。在"左"倾思想指导下,中央不断要求福建、广西红军要向东江发展。3月2日,中央指出,"红军第7军发展的前途,无疑是向湘粤边、广东的中心推进,与朱毛红军以及北江地方暴动取得联络,以争取广东先胜利的前途"⑥。3月11日,中央指示福建省委,"在红军的配比上,在全国范围内是向着武汉与广东的两个中心发展,争取这两个中心省份的首先胜利",要求"坚决地使闽西红军向着东江发展,出梅县大埔,向韩江下游

---

① 中共中央文献研究室,中国延安干部学院.延安时期党的重要领导人著作选编:上[G].北京:中央文献出版社,2014:260.
② 中共江西省委党史研究室等.中央革命根据地历史资料文库·党的系统:第1册[M].北京:中央文献出版社,2011:698.
③ 中共中央文献研究室,中央档案馆.建党以来重要文献选编(1921—1949):第7册[G].北京:中央文献出版社,2011:37-38.
④ 中央档案馆,福建省档案馆.福建革命历史文件汇集(省委文件):1930年[G].(内部资料),1984:376.
⑤ 中央档案馆,福建省档案馆.福建革命历史文件汇集(省委文件):1930年[G].(内部资料),1984:82.
⑥ 中共中央文献研究室,中央档案馆.建党以来重要文献选编(1921—1949):第7册[G].北京:中央文献出版社,2011:66.

发展，以与东江军配合"①。4月10日，中央继续要求，"福建特别要与江西广东的革命浪潮有适当的配合"，"福建全省总暴动必须与广东、江西配合"，"闽西苏维埃当前的主要任务是动员群众向外发展，发展的方向固然主要的是漳厦莆泉，同时亦须注意向着韩江上游发展与广东东江革命取得联系"②。4月28日，中央强调闽西红军向东江发展夺取广东对于争取一省数省首先胜利的意义，指出"红十二军发展的方向是东江，是争取广州"，要求"在直接争取广东的时期，福建所有的红军，都应全部集中推向东江腹地前进"③。

在中央的统一部署和广东省委、东江特委、"西北七县联会"的指导下，粤西北各县很快汇成了一股推动秋收斗争、开展游击战争的巨大力量，使游击战争深入持续地开展起来。从1929年11月起，东江地区的武装斗争快速发展，红46、47团与地方赤卫队配合，先后攻打梅县、五华县等多处城、镇、圩，取得多次胜利，缴获大批物资，进一步巩固了根据地。11月11日，梅县畲坑区召开由梅、兴、丰、华边群众参加的"广州暴动"3周年纪念大会，到会群众2万多人。对此，闽西特委11月初通告称，"东江群众已经很普遍地发动起来，赣南兴国各地的群众和二四团的红军，最近进攻兴国，引起了赣南群众斗争的情绪"，提出"在目前首先要发动长汀群众斗争，加强上杭南路和武平工作，统一汀河两岸的赤色区域，使与赣南东江的革命势力取得联系"④。1930年1月，广东省委要求东江特委"集中东江的一切游击队、赤卫队等，编成红军，统一指挥"，同时"对于海陆丰的和闽西、赣南的红军，应取得密切的联系，立即在惠来、大埔、蕉岭设交通处，指定专门同志负责"，指出朱、毛红军在具备条件时深入东江（韩江下游），汇合东江红军向潮汕推进。⑤根据省委的指示，东江特委决定把潮梅地区划分为5个游击区域，广泛开展东江的武装斗争。至1930年春，东江各县的部分地区都先后建立了区、乡一级的苏维埃政权或区、乡农会组织，惠来县成立了县苏维埃政府，五华、梅县、丰顺、兴宁、龙川、大埔、

---

① 中共江西省委党史研究室等.中央革命根据地历史资料文库·党的系统：第1册[M].北京：中央文献出版社，2011：739-741.
② 中央档案馆.中共中央文件选集：第6册[M].北京：中共中央党校出版社，1989：62-66.
③ 中共江西省委党史研究室等.中央革命根据地历史资料文库·党的系统：第1册[M].北京：中央文献出版社，2011：760-768.
④ 江西省档案馆，中共江西省委党校党史教研室.中央革命根据地史料选编（中册）[G].南昌：江西人民出版社，1982：163-164.
⑤ 中央档案馆，广东省档案馆.广东革命历史文件汇集（中共广东省委文件）：1930年（一）[G].（内部资料），1982：5-7.

潮安、寻邬（属江西省）等建立了县革命委员会，普宁、潮阳、揭阳、澄海、饶平、平远、蕉岭等也在加紧筹备建立县革命委员会或县农会。潮梅地区（包括江西省寻邬、海丰、陆丰、紫金、惠阳除外）苏维埃区域人数达 30 多万人，农会会员达 7 万多人。1930 年"四一五"纪念日，"丰顺全县有 3 万余人的示威，其中最足记述的，就是一、四、五三区集合在距离县城 15 里的 18000 余群众的大会。……这是东江自海、陆丰政权失败后，唯一的伟大群众大会"①。随着武装斗争的深入发展，红色区域不断扩大，原来分散、零星的红色区域逐渐连在一起，进而推动了红色政权的建立。1930 年 5 月 1 日，东江第一次工农兵代表大会在丰顺八乡山召开，成立东江苏维埃政府与古大存任军长的东江工农红军第十一军，标志着东江苏区的形成。东江特委机关南移潮阳的大南山。

在红四军返回闽西后，闽西特委关于向汀江两岸及长汀一带发展、扩充地方红军的计划取得圆满成功。1929 年 12 月，福建先后报告，"朱毛红军自入闽游击以来，得了广大工农劳苦群众的拥护，闽西的工农劳苦群众起来暴动，夺取了几县的政权，建设工农兵会议（苏维埃）政府，解决了郭凤鸣的全部军力，陈国辉的大部分，卢新铭的全部分，张贞的二营，刘和鼎的一营，动摇了军阀的统治"②，"闽西苏维埃区域与军阀进攻，闽西自朱毛红军赴东江前进之后，闽西工农群众用自己的武装力量，拥护自己所得的胜利"③。1930 年 1 月，红四军从闽西返回赣西南，23 日毛泽东率部抵宁都与朱德部会合，前委会议决定将部队分散以发动群众，扩大赣西南红色区域。福建省委根据中央指示，要求闽西红军向漳州和广东东江、潮汕一带行动。3 月 1 日，福建省委指出，"闽西向东江发展的路线上的工作，除闽西自己负责设法与当地党部发生很密切的联系外，省委应与广东省委在工作上有切实的讨论"④。为了扩大红军和根据地，红四军提出了著名的"三月分兵"行动计划。3 月 18 日，红四军前委通告，"赣南、闽西空虚，给我们以争取群众，打通三省联系的好机会"，"红军第四军的行动应该以三个月为期分路游击，其游击区域是：赣南之赣县、雩都、瑞金、会昌、南康、信丰、安远、寻邬各县；东江之五华、兴宁、丰顺、梅县、平远、

---

① 中央档案馆，广东省档案馆. 广东革命历史文件汇集（苏维埃、工会、农会文件）：1927 年—1934 年 [G]. (内部资料)，1982：151-180.
② 中央档案馆，福建省档案馆. 福建革命历史文件汇集（省委文件）：1929 年（下）[G]. (内部资料)，1984：411-412.
③ 中央档案馆，福建省档案馆. 福建革命历史文件汇集（省委文件）：1929 年（下）[G]. (内部资料)，1984：432.
④ 中央档案馆，福建省档案馆. 福建革命历史文件汇集（省委文件）：1930 年 [G]. (内部资料)，1984：106.

蕉岭、大埔各县；闽西之上杭、武平、长汀、宁化、连城各县"，"在赣南就应该扩大宁都、雩都、安远、寻邬四县整个的赤化，在闽西要往武平县、长汀各县整个赤化"，"把瑞金、会昌、石城包在中间，再图发展闽赣的联系就成功了"，"寻邬的红色区域与东江红色区域原来是通的，这样三省的接连都成功了"①。从3月下旬至5月下旬，红四军各部队根据分兵游击部署，在赣南、闽西和东江各县举行大规模的分兵游击活动，所到之处积极组织农会、武装工农、分配土地、打击反动势力、建立政权。3月间，闽西和赣西南相继成立了以邓子恢为主席的闽西苏维埃政府和以曾山为主席的赣西南苏维埃政府，标志着闽西和赣西南革命根据地的正式形成，为中央革命根据地的建立奠定了基础，并对各地区红军游击战争的发展和根据地的建设起了鼓舞和示范作用。对此，闽西八十万工农群众的"政治影响在全福建乃至东江赣南工农群众中间都普遍地扩大"②。5月，"红军第四军攻下五华、兴宁，不日进取梅县直下潮汕。十一军、十二军也向潮汕推进"③，东江苏维埃政府与红军第十一军宣告成立。同年5月，赣南召开工农兵代表大会，成立了江西省苏维埃政府。6月初，五华、兴宁、龙川、平远等县，已经同赣西南革命根据地的会昌、安远、寻邬等县的红色区域连成一片，同时与赣西南其他各县的红色区域的联系亦已相通。同一时期，闽西党的组织发展至6个县委、53个区委、19个特支和546个支部，党员人数1万人左右。到1930年10月，赣西南共辖有吉安、泰和、瑞金、寻邬、南雄等30余县，"由南丰到永新，由寻邬到峡江，横断江西半壁，由赣州到吉（水）峡，围绕赣江流域纵横数千里，联系到闽西，东江，湘东，鄂南等几大块赤色政权"，面积实占江西全省80%左右④；有组织的群众与武装，"'二七'会议时群众组织一百五十万，到一次大会⑤，即有三百万，现在有四百万有组织的群众，武装一百万左右"⑥。经过一年多的奋斗，闽西、赣南、粤东北地区相继创立了比较巩固的农村革命根据地。

---

① 中共中央文献研究室，中央档案馆.建党以来重要文献选编（1921—1949）：第7册［G］.北京：中央文献出版社，2011：102-108.
② 恽代英.闽西苏维埃的过去与将来［J］.红旗，1930（87）.
③ 永定县工农兵第三次代表大会日刊（1930年5月21日）［A］.赣州：赣州市档案馆，地档资料2-6-11.
④ 江西省档案馆，中共江西省委党校党史教研室.中央革命根据地史料选编（上册）［G］.南昌：江西人民出版社，1982：353.
⑤ 一次大会，指1930年3月下旬召开的中共赣西南第一次代表大会。
⑥ 江西省档案馆，中共江西省委党校党史教研室.中央革命根据地史料选编（上册）［G］.南昌：江西人民出版社，1982：351.

红四军在闽粤赣边界的军事行动,既拓展、巩固了闽粤赣根据地,又增进了前委、赣西南特委、闽西特委、东江特委的联系和互动,更促使赣南、闽西、东江三地紧紧地联系在一起。为统筹闽粤赣边区的军事行动,中央于1930年4月即要求设立中央军委南方办事处兼广东军委,"以便很迅速地来指导南方闽、粤、桂、滇各省的军事工作",同时要求南方办事处积极领导东江红11军、闽西红12军与广西红7军并取得密切联络,"注意扩大北江方面的地方暴动,发展红军,与东江取联络,北江应与广西红军取联络,同时注意与湘南取联络,发展湘粤边的地方暴动","闽西的红军必须与东江红军取联络",计划建立11军、12军与广西第7军"军团以上总的指挥的组织",特别强调"只有在同一指挥之下,才能生协同动作之效果"①。为了取得广东先胜,中央军委于4月15日提出,"闽粤桂三省的红军应朝着广州方向发展",第11军"向着惠州发展,朝向广州总的目标",第12军"向着东江韩江发展,发动东江地方暴动,与11军协同动作",第7军"应从柳州、桂林取道湘桂边界,向着广东的北江发展,总的目标是广州"②。这些带有"左"倾冒险主义色彩的军事行动计划,促进了闽粤赣三地组织间的沟通与协同。5月29日,广东省委指出,"苏维埃区域的发展,红军的扩大,在整个东江党能够相当地采取积极进攻的策略之下,实有很迅速的发展,现在闽西红军(第11军)以及赣南的一部红军已会师东江,更有力地帮助东江整个斗争之进展"③。6月15日,广东省委、中央军部、南方办事处指出,"为实现广东的革命政权,已决定11、12军帮助东江与海、陆、惠的地方暴动,向惠州发展,以广州市为目标"④。为了贯彻中央向东江发展、夺取广东胜利的指示,闽西红军第12军于5月中旬、红21军于8月中旬先后出击东江,而红军第一军团则按照中央指令于6月23日从长汀出发向江西吉安、南昌推进。8月7日,在红21军出击东江前夕,闽西特委向东江特委发出通讯,称:"现在中国红军21军全部由龙岩出发向东江发展",请求东江特委"将以前决议案各搜集一份来给我们,以后应互相通讯",加强联络并通报东江的政治形势与

---

① 中共江西省委党史研究室等.中央革命根据地历史资料文库·党的系统:第1册[M].北京:中央文献出版社,2011:760-768.
② 中共中央文献研究室,中央档案馆.建党以来重要文献选编(1921—1949):第7册[G].北京:中央文献出版社,2011:145-146.
③ 中央档案馆,广东省档案馆.广东革命历史文件汇集(中共广东省委文件):1930年(一)[G].(内部资料),1982:465-498.
④ 中央档案馆,广东省档案馆.广东革命历史文件汇集(中共广东省委文件):1930年(二)[G].(内部资料),1982:55-68.

交通路线，给红 21 军入粤作战以各种帮助。① 东江特委由于事先得到了闽西特委关于红 21 军的活动情况，及时发动当地群众举行暴动，有力地配合了红 21 军的行动。8 月 14 日，东江丰顺县嶂背等地有 1000 多名农军起义，占领田圩，同时东江地方红军第 42 团分两路攻占寨下、南溪，迫使梅县守敌张达旅退守兴宁，平远县长罗俊超率领民团仓皇退往闽赣边境，固守待援。② 两次出击促进了粤东北、闽西、赣南、红军及前委等组织的联系、沟通、协调、配合与互动，策动了粤东大埔、丰顺等地的农民暴动及创建苏区的斗争。此后，福建仍然按照中央要求把向东江发展作为闽西军事行动的方向。10 月 5 日（旧历），福建省总行委报告，"须加紧东江、漳属工作发展，发动广大群众起来斗争，给江西斗争的声援"，"建议南方局要充分注意东江工作，改造东江的党部，改变其工作路线与工作的方式等等"，认为这样"才可能以领导东江群众的斗争，才可能有利于闽西红军向东江发展"；同时称，"为使闽西的斗争集中指挥起见，我们已去信闽西，由闽西特、行委、21 军军委、闽西苏维埃红军军官学校，各派负责同志成立军事革命委员会"③。在随后的几次军事行动中，闽西红军数渡东江失利，"几次打东江很大的损失，一说起打东江他们就头痛"④。

与此同时，红五军在湘东南、粤北、赣西南等地的游击，与红四军游击活动协同发展并取得了极好战果。1929 年 10 月，彭德怀报告，"五军游击所经过的区域颇大，湘东、湘南、鄂南、赣南、赣西、赣北、粤北等三十余县"，他认为"须先准备力量夺取粤闽为根据地"，提醒中央"赣南之上犹、崇义（已有县委共六支部）、大庾亦注意发展"，建议"赣南的红军，独立二、三两团，根据赣南的情形，可移至安远、龙南、虔南、定南、寻邬等去发展组织……第四军暂时应在闽赣边工作为宜，以便与东江党和红军取得联络。同时与赣南的红军联系起来，并相继游击闽粤腹地"⑤。至 1930 年春，闽西革命根据地已建立起来，赣西南的红色区域也日益扩大，东江革命根据地的斗争蓬勃发展。赣西、

---

① 中共龙岩地委党史资料征集研究委员会，龙岩地区行政公署文物管理委员会．闽西革命史文献资料：第四辑 [M]．（内部资料），1983：26．
② 中共龙岩地委党史资料征集研究委员会，龙岩地区行政公署文物管理委员会．闽西革命史文献资料：第 4 辑 [M]．（内部资料），1983：70．
③ 中央档案馆，福建省档案馆．福建革命历史文件汇集（省委文件）：1930 年 [G]．（内部资料），1984：317-318．
④ 中央档案馆，福建省档案馆．福建革命历史文件汇集（闽西特委文件）：1928 年—1936 年 [G]．（内部资料），1984：186．
⑤ 中共中央文献研究室，中央档案馆．建党以来重要文献选编（1921—1949）：第 6 册 [G]．北京：中央文献出版社，2011：592-598．

赣南、东江、湘鄂赣和闽西红色区域的斗争遥相呼应,地域上日益接近。

4. 共同组建闽粤赣特区委

至 1930 年秋,闽粤赣边区根据地仍然有待于进一步贯通、使之连成一片,亦未成立统一的领导核心。为了更好地统筹全国苏区,中央于 1930 年 10 月 24 日做出决定:"在中央区内湘鄂赣和赣西南特委仍依原规设立,闽西东江两特委合组为闽粤赣特委","闽粤赣这一苏区,无论如何总要保持它与赣西南可以打成一片的联系,并且要迅速地完成这一打成一片的任务",同时决定将"闽西两军东江一军合编为第 6 军"①。为了加强对闽粤赣苏区的领导,中央把完善闽粤赣根据地的任务交给中共南方局,同时派邓发②前往主持闽粤赣特区委工作,履行"使闽粤赣苏区打成一片,停止冒进政策,有阵地地向东江开展"的使命,完成"建立党的中心领导和主力红军,成立闽粤赣苏区特委和各中心县委,把东江红军和闽西红军两边靠拢"等任务。③ 中共南方局根据党的六届三中全会精神,积极筹划召开闽粤赣边区党代会并成立闽粤赣苏区特委。1930 年 10 月底、11 月初和 12 月初,闽粤赣苏区第一次党的代表会议分别在东江潮阳大南山和闽西永定虎岗举行,12 月上旬在上杭县苏家坡继续召开,成立了以邓发为书记的中共闽粤赣苏区特委(亦称中共闽粤赣边区特委,1931 年 8 月改称中共闽粤赣省委),统辖东江、闽西、赣南苏区的党组织;成立了中共闽粤赣军事委员会和中国工农红军闽粤赣军区司令部,邓发任司令员兼政委,萧劲光任参谋长(1930 年 12 月由中央派到闽西);此外,还成立了以陈荣为书记的共青团闽粤赣苏区省委,以及省总工会等群众组织;闽西红军学校也随之改为中国工农红军军官学校第一分校,由萧劲光兼任校长,张鼎丞兼任政委。12 月 7 日,闽西苏维埃政府特邀东江、赣南代表及龙岩工农兵代表 300 多人,成立了闽粤赣特区苏维埃政府筹委会,同时决定由闽西、东江、赣南共选出 200 名代表,于 1931 年 1 月 21 日(列宁逝世纪念日)召开闽粤赣边第一次工农兵代表大会,正式成立闽粤赣特区苏维埃政府。

在"闽粤赣"的历史话语中,"粤"原本主要指整个东江地区。从 1930 年

---

① 中共中央文献研究室,中央档案馆. 建党以来重要文献选编(1921—1949):第 7 册 [G]. 北京:中央文献出版社,2011:599.

② 邓发,原名邓元钊,1906 年 3 月出生于广东省云浮县,1925 年加入中国共产党,参加过省港大罢工和广州起义,历任香港市委书记、广州市委书记、广东省委组织部长、闽粤赣省委书记、国家政治保卫局长、中央党校校长、八路军驻新疆代表、中国解放区职工联合会筹委会主任,1946 年 4 月 8 日因飞机失事遇难。

③ 余伯流,凌步机. 中央苏区史(修订版)[M]. 南昌:江西人民出版社,2017:396-398.

9月至1931年9月，国民党对中央苏区（含闽粤赣苏区）连续发动了三次大规模的军事"围剿"，东江西南部根据地与闽粤赣特委机关闽西永定虎岗的联系被国民党军基本截断，闽粤赣特区委与广东省委、东江特委都失去了联系，加上设在香港的中共南方局、广东省委也被破坏，致使原定于1931年1月21日召开闽粤赣苏区第一次工农兵代表大会和成立特区苏维埃政府的计划一再延期。① 因而"闽粤赣"中的"粤"虽然指称上是粤东北苏区，实际上却仅仅包括东江的东北部分、西北部分，不包括东江的西南部分；以邓发为书记的中共闽粤赣特委，实际上也只是闽西苏区党的最高领导机关，并不领导东江、赣南苏区的党组织，闽西苏区的红色政权仍然为闽西苏维埃政府。对此，1930年12月，西北分委称，"龙川兴宁寻邬蕉平的党久未得到上级的指导"②。左权、施简报告，"最近饶平、丰顺、梅南等处，大受摧残，东委、埔委关系断绝，与闽西特委关系更不好"③。东江特委后来报告称，"及至三中全会后，成立闽粤赣特委，东江成立西南、西北两分委直接受特委指挥，但因交通不通，实际上仍受省委指挥。……到了去年五月，在省委指挥和帮助之下，把两分委合并成立东江特委，直接受省委指挥"④。尽管如此，中共闽粤赣特委和闽粤赣特区苏维埃政府筹备委员会在领导闽粤赣苏区军民巩固发展苏区和配合中央苏区的反"围剿"斗争中，发挥了重要作用，闽粤赣特区苏维埃政府筹委会在一定程度上担负起了闽粤赣特区苏维埃政府的责任。1930年下半年至1931年，由于先后受到李立三、王明"左"倾错误的干扰，闽西苏区在军事、经济、土地革命等方面受到了严重挫折，致使苏区群众情绪压抑、红军士气低落、岩永杭东部苏区大多陷于敌手。

中共闽粤赣苏区特委成立后，受中共中央和中共苏区中央局双重领导，原闽西特委、东江特委均撤销。闽粤赣苏区的范围包括：闽西南的龙岩、永定、上杭、武平、连城、长汀、宁化、清流、归化、漳平、宁洋、平和、南靖、诏安等县；粤东北的五华、兴宁、龙川、蕉岭、平远、梅县、大埔、丰顺、饶平等县；赣东南的寻邬、安远、会昌、瑞金、石城等县。为了加强领导，闽粤赣

---

① 中共龙岩地委党史资料征集研究委员会，龙岩地区行政公署文物管理委员会.闽西革命史文献资料：第5辑［M］.（内部资料），1984：153.
② 中共广东省委党史研究委员会，等.东江革命根据地史料汇编·五兴龙苏区（1927年10月—1935年7月）［G］.（内部资料），1985：53.
③ 中央档案馆，福建省档案馆.福建革命历史文件汇集（闽西特委文件）：1928年—1936年［G］.（内部资料），1984：241.
④ 中央档案馆，广东省档案馆.广东革命历史文件汇集（中共东江特委文件）：1932年［G］.（内部资料），1983：26-27.

特区委将所辖苏区的行政区域做了调整，同时配合中共中央交通局在苏区内外开辟交通线和建立交通站。原中共闽西特委所辖之永定、龙岩、杭武、汀连（1931年12月后汀连县委分设新汀和长汀两个县委）、汀东、连城、平和7个县委和汀州市委，直接归中共闽粤赣苏区特委领导，调整以后的闽西苏区包括闽西大部地区及广东边界的小部地区，共9个县。从1930年12月闽粤赣苏区特委成立至1932年春夏，又先后建立了中共汀连县委、新泉县委、汀东县委、宁化县委、归化特支委、杭武县委、汀州市委、上杭中心县委、宁化中心县委等，均直属闽粤赣省委领导。原东江革命根据地划为西南、西北两块，"在东江设（党的）西南、西北分委"，西南分委辖潮阳、普宁、惠来、揭阳、海丰、陆丰、惠阳、紫金、潮安、澄海、饶平等县，西北分委辖龙川、五华、兴宁、梅县、大埔、丰顺、平远和赣南寻邬等县（1930年冬，西北分委决定所辖西北各县成立联县县委）。其中五华、兴宁、龙川于1930年12月合并成立中共五兴龙县委，丰顺、梅县于1930年12月合并成立中共丰梅县委，蕉岭、平远、寻邬于1931年1月合并成立中共蕉平寻县委，大埔、饶平、平和于1931年1月下旬或2月上旬合并成立中共饶和埔县委（后来改为中心县委）①，至1931年西北分委辖有五兴龙边县县委、蕉平寻县委、梅埔丰边县县委、梅丰边县县委、饶和埔诏县委及其苏维埃政府。同一期间，闽粤赣苏区特委还加强了特委所属的赣东南苏区党组织的领导，其中指派原中共闽西特委常委、宣传部长蓝鸿翔（又名李添富）到瑞金县委工作，后当选为瑞金县委书记。

由于国民党的军事围剿，在粤赣苏区特委成立后，东江、赣南、闽西三地仍然无法取得良好联系。闽粤赣省委宣称，"东江、赣南、闽西三处有广大区域，但是没有很好的联系"，因而要求"打通闽粤赣的联系"②。1931年1月，徐萍报告，闽西特委"与东江、赣南特委关系极疏，从来没有想到联系这三个苏区的巩固，似乎是各人干着各人夺取本省的政权，文件及交通很少往来"③。为此，苏区中央局、闽西特委、闽粤赣省委等积极落实中共中央关于苏维埃区域发展计划，把打通闽粤赣三地联系作为工作重点和发展路线。1930年11月，闽西特委把"集中力量来建立东江、闽西、赣西南毗连几个白色区域，以取得

---

① 中共龙岩地委党史办. 闽西革命史文献资料：第五辑［M］.（内部资料），1984：19.
② 福建省档案馆，广东省档案馆. 闽粤赣边区革命历史档案汇编：第1辑（1930.12—1935.12）［G］. 北京：中国档案出版社，1987：4.
③ 中央档案馆. 闽粤赣革命历史文件汇集：1930年—1931年［G］.（内部资料），1984：17.

三大赤色区域的联系"作为闽西党发展的总路线。① 11月底和12月初，闽粤赣苏区第一次党代会确定了"巩固闽西苏区，与东江苏区打成一片的战略方针"，提出要"以闽西为阵地巩固闽粤赣苏维埃（区域）向外发展，首先冲破敌人的包围进攻，使之成为苏维埃中央巩固的后方"②。12月6日，闽西苏维埃政府通告指出，"闽西苏维埃区域是闽粤赣苏维埃区域的中心"，要"配合闽南更大力量向东江发展"，"贯通闽粤赣苏维埃区域，建立闽粤赣特区苏维埃政府"③。12月7日，闽粤赣苏区宣称，"闽西、东江、赣南是6个特区之一，地势相毗连，赤色区域很宽广，经济政治上又都有密切的关系……现在为集中一切力量，统一三处革命势力，在目前政治形势之下，必须建立闽粤赣特区苏维埃政府"④。闽粤赣特区苏维埃筹委会指出，"闽西赣南东江数百万的革命群众，经过长期斗争获得土地革命的胜利，普遍地建立苏维埃政权与红军，造成广大的苏维埃区域，成为南方革命根据地和苏维埃中央的后防"，号召"闽西、东江、赣南工农兵贫民一致动员起来……消灭闽西、东江、赣南一线反动残余势力，贯通闽粤赣苏维埃区域"⑤。

中共闽粤赣苏区第一次代表大会的召开和闽粤赣苏区特委、特苏（筹）和军委的成立，在组织上、政治上、军事上统一了闽粤赣苏区党政军的领导与指挥，标志着作为全国6大块苏维埃特区之一的闽粤赣苏区已经形成，对于中央苏区的建立与发展起了极其重要的作用。在闽粤赣苏区特委的统一领导下，各级党组织、苏维埃政府和群众武装的建设工作都得到了恢复和发展，一些边县还成立了苏维埃政府和县游击大（总）队。闽粤赣苏区特委还于1931年1月创办出版了特委机关报《红旗》报，邓发在《〈红旗〉发刊词》中指出："传播党的策略路线，（使之）深入到工厂、农村、兵营去。"⑥ 为了加强对东江地区的领导，中共两广省委决定取消西南、西北分委，恢复东江特委，重归两广省委

---

① 中央档案馆，福建省档案馆．福建革命历史文件汇集（闽西特委文件）：1928年—1936年［G］．（内部资料），1984：232-233．
② 闽粤赣边区党史编审领导小组．中共闽粤赣边区史［M］．北京：中共党史出版社，1999：76-84．
③ 中央档案馆，福建省档案馆．福建革命历史文件汇集（苏维埃政府文件）：1930年［G］．（内部资料），1985：296，298．
④ 福建省档案馆，广东省档案馆．闽粤赣边区革命历史档案汇编：第1辑（1930.12—1935.12）［G］．北京：中国档案出版社，1987：3．
⑤ 福建省档案馆，广东省档案馆．闽粤赣边区革命历史档案汇编：第1辑（1930.12—1935.12）［G］．北京：中国档案出版社，1987：2．
⑥ 《邓发纪念文集》编辑部．邓发纪念文集［M］．北京：中共党史出版社，2002：276．

领导。1931年3月23日，王稼蔷等提出："我们感觉特委在闽西指挥东江是十分困难的，提议将东江划归广东省委指挥，特委亦同意。"① 3月29日，中共两广省委报告中央，"关于粤赣闽特委组织省委意见如下：一、东江西南、西北分委合并，仍成特委由广东省委指挥；二、闽西组织特委由中央指挥"②。4月，中央指示闽粤赣苏区特委，将其所辖之东江西北、西南分委合并恢复东江特委，"东江分特暂时划于广东省委直接领导，并积极组织潮梅的斗争来帮助闽西"③。1931年5月底或6月初，中共闽粤赣苏区特委改组为中共闽粤赣苏区临时省委（亦称闽粤赣苏区省委），仍由邓发任书记；东江特委恢复建制，特委机关设在东江南部潮阳的大南山。7月中下旬，邓发奉调到赣南参与筹备成立中华苏维埃共和国临时中央政府的有关工作。9月11日新红12军收复长汀城后，中共闽粤赣苏区临时省委等机关进驻长汀城，中共闽粤赣苏区临时省委书记改由罗明代理。与此同时，中央决定将江西赣江西岸苏区和湘东南苏区合并新设湘赣省，单独成立省委和省苏维埃政府，信丰、南康、南雄、上犹、崇义等县党和苏维埃政权组织曾一度改隶中共湘赣省委领导。

虽然东江、闽西、赣南都在努力打通三地联系，但东江特委与西北分委、闽西特委的联系始终并不顺畅。7月，徐德报告称："5月13日我到东江去召集扩大会解决组织和工作的问题，会是在18号开的，西北没有赶到，西南到了40多干部。"④ 11月22日，中共两广省委通告称，"东江苏区工作，有了相当转变……饶、和、埔方面加强了领导。至于西北……最近省委也与其建立好关系，加强对西北的领导（西北已将有半年没有和东委、省委发生关系了）"；同时，提醒东江特委，"要派得力同志去西北领导工作，要打通和寻邬苏区的关系。饶、和、埔应打通和闽西苏区的关系，以谋得帮助"⑤。为了加强对东江西北数县的领导，东江特委提出成立分区委员会，以领导西北苏区。12月，东江特委提出一个月工作计划，要求各县要在接到工作计划后开会讨论、执行结束后做

---

① 中央档案馆. 闽粤赣革命历史文件汇集：1930年—1931年［G］.（内部资料），1984：78-79.
② 中央档案馆，广东省档案馆. 广东革命历史文件汇集（中共广东省委文件）：1931年［G］.（内部资料），1982：77.
③ 中共中央文献研究室，中央档案馆. 建党以来重要文献选编（1921—1949）：第8册［G］. 北京：中央文献出版社，2011：327.
④ 中央档案馆，广东省档案馆. 广东革命历史文件汇集（中共广东省委文件）：1931年［G］.（内部资料），1982：159-160.
⑤ 中央档案馆，广东省档案馆. 广东革命历史文件汇集（中共广东省委文件）：1931年［G］.（内部资料），1982：340-341，350.

检阅，并"将经过报告西南分委及西北巡视员转报闽、粤、赣特委"，要求"在巩固东江与闽西关系工作原则底下发展饶南（特别是黄冈方面）、埔南及大埔沿韩江各部分工作"，同时"党得西北成立一个分区是极为需要的"①。从1931年秋开始，中共西北分委领导下的梅县、丰顺等苏区逐渐与闽西党组织密切了关系并隶属于闽西党组织。12月27日，西北分委指出，"争取以西南的斗争有平衡的开展，与闽西赣南的斗争有繁衍的联系"是西北党当前最迫切、最严重的任务。② 12月28日，大埔县交通中站报告，"在巩固中央根据地后方任务之下，党的任务是完〔成〕汀连两县苏维埃区域和恢〔复〕岩杭永埔一带苏区。现在汀连二县苏维埃区域完全由12军配合当地工农武装去完成这一任务，恢复岩杭永埔一带苏区完全由闽西独立师负责。自从12军派一部分红军来打通交通线后，我们苏区工作完全可以通行了"③。1932年1月，东江特委报告："对西北各地的工作仍未派得力的同志去帮助其转变，尤其对打通闽西及中央区的交通仍未做到，这更是大损失。"④ 4月，东江特委在大南山召开扩大会议，认为"东江苏区在这半年来是有相当的巩固"，同时表示"我们必须努力实现中央的指示，保持原有苏区，加紧韩江上游的工作，与闽西取得很好的联系"，"将闽粤赣苏区打成一片"⑤。7月，东江特委将"和闽西中央苏区打成一片"作为东江党的政治任务⑥，"在东江，发展主要方向是西北发展，同时不放弃东江各个苏区打成一片，与中央苏区、闽西苏区打通，以完成闽粤赣苏区"，"东江的红军与一切工农武装，必须与中央和闽西苏区红军做互相呼应的作战，袭击敌人的后方，扩大为我们的区域"⑦。8月，东江特委指出，"必须计划到互相呼应的

---

① 中央档案馆，广东省档案馆. 广东革命历史文件汇集（中共东江特委文件）：1927年—1934年［G］.（内部资料），1983：349-354.
② 分委通告第二号——加紧年关斗争反对进攻苏维埃及红军（1931年12月27日）［A］. 南昌：江西省档案馆，1931年档案 G001-2-403.
③ 中央档案馆，广东省档案馆. 广东革命历史文件汇集（中共东江特委文件）：1927年—1934年［G］.（内部资料），1983：346.
④ 中央档案馆，广东省档案馆. 广东革命历史文件汇集（中共东江特委文件）：1932年［G］.（内部资料），1983：1-18.
⑤ 中央档案馆，广东省档案馆. 广东革命历史文件汇集（中共东江特委文件）：1932年［G］.（内部资料），1983：66.
⑥ 中央档案馆，广东省档案馆. 广东革命历史文件汇集（中共东江特委文件）：1932年［G］.（内部资料），1983：133-138.
⑦ 中央档案馆，广东省档案馆. 广东革命历史文件汇集（中共东江特委文件）：1932年［G］.（内部资料），1983：199-205.

作战，和中央闽西红军的行动求得良好的配合"①。东江各县也在继续为打通交通线而努力。1932年夏，饶和埔诏县委提出，要"建立和恢复饶和埔苏区，与闽赣苏区和红军发展配合起来"，以争取一省数省的首先胜利。② 1933年10月26日，中共福建省委报告，"饶和埔诏及闽南应坚决向北发展……扩大武装扩大游击区。……埔北应……向北发展，与永定取得联系"③。

5. 闽粤赣融入中央苏区大格局

鉴于闽、粤、赣、湘等省的地理位置和革命形势，共产国际和中共中央一直计划打通粤东北、闽西、赣西南三地的联系以形成稳固的根据地。1930年8月，共产国际致电中共中央，认为"必须选择和开辟能保证组建和加强这种军队的根据地"，根据地的基本要求是具备"相当程度的农民运动，从容组建的可能性，获得武器的前景和保证今后能夺取一个有足够工人居民的大的行政政治中心的发展前景"，认为"赣南、闽南、粤东北地区首先能够成为这样的根据地"④。中共中央按照共产国际指示，对根据地的确立条件做出要求，审视和分析全国根据地情况并拟订了苏区工作计划。1930年9月，中央苏准会和中共六届三中全会在上海相继召开，把全国十几块苏区划分为9个特区。不久又合并为6个特区，其中赣南与闽西、东江苏区划为1个特区——闽粤赣特区。⑤ 中共中央确定，在毛泽东、朱德领导的红军控制的根据地内设立中共苏区中央局和中央军事委员会，打通赣西南与湘鄂赣为中央区，将东江、闽西两块根据地合并为闽粤赣革命根据地。⑥ 10月24日，中共中央发布苏区计划，认为中央根据地、赣东北、湘鄂边、鄂东北、闽粤赣以及广西"这六个区域，有的已经大致具备了根据地的条件，需要我们将它巩固地建立起来；有的还只具有它的前提，需要我们用大的力量快的速度将它发展起来"，明确指出"闽粤赣这一苏区，无论如何总要保持它与赣西南可以打成一片的联系，并且要迅速地完成这一打成

---

① 中央档案馆，广东省档案馆. 广东革命历史文件汇集（中共东江特委文件）：1932年［G］.（内部资料），1983：267-286.
② 中共饶平县委党史研究室，等. 饶和埔诏苏区史料汇编［G］. 广州：广东人民出版社，1994：149.
③ 福建省档案馆，广东省档案馆. 闽粤赣边区革命历史档案汇编：第1辑（1930.12—1935.12）［G］. 北京：中国档案出版社，1987：375-401.
④ 中共江西省委党史研究室等. 中央革命根据地历史资料文库·党的系统：第2册［M］. 北京：中央文献出版社，2011：1010.
⑤ 中国工农兵会议（苏维埃）第一次全国代表大会选举原则［N］. 红旗日报，1930-10-09（2）.
⑥ 中共中央文献研究室，中央档案馆. 建党以来重要文献选编（1921—1949）：第7册［G］. 北京：中央文献出版社，2011：599.

一片的任务",决定在中央苏区立即设立中央局"指导整个苏维埃区域之党的组织",将全国各苏区划分为湘鄂赣、赣西南、闽粤赣、赣东北、赣鄂边、鄂豫皖、左右江7个特委,均属苏区中央局领导。① 10月28日,中央再次将全国主要农村根据地重新划分为6大块苏区,决定将"闽西东江之11、20、21军改编为第6军"②。12月10日,中央指出,"第一三军团在目前情况之下,应以赣南和赣东南为作战地区;而以闽粤赣为后方根据地","第12军(过去闽西之20,21与粤东之11军所改编)须统一指挥,即以其驻军地区——闽西粤东东江为其行动地区",任务是"力图将主要根据地与赣东南、赣南(第一三军团作战地区)连成一片"③。可以看出,中央已经明确了闽粤赣苏区在全国苏区中的地位及其对中央苏区的作用和意义。

为不断壮大并形成巩固的根据地,中共中央、苏区中央局,闽、粤、赣等各级党组织都希望将闽粤赣苏区打通,并进而与中央苏区连成一片,红军部队、闽粤赣三地党组织则积极落实中央战略部署与要求。1930年12月,中共闽粤赣苏区特委期望"巩固闽西苏区,与东江苏区打成一片"④。闽西特委报告,"惟瑞金方面未打通,此时12军当然要负此重大责任——打通闽赣联系"⑤。1931年1月,中共福建省委认为"闽西是闽粤赣的赤色中心区域主要部分之一",要求闽西"要在夺回龙岩、永定之后,进攻南靖、平和,向漳州特别是东江发展",并提出了分两期的反"围剿"计划。⑥福建省委同时报告中央,"省委请南方局加紧注意闽西,多指示多派人去,加强对闽西的实际领导。同时要特别东江动员,使东江与闽西斗争有很好的配合。省委亦当更加积极更加尽力帮助闽西"⑦。1月,苏区中央局明确指出,"赣西南特区与湘鄂赣特区为苏维埃中心区","闽粤赣特区,包括闽西、广东东北、赣东南一部分",认为"最主要的

---

① 中共中央文献研究室,中央档案馆.建党以来重要文献选编(1921—1949):第7册[G].北京:中央文献出版社,2011:582-585,599.
② 中共中央文献研究室,中央档案馆.建党以来重要文献选编(1921—1949):第7册[G].北京:中央文献出版社,2011:640.
③ 中共中央文献研究室,中央档案馆.建党以来重要文献选编(1921—1949):第7册[G].北京:中央文献出版社,2011:718-719.
④ 萧劲光.萧劲光回忆录[M].北京:当代中国出版社,2013:38.
⑤ 中央档案馆,福建省档案馆.福建革命历史文件汇集(闽西特委文件):1928年—1936年[G].(内部资料),1984:238.
⑥ 中央档案馆,福建省档案馆.福建革命历史文件汇集(省委文件):1931年[G].(内部资料),1984:13.
⑦ 中央档案馆,福建省档案馆.福建革命历史文件汇集(省委文件):1931年[G].(内部资料),1984:15.

各个苏区发展要互相连接起来,使全国苏区打成一片"①。闽粤赣苏区党代会提出,"以'闽西为阵地'巩固闽粤赣苏维埃向外发展,首先冲破敌人的包围进攻,使之成为苏维埃中央巩固的后方"②。由此可见,苏区中央局从成立始,既已明确地划定了闽粤赣苏区的地域范围,对苏区的发展方向及内在联系都做了要求。与此相应,东江特委积极推动东江地区与赣西南、闽西、中央区武装部队间的联系。1931年1月,中共东江特委军委提出,"寻邬独立营应与中央区发生联系,巩固当地苏区,向五华、梅县方面进展","饶、和、埔之第三连应极力扩大其部队,巩固当地苏区,与闽西取得联系"③。4月,中共中央指出,"闽粤赣是整个中央区的一部分,他应当巩固这一根据地打通中央区的联系",闽粤赣苏区"发展的主要方向应当向中央区方面",强调闽粤赣苏区在目前情况下可先不急于打通与中央苏区的联系,而应该首先巩固闽粤赣苏区,使之成为中央苏区的巩固后防。④ 5月,中共中央规定,"江西苏区的中央局,他的管辖范围是包括江西省委,闽粤赣省委,湘东南省委,湘鄂赣省委,赣东北省委各苏区"⑤。广东省委报告,"巩固南山根据地,恢复新近丧失领域使西南、西北零碎间断的苏区打成一片,加紧潮梅方面的发展,使之能与闽西之发展枢汇合"在客观上是顺利的可能的⑥。闽西苏维埃政府也强调"闽西苏维埃当前的总任务是巩固闽西苏区红军,保卫中央苏区的后方"⑦。6月,中央要求红军主力军与中央苏区应"先使现在的中央苏区与赣西及湘鄂赣边的苏区打成一片,将赣南及闽粤赣的后方根据地巩固起来"⑧。苏区中央局指出,"闽赣赤区联系,赣江东西打通,赣南的发展与巩固形成一片的广大赤区"是闽西党中心工作之一,

---

① 中共江西省委党史研究室等. 中央革命根据地历史资料文库·党的系统:第2册[M]. 北京:中央文献出版社,2011:1338-1339.

② 龙岩市委党史研究室. 闽西革命史文献资料:第五册[M].(内部资料),1984:28-29.

③ 中央档案馆,广东省档案馆. 广东革命历史文件汇集(中共东江特委文件):1927年—1934年[G].(内部资料),1983:331-340.

④ 中共中央文献研究室,中央档案馆. 建党以来重要文献选编(1921—1949):第8册[G]. 北京:中央文献出版社,2011:324-327.

⑤ 中共中央文献研究室,中央档案馆. 建党以来重要文献选编(1921—1949):第8册[G]. 北京:中央文献出版社,2011:436.

⑥ 中央档案馆,广东省档案馆. 广东革命历史文件汇集(中共广东省委文件):1931年[G].(内部资料),1982:111-122.

⑦ 中央档案馆,福建省档案馆. 福建革命历史文件汇集(苏维埃政府文件):1931年—1933年[G].(内部资料),1985:97.

⑧ 中央档案馆. 中共中央文件选集:第7册[M]. 北京:中共中央党校出版社,1989:321.

要求闽西"红军尽可能将闽赣联系打通"①。8月，中共中央要求闽粤赣苏区省委"利用各种时机联合一部分的主力消灭敌人的一部分或一方面"，"向着接近中央军的方面"发展②，明确指出中央"苏区根据地还很流动，与周围苏区还没打成一片"，认为"河东（赣江以东）苏区很明显的是中央苏区的主要根据地"，要求苏区中央局并红军总前委"用一切可能力量动员阶级群众来巩固这个根据地"、打通"与闽西的交通和联系"③。可见，中央已经明确将闽粤赣苏区作为中央区的一个重要组成部分。

从1930年10月到1931年9月，红军在毛泽东、朱德的指挥下，先后粉碎了国民党军队的三次"围剿"，使赣南、闽西根据地连成一片，形成了中央革命根据地并成立了中华苏维埃共和国临时中央政府，中央也对闽粤赣苏区的地位做出了重新定位。1930年年底至次年年初，闽西新12军在东江红军的配合下机动作战，相继攻下长汀、连城、永定等县城，打通闽粤赣广大苏区的联系。1931年6月，红一方面军临时总前委决定成立中共闽赣边界工作委员会，领导中共红12军军委、红35军军委、中共闽粤赣苏区特委和汀州、连城、石城、瑞金等县党组织。中共闽粤赣特委明确指出，"打通闽粤赣苏区交通是党和团当前最迫切的具体任务"④，要求闽西新12军承担起收复中心区、打通中心区的任务。为此，闽西新红12军北上长汀，6月16日收复汀州；红12军于6月27日攻取宁化县城，7月1日占领长汀城。1931年7月，闽西反"围剿"斗争胜利后，"恢复闽西以北的苏区与中央区打成一片"，打击苏区内部反动残余势力，"给了闽西整个斗争更大的转变与开展新的局面"⑤。同时，红军新12军采取诱敌深入、各个击破的战术，在十多天内连战皆捷，"击溃卢新铭，占领长汀，与中央区打成一片"⑥。8月，闽粤赣省委、军委和军区司令部"确定了'向北发展'的军事战略方针"，计划"先打下上杭、永定之间的庐丰、丰稔两据点，巩

---

① 中共江西省委党史研究室等．中央革命根据地历史资料文库·党的系统：第3册[M]．北京：中央文献出版社，2011：1664-1665．
② 中央档案馆．中共中央文件选集：第7册[M]．北京：中共中央党校出版社，1989：348-349．
③ 中央档案馆．中共中央文件选集：第7册[M]．北京：中共中央党校出版社，1989：355-375．
④ 中共龙岩地委党史资料征集研究委员会，龙岩地区行政公署文物管理委员会．闽西革命史文献资料：第6辑[M]．（内部资料），1985：131．
⑤ 中共龙岩地委党史资料征集研究委员会，龙岩地区行政公署文物管理委员会．闽西革命史文献资料：第6辑[M]．（内部资料），1985：115-118．
⑥ 中共龙岩地委党史办公室．闽西党史研究参考资料：1931—1934年（合订本：第2册）[M]．（内部资料），1958：306．

固上海中央与中央苏区的联络线,然后主力向汀州、连城方向发展,争取与中央苏区打成一片"①。8月间,红军新12军与各县赤卫团十多天中在上杭回龙、庐丰、蓝家渡、丰稔等地四战四捷,使闽西战场形势由被动转入了主动。杭武县委指出,近几个月"打击了军阀团匪的进攻,特别是这次在庐丰、蓝家渡、丰稔市,更给杭城的团匪以严重的打击,使反革命派心寒"②。9月上旬开始,新红12军向进占连城、汀州的敌卢新铭旅发起反攻,9月11日再次收复长汀城,9月中下旬转向连城县境消灭了易启文团大部③,乘胜追击收复连城县城,打通了赣南、闽西苏区的联系,中央苏区从此连成一片。④ 从8月7日至9月15日,红一方面军六战五捷,取得第三次反"围剿"胜利,使赣南、闽西两块根据地连成一片,闽粤赣边区正式成为中央苏区的组成部分,中央苏区也成为全国最大且较为巩固的根据地,进入全盛时期。对此,江西通讯称,"以赣南为根据而建立、发展起来的中央苏区",扩大为拥有瑞金、寻邬等31个县的"经常能够有联系的受苏维埃政权统治的纵约四百里,自赣县至永丰;横约三百里,由万安至瑞金"的广阔地域,"终于形成了一片总的有联系的苏区,成为中国苏维埃(中央)临时政府的胎盘"⑤。

  1931年冬,中共中央、红一方面军、广东省委继续巩固和发展中央根据地。9月,中央要求"尽可能地把零碎的分散的苏区打成一片,红军16军、10军及闽西新12军必须与中央区打通"⑥。11月,中央苏区第一次党代表大会(赣南会议)指出,"苏区必须扩大,中央区与闽西的联系必须巩固,中央区与湘赣苏区以及赣南的零星苏区必须于最短时间内贯通"⑦。12月,中央指出,"目前红军行动的总方向应该首先是使中央区(包括闽西在内)与湘赣边苏区完成一片,巩固赣南根据地,然后与湘鄂赣、赣东北两苏区密切地联系起来",闽粤赣要

---

① 萧劲光.闽西军事斗争的回顾[N].人民日报,1987-08-06.
② 中共龙岩地委党史资料征集研究委员会,龙岩地区行政公署文物管理委员会.闽西革命史文献资料:第6辑[M].(内部资料),1985:154.
③ 中共江西省委党史研究室等.中央革命根据地历史资料文库·军事系统:第10册[M].北京:中央文献出版社,2015:921-922.
④ 中共龙岩地委党史资料征集研究委员会,龙岩地区行政公署文物管理委员会.闽西革命史文献资料:第6辑[M].(内部资料),1985:234-235.
⑤ 江西省档案馆,中共江西省委党校党史教研室.中央革命根据地史料选编(上册)[G].南昌:江西人民出版社,1982:392.
⑥ 中共中央文献研究室,中央档案馆.建党以来重要文献选编(1921—1949):第8册[G].北京:中央文献出版社,2011:558.
⑦ 中共中央文献研究室,中央档案馆.建党以来重要文献选编(1921—1949):第8册[G].北京:中央文献出版社,2011:615-621.

"在中央区的帮助之下,首先取得永定、上杭、武平,恢复龙岩大埔苏区,巩固地向闽北发展。……东江海陆丰苏维埃区域应该巩固自己的根据地,恢复和发展韩江上游的根据地与闽粤赣和中央苏区联系起来"①,要求闽粤赣苏区省委"向北发展,向北发展前必须巩固闽西中部和南部和粤东北韩江上游苏区……"。1931年11月至12月间,红12军接连解放了连城县城和汀、连、宁交界的广大地区,使闽西苏区同建宁、泰宁、清流、宁化、归化等闽西北红色区域连成一片。与此同时,红一方面军在闽赣、粤赣边界广大地区分兵发动进攻,先后展开于宁都、石城、长汀、瑞金、会昌、安远、武平、寻邬、信丰等各县,消灭地主武装、扫除白色据点,贯通各红色县、区、乡的联系。蕉平寻苏区的红军独立团也游击于粤赣边,局部恢复和巩固了粤东北及寻邬南部苏区,并与赣东南苏区连成一片。1932年1月,中央指出,第三次反"围剿"胜利后,"闽粤赣苏区恢复了杭武永苏区,占领了永定、汀州、连城,发展和扩大到宁化、清流"②,要求苏区工农红军"必须依照中央最近的军事训令来努力求得将中央区、闽粤赣、赣东北、湘鄂赣、湘赣边各苏区联系成整个一片的苏区"③。

从1931年冬开始,尤其是1932年春以后,闽西苏区逐步纠正错误、克服困难,获得了恢复与发展。1932年春,在闽西的红12军奉命从汀、连地区转向南发展,直指杭、武、永、岩等县地区,进一步恢复被敌人占领的红色区域。2月15日,中共闽粤赣省委成立了以罗炳辉为司令员、谭震林为政委的福建军区指挥部,其任务是"指挥红军12军和独立师,及各县独立武装,配合平农群众的力量,巩固和发展福建全省的苏维埃政权"④。16日,中共闽粤赣省委发出关于"消灭闽西三面敌人"的特别通告,提出了"巩固全闽西的苏维埃政权!""克复龙岩、坎市、湖雷!夺取上杭、武平!"等行动口号。⑤ 2月19日,苏区中央局确认"现时中央苏区已有了贯通闽赣二十五县疆土"⑥,同时要求闽西党组织

---

① 中共中央文献研究室,中央档案馆.建党以来重要文献选编(1921—1949):第8册[G].北京:中央文献出版社,2011:748-751.
② 中共中央文献研究室,中央档案馆.建党以来重要文献选编(1921—1949):第9册[G].北京:中央文献出版社,2011:35.
③ 中共中央文献研究室,中央档案馆.建党以来重要文献选编(1921—1949):第9册[G].北京:中央文献出版社,2011:41.
④ 福建省档案馆,广东省档案馆.闽粤赣边区革命历史档案汇编:第1辑(1930.12—1935.12)[G].北京:中国档案出版社,1987:140-141.
⑤ 中央档案馆.闽粤赣革命历史文件汇集:1932年—1933年[M].(内部资料),1985:54.
⑥ 江西省档案馆,中共江西省委党校党史教研室.中央革命根据地史料选编(上册)[G].南昌:江西人民出版社,1982:337.

"发展和扩大闽粤赣苏维埃区域夺取中心城市","加紧巩固闽西,完全贯通闽赣两省苏区并积极向闽北发展",以配合江西及全国其他各苏区的行动。① 2月下旬,合编后的红12军挥师南下,向武平、上杭进军,执行"巩固闽西,向闽北发展,使福建与江西苏区完成打成一片"的任务,于23日分三路向武平县城进发并大获全胜②,26日一举占领杭城,直抵闽粤边境之岩前、象洞。红12军攻占杭武,标志着以赣南、闽西红色区域为基础的中央苏区正式形成。苏区中央局书记周恩来专门撰写社论,予以高度评价和赞扬:"杭永武汀连将要完全连接一起,闽西与江西的苏区,南自武平会昌,北连宁化石城,将要完全打成一片,这是巩固闽西苏区的初步,这是积极向外发展,尤其是向北发展的必要前提!"③

为全面完成打通与中央苏区联系的任务,中共闽粤赣省召开了第二次代表大会,纠正了过去一些明显的"左"倾错误,使苏区在一个时期内获得了稳定的发展。1932年3月,中共闽粤赣苏区第二次代表大会指出,"闽西苏区已经与江西苏区打通","上杭、武平以及宁化,已入赤色的版图……闽西苏区正在更巩固地向闽北发展",提出要"发展扩大闽粤赣苏维埃区域夺取中心城市,首先就要加紧巩固闽西完全贯通闽赣两省苏区,积极地向北发展",要"巩固和扩大闽西汀、连、杭、武、永定、龙岩的苏区,或向闽北方面发展,特别要加紧汀州、宁化与上杭、武平的工作,使闽赣苏区完全打成一片","要与东江和漳泉各线的游击战争联系起来"④。4月,毛泽东率领中央红军东路军入闽,直抵龙岩、漳州,在闽粤赣省委和福建省苏及其所属组织的全力支持、配合下,历时两个多月,不但收复了闽西和闽粤边原来的老苏区,而且新开辟了闽西至闽南和闽粤边界的大片红色区域及游击根据地,促进了闽西苏区的恢复、巩固、发展和强盛。5月,闽粤赣省委密切配合红12军和独立第7师在闽西的军事行动,同时要求将"配合红军作战……坚决地进攻敌人,消灭敌人,积极向外发展,首先要消灭入闽的广东军阀,夺回杭、武、永失去的苏区"作为苏区各级党组

---

① 陈文苑,中共安溪县委党史研究室.安溪革命历史资料辑录:上(土地革命战争时期)[M].(内部资料),2011:52.
② 中央苏区消息:发展革命战争中红军接连夺取杭武两县[N].红色中华,1932-03-02.
③ 中共江西省委党史研究室等.中央革命根据地历史资料文库·军事系统:第10册[M].北京:中央文献出版社,2015:1257-1259.
④ 江西省档案馆,中共江西省委党校党史教研室.中央革命根据地史料选编(中册)[G].南昌:江西人民出版社,1982:357-358.

织最紧急的战斗任务。① 6月27日，苏区中央局通过了《关于争取和完成江西及其邻近省区革命首先胜利的决定》，再次确认"闽粤赣"属于中央苏区。6月下旬至7月上旬，红一、五军团集中在中央苏区南部的闽赣、粤赣边境对粤军发动猛攻，进一步巩固和扩大了闽粤赣边界红色区域。7月间，中共东江特委先后召开了"东江各地留潮普惠苏区党员活动分子大会"和东江各县组织会议，确定了"在东江发展方向是西北发展，同时不放弃东江各个苏区打成一片，与中央苏区、闽西苏区打通，以完成闽粤赣苏区"的任务，同时号召"东江的红军与一切工农武装，必须与中央和闽西苏区红军做互相呼应的作战，袭击敌人的后方，扩大我们的区域……给广东军阀进攻中央苏区以最大的牵制"②。8月上旬，中华苏维埃共和国临时中央政府指示闽西苏维埃政府，在红军克复杭武之后，必须迅速开展杭武工作，加紧开展土地革命，建立红色政权，在新区正确贯彻全国苏维埃代表大会的一切政策法令，以使杭武苏区特别是上杭县城，成为巩固的赤色区域与赤色的中心城市。③ 8月中旬，中共东江特委全体会议接受中共中央粉碎敌人四次"围剿"的决议，部署了东江苏区的反"围剿"等各项工作。④ 会后，大南山红军和赤卫军武装主动出击，共毙伤敌官兵1000余人，挫败了粤军张瑞贵部的军事"围剿"计划。11月，苏区中央局提出，"扩大苏区，打通与赣东北湘赣闽以及东江苏区联系"是中央苏区党当前的中心策略和任务⑤。

1933年春，红一方面军取得了第四次反"围剿"胜利后，中央苏区范围迅速扩大，至年底，中央苏区辖有江西、福建、闽赣、粤赣四个省苏维埃区域。1933年2月，中央局决定建立闽赣省；4月26日，中央人民委员会举行第四十次常会，决定建立闽赣省；6月4日，成立闽赣省军区；8月16日，中央人民委员会召开第四十八次常会，决定设立粤赣省。1933年秋，中央苏区疆域进入鼎盛时期，以瑞金为中心，设江西、福建、闽赣、粤赣4个省，共辖有60个行政县，疆域总面积约8.4万平方公里，人口440万左右，加上红军部队13万余人，

---

① 福建省档案馆，广东省档案馆．闽粤赣边区革命历史档案汇编：第1辑（1930.12—1935.12）[G]．北京：中国档案出版社，1987：201．
② 中央档案馆，广东省档案馆．广东革命历史文件汇集（中共东江特委文件）：1932年[G]．（内部资料），1983：203．
③ 人民委员会为杭武工作给闽西的一封信[N]．红色中华，1932-08-09．
④ 中央档案馆，广东省档案馆．广东革命历史文件汇集（中共东江特委文件）：1932年[G]．（内部资料），1983：267．
⑤ 中共中央文献研究室，中央档案馆．建党以来重要文献选编（1921—1949）：第9册[G]．北京：中央文献出版社，2011：575-576．

整个中央苏区人口（含红军）实际有453万余人。9月15日，粤赣省苏维埃政府宣布成立，称中央政府决定"划会昌、雩都、西江、门岭、寻邬、安远、信康等县为粤赣省"。兴龙县委书记蔡梅祥当选为省执委，兴宁划归粤赣省，但仍隶属中央苏区领导。① 10月24日，中华苏维埃共和国临时中央政府工作报告，"江西在粉碎四次'围剿'中扩大了南丰、宜黄、崇仁、乐安、永丰、新淦等县的各一部分，面积占数百里之广"，"苏维埃区域不但扩大了，而且进一步巩固了"②。1934年7月下旬，中共中央和苏维埃中央政府决定，划粤赣省辖的雩都、寻邬、门岭、登贤、信康赣、兴（宁）龙（川）等县和江西省辖的杨殷县、赣县，单独设立中央苏区赣南省，并从粤赣省调集大批干部到赣南省工作，这是中央苏区在江西境内建立的第四个省。

五、价值定位：广东中央苏区对中央苏区核心区域的组织贡献

广东中央苏区是中国共产党在土地革命战争时期开创较早、范围较大、坚持时间较长的一块革命根据地。广东中央苏区作为中央苏区的有机组成部分，其创立和发展经历了许多曲折和困难，它从大革命失败后就开始创建，1930年5月正式形成，到1935年夏丧失，经历了长达8年多的极为艰辛、曲折复杂的英勇斗争。在广东中央苏区的全盛时期，它领导着拥有正规军约3000人的红11军和约200万的苏区人口，根据地范围遍及粤东地区20多个县市，并发展到福建和江西南部。广东中央苏区的存在和发展，不仅在军事上为中央苏区提供了坚实的南部屏障，还为中央苏区的巩固和发展提供了巨大的人力、物力支持，有力地支持和策应了中央革命根据地的斗争，成为支撑中央苏区的重要战略基地，并且成为中央苏区对外沟通联络的"桥梁"，为中央苏区和中国革命的发展做出了重要贡献，在新民主主义革命历史上具有重要的地位。

1. 共同奠基、组成、壮大并守护了中央苏区

广东中央苏区与中央苏区彼此相连、唇齿相依，既是中央苏区的重要组成部分，更是中央苏区的安全屏障，对中央苏区的建立、巩固、发展以及主力红军长征后的三年游击战争起了不可磨灭的历史作用。在土地革命时期特别是历次反"围剿"战争中，闽粤赣边区或是主战场，或是后方根据地，或是游击区，

---

① 中共江西省委党史资料征集委员会，中共江西省党史研究室. 江西党史资料：第11辑（中央苏区粤赣省赣南省专辑）[M].（内部资料），1989：29-30.
② 中共中央文献研究室，中央档案馆. 建党以来重要文献选编（1921—1949）：第10册 [G]. 北京：中央文献出版社，2011：568.

闽、粤、赣三地与红军主力协同作战，作为中央苏区南部前沿阵地的广东中央苏区党组织和军民，坚决贯彻执行苏区中央局和中共闽粤赣特区委、省委的各项指示，与赣南、闽西等中央苏区核心区域紧密配合、协同作战，有力地支援和配合了中央革命根据地的反"围剿"斗争，有效地牵制、阻击了广东国民党军队。例如，1930年12月，红军第一、三军团"以赣南和赣东南为作战地区，而以闽粤赣为后方根据地"①；在第二次反"围剿"期间，红一方面军把中央苏区划分为10个游击区，建立东南西北中5个指挥部，各地方武装积极配合，使红一方面军在半个月内自西向东横扫700里，从赣西南一直打到闽西北的建宁，闽西北从此成为中央苏区重要的东方门户；1933年3月，为第四次反"围剿"，中央建立北区、东南区、西南区三个战区，"北区包括梅江以北的所有地域，即赣江与抚河之间以及信江与抚河之间，司令部在广昌，这是主要的战线"，"东南的战线从宁化到南方的边境，司令部在汀州"，"西南的战线从雩都到南方的边境，司令部在会昌"②；在第五次反"围剿"期间，中革军委将会昌、武平、上杭、河西（梅河西，实即梅县苏区）划为第三作战分区，要求"加强并联络南雄远殖游击队"，"沿五华山脉向五华龙川间派出远殖游击队"③，认为"粤赣苏区的左翼侧，在正面从寻南、安南、安西南挺进兴龙之南岸边界，更有截击敌军后方联络线与发展苏区的重要意义"④；1934年5月15日，中革军委将南雄划归赣南之第二分区的远殖游击区，作用是"威胁粤敌翼侧后方并向信南和汝城发展"；寻安、兴龙的远殖游击区域由粤赣军区的第一分区直接领导，目标是"能经常地破坏寻邬、留车、兴宁间及安远、鹤子圩、龙川间的敌人交通"；饶和埔隶属福建省军区第一分区⑤；5月17日，中革军委将南雄县划设为赣南军区的远殖游击区⑥。可见，中央十分关注粤东北苏区县的地位和作用，将之纳入整个中央苏区游击战争的整体部署。由于中央苏区第五次反"围剿"的节节

---

① 中共中央文献研究室，中央档案馆．建党以来重要文献选编（1921—1949）：第7册[G]．北京：中央文献出版社，2011：718-719．
② 中共中央文献研究室，中央档案馆．建党以来重要文献选编（1921—1949）：第10册[G]．北京：中央文献出版社，2011：141．
③ 中共江西省委党史研究室等．中央革命根据地历史资料文库·军事系统：第12册[M]．北京：中央文献出版社，2015：2523．
④ 中共江西省委党史研究室等．中央革命根据地历史资料文库·军事系统：第12册[M]．北京：中央文献出版社，2015：2918-2919．
⑤ 中共中央文献研究室，中央档案馆．建党以来重要文献选编（1921—1949）：第11册[G]．北京：中央文献出版社，2011：404．
⑥ 中共江西省委党史资料征集委员会，中共江西省党史研究室．江西党史资料：第14辑（中央苏区江西省）[M]．（内部资料），1990：200．

失利与最后失败,中央红军被迫开始战略转移,中华苏维埃共和国也由"山沟里"的共和国变成了"马背上"的共和国,粤东北、闽西、赣南苏区遭到国民党军队的疯狂报复。从1934年10月到1937年7月,在中共中央分局书记、中央军区司令员项英和中华苏维埃共和国中央政府办事处主任陈毅的领导下,留守赣南苏区的上万红军部队大多牺牲,仅剩下近千人,被压缩在以油山为中心的粤赣边、上(犹)崇(义)和(长)汀瑞(金)边等狭小地区,进行了艰苦卓绝的三年游击战争。其中,粤东北苏区县特别是大埔等继续在张鼎丞、谭震林等人组成的闽西南军政委员会领导下坚持斗争,成为三年游击战争乃至抗日战争、解放战争时期闽粤边区的上杭、武平、蕉岭、梅县党的领导中心。闽西在闽西南军政委员会的领导下,先后打破了国民党军10个正规师的反复"清剿",在危难中保存并发展了党组织和红军游击队,赢得了"红旗不倒"的赞誉。留守红军的三年游击战争艰苦卓绝,项英、陈毅等领导人九死一生。正如陈毅所言:"三年游击战争,是我一生中所经历的最艰苦的斗争。"① 据统计,在中央苏区内设置了一批新的县级行政区,福建省(闽西)有彭湃县、代英县、兆征县、明光县,江西省(赣南)有博生县、公略县、太雷县、杨殷县,粤赣省有登贤县等,其中以广东籍革命人物命名的县有5个,充分肯定了广东籍革命人物为中国革命做出的巨大贡献。

2. 共同为中国革命培养与输送了大量军地人才

相对于全国同时期的大部分苏区和中央苏区的其他区域,粤东北、闽西、赣南苏区都是土地革命发动较早、坚持时间最长、革命环境最为艰难、斗争形势最为险恶、挫折曲折最为频繁的地区之一。在1927年至1935年中,粤东北苏区与赣南、闽西苏区连成一片,成为中央苏区的重要组成部分,共同为中国共产党培养、造就了一大批党和国家的栋梁之材,并为治国理政提供了实验基地。粤东北苏区受革命思想影响较早、较深,较早开展革命斗争,较早建立起各级基层党组织和各级苏维埃政权,血与火的斗争实践培养和造就了一大批优秀的党政军领导、骨干,孕育了无产阶级革命家、新中国开国元勋叶剑英元帅,福建及闽西党的创始及领导人罗明等。此外,广东苏区积极修建兵工厂,为中央苏区的兵器修造业输送了大批能工巧匠,在大塘肚沥背底村油坊里建起有14座铁炉的兵工厂,先后有六批200多名打铁的能工巧匠或被派遣或应召到江西、福建,为中央红军的五次反"围剿"修造枪械。1932年6月9日,《红色中华》第22期报道,"六月四日,驻汀各机关及汀城各革命群众团体,开欢迎台湾与

---

① 陈毅,肖华,等. 回忆中央苏区 [M]. 南昌:江西人民出版社,1981:580.

五华工人代表的欢迎会,地点在福建省政府会议厅,会场布置辉煌庄严,革命群众拥挤满堂,个个兴高采烈,欢欣鼓舞非常,鼓掌声震耳欲聋"①。其中一批到达瑞金时,受到了朱德总司令的亲自接见和赞扬,称"你们的到来,如旱禾见水"②。以闽西、赣南苏区为基础创建的中央苏区,是全国苏维埃运动的中心区域,是无产阶级军事家和著名将领锻炼成长的摇篮之一,是中共学习治国理政的实践基地,为党和人民培养造就了一大批治国安邦的党政军优秀领导干部和组织、管理人才,积累了治党、治政、治军和进行经济、文化建设的丰富经验,为新中国的诞生做了重要的干部准备。在创建中央苏区的过程中,毛泽东、朱德、周恩来、刘少奇、任弼时、邓小平、张闻天、陈云、杨尚昆等众多中共重要领导人都在赣南、闽西苏区战斗、生活或担任过职务,瞿秋白、何叔衡等中共重要领导人和胡少海、刘安恭、王良、许卓等著名红军将领在这里洒下了鲜血。经过赣南、闽西无数血与火的洗礼与考验留存下来的精英和佼佼者,有不少成为新中国的骨干领导力量:新中国成立后授衔的 10 大元帅中有 9 位(除徐向前外)、10 位大将中有 8 位(除王树声、徐海东外)、57 位上将中有 33 位,177 位中将中有 113 位,以及众多的少将,还有张鼎丞、邓子恢、曾山等中央各部委、各省市自治区的主要领导同志和首批驻外大使,刘亚楼、杨成武、肖华、赖传珠等 200 多位将军(其中赣南有 132 位、闽西有 71 位)。在创建闽西革命根据地的斗争中,先后有 10 万多闽西工农子弟前赴后继、源源不断地加入红军,张鼎丞、邓子恢、陈丕显、杨成武等成长为党和国家领导人。在 1955 年至 1965 年间,被授予少将以上军衔的闽西籍将军有 68 人,占福建省将军总数的 82%。1934 年 10 月,在 8.6 万中央主力红军的长征队伍中,有 2.8 万闽西优秀儿女。

3. 共同组建和维护了红色交通线

由于白色恐怖的威胁,中央与地方、红军间的交通经常被迫中断,中共中央为此高度重视建立健全秘密交通网络,粤、赣、闽三省为红色交通线的组建和畅通做出了不可磨灭的贡献。1928 年 10 月,中央提出"以全力建立全国重要区域的交通网"③。1929 年夏,福建省委和闽西特委建立了从闽西经厦门转上海的秘密交通线——"工农通讯社"。11 月,中央军部提出"交通网之建立法",

---

① 汀州各革命团体欢迎台湾代表和五华工人盛况 [N]. 红色中华,1932-06-09.
② 五华县地方志编纂委员会. 五华县志 [M]. 广州:广东人民出版社,1991:222.
③ 中共中央文献研究室,中央档案馆. 建党以来重要文献选编(1921—1949):第 5 册 [G]. 北京:中央文献出版社,2011:597-599.

对粤、赣、闽及中央"联络法"做了规划。① 12月，中央建议红四军分别在福建、吉安、潮汕设立总交通，在粤东北、赣西南、闽西多个县市设立分交通。② 1930年2月，"闽西工农通讯社"机要交通网成立，建立了从永定经大埔青溪至汕头的交通线，埔北设大埔站。在周恩来的组织领导下，1930年10月成立了中共中央交通局，设立长江、北方、南方三条主要交通站线。在闽粤赣苏区特委及西北分委、广东省委和东江特委的协助和配合下，中央交通局仅用了三个多月的时间，就在原粤东闽西"工农通讯社"的基础上，建立了上海—香港—汕头—大埔—福建永定和长汀—江西瑞金的红色交通线，名为南方（又称华南）交通线。这条交通线由中共中央交通局直接领导，得到苏区中央局、东江特委、闽西特委、闽粤赣特区委、西北分委等的配合和支持，沿线设有总站、大站、中站、小站，除配备中央专职交通之外，每站有站长、交通员，人员从几人到20余人不等，重要地段还有武装接应，简称"中央红色交通线"。由于东江地区是驻上海的中共中央与中央革命根据地之间的主要通道，中央红色交通线建立后分别在广东汕头、大埔设立交通中站，均由东江特委负责，原"闽西工农通讯社"大埔站工作人员并入大埔交通中站，东江特委还为此选派了一批党性强、英勇机智、有交通工作经验的得力干部参加交通工作，使这条交通线一直安全可靠、畅通无阻，直到1934年10月中央红军长征。中央交通线建立后，保证了党中央及白区党组织同革命根据地党组织之间的信息来往和沟通，及时传送了往来文件、书信和通报敌情，成了维系上海党中央与中央苏区联系、保障苏区生存的看不见的生命线，对粉碎国民党的军事"围剿"和经济封锁起到了十分重要的作用。红色交通线在中共中央的直接领导下坚持了六年多的时间，是党中央通往中央苏区的建立最早并坚持到最后的交通线，东江、闽西党组织特别是汕头、大埔的党组织以及苏区人民为保障这条交通线的安全运行做出了特殊贡献，采取了切合实际的有效措施和灵活机智的斗争策略，维系了中共中央与中央苏区的联系，为中央苏区腹地收集和运送了大量的军用物资以及医药、食盐、布匹等紧缺物资，先后护送200多位领导人、共产国际派来的军事顾问李德、文艺工作者以及一批电讯技术人员、设备等进入中央苏区，甚至一度出现龙川"十万挑夫上赣南"的动人景况③，不少优秀交通员都为此献出了宝贵

---

① 中共中央文献研究室，中央档案馆. 建党以来重要文献选编（1921—1949）：第6册[G]. 北京：中央文献出版社，2011：644-645.
② 中共中央文献研究室，中央档案馆. 建党以来重要文献选编（1921—1949）：第6册[G]. 北京：中央文献出版社，2011：690.
③ 蓝智慧，王雁峰. 中央苏区县龙川[M]. 广州：华南理工大学出版社，2011：166.

生命,谱写了东江、梅州各县苏区为中国革命做出特殊贡献的光辉篇章。①

4. 共同探索和加强了地方党组织和基层党组织建设

为了保证革命的顺利发展并取得成果,消除机会主义的影响和危害,加强党的组织建设成了"四一二"反革命政变后的一件大事。中共指出,"党没有工农群众化"和"各级党部指导之不集体化"是"当前最迫切最重要的问题"②;八七会议之后,"党的组织工作直到现在,实没有许多的进步……而且党在组织上有削弱的趋势",这表现于"党员数量减少""斗争或暴动中组织之解体""干部之牺牲""一般组织工作之退后"③。在1927年12月至1928年5月的半年时间内,中央先后发出了《中央通告第十七号——关于党的组织工作》《中央通告第二十号——关于组织工作》《中央通告第三十二号——关于组织工作》《中央通告第四十七号——关于在白色恐怖下党组织的整顿、发展和秘密工作》等通告,不断强调要加强组织工作。1933年3月中旬,中共中央局组织部召开江西、福建两省组织工作会议,重点介绍和推广了兴国县高兴区黄岭乡模范支部的事迹和经验。1933年7月8日,中央局组织部专门致信江西、闽粤赣、闽赣三省党部做出指导,要求"有计划地去召集和领导支部大会和区、县的代表会议",做好工作检查、报告和讨论,表扬先进、分析问题、提出目前工作的具体任务,收集提案,形成决议。④ 中共苏区中央局成立以及中共临时中央从上海迁入江西后,进一步加强了党组织建设、思想建设和作风建设等自身建设,各块根据地的党员队伍不断壮大,各县委、支部等基层党组织作用得到充分发挥。1932年3月底,苏区江西省共有党员2.3万余名,1933年4月增至67904名,同年秋又增至97451名;苏区福建省1932年3月党员人数约6800人,1933年6月增至2万人。通过闽、粤、赣三地的基层组织和党员,将党的纲领、路线、方针、政策贯彻到党员、政府机关、群众团体和人民群众中去,根据地的扩红、支前参战、购买公债、发展工农业生产、节约粮食和经费等项工作也得以顺利完成。除了党员干部大量牺牲、组织大量解体外,由于处在农村环境中,各根据地发展的党员大都是农民出身,各种非无产阶级思想必然会被带进党内。根

---

① 中共大埔县委党史研究室. 中国共产党大埔县地方史:第1卷(1921—1949)[M]. 北京:中共党史出版社,2007:第二编、第七章.
② 中共中央文献研究室,中央档案馆. 建党以来重要文献选编(1921—1949):第4册[G]. 北京:中央文献出版社,2011:722-728.
③ 中央档案馆. 中共中央文件选集:第4册[M]. 北京:中共中央党校出版社,1989:76-84.
④ 中共江西省委党史研究室等. 中央革命根据地历史资料文库·党的系统:第5册[M]. 北京:中央文献出版社,2011:2697-2700.

据这种状况,各级党组织注意加强党的思想建设,用无产阶级思想改造和克服党内的非无产阶级思想。1929年12月,红四军在福建龙岩古田召开第九次代表大会,指出了红军党内各种非无产阶级思想的表现、来源及其纠正的方法,提出了"思想建党"的要求,明确指出"红军党内最迫切的问题,要算是教育问题",号召同志们起来彻底地加以肃清。① 此外,苏区时期,革命根据地的各级党员干部扎根群众、依靠群众,注重深入实际调查研究,培育了密切联系群众、理论与实际相结合、艰苦奋斗、廉洁自律的优良作风。

5. 共同确立了中共中央的组织权威

"权威"是理解政治生活的关键词,"从最广义上说,权威是一种手段,借助它,个人得以对他人的行为施加影响"②。中央权威主要指党(中国共产党)中央的政治权威,即作为执政党发挥领导与核心作用。构建和维护中央权威是政党和国家发展进程中的核心议题,意指增进党内各地方组织、各基层组织和全体成员对党中央的自觉服从和自愿认同,使得中央在与地方各级党组织、基层组织和全体党员的互动过程中保持一定的控制力和影响力,也即"中央能够说话算数"③ 或"确保中央政令畅通"④。第一次国内革命失败后,大批共产党员和革命群众被杀害,许多地方的党组织被打散,"组织上的情形就是支部涣散而脱离群众,省委与县市委隔阂,各级机关的关系非常不亲密"⑤。为恢复和整顿党的组织,中央要求:"各级机关的关系应当设法亲密,下级党部务必须经常详细向上级机关报告,上级机关同样应经常给以指导,指导内容需求具体,尤须注意工作方法的指示,并须时常派人巡视下级组织的工作,做实际考察与指导。"⑥ 通过努力整顿和改选各级地方党组织、增进上下级组织间的经常性的工作指导和报告,同时派出巡视员到各地指导工作,有效地传达落实了党中央指示、建立或改组了各级地方党组织、解决了各种各样的党内纠纷和矛盾,也逐

---

① 中共中央文献研究室,中央档案馆.建党以来重要文献选编(1921—1949):第6册[G].北京:中央文献出版社,2011:726-761.
② 安德鲁·海伍德.政治的常识[M].李智,译.北京:中国人民大学出版社,2014:125-126.
③ 邓小平文选:第3卷[M].北京:人民出版社,1993:276.
④ 习近平.习近平在党的十九届一中全会上的讲话[EB/OL].http://www.qstheory.cn/dukan/qs/2017-12/31/c_1122175484.htm.
⑤ 中央档案馆.中共中央文件选集:第4册[M].北京:中共中央党校出版社,1989:511-534.
⑥ 中央档案馆.中共中央文件选集:第4册[M].北京:中共中央党校出版社,1989:511-534.

渐强化了中央的权威。同时，粤、闽、赣省委收到中央文件和指示后，积极组织讨论并贯彻执行。例如，1928年8月，广东省委报告称：接到中央5月31日、6月20、29日之指示和中央54号、58号等通知后，省委开展讨论，草拟通告和意见等，加以执行落实并及时报告中央，提醒中央特别注意本次报告既是"最近工作之总括叙述"，也是"广东省委从旧的政策与工作方法彻底转变到一个新的局面"以及"省委对于政治与本党目前根本政策之认识的表现"①。据统计，从1928年4月13日到7月，广东省委收到中央信件10份、报给中央信件5份，发给东江特委信件8份、收到信件3份，东江特委发给下辖县委信件21份、收到信件15份。② 文体形式有通告、信函、决议、大纲等，内容涉及政治形势、党的工作、征收党费、活动经费、联络、纪念活动、工作方法等各个方面，其中指示信和通告是主要文体形式，通告编号在1929年曾达到第88号，仅仅1928年6月就发了22份指示信。1929年10月，红四军前委报告，"党内争论问题，自七次大会后，即告结束，另有少数同志仍留有成见，但正确的指示，大家都很诚恳地接受，消除一切成见去对付敌人"③。11月，红四军前委再次报告，"中央的文件对四军工作的指示，此间已令陈毅同志在前委扩大会中报告——执行"④。1931年11月，中共两广省委通告，"省委讨论了中央给省委的指示信（9月28日）后，完全一致接受"⑤。1933年1月，东江特委在得到中央指导后，"到会的干部在讨论中央最近这一指示之后，均一致地认为中央的指示是异常的正确，特别对领导方式的指出，一般的干部听后更感觉非常兴奋"⑥。

---

① 中央档案馆，广东省档案馆. 广东革命历史文件汇集（中共广东省委文件）：1928年（五）[G].（内部资料），1984：39-42.
② 中央档案馆，广东省档案馆. 广东革命历史文件汇集（中共广东省委文件）：1928年（五）[G].（内部资料），1984：29-38.
③ 中共江西省委党史研究室. 中央革命根据地历史资料文库·军事系统：第9册[M]. 北京：中央文献出版社，2015：124-125.
④ 中央档案馆，广东省档案馆. 广东革命历史文件汇集（中共东江特委文件）：1929年（二）[G].（内部资料），1983：201-206.
⑤ 中央档案馆，广东省档案馆. 广东革命历史文件汇集（中共广东省委文件）：1931年[G].（内部资料），1982：337-341.
⑥ 中央档案馆，广东省档案馆. 广东革命历史文件汇集（中共东江特委文件）：1927年—1934年[G].（内部资料），1983：391-418.

【参考文献】

一、档案文献

［1］中共中央文献研究室，中央档案馆．建党以来重要文献选编（1921—1949）：第1—26册［G］．北京：中央文献出版社，2011.

［2］中央档案馆．中共中央文件选集：第1—18册［M］．北京：中共中央党校出版社，1989.

［3］中共中央党史研究室第一研究部．共产国际、联共（布）与中国革命档案资料丛书（第1—6卷）［M］．北京：国家图书馆出版社，1997-1998.

［4］中共中央书记处．六大以前——党的历史材料［M］．北京：人民出版社，1980.

［5］中共中央书记处．六大以来——党内秘密文件［M］．北京：人民出版社，1981.

［6］毛泽东选集：第1—4卷（第2版）［M］．北京：人民出版社，1991.

［7］毛泽东文集：第1—8卷［M］．北京：人民出版社，1993-1999.

［8］毛泽东著作选读（上下册）［M］．北京：人民出版社，1986.

［9］周恩来．周恩来选集：上下卷［M］．北京：人民出版社，1980-1984.

［10］刘少奇．刘少奇选集：上下卷［M］．北京：人民出版社，1981-1985.

［11］陈云．陈云文集：第1—3卷［M］．北京：中央文献出版社，2005.

［12］中共中央文献研究室．陈云论党的建设［M］．北京：中央文献出版社，1995.

［13］朱德．朱德选集［M］．北京：人民出版社，1983.

［14］任弼时．任弼时选集［M］．北京：人民出版社，1987.

［15］张闻天．张闻天文集：第1—4卷［M］．北京：人民出版社，1990-1995.

［16］中央档案馆，广东省档案馆．广东革命历史文件汇集（共73册）［G］．（内部资料），1982-1992.

［17］中央档案馆，江西省档案馆．江西革命历史文件汇集（共10册）［G］．（内部资料），1986-1992.

［18］中央档案馆，福建省档案馆．福建革命历史文件汇集（共22册）［G］．（内部资料），1984-1987.

［19］江西省档案馆，中共江西省委党校党史教研室．中央革命根据地史料

选编（上中下册）[G]．南昌：江西人民出版社，1982．

[20] 中共江西省委党史研究室等．中央革命根据地历史资料文库·党的系统：第1—5册[M]．北京：中央文献出版社，2011．

[21] 中共中央党校党史教研室．中共党史参考资料：第1—8卷[M]．北京：人民出版社，1979．

[22] 中共饶平县委党史研究室，等．饶和埔诏苏区史料汇编[G]．广州：广东人民出版社，1994．

[23] 中共中央党史资料征集委员会．中共党史资料（第1—40辑）[M]．北京：中共党史出版社，1982-1992．

[24] 中共中央党史研究室，中央档案馆．中共党史资料（第42—73辑）[M]．北京：中共党史出版社，1992-2000．

[25] 中共中央党史资料征集委员会征集研究室．中共党史资料专题研究集（共六册）[M]．北京：中共党史出版社，1989．

[26] 孙武霞，许俊基．共产国际与中国革命资料选辑（共四辑）[M]．北京：人民出版社，1985-1988．

[27] 广州农民运动讲习所旧址纪念馆．广东农民运动资料选编[G]．北京：人民出版社，1986．

[28] 中国革命博物馆，湖南省博物馆．湖南农民运动资料选编[G]．北京：人民出版社，1988．

二、报纸

[1] 丁薛祥．完善坚定维护党中央权威和集中统一领导的各项制度[N]．人民日报，2019-11-18（6）．

[2] 秦真英．党史视角下的"四个意识"[N]．学习时报，2019-03-15（5）．

三、著作

[1] 中共中央组织部，中共中央党史研究室，中央档案馆．中国共产党组织史资料（共13卷19册）[M]．北京：中共党史出版社，2000．

[2] 逄先知．毛泽东年谱：1893—1949（共三卷）[M]．北京：中央文献出版社，2005．

[3] 刘崇文，陈绍畴．刘少奇年谱（上下册）[M]．北京：中央文献出版社，1996．

[4] 解放军历史资料丛书编委会．土地革命战争时期各地武装起义：综合册[M]．北京：中国人民解放军出版社，2001．

[5] 余伯流，凌步机．中央苏区史（修订版）[M]．南昌：江西人民出版

社，2017．

　　［6］廖明耕，凌步机．中央苏区党的建设［M］．北京：中央文献出版社，2009．

　　［7］中共龙岩地委党史资料征集研究委员会．闽西革命根据地史［M］．北京：华夏出版社，1987．

　　［8］中共梅州市委党史研究室．中国共产党梅州地方史：第1卷（1919-1949）［M］．北京：中共党史出版社，2011．

　　［9］闽粤赣边区党史编审领导小组，林天乙．中共闽粤赣边区史［M］．北京：中共党史出版社，1999．

　　［10］游海华．市场·革命·战争：近代赣闽粤边区的变动与转型［M］．北京：中国社会科学出版社，2015．

　　［11］钟日兴．乡村社会中的革命动员——以中央苏区为例［M］．北京：中国社会科学出版社，2015．

　　［12］闽西革命历史博物馆．闽西与中国革命［M］．北京：中共党史出版社，2012．

　　四、期刊

　　［1］陈弘君．粤东北中央苏区的形成及其归属考［J］．党的文献，2014（3）．

　　［2］杨建伟．略论中央红军长征在广东——兼谈广东对中央苏区的支持和贡献［J］．广东党史与文献研究，2019（2）．

　　［3］郭若平，袁超乘．"中央苏区"概念的地域指涉变迁考［J］．东南学术，2017（1）．

　　［4］胡运宏．中央苏区行政区划研究［J］．南京林业大学学报（人文社会科学版），2012（1）．

　　［5］应星．专题苏区地方干部、红色武装与组织形态——东固根据地与延福根据地的对比研究［J］．开放时代，2015（6）．

　　［6］万振凡．苏区革命与乡村传统社会结构变迁［J］．南昌大学学报（人文社会科学版），2006（3）．

　　［7］余敏，连国良．中央苏区与"中央苏区大埔县"源流记［J］．源流，2009（7）．

　　［8］苏俊才．关于闽西、赣南两个中央苏区核心区域的比较研究［J］．福建党史月刊，2012（24）．

　　［9］杨汉卿．中央苏区县大埔对中国革命的贡献［J］．地方党史，2009（4）．

　　［10］栾振芳．闽西人民为中国革命作出的巨大牺牲［J］．福建党史月刊，

2010 (22).

[11] 王其斌. 闽西是红军的故乡, 将帅的摇篮 [J]. 福建党史月刊, 2010 (22).

[12] 黄祖洪. 闽西是南方的重要战略支点 [J]. 福建党史月刊, 2010 (22).

五、网站

[1] 魏法谱. 广东中央苏区与中央苏区关系探析 [EB/OL]. http://www.gddx.gov.cn/xyzl/xywh/content/post_219164.html.

项目组负责人：王松堂　华南师范大学机关党委副书记、高级经济师

成　员：胡国胜　周建伟

执　笔：王松堂

中共中央香港分局与华南解放战争指挥中心的形成（1947—1949）

1947年，经中共中央批准，中共中央香港分局成立。解放战争时期，香港分局充分利用香港的特殊位置，组织开展华南地区的党组织建设工作，为武装斗争的开展奠定了组织基础。分局发挥华南解放战争指挥中心的作用，根据不同的斗争形势，制定相应的斗争策略，成功指导了华南地区的革命斗争，促进了华南地区武装斗争的恢复与发展，壮大了华南地区的武装力量，并建立了解放华南总基地，较好地配合了全国解放战争。为更好地配合华南地区武装斗争的开展，香港分局还利用香港较为宽松的环境，构建了党的文化宣传阵地，大量出版发行报刊，建设电台、通讯社，发展文化艺术，成功打破了国民党的舆论封锁。在经济建设方面，香港分局指导各边区、根据地开展征粮征税工作，建设金融，并根据华南地区的具体实际推行土地改革，促进农村经济的发展。华南地区对外经济联系密切，分局积极开展经济统战工作，为华南地区解放斗争提供了经济保障。此外，香港分局重视统一战线的构建，发展反美反蒋统一战线，领导开辟华南地区第二战线，并注意协调与港英政府的关系，争取更多的活动空间。分局还团结各民主党派、民主人士，于解放战争后期成功护送大批民主人士北上参加新政协，为新政协运动做出积极贡献。

虽然香港分局的工作存在着一些问题，如：过度强调华南地区斗争环境黑暗，某些地区工作过于消极；工作经验不足，错失了一些斗争时机；个别地区的领导干部之间出现意见分歧，造成了武装斗争的损失；土地改革过于激进，出现"左"的偏差等，但是，香港分局在解放战争期间建立了华南解放战争指挥中心，在武装斗争、经济、文化宣传、统战上，出色地完成了配合全国解放战争的历史任务，其工作成绩对华南乃至全国来说都是突出的，值得肯定的。

一、绪论

（一）研究背景

1947年，中共中央利用香港的特殊环境，成立中共中央香港分局。中共中央香港分局是中共唯一一个设立在内地地区之外的中央派出机构，其工作区域以广东为中心，并辐射到广西、湖南、江西、香港、澳门等地。在解放战争时期，中共中央香港分局推动了华南地区的党组织建设、武装斗争、统一战线、文化教育、经济建设，成了华南解放战争的指挥中心。目前，学界对香港分局的研究已取得一定成绩，但多数成果集中在20世纪八九十年代，年代较早。而随着一些新资料的公布，香港分局的历史可以利用这些新的资料，从新的角度，做进一步的研究。这对于我们进一步了解中共中央香港分局的历史，对香港分局在政治、军事、经济、文化、统战等方面的工作和贡献进行更充分、更全面的认识和评价，都是很有意义的。对于当今我们党的建设事业，也具有一定的借鉴作用。

（二）研究综述

中共中央香港分局的历史是中共党史和广东近现代史不可忽视的部分，吸引着相关学者的注意和重视。

20世纪80年代以来，广东党史、档案部门的学者对中共中央香港分局的相关资料进行了整理和研究，出版了一批专题史料和研究论文。这些成果主要有陆永棣、刘子健及李志业编辑整理的《华南党组织档案选编（1945年—1949年）》（广东省档案馆编印，1982年），中央档案馆、广东省档案馆编选的《中共中央香港分局文件汇集 1947.5—1949.3》《中共中央华南分局文件汇集 1949.4—1949.12》《广东革命历史文件汇集（广东区党委等文件）1947.8—1948.11》，还有中共广东省委党史研究室等编辑的《叶剑英与华南分局档案史料》（广东叶剑英研究会，1999年），这些资料为研究中共中央香港分局的历史奠定了重要的文献基础。

目前，学界对中共香港分局的宏观研究主要集中在梳理和归纳香港分局的发展沿革和历史贡献上。

1992年，张虎的《中共在香港的活动（一九四五—一九四九）》（《中国大陆研究》，1992年第4期）对中共中央香港分局在香港的组织建设以及港英政府对中共之政策进行了分析。1994年，陆永棣、刘子健的《中共中央香港分局的建立及其主要活动》，刘子健、林益的《中共中央香港分局对新政协的历史贡献》(《广东历史研究文集》,中共广东省委党史研究室编,中共党史出版社,1994年),对香港分局的历史做了较为全面的梳理,阐述了该机构对新政协的成立所做出的特殊贡献。

1997年,刘子健的《中共中央香港分局对华南革命斗争的指导》(《香港与中国革命》,中共广东省委党史研究室编,1997年),凸显了香港分局在指导华南革命斗争中的地位和作用。同年,张寒在《文史杂志》发表《历史上的中共香港分局》(1997年第3期),重点梳理了中共香港分局在建立宣传文化阵地、团结民主人士、发展基层组织、发展教育等方面的活动和影响。还有盛明在《四川党史》发表的《香港在民主革命时期的独特贡献》(1997年第5期),王红续连续两期发表在《党史天地》的《二十八年的不解之缘——建国前的中国共产党与香港》(1997年第2期、第3期),都对中共中央香港分局的历史做了分析,有一定的参考作用。

1999年,中共广东省委党史研究室编著的《中国共产党广东地方史》(第一卷)对香港分局的活动做了较为细致的记述。

2015年,潘琦的《解放战争时期中共在香港的活动》(《党史博览》,2015年第2期)详细阐述了抗战胜利后中共中央对香港工作的决策与城市工作的开展,并梳理了香港分局在成立组织、统一部署华南武装斗争、建立达德学院、团结各民主党派和海外华侨等方面的历史,有一定的参考价值。

中共中央香港分局的研究已有一定成果,为本课题的研究奠定了重要基础。但是,由文献分析可知,过去的研究较少利用这一时期的国民党方面的资料及海外学者的研究成果。而且,随着近年来相关资料的出版,本文对于中共中央香港分局的研究可以在挖掘新资料的基础上,尽可能更为全面地利用史料,在资料创新的基础上进一步深入研究。其次,本文可以在观点上加以创新,即将宏观与微观相结合,全面而细致地梳理中共中央香港分局的建设和活动,以及更为客观公正地判断和评价其在解放战争期间华南战场的历史作用与地位,对这段历史做更为冷静、更为深入的梳理和解读。最后是注意拓宽研究视野,加强对一些重要地区、重要事件和重要人物的研究。

(三)研究思路与方法

本课题主要研究中共中央香港分局自1947年建立到1949年9月形成新的华南分局这一阶段的历史,着重论证其在解放战争期间对华南地区解放战争的领导作用,形成了华南解放战争指挥中心。本研究主要由以下几个部分构成:一是梳理香港分局成立的背景及基本情况;二是梳理香港分局的党建工作;三是着重论述香港分局的斗争策略及其领导的武装斗争;四是整理香港分局的文化宣传阵地建设工作；五是梳理其制定根据地经济制度、推行土改、发展经济统战等经济活动；六是论证香港分局在发展反美反蒋统一战线、组织开展新政协运动、妥善处理与港英当局的关系等方面进行的统战工作；七是对香港分局的工作和成绩进行科学评价和总结。

其中，中共中央香港分局的斗争策略、领导方针以及其对华南地区武装斗争的恢复和发展，是香港分局构建华南解放战争指挥中心的重要板块，需要着重论证。恰如其分、合情合理的总结和关于香港分局历史贡献、经验教训的分析也是本研究的重点。

二、建立华南解放战争指挥中心

港英政府对香港的管理比较"自由"，使得香港政治氛围表面上较为宽松，为中共提供了开展革命活动的政治空间。近代以来，中国共产党对于香港在革命运动和国家全局中的特殊地位和作用有着深刻的认识，进行了成功的实践。在解放战争时期，中共中央利用香港的特殊环境，成立了中共中央香港分局，建立了华南解放战争指挥中心，配合全国解放战争的开展。

（一）香港分局的成立背景

随着内战形势的不断加剧，中共在上海、南京等国统区的活动愈加困难。为了做好撤退的准备，中共看准了南方地区尤其是香港的有利环境，做出把工作重点转移到香港的指示，逐步进行香港分局的建设。

1. 中共"立足城市，站稳脚跟"的部署

1945年9月，中共中央制定了"向北发展，向南防御"的全国性战略方针。为此，中共中央派南方工委书记方方回到广东负责党的工作。抗日战争胜利后，中共中央致电广东区党委书记尹林平，"利用港英当局与国民党蒋介石的矛盾，派人进入香港，开展党的工作及民主和平运动"[1]，要求广东党组织设法在香港站稳脚跟，积极开展港澳地区的工作和海外工作。随后，中共中央派出谭天度与港英政府进行谈判，港英政府碍于情势和各方力量格局，不得不同意中共在港的合法地位，并允许共产党以半公开的形式开展活动。[2] 此外，广东区党委遵照中共中央的指示精神，于1945年9月20日做出了坚持长期斗争的工作部署："一方面是坚持斗争，保存武装，保存干部；一方面是长期打算，准备将来合法

---

[1] 中共中央致林平电（1945年9月17日）[A]//中共广东省委党史研究室.中国共产党广东地方史（第一卷）[M].广州：广东人民出版社，1999：586.

[2] 谭天度.抗战胜利时我参加的香港中英谈判[J].同舟共济，1997（7）.

民主的斗争。"在城市工作方面,为迅速开展广州、香港等城市工作,广东区委决定将可能回城市的干部,都派到城市去,并以香港为中心,建立秘密组织系统和半公开系统,开展工作。①

1946年3月28日,中央书记处发出派干部到大城市建立工作的指示,认为"为着建立各收复大城市及交通要道中的工作基础,应抓紧目前时机(国民党立脚未稳,人民情绪等),派一批适宜的干部到各大城市去建立工作。……其中如有适于各战略区以外的其他区域的城市工作干部,即报告中央,以便统筹调剂"②。6月2日,南京局发出《对粤工作指示》,决定成立港粤工委。6月23日遵照中共中央南京局的指示,中共港粤工委成立,设在广州。7月,方方被党中央派到香港担任中共中央代表,负责华南地区党的领导工作。尹林平也受中央指示留下,继续担任广东区党委书记,兼港粤工委书记。在中央的布置下,中共在香港不断部署干部力量和布局党组织,逐渐站稳脚跟。

2. 国民党的倒行逆施

自国共第一次合作关系破裂以来,国民党方面一直没有放松对中共的打击。1939年1月,国民党五届五中全会把国民党政策的重点从对外转向对内,制定"溶共、防共、限共、反共"的方针,并且颁布《限制异党活动办法》《沦陷区防范共产党活动办法》《异党问题处理法》等条文。1939年到1940年,国民党掀起了第一次反共高潮。随后,这股反共高潮蔓延到了华南地区。大部分在国民党政府机关工作的中共党员被排斥。广东青年抗日先锋队、华侨回乡服务团等组织遭到压迫,东江游击队受到打击,爱国民主人士、进步学生遭遇迫害,民主运动被摧残。此外,国民党还在统治区内推行"征兵、征粮、征税"的"三征"政策,加剧了民众负担。1941年,国民党制造皖南事变,掀起了第二次反共高潮。广东地区的中共党组织遭遇破坏。1946年6月26日,国民党蒋介石挑起了全国内战,向解放区发动全面进攻。国民党方面的战略目标,就是要把广东变为其战略后方基地,并为此加紧对广东的压榨。例如,各种贪污案件层出不穷;大量走私,在全广东进口的8亿美元美货中,走私进口数额达5亿美元,占比62.5%,严重损害海关税收;发展广州的特务恐怖活动,仅1946年下半年,遭随意逮捕的市民不下4000人,整个广州笼罩在特务恐怖的迷雾中。

---

① 对广东长期坚持斗争的工作布置(1945年9月20日)[G]//广东省档案馆.华南党组织档案选编(1945年—1949年).(内部资料),1982:1.
② 中央关于派干部到大城市及交通要道开展工作的指示(1946年3月28日)[A]//中央档案馆.中共中央文件选集:十六(1946—1947)[M].北京:中共中央党校出版社,1992:108.

工商业破产，失业人数增加。仅 1946 年一年时间，广州就有 500 余家商店自行歇业。卷烟厂原本 100 多家，倒闭了 90 家，造成 5 万多人失业。广州 900 多家织造厂有 80% 停业，造成 10 万人失业。①

这一系列的迫害活动和混乱局面，使得国民党暴露野心，丧失民心。南方地区的政治形势对于中共来说既是机遇又是挑战。如何把握复杂环境，加强华南党组织的领导，开展华南游击战争，利用人民的斗争力量，发展反美反蒋统一战线，争取在这样的长期斗争中取得胜利，是时局和政治环境对中共提出的重要任务之一。在这样的斗争形势下，中共亟须开辟新的政治活动阵地，香港分局的设立显得尤为重要。

（二）香港分局的基本概况

1. 香港分局的成立经过

为配合全国解放战争，打破蒋介石的政治封锁，恢复华南的武装斗争，领导和开展华南地区的党组织工作，1946 年 7 月，党中央派方方到香港，任中共中央代表，负责华南党的领导工作和开展华南地区的游击战争。广东区党委书记尹林平也受中央指示留下，继续担任广东区党委书记，兼港粤工委书记。同年 10 月，方方与尹林平一起筹建中共中央香港分局，建立中共在华南地区革命斗争的指挥中心。1947 年 1 月 16 日，党中央决定建立香港分局，香港分局逐渐开展了工作。② 1947 年 4 月 29 日，中央对香港分局的职务范围做了明确规定："在蒋区内，我地方党所管范围大致为……香港分局管华南及南洋各地。"③

1947 年 5 月 6 日，中共中央发布《关于设立香港分局的指示》，香港分局正式成立并开展工作。中共中央确立华南党的组织形式及系统如下：香港设中央分局，分局直接受中央领导，同时与上海中央局联系，并受其指导。香港分局管辖广东、广西两省和福建、江西、湖南、云南、贵州等省部分地区和港澳等

---

① 方方. 当前时局的特点（1947 年 1 月 31 日）[A] // 广东省档案馆. 华南党组织档案选编（1945 年—1949 年）[G]. (内部资料), 1982: 43.

② 据尹林平、刘晓、梁广、苏慧等人的回忆，香港分局在 1946 年年底、1947 年年初成立并开始工作。中共中央关于设立香港分局的指示 [A] // 广东省档案馆. 华南党组织档案选编（1945 年—1949 年）[G]. (内部资料), 1982: 48. 另外《中国共产党广东地方史》也指出，方方 1964 年所填的履历表称：1946 年任香港分局书记。尹林平 1982 年回忆，香港分局成立时间是 1947 年 1 月。章汉夫、梁广、刘宁一、潘汉年、连贯等均回忆 1946 年年底、1947 年年初已有香港分局。中共广东省委党史研究室. 中国共产党广东地方史（第一卷）[M]. 广州：广东人民出版社, 1999: 612.

③ 中央统战部. 中央关于中央城工部的工作方针及各地城工部工作办法的规定 [A] // 中央统战部, 中央档案馆. 中共中央解放战争时期统一战线文件选编 [G]. 北京：中国档案出版社, 1988: 154.

地党组织。香港分局委员由方方、尹林平、章汉夫、梁广、潘汉年、夏衍、连贯一共7人组成。其中,方方任书记,尹林平任副书记,后增饶彰风为秘书长。① 这些参与中共中央香港分局建设的领导干部都正值壮年,并且在土地革命时期都积累了丰富的革命斗争经验,成为中共中央香港分局开展工作的坚强支柱。

2. 香港及南方地区均具备有利条件

全国内战爆发后不久,中央曾针对广东地区的具体形势做出分析,并指出广东有活动的余地。

"在目前边打边谈,打重于谈的局面下,广东黑暗势力将继续统治着我们武装撤退的地区,国民党政府必然继续加紧其清剿工作,我党在广东目前无公开合法存在的条件,这种状况也需要继续存在一些时候,我们不应忽视这一特点,但我们也不要过分地估计广东的特殊性与黑暗,统治阶级内部的矛盾、社会上的矛盾将是日益发展着,只要我党同志能深入群众觅得社会的掩蔽,细心观察,必能在国党地域内看出许多矛盾的存在,于各种矛盾间自有活动之余地。"②

1946年10月29日,周恩来致电党中央、方方、尹林平和香港工委,指出方方分析的香港情况及其可能出现的变化比较正确,因此香港"目前只能成京、沪第二线,而南洋方为第三线,在港之本身亦须建立三线工作,同时两广内地的农村据点职业化,做两面的工作,方是香港的干部及东江纵队武装人员之最好的疏散方向"③。方方也认为在当前时局下,"集中干部在香港避过锋芒是对的"④。

1947年年初,为了适应艰难的斗争形势,中共中央决定对南方的党组织机构进行调整。同年1月16日,中央致电方方、尹林平,提出关于成立香港分局,由其管理华南和南洋的公开活动和秘密工作的设想。这一设想得到了方方

---

① 中共中央关于设立香港分局的指示[A]//广东省档案馆.华南党组织档案选编(1945年—1949年)[G].(内部资料),1982:47-48.
② 周恩来、董必武、廖承志关于广东工作有活动余地致方方、尹林平电(1946年7月18日)[A]//中共江苏省委党史工作委员会,中共南京市委党史资料征集编研委员会,中共代表团梅园新村纪念馆.中共中央南京局[M].北京:中共党史出版社,1990:102.
③ 周恩来关于对港工作意见致延安转方方、尹林平并工委电(1946年10月29日)[A]//中共江苏省委党史工作委员会,中共南京市委党史资料征集编研委员会,中共代表团梅园新村纪念馆.中共中央南京局[M].北京:中共党史出版社,1990:178.
④ 方方.当前时局的特点(1947年1月31日)[A]//广东省档案馆.华南党组织档案选编(1945年—1949年)[G].(内部资料),1982:44.

等人的赞同。1947年1月31日,方方、尹林平电示党中央,表示拥护党关于建立香港分局的设想,并认为这有助于加强南方党组织的管理和建设,促进公开工作和秘密工作有序开展。①

随后,党中央也指出国民党南方地区的兵力有所减弱,中共在南方的群众斗争基础进一步加强,这些情况都有利于中共在南方地区开展斗争。

"华南蒋军几调空,闽、粤、桂及赣南、湘南均靠保安总队防守,我在这些地区,除琼崖纵队以外,尚有若干分散的武装力量,极便我开展农民游击战争。这是一方面;另一方面,由于蒋管区危机重重,人民斗争高涨,解放区胜利,琼游战开展,以及南洋革命运动,给我在南方动员群众,进行斗争以有利条件。"②

同时,香港的地理和政治环境,造就了独特的可加以利用的政治条件。

"一方面人民武装力量较小,离解放区最远,美英蒋都不会放松华南,且正在企图反共;另一方面,统治力量也最弱小,美英间及统治阶层内部矛盾极多,各种政治关系又极复杂。"③

另外,香港一直处于重要的地理位置和战略地位。香港作为远东航运的中转站,被誉为"东方明珠",同时也是我国通往东南亚、亚非地区和西方世界的重要窗口。而在政治环境上,由于历史原因,香港的政治环境较为中立。世界民主潮流的兴起和民族解放运动的高涨促使港英政府对香港采取了较为放任的殖民统治,对于中共而言,香港的政治环境相对"自由",有较大的活动空间。

3. 香港分局的组织架构

香港分局下设三个平行组织。

一是港工委(全称:中共香港工作委员会),负责管理香港、华南和南洋公开的统线、材料(刊物、报纸)、文化、外交、经济、华侨、群众(工、青、妇)各项工作。香港分局成立后,首先调整、充实了香港工委的领导机构,由章汉夫任书记,连贯任副书记。夏衍、许涤新、乔冠华担任常委。香港工委下设有九个机构,其工作内容和主管人员分别是——统战工作委员会,连贯担任书记;财政经济委员会,许涤新担任书记;文化工作委员会,夏衍担任书记;

---

① 方方、尹林平.拥护香港分局(1947年1月31日)[A]//中央档案馆,广东省档案馆.广东革命历史文件汇集:1946年1月—1947年1月[G].(内部资料),1989:227.
② 中共中央关于设立香港分局的指示[A]//广东省档案馆.华南党组织档案选编(1945年—1949年)[G].(内部资料),1982:47.
③ 中共中央关于设立香港分局的指示[A]//广东省档案馆.华南党组织档案选编(1945年—1949年)[G].(内部资料),1982:47.

群众工作委员会，黄焕秋担任书记；报刊工作委员会，章汉夫兼任书记；青年组，李超担任组长；妇女组，余慧担任组长；新华社香港分社，乔冠华担任社长；组织部，苏惠担任部长。香港工委是半公开的第一线机构，在开展工作的同时，还主要肩负着掩护香港分局、城委的秘密活动的重要职能。

二是香港城委（全称：中共香港城市委员会），专门管理广州、湛江、香港、澳门、桂林等华南各大中城市的地下党组织和工作，由梁广、冯燊、陈能兴、钟明等负责，其中梁广担任书记。华南地区的武装斗争则由香港分局专门领导，由方方、尹林平直接指导，香港分局设置农村工作委员会，负责联系各地区的人民武装。各地区在香港建立联络站，派驻联络员或政治交通员与香港分局进行联系。

三是各地区党委，专门负责华南地区各小城市以及农村的工作。香港分局建立之时，设置有广东、琼崖、闽粤赣三个区党委与广西工委。后各地党委陆续建立并发展壮大。

为保障工作的顺利进行，党中央设置这一组织系统，使得党的工作分线进行，"严格区分了公开工作与秘密工作"①。同时，城市工作与农村工作、政治斗争与武装斗争既能独立进行，又能相互配合。香港分局建立完善后，华南地区的革命斗争指挥中心正式形成。

（三）与其他华南党组织的关系

新民主主义革命时期华南地区因工作需要发展了不少党组织。其中，中共中央香港分局是中共在华南地区设置的一个重要的领导机关，上承广东区党委，下接华南分局，实现了不同时期党的组织系统的顺利过渡。

1. 中共广东区党委

20 世纪 40 年代初，由于粤北省委、南方工委被破坏，中共中央于 1942 年 12 月，决定成立中共广东省临时委员会，管辖除潮梅、琼崖地区以外的广东党组织，以适应抗日战争形势的需要。抗日战争胜利前夕，广东党组织得到进一步发展壮大。当时，共产党员人数有 27000 多人；党组织领导的人民抗日武装，也有 23 个团以上的兵力，活动范围遍及 40 多个县。

在全省党组织得到大力发展的情况下，为进一步加强党对华南敌后战场抗战活动的指导，争取反法西斯战争的最后胜利，1945 年 2 月 10 日，广东省临委向南方局和中共中央提出："认为临委的机构已不能适应新的局面，因此新的领

---

① 中共中央关于设立香港分局的指示［A］//广东省档案馆.华南党组织档案选编（1945年—1949年）［G］.（内部资料），1982：48.

导机构的组成，则成为十分必要。可否成立统一领导机构，请做具体指示。"①随后，3月6日，中共中央明确指示，"中央决定将临委及军政委合并，改为区党委，施行领导一元化，领导广东包括南路一切党政军民工作，并暂时兼管闽粤赣党的工作"②。在中央的批准下，1945年6月12日，广东省临委开始了部署建立、健全党的领导机构的工作，并强调"中央批准建立广东区党委，这对于解放华南事业将会有着非常伟大的意义和作用"③。

1945年7月6日到22日，根据中共中央的指示，广东省临委在罗浮山召开干部扩大会议。会议的主要内容除了传达党的"七大"精神和中共中央相关指示，深入学习研究贯彻"七大"决议，总结抗日战争以来广东地方党组织的工作经验和教训，还有关于建立广东省组织统一的领导机构，对今后的工作任务进行研究和部署。尹林平致开幕词并代表省临委做关于《目前形势与斗争任务的报告》，会议通过了尹林平所做的报告，并且根据中共中央3月初指示的精神，会议决定撤销广东省临委和东江军政委员会，成立中共广东区委员会，简称广东区党委。统一领导广东地区的党务及军事工作。广东区党委的成员有尹林平、梁广、连贯、曾生、杨康华、罗范群、林锵云、梁嘉、刘田夫、饶彰风等。其中尹林平担任书记一职，梁广担任组织部长，饶彰风担任宣传部长，连贯担任统战部长，黄康担任城市工作部长。广东区党委主要管辖的范围是东江、粤北、粤中、西江、广州、香港、闽西南、潮汕、梅州、南路地区的党组织，并负责指导琼崖特委的工作。区党委机关设在罗浮山。广东区党委成立后加强了对广东各地党组织的领导，建立、健全了各地党组织的领导机构，同时也为巩固和建设抗日民主根据地，促进联合政府的实现，消灭日本侵略者，解放华南人民，粉碎内战做出了积极的贡献。

抗战胜利后，广东党组织的领导机构依旧是广东区党委。东江纵队北撤后，广东区党委的职能进行了调整，成了负责秘密系统工作的机构，由尹林平担任书记，梁广、黄坚松担任副书记。1946年5月后，区党委直属南京局，1947年3月后属中共中央管理，1947年5月后属香港分局。

---

① 中共广东临委给恩来并中央电（1945年2月10日）[A]//中央档案馆，广东省档案馆.广东革命历史文件汇集[G].（内部资料），1987：355.
② 中共中央关于华南工作方针的指示（1945年3月6日）[A]//南方局党史资料征集小组.南方局党史资料：第4册[M].重庆：重庆出版社，1990：67.
③ 中共广东临委的通知（1945年6月12日）[A]//中央档案馆，广东省档案馆.广东革命历史文件汇集[G].（内部资料），1987：398.

2. 中共港粤工作委员会

1946年,东江纵队北撤后,广东党组织的领导机构做出了调整,分为秘密和半公开的两套机构。秘密工作由广东区党委负责,并建立港粤工委作为半公开的机构,负责香港地区的工作。

1946年6月2日,中共中央南京局为开展港粤统战、文化与上层侨运工作,提出在香港成立工作委员会,由林平(尹林平)、连贯、廖沫沙、左洪涛、蒲特(饶彰风)5人组成核心成员,林平兼书记。中共中央南京局尤其提出"工委工作应与区党委工作完全分开",并基本设置了港粤工委的主要工作如下:(1)党派,包括民盟、民抗以及上层统战关系的联络;(2)工、青、妇,对群众运动的上层联系;(3)报馆兼宣传,对《华商报》《正报》、华南通讯社的指导;(4)文化、文艺、戏剧;(5)国际宣传,以现在东纵办事处为基础进一步发行新华社英文稿;(6)侨运,管理华侨工作及上层华领关系与进步华侨舆论之指导;(7)组织,管理公开部门内党的生活及组织工作;(8)情报。

同时,南京局指出,港粤工委组织应不公开对外,只以已公开人员出面。尹林平已公开,为应付香港环境不宜过分活跃,但必须与香港主要朋友保持直接联系。

对于港粤工委与广东区党委关系,南京局也做了明确指示——"区党委书记仍由林平兼,设副书记一人,由区党委推选,专门处理秘密党工作,每月与工委书记林平,最多见面一次,林平不宜与副书记直接领导下之任何人员见面,以保证秘密与公开之划分原则,上层工委工作与区党委工作完全划分清楚,下层更绝对不以党的关系来往,工委及区党委均直属南京局"①。

1946年6月,尹林平发电表示港粤工委同意南京局关于港粤工委的布置,并指出"目前任务是迅速从乡村转入城市,深入各阶层及国民党各部门中站稳脚跟,多交朋友,且不急求事功,而是埋头苦干,保存力量,待机发展;至于乡村中的组织方针,则为保持与巩固现有阵地,改变组织方式,领导机关,需能实际联系党员,用不过于密切的单线的方式联系,不发文件,以新干部代替已暴露的旧干部,对于群众性的自发斗争及各级武装斗争绝不公开领导,以致

---

① 中共中央南京局对港粤工作指示(1946年6月2日)[A]//中共江苏省委党史工作委员会,中共南京市委党史资料征集编研委员会,中共代表团梅园新村纪念馆.中共中央南京局[M].北京:中共党史出版社,1990:63.

暴露力量，应从中推动提出正确口号，而由第三者出面"。①

尹林平还对部门人员设置做了调整——党派组由左洪涛负总责，谭夏声、李嘉人负责；文化宣教工作委员会由饶彰风负总责，廖沫沙、章泯、司马文森、黄文俠组成之；侨运委员会暂由连贯（负总责）、侨伍（专管秘密系统）、谢创组成之；妇女组苏惠，情报组连贯兼，组织组林平兼，秘书陈嘉；区党委秘密系统由梁广（任副书记）、黄松坚、林美南三人负责。

由此可见，港粤工委带有较强的隐蔽性，广东区党委大部分工作人员均转入工委工作。港粤工委是协助广东区党委进行秘密工作的重要机构。港粤工委和广东区党委直属南京局领导，1947年3月后直属中共中央，1947年5月香港分局成立后改属香港分局，同年6月改称为香港工委。

3. 中共中央华南分局

1949年2月，中共中央决定把中共中央香港分局改称为中共中央华南分局。1949年4月8日，香港分局正式更名为华南分局，直属中央领导，统一领导华南地区的工作，下辖粤赣湘、闽粤赣、粤桂、琼崖、滇桂黔五个区党委和粤中临时区党委。方方为书记，尹林平为副书记。委员构成有方方、尹林平、梁广、冯白驹、冯燊、魏金水、林李明。改名之后，华南分局继续领导着华南地区解放斗争的各项工作。在华南各地游击战争不断发展壮大，各根据地不断扩大和巩固的情况下，经过中共中央批准，中共中央华南分局从香港迁至闽粤赣解放区，指挥华南地区的游击战争。1949年5月26日，华南分局书记方方率分局机关工作人员离开香港，经潮汕解放区，在6月28日到达了梅县。设置在粤东根据地的华南分局，继续领导着华南各地的革命斗争。

1949年7月，为加速华南地区的解放进程，加强对华南地区党组织的领导，中央决定以叶剑英为中共中央华南分局第一书记。同年9月6日，叶剑英、方方、陈赓、邓华等在江西赣州市会合。7日至24日，叶剑英在赣州主持召开中共中央华南分局作战会议、扩大会议及高干会议，会议通过了华南党政军领导机关的组成方案，研究和部署了解放广东的计划和支前工作，制定了接管城市的政策。叶剑英在会上做政策问题的报告，陈赓做军事报告，方方做广东情况介绍的报告。9月28日，在中共中央指示下，华南分局正式形成由叶剑英担任第一书记、张云逸为第二书记、方方为第三书记的新领导集体。此时的华南分

---

① 尹林平关于港粤工委意见致中共中央转南京局电（1946年6月23日）[A]//中共江苏省委党史工作委员会，中共南京市委党史资料征集编研委员会，中共代表团梅园新村纪念馆. 中共中央南京局 [M]. 北京：中共党史出版社，1990：75.

局主要领导广东、广西等地区的党组织,直属华中局领导。解放战争结束后,伴随着国内新形势,华南分局的工作重点转为领导和指挥华南地区配合新中国的各项建设。华南分局承担了新的工作任务,因此,从1949年9月赣州会议以后,华南分局进入了一个新的发展阶段。

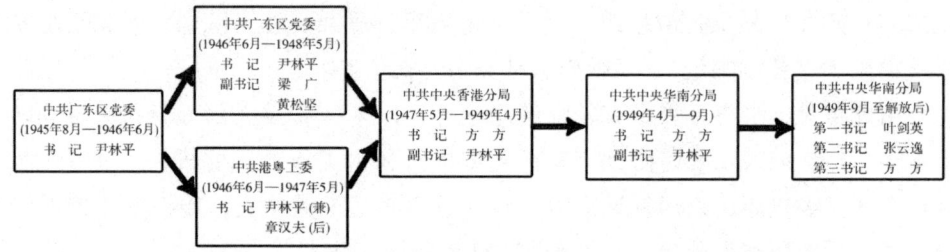

图1 解放战争时期广东(华南)党组织领导机关演变示意表

转引自附表十九:《解放战争时期广东(华南)党组织领导机关演变示意表》,载中共广东省委组织部、中共广东省委党史研究室、广东省档案馆:《中国共产党广东省组织史资料》,上册,北京:中共党史出版社,1994年,第393页。

三、组织开展党建工作

党组织遍布社会各个领域,与广大群众有着最直接、最广泛的联系。党的建设关系着党的全部工作和战斗力。因此,香港分局对党的建设工作相当重视,从思想建设和组织建设两个方面开展党建工作,为实现中共中央提出的战略任务打好组织基础。

(一)加强党员思想建设

1941年,国民党制造了"皖南事变",在全国再次掀起反共逆流。广东地区的中共党组织(包括中共粤北省委、南方工作委员会和中共广西省工委)和共产党的活动遭到破坏。在方方担任南委书记之时,1942年5月,南委组织部长郭潜被国民党抓捕后叛变,破坏了南委机关和南委所管辖的江西、粤北省委、广西省工委和几个主要的交通站。保全中共党组织和党员是中共面临的重要任务。针对国民党掀起反共逆流、不断打压中共党组织发展的情况,广东地区的中共党员和党组织进一步贯彻执行南方局的"隐蔽精干,长期埋伏,积蓄力量,以待时机"的十六字方针,对中共党员身份实行职业化、社会化、合法化,党员以群众身份开展"勤业、勤学、勤交友"的活动。广大党员努力学习,积极工作,广泛结友,以待时机。在南方局的指导下,广东党组织和党员在复杂艰难的条件下保存下来,并建立了扎实的群众基础,这为之后香港分局开展党建工作、壮大党组织奠定了重要基础。

1. 整理与审查干部

香港分局建立之前以及初期，广东党组织在这一复杂环境中出现过各种问题，其中，党员的思想动摇与混乱是较为突出的问题。

抗战胜利后，中共与国民党进行了重庆谈判，签署了《双十协定》，中共从广东、皖南、浙江等八个解放区撤退到陇海线以北。1946年6月，为了执行中共中央的和平民主方针，实践国共双十协议，东江纵队北撤山东。东江纵队北撤后，广东党组织部分党员"表示对农村斗争失去信心。产生了'华北华中解放了，华南自然也可以解决'的等待心理，以及看不到前途的悲观情绪"① 和对形势认识不清、组织松散的情况。而在配备干部与处理复员问题上，某些地区犯了多照顾上层的、公开的、城市的文化干部，少照顾或没照顾农村的、下层的党的干部的偏向，因而普遍地引起一般下层干部对上级的不满。一部分留下来做城市工作的干部，发展出了享乐、计较地位等个人主义倾向。一部分有职业的干部，工作散漫，还出现了贪污违纪行为。

东江纵队撤退初期，组织上还出现了干部撤退混乱，转移介绍手续不全，造成组织关系丢失的情况。北撤前后组织没有做好铺垫和计划，更没有对撤退干部做系统的登记、配备等，一时造成了组织上的混乱状态，甚至造成某些地方组织遭受破坏的情形。

针对以上党组织的突出问题，广东党进行了整理组织、审查干部、整风学习的举措，但收效微弱。

在香港分局建立之前，方方针对党员思想动摇、组织难以扎根的问题，提出党员在南方地区的发展要贴近实际，循序渐进。"党员应从事生产、商业发展经济，一切工作人员职业化。个别党员的任务为：第一，在各方面站稳脚跟，建立社会关系，多交朋友，提高自己的社会地位；第二，调查研究周围情况，学习社会知识与经验；第三，改善与提高家庭生活，时机成熟时发展据点。"②

1946年11月，中共中央发出指示，再次强调公开系统与秘密系统严格分开及审查干部、改造干部思想的重要性。随后，中共中央又下发"关于转移关系通知"，强调干部非经深查清楚，不能负责重要岗位。在这之后，1947年，方方

---

① 香港分局关于一年来的组织工作总结（1947年11月30日）[A] //中央档案馆，广东省档案馆. 中共中央香港分局文件汇集（1947.5—1949.3）[G]. (内部资料)，1989：68.
② 尹林平关于港粤工委意见致中共中央转南京局电（1946年6月23日）[A] //中共江苏省委党史工作委员会，中共南京市委党史资料征集编研委员会，中共代表团梅园新村纪念馆. 中共中央南京局 [M]. 北京：中共党史出版社，1990：75.

和尹林平等领导广东党组织不断克服工作弱点,香港分局城委领导的审干工作有了初步总结,并具体讨论了今后干部审查划线的切实执行问题。农委也举办了五期干部训练班,总结农村工作经验,促进个别高级干部进行自我反省和检讨。同时,分局报委、文委、新华分社等部门和机构成立党支部,并提出加强党的思想教育、审查干部、培养干部、推进业务等任务。

通过整顿和干部审查等努力,香港分局的组织工作走上了轨道,党的组织由零乱分散走向系统集中。城市工作方面,秘密工作和干部已全部集中于城委领导之下,做到公私严格分开;农村方面,干部配备调整,按地区划分,失去联系及工作停顿的地方恢复起来,并发动了大批干部回到农村去工作。公开系统香港工委领导下的组织工作也得以健全,进行了统一领导。同时,主要干部及大部分党员干部已经通过审查并得出结论。整风运动开始往地方发展,取得明显成效。

2. 立足群众,整风学习

1948年2月,香港分局发出《关于粉碎蒋宋进攻计划,迎接南征大军的指示信》,规定当前党的任务方针是到处发展,大胆进攻,以发展和进攻来粉碎蒋宋的进攻,与此配合的组织工作任务是"大胆发展斗争积极的贫雇农民和革命战士入党,进行查整运动,准备部队党公开。"① 在思想上,香港分局确定学习的重心是学习运用正确思想方法来认识革命当前的新形势,求得思想一致、步骤齐一,并强调各兄弟区互助、互济、互学的重要性。干部思想要克服保守倾向,敢于进攻和发展。

为了增强党的纯洁性,更有力地领导斗争,香港分局还针对整党工作做出具体指示,要求各地党组织要严密注意加强党的工作,普遍进行"三查三整"。"三查"即查成绩、查立场、查生活;"三整"即整非群众观点,整自由主义,整小圈子作风。通过"三查三整",党员在群众中树立了良好风貌,建立了更加深厚的群众基础。

但是,1948年年中,南方的党组织建设"虽然开始走向群众路线,但主观主义与党八股的作风尚未得到彻底清算与铲除。……总之,南方的党,虽然已经经过几次整风学习,但是由于南方党所处的农村的分散环境,由于敌人的白色恐怖,由于整风领导上的不健全,因此并没有进行得很好、很彻底,党员与干部中间党性不纯的现象仍严重的存在着"②。由于党的工作重心偏向作战,各

---

① 香港分局关于两年来组织工作总结(1949年初)[A]//中央档案馆,广东省档案馆.中共中央香港分局文件汇集(1947.5—1949.3)[G].(内部资料),1989:385.

② 星星.纪念"七·一"与整党[N].正报,1948-07-03(5).

地区对组织建设工作的落实不够好，出现组织生活不健全、学习制度未建立、领导机构不健全等现象，甚至出现无政府、无纪律的思想不纯的状态。

对此，香港分局组织了八月总结学习，通过八月指示，决定当时的任务是"大胆发展党组织，建立会议制度，展开在职干部的学习，严格克服党内无政府、无纪律状态"。① 1949年初，香港分局领导各地党组织开展克服无政府无纪律状态学习会议。通过学习，各地党组织克服了思想不纯的状态，保证了党在路线、方针、政策的有效执行。

（二）加强华南地区党组织建设

在加强党员思想建设和干部培养的基础上，1948年香港分局的组织建设有了更加深入的发展。

1. 大力发展各地党组织

1947年随着农村斗争急剧开展，各革命部队掌握和影响的地区日益扩大，城市运动也得到一定发展。在这样的形势下，如何在各种斗争中吸收积极分子入党，是各级党组织的重要任务。而过去的领导机关对接收党员的工作较为粗糙，甚至为完成发展入党指标，吸收了政治上不可靠、品质不好的人来建立支部，影响了党组织的纯洁性和严肃性。因此，香港分局决定培养组织员，帮助地方各级支部进行接受党员的工作。组织员的任务，主要是"在上级党委的领导下，帮助支部进行新的党员审查、介绍、监督、教育等工作；帮助所属组织部进行批准、登记、总计、反映情况、汇集材料、总结经验等工作；到部队及新发展地区去帮助政治部或武工队建立支部"。② 这些组织员的培养，主要是通过组织短期训练班，用集体学习的方法，根据党章及地方经验，弄清建党、审查和教育等问题。同时还可开展干部交流，交换和总结经验，达到培养的目的。

1948年2月，香港分局发出《关于粉碎蒋宋进攻计划，迎接南征大军的指示信》，在组织建设上，香港分局制定出"关于地方恢复组织关系的具体原则"，"培养组织员办法"和关于发展党组织的规定，并继续开办干部组织工作训练班，学员学习后被派往农村工作，协助组织工作的开展。同时，香港分局还解决了城乡工作孰轻孰重的争论，大批党员干部、知识青年要求回农村参加斗争。此外，还要求各级党组织大胆发展苦力、贫雇农党员，准备民主改选各级党部，训练大批干部，学习东北"了解情况，实施领导，完成任务，总结经验"的领导经验。关

---

① 香港分局关于两年来组织工作总结（1949年初）[A] //中央档案馆，广东省档案馆. 中共中央香港分局文件汇集（1947.5—1949.3）[G]. （内部资料），1989：386.

② 香港分局关于两年来组织工作总结（1949年初）[A] //中央档案馆，广东省档案馆. 中共中央香港分局文件汇集（1947.5—1949.3）[G]. （内部资料），1989：385.

于农村地区的党组织建设，香港分局指出农村支部应立即恢复委员制，建立支部小组，还必须留出专做党务工作、组织工作的干部，进行建党整党工作。

1948年8月，香港分局发出《关于半年工作总结和今后方针任务》的指示。分局确定了"大胆发展党的组织，建立会议制度，展开在职干部的学习，严格的克服党内无政府、无纪律状态"的相关任务方针。①

对于香港、澳门、广州和桂林等城市地区的党组织建设，香港分局仍"坚持长期打算，积蓄力量，削弱敌人的方针；并强调依靠群众，与最广大的中间、落后群众结合，共同进退，掩蔽自己，麻痹敌人，渡过难关，相机前进"。② 在广州方面，针对宋子文主粤之后对学生加强特务工作、大规模逮捕师生的情况，香港分局则采取巩固阵地、粉碎进攻及在巩固中发展的策略。针对宋子文对其他阶层采取控制工会、收买地痞流氓组织反动力量等手段，港城委采取乘敌不备、放手发展的策略。对于香港方面的党组织建设，香港分局制定了"依靠群众，利用矛盾，发展力量，巩固组织，支援国内，准备明天"的策略。在桂林、柳州地区，则是肃清党内对地方实力派的幻想；组织上坚持精干隐蔽政策，严格审干；群众运动上采取合法公开斗争，避免与外间做运动的配合。至于澳门地区，则是深入群众，发展新生力量，先从改选领导、教育旧基础做起，纠正保守作风，开展群众工作。

1949年初，综合考虑目前革命斗争形势和八月指示，香港分局确定了组织工作的努力方向——"（一）彻底克服党内无政府、无纪律状态。（二）认真执行党委制，分工合作，个人负责，集体领导，并尽可能充实组织工作机构，尊重党务工作人员应有的职权。（三）大胆发展斗争积极的工人、贫雇农民群众、革命战士及革命知识青年进党。并预计1949年底全党发展到五万党员。（四）准备建立与发展各地新民主主义青年团的组织，到1949年底发展为二十万团员。（五）大量培养各部门的工作的干部，各地更应大胆培养与提拔工农干部，从斗争中、工作中总结经验，来开办训练班及民主学校，大批培养干部，又采取副员制度，以师父带徒弟的方式来培养较负责的干部。"③

---

① 香港分局关于半年工作总结和今后方针任务（1948年8月）[A] //中央档案馆，广东省档案馆. 中共中央香港分局文件汇集（1947.5—1949.3）[G]. （内部资料），1989：206—207.

② 香港分局港城委致中央及中城部电——关于香港、澳门、广州和桂林等地党组织情况（1948年9月1日）[A] //中央档案馆，广东省档案馆. 中共中央香港分局文件汇集（1947.5—1949.3）[G]. （内部资料），1989：209.

③ 香港分局关于两年来组织工作总结（1949年初）[A] //中央档案馆，广东省档案馆. 中共中央香港分局文件汇集（1947.5—1949.3）[G]. （内部资料），1989：389.

2. 推动各地党委建设

1947年，香港分局指示各地党组织构建了一个三条防线的组织系统。① 所谓三条防线，即以香港省级机关为第一防线，广东省境内城市和农村为第二防线，农村地区则是地委以下划分第二防线。广东省级第一防线不领导下层，省级第二防线领导市委或地委第二、第三防线，省级第三防线领导市委或地委以下第二防线。农村地委县委第二防线的领导机关采用特派员制度进行管理。地委对各县分区管理。县以下的组织，则取消区委，划分为文化教育（中小学校）和乡村（包括县城市镇）的组织系统。乡村系统可以以村或乡为单位建立支部，主要进行群众工作、调查工作、宣传工作、吸收党员等活动。

各防线之间的分工是，省级第一防线作为总指挥争取继续存在。第二防线（及地委以下第一防线）争取巩固，并主要参与公开合法的斗争，配合政府各项公开合法的工作。激烈的带有政治斗争的工作和非法斗争则由各地第一防线（相当于省级第二防线）领导。农村地委的第三防线则力求精干隐蔽，条件不充分可暂时不成立。

三条防线的构建，实质上是理清广东省、市、地、县的党组织关系，划分工作任务，保障各项工作的有序开展。

香港分局还积极推动各边区党委的建设工作，向中央、中城部提出新建区党委的计划，将粤赣湘边、闽粤赣边、粤桂边、桂滇黔边、西江工委等各地区委如何划分以及各地负责人情况做了研究。② 在香港分局的努力下，华南地区的党组织得到发展，先后建立了琼崖区党委、粤赣湘边区党委、闽粤赣边区党委、滇桂黔边区党委、粤桂边区党委、粤中临时区党委、粤桂湘边工委和广西党组织，并在这些战略单位之下建立地委、地工委，县委和县工委。

同时，香港分局还强调坚决实行党委会议制度，使得党的机关从独立的个人负责制，走向统一领导的党委制。各地区党委的发展促进了党组织和党员群体的壮大。截至1949年8月，仅在广东地区，就发展了区党委5个，边工委1个③，建立了24个地委，近百个县委，党员人数发展为3万多人。全省地委级

---

① 香港分局关于领导关系的指示（1947年）［A］//中央档案馆，广东省档案馆.中共中央香港分局文件汇集（1947.5—1949.3）［G］.（内部资料），1989：103-107.

② 方方致中央及中城部电——新建区党委计划（1948年9月18日）［A］//中央档案馆，广东省档案馆.中共中央香港分局文件汇集（1947.5—1949.3）［G］.（内部资料），1989：235.

③ 中共广东省委组织部，中共广东省委党史研究室，广东省档案馆.中国共产党广东省组织史资料（上册）［M］.北京：中共党史出版社，1994：392.

以上干部有60多人，县、团级和地委级干部有1500人左右，区、乡级干部数以千计。①

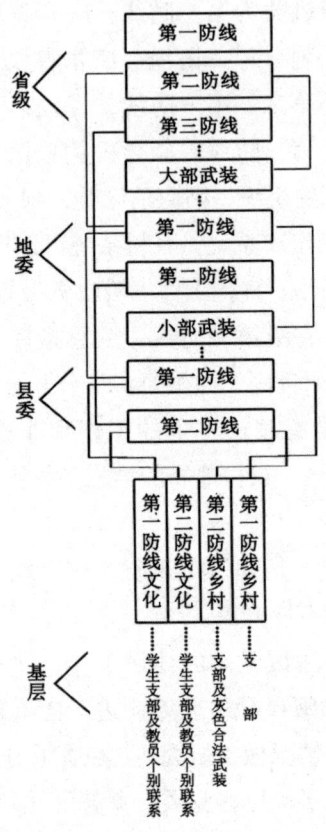

图2　香港分局三级防线领导关系示意图

其表述与图不一致。转引自《香港分局关于领导关系的指标》（1947年），中央档案馆，广东省档案馆：《中共中央香港分局文件汇编1947年5月—1949年3月》，1989年，第105页。

自香港分局开展组织工作以来，中共党员队伍不断扩大，党员数量由1946年底的12748人发展到1950年5月的49447人。② 党的领导机构走向统一领导的党委制，并确立了群众路线的领导作风和学习思想。各地党委也认识到纯洁组织的重要性，并开始学习总结工作，配合中央各项政策、立场、指示，办训

---

① 方方．广东情况介绍（1949年12月）[A]//中共广东省委党史研究室．广东党史研究文集：第四册［M］．北京：中共党史出版社，1994：14-15.
② 详见下文《广东省各地党员人数统计表（1946—1950年）》

练班培养干部。华南地区党组织建设得以不断完善。

香港分局成立以来,配合中央的工作,在审干防奸、严密组织、改造意识、增强党性、提高认识、发展党员、配合农村输送干部等组织建设工作上取得一定成效,为广东和华南地区的解放创造了有利条件。

表1 广东省各地党员人数统计表(1946—1950年)①

年份	党员数量	附注
1946年	12,748	上面数字系粤干(注:原文如此,应为"赣"?)湘、粤桂南、粤闽边、桂滇边、中区、西江、琼崖等七个区合计,但缺桂滇边数字。
1947年	17,087	缺五岭区数字(1946年五岭区200人)
1948年	13,227	缺西江及琼崖数字(1947年西江250人,琼崖8500人)
1949年1月	41,803	上面数字系珠江、中区、东江、西江、南路、潮汕、兴梅、北江此八地委及广州市、琼崖区党委、港澳(500人)等的合计数。
1950年5月	49,447	香港工委辖区内,军区也不统在内,及缺珠江之顺德、粤中之赤溪等之党员数。

数量\地区\年份	粤赣湘	粤桂南	粤闽	粤中区	西江	桂滇黔	琼崖	总数
1946年底	2194	2188	1144②	601	247	499	6374	12748
1947年底	2958	2200	2230	750③	250	899	8500	17087
1948年底	5339	1780①	3660	1549	240	9540	10000	24788
1949年初		400		3000	240④			

① 缺化县,吴川数字
② 缺闽边数字
③ 缺三罗数字
④ 仅广宁、四会、清远数字(缺高要,德庆,封川,英德,连阳的数字)

---

① 中共中央华南分局组织部.广东省各地党员人数统计表1946—1950》,1950年,广东省档案馆,档号:204-2-21-068,第13-14页。

四、制定斗争策略，领导华南武装斗争

解放战争期间，香港分局在中央的正确领导下，发挥华南解放战争指挥中心的作用，制定科学可行的武装斗争策略，恢复和发展了华南地区的武装斗争，建立了解放华南总基地，为华南解放战争的最终胜利做出了重要贡献。

（一）香港分局的武装斗争策略

解放战争时期，香港分局仔细分析了华南地区武装斗争的特点和条件，并根据解放战争不同阶段的斗争形势，配合全国解放战争的步伐，制定了合理的武装斗争策略。

1. 隐蔽待机，实行小搞，准备大搞

1946年6月，国民党方面悍然发动内战。蒋介石依靠军队和武器的数量优势，出动150多万兵力，向各个解放区发起全面进攻。人民解放军顽强抵抗，仅用四个月的时间，就歼灭了国民党六分之一的进攻总兵力。而相比北方解放战争如火如荼的形势，广东区委对南方地区武装斗争的态度稍欠主动。1946年，中共广东区党委确定了"长期荫蔽，避免遭受打击，积蓄待机"① 的游击区武装斗争方针。

1946年11月6日，中共中央南京局发布《给南方各省工作的指示》，指出南方各省乡村工作应采取两种不同方针：

> 一是凡有可能建立公开游击根据地者应立即建立公开游击根据地，原有各根据地如海南岛如南路、中路、西江、北江、东江、闽南、闽西应鼓励原有公开或半公开武装，紧紧依靠群众继续奋斗，不应采取消极复原政策，长敌人之志气，灭自己之威风。现在南方各省国民党正规军大批调走，征兵征粮普遍施行，正是我们发动游击战争的好机会。
>
> 二是尚未成熟的地区采取荫蔽待机方针，以待条件成熟……但总目标仍然是积极发动公开游击战争，建立游击根据地之各种条件。而不是不管条件是否成熟一概采取长期荫蔽方针。②

---

① 广东区党委关于游击区武装问题处理办法（1946年）[A]//中央档案馆，广东省档案馆. 广东革命历史文件汇集[G].（内部资料），1987：178.
② 中共中央对南方各省工作的指示（1946年11月6日）[A]//中共江苏省委党史工作委员会，中共南京市委党史资料征集编研委员会，中共代表团梅园新村纪念馆. 中共中央南京局[M]. 北京：中共党史出版社，1990：182.

该指示明确指出灵活使用隐蔽待机的策略,为开展游击战争创造条件。中共华南地区党组织负责人方方和广东区委书记尹林平接到指示后,迅速做出部署。

1946年11月17日,中共中央发布指示,要求华南干部应该尽可能下乡或返回部队,坚决执行中央11月6日对华南游击战争的指示。①

根据中央在6日和17日的两次指示,并结合广东地区的实际情况,1946年11月27日,广东区党委做出了《关于恢复武装斗争的决定》,决定恢复广东的武装斗争,并制定了"实行小搞,准备大搞,从无到有,从小到大,稳步前进"的战略方针,逐步推动华南地区武装斗争的开展。

2. 发展赤色割据,建立边界游击区

1947年1月,广东区党委在香港湾仔召开区党委扩大会议,即湾仔会议。会议中,方方先后做了《当前时局的特点》和《关于广东形势和赤色割据问题》的报告。方方分析了目前的斗争形势,认为广东革命斗争的胜利首先出现在农村,而要实现农村的胜利,则要敢于在广东造成赤色割据。赤色割据的建立,一是要靠山地,特别是边区的山地,建立基础,向平原发展;二是要靠群众,与群众斗争结合起来;三是要适当领导两面政权,并注意平原工作和农村的反蒋统线工作,以免陷于孤立;四是要以梅花点的发展形式来建立"赤据",要照顾全面,也要掌握中心。②赤色割据实际上是建立民主根据地的问题,也是推进广东武装斗争的关键。赤色割据策略配合着"实行小搞,准备大搞"的方针,使华南地区人民群众的武装力量星罗棋布地发展起来。

在香港分局仍在筹建之时,方方、尹林平就对领导部队取得斗争胜利,建立边界游击根据地的战略方针做了详细部署并请示中央,以增强配合全国作战的力量,推动南方各党派更加积极地活动。其主要内容有:

> 一、将粤南、桂南划粤桂边区工委,下辖四个地委,领导武装二千余人,以勾漏山、十万大山为基地,开展游击战,并恢复过去红七军的左右江根据地,与黔东南游击战配合,将来成立粤桂滇边区党委。
>
> 二、准备以梁嘉(珠江纵队政委)、钱兴(桂工委)、小欧(南特书

---

① 中共中央关于华南干部参加武装斗争工作的指示(1946年11月17日)[A]//中共云南省委党史研究室,中共湖南省委党史研究室. 解放战争时期第二条战线农民运动和武装斗争卷:上册[M]. 北京:中共党史出版社,2003:11.

② 广东区党委会议对形势武装斗争及东纵北撤问题检查记录(1947年春)[A]//中央档案馆,广东省档案馆. 广东革命历史文件汇集[M].(内部资料),1987:307.

记)、周明等几人,成立粤桂湘边工委,辖西江以北、粤汉铁路以西、桂林以东,将来发展至湘之零陵、桂阳。现以广宁、怀集为中心,有武装五百,展开活动。

三、准备将粤汉路以东、东江以北至赣南、湘南,成立粤赣湘边区,此地以九连山一直至五岭为据点,展开游击战,现已有分布各地武装千余人,以黄松坚、严松、刘建华、刘所长等组织。

四、珠江三角洲、中区、潮汕一带平原,现有武装分散各地,保存六七百名坚持发动群斗,隐蔽活动,依靠河川山地建立秘密据点,以困敌顽,策应山地。

五、闽粤赣边区武装三百多人仍以一部分散各地保卫老据点,发展新区,一部集中在周围配合各地群众武装行动,威胁潮汕、梅县,恢复过去边区据点。

六、海南仍作为一单位。

此外,电报还指出"一切活动强调增强群斗反"三征",分粮破仓库,同时照顾统线,建立山地根据地两面性政权,巩固地扩大主力,繁殖群众性秘密或半秘密武装以待时机。"① 还对中央提出尽量派遣以上干部回来工作的要求。

5月21日,中共中央回复同意上述部署,认为方方等关于在闽粤赣边区党委外建立粤桂边、粤桂湘边、粤赣湘边三个工委地区,领导与发展各地区游击战争的提议是适当的。同时,中共中央认为"华南除琼崖外,应靠本身力量于本年度建立起三四个成块的根据地,组织起前(数)支成为中坚的游击队伍,准备迎接与配合明年北方人民解放军的全面反攻"。② 在中央的指示下,香港分局把广东划分为粤桂边、粤桂湘边、粤赣湘边、闽粤赣边、粤中、琼崖 6 个战略区,并派出大批干部到各战略区加强对游击战争的领导。

此外,1948 年 8 月,香港分局针对华南地区离主力较远,解放军只能配合我方粉碎国民党"清剿"的情况,制定了"自力更生的,持久性的战略",并提出必须有步骤地完成强大主力的建立,完成山地根据地的建设。各省区、边区、临近地区要实现战略协同,相互打通,最终建立山地根据地。在香港分局

---

① 罗迈致中央电——对华南局面拟我部署(1947 年 5 月 7 日)[A]//中央档案馆,广东省档案馆.中共中央香港分局文件汇集(1947.5—1949.3)[G].(内部资料),1989: 1-3.
② 中央关于华南游击战争战略方针的指示(1947 年 5 月 21 日)[A]//广东省档案馆,中共惠州市委党史办.粤赣湘边区革命史料[M].广州:广东人民出版社,1989: 100.

的指挥下，华南地区一边进行武装斗争，一边发展赤色割据，取得了一定成效。

3. 发展群众斗争，开展游击战争

1946年11月17日，中共中央发出关于华南干部参加武装斗争工作的指示，指出"广东敌人兵力空虚，灾荒遍地，国民党又征兵征粮，因此造成了发展与坚持游击战争的客观有利环境……广东党今后中心任务即在于全力布置游击战争"。[1] 1946年底，中共中央发出指示，要求南方各省配合正面战场，根据不同情况，有条件地、广泛地开展群众性的游击战争。

1947年5月，中共中央香港分局成立，作为中共领导华南地区的主要机构，香港分局承担起重要的领导南方武装斗争的任务。在《接受中央二月一日指示的决议》中，香港分局明确指出南方党当前最中心的任务是："一切都应为着武装斗争、群众斗争的发展与党及群众组织的巩固。"[2] 而关于斗争的具体形式，香港分局综合考虑当前形势，也认为游击战较为可行。

当时，国民党在华南的军队几乎全部北调，敌情空虚。国民党政府的"三征"政策引起群众的普遍不满，人民斗争日益高涨。琼崖纵队和各地区抗战留下的武装力量已经积极活动，是中共开展斗争的可靠资本。解放战争走上了总反攻的局面，加上南洋地区的革命运动的开展，都是中共开展斗争的推动力。英国、美国、蒋介石内部的矛盾也为群众斗争留有空隙。这些都是在南方开展农村游击战争的有利条件。同时，香港分局也意识到自身所处环境的复杂：武装主力北撤，南方离解放区最远，很难直接配合策援；英美蒋虽有矛盾，但都不会放弃华南，有妥协反共的可能；斗争主力琼崖纵队在海外，各地游击力量发展不平衡，难以相互呼应等，都是开展斗争所要面临的困难。

在中央的指示下，中共中央香港分局确定了"从依靠人民领导人民的不断斗争中增强力量准备长期战争，从长期的广泛的群众性的游击战争不断获得胜利中，争取有利时机，彻底解放人民"[3] 的武装斗争思路，将侧重点放在山地边区，以保证游击战、根据地及长期斗争的顺利开展。

随后，中央更针对如何开展游击战、建立根据地对香港分局做了更详细的

---

[1] 中共中央关于华南干部参加武装斗争工作的指示（1946年11月17日）[A] //中共云南省委党史研究室，中共湖南省委党史研究室. 解放战争时期第二条战线——农民运动和武装斗争卷（上册）[M]. 北京：中共党史出版社，2003：11.

[2] 接受中央二月一日指示的决议（1947年5月20日）[A] //广东省档案馆. 华南党组织档案选编（1945年—1949年）[M].（内部资料），1982：51—52.

[3] 接受中央二月一日指示的决议（1947年5月20日）[A] //广东省档案馆. 华南党组织档案选编（1945年—1949年）[M].（内部资料），1982：52.

指示,"从布置分散的武装据点到建立成块的武装根据地,在你们那里,还须经过一些过程,不要急于打大仗,也不要过早集中武装建立根据地,而应将武装力量散布得愈广,发动群众斗争愈多,先从多消灭乡村地主联保反动派武装做起,便愈能在广大乡村中站稳,为根据地奠定基础,就不至于引起保安团队过早集中的调来清乡"。①

香港分局则根据中央的战略方针,对广东各地如何开展游击战争提供了详细的意见和建议:

> 一、解区自卫战争已在南线大反攻,战争已引向蒋区,主力一部与地方武装坚持解区斗争,一部在外线大量歼敌,建立新根据地,但外线作战需要时间……我们的战略是以歼敌有生力量为目标,不以保守及夺取地方为主要目标,保守或夺取地方是歼敌有生力量的结果,往往反复多次才能最后保守或夺取之。
>
> 二、不打无准备之仗,无把握之仗,对守备坚固之据点及城市,暂时放弃不打。②

同时,在南征部队采取谨慎的战略战术的情况下,香港分局认为开展群众性游击战更不可忽视以下问题:一是纠正单纯以武装打天下的思想,重视发动群众;二是强调多次战斗,"不经过多次斗争消灭地方反动势力而夺取地方"的思想是错误的;三是纠正攻坚及打无把握之仗的观念;四是纠正过早暴露、虚张声势的行为;五是解决人民利益,奠定群众组织、群众武装,组织党的组织、秘密政权组织等重要基础。③

蒋介石曾指出,中共对抗国民党的战斗方法有三:"第一是游击战,就是在我们后方,尤其是各交通要点,作广正面的游击战,迫使我军在后方与各交通要点不得不处处设防,面面牵制,因而使我们兵力分散,前进部队的力量减削,无法进剿,以达成他们消耗战的目的;第二是运动战,也就是野战。运用「以大吃小,以多吃少」的原则,窥伺我们的弱点,集中他几倍以上的兵力来消灭

---

① 关于开展游击战争,建立新根据地的指示(1947年上半年)[A]//广东省档案馆. 华南党组织档案选编(1945年—1949年)[G].(内部资料),1982:56.
② 对广东游击战战略战术的指示(1947年)[A]//广东省档案馆. 华南党组织档案选编(1945年—1949年)[G].(内部资料),1982:71.
③ 对广东游击战战略战术的指示(1947年)[A]//广东省档案馆. 华南党组织档案选编(1945年—1949年)[G].(内部资料),1982:71.

我们一点……总使我们在各据点上不但不能一连一排的布置兵力，就是一营一团的兵力，也不能单独驻扎。这样一来，我们在后方和交通要点上，不但要处处设防，而且每一处设防必须布置一团以上的兵力。我们的兵力就都被分散，我们的军队都成呆兵，而匪军却时时可以集中主力，采取主动，在我广正面积活动，将我们各个击破。中共的游击战和运动战方针目的就是要分散和消耗国民党的兵力；第三种战法，就是组织战。这就是他利用民众来掩护军事，因为他们手段残酷，技术周密，所以在匪区以内，他只要每一乡村派遣三五个共产党干部，就可以控制全村的民众和物质，尤其是控制粮食。"① 可见，中共组织群众开展游击战争的策略能有效抵御国民党的力量，尤其适用于地形较为分散的广东地区。

1947年10月，针对大反攻时机的到来，香港分局发出《为迎接大反攻加强农村斗争的指示信》，对南方的农村斗争工作做了改进，并确定更为具体的工作内容。首先，目前群众性武装斗争的基本任务是在已经普遍发展游击队、武工队、民兵的游击战争地区，必须抽调部分兵力组织主力，创造较能独立作战而又能到处配合游队民兵作战的核心。但是，香港分局指出，完成这一基本任务必须：

①不削弱地方性武装活动。②不是硬性改编而是在配合行动中吸收一班一排或在游队民兵整训时个别吸收。③按照活动地区大小，经济负担能力，既能有效击敌之分散部队，又能活动自如的原则来决定主力的大小。④未得上级许可，不能擅挂军区军分区名义，仍以地方性团队及支队面目出现。②

而对于以主力出现去开展游击战争的部队，香港分局认为"应调出精干短小队员配合地方干部政治干部，组成若干地方性游击队或武工队去钻入敌人各个空隙地方，发展群众斗争，组织民兵游击队，建立地方党与群众组织，帮助地方解决军事干部，一直到它能单独活动才看需要与否撤回所派武工队或挺进到另地发展"，在战术的运用方面，"仍应以分散活动，开展群众斗争，肃清地方反动势力为主，对可以歼灭的有生力量及可能攻取的若干中小市镇，则应灵

---

① 蒋介石. 匪情之分析与剿匪作战纲要——1947年5月15日对军官训练团第二期全体学员讲 [A] // 先总统蒋公思想言论总集（第22卷）[M]. （内部资料），1984：111.
② 为迎接大反攻加强农村斗争的指示信（1949年7月）[A] // 中央档案馆，广东省档案馆. 中共中央香港分局文件汇集（1947.5—1949.3）[G]. （内部资料），1989：59.

活根据中央最近决定'以先打分散孤立之敌……先取广大农村……以歼灭敌人有生力量为主要目标……必须力求敌人打运动战。'加以研究运用",并强调,"我们主要打游击战、伏击战,及一些有把握的袭击——不是攻坚"。①

中共中央和香港分局灵活运用广东地区的有利条件,发展出充分发动群众开展斗争、壮大游击战争力量的斗争思路,成功推动了武装斗争的恢复和发展。

4. 普遍发展,大搞进攻

宋子文主粤后,广东成为美国援助蒋介石的运输站,美国和国民党都加紧了对广东的控制。宋子文把一切负担加诸群众,对人民的压迫更重,民众的反抗情绪更高。群众斗争形势愈加激烈。尖锐的阶级矛盾是中共可以利用的重要条件。对此,1947年7月到1948年8月这一年来中共制定的武装斗争的战略战术主要是:"集中兵力打大仗,大摇大摆,向前推进。集中兵力打攻坚仗,拔敌据点。搞好自己原有地区,逐步推进,蚕食向前。组织数十人一队之小队伍,到处消灭弱小敌人。"②

1948年初,香港分局根据形势的发展,为配合人民解放军的战略进攻,并粉碎宋子文的"清剿",决定把华南各地的武装斗争由"小搞"发展为"大搞"。1948年2月,香港分局发出《关于粉碎蒋宋进攻计划,迎接南征大军的指示信》,提出"普遍发展、大胆进攻"的方针,指示各地大搞武装斗争,并进一步提出建立主力部队、协同地方武装打击敌人的进攻、建立新区的任务。在香港分局和各地党委的领导下,华南各地武装迅速组建主力部队,主动出击,粉碎了宋子文的军事"清剿"。

1948年夏,中共面临着革命的高潮,包括武装斗争的高潮、大反攻的展开和土地法的颁布,群众觉悟更高。华南斗争形势发生新变化,斗争变得更加尖锐,不放手大搞就不能走在前头、先发制人、粉碎宋子文的阴谋计划。基于过去武装斗争的成果和当前形势的分析,广东区党委认为放手大搞与配合大军反攻,是适切时机的。一年来的斗争已经有了初步基础与经验,具备大发展的条件。其确立的具体方针是"放手大搞,破坏美蒋宋阴谋,迎接大反攻,争取华南彻底解放"。③

---

① 为迎接大反攻加强农村斗争的指示信(1949年7月)[A]//中央档案馆,广东省档案馆.中共中央香港分局文件汇集(1947.5—1949.3)[G].(内部资料),1989:59-60.

② 有关武装斗争的参考资料(1948年7月)[A]//中央档案馆,广东省档案馆.广东革命历史文件汇集(广东区党委等文件)[G].(内部资料),1989:356.

③ 有关武装斗争的参考资料(1948年7月)[A]//中央档案馆,广东省档案馆.广东革命历史文件汇集(广东区党委等文件)[G].(内部资料),1989:359.

8月，香港分局在《关于半年工作总结和今后方针任务》中肯定了2月指示所强调的"放手进攻发展"的策略，认为大胆进攻的策略提高了群众的情绪与斗争热潮，取得了各方斗争的配合，因此群众斗争在半年来的普遍广泛发展中收到了良好的效果。各地党组织和人民武装深入发动群众，广泛开展了反"三征"群众斗争，有力配合了反"清剿"斗争。

1949年初，中共中央发布"一九四九年是南方游击战和游击根据地大发展的一年"的指示，香港分局根据指示，结合华南斗争形势的特点，制定了"全面发展，重点巩固"的方针，指示各地完成大块根据地的建立，以迎接南下解放军部队解放华南地区。1月1日，香港分局发出《关于迎接大军渡江和准备解放广东的指示信》，做出首先解放粤汉路东的粤闽赣湘数十县及路西二三十县以包围广州、夺取广州的决定。同时，中国人民解放军粤赣湘、闽粤赣、桂滇黔边纵队宣告成立。粤桂边纵队、粤中纵队以及粤桂湘边纵队也于7月、8月先后宣告建立。

综上，香港分局配合中共中央指挥，根据华南地区的实际情况，从保存实力、隐蔽待机到放手小搞打下大搞基础，再到普遍发展、大搞进攻；从梅花式的流动据点到割据式的边区，再到解放区的建立；从武工队游击小组到大胆放手发动群众、领导群众斗争、组织群众，再到武装群众发动民兵战，大规模发展游击战争。这些武装斗争的策略方针逐步推进，促进了南方人民武装力量的壮大，推动了解放战争的胜利进程。

(二) 恢复和发展武装斗争

1946年6月，全面内战爆发，蒋介石向各个解放区发起全面进攻。中国人民解放军用了4个月的时间，在各战场消灭国民党军32个旅，大大歼灭了国民党军的有生力量。一方面，国民党军主力集中于北方地区，广东、福建、广西、江西仅靠保安总队防御，力量空虚；另一方面，国民党内战政策不得人心，国统区爱国民主运动日渐高涨。在广东，群众性的反抗国民党统治的斗争遍及全省数十个县。东江纵队北撤后，华南地区的武装斗争暂时放松，武装力量较为分散，但部分武装人员依然顽强抵抗，琼崖游击战争也得到开展。以上情况为中共在南方各省恢复和发展武装斗争以及建立游击区和根据地提供了重要的机遇和客观条件，华南地区恢复武装斗争的条件已经成熟。自1946年底开始，在香港分局正确的武装斗争策略指导下，华南地区的武装斗争得到有序恢复和发展。

1. 号召"反对三征，维持治安"

国民党为了换取发动内战的资本，在统治区内大肆实行征兵征粮征税政策

（即"三征"），导致农村经济发展缓慢，民不聊生。1947年，广东区委的《关于广东武装工作意见》就指出，国民党实行的"三征"政策使得各阶层蒙受其害，尤其是工农界。因此，广东区委确定了"反对三征，维持治安"的口号，并主张游击队活动可以用人民的名义或东纵复员人员自卫的名义，反抗国民党"三征"。①《中共中央华南工作斗争总纲领》也明确指出华南斗争的第一期任务就是"策动反美反征兵征粮征税运动，激起民反"。②

在各级党组织和群众的支持下，华南各地人民武装以反"三征"为口号，先后发动群众开展反"三征"自卫斗争，促进了武装斗争的恢复。

粤桂边区的南路地区以小型武工队为活动基础，袭击国民党在乡村的堡垒，镇压反动分子，收缴地方武装，并组织群众开展了抗丁抗粮斗争。1947年4月，南路决定把各地游击队整编为团，以三大主力团为主在廉江、化县等地开展反"三征"斗争。截至4月末，摧毁了国民党乡公所近20个，解放圩镇8个，缴获长短枪200余支，子弹4000余发，破仓分粮1万余石。同年4月，桂中南和思明地区鼓励民变，建立武装，发动了反"三征"斗争。

早在1946年4月，中共桂越边境临时工作委员会成立，林中为临时工委书记。临时工委领导左江地区的民众，以龙州县、明江县爱店、镇边县平孟为重点，成立秘密农会组织，开展反"三征"斗争，并在此基础上壮大武装力量。1946年夏，右江地区在中共桂西南特派员覃桂荣的领导下，成立中共右江领导小组，指挥右江地区的反"三征"斗争，秘密发展群众5000多人。在云贵山区，中共云南省工委派出干部和先进党员渗透到云南各地，开展农村工作，组织起一批互助会、翻身会、兄弟会等，发动群众开展反"三征"斗争，使得国民党在部分云南乡村的政权陷入瘫痪状态。中共贵州省工委派出干部深入山区，以黔西南为重点，建立武装，发动群众开展反"三征"斗争。桂滇黔地区的斗争发展了党的工作据点和武装斗争基地，为开展游击战争，建立根据地奠定基础。1947年5月，经中共中央和香港分局批准，中共粤桂边工委成立，并成功领导了左右江武装起义，促进了桂滇黔地区武装斗争的发展。

粤桂湘边地区的反"三征"运动也得到发展。1947年1月，为打开怀集县的武装斗争局面，中共西江特派员派黄炎以做生意为名，在怀集县东区的甘洒、凤岗、龙湾等地发展反"三征"运动。1947年7月，粤桂湘边区人民解放军决

---

① 关于广东武装工作意见（1947年）[A]//中央档案馆，广东省档案馆.广东革命历史文件汇集（广东区党委等文件）[G].（内部资料），1987：291.

② 中共中央华南工作斗争总纲领（1947年3月）[A].广州：广东省档案馆，006-010-0145-041.

定成立粤桂湘边区人民解放军怀集县人民抗争义勇队，钱兴任队长，黄炎任副队长。8月27日，怀集县人民抗征义勇队摧毁了甘洒、屈洞、坳仔鱼北等地的乡公所，缴获了一些武器，与8月的怀南起义形成犄角攻势。1947年3月，广西怀集县南区组建了广德怀边挺进队，林锋任队长，叶向荣任政治委员，向西江北岸广宁、德庆、怀集、封川、开建边区挺进。4月，这支队伍挺进到森膺洞。30日，林锋、叶向荣率领40余人，突袭了该地联防大队长纪宜春及其据点，缴获枪械弹药一批。广德怀边挺进队控制了森膺洞后，开展反"三征"运动，打开广宁县木格、石咀、洲仔三个圩的粮仓，分粮300千克。1947年4月，广西怀集县吴腾芳部队与林锋、叶向荣汇合，组成"海燕队"，开展武装斗争。8月15日，海燕队开展诗洞圩、永固圩起义，打开诗洞、永固粮仓，当地农民分得稻谷几万斤。1947年6月，中共桂东区工委吴赞之、孙忆东、姚大年等领导武装部队发动英家起义。6月5日，起义部队一路袭击英家乡公所，缴获长短枪13支，子弹2600余发；另一路武力打开英家粮仓，并把30余万斤粮谷分给饥民。此外，灵田、全县、灌阳等地也发起了反"三征"斗争，均取得胜利。同时，粤桂湘边武装还向北发展，开辟了粤湘边游击区。1947年1月，冯光率领广四清边区队突进北坑，深入太平圩，打开了广四清边反"三征"的局面。2月，广四清边区队抵抗了清远县国民党保警队的围剿，拉开了清远各地反"三征"的序幕。广四清边区队的斗争，巩固和发展了老区的工作，并开辟了滨江河、珠坑一带新游击区。1947年，粤桂湘工委还指示派出特派员到清远、英德西南山区开展反"三征"斗争，恢复英清边地区的武装斗争。粤桂边、粤湘边地区的反"三征"斗争为粤桂湘边战略游击区的创建奠定了重要基础。

粤赣湘边各地人民武装趁着国民党正规军大量兵力北调，只剩地方团队防守的时机，袭击国民党政府的乡公所，开展反"三征"斗争。1947年1月开始，五岭地区部队不断发动群众反"三征"，破仓分粮。18、19日，始兴部队在南北山广泛发动群众开展反"三征"，相继歼灭了顿岗、周所、沈所乡反动自卫队，俘获敌人10余人，缴获长短枪40余支。乡征收官员不得下乡征兵征粮，顿岗、周所、澄江等乡政府谷仓被打开接济农民。南雄人民武装相继摧毁了邓坊镇平乡公所和仁化长江乡公所，并于同年2月对永和乡公所和白云乡公所发起攻击。在永和乡公所，戴耀队和手枪队抓获乡长谭章明，缴获枪支37支，并打开了县政府粮仓，把2000多担粮食分给乡民以度春荒。叶昌队消灭白云圩靖平乡公所自卫队，并俘获敌人19名，缴枪17支。南雄政府采取消极应对的态度，使得以上地区为五岭游击队所控制。2月24日，新丰"北江人民自卫总队"袭击连平隆街镇，俘敌60余人，缴获长短枪16支，打开大小粮仓6个，开仓出谷35千克。3月2日,自卫总队乘胜追击,伏击连平警察队,摧毁软坑乡公所,获得6000多斤粮食。仅1947年上半年,粤赣湘边区各部队在反"三征"的过程中共摧毁警察所11个,乡公所41个,歼敌930多人,缴获各类枪支约1200支,破仓分粮5万余担,发展民兵1万多人,部队发展到1900多人。

1947年2月,粤中地区恢复武装斗争,实行"小搞",各个武装小分队深入农村,开展反"三征"、破仓分粮斗争。新高鹤地区党组织和已经组织起来的基干队、武工组,发动群众组织起来自救。1947年4月,高鹤人民抗自卫大队突袭高明合水圩,击毙乡长李忠晃,打开合水、蛇塘、良村三个粮仓,分得10万多斤粮食。合水的起义打响了新高鹤地区武装部队斗争的第一仗,激起了群众反"三征",破仓分粮的热潮,各地农民纷纷要求组织起来开仓分粮,在与基干队的配合下,高要县、高明县、新兴县等地都开展反"三征"斗争,打开了群众参加斗争的新局面。

1947年春,在闽粤赣边地区隐蔽待机的武装力量接到恢复武装斗争的指示后,集中起来建立和扩大队伍,放手发动群众开展反"三征",开展公开的游击战争。1947年春,潮汕特委武工队队长林震从香港参加党员学习班回来后,决定成立开展小规模的武装斗争,普宁、揭阳、潮阳三县也于3月成立武装小组。5月24日,特委武工队攻破揭阳县三区上陇村谷仓,随即破开灰寨谷仓、普宁泗维乡横溪村两座谷仓。三次破仓发动群众达4000人,获分4000多担稻谷。6月7日,在特委武工队、普宁、潮阳武装小组以及潮汕韩江纵队的基础上,潮汕人民抗争队成立,刘向东任司令员。7月,抗征队以八乡山为中心,在汤坑、鲤湖等地开展反"三征"斗争,取得成功。抗征队乘胜追击,9月到12月期间组建第三支队挺进南阳山、大南山,组建第一支队挺进五房山,继续开展反"三征",均开辟了新的根据地。1947年9月,闽南支队挺出乌山外围,与地方工作团合作,先后袭击了诏安县梅州、下葛乡公所等地,惩办当地反动地主,缴获长短枪20多支。闽粤赣地区的反"三征"促进了边区各根据地的建立,支队、县级武装大队以及区、乡武工队建立起来,武装力量发展壮大,为反"清剿"打下了武装基础。

1947年9月,眼见人民解放军南下大反攻的步伐浩浩荡荡,蒋介石派宋子文出任广东省主席,部署广东为国民党内战的支撑点,以换取军事援助。还以广东为美援的运输基地,在黄埔开港,建设翁江水电厂和在广州修筑港口等。宋子文还掌握着广东省的财政大权,一到广东,便推行"三征"政策。广东地区不仅面临着国民党当局的三征暴政和水灾带来的损失,还要应对宋子文主粤后的剥削,社会矛盾变得尖锐。中共抓住时机,要求广东各地党组织,要在农村中建立反蒋、反"三征"的统一战线,进而运用群众力量,为游击战争提供支持和援助。在中共中央和香港分局指导下,广东地区的反"三征"运动配合游击战争继续推进,群众主动性有所提高。

1947年下半年,粤中新高鹤地区各地农民要求开仓分粮的呼声愈加强烈。合水区基干队在人民群众的主动要求下,突袭合水圩县警中队驻地,赶跑了敌人。基干队打开合水区良村粮仓,夺回了10多万斤粮食。新高鹤地区在开仓分粮斗争中,还形成了"藏粮于民"的供给办法,各村农会登记分粮户的存粮数,在部队进驻或需要时,由农会经办交由部队使用,较好地解决了部队给养和存粮问题。1947年间,新高鹤地区军民破仓分粮10多次,缴获稻谷80千克,有力地削弱了国民党的力量。11月,冯超武工队在开平鹤洲乡蕉园村击毙反动大地主熊华,并俘获其手下和40多支枪,武工队打开粮仓,把3万多斤稻谷和大批衣物分给当地农民。11月4日,粤中两阳武装部队与朱德队联合行动,出击阳春县马水圩国民党乡公所,将8万多斤粮食分给当地群众。24日,两阳彭湃队袭击阳江县西平、阳春县龙门等国民党乡公所,打开河口粮仓,分粮2万多斤。12月4日,林兴华、李安明等率领台山人民解放军基干队、武工队和当地民兵,袭击那扶区署,解除了警察所武装,缴获长短枪20多支,分粮10多万斤。随后,国民党台山县保警第二大队一个中队在九岗堡镇压群众,台山人民解放军基干队击退敌人进攻,并乘胜追击,打开小江粮仓、汶村粮仓,分粮13万多斤。还有云雾山区组建了"云浮人民自卫队",与两阳雪枫队、春北武工队联合,袭击国民党石望乡公所,缴枪30余支,开仓分粮2万多斤。粤中地区的武装斗争在反"三征"斗争中逐渐恢复。

1947年10月22日,闽粤赣边地区的刘永生、朱曼平指挥粤东支队,在埔丰边游击队和民兵100多人的配合下,兵分三路出击大麻区,解除国民党控制势力,缴获子弹3000多发,长短枪70多支,并破仓分粮。第二天还趁着圩日到圩场进行反"三征"宣传。随后,粤东支队转战梅县三乡老支点,受到群众欢迎,顺利攻破三乡。11月,粤东支队兵分三路转战梅兴丰华边、梅兴平蕉边以及饶和埔丰边,均取得了胜利。与此同时,埔永边、梅蕉杭武边两地的边县游击队也自动开展反"三征"斗争,配合了粤东支队,开辟和扩大了游击区。

1947年10月,粤桂边区钦县的武装部队进军上思县,扫荡反动武装,开展了3次斗争,缴获长短枪18支,俘敌6名,打垮敌人200余人的进攻,到处开仓济贫，群众自动起来分粮。①

1948年4月18日，粤中地区郁南桂河乡乡长卢镒壎率领全体所丁及农民，会同本县自警团委员会主任李光汉，自卫大队附李希文，自卫队第一中队全队同时发起反"三征"起义。起义队伍达到逾千人。桂河乡粮库所存稻谷1500余石都分给贫农，并将弹药枪械全部收缴。②同月，新会地区还发生人民武装抢回被活捉的壮丁、武力抵抗国民党征兵的事件。③

1948年8月，香港分局发出《关于半年工作总结和今后方针任务》和《华南人民武装行动纲领》，要求各地党组织和人民武装深入发动群众，更加广泛地开展反"三征"斗争，并指出反"三征"斗争和减租减息是南方革命斗争现阶段所采取的具体的中心政策。"这一政策的出发点，是为了联合和中立可能联合与中立的地主、富农，减少阻力，以达到顺利动员组织群众，壮大人民力量，集中火力消灭蒋宋匪帮。"④反"三征"与减租减息的基本目的，是减轻封建剥削，改善农民生活，更重要的是激起农民的革命情绪，使得中共能顺利迅速地组织农民革命斗争的力量，加快华南地区武装斗争发展的步伐，促进各个根据地的建设。华南地区的不懈斗争，使得国民党的"三征"政策基本破产，蒋介石曾指出广东地区的"三征""收数甚微，进度迟缓。"⑤

反"三征"斗争在华南地区的蓬勃发展，给国民党地方武装以沉重打击，国民党在农村的群众基础遭到破坏，多数地方政权瘫痪，难以扩大兵力，甚至出现征兵人数不足、不得不起用贼头的情形。⑥反"三征"斗争使得华南地区武装斗争得到恢复，有力配合了反"清剿"斗争，并使得华南各地区的人民游击战争得到发展。

2. 发动各地人民武装开展游击战争

1946年10月1日，毛泽东在为中共中央起草的党内指示中明确指出"今后

---

① 温焯华关于四属武装斗争近况的报告（1948年1月29日）[A]//中共广东省委党史研究委员会，广东省档案馆，中共湛江市委党史办. 粤桂边区武装斗争史料 [M]. 广州：广东人民出版社，1989：136.

② 绅士们也已起来反三征　郁南自卫会主委父子率队起义 [N]. 华商报，1948-04-25.

③ 新会乡民反征兵武装抢回被捉者 [N]. 华商报，1948-04-30（4）.

④ 香港分局关于半年工作总结和今后工作方针任务（1948年8月）[A]//中央档案馆，广东省档案馆. 中共中央香港分局文件汇集（1947.5—1949.3）[G]. （内部资料），1989：198.

⑤ 力耕. 抢尽民间最后一粒谷 [N]. 正报，1947-03-15（7）.

⑥ 宋子文扩军最后一计　征兵募兵都告失败　实行起用大批贼头 [N]. 华商报，1948-01-26.

必须加强党的领导,在暂时被占领的地区,发展地方武装,坚持游击战争,保护群众利益,打击反动派活动"。① 随即,广东区党委根据中央的指示精神,发布了《关于农村系统工作的概略意见》,该《意见》对华南地区的长期方针、群众组织工作、上层统一战线、武装斗争等做出具体指示。《意见》认为,华南广东武装工作有逐渐加强之必要。

1946年11月,方方、尹林平根据中央《给南方各省工作指示》,做出了恢复广东武装斗争的决定。随后,针对目前华南地区敌我力量比较悬殊的实际情况,以及中央关于"不要急于打大仗,也不要过早集中武装建立根据地,而应分散武装发动群众,先从多消灭乡村的反动势力及地主联保武装做起,在广大乡村中站稳,为建立根据地奠定基础"的指示,方方、尹林平提出了"实行小搞,准备大搞"的方针,先把武装力量星罗棋布地发展起来,以奠定武装斗争的基础。

1947年初,广东区党委召集各地党组织负责人于香港湾仔召开区党委扩大会议,会议主要帮助各地党组织负责人认识开展华南游击战争的重要性和发展的可能性,也对一些干部存在的广东地区能否发展武装斗争的疑惑进行了排解,使参会的区党委成员、各地党组织负责人明确了今后广东武装斗争的方针和应采取的策略,增强了大家发展游击战争的信心。在此基础上,方方和尹林平在香港连续举办了5期干部训练班,学习中共中央的指示和广东区委发布的《关于恢复武装斗争的决定》。围绕开展武装斗争、建立游击根据地的基本方法和策略进行培训,为华南地区恢复和发展武装斗争准备了重要的干部条件。

1947年3月中共广东区党委就恢复武装斗争的方针、任务、口号、斗争的发展步骤以及军事组织形式等方面做出具体决定,发布《武装工作意见》。

1947年4月,方方、尹林平对华南地区游击战争做了整体的部署,并提出"建立边界游击根据地的战略方针",并把华南地区划分为粤桂边、粤桂湘边、粤赣湘边、闽粤赣边、琼崖五个战略单位,随后还增加了粤中、滇桂黔边两个战略单位。在这些战略单位之下,各地党组织以隐蔽的形式发展武装斗争,到处出击,摧毁国民党的基层政权,消灭地方反动武装,建立山区游击据点。各地组建小队伍,搞好自己的原有地区,逐步推进,蚕食向前,到处消灭弱小敌人。

在广东党组织的指挥下,广东群众武装斗争发展壮大起来。1946年7月东

---

① 中共肇庆市委党史研究室,《粤桂湘边纵队史》编写组. 粤桂湘边纵队史 [M]. 广州:广东人民出版社,1996:27.

纵北撤后，国民党的清乡、围剿更是激起了各地人民自发的求生自卫斗争。尤其是1947年春初，自南路击毙遂溪县县长戴朝恩开始，各地人民武装部队陆续出现，在东江、北江、中区和南路等地各县展开。① 南路地区积极响应广东区党委关于恢复武装斗争的指示，发动群众组建精干武装队伍，集中力量打击国民党的乡、保武装和县警队。1947年4月，中共粤桂边地委和粤桂边人民解放军成立。在吴有恒的指挥下，南路各地游击队整编为团，形成了三个主力团——遂溪以4个中队为基础，组成新编第一团，金耀烈为团长；廉江独立大队扩编为新编第三团，黄东明为团长；化县吴川部队组建为新编第四团，罗明为团长。三大主力团转战廉江、化县。1947年南路地区就摧毁国民党乡公所近20个，解放圩镇8个，破仓分粮10000余石，武装队伍发展到5000余人，控制了遂溪、廉江、化县边境纵300里、横120里的地区。1947年5月到6月，粤桂边人民解放军两次向勾漏山进军，第一次在欧初的带领下进发，在廉（江）博（白）边境受阻。随后，各队返回本县，继续开展反"三征"和减租减息斗争。6月中旬，粤桂边人民解放军继续向廉博边境进军，随后因准备不足，在白花岭再次遭遇敌人截击，只好挥师南下，未能实现开辟勾漏山根据地的预期。此外，在粤桂边区游击斗争驯熟发展的同时，粤桂边区推动遂溪、廉江、化县、吴川游击区的武装建设和游击斗争。并在方方的指示下，积极开拓遂（溪）廉（江）化（县）吴（川）游击根据地，开创了粤桂湘边区武装斗争的新局面。

粤赣湘地区的五岭、漓江、九连、江南、江北等地人民武装，根据香港分局的指示，开展扩大武装队伍，建立游击根据地的斗争。1947年1月，方方、尹林平对五岭地区武装斗争作了指示，强调以反"三征"为号召，发动群众，壮大队伍；以南雄、始兴为中心，坐南朝北，向赣南、湘南发展，多支多点，星罗棋布地建立根据点，开展游击战争。1947年3月，在广东区党委的指示下，五岭地方委员会成立，张华任书记，黄业任副书记。4月，活跃在粤北五岭地区的人民武装成立了粤赣湘边区人民解放总队，黄业为总队长，张华为政委，下设4个支队，1个独立大队及2个地方大队。解放总队在南雄、始兴、仁化、大庾、崇义等地，发动群众开展反"三征"斗争，广泛出击地方反动武装。自1947年5月始，五岭人民武装攻破曲江苦竹圩、始兴罗坝乡、南雄新田圩、百顺圩地区，拔除了国民党在靖平的据点，并在曲江开展武装斗争，捣毁白沙、沙溪乡公所，实现了游击队从山地到平原的发展，扩大了游击区和根据地。1947年夏，五岭地委还在赣南开展游击战争，在湘南、桂东等地发动武装起义，

---

① 蓝川. 广东人民武装的发展与现势 [J]. 群众（香港版），1948（38）.

成立"粤赣湘边区人民解放总队北上先遣队"。瀚江地区的粤赣先遣支队主动出击，歼灭了翁城坳子黄联防队，打击地方恶霸势力，镇压了原英德县县长华岳生、新丰县县长罗联辉、地方恶霸张桂图等人。1947年3月到12月，江南地区人民武装与国民党军队展开了4次较量，打击了地方势力，自身武装人数在1947年底从30人增长到2500人。6月到11月，江北部队打击了博罗公庄乡公所自卫队和恶霸林兆富，歼灭了自卫队，突袭了清远滠江上四九自卫队，伏击了龙门县警队，围攻了河源平陵乡自卫大队，均取得成功，游击基地也初步建立起来。1947年7月到10月，九连地区成功抵御了以国民党保安第五总队和独立第一大队为主力的两次进攻，全区连队发展到9个，地方连队19个，民兵队伍壮大，超过400人，活动地区达52个乡。

桂黔滇边地区人民武装也十分活跃。1947年11月，香港分局决定在桂西南、滇南成立桂滇边工委，建立一支2000人的桂滇区支队。原来南路人民抗日解放军第一团到桂西、桂滇边发展游击战争，后来发展成为桂滇黔边纵队的主力。工委成立后，各部队迅速打开斗争局面。庄田、廖华等率领800余人，成功攻下果梨，打开了通向靖镇区的门户。随后，部队继续先后进攻了平孟乡、南坡墟、荣劳乡等地，拔除了国民党的据点。1948年初，罗日辉率领千余人的武装在桂黔滇边出没，广西当局屡次镇压均无成效。① 经过主动出击，靖镇区武装解放了7个乡镇，破碎的根据点连成一片，人民武装壮大为2000多人。1948年2月，经中共中央批准，中国人民解放军桂滇边部队正式成立，庄田任司令员，周楠任政治委员。在云南地区，1948年初，中共云南省工委以群众工作较为扎实的滇东南地区为试点，先开展游击战争，随着罗平钟山乡、圭山、西山等地取得武装斗争的胜利，一支1500多人的人民军队建立了起来。5月，滇东南武装成功抵御了国民党在罗平县的"围剿"，并成功从龙海山挺进圭山，南渡盘江，在人口100多万的少数民族地区建立了游击据点。在滇东南胜利态势的影响下，滇南、滇中、滇西和滇东北地区游击战争也发展了起来，开创了桂滇黔边武装斗争的新局面。

在闽粤赣边地区，1947年2月初，方方和广东区党委派政治交通员向中共闽粤工委传达开展游击战争的指示，并提出边区先在闽西南发动游击战争的意见。随即，在魏金水主持下，中共闽粤边区工委召开会议，会议提出边区武装斗争先粤东后闽西南的方针。5月，边区工委决定在王涛支队和梅埔韩纵队的基础上，成立中国人民解放军粤东支队。为贯彻执行中共中央和香港分局关于开

---

① 桂滇黔边人民武装活跃[N].华商报，1948-01-07（1）.

展农村游击战争、建立根据地的指示,1947年6月,闽粤赣边区工委召开扩大会议,决定把工委主力组建为"粤赣边人民解放军总队",地委为支队。其斗争方针是:普遍小搞,准备大搞,大量摧毁敌人区乡政权,消灭区乡公所武装和地方反动武装。1947年8月,粤东支队出击大埔县大麻镇、梅县三乡,取得了恢复武装斗争以来的较大胜利。在此胜利鼓舞下,11月杭武蕉梅边区各县游击队主动出击,打击地方反动武装。与之配合,还在6月成立潮汕人民抗争队,依托反"三征"斗争,也开拓了新的游击据点。8月,闽南地区成立了闽南支队,并于11月的水晶坪伏击战中取得支队的首次胜利。1948年1月到3月,支队通过斗争恢复发展了乌山、山内的老根据地。闽西地区取得陈东坑战斗的胜利,并创建了永和埔边游击根据地。澄海、普宁、惠来等韩江地区各县人民武装自1947年末开始纷纷展开反抗。① 至1948年春,闽粤赣边区各地区分别创建了游击根据地,组织了民兵和农会,甚至建立区乡人民政权,武装部队也迅速发展起来,为反"清剿"作战打下基础。

1947年5月,香港湾仔会议之后,在中区特派员谢勇宽的指挥下,粤中地区确定了以三罗云浮山脉周围的山区为武装斗争的重点,尽可能发展武装力量,恢复老区,开辟新区,发动群众开展反"三征"斗争的工作方针。通过反"三征"斗争,粤中逐渐恢复了公开的武装斗争,贯彻了香港分局"在群众斗争中取得武装斗争的胜利和发展"的指示。1947年间,粤中区较大规模的反"三征"斗争活动有近20次,给群众救济分粮120多斤,上万群众参加了斗争。中区人民武装力量从刚开始的100多人,发展为400多人,地区武装部队逐渐组建成基干队,原来的游击老区也得到恢复。

在地理位置上与粤中紧密相连的粤桂湘边地区,在湾仔会议之后,决定积极扩军,建立主力部队,发展武装斗争,并以广宁为中心,先向广宁、德庆、怀集、封开地区挺进,随后挺进英德、乳源、阳山、桂东等地。1947年4月,中共香港分局决定成立粤桂湘边区。粤桂湘人民武装先在广宁、怀南建立游击中心,随后开辟连江游击区和怀集桂东游击区。1947年8月,粤桂湘边区工委和人民解放军司令部为贯彻香港分局建立粤桂湘边区边界根据地的指示,组织北挺第一大队向粤湘边挺进,开辟连阳游击活动地区,并以骑田岭为基础,向零陵、桂阳地区挺进。12月底,北挺大队向连阳地区进发,在罗壳山下的云山里因准备不足而受阻,最终不得不折回广宁老区。尽管如此,粤桂湘边地区的游击斗争局面基本打开,并开辟了粤湘边区游击区。

---

① 影徐. 民变遍韩江 [N]. 华商报, 1948-03-02 (1).

远离广东的琼崖纵队也没有放松武装斗争,自 1946 年末开始,多次粉碎国民党蔡劲军部、韩汉英部的"清剿",控制了全琼面积的 40%,并于 1947 年 5 月创建了五指山根据地。广东省政府曾指出,琼崖"各区辖境匪患日重,各县乡镇被匪控制者甚多,不特无法推行政令,征兵实施尤感困难"①,说明琼崖地区的斗争颇有成效。

1948 年,解放战争进入了关键时期,虽然面临着国民党的打击和美国的威胁,华南地区各个战略单位仍加紧推进游击战争,打击了国民党在农村的势力。例如,国民党关于中共游击情况的电文就指出,汕头"乡村夜晚则有便衣之奸匪到各村落集会。……奸匪情势日见逼近,地方防卫力量薄弱"。② 1948 年 4 月 8 日,宋子文驻广东南路保警总队派出保十一营三连 80 余人,向绥安公路出动,袭击人民武装。南路人民武装侦悉后,埋伏拦击,损敌数十名,并缴获一批枪支弹药。保警总队伤亡过半,震慑于人民武装的威力,更加不敢妄以小股人马出动骚扰。③

与此同时,面对宋子文在广东疯狂发动"清剿"的斗争新形势,香港分局提出坚持"到处发展,到处进攻,以粉碎宋匪重点进攻。坚持平原游击战,以掩护山地边区,完成赤色割据。把火力集中于消灭各地反动武装封锁"④ 的游击战争方针,为主力南征彻底解放全粤加紧准备。华南地区的游击斗争在转向粉碎国民党"清剿"中向前发展。

在中央及香港分局的指挥下,华南地区的农民斗争和游击战争取得了丰硕成果。截至 1948 年 9 月,南方各地游击队已经把宋子文三个补充旅十个保安团的重点进攻完全粉碎,共约消灭敌人三个团的兵力。华南地区武装发展 60%,地区发展了三分之一。华南地区积累了三万余兵力。此外,游击战争也由消灭地方反动势力进步到击溃省防军的进攻,斗争规模有了很大的发展。⑤

---

① 广东省政府. 广东省各县呈报清剿情形:二(1948 年 5 月 7 日)[A]. 广州:广东省档案馆,3-1-141.
② 广东省银行省行各行处报告我游击队活动情况来往电(1948 年 1 月 30 日—1949 年 1 月 13 日)[A]. 广州:广东省档案馆,41-2-627.
③ 南路人民武装出击大获全胜 保警总队一连伤亡过半[N]. 华商报,1948-04-25(1).
④ 秀致琼崖区党委电——关于目前游击战方针(1948 年 5 月 19 日)[A]//中央档案馆,广东省档案馆. 中共中央香港分局文件汇集(1947.5—1949.3)[G]. (内部资料),1989:142.
⑤ 香港分局致中央及中城部电——华南农斗游战状况(1948 年 9 月 11 日)[A]//中央档案馆,广东省档案馆. 中共中央香港分局文件汇集(1947.5—1949.3)[G]. (内部资料),1989:233.

3. 粉碎国民党军事"清剿"

自 1946 年末,华南地区的武装斗争逐渐恢复以来,各地区游击战争蓬勃发展,人民武装力量迅速壮大,不断削弱国民党在华南地区的势力,威胁其后方基地。

为了挽救陷入全面总崩溃的危机,国民党于 1947 年 9 月派宋子文出任广东省主席。宋子文主粤后,主持召开"绥靖"会议,决定调整机构,集中兵力,实行军政一元化,统一部署,起用宿将,加紧对广东各地人民武装实行军事"清剿"。① 宋子文把广东全省划分为 9 个"清剿区司令部",还成立了 3 个省际边区"剿匪总指挥部",从 1947 年 12 月到 1948 年下半年,向华南地区人民武装发动了两期军事"清剿"。

1947 年 12 月,宋子文发动了"分区扫荡,重点进攻"的第一期"清剿"。为打破其军事"清剿",1948 年 2 月,香港分局对各地党委发出《关于粉碎蒋宋进攻计划,迎接南征大军的指示信》。在指示信中,香港分局总结了一年来群众武装斗争和游击战争的经验教训,制定了相应的斗争策略:"普遍发展与建立主力;避免敌人的包围、限制;大胆领导非党武装;加强部队政治、军事教育;瓦解敌军"。此外,针对城乡不同形势,香港分局还提出农村地区应该分散发展,迅速消灭地方反动武装,对于容易进攻的市镇,应集中兵力拿下,然后立即撤出。对于城市应该充分准备,配备多于敌人三五倍的兵力,不可贪多长时占领,以免受敌包围。山地地区则应该放手发展平原武工队的政治、军事斗争,以实现首先解放。②

各地武装根据分局"普遍发展,大胆进攻"的指示,迅速组建主力部队,主动抗击"清剿",攻城夺镇,其间虽有波折和损失,但总体上实现了打破敌人"清剿"的企图。南路化县吴川地区是国民党第一期清剿的开端。粤桂边地委经历了经验不足、判断失误造成惨重损失的教训,于 1947 年 12 月决定东西出击,部分则就地坚持,一支东征粤中地区,与粤中人民武装汇合,一支西进十万大山,保存主力,粉碎了国民党对南路的"清剿",还开展了中区、西江更大的斗争,发展了桂南大块地区。兴宁、梅县人民武装粤东支队分成蕉岭、梅县、大埔三路进行出击,打破了国民党的"十字扫荡"。闽粤边则在蕉岭胜利后展开了

---

① 走向胜利,一定胜利(1948 年 1 月)[A]//中央档案馆,广东省档案馆. 广东革命历史文件汇集(广东区党委等文件)[G]. (内部资料),1987:128-129.
② 香港分局关于粉碎蒋宋进攻计划,迎接南征大军的指示信(1948 年 2 月)[A]//中央档案馆,广东省档案馆. 中共中央香港分局文件汇集(1947.5—1949.3)[G]. (内部资料),1989:117.

对闽西、闽南、大埔、饶平的攻击。潮汕人民抗争队连续取得战斗的胜利，粉碎了敌人对南山、八乡山的进攻，发展了平原工作。西江两岸党组织先后领导德庆、郁南的人民武装斗争，把武装斗争扩展到粤桂边境。海南地区也攻占了三个县城，完成土改的群众有四五十万人。① 1948年6月，国民党对广东地区各游击队的第一期"清剿"宣告失败。

随后，宋子文继续补充兵力，集中3个补充旅、15个保安团、12个独立保安营和地方团队，并提出"肃清平原，围困山地"的中心计划，开展了第二期"清剿"。针对此种情况，香港分局于1948年4月发出《二月指示信的补充指示》，肯定了二月指示信武装斗争方针的正确性，并对一些地方工作中一些偏"左"的现象进行了纠正和预防。8月，香港分局发出八月指示信，指出粉碎国民党第二期"清剿"的中心任务是"有计划有步骤的组成以区党委为单位的主力兵团"，② 主要战略战术是"坚持平原以掩护山地边区之巩固"。对此，各地应该"在平原加强武工队的配备……加强对山地的开辟或巩固……加强情报工作"。③ 根据上述情况，拟定了以下方针任务："甲，从普遍发展中组织主力，提高战斗能力，紧密依靠人民，有配合、有策应地歼灭宋子文部分清剿部队，瓦解地方反动武装，以粉碎宋匪所谓第二期的清剿计划。乙，从纠正过去错误政策中，放手发动群众，坚持有步骤有计划地实施削弱封建势力的社会政策，改善群众生活，打下我们广泛而巩固的下层基础。丙，从推进发展中配合以有利条件的跃进，有方向的来扩大我们游击区乃至邻县邻省，有计划有步骤的去填敌人的空格，造成边区山地的割据局面。"④ 指示提出"集中火力打击反对人民及我军的反动头子，地方恶霸，首要特务。并消灭其武装组织。联合与中立一切可能联合与中立的社会力量；社会政策限于实行反三征，减租减息，生产

---

① 香港分局关于反清剿问题给北江地委的指示（1948年6月）[A] //中央档案馆，广东省档案馆. 中共中央香港分局文件汇集（1947.5—1949.3）[G]. （内部资料），1989：170.

② 香港分局关于半年工作总结和今后工作方针任务（1948年8月）[A] //中央档案馆，广东省档案馆. 中共中央香港分局文件汇集（1947.5—1949.3）[G]. （内部资料），1989：192.

③ 香港分局关于半年工作总结和今后工作方针任务（1948年8月）[A] //中央档案馆，广东省档案馆. 中共中央香港分局文件汇集（1947.5—1949.3）[G]. （内部资料），1989：195.

④ 香港分局关于半年工作总结和今后工作方针任务（1948年8月）[A] //中央档案馆，广东省档案馆. 中共中央香港分局文件汇集（1947.5—1949.3）[G]. （内部资料），1989：191.

合作，救灾救荒"。① 等策略政策，不得修改。在香港分局八月指示的指引下，各地党组织和人民武装深入发动群众，发展反"三征"斗争，实行减租减息，帮助生产合作，促进群众斗争的蓬勃发展，各地反"清剿"斗争胜利的消息不断传来。

粤桂边区党委对国民党发起猛攻，袭击了国民党在南路地区的中心湛江，取得了胜利，震惊了国民党广东当局。东江江南地区的人民武装，主动组织了沙鱼涌袭击战、山子下伏击战，并在惠阳稔平公路铁马关、东莞梅塘、深圳龙华开展伏击战、袭击战，大量歼敌。九连地区粤赣边支队先后取得连平县狮子脑伏击战、河源县鹤塘伏击战等五场战役的胜利，从根本上扭转了九连地区的斗争局势。潮汕人民抗争队取得了五次反"清剿"斗争的胜利。琼崖纵队解放了16座墟镇，把游击区扩大到沿海地区。还有驻守南路遂溪的国民党广东省保安第十团团长陈一林在1948年12月19日发动起义，接受粤桂边人民解放军的整编，粤桂边人民解放军掌握了战略主动权，彻底粉碎了国民党第二期"清剿"。

这两次"清剿"，华南地区人民武装歼灭国民党军及地方团体1.4万余人，缴获各种武器近9000件。人民武装超过5万人，活动遍及全省100个县的99个县。根据地、游击区从山地向平原发展，并逼近国民党统治的中心地带。②

华南地区的武装力量在抗战后保存实力，隐蔽待机，在条件成熟时开展小搞，进而开展大规模的游击战争和反"清剿"斗争，摧毁了国民党在乡村的政权，梅花式的游击据点得以建立，并发展为割据式边区，进而形成成熟的解放区。游击根据地及华南各地的武装队伍也在恢复和发展武装斗争的过程中得到锻炼和成长，从1946年11月重新恢复武装斗争初期的不到1940人（琼崖除外），发展到1948年底的45948人（包括琼崖），③ 为之后解放华南总基地的建立打下基础。1947年华南地区有组织的武工队或小型部队活动的地区有134个县，群众组织多为灰色的、秘密的，斗争规模较小，活动面多分布于山区。经过1948年一年的斗争，华南人民武装控制、半控制和活动的地区大大扩展。地

---

① 香港分局关于半年工作总结和今后工作方针任务（1948年8月）[A]//中央档案馆，广东省档案馆. 中共中央香港分局文件汇集（1947.5—1949.3）[G]. （内部资料），1989：191.

② 广东省地方史志编纂委员会. 广东省志·军事志[M]. 广州：广东人民出版社，1999：524.

③ 一九四八年军事斗争总结（1949年3月）[A]//中央档案馆，广东省档案馆. 中共中央香港分局文件汇集（1947.5—1949.3）[G]. （内部资料），1989：466.

区的发展也由"点"的山地活动和控制，发展为"线"的活动和控制，进而发展为广大平原地区的活动和控制。闽粤赣边的游击根据地和粤赣湘边的游击根据地已经连接起来了。闽粤赣边控制及半控制的人口已达400万人。粤汉铁路以西发展了中区，珠江三角洲的中山、小北江，雷州半岛、六万大山、十万大山，粤桂滇边的左右江和滇东南、滇西南等游击根据地。琼崖也是中共力量强大而巩固的地区。在华南185个县中，华南人民武装完全占领的县份有3个，绝大部分控制的县份有12个，大部分控制的有26个，小部分控制的有61个，能够大部分活动的有15个，小部分活动的有68个。① 约一半县份位于广东，具体分布地点如表2所示：

表2　华南人民武装活动地区表②

活动区性质	粤	桂	湘	滇	闽	赣	合计
完全占领	3						3
绝大部分控制	12						12
大部分控制	25				1		26
小部分控制	31	17		7	3	3	61
大部分活动	9	2			3	1	15
小部分活动	19	19	5	7	13	5	68
合计	99	38	5	14	20	9	185

（三）建立解放华南总基地

1949年春夏间，毛泽东、朱德发布向全国进军的命令，人民解放军展开了规模空前的进军作战。4月，人民解放军突破长江，解放南京，并乘胜向南推进。6月初，人民解放军先后解放了江苏、安徽、福建、浙江、江西等省部分和大部分地区，占领了上海、南昌、杭州、武汉等重要城市，并控制了浙赣铁路，华南地区的解放已是指日可待。

人民解放军渡过长江之后，迅速向华南地区挺近。华南地区人民武装斗争

---

① 香港分局关于一九四八年华南群众斗争报告（1949年初）[A]//中央档案馆，广东省档案馆.中共中央香港分局文件汇集（1947.5—1949.3）[G].（内部资料），1989：437.

② 香港分局关于一九四八年华南群众斗争报告（1949年初）[A]//中央档案馆，广东省档案馆.中共中央香港分局文件汇集（1947.5—1949.3）[G].（内部资料），1989：445.

进入了一个新的发展阶段。建立华南解放基地,迎接南下大军,全部解放华南和广东是广东党组织面临的中心任务。

1. 各边区纵队成立

在广东区委、香港分局的指导下,华南、广东各地的人民武装配合着人民解放军野战部队在全国范围的大进攻,对国民党军发动了各种攻势,瓦解和歼灭敌地方武装,不断巩固扩大各游击根据地,打破了国民党把华南地区视作"最后堡垒"的计划。在不懈斗争中,华南各地人民武装不断发展壮大,人民武装发展为 45948 人,广东地区就有 38948 人(除去琼崖纵队),拥有机枪 736 挺,长短枪 40060 支,还有六〇炮、迫击炮、枪榴弹筒等武器。① 加上 1949 年 1 月 26 日,中共中央香港分局发出《给各地党委的指示并给中央的报告》,提出"迅速将各地委武装正式编成纵队属下的支队、大队、中队统一编制",② 在中央指导和帮助下促进人民武装队伍往规范化发展。这都推动了解放华南总基地的建立。

在香港分局的领导下,南方开辟了以广东为中心,深入广西、云南,紧接福建、江西、湖南、贵州四省边界的七大块游击根据地,先后成立了琼崖纵队、粤赣湘边纵队、闽粤赣边纵队、桂滇黔边纵队、粤中纵队、粤桂边纵队和粤桂湘边纵队。

(1)琼崖纵队

琼崖纵队的前身是 1927 年 9 月以海南岛农民起义队伍为基础,在海南岛成立的武装力量。其后随着不同阶段革命形势的变化,由讨逆革命军改编为工农红军、广东省民众抗日自卫团第十四区独立队。1946 年,纵队改称为广东省琼崖游击队独立纵队。1946 年初,琼崖纵队正确执行广东区党委的"北撤"指示,一面准备"北撤",一面进行自卫斗争。1946 年下半年,琼崖纵队粉碎了国民党第四十六军的"清剿"计划,虽然人员有所损伤,但保存了主力,部队战斗力得到加强。在长达十个月的自卫战争中,琼崖纵队作战近 300 次,歼灭了 4000 多敌人,开拓墟镇据点 40 余座。1946 年 9 月,琼崖纵队在尹林平的帮助下,从香港购买电台并成功送到琼纵司令部,终于恢复了与党中央中断了 5 年的联系。1946 年 11 月到 1947 年 5 月,琼崖纵队两次粉碎国民党蔡劲军的重

---

① 一九四八年军事斗争总结(1949 年初)[A]//中央档案馆,广东省档案馆. 中共中央香港分局文件汇集(1947.5—1949.3)[G].(内部资料),1989:466.

② 给各地党委的指示并给中央的报告——关于当前工作的意见(1949 年 3 月)[A]//中央档案馆,广东省档案馆. 中共中央香港分局文件汇集(1947.5—1949.3)[G].(内部资料),1989:465.

点进攻,毙敌1700多名,缴获轻机枪37挺,步枪1170支,并恢复了敌人摧毁的地区。1947年5月,琼纵建立了五指山革命根据地。1947年5月,琼崖特委召开琼崖党第五次代表大会,选举产生了中共琼崖区委员会,形成了以冯白驹、李明、庄田为中心的领导集体,标志着琼崖党组织的成熟。1947年10月20日至11月30日,琼纵首次全军代表大会召开。会议期间,中央军委正式命名琼崖游击队独立纵队为"中国人民解放军琼崖纵队",冯白驹任司令员兼政治委员,李振亚、吴克之任副司令员,黄康任副政治委员兼政治部主任,马白山任参谋长。1947年11月,琼崖纵队粉碎了国民党韩汉英的"清剿",初步打开白沙、保亭、乐东根据地。1948年,琼纵继续进军保亭、乐东,彻底解放这两座县城,并实现五指山区的全部解放。解放战争进入攻势后,琼崖纵队接连发动秋、春、夏三季攻势,并配合南下野战军解放了海南岛。

(2) 粤桂湘边纵队

1947年5月,中共中央香港分局发出指示,成立中共粤桂湘边区工委和边区人民武装。委员一共5人,原来珠江纵队政委梁嘉为指挥员兼政治委员,原中共广西省工委书记钱兴为副政治委员,李殷丹为政治部主任,李海为参谋处主任,欧伟明为军需处主任。① 原来由广西省工委领导的桂东桂北等地区的党组织转归由粤桂湘边区工委领导。1947年夏,在中共中央香港分局关于发展华南武装斗争的指示下,以广东人民抗日游击队珠江纵队第2支队、独立第3大队以及小北江、桂东等地的人民武装为基础,在粤汉铁路以西的西江以北、广西桂林以东、湖南桂阳以南地区,相继建立西江人民义勇队,管辖四个边区队、粤桂湘边人民解放军,包含四个挺进队等多支人民武装。这些人民武装在开展粤桂湘地区反"三征",打破国民党"清剿"的斗争中起到重要作用,发展了粤桂湘边区的武装斗争。

1949年1月开始,粤桂湘边工委领导各地武装开展反攻。首先在清远英德地区发动春季攻势。连江支队、连阳人民武装也通过斗争,扩大了连南、连山、湘南的活动范围,进一步发展了粤湘边游击根据地。随后,广德怀开封边区、桂北地区也在春季攻势中取得了发展。1949年5月,在香港分局和边区工委的领导下,粤桂湘边区独立团、绥贺支队第一团、连江支队第三团等800多人主动出击,从山区向平原推进,控制了粤汉铁路以西的广宁、四会、三水、英德等地。同年3月,中共粤湘边临时工委成立,随后指挥连江支队进军湘南,进

---

① 粤桂湘边部队序列表(三)(1947年7月—1948年1月)[A] //《粤桂湘边纵队史》编写组. 粤桂湘边纵队史[M]. 广州:广东人民出版社,1996:294.

一步打开粤湘边的局面。1949年春，粤中部队进军三罗，粤桂湘边区人民解放军抓住机会，联合粤中部队打下了西江，把江南江北游击区连成一片。同时，绥贺支队为抵御国民党的进剿，转战西江北岸，还成功开辟了贺江下游活动区。同年7月23日，中国人民解放军粤桂湘边纵队正式宣告成立。自成立以来，粤桂湘边纵队参加作战460余次，歼灭国民党军4400余人，争取国民党起义500余人，解放了湖南省临武县，广西省怀集县①，广东省广宁县、德庆县、开建等县城。

（3）闽粤赣边纵队

闽粤赣边纵队的前身是大革命时期成立的闽粤边区临委、闽粤赣中心县委和潮汕特委。1946年冬，以魏金水为特派员的中共闽粤赣边区工委成立。1947年3月到1948年3月，闽粤赣边公开开展武装斗争，组织群众反"三征"，发动游击战争，打击了国民党地方武装和地方政权，创建了粤东、闽西、闽南、潮汕等地的游击根据地，部分地区还建立了区乡人民政权。1948年3月到12月，闽粤赣边各地武装部队在地方党组织、武工队和群众配合下，以灵活的游击战术，两次粉碎了闽粤两省国民党势力的联合"清剿"，闽粤赣边也发展为华南地区较大的游击根据地。1948年6月，香港分局决定成立闽粤赣边区党委，潮汕地委划归边区党委领导。同年8月，闽粤赣边区召开党代会，根据香港分局的决定，成立魏金水任书记的闽粤赣边区党委，管理闽西、闽南、韩东、梅州、潮汕共五个地委。同时还组建了中国人民解放军闽粤赣边区纵队，下辖直属团和5个地委领导的5个支队，原粤东支队改编为边纵直属1团，梅州地委另行组建新的粤东支队。至1948年底，闽粤赣边区纵队从一支年初只有2600多人的队伍发展成拥有8200多人的部队，并下辖5个支队、10个团、27个独立大队，发展了民兵2万多人，游击区遍及28个县市，游击根据地的人口达200多万。

1949年1月1日，根据中国人民解放军总司令部命令，正式成立了中国人民解放军闽粤赣边纵队。1949年夏，闽粤赣纵队相继解放了19座县城，实现了香港分局提出的把闽粤赣边区和粤赣湘边区连成一片的指示。随后，纵队配合南下野战军作战，相继解放边区38个县市，对实现福建、广东全境的解放起到了积极作用。

---

① 怀集县于1949年11月24日解放，隶属广西省平乐专区。1951年5月托广东省西江专区代管。1952年3月划归广东省。

(4) 桂滇黔边纵队

桂滇黔边纵队是战斗在广西、云南、贵州三省边界地区的武装力量，是在中共中央上海局和中共中央香港分局指导下，由中共桂滇边工委和中共云南省工委直接领导的，以桂滇边人民游击队和云南人民讨蒋自救军第一纵队为基础不断发展而来的队伍。1947年11月，中共桂滇边工委成立。1948年2月，中国人民解放军桂滇边部队成立，庄田任司令员，周楠任政治委员。桂滇边部队成立后，结合地方民兵武装力量，在云南、滇桂黔边区、桂西、滇东南地区发展游击战争，打开了桂滇黔边新局面。1948年12月17日，香港分局致电中央，请示批准成立粤赣湘、闽粤赣、桂滇黔三个边纵队司令部。1948年12月27日，中央批复同意。1949年1月1日，奉中共中央军委命令，中国人民解放军桂滇黔边纵队正式宣告成立。庄田为司令员，周楠为政治委员，朱家璧为副司令员，郑敦为副政治委员，杨德华为政治部主任。纵队成立后，继续带领边区开展斗争，取得了一系列胜利，并把盘江南北两岸根据地和桂西地区游击根据地连成一片。1949年10月，桂滇黔边纵队粉碎了国民党的疯狂"清剿"，巩固发展了根据地，牵制了国民党在桂滇黔地区的7万余兵力，解放了三分之一地区和1000多万人口。桂滇黔边纵队虽然远离党中央，但在解放战争期间有效策应了全国解放战争主要战场的作战，又配合南下的人民解放军转入进攻，通过广西战役、滇南战役和西昌战役，歼灭了国民党军近6万兵力，胜利解放了广西、云南、贵州三省全境。

(5) 粤中纵队

粤中纵队是一支活跃在华南敌后粤中区的人民军队。1947年初到1948年2月，粤中部队通过实行小搞，开展反"三征"，逐渐站稳脚跟，从一支100多人的武装队伍发展为400多人，并巩固和开辟了一批游击区。1948年3月，为适应大搞的方针，香港分局指示在粤中区成立粤桂边党委粤南分委、军分委，并指挥广东南路的粤桂边部队主力东征粤中。4月，三罗地区党组织在郁南县发动了"四一八"武装起义，粤中地区的武装斗争步伐得以加快。1948年夏，粤中地区抵御了国民党的"清剿"，歼敌402人，缴获大批枪支弹药。部队也发展到2300多人，民兵发展到1400多人。粤中游击活动区域也扩展了两倍多。从1948年秋开始，粤中地区对敌作战由防御走向进攻，从分散的游击战转为歼灭战，取得了船岗、布辰岭、连州等地战斗的胜利，并巩固和开辟了新高鹤游击根据地和滨海地区。1949年4月17日，中共粤中分委、军分委正式向华南分局提出组建临时区党委和纵队的书面报告。5月，华南分局回复称"全中区部队人员已发展到六千余之众，……建立纵队已具备成熟的条件"，并将中共粤中分委、军分委的来件转呈中央,待中央批复后宣布。1949年7月,华南分局以"通知"的形式转发党中央关于批准成立粤中临时区党委和粤中纵队的指示。"中央已批准成立粤中临时区党委及粤中纵队,并同意冯燊、谢创、吴有恒、欧初、郑锦波、谢锡爵、唐章、周天行八人为区党委委员。冯、谢创、吴、欧四人为常委,冯燊为书记。纵队司令员吴有恒、副司令员欧初,政委冯燊,副政委谢创兼政治部主任。"随后,7月15日,中共粤中分委、军分委发出《关于成立粤中临时区党委及粤中纵队的通知》,宣布粤中临时区党委和粤中纵队即日起正式成立。1949年上半年,粤中各地游击区连接成片,皂幕山、大隆洞、天露山等游击根据地先后成立。

1949年7月,粤中人民武装部队发展为6800多人,经中共中央批准,正式组建为中国人民解放军粤中纵队。在解放战争期间,粤中纵队对敌作战360多次,毙、伤、俘敌近3000多人,争取敌军起义投降30余起、2000多人。①

(6) 粤桂边纵队

粤桂边区早在抗日战争时期就已经形成为独立的抗日武装——南路人民抗日解放军。南路是武装斗争恢复得较早,发展得较快的地区,东纵北撤后,南路保存的武装人数较多,武装活动也并没有停止,多以小型武工队的形式坚持活动,其组织和武装力量不断发展壮大。1946年初,南路地区党员约有2260人,武装部队发展为1000人左右。② 解放战争期间,粤桂边区在广东区党委作出恢复武装斗争的决定后,迅速恢复了武装斗争。南路、合浦县、钦县、防城县、灵山县钦廉四属地区、桂中南、思明地区通过发动群众反"三征",开展武装起义,摧毁国民党地方政权,促进了粤桂边区武装斗争的发展。1947年3月,在南路党组织的领导下,粤桂边区人民解放军司令部和粤桂边区人民解放军公开成立。随即,司令部和边区地委为贯彻香港分局建立大块根据地的指示,指挥解放军两次进攻勾漏山地区,虽有挫折,但消灭了国民党的部分力量。同时,解放军积极进军遂廉化吴地区,开拓了遂廉化吴游击根据地。同年4月,南路武装已经发展成为一支人数约有4000人,枪支3000余,机枪约30挺的部队。③

---

① 中共江门市党委. 粤中纵队史 [M]. 广州:广东人民出版社,1992:5.
② 温焯华. 南路工作报告(1946年8月)[A] //中共广东省委党史研究委员会,广东省档案馆,中共湛江市委党史办. 粤桂边区武装斗争史料 [M]. 广州:广东人民出版社,1989:36-42.
③ 温焯华关于南路情况的报告(1947年4月24日)[A] //中共广东省委党史研究委员会,广东省档案馆,中共湛江市委党史办. 粤桂边区武装斗争史料 [M]. 广州:广东人民出版社,1989:77.

1947年10月开始,国民党对遂廉化吴地区开展重点"清剿",因工作过于激进,考虑不足,化吴地区在反"清剿"斗争中受挫,武装部队和根据地都遭到损失。随即,粤桂边区地委召开扩大会议,决定挺出外线,分东西两路转移作战。西进部队挺进粤桂边区的十万大山地区,东进部队挺进茂名、信宜和粤中地区,高雷的部队原地坚持作战。东西挺进部队较好地支援了粤中地区和桂滇黔边区的解放战争。1948年6月,在香港分局的指示下,粤桂边区党委和粤桂边区党委临时军委成立。7月10日,粤桂边区人民解放军胜利袭击湛江,是华南地区袭击中等城市的首次胜利。1948年,粤桂边纵队粉碎了国民党"清剿",轰动一时。1949年,粤桂边纵队发动春夏季攻势,歼灭了敌人大量武装力量。

1949年6月,经过中国人民解放军总司令部批准,中国人民解放军粤桂边纵队成立,粤桂边区人民武装建设进入了一个新的发展阶段。6月至9月,粤桂边纵队打通了从高雷地区到十万大山的走廊,粤桂边区根据地连成一片。至1949年冬,粤桂边纵队发展到25000余人,有轻机枪336挺、重机枪33挺、火炮20余门、长短枪20000多支。① 同时,粤桂边纵队有力地配合了野战军进行粤桂边战役,歼灭了国民党白崇禧、余汉谋两个集团10多万人,其中粤桂边纵队歼敌2万多人,解放了湛江以及整个粤桂边区。

(7) 粤赣湘边纵队

1947年4月,香港分局还在筹建之时就考虑到广东、江西、湖南边区所处的战略地位,做出了"准备在粤汉路以东,东江以北至赣南、湘南,成立粤湘赣边区"的战略决策。粤赣湘边根据地的建立,促进了粤赣湘边地区武装队伍的壮大和游击战争的发展,为后面粤赣湘边纵队的构建奠定了坚实的基础。

1947年春,华南地区武装斗争逐渐恢复。粤赣湘边全境也燃起了游击战争的战火,广泛发动民众开展反"三征"斗争,摧毁国民党乡村政权和地方武装50多个,粤赣湘边作战部队人数发展为1900多人。随后,五岭、渝江、九连、江南、江北等地人民武装按照香港分局指示,开展了以消灭地方反动武装、扩大武装队伍为核心的建立游击根据地的斗争,各地广泛出击国民党地方武装。1947年8月1日,以东江纵队为基础建立起来的中国人民解放军两广纵队正式成立。随着华南地区游击战争的发展,粤赣湘边区出现了部队干部不足的问题,香港分局从两广纵队和华东军政大学抽调干部,南下支援。到1947年冬,粤赣湘边作战部队发展为11700多人。各地区游击基地初步建立,五岭地区建立了

---

① 中共湛江市委党史研究室,《粤桂边纵队史》编写组. 粤桂边纵队史 [M]. 广州:广东人民出版社,1996:133.

帽子峰、油山、北山游击基地，九连地区建立了以九连山为中心的游击基地，潖江建立了翁虔边、英佛边、翁源黄洞山游击基地等等。地方民兵队伍和农会也组织了起来，还建立了部分区、乡政权。1947年底，面对国民党对粤赣湘边区的"清剿"，江南、九连、潖江、江北和五岭地区的武装部队坚持斗争，成功粉碎了国民党的"清剿"。

1948年12月，在中共中央香港分局的领导下，决定正式成立中共粤赣湘边区委员会，由尹林平、黄松坚、梁威林、左洪涛等组成，尹林平为书记，黄松坚、梁威林为副书记，管辖原有的五岭、潖江、九连、江南、江北等地委，并增管中共珠江三角洲地方委员会。粤赣湘边区武装在党的正确领导下，作战水平不断提高，规模不断壮大，1949年已经发展成为一支拥有15000余人的强大队伍。1948年12月27日，中共中央军委批准中国人民解放军粤赣湘边纵队成立，并任命尹林平为司令员兼政治委员，黄松坚为副司令员，左洪涛为政治部主任。1949年1月1日，中国人民解放军粤赣湘边纵队正式成立。解放战争进入战略进攻阶段后，粤赣湘边纵队分南北两线展开春季攻势，初步形成海、陆、惠、紫、五边，新、连、河、龙、边两块战略基地。同时，粤赣湘边区党委指挥纵队开展了赣南、湘南、珠三角地区的武装斗争，建立野战军入粤作战的前沿基地。为实现大块根据地的建设，5月，粤赣湘纵队还解放老隆和东江上游部分城镇，与此同时，还派出南线部队巩固和扩大海、陆、惠、紫、五边战略基地。1949年4月野战军渡江后，粤赣湘边纵队歼灭国民党广东省保安团第四师师部和保五团，先后解放龙川、五华、连平、和平等县。随着闽粤赣边区纵队相继解放兴宁、大埔、蕉岭等地，东江、韩江两块大根据地连成一片，成为纵横一千数百里的解放区，顺利完成了建立解放广东战略基地的任务。1949年9月至10月，野战军进入粤赣湘边境，粤赣湘边纵队和两广纵队组成南路军，成为解放广东的重要一翼，促进广东全境解放。

解放战争期间，粤赣湘边纵队进行的较大的战斗有840多次，歼灭敌人25000多人，缴获各种火炮78门，轻重机枪934挺，长短枪23800多支。

华南地区各纵队的建立，是华南人民武装力量不断发展壮大的结果，各个纵队在所在地区相关战役战斗中发挥了出色的能力，为迎接主力部队南下解放广东和华南做出了重要的贡献。

2. 解放华南总基地的形成

1948年末，南方各游击队伍发展到4万多人，华南各地也相继建立和发展了根据地或游击区，牵制和消耗了国民党的部分军力。1949年1月1日，解放军准备渡江，香港分局向各地首长发布关于南方斗争方针与布置的指示，指出当前"我们的布置应是朝向首先解放粤汉线东粤、闽、赣、湘数十县及路西的二三十县,以包围广州,夺取广州"。① 同时,香港分局还指出粤赣湘边委、粤桂边委、桂滇边委都应该加强与周边地区的联系,尤其是粤赣湘边委应该努力建立粤北之九连山与五岭以及惠、海、陆、紫两大地区的联系。同年1月26日,香港分局向各地发出指示,要求各地"迅速扩大主力部队,迅速组织民兵,依照各个战略单位展开有战略意义的地区和工作并联成一片(如闽粤赣边与粤赣湘边之海陆惠紫五兴丰,如十万大山与六万大山),而又以武工队向各地普遍发展"。②

1949年1月5日,方方致电中央,为避免对港英政府产生刺激,以及为更好地领导华南地区的武装斗争,香港分局可否改名为华南分局。③ 随后,出于日后发展的考虑和组织安全问题,方方于1949年4月6日请示中央,询问香港分局是否可以"搬到潮、普、惠之大南山,或揭、五、丰之大北山,以潮梅地委为中心,建立领导(该地已解放及控制约有三百万人口,在我地区内有二十余中学,可大批培干,部队可集结六千人,并与林之海、陆惠取得联系)"。④ 1949年4月8日,经中共中央批准,中共中央香港分局改称为中共中央华南分局。方方为华南分局书记,尹林平为副书记。华南分局以方方、尹林平、梁广、冯白驹、冯燊、魏金水、林李明为委员,周楠、庄田为候补委员。在华南地区游击战争大发展、各根据地得以扩大和巩固的情况下,1947年5月,华南分局领导机关由香港迁至粤东梅县地区,继续领导着华南各地的革命斗争。

1949年4月,华南各个游击纵队发起春季攻势,取得令人瞩目的胜利。许多边区地区建立起来的根据地和游击区,形成了有效的面的衔接。在胜利形势的影响下,群众之间掀起了参与革命的热潮,一些边区的地方实力派和国民党军政要员,也开始转变立场,表明了投靠革命的意向。

---

① 香港分局致各地首长并中央——南方斗争方针与布置(1949年1月1日)[A]//中央档案馆,广东省档案馆.中共中央香港分局文件汇集(1947.5—1949.3)[G].(内部资料),1989:357.

② 香港分局给各地的指示——关于当前工作的意见(1949年1月26日)[A]//中央档案馆,广东省档案馆.中共中央香港分局文件汇集(1947.5—1949.3)[G].(内部资料),1989:381.

③ 方方致中央电——请示港分局可否改名为华南分局(1949年1月5日)[A]//中央档案馆,广东省档案馆.中共中央香港分局文件汇集(1947.5—1949.3)[G].(内部资料),1989:366.

④ 方方致中央电——港分局可否搬往潮普惠地区(1949年4月6日)[A]//中央档案馆,广东省档案馆.中共中央香港分局文件汇集(1947.5—1949.3)[G].(内部资料),1989:4.

4月21日，中共中央发布《向全国进军的命令》，号召全军奋勇前进，解放全国人民。人民解放军渡过长江之后，迅速向华南地区挺进，华南地区人民武装斗争进入了一个新的发展阶段，广东党组织进而需要承担进一步发展游击战争，扩大游击区和根据地，建立华南解放基地，迎接南下大军，全部解放华南和广东的中心任务。根据华南分局的部署，各地主力部队在取得春季攻势的胜利后，又迅速发起了对国民党的进攻。1949年5月7日，华南分局发布《对大军渡江后华南工作的布置》，指出"在大军未到达以前，我们必须将农村完全解放，控制在我手内，以便到时大军可集结力量解决城市工作及追歼残敌。……加紧城市接收准备工作"。对此，华南分局制定了"督促各区完成打成一片的战略部署计划。成立各边区临时行政委员会。督促各地准备组织进城市部队"的工作部署。①

按照华南分局的指示，粤赣湘边纵队与闽粤赣边纵队协同合作，联结东江和韩江两个中心的两大块根据地，形成解放华南的总基地。同年5月，国民党将领吴奇伟、李洁之、曾天节、魏汉新率领保安十二、十三团和独立营，先后到梅县、龙川、蕉岭等县城举行起义。6月，闽粤赣边纵队先后解放梅县、大埔、兴宁、蕉岭等地，并建立人民政权。粤赣湘边纵队先后解放了五华、龙川、紫金、和平等县城，建立了东江行政委员会及11个县的人民政权。

除了粤赣湘边纵队与闽粤赣边纵队，粤桂边纵队、粤桂湘边纵队和粤中纵队也积极发动攻势，促使根据地连成一片。1949年上半年，粤桂边纵队加强对各地党和军队的领导，在雷州和粤桂南区发动春夏季攻势，取得成功。随后，粤桂边纵队十万大山部队主动出击粉碎了国民党"清剿"。六万大山等地武装斗争进一步发展，1949年9月，纵队打通了粤桂边区走廊，巩固和扩大了粤桂边区根据地，完成了香港分局关于"雷州半岛至六万大山、十万大山连成一片"的要求，开创了粤桂边区的新局面。12月，粤桂边纵队配合野战军进行了粤桂边战役，消灭了白崇禧、余汉谋集团，解放湛江市，解放全边区。

粤桂湘边区各部队在1949年的春季攻势中广泛出击，发展了连县、阳山、英德、清远、德庆、封川等地区的工作，逐步恢复了广宁北部老区，同时开辟了一些新的游击区。3月，粤桂湘边部队挺进湘南，进一步打开了粤湘边的局面。5月至9月间，粤桂湘边部队持续向敌人出击，在粤汉铁路以西的英德、清远、四会、广宁一带，把打击的方向从山区向平原推进，控制了路西地区。联

---

① 对渡江后华南工作的布置（1949年5月7日）[A]//广东省档案馆. 华南党组织档案选编（1945年—1949年）[G]. （内部资料），1982：220.

合粤中部队控制了西江，并转战西江北岸，开辟了贺江下游活动区。1949年末，粤桂湘边纵队在野战军南下后，协同野战军取得了桂东、桂北、连阳等战役的胜利，完成了历史任务。

1949年上半年，粤中部队把各分割的游击区逐渐连成一片，先后建立了皂幕山、大隆洞、天露山、云罗阳边等游击根据地，并在大部分地区成立各级人民政权。10月，野战军南下后，粤中纵队协同南下大军作战，堵截各路逃敌共4万余人。11月下旬，粤中全境解放。

1949年8月，广东省大多数乡村已经得到解放，解放区人口达到1350万人，有三分之一地区建立人民民主政权，并开始了经济、政权、文化、教育等方面的建设，武装部队人数发展到8万人。解放华南总基地的形成为南下解放军进入广东作战扫除障碍，为最后解放华南、广东，配合野战军消灭国民党军，解放华南创造了有利条件。

1949年9月，叶剑英在赣州主持召开中共中央华南分局扩大会议，商议和部署解放华南和广东的重大问题。会议还形成了以叶剑英为第一书记，张云逸为第二书记，方方为第三书记的领导集体，叶剑英、方方、陈赓、赖传珠、邓华为常委。新的华南分局机关驻广州，领导着广东、广西两省等地区的党组织。

五、构建文化宣传阵地

一直以来，港英当局标榜着"民主""自由"等西方的政治理念，表面上对进步活动的干涉较少。抗战胜利后，英方同意中共在港的合法地位，允许中共以半公开的形式在香港从事活动。中共可以设立秘密电台，可以在港居住、出版报刊等，为香港分局在香港开展文化宣传工作提供了条件。中共中央香港分局充分利用香港的有利条件，在此建立起中共在华南地区的政治文化宣传阵地。

（一）文化宣传阵地的建立

1945年9月，在中共以"香港为中心建立城市工作"的指示下，中共广东区党委陆续派出杨奇、饶彰风等宣传干部前往香港。同时，中共中央致电广东区党委，要"立即派出干部前往香港、广州占领宣传阵地"。1945年10月，中共中央指示广东，要求通过谈判，争取在港开展合法活动，出版报刊，并利用港九英国法律进行华南民主运动，为中共在香港的文化宣传活动减少阻力。1946年2月，为打破国民党所造成的内战危机，冲破国民党在广州的一党专制统治，广东区党委发出指示，动员"开展各大城市的宣传文化工作，鼓励大量的进步文化人士及民主分子到广州去进行出版、发行、文艺、戏剧、歌咏、电影种种活动"。① 不久,广东区委对该指示加以补充,认为英国政府为显示其民主风度,在宣传上会给予相当的自由,虽然是有限度的,但是可以加以发展。②

1946年5月29日晚,中共在北平的机关报《解放报》,新华社北平分社等77家报纸、杂志通讯社被国民党非法关闭。叶剑英为此特意召开记者招待会,在中外50余名记者面前,严重抗议国民党当局摧残舆论的行为,认为是"中国历史上第二个'七七事件'"。③ 1946年6月,南京局指出"目前形势,内战危机异常严重,北平《解放报》、新华报社已被封,南京、上海《新华日报》不能出版",并认为在目前国民党严管舆论的形势下,"香港《华商报》《正报》与华南通讯社应运用中、美、英矛盾,争取长期存在,对英不加刺激,适当而有步骤的批评。港工委应慎重讨论此问题,并特别注意舆论"。④ 内战爆发以及国民党的舆论控制政策不仅凸显了香港地区文化宣传阵地建设的重要性,更使得广东省内乃至全国的大批民主文化人士汇集香港,为中共文化宣传阵地的建设提供了充实的人才力量。

1947年3月,中共中央指示华南工作斗争,"在京沪港穗等区和各三业中心区,尤须运用各党派及民校(指本党),各机构在黄色工会,尤其是各交通机构中,传播恐怖消息及本党(指"共党")政策的媒介"。⑤

1946年6月,为进一步开展香港和广东地区的文化宣传工作,中共中央南京局发出指示,在香港成立港粤工委。其中,文化宣教工作委员会由饶彰风负总责。1946年10月到1947年上半年,南京局陆续把章汉夫、夏衍、许涤新、冯乃超、乔冠华等从事文化、宣传、经济等工作的一批重要的党员干部派往香

---

① 广东区党委关于目前形势与任务的指示(1946年2月)[A]//中央档案馆,广东省档案馆.广东革命历史文件汇集:1946年1月—1947年1月[G].(内部资料),1987:27.

② 广东区党委关于目前形势与任务的补充指示(1946年3月8日)[A]//中央档案馆,广东省档案馆.广东革命历史文件汇集:1946年1月—1947年1月[G].(内部资料),1987:38.

③ 叶剑英严重抗议国民党当局摧残舆论暴行(1946年5月31日)[A]//中共江苏省委党史工作委员会,中共南京市委党史资料征集编研委员会,中共代表团梅园新村纪念馆.中共中央南京局[M].北京:中共党史出版社,1990:60.

④ 中共中央南京局对港粤工作指示(1946年6月2日)[A]//中共江苏省委党史工作委员会,中共南京市委党史资料征集编研委员会,中共代表团梅园新村纪念馆.中共中央南京局[M].北京:中共党史出版社,1990:63.

⑤ 中共中央华南工作斗争总纲领(1947年3月)[A].广州:广东省档案馆,006-010-0145-041.

港,参加香港分局和港粤工委的工作,并由乔冠华担任新华社香港分社社长。香港分局建立前,在港粤工委领导和支持下的香港报纸刊物都是由广东区党委管理。1947年香港分局建立后,华南地区和香港等地的报刊工作、宣传工作则由分局之下的香港工委、文委、报委等部门专管。其中,文委由夏衍担任书记一职,冯乃超、邵荃麟、周而复担任副书记。报刊工作委员会由工委书记章汉夫兼任报委书记,1949年4月调整为廖沫沙担任。文化宣传阵地随着相关组织机构的不断完善得以壮大。

中国共产党利用香港的文化宣传阵地出版发行刊物,建设通讯社、新闻社,发展文艺,开展大城市的宣传工作,广泛宣传中共的政治主张和各项政策。1948年,香港分局文委还顺利安置了从国统区撤退的文化干部,并派干部到南洋筹募文化基金,支援各个进步报纸杂志。①

文化宣传阵地的建设不能忽略思想引领工作。除了支持各公开刊物和出版机构文化工作者的生活和经营外,香港分局文委还特别强化党内和非党干部的思想教育,经过审干、三查、纠偏,文化宣传干部的思想作风有明显进步。②

通过以上努力,解放战争时期,中共占领了香港地区的文化阵地。文化宣传阵地的建立为中共政治宣传、繁荣文艺、发展统战等工作的开展提供了不可或缺的条件。

(二) 文化宣传阵地的主要成果

香港分局的文化宣传阵地建设涉及报刊、文化艺术、电台及通讯社等方面。这些工作传播了中共的革命主张和革命思想,推动了华南地区进步文化事业的发展,其影响还辐射全国,出色地配合了中共的革命事业。

1. 大量出版发行报刊

为了传播党的声音,报道革命斗争信息,广东区党委和香港分局在香港地区广泛出版发行刊物,这些刊物在当时发挥了舆论教化、传播先进思想、团结群众的功能。其中比较著名的有以下几种:

(1)《正报》

1945年9月,为了在香港建立宣传据点,中共香港区党委书记尹林平根据

---

① 香港分局致中央并中城部电 香港分局工作报告(1948年8月18日)[A]//中央档案馆,广东省档案馆. 中共中央香港分局文件汇集(1947.5—1949.3)[G]. (内部资料),1989:182.

② 香港分局致中央并中城部电 香港分局工作报告(1948年8月18日)[A]//中央档案馆,广东省档案馆. 中共中央香港分局文件汇集(1947.5—1949.3)[G]. (内部资料),1989:182.

中央指示，从东纵部队抽出五名干部，派出饶彰风、杨奇等宣传干部前往香港，与廖沫沙等人于同年11月办起抗战后第一家广东区党委的机关报《正报》，由杨奇担任社长。《正报》的主要任务是"自己占有阵地"，"在群众中广泛宣传党的政策主张"，是当时港九地区唯一刊载新华社电讯稿，报道解放区消息的报纸。1945年11月13日，《正报》创刊号面世，出版8000份，一个上午全部售完。《正报》主要设置四个版面：第一版主要刊登新华社的电讯；第二版是通讯版，主要反映国统区情况，以及香港民主党派对时局的政治主张；第三版是副刊版，发表文学作品文艺信息；第四版是以香港为主的新闻版。《正报》创刊后，受到群众的广泛欢迎，来信来稿甚多。

另一方面，《正报》的发展也经历了不少曲折。创刊不久，港英政府很快注意到《正报》的存在，相关编辑人员被港英政府叫去问话，并被警告"青年人不要过激"。同时，国民党特务通过撕报纸、写恐吓信的形式阻碍《正报》的发展。稚嫩的《正报》还面临着上级指出的"立场不稳"的压力。在这样的情况下，《正报》在第15期以后，对工作方式进行了一定的改进。首先是引用党外开明分子刘日波等参加工作，由其负编务主责，并改革内容版面，取得了良好效果。在30期后，为了加强对《正报》的政治领导，引入李超参与报社的工作。当时《正报》畅销海内外，日售8000到11000份之间。但是，《正报》还是存在着政治方向不准确的问题，被批评"没有策略头脑，妨碍统线工作，丧失政治立场等等"。① 此外，因纸价成本问题和广告受压制，《正报》出现收支失衡的问题，再加上《华商报》的出版，带来竞争压力，遂不得不改为两日刊出版。后来，《正报》作为"党的报纸"，却依然在政治上容易出毛病，自己也不能负担亏空，在110期时不得不停刊，并于1946年7月21日以期刊形式再度面世。同时，《正报》还推行扩大门市、出版书籍、扩大订户、代理苏联书、放映电影等办法以扩大业务，克服报社的经济困难，促进了革命及进步思想的传播。1948年11月13日，因"斗争工作的调整及其方式的变换"，② 《正报》停刊。

(2)《华商报》

根据周恩来"在香港建立一个宣传据点，对南洋和西方各国华侨以及进步人士进行统战宣传"的指示，1941年4月8日，中共南方局领导人廖承志在香

---

① 两年来的《正报》工作总结——一般概况、编辑工作与经济工作的检讨（1947年11月）[A]//中央档案馆，广东省档案馆.广东革命历史文件汇集（广东区党委等文件）[G].（内部资料），1987：51.
② 休刊词——告别读者[N].正报，1948-11-13（53）.

港创办《华商报》。该报的主要筹备人员有廖承志、夏衍、邹韬奋、金仲华、范长江、乔木、杨潮、张明养、胡仲持等。当时《华商报》以廖承志的表哥邓文田的名义在香港注册，表弟邓文钊负责报纸的发行。同年12月，日本攻占香港，《华商报》不得不停刊。1945年秋，章汉夫、胡绳、乔冠华、龚澎、廖沫沙、林默涵等奔赴香港，同广东区党委派出的饶彰风、杨奇等人汇合，重新建立新的传播站。1946年1月4日，《华商报》以日报的形式复刊出版（《华商报》原为晚报）。该报总经理由邓文钊担任，副总经理由饶彰风担任，总编辑为刘思慕，副总编辑为邵宗汉、廖沫沙和杜埃。日常工作由高天、赵元浩、吕剑、华嘉、杨奇等人负责。社论委员有章汉夫、许涤新、陈永生、乔冠华、张铁生、饶彰风等。香港《华商报》实际上是中共在香港的机关报，也是中共在香港的公开外围组织。

《华商报》在1月4日的复刊词中表明了"全面的和平，真诚的团结，彻底的民主"的办报宗旨，并提出报道"海外侨胞的真实情况，以促进国内当局和社会人士的关心和注意，并传达海外侨胞的真实意见，使其影响国内政治"①的基本任务。复刊当期，社会名流表示祝贺。彭泽民题词"辅翼民主"，周竣年题词"民之喉舌"，董仲伟题词"社会导师"，陈劭先题词"尽报纸应尽的责，说人民要说的话"。（《华商报》，1946）纷纷表达了对《华商报》的期许，点明其重要作用。

《华商报》设置有国际新闻、国内新闻、香港新闻等主要版面和文艺周刊、电影周刊、图书周刊、妇女周刊等副刊，还设有"一周战局""粤声""华商日历""热风"等特色板块。在解放战争期间，《华商报》出色地发挥了舆论宣传作用，团结了大批国内外爱国民主人士和文化界人士，成为在华南地区具有相当影响力的报纸。

（3）香港版《群众周刊》

1946年9月14日，上海《群众周刊》遭到国民党上海当局搜查后被勒令停刊。随后，香港分局表示，"《群众》如被迫移港，可标明沪版在港翻印，新华分社则希望与章汉夫、乔木协办"。② 1947年1月《群众周刊》香港版由章汉夫在香港注册。随后，《群众周刊》吸引读者，还在《华商报》刊登广告，称"本刊为中国共产党之机关刊物，出版已达九年，现仍在沪发行。为适应华南及

---

① 复刊词［N］.华商报，1946-01-04（1）.
② 周恩来关于对港工作意见致延安转方方、尹林平并工委电（1946年10月29日）［A］//中共江苏省委党史工作委员会，中共南京市委党史资料征集编研委员会，中共代表团梅园新村纪念馆.中共中央南京局［M］.北京：中共党史出版社，1990：178.

海外读者之需要和便利起见,特另在香港发刊港版。"(《华商报》,1947)1月30日,《群众周刊》香港版创刊,主要设置有社论、中共重要文告、短评、专论、南京及上海一周、国内外通讯等栏目。《群众周刊》香港版的诞生正值解放战争时期,国际社会也相当关注国共内战的情况。《群众周刊》几乎每期都提供解放战争最新进展的报道以及相关评论,并绘制战局态势图,广受海内外读者的欢迎。同时,《群众周刊》还为广大读者传播中共中央政策,揭露国民党反动统治。章汉夫离开香港后,工委书记一职由夏衍接替,报委书记由廖沫沙担任。香港版《群众周刊》一直出版到1949年10月20日,完成了其历史使命。

(4)香港版《文汇报》

1938年1月25日,上海《文汇报》在进步人士的组织策划下于上海创刊。它是抗日救亡时期因应当时上海"孤岛"的社会环境而出现的民办爱国报纸。1948年9月,上海《文汇报》被迫停刊。1948年9月9日,《文汇报》在中共的支持下,迁往香港出版。徐铸成担任总主笔,马季良担任总编辑,柯灵为副总编辑。香港版《文汇报》主要设置要闻、国际新闻、体育新闻、各地通讯、港九新闻、各地通讯、各种周刊等版面。此外,香港版《文汇报》各种周刊版面由茅盾、翦伯赞、郭沫若等文化界名流主持,社论执笔则有徐铸成、梅龚彬、吴茂荪等。可以说,香港版《文汇报》保留了上海地区新闻界的采编力量。在解放战争期间,《文汇报》宣传民主建国,揭露国民党的倒行逆施,并引导民众通过民主运动与国民党展开斗争,形成了重要的舆论力量。

除了上述四份报刊,香港分局还创办或复刊了《愿望周刊》《人民报》《光明报》《周末报》等报刊。这些期刊和报纸发挥联合优势,使得党的许多文件、党的政策主张、党的行动号召都能得到广泛的传播。

广大文人学者通过报刊发表政论文章,分析或抨击时政,并继续从事文学创作活动,为民主与和平发出自己的呼声。中共坚强的舆论阵地也因此形成。

解放战争期间,《华商报》大量报道解放战争的进程,还开辟"一周战局"的军事评论、时局社论和评论专栏。如1947年12月20日的《一个波浪跟一个波浪》,1948年1月3日的《孤岛与海洋之战》,1948年3月4日的《大西北在转动了》等文章,以迅速精确的军事评论,让华南地区人民和海外侨胞了解解放战争的胜利进程,给人民以教育和鼓舞,振奋人心。1948年4月30日,中央发布《纪念五一劳动节口号》,各民主党派、民主人士、社会各界纷纷通过《华商报》发表声明和评论,拥护"五一口号",形成广泛响应中共民主活动的热潮。通过《华商报》的统战,社会各阶层团结了起来,中共的群众基础得以扩大。

还有《正报》也积极报道广东地区的武装斗争情况，传播中共的政策主张，提高了中共的威望。例如，《正报》第110期社论发表了"和宋子文打政治仗"的新口号，并报道了《华南人民武装的当前行动纲领》，介绍和交流人民武装新政策在各地的实施成绩和经验。还有"献给人民团体""三年游击战争"等长篇连载以及许多研究学习、整风反省的文章，总结和提高了人民斗争的经验与理论，对广大人民群众起到教化作用。《正报》期刊在经营困难时，为了在《华商报》《群众》中获得一席之地，曾集中力量研究广东情况，推出了成功的作品《一年来广东情况的总结》，打破了强调广东长期黑暗的观点，使广大群众既看到国民党当局的削弱，也看到群众斗争的兴起。《正报》深入各阶层群众，特别是工人群众，这些成绩是当时其他报刊和《华商报》所不及的。此外，《正报》转载延安新华通讯社和内地《解放日报》的重要社论和文章，还经常编印新华社重要社论、毛泽东的讲话、革命回忆录等书籍和文件，这在传播党的主张、引导群众、促进革命斗争力量的扩大上有着积极意义。

此外，英文双周刊《中国文摘》创刊7年，主要服务对象为美国及国内，其次为南洋和欧洲。《中国文摘》广受南洋读者欢迎，其美国读者也多为进步分子。自1947年夏天开始了每期刊登一篇亚洲国家民族解放斗争的报道，文摘稿件时常被国外刊物转载，其接触面比新华社要广。① 这些报刊都是中共与海外读者联系的重要阵地。

总之，这些刊物发展了国内外时事教育，宣传党的政策主张及对时局的重要指示、斗争任务，反映和指导了南方斗争。报纸刊物作为华南人民斗争的一翼，华南人民的喉舌，面向现实，面向斗争，面向群众，既交流了各个地区工作技术和经验，又呼喊了人民的声音，并研究了敌情，较好地配合了中共的斗争运动。

2. 发展文化艺术

在文学创作方面，香港分局在香港创办了多种文学类刊物，或协助其发展。这些刊物主要有茅盾主编的《文汇报·文艺周刊》，黄宁婴、陈残云、洪遒等编辑的《中国诗坛丛刊》，周而复主编的《北方文艺丛刊》和他负责的《小说月刊》，邵荃麟主编的《大众文艺》《野草丛刊》《大公报·文艺周刊》等。这些文艺刊物在香港形成了繁荣的新文学阵地。

---

① 香港分局致中央并中城部电 香港分局工作报告（1948年8月18日）[A]//中央档案馆，广东省档案馆. 中共中央香港分局文件汇集（1947.5—1949.3）[G]. （内部资料），1989：184.

港工委还协助进步人士在香港开办宣传进步文化的书店和出版社。1946年在九龙开业的南国书店,是当时九龙第一家经销进步书刊的书店。1947年底,中共香港工委成员卢苇出任经理,通过开展借阅进步书刊,举办读书会等活动向外界宣传进步的革命思想。1947年6月生活书店在香港开业。同年下半年因国民党打击,生活书店总部和编辑部被迫迁到香港。茅盾、邵荃麟被聘任担任一部分编辑工作,曾出版有邹韬奋的《抗战以来》《论新民主革命》等进步书籍,向港澳地区和南洋各地读者输送了进步的革命思想。

新民主出版社是香港在战后出现的第一家出版社,属于《华商报》董事会属下的机构。其主要活动是翻印毛泽东等党的领导人的著作,大量印刷解放区的进步读物和文艺作品。中国出版社是1946年9月在香港复办的出版政治书籍的出版社,社长由杨奇担任。还有1946年底建立的南洋书店,也以出版进步书籍为主。1947年下半年,由留港文化人黄宁婴、华嘉等建立的人间书屋出版社成立,出版的进步书刊著译有数十种。

在文艺方面,1946年由内地转移到香港的中共地下戏剧宣传队第五、第七支队合并成为中国歌舞剧艺社。同年还有虹虹歌剧团在香港恢复活动,中原剧艺社也于此时在饶彰风的策划下在香港成立。这些进步文艺团体上演进步戏剧和歌曲,在民众、学校、工会等地演出,进行爱国宣传。1947年,文艺创作工作取得丰硕成果,包括开展通俗文艺座谈会,开设文艺函授班,举办暑期文艺竞赛,发展青年文艺团体和职业部门的业余文艺学习社等,在发展文艺的过程中走群众路线,影响广泛。[1] 1948年香港分局成立后,继续支持文艺团体的发展工作,广泛发展文艺性的青年组织,如剧团、歌咏团、文学研究组、进步杂志读者会,妇女协谊会等。[2] 1949年初,在华南分局主持下,中国歌舞剧艺社、中原剧艺社以及中共香港青委领导下的业余文艺团体组成了中国人民解放军华南文化工作团。工作团奔赴东江游击区,配合几大纵队的武装斗争,也为广州的解放奠定了文艺人才基础。

在影视方面,1947年由香港工委文委领导的进步音乐组织香港新音乐社和中华音乐学院,联络和推动了香港、国统区乃至南洋地区的新音乐活动。1948年由香港工委文委指导成立的南国影业有限公司,成为解放战争时期香港进步电影事业的主要阵地,创作了《珠江泪》《羊城恨史》等经典作品。

---

[1] 孺子牛. 一年来的香港文艺活动 [N]. 正报, 1948 (39-41).
[2] 香港分局致中央并中城部电 香港分局工作报告 (1948年8月18日) [A] //中央档案馆, 广东省档案馆. 中共中央香港分局文件汇集 (1947.5—1949.3) [G]. (内部资料), 1989:181—182.

在教育方面,香港分局协助创办或复办了一些学校、教育团体,如达德学院、南方学院、中国新闻学院、港九劳工子弟教育促进会、建中工商专科学校等。

这些机构都出色地发挥了交流文化艺术,发展教育,宣传中共政治主张,教化民众,团结民主人士的作用。

3. 建立电台及通讯社

为更好地开展斗争工作,中共在广东地区设立了电台,但在国民党的严密监控下,难以发挥效用。据1946年3月广东省建设厅发给广东国统区各地的密电显示,总司令何应钦收到"中共在广州沙面附近密设有秘密电台数处,被香港英方电台所检得该电台电波"的情报,并指出"中共在华南似已展开活动,提醒各地加以防范"。①

1946年初,为使党中央的指示和新华社的消息能及时传播,中共还建立了新华通讯社香港分社、国际新闻社香港分社。1946年2月,在中共领导下,国际新闻社香港分社在香港重建。国际新闻社香港分社是民间通讯社,主要负责对外宣传业务,设有针对海外的《远东通讯》、针对华侨的《祖国通讯》以及针对国内的《国际新闻通讯》,并配合《华商报》和新华社香港分社的筹建工作。

新华社香港分社是中共在香港设置的较为大型的公开组织,1946年1月由饶彰风在游击区抽调干部,在香港筹建。内战全面爆发后,乔冠华、龚澎等干部于10月奔赴香港,与港英政府交涉,正式建立新华通讯社香港分社。该分社主要为《正报》《华商报》《群众》等报刊提供稿件,向广大群众报道解放区的情况。

自1947年5月起,香港新华分社每日发英文稿到苏、法、英、印、美等国使领馆,发行总数有172份。1947年夏,新华社英国分社成立。新闻来源除报寄稿外,每周还由香港新华分社发电一到两次,发行范围遍及欧洲。英分社还不时"为电讯社及英大刊物撰稿,影响不小"。②

1948年11月,中共指出"各地党委对党外人员和团体发行之报纸、刊物与通讯社,应主动地设法提高其政治水平,加强对他们的政治领导与思想领导,而办好我们自己的党报,巩固其在广大人民群众中的绝对优势地位,并运用批

---

① 罗卓英. 广东省建设厅关于防范敌方电台在华南开展活动一事的代电(1946年3月8日)[A]. 广州:广东省档案馆,006-002-2268-056.
② 香港分局致中央并中城部电 香港分局工作报告(1948年8月18日)[A]//中央档案馆,广东省档案馆. 中共中央香港分局文件汇集(1947.5—1949.3)[G].(内部资料),1989:184.

评的武器，对各种错误思想和言论，进行恰当的思想斗争，则是推动党外报纸、刊物进步的最重要的方法。经过私人关系派遣进步分子到党外报纸、刊物中去工作，也是方法之一"。① 港英当局较为自由的言论管理政策，使得香港成为各党派开展舆论宣传的避风港。这极有利于香港分局利用文化宣传阵地发展对外宣传，并联结民主人士，团结香港其他友报友刊，发展爱国民主统一战线。

香港分局领导的文化宣传活动让更多的港澳同胞和海外华侨对中共政策主张以及国民党的反动统治有了更多的认识，揭露了国民党假和平、真内战的本质，使得中共民主和平统一的宣传深入广大群众的内心，获得了更多的无党派进步人士和中间党派的支持。海外华侨的爱国主义情怀被激发，纷纷通过香港转运大量物资、款项和药品，为中共取得内战胜利做出了积极贡献。

在中央的指导下，香港分局有方针、有策略地进行文化宣传阵地建设，并广泛地开展了文化宣传工作，打破了国民党的舆论封锁和文化专制，教育和提高了群众的政治文化觉悟，配合和指导了解放斗争，是华南解放战争指挥中心的重要组成部分。

六、开展华南地区经济建设

解放战争时期，香港分局在领导各地党组织及人民群众开展武装斗争的同时，还积极开展各项经济建设工作，努力发展生产，整顿金融财政，建设根据地经济，发展财经统战。不但解决了国民党军事进攻和经济封锁造成的经济困难，也为解放军部队南下解放华南提供了物质基础。

（一）基本经济建设

香港分局对于华南游击区的经济建设，主要从推行合理的征粮征税政策和开展金融建设这两个方面展开。

1. 推行合理的征粮征税政策

解放战争的发展和各地人民武装的不断壮大，需要更加强大的经济来源。1947年11月，广东区党委就指出"就华南地区而言，目下解决经费的重要工作是整理税收，是征收公粮"。② 1947年10月香港分局提出"对于减租减息胜利后的征粮，对于交通孔道的税站，对于有计划的生产（农工商业），必须成为我

---

① 中央关于新解放城市中中外报刊通讯社处理办法的指示（1948年11月8日）[A] //中央统战部，中央档案馆. 中共中央解放战争时期统一战线文件选编[G]. 北京：中国档案出版社，1988：222.
② 关于税收问题的指示信（1947年11月）[A] //中央档案馆，广东省档案馆. 广东革命历史文件汇集（广东区党委等文件）[G]. （内部资料），1987：77.

们解决经济的主要方针。……征粮征税，一定要比恶政府征收比例减少三分之一甚至一半，而且还须采用简单累进办法（征收起点，必须保留群众生活所需的△担以上开征，累进提高）"的征粮征税原则。① 在此基础上，香港分局对税收和征粮制定了富者多出、贫者少出、赤贫免出、合理负担的财政政策。

征收公粮方面，香港分局规定大多数人都要缴纳公粮，富农则多缴。但是，以不致负担过重而阻碍生产力发展为原则，征粮或按等级征收，或按亩、按种征收。按等级征收，则赤贫免收，贫农每户每年六升，中农每户每年一斗二升，富裕中农每户每年二斗四升。富农、地主每年收成三十到六十石者，收5%；六十一到一百石的收10%；一百一十到一百五十石的，收12%；年收一百五十一石以上者，另行规定。如果遇到天灾人祸，则根据情况进行减免。如果按亩、按种征收原则是根据收获量的3%，然后按照上中下平均数而定出每亩或每斗种的增收量。自耕农（富农除外）和军工烈属，按照征收额打八折。赤贫和鳏寡孤独者则根据实情征收或免收。佃农方面，属于自耕地的部分，收八折，属于租佃部分则地主应占征收额的三分之二，佃农占三分之一。由于游击战争环境影响，香港分局主张各地采取按亩、按种征收的方法较为适合。征粮的办法是在中心区由地方政府负责，农会协助，边沿区则找人代收，并支付2%的手续费。② 所有征粮额都比国民党政府原定征税征粮额要低。

香港分局制定的征粮政策并没有对民众造成沉重负担，避免了平均主义，又避免了地主富农把征粮额转嫁给贫困农民的现象。比起内战开始时广东政府在灾荒之下为达到"济军粮民生"的要求"只许超征，不得短少"的征粮政策，③ 香港分局的征收款额合情合理，群众多数表示支持，征收工作顺利开展。以粤中地区为例，仅1949年上半年，新高鹤地区就征收了公粮三百多万斤，保证了根据地的需求。④ 1948年底全省约收得公粮一百万担。⑤ 同时，广大群众也

---

① 为迎接大反攻加强农村斗争的指示信（1947年10月）[A]//中央档案馆，广东省档案馆. 中共中央香港分局文件汇集（1947.5—1949.3）[G].（内部资料），1989：61.
② 香港分局关于半年工作总结和今后方针任务（1948年8月）[A]//中央档案馆，广东省档案馆. 中共中央香港分局文件汇集（1947.5—1949.3）[G].（内部资料），1989：202.
③ 抄发征粮办法六项[A]//关于征粮、购粮等各项条例、办法（1946年8月）. 广州：广东省档案馆，2-2-124.
④ 贺朗. 吴有恒传[M]. 广州：花城出版社，1993：308.
⑤ 广东情况介绍——方方在赣州高干会上的报告（1949年9月21日）[A]//中央档案馆，广东省档案馆. 中共中央华南分局文件汇集（1949.4—1949.12）[G].（内部资料），1989：221.

得到了发展,为中共解放斗争的开展奠定了群众基础。

在税收方面,1947年香港分局对各地征税政策也做了明确规定,"征粮征税,一定要比恶政府征收比例减少三分之一甚至一半,而且还须采用简单累进办法(征收起点,必须保留群众生活所需的△担以上开征,累进提高)或作农民必须消耗品(油、盐、布)奢侈品原定税(免收、轻收、重收),已罚款或已收粮税,不论任何人物,必须保护之"。① 各地在香港分局的指示下,不马上废除所有旧税,也不立即宣布新税,而先废除国民党政府的苛捐杂税,并且相应降低其税率。各地在水陆交通要冲和商贸繁荣的墟镇设固定站和流动站,征收货物出入口税和各种特别税,过境商品大致被分为日常用品、重要商品、消耗品和奢侈品四大类,分别按照不同的税率收税。日常必需品征5%,奢侈品征10%,屠宰捐按当地情形酌量征收,烟酒税按当地情形征收,中共特别需要的而又被敌人所严禁的,可减收或免收,对于小贩和非商业性质的免收。② 一般说来,凡本区多余的农产品和农副产品,降低出口税率以鼓励出口,本区人民所需而本区又无法生产制造的,进口予以低税和免税,以鼓励进口,对军需品和战略原料则禁止出口,毒品和奢侈品则分别禁止入口和提高税率限制入口。同时,为了鼓励流通,方便人民生活,各根据地对小贩和非商业税免收,营业税和所得税是否征收则视各地情况而定。各区还统一税收,商人在异地纳税后到了本区其他地方,不用再交税。征税手续也简化,税收人员根据验证商品的总价值计税。

香港分局制定的税收政策较为合理,初见成效。"东江每月最多收入二十三万余元(港币),至少也有七八万元。韩江月收三四万元至七八万元(港币)。"③

征粮征税工作顺利推行后,香港分局还指示各地"注意开源节流,厉行节约。必须树立经常收支制度,不只要平衡收支,而且要开始积蓄财富,打下大

---

① 为迎接大反攻加强农村斗争的指示信(1947年10月)[A]//中央档案馆,广东省档案馆.中共中央香港分局文件汇集(1947.5—1949.3)[G].(内部资料),1989:61—62.

② 香港分局关于半年工作总结和今后方针任务(1948年8月)[A]//中央档案馆,广东省档案馆.中共中央香港分局文件汇集(1947.5—1949.3)[G].(内部资料),1989:203.

③ 广东情况介绍——方方在赣州高干会上的报告(1949年9月21日)[A]//中央档案馆,广东省档案馆.中共中央华南分局文件汇集(1949.4—1949.12)[G].(内部资料),1989:221.

搞时的本钱"。① 香港分局的征粮征税工作从制定标准、征收方式到收支运营逐步推进，搭建了较为完整合理的征粮征税政策，为华南地区各项斗争活动的开展夯实了经济基础。

2. 开展金融建设

金融工作也是香港分局在华南地区进行经济建设的一项重要内容。1947年，华南地区国统区通货膨胀，金圆券接近破产，市面拒收小钞，引起金融波动，影响治安。为了挽回局面，1949年2月24日，国民党颁布《财政金融改革案》，停发大钞，但不久之后又大量发行五百元、一千元券，造成了市场的混乱。国民政府发行的法币、金圆券迅速贬值，使得群众多以谷物作为物物交换的媒介，提高了商品价格，阻碍商品流通，加剧根据地的粮食紧张。华南各地游击区民众纷纷要求中共发行纸币。② 针对这种状况，1949年，方方提出"准备在中央批准下成立华南人民银行，举办发纸币、贸易、侨汇、贷款的四部门工作。"③ 经中共中央批准，香港分局于1949年初开始筹备发行新的统一货币。但是，华南地区还是比较分散，暂时不具备统一发行货币的条件，因此，分局决定可由各地先自行发行流通券。1948年底，中共潮梅地委成立裕民银行，并于1949年2月发行"裕民券"，发行总额为400多万元，流通揭阳、潮安、丰顺等解放区。1949年4月，中共江南地委在陆丰发行了5000元"河田券"，不久再发行"新陆券"。粤中新高鹤地区、广阳地区、滨海地区还在部分解放区内发行粮税代用券、军粮代用券，以粮食谷物为基金，比值与港币相同，在解放区内专供缴纳公粮军粮和交税，也作为正式货币流通。1949年5月，华南分局指示粤赣湘边区和闽粤赣边区可以在分局财经委的指导和监督下，在各自管辖的地区，首先分别独自发行一种流通券，两区之间可以相互取得联系，订立一定的比价，并于必要时明令宣布准许互相流通与兑换。闽粤赣边区可以在"裕民券"的基础上加以扩大和推广。华南分局还要求发行业务和管理要在财经委之下成立公开的银行机构，钞票用银行名义发行。还要成立贸易局之类的商业机构，用以掌

---

① 为迎接大反攻加强农村斗争的指示信（1947年10月）[A] //中央档案馆，广东省档案馆. 中共中央香港分局文件汇集（1947.5—1949.3）[G]. （内部资料），1989：61.

② 方方在学习会议上的报告——关于目前形势与任务、华南党的工作（1949年2月）[A] //中央档案馆，广东省档案馆. 中共中央香港分局文件汇集（1947.5—1949.3）[G]. （内部资料），1989：420.

③ 方方在学习会议上的报告——关于目前形势与任务、华南党的工作（1949年2月）[A] //中央档案馆，广东省档案馆. 中共中央香港分局文件汇集（1947.5—1949.3）[G]. （内部资料），1989：433.

握物资，调剂市场，稳定币值。此外，还要注意打击伪币。① 1949年6月1日，琼崖发行了光银代用券。还有九连地区发行了6万元流通券，大埔发行了1万元左右的流通券。

到了1949年春季，南方一些游击区相继打通，发行统一货币的条件较为成熟，经华南分局指示，1949年7月8日，南方人民银行在揭西河婆镇成立了总管理处，并分别在河婆、老隆和梅县三地设立潮汕、东江和梅州三个分行。分行之下设7个支行和12个办事处，蔡馥生担任总经理。南方人民银行成立后，发行"南方券"，作为解放区的流通货币，截至1949年9月，发行了1千万元。"南方券"与"裕民券""流通券""新陆券"等比率相等，共同流通。到1950年3月，华南分局厉行财经统一，南方券由分局财委有序收回，退出历史舞台。②

此外，在华南分局指示下，华南解放区还建立了南方贸易公司，在解放战争期间大量收购军需民用物资，保障军事供给，为迎接南下大军准备物质基础。

（二）各边区的土改政策

中国革命的关键问题就是土地问题。进行土地改革，彻底消灭封建剥削制度，发展农业生产是新民主主义革命的基本内容，同时也是中国共产党的主要任务之一。香港分局开展的土改工作及时纠正了前期的失误，因时因地制宜，推行了有华南特色的土改，团结了农民群众，保证了生产。

1. 华南地区土改产生失误

抗日战争时期，群众已创造多种解决土地问题的方式，包括："甲，没收分配大汉奸土地。乙，减租之后，地主自愿出卖土地，而佃农则以优先权买得此种土地。丙，由于在减租后保障了农民的佃权，地主乃自愿给农民七成或八成土地，求得抽回二成或三成土地自耕。丁，在清算租息、清算霸占、清算负担及其他无理剥削中，地主出卖土地给农民来清偿负欠"。③ 农民用以上各种方式取得土地，基本解决了农村土地问题。抗日战争后，中共在土地改革政策上坚决支持群众从反奸、清算、减租、减息、退租、退息等斗争当中，从地主手中获得土地，实现耕者有其田。1947年10月10日，中共公布《中国土地法大

---

① 华南分局致粤赣湘和闽粤赣边区党委函——关于发行新币工作的指示（1949年5月2日）［A］//中央档案馆，广东省档案馆.中共中央华南分局文件汇集（1949.4—1949.12）［G］.（内部资料），1989：27.
② 方方.即刻收回南券（1950年3月9日）［A］.广州：广东省档案馆，204-1-247-105.
③ 中央关于土地问题指示（1946年5月4日）［A］//中央统战部，中央档案馆.中共中央解放战争时期统一战线文件选编［G］.北京：中国档案出版社，1988：99.

纲》，推动各解放区土改工作的进行。12 月，毛泽东在党的 12 月会议上明确提出了没收封建阶级的土地归农民所有。北方的土地改革运动取得明显成效。

1947 年 9 月，宋子文出任广东省主席，部署广东为全国反动内战支撑点。广东地区不仅面临着国民党当局的"三征"暴政和大水灾，还要应对宋子文主粤后的剥削。同时，华南地区各武装力量较为分散，农民的觉悟程度和组织程度比不上北方地区，暂时还不具备进行土地改革的环境和条件。由于经验不足以及对环境条件理解不充分，个别地区过早实行土改政策，并且土地改革的程度过火，造成了地主联合对抗的现象，武装斗争中也损失了一些小市镇。针对土地改革造成的失误，经过中共中央指示，1948 年 4 月和 6 月，香港分局决定停止停租、废债、分粮、分浮财、分田、清算等斗争，分别发出暂缓进行土改和停止进行土改的指示。

2. 减租减息，赈灾救荒，发展生产

1948 年 8 月，为粉碎宋子文准备在华南地区实施的第二期"清剿"，并纠正之前土改的失误，香港分局规定了"联合与中立不反对我们现在政策的地方，地主富农与一切可能联合与中立的社会力量……社会政策限于实行反'三征'，减租减息，生产合作，救灾救荒，财政政策应根据合理负担的实施原则，并保证财政"的方针任务。①

其具体政策是对于已分田地的地区的群众，可以不把田交还地主，但是要对地主生活给予一定照顾。主动把已分田地还给地主的，政府不干涉，并依然可以减租减息。如果因之前土改执行办法错误造成利益损害的中农，则尽力赔偿，以巩固贫雇中农的团结。

未分田地区则实行减租减息、救灾救荒、生产运动等社会政策。减租减息是南方革命斗争的中心政策。每到夏秋两季收获的季节，各地人民武装便发出减租减息的布告和条例，公布实施细则。减租办法沿用抗战时期的经验，实行对分租（地主和农民各半）二五减。即实行减租后，其租额不得越过耕地正产物收获总量的 37.5%。原租额超过对分的，应降为对分，再二五减。原租低于对分的，不得借此提租，但可少减免减。减租之后，农民必须交租。还有倒三七方法，即农民占七成，地主占三成乃至倒二八者。租金年息一般规定为 30%，或由双方自行决定利率。对减租减息中出现的问题，由人民武装进行处理，情

---

① 香港分局关于半年工作总结和今后工作方针任务（1948 年 8 月 18 日）[A] //中央档案馆，广东省档案馆. 中共中央香港分局文件汇集（1947.5—1949.3）[G]. （内部资料），1989：191.

节恶劣者，予以严惩。

在香港分局的指挥下，各地通过实地调查研究，听取农村各阶层意见，制定了合理的减租减息政策，提高了广大农民的生产积极性。

贫下中农是农民群体中无地少地、生活困难的阶层，中共中央在农村中发展调剂耕地的政策，在承认耕地业权的前提下，说服富裕中农调出部分耕地，给有劳力的贫农进行耕种。这种做法在根据地取得了一定成效，并得到推广。

各地部队还通过教育农民、启发农民自我组织起来开展生产运动，实行自救，发展了生产合作社、互助组等组织，大力整治农田，修理水利坡圳，调剂耕牛、种子和肥料。各地部队还帮助农民解决农产品运出贩卖的问题。对于资金不足的农户，还发展了低利借贷。

南方地区水旱灾害频发，经常造成灾荒粮荒。香港分局指示各地部队组织群众分粮、分浮财的斗争，并调剂解决耕牛、种子、肥料，多开荒山，多种植山薯、杂粮、瓜豆，还奖励勤于耕种、改善耕种的劳动英雄。此外，各地部队还帮助群众组织粮食运输合作社，调剂粮食。条件宽裕的情况下，节约救济无食老弱群众。在条件落后的地区，部队还帮助群众治病、贷款、贷种子，救济度荒，并帮助群众收割、冬耕。

香港分局还要求各地党组织要"积极帮助人民发展工农业，推行互助合作，举办低利借贷，改良耕种，救荒、赈荒及兴办各种社会福利事业"。① 在反"三征"斗争中，华南地区还发展了农会、抗争组、合作社等组织，发展了农民的文化、娱乐、卫生、学习等各种活动，还成立有儿童团、妇女联合会、教师联合会等群众组织，各地党组织通过帮助农民解决日常生产问题，成立农民组织，提高了农民的生活水平。

吸收了之前群众斗争情绪和觉悟不高的经验教训，香港分局还提出土改中"必须教育群众，撑群众的腰，使群众敢于动手起来分田，彻底解放"。对于斗争情绪不高的地方，应该"降低斗争口号……以待群众的觉醒及我力量发展时再来提高"。②

香港分局推行土改时重视保护群众利益，在"中共"军队活动的华南地区，香港分局"实行减租减息借粮救济，帮助生产的政策，使得广大群众基本上得

---

① 华南人民当前行动纲领（1948年12月）[A]//中央档案馆，广东省档案馆.中共中央香港分局文件汇集（1947.5—1949.3）[G].（内部资料），1989：289.

② 香港分局关于粉碎蒋宋进攻计划，迎接南征大军的指示信（1948年2月）[A]//中央档案馆，广东省档案馆.中共中央香港分局文件汇集（1947.5—1949.3）[G].（内部资料），1989：118.

以度过春荒，免受饥饿逃荒死亡之惨祸"。因为这样的举措，"各地群众的情绪普遍高涨，民兵和各种群众组织都有了扩大和加强"。①

在香港分局土地改革政策的努力下，农民生活获得初步改善，如一些贫农已经上升为中农。农民穿新衣的相当多。贫农子弟入学者大增。乡村墟镇商业由于农民购买力提高趋于繁荣。②

1950年，广东省土委的统计数据显示，粤中、粤北、粤东14个乡土改后，稻谷产量民田较抗战前每亩平均增加12.09%，沙田增加3.51%，旱田增加25%。③ 粤中、粤北、粤东三区11个乡的生活水平较战前提高13.07%，农业生产投资占入税收9.34%。粮食共纳税372530.89市斤石，占入税收11.59%。④

香港分局集中力量在华南地区减租减息、退租退息、调整耕地、保障佃权、征借富农余粮、救济荒灾。农民群众减轻了封建剥削，改善了生活。同时，群众也被组织起来，觉悟程度与斗争情绪得到提高，增强了中共革命斗争的群众基础。

（三）开展经济统战工作

香港乃至华南地区宜农宜商，农业、工商业繁荣发展。这些行业在国民党的高压统治下处境困难，成为中共可争取的对象。因此，香港分局在进行各项经济活动的过程中十分重视经济统战工作，为开展政治、军事斗争打下了坚实的经济和财政基础。

1. 发展农村统一战线

在经济建设中，香港分局利用灵活的经济政策，注意团结农村一切可以团结的力量，发展农村统一战线。在推行土地改革时，中共明确对各地发出指示，"坚决用一切方法吸收中农参加运动，并使其获得利益，决不可侵犯中农土地，凡中农土地被侵犯，应设法退还和赔偿，整个运动必须取得全体中农的真正认

---

① 香港分局关于半年工作总结和今后工作方针任务（1948年8月18日）[A]//中央档案馆，广东省档案馆.中共中央香港分局文件汇集（1947.5—1949.3）[G].（内部资料），1989：187.
② 方方在学习会议上的报告——关于目前形势与任务、华南党的工作（1949年2月）[A]//中央档案馆，广东省档案馆.中共中央香港分局文件汇集（1947.5—1949.3）[G].（内部资料），1989：441.
③ 十四个乡土改后生产水平统计表[A]//粤中，粤北，粤东14个乡新中国成立前后生产生活水平情况统计表（1950年）.广州：广东省档案馆，236-1-55-66.
④ 十一个乡土改后生活水平生产资料统计表[A]//粤中，粤北，粤东14个乡新中国成立前后生产生活水平情况统计表（1950年）[G].广州：广东省档案馆，236-1-55-66.

同和满意,包括富裕中农在内。一般不变动富农的土地,使富农和地主有所区别,应着重减租而保全其自耕部分。如果打击富农太重,即将影响中农发生动摇,并影响解放区的生产。……对于中小地主的生活,应给予相当照顾。对待中小地主的态度应与对待大地主豪绅恶霸的态度有所区别,应多采取调解、仲裁方式解决他们与农民的纷争。……集中注意向汉奸、豪绅、恶霸作坚决的斗争……但仍应给他们留下维持生活所必需的土地及给他们饭吃"。①

中共在新民主主义革命时期的总路线和总政策是:"依靠贫农,团结中农,有步骤的,有分别的消灭封建剥削制度,发展农业生产"。这个总路线和总政策在南方的具体运用则是:"消灭反动政权的下层机构、地方恶霸特务势力,由削弱封建势力到有步骤有计划的消灭封建势力"。因此,在推行经济政策时,"便不能不分敌友,乱打乱攻,也不能过早的打击不应该打击的人物(如不反动的地主),更不能因为经济困难而随便侵犯着工商业家、富户、华侨、中农的财产。"②

香港分局建立不久,就相当重视在农村斗争中团结农村各阶层。"帮助朋友,使朋友能在共同的方针口号下发挥其自己的能力,是我们当前统线的唯一努力方向。至农村斗争中的统线,如何联合中农,争取富农,分化地主,以及如何集中火力去打击最坏分子,不多树敌人,也应有其具体研究与运用。"③ 随后,香港分局对土地改革和农村斗争中如何团结广大农民有明确的政策。1947年10月,在《为迎接大反攻加强农村斗争的指示信》中,香港分局就提出"已罚款或已收粮税,不论任何人物,必须保护之。过去侵犯及中农贫农利益,必须赔偿。临时领款则应给予借单,俟财政充裕时分期偿还"。④

1948年,国民党企图把广东变为内战最后基地之一的政策,使得广东的手工业、轻工业破产,农村遭受征粮征兵苛政,特务随意没收士绅财产,侵吞侨汇等,都为中共建立农村反蒋统一战线提供了基础。

1948年2月,香港分局就明确农村地区统线工作的方针,"最主要是强调依

---

① 中央关于土地问题指示(1946年5月4日)[A]//中央统战部,中央档案馆.中共中央解放战争时期统一战线文件选编[G].北京:中国档案出版社,1988:102.
② 星星.纪念"七·一"与整党[N].正报,1948-07-03(6).
③ 香港分局关于接受中央二月一日指示的决议(1947年5月20)[A]//中央档案馆,广东省档案馆.中共中央香港分局文件汇集(1947.5—1949.3)[G].(内部资料),1989:9.
④ 为迎接大反攻加强农村斗争的指示信(1947年10月)[A]//中央档案馆,广东省档案馆.中共中央香港分局文件汇集(1947.5—1949.3)[G].(内部资料),1989:61—62.

靠贫农，坚决联合中农，争取手工业者、自由职业者、小商人等。对于大地主、大资产阶级反对派或中小地主成分的开明绅士、富农，则应该尽量利用他们的两面性，利用他们的矛盾，使其不反对我们或不过早反对我们，消除或减少我们发展的阻力"。①

在香港分局指示下，华南各地开展了减租减息、赈灾救荒、发展生产的工作。具备减租减息条件的地区，纷纷通过实地调查研究，搜集农民、地主以及其他阶层对减租减息的意见，制定减租减息条例，并指导农会或其他农民组织实行减租减息，促进农民自己解放自己。各地还运用减租减息、反"三征"斗争争取地主共同反蒋。一些地区实行连同军粮与减租不超过地主收入的 50%、带领他们进行反"三征"的又团结又斗争政策，取得了良好的统战效果。②

各地部队还通过教育农民，启发农民自我组织起来开展生产运动，实行自救，发展了生产合作社、互助组等组织，在实行减租减息之后，要团结全体农民，由农会领导，采取合作方式，转入发展生产。华南地区还发展了农会、抗争组、兄弟会等组织，以及信贷、贩卖、消费等各种合作社。尤其是农会，至 1949 年 8 月，广东全省约有 150 万人参与，③ 农会在组织广大农民参加土改，参与整党，参军拥军，互帮互助上发挥了积极的作用。各地党组织制定各种利民便民政策，成立各种组织团结群众，帮助农民解决日常生产问题，减轻了人民的负担，提高了农民的生活水平，加深了党与群众的日常联系。

香港分局还指示各地开展在救灾救荒、发展生产的工作时，或群众提出合法的要求罢免或减少"三征"的要求时，"一切人们都可以包括在我统一战线之内"。④ 在闽粤赣边区，党组织和武装部队十分重视团结争取侨属、工商业者、地方士绅和知识分子，还对个别地方出现的虐杀俘虏与损害中农、华侨、商人的现象给予了及时的制止与纠正。⑤ 使得不仅农民、工人支持革命，平原地区的

---

① 香港分局关于粉碎蒋宋进攻计划，迎接南征大军的指示信（1948 年 2 月）[A]//中央档案馆，广东省档案馆. 中共中央香港分局文件汇集（1947.5—1949.3）[G].（内部资料），1989：121.
② 香港分局关于减租减息的经验总结（1948 年）[A]//中央档案馆，广东省档案馆. 中共中央香港分局文件汇集（1947.5—1949.3）[G].（内部资料），1989：356.
③ 中共广东省委组织部，中共广东省委党史研究室，广东省档案馆. 中国共产党广东省组织史资料（上册）[M]. 北京：中共党史出版社，1994：432.
④ 香港分局关于半年工作总结和今后方针任务（1948 年 8 月）[A]//中央档案馆，广东省档案馆. 中共中央香港分局文件汇集（1947.5—1949.3）[G].（内部资料），1989：205.
⑤ 中共闽粤赣边工委关于过去一年工作总结（1948 年 8 月 5 日）[A]//福建省档案馆，广东省档案馆. 闽粤赣边区革命历史档案汇编：第 6 辑（1948.7—1949.9）[G]. 北京：中国档案出版社，1989：9.

部分士绅、侨商以及部分乡保长也在经济上、武器上支援游击队。

香港分局在经济建设中发展农村统一战线，推动了游击战争的发展，为广东解放提供了经济上的支持力量。

2. 联络香港工商业界

在国民党的统治下，贸易政策不利于工商业的发展。法币不断下跌，入口被限制，香港的进出口商无业可营。内战中期，国民党在政治和经济上的腐败日益加剧，加上军事接连失败的态势，使得香港工商界更加清晰地认识到国民党大势已去，逐渐对其失去信心。1947年，国民政府要求限制入口和取消通关证，更是引发港商的不满。在这样的情况下，香港分局抓住机遇，拉近中共与港商的关系，有力地发展了财经统战工作，为解放区的经济建设打造了更宽广的发展平台。

香港分局财政经济委员会在香港工商界中建立了不少联络点。在组织和活动中比较成规模的有：香港工商界聚餐会、周二工商从业员座谈会、潮州帮商界座谈会、工商俱乐部、香港经济记者联谊会、工商运动小组、经济财政联谊会、和平论坛社、反扶日会、中国经济事业协会、经济编辑聚餐会等。

在报刊阵地方面，有《经济导报》《经济通讯社》《华商报》《华侨日报》《工商工报》《经济导报》等。①

在实体经济组织方面，有1948年11月经委开办的经济通信会，还有经委开办的贸易公司，除上海总公司外，香港和曼谷均开设了分公司，主要经营上海、香港、南洋的贸易。②

为了打消香港工商界对中共的顾虑，港经委除了口头宣传中共政策，还以小册子的形式，印刷了《新中国工商业政策》以及根据党和各民主政府文告编辑的论文集，在界内颇有影响。③

随着中共在国共内战中越来越占上风，香港工商界出现了明显转变。"过去不谈政治的，现在谈起了政治……过去争与国民党勾结的，现在避免。……现在敢于在大庭广众中大谈解放区工商政策。承认新民主主义经济制度。设法与

---

① 财经委一年来的群众活动（1947年12月）[A]//中央档案馆，广东省档案馆. 中共中央香港分局文件汇集（1947.5—1949.3）[G].（内部资料），1989：86—87.
② 许涤新关于港经委工作概况及计划（1948年）[A]//中央档案馆，广东省档案馆. 中共中央香港分局文件汇集（1947.5—1949.3）[G].（内部资料），1989：291—292.
③ 香港分局经委致中央及统战部电——港经委半年工作报告（1949年1月12日）[A]//中央档案馆，广东省档案馆. 中共中央香港分局文件汇集（1947.5—1949.3）[G].（内部资料），1989：372.

解放区通商成为今天香港一股巨流。"①

由此可见，香港分局在香港地区的经济统战工作加强了中共与香港工商界的联系，促进了解放区与香港工商业发展贸易往来。1949年4月，人民解放军渡江南下后，充分利用华南地区的地理优势与港澳、华侨关系，同港商、侨商对换大批货物，或直接把解放区的土特产品运到香港交换军需民用物资。1949年夏秋南下大军进军华南、解放广州期间，华南解放区同香港的贸易激增。广州刚解放时物资缺乏，华南分局从香港运回胶鞋、汽油、五金等物，还购妥了"粮食四千余吨，汽油一千大桶，煤炭八千余吨"。②

但是，其经济工作还有待进步的地方。一是对上层的工商界还没有打进去，尤其是在香港占有重要地位的大银行。二是财经委的活动对象多半是外地人，还没有打进香港工商业界核心的广东帮。

3. 吸引国统区工商业者投资解放区

华南地区毗邻港澳，华侨众多，而且交通便利，工商业发达。1946年3月28日，中央针对国民党统治区的自由工业备受官僚资本的压迫、技术人员大量失业的现状对各地党组织作出指示，认为"各地的党可利用各种社会关系和统一战线与他们谈判，欢迎他们来解放区投资和工作，关于工业的土地，原料劳动力交通市场，税则，我们应给予特别的便利，技术人员待遇从优"。③

到1947年初，随着国统区经济形势的进一步恶化，国统区工商业损失惨重。光是"广东工商业在去年一年中，由蓬勃兴起走向倒闭破产衰落，到现在，工厂的倒闭已在百分之八十以上，商业也陷于极度的衰颓。……除了工业方面表现着如此衰落破产之外，商业方面亦普遍呈现着萧条倒歇的景象，据广州《建国日报》的调查，年关倒闭的商店，广州一地即达二万余家"。④

1947年下半年，蒋介石在统治区内开展"经济戡乱"活动。通过币制改革，硬性压低华南各地的汇率，降低法币的购买力，使得人民的财产大量贬值。

---

① 香港分局经委致中央及统战部电——港经委半年工作报告（1949年1月12日）[A]//中央档案馆，广东省档案馆. 中共中央香港分局文件汇集（1947.5—1949.3）[G]. （内部资料），1989：371.
② 华南分局向毛主席报告穗情况——广州的治安、金融、运输等情况（1949年11月16日）[A]//中央档案馆，广东省档案馆. 中共中央香港分局文件汇集（1947.5—1949.3）[G]. （内部资料），1989：301.
③ 中央关于解放区经济建设问题的指示（1946年3月28日）[A]//中央统战部，中央档案馆. 中共中央解放战争时期统一战线文件选编[G]. 北京：中国档案出版社，1988：92.
④ 李维之. 内外加工下的广东工商业——"广东一年间"之二[N]. 正报，1947-02-22（547-548）.

华南各地的物价不断飞涨。此外,国民党方面还不断加重租税,捐税加重造成了商人和普通百姓负担沉重。于是,华南地区出现抢购物品的狂潮。抢购是民众保存货币价值的办法,但是当局对商品的不合理限价对于商家来说是极其不利的。商家纷纷外运物资或关门停业以减少损失。国民党强硬要求商家正常出售商品,不得外运物质。商家不得不低价卖出物资,换来毫无价值的金圆券,而且资金不得转移海外。在这种艰难形势下,不少国统区的企业迁到环境较为宽松的香港谋求发展,仅1947年3月至1948年3月的一年间,就有50家企业在港设分厂或迁厂,引起了国民党的注意。①

1948年,香港分局顺势而为公布了"保护工商业利益的实施办法"。该办法通过对工商业者提供发展贸易的保护政策和便利条件,吸引工商业者在解放区发展经济,包括"对于事先通知当地政府军队的资金之移入游击区,沿路必予以保护;对于愿交游击区政府军队保存者,由政府给予收据并按期给予合法利息。其愿意于一定时期后提还者,政府当按其原来存入种类及数量,原璧归还;对于愿意在当地创办工商业者,当给予必要协助,并减轻其出入口税,免除一年以上的营业税、所得税及特别税;对于愿在当地经营侨汇者,当给予慎密保护和协助,务使信汇局与侨胞家属两受其利;对于愿意移入东北华北解放区以发展工商业者,由政府负责设法转移,并给予种种便利"。② 香港分局重视对民族工商业的保护。在华南各根据地,除对国民党官僚资本经营的工商业予以没收外,其他合法工商业,不论其大小都予以保护。与侨商联系密切的闽粤赣边区还指示部队军政首长或民主政府经常有计划地召集当地工商业家、华侨开座谈会,争取工商业家和华侨与我们合作。③

香港分局明确保护民族工商业的政策促进了民族工商业与中共的良性互动。越来越多的民族资本主义企业到解放区投资发展。解放区得到不少民族资本主义企业的资金和援助,不仅支援了解放战争,也为新中国的经济建设奠定了一定的物质基础。

无论是香港地区还是国统区与中共解放区的通商贸易,都具有重要的作用与特殊意义。首先,这些地区既有输出农副产品的,也有利用条件优势输入军需民用物资和农工业生产原料的,解决了双方物资匮乏的难题,支持了解放战

---

① 蒋府调查国内迁港工厂 [N]. 华商报,1948-03-02(2).
② 罗纯. 华南人民武装保护工商界利益的实施办法 [N]. 正报,1948-10-30(7).
③ 中共闽粤赣边第一次党代表会决议案(1948年8月24日)[A] //福建省档案馆,广东省档案馆. 闽粤赣边区革命历史档案汇编:第6辑(1948.7—1949.9)[G]. 北京:中国档案出版社,1989:34.

争和解放区的经济建设。同时，香港工商界和国统区工商业者在香港分局的联络下，加强了对中共和未来新中国的认同感。还有大量的发展经济贸易的人才在这一过程中得到培养。以上种种，都对日后新中国的经济建设起了重要作用。

七、团结各阶层，发展统一战线

国民党发动全面内战后，不少爱国民主人士遭遇迫害，并转移到华南地区。在中共中央建立反蒋统一战线的方针政策指挥下，香港工委、香港分局正确运用统战政策策略，与民主党派合作，开辟反美反蒋第二战线，并妥善处理与港英政府的关系，为夺取解放战争的胜利发挥突出历史作用。

（一）发展反美反蒋统一战线

由于国民党和美国的倒行逆施，内战期间全国各地的爱国民主运动不断高涨。1946年底到1947年初，民众掀起了全国规模的反美抗暴斗争。随后，全国60多个城市又爆发反饥饿、反内战、反迫害的斗争。国民党逐渐失去群众基础。华南地区也不例外。随着中共不断取得解放战争的胜利，统一战线已经具备成熟的发展条件。香港分局抓住时机，发展了反美反蒋统一战线。

1. 与民主党派合作建立达德学院

内战时期，海内外的广大青年受到战乱影响，希望有一个升学读书的平台。同时，许多民主爱国人士、著名学者也因为战乱陆续到达香港避难，这些知识分子具有丰富的从事文化教育工作的经验及才干，能够为学校提供优质的教学资源。加上中国共产党的领导和广大民主党派的支持，达德学院基本具备了创办的客观条件。

1946年，中共广东区委根据战后的华南形势，并遵照中央的指示精神，与在港的民主党派负责人和无党派爱国人士共同商议，决定由香港分局主导，并与民主人士合作，创办达德学院。达德学院的创办动机有三：一是标榜"学习自动（知），学术自由（任），生活自由（勇）"的实践目的，希望学生在实践中得到理想的实现。二是创办适当的学校，使青年得修学场所。三是提供华侨应用知识，使学有所用。同时，"为适应华侨青年求学便利起见"，特意选择在交通中心的香港创办。[①]

为更好地建立达德学院，香港分局与民主人士成立筹备小组。原广州国民大学校长陈其瑗出任组长，组员有张文、李伯球、丘克辉、黄焕秋等。筹备小组于1946年9月成立了董事会，李济深担任董事长一职。董事会中有国民党革

---

① 杨伯恺. 达德学院创办经过 [J]. 达德青年·创刊号, 1947 (1).

命委员会、中国农工民主党以及中国民主同盟的成员,还有其他爱国民主人士,共24人。达德学院由陈其瑗担任院长,黄药眠、沈志远、千家驹、丘克辉、狄超白、萨空了、刘思慕、杨伯恺等众多名人分别担任系主任、教授及职员。1947年12月,港英政府最终给达德学院颁发办学执照,允许招生。1947年达德学院开设商业、会计、国文三个专业,一年级共100名学生,商业、会计二年级转学生30名。在达德学院学习4年,毕业后可获得文凭。创办之初,学院因各地青年纷纷请求入学而举办了三次招考,录取了180名学生。①

香港分局相当重视达德学院的办学。方方亲自主持召开党内会议,商议达德学院的办学方针。作为中共创办的新型的民主高等学府,达德学院坚持共产党的领导,执行党的统一战线政策,团结民主党派,加强政治思想工作。在此基础上,提出了"研究高深的学术养成为人民服务之爱国人才"的办学主旨,形成"要教育一班青年,并通过他们使全国人民从封建专制的地主、军阀统治下解放出来,从官僚豪绅和帝国主义的传教士、买办的压迫和束缚下解放出来,依靠自己的力量来解放自己,使每一个中国人自己站起来为自由人——中国的主人"的教育方针。

达德学院成为培养进步青年的阵地,为我国革命事业做出了重要贡献。

在解放战争期间,达德学院吸引了大批进步青年求学。全体师生艰苦奋斗,形成了浓厚的革命精神,也为人民革命事业培养了大批人才。达德学院创办之际,国内形势发生明显变化,南方各省的人民武装斗争不断深入发展。不少学生在达德学院学习期间,弃笔从戎,返回内地参加武装革命斗争和地下工作,为解放战争的胜利和新中国的诞生做出了贡献。

党在达德学院成立基层组织,包括由中共广东区委直接领导的支部、香港城市工委领导的支部、广西省工委领导的广西支部、广东兴梅地区的兴梅支部等。这些支部约有党员50多人。还有中南、华东等地区的秘密党员及单线联系的党员约20多人。达德学院还在香港分局的领导下,成立了教师党员小组,由张铁生担任组长,还成立了学生总支委员会,吴克明担任书记。

同时,达德学院还在短时间内吸收了大量的民主人士,这些民主人士通过达德学院,传授学术,促进文化、文学、教育的发展。更重要的是,达德学院聚集的人才资源在一定程度上为中共培养了不少重要干部,包括李济深、蔡廷锴、彭泽民、章乃器、陈其瑗等,他们都成为新中国行政架构中的重要一员。除此以外,郭沫若、何香凝、乔冠华、曹禺、茅盾、胡绳等曾在达德学院任教

---

① 香港达德学院三十六年春季招生简章[J].达德青年·创刊号,1947(1).

的学者,新中国成立后或担任党政要职,或成为著名专家、教授、学者。达德学院无论是对新中国的学术发展还是政治建设上都起了积极作用。

1949年2月,达德学院被港英政府以"违反香港及其他地方治安"的名义查封。港督指出该学院存在"训练学生捣乱治安;政党集会之所;通讯机关"这几项倾覆的嫌疑。香港分局考虑到马来亚学生与马共的通讯可能落入英国手中,恢复已经没有希望,于是只能有组织有计划地撤退与办理结束。① 做出不得不停办的决定以后,香港分局召开会议商议善后工作,方方、连贯、潘汉年、夏衍、乔冠华、苏惠以及达德学院代院长杨东莼等出席了会议。会议决定部分教师、学生转入其他单位工作、学习;商经系大部分学生转入由港工委财经委创办的建中专科学院学习银行、财经业务;部分教师、学生则乘船北上参加解放工作。

虽然仅办学两年半就被迫关闭,但达德学院无论是在办学背景、创办过程还是在功能作用上,都体现了中共中央香港分局的统战作用。达德学院作为首创的中共与各民主党派和爱国民主人士一起主办、具有统一战线性质的高等学府,在中国近代教育史以及中共爱国统战工作的历史上都留下了重要的一笔。

2. 领导开辟华南第二战线

自1946年国民党发动全面内战后,不少民主党派领导人和上层爱国人士遭到迫害。而作为政治环境相对自由的香港,则承担了帮助党组织转移民主人士的重要任务。同年,周恩来发出指示,要求中共广东党组织配合上海、南京、重庆等地党组织,帮助一大批民主人士转移,撤至香港。华南地区汇集了大量民主人士,有助于华南第二战线的开辟。

1947年,人民解放战争开始进入战略反攻的阶段。毛泽东针对当时的局势,指出目前中国存在着两条战线,"蒋介石进犯军和人民解放军的战争,这是第一条战线。现在又出现了第二条战线,这就是伟大的正义的学生运动和蒋介石反动政府之间的尖锐斗争","同蒋介石反动政府作你死我活的斗争","除此以外,再无出路"。此外,毛泽东认为,"包括了工人、农民、城市小资产阶级、民族资产阶级、开明绅士、其他爱国分子、少数民族和海外华侨在内",要有一个"极其广泛的全民族的统一战线。"毛泽东还指出,中共的最基本政治纲领是"联合工农兵商各被压迫阶级、各人民团体、各民主党派、各少数民族、各地华

---

① 香港分局致中央及统战部电——达德学院被封经过(1949年3月2日)[A]//中央档案馆,广东省档案馆. 中共中央香港分局文件汇集(1947.5—1949.3)[G]. (内部资料),1989:448.

侨和其他爱国分子，组成民族统一战线，打倒蒋介石独裁政府，成立民主联合政府"。①

1947年5月20日，香港分局基于中央的二月一日指示，确定了"利用上层掩护猛烈展开下层工作，而以下层工作推动朋友跟着我们前进"的统线工作中心。②

随后，中央根据当前蒋管区的环境，对如何运用群众发展反蒋斗争作出指示："现在全国人民的斗争，不仅人民解放军的自卫战争是在搞垮蒋介石统治，就是蒋管区要饭吃、要和平、反对借外债、打内战的任何一种斗争。不管其主观想法如何，其客观意义都在搞垮蒋介石统治，甚至统治阶级内部的斗争，乃至相互埋怨，美帝国主义对蒋借款的犹豫，都可以看作是搞坏蒋介石统治的间接帮助。"③英美蒋的内部矛盾也是中共发动群众、建立反美反蒋统一战线的可以利用的条件。

1947年底至1948年初，香港聚集了国内大多数民主党派领导人和著名社会人士。香港分局根据中央关于统一战线的政策及《关于当前民主党派工作的意见》④，带领粤港工委、香港工委根据中共中央统一战线的方针政策，大力开展统一战线工作。香港工委下专门设置统战委员会，负责团结上层民主人士的工作。

首先，向民主人士宣传中共的政策和主张。1948年，司徒雷登发表《告中国人民书》，鼓励受教育的爱国人士组成新党，支持政府。这实质上是宣扬"中间路线"和"自由主义"的理论。对此，香港分局发动干部与先进人士，在《群众》《华商报》等报纸杂志批判"中间路线"，发表有《妥协、骑墙中间路线以下》⑤《留港民主人士揭穿和谈阴谋》⑥等文章。香港本地的一些进步报刊也先后发表文章抨击"自由主义运动"和"中间路线"，甚至展开激烈的讨论。

---

① 蒋介石政府已处在全民的包围中［A］//毛泽东选集：第四卷［M］.北京：人民出版社，1991：1224—1225.
② 香港分局关于接受中央二月一日指示的决议（1947年5月20）［A］//中央档案馆，广东省档案馆.中共中央香港分局文件汇集（1947.5—1949.3）［G］.（内部资料），1989：9.
③ 中央关于蒋管区党的斗争方针的指示（1947年5月23日）［A］//中央统战部，中央档案馆.中共中央解放战争时期统一战线文件选编［G］.北京：中国档案出版社，1988：157-158.
④ 关于当前民主党派工作的意见［A］//周恩来选集（上）［M］.北京：人民出版社，1980：283.
⑤ 荃麟.妥协、骑墙中间路线以下［N］.华商报，1948-01-19（3）.
⑥ 留港民主人士揭穿和谈阴谋［N］.华商报，1948-02-26（1）.

如1947年7月邓初民在《光明报》发表《中间路线没有现实的依据》《再论中间路线问题》等文①。同年11月，施复亮在《时代批评》发表《"中间路线没有现实根据"吗?》，坚持维护中间派的立场。② 1948年4月，邓初民又在《光明报》发表《答施复亮先生〈论中间路线〉兼论自由主义者的道路》③一文，与其论战。最终，施复亮放弃了中间路线，肯定了中共的革命路线。可见，香港分局对"中间路线"的批判，对摇摆不定的民主人士产生了积极作用，促使他们站到了中共的立场。

1948年，李济深、冯玉祥这些上层中间人士想利用美国的势力促蒋下台，由他们主政，下令国军就地停战，不听命令者以武力解决。对于这些具备一定实力的中间人士的倒蒋活动，中共认为"不要无分析地一概反对"，但要明确向中间人士指出"我们赞成倒蒋是因为蒋倒之后对于解放战争的开展有利，而不是对美帝及李宗仁、何应钦等有任何幻想"。中央还指示香港分局"体会上述策略与李济深、冯玉祥、章伯钧、谭平山及其他中间派反蒋分子保持密切联系，尊重他们，多对他们做恳切的解释工作，争取他们不使他们跑入美帝圈套里去，是为至要"。④

内战爆发后，内地国统区的众多党内外人士陆续向外转移。香港是最集中的地方。香港分局派出《华商报》的主要负责人饶彰风负责接待工作，尽力给他们安置工作，解决食宿问题，其工作得到广大民主人士的肯定。据廖沫沙的回忆，"当时《华商报》就等于是一个接待站，'站长'就是彰风同志"。⑤

香港分局还利用香港较为宽松的政治环境，帮助在港的各民主党派建立和发展组织。1948年1月，在香港工委的助推下，国民党内的民主派人士李济深牵头在香港成立中国国民党革命委员会，中国民主同盟沈钧儒重建该组织的领导机构。中国致公党也在香港召开代表大会，一致决议加入中国共产党领导的

---

① 邓初民. 中间路线没有现实的依据 [N]. 光明报，1947-07-05 (4-6); 再论中间路线问题 [N]. 光明报，1947-07-19 (4-8, 17).
② 施复亮. "中间路线没有现实根据"吗? [J]. 时代批评，1947 (94).
③ 邓初民. 答施复亮先生《论中间路线》兼论自由主义者的道路 [N]. 光明报，1948-04-01 (3-9).
④ 中央关于对李济深、冯玉祥倒蒋活动的策略给沪局、港分局的指示 (1948年8月2日) [A] //中央统战部，中央档案馆. 中共中央解放战争时期统一战线文件选编 [G]. 北京: 中国档案出版社，1988: 205.
⑤ 刘添梅，陈锡添，罗可群. 饶彰风传 [A] //中共广东省委党史研究委员会，中共广东省委党史资料征集委员会. 回忆饶彰风 [M]. 香港: 三联书店 (香港) 有限公司，1989: 247.

人民民主统一战线。还有农工民主党、民主促进会、三民主义同志联合会、民主建国会等民主党派都积极参加了爱国民主运动。这些组织都为中共开展民主活动，反对国民党独裁统治起到了积极作用。

同时，香港分局针对不同的社会阶层，制定了更明确的统线工作方针和方法，规定各单位由县至地委必须建立统委工作，研究当地各种人物状况，推行相应的统战策略。针对农村地区，则主要依靠贫农，联合中农，并尽量利用大地主、大资产阶级反对派或中小地主成分的开明绅士、富农的两面性和矛盾，消除阻力。

香港分局重视华侨的力量，强调正确运用华侨政策。广东、福建是华侨人数最多的地方，华侨大多数都是爱国分子。香港分局对于地主成分的华侨，制定了"对于大买办与中国官僚资本结合的华侨地主则没收其土地与财产，必要时可分土地给其家属；对于工商业家兼地主的华侨，则没收其出租的土地及其封建剥削的部分浮财，家属也可分给土地；对于小商人职员的华侨，家属出租的土地则没收，其封建剥削性的土地，自耕的不没收，或看其需要平均分配土地给其家属；对于工人、苦力的华侨则分配土地给家属，本人如愿回家分田也应分得土地，不回来的不必留公田，也不采用随回随分的办法"。①

除了对华侨按照一般法令优待以外，广东人民武装还在解放区施行一些具体优待政策："第一，保护各地民营的批馆、汇兑庄，以避免蒋政府剥削华侨血汗，抢夺侨汇，饿死侨属。第二，在南洋各地战争动乱中，如侨胞家属接济不到，均可向当地政府要求借款，借粮或要求救济，政府当尽一切能力予以帮助解决。第三，华侨出国及回国，如进入游击区，各地政府或部队应负全责保护，以避免蒋军及土匪的抢劫。第四，华侨到游击区投资举办轻工业或经商贸易，各地政府及部队应给予优先权及在交通运输上给予帮助，税项给予减少或豁免"。②

香港分局还根据中央指示，广泛团结海外华侨。曾派饶彰风等干部到泰国、马来西亚、新加坡等地，联系各阶层华侨，宣传我党政策主张，扩大中共在华侨圈中的影响，推动华侨的爱国民主运动的发展。在中共的优待政策和活动下，广大华侨对中共表现出更多的信任，这些信任突出表现在华侨在解放战争期间为中共提供人力物力，支持解放事业的发展。

---

① 香港分局关于粉碎蒋宋进攻计划迎接南征大军的指示信（1948年2月）[A]//中央档案馆，广东省档案馆.中共中央香港分局文件汇集（1947.5—1949.3）[G].（内部资料），1989：121.

② 罗纯.华南人民武装当前行动纲领（东江前线通讯）[N].正报，1948-10-09（9）.

在香港分局的领导下，华南地区形成了较为成熟的反美反蒋第二战线。这一战线与解放区的自卫战争形成了对蒋介石的全民包围，蒋介石集团被孤立，民主人士联合起来并倒向中共一边，加速了中国革命的胜利进程。

（2）协调与港英政府的关系

1. 港英政府的两面政策

在二战期间，"中共"军队在亚洲反法西斯战场的表现得到英国的认同，中共与英国政府的关系得到了改善。抗战胜利后，英国对国共之争抱着观望态度，并对中共采取两面政策，一方面允许中共在港活动，另一方面对中共密切监视。

内战爆发后，国民党不得民心，政治混乱的态势使英国感到失望，加上英国对国民党在未来如何对待香港的问题上也没有一个准确的答案，反而让英国与国民党的关系变得紧张。中共从而获得更多活动空间。

然而，到了解放战争后期，港英政府对中共在香港的活动变得越来越戒备。1948年5月，英国当局对中国政治发展态势的预测认为，解放战争最终的结局很可能是中共击败国民党，成为领导整个中国的政党。时任香港总督葛量洪也指出："虽然共产党人对香港活动政策依旧是保持低姿态，避免与政府正面交锋，但实际上这将阻碍中共的公开活动。更重要的是，中共低姿态的政策持续时间的长短完全取决于当时的政治环境。随着共产党军队在长江以南地区的推进，我们可以预料到中共会出现更加鲜明的敌对态度的转变。共产党人的上级命令随时会转向直接进攻。中共可能会在内部进行打击，也可能在外部进行游击战或直接的军事攻击。"[①]

英国担心香港最后会落入中共之手，并被共产党人用作指导中共组织、从事倾覆港英政府活动的基地。为了避免任何颠覆性的运动在地下得以策划组织，港英政府变得极度警惕。从1948年开始，港英当局开始加强对在港中共活动的监控，以应对可能存在的内部颠覆活动，防止中共在香港扩大势力。

港英政府通过立法、破坏等形式来限制中共在港活动。例如，1948年，港英政府修订了教育条例，规定任何为政治目的而开设的学校都将被查禁。于是，达德学院于1949年2月被港英政府关闭。

为了防止中共在香港设立办事处，控制共产党员在香港地区的渗透，港英政府还修改了《社团条例》，规定所有香港本地社团都需要向政府注册登记。而与香港地区以外的政治组织有关系的社团，港英政府有权拒绝为其登记。香港

---

① LOUIS W R. Hong Kong: the Critical Phase, 1945—1949 [J]. *American Historical Review*, 1997, 102 (4).

分局城委曾于1948年9月1日向中央报告称,港英政府近半年来"加紧对我监视,加紧限制我工团,颁布劳工法,迫我工团修改会章,并迟迟未批准大工团注册"。① 说明港英政府以《社团条例》修正案为门槛,限制香港分局相关组织的发展。《社团条例》修正案对中共在香港的活动产生了深刻影响。由于中共需要经由港英政府批准才能在香港公开从事活动,因此,新中国成立后,该修正案迫使中共只能继续在香港从事地下政治活动。

1948年年中,新政协运动蓬勃兴起之际,港英政府为了顾全中英邦交,对于中共及其他党派领袖拟在香港举行新政协会议的要求予以拒绝。②

港英政府还通过颁布或修改《人员管理条例》,出台驱逐不良分子的条例和《紧急法令》,使港英政府安全部门有权搜查、拘留、逮捕和驱逐扰乱香港治安的人和相关组织。1948年7月,新华分社就因为《紧急法令》而被港英政府查禁。中共活跃分子和支持者,以及相关领导人的住所,受到越来越多的监视。中共派往香港工作的领导人,如方方、连贯、章伯钧等被逮捕。中共在香港的出版物《正报》《华商报》等也时常遭遇港英政府的审查。1949年4月,港英政府对华南分局管理的经委研究室、启源行、东台运输公司等财经机构进行破坏,还进入相关工作人员的家里进行搜查、逮捕谈话等。华南分局指出,这是港英政府"有计划之做法,与财经委原来有关之机构几全波及。"③

为了维护"民主自由"的风度,港英政府本身并无意压制在港政党的政治活动。但中共政治活动明显关系到未来英国和中国香港利益,国共之间的纷争也影响到香港治安,港英政府必然要出手管控。

尽管港英政府将中共视为一种政治威胁,对其活动加以压制,但英方也并不想激怒共产党人,使英共双方陷入彻底的敌对状态。英国方面担心,如果英国政府与控制着华南地区的中共关系严重恶化,那么香港需要承受殖民地被孤立,南方的物资通道被封锁,工人被煽动罢工等带来的巨大经济损伤。因此,英国对国民党和共产党总体上还是采取两面政策,一边营造香港作为"民主橱窗"的形象,一边设立各种名目限制中共活动,以加强对香港社会的

---

① 香港分局港城委致中央及中城部电——关于香港、澳门、广州和桂林等地党组织情况(1948年9月1日)[A] //中央档案馆,广东省档案馆. 中共中央香港分局文件汇集(1947.5—1949.3)[G]. (内部资料),1989:211.
② 曹霖. 香港各党派对于新政协的看法与主张[J]. 中国新闻,1948(10).
③ 许涤新夏衍致中央电——港政府对我财经机构进行破坏(1949年4月23日)[A] //中央档案馆,广东省档案馆. 中共中央华南分局文件汇集(1949.4—1949.12)[G]. (内部资料),1989:13.

控制。

2. 中共对港英政府的方针政策

一直以来，香港都是中共一个重要的政治活动据点。抗日战争期间，周恩来强调改善中英关系，认为英国是国际政治的重要力量，中国必须与英国建立友谊，以抵制日本。以周恩来为首的中共中央南方局采取"求同存异"的统战方式，促进了英国对华友好。加上抗战时期中共的队伍不断发展壮大，受到了美英的重视。中共与英国的关系有了较大的改善。中共把握时机，开始在香港建立公开组织和秘密组织。公开组织有香港八路军办事处、保卫中国同盟等。秘密组织则在公开组织的庇护下开展活动。抗日战争结束后，面临着国民党和英国力争收复香港，美国觊觎香港以扩大在华利益的局面，毛泽东初步形成长期利用香港的战略思想。1945年8月，中共中央分析了面临的复杂环境，认为"在公开宣传上，我们不能反对国民党收复香港，以免在政治上处于被动；而一旦国民党收复香港，又将使我党处于十分不利的地步。只要能在香港站稳脚跟就可以对其利用。"并指示广东区党委要利用香港开展工作："应利用国、英、美之间的矛盾，利用我党在抗战期间打下的基础，迫使港英当局实现若干民主改良，造成便利民主分子活动之条件，并将其建设成为华南民主运动的基地。"① 在中央指示下，广东区党委于1945年9月派出代表谭天度与港督谈判，中共得到了在香港从事半公开活动的机会。

于是，广东区党委利用英美矛盾、蒋英矛盾、香港的混乱治安所造成的政治空隙以及港九大队的政治威信和力量在香港不断发展中共势力。1947年2月，一份广东省政府通电各地注意防范中共在香港渗透势力的电报就能加以印证："据报香港方面奸党份子近奉延安密令指示今后活动方针如次：一、加强各地治安之骚动。二、以积极之行动对付我党政军首要及特工人员等，请除分电外特电知照，并希加以防范。"②

与此同时，广东区党委也没有放松对港英政府的戒备。1946年3月8日，广东区党委分析了华南地区的形势，指出随着国共对峙局势的日渐严峻，港英政府选择站在国民党一边，帮助国民党进行内战。可见英国的"民主"是有限度的，不能过于信任港英政府。广东区党委清楚地认识到，中共力量能够在香港扎根，很大程度上取决于港英当局的两面政策，"即在宣传上及某些群众运动

---

① 谭天度. 抗战胜利时我与港督代表的一次谈判 [A] //中共中央党史资料征集委员会. 中共党史资料：第62辑 [M]. 北京：中央党史出版社，1997：60.

② 罗卓英. 广东省政府关于注意防范香港奸党份子活动等情的代电（1947年2月5日）[A]. 广州：广东省档案馆，006-002-2208-020.

上会给予相当的自由，以表示英政府的民主风度"。①

内战爆发后，越来越多的中共党员和民主人士南下香港。中共在香港的活动变得更加活跃。香港分局分析了香港地区各方力量互相制衡的形势及港英政府的两面政策，确定了"依靠群众，利用矛盾，发展力量，巩固组织，支援国内，准备明天"的总方针政策。②

解放战争初期，面对国民党在国统区对中共宣传活动的打压，香港分局在港的活动侧重在建设中共的宣传阵地。香港分局在港开办了《华商报》《正报》《群众》等中共代言的报刊，并建设新华通讯社香港分社，及时传播了中共的时局主张。

港英政府只允许香港分局从事半公开活动。因此分局在港的活动多以地下为主，并通过分局领导的各个机构安插人员从事革命活动。一位退休间谍曾回忆："1949年共军渡江以后，在东南各省每到一地，都有地下工作人员起而响应；但在广东则不然，同年十月中旬，共军占领广州的第二天，香港《华商报》的全部工作人员，包括排字工人在内，浩浩荡荡到了广州，才以地下工作人员的姿态出现，接收各机关。"③ 由此可见，广东的中共地下人员，由于受到战争的破坏，多转移到香港，借助香港分局等组织，开展地下活动。

解放战争后期，港英政府对中共在港活动越来越戒备。但相比不断镇压中共和民主人士的国统区而言，香港的政治环境还是较为宽松的。中共中央香港分局清楚意识到目前在港活动的重点是配合全国解放战争。具体任务是开拓香港的贸易渠道，获取紧缺物资以及护送在港民主人士进入解放区，筹备新政协。中共需要不断在香港创造条件，使其成为日后开展民主运动的基地。因此，中国共产党对港英政府一直持着较为谨慎而温和的态度，并没有对港英政府的权威造成挑战，以留有发展的余地。

香港作为指导海外活动的基地，对中共来说有着重要的战略价值。中共中央香港分局想要抓住香港的优势，充分利用香港的政治和环境资源来促进党在内地的活动。因此，香港分局认为与英国的关系不必搞得过分紧张，过分对立，

---

① 广东区党委关于目前形势与任务的补充指示（1946年3月8日）[A]//中央档案馆，广东省档案馆. 广东革命历史文件汇集：1946年1月—1947年1月[G].（内部资料），1987：38.

② 香港分局港城委致中央及中城部电——关于香港、澳门、广州和桂林等地党组织情况（1948年9月1日）[A]//中央档案馆，广东省档案馆. 中共中央香港分局文件汇集（1947.5—1949.3）[G].（内部资料），1989：211.

③ 张虎. 中共在香港的活动（一九四五——九四九）[J]. 中国大陆研究，1992，35（4）.

应适可而止，机动灵活。其活动基本方针是避免招致英国和港英当局的不满，以免浪费香港政治活动的资源。港英政府与中共中央香港分局都有自己的利益考量，使得双方形成了一种和谐中带有对立、平缓中带有冲突的局面。港英政府与中共达成一种微妙的平衡，一定程度上，为香港分局利用香港的便利条件开展革命斗争提供了空间。

（三）组织开展新政协运动

从1948年中共发布"五一口号"到新中国成立前，中共和各民主党派、各界民主人士为召开新政治协商会议、建立新中国密切合作。香港分局在中央正确的方针指导下，团结各民主党派，协助组织新政协活动，为新中国的建立做出了积极贡献。

1. 社会各界响应"五一口号"

1948年4月30日，中共中央发布《纪念五一劳动节口号》，"今年的五一劳动节是中国人民走向全国胜利的日子，是中国人民死敌蒋介石走向灭亡的日子，是中国劳动人民和一切被压迫的人民的觉悟空前成熟的日子……全国劳动人民团结起来，联合全国知识分子，自由资产阶级各民主党派社会贤达和其他爱国分子，巩固与扩大，反对帝国主义，反对封建主义，反对官僚资本主义的统一战线，为着打倒蒋介石建立新中国而共同奋斗。各民主党派，原民团体，各社会贤达迅速召开政治协商会议，讨论并实现召集人民代表大会成立民主联合政府"。① "五一口号"的提出，实质是中共正式摊牌，主张召开新政协，成立真正民主的联合政府。"五一口号"显示中共政治策略走向了新的拐点，得到了社会各界的纷纷响应。很多游离党派受到触动，开始向中共靠拢。"中共'五·一'号召提出后，许多人都感到很兴奋，认为机会来了，新的局面要出现了。"② 他们纷纷发表宣言声明，拥护中共的主张。

5月5日，在香港的各民主党派领导人和著名民主人士李济深、何香凝、沈钧儒、章伯钧等通电全国响应"五一口号"，并"号召国人共同策进"。③ 5月9日，台湾民众联盟响应"五一"号召，呼吁同胞共同协力，促其实现。④ 6月4日，冯裕芳、柳亚子、茅盾、章乃器等香港各界爱国人士联名响应"五一"号

---

① 纪念五一劳动节中共中央重要宣告［N］.华商报，1948-05-01（1）.
② 香港分局召开各民主党派民主人士的座谈会记录（1948年6月30日）［A］//中央档案馆，广东省档案馆.中共中央香港分局文件汇集（1947.5—1949.3）［G］.（内部资料），1989：162.
③ 各民主党派民主人士通电全国与中共筹开新政协会议［N］.华商报，1948-05-06（1）.
④ 中共"五一"号召切合台胞要求，台湾民众联盟通电响应［N］.华商报，1948-05-18（1）.

召,呼吁海内外同胞团结起来促成新政协会议早日召开。① 还有中国国民党革命委员会、中国国民党民主促进会、三民主义同志联合会、革新民社党等民主党派表示响应。此外,陈嘉庚及海外侨胞团体也对"五一口号"表示支持,毛泽东为此发电感谢侨胞响应"五一口号",并向各地侨胞民主团体及一切主张民主的侨胞征询对召开新政协的意见。②

还有普通群众也表示对"五一口号"的欢迎和拥护。香港工人表示"迫切希望祖国新民主主义政权迅速出现,他们希望能够早日回国服务去……见到全国胜利的形势日益迫近,中国人民的死敌灭亡的日子已在不远,激发他们更加坚决地更积极地和全国劳动兄弟一道为灭亡旧中国,推进新中国而奋斗的热忱"。③

2. 组织开展新政协运动

"五一口号"发布后不久,中央就对邀请各民主党派代表来解放区协商召开新政协的时间、地点、邀请人士等相关问题做了明确指示。④ 随后,中央要求香港分局宣传新政协,积极与各民主党派民主人士交换意见。⑤ 在中央的领导和指示下,香港分局领导和组织了这场运动,并在香港地区掀起了一场声势浩大的新政协运动。

首先,香港分局利用在香港建立的文化宣传阵地的优势,积极撰文宣传"五一口号",给新政协运动的推行做舆论准备。如香港分局的重要干部方方在《群众》周刊发表《为成立民主联合政府而奋斗》⑥,章汉夫发表《论旧政协与新政协》⑦,连贯发表《论新政协的道路》⑧ 等,都向广大群众阐明了新政协运动的伟大任务和必要性。香港分局还邀请著名民主人士撰文宣传"五一口号",向广大读者分享体会。沈钧儒、章伯钧在《光明报》发表《时局声明》,指出

---

① 香港各界爱国人士联名响应"五一"号召 [N]. 华商报,1948年06-04(1).
② 毛泽东关于感谢侨胞响应"五一"口号和征询对召开新政协的意见复陈家庚电(1948年4月30日)[A] //中央统战部,中央档案馆. 中共中央解放战争时期统一战线文件选编 [G]. 北京:中国档案出版社,1988:210.
③ 鲁保. 香港工人对"五一口号"的响应 [J]. 群众(香港版),1948(22).
④ 中央关于邀请各民主党派代表来解放区协商召开新政协问题给沪局的指示(1948年5月2日)[A] //中央统战部,中央档案馆. 中共中央解放战争时期统一战线文件选编 [G]. 北京:中国档案出版社,1988:197—198.
⑤ 中央关于与各民主党派交换召开新政协给沪分局的指示(1948年5月7日)[A] //中央统战部,中央档案馆. 中共中央解放战争时期统一战线文件选编 [G]. 北京:中国档案出版社,1988:198—199.
⑥ 方方. 为成立民主联合政府而奋斗 [J]. 群众,1948(18).
⑦ 章汉夫. 论旧政协与新政协 [J]. 群众,1948(19).
⑧ 连贯. 论新政协的道路 [J]. 群众,1948(21).

"统一的新中国,只有在消灭统一障碍的反动独裁集团之后,通过新政协,才能完全实现"。① 郭沫若发表了《脑力劳动者对"五一"号召应有的觉悟》,马叙伦发表了《读了"五一口号"以后》。还有普通群众也发表了不少关于学习"五一口号"的心得,如方步的《学习"五一口号"短记》②,《汽车工友座谈讨论"五一口号"提供六点意见》③ 等。香港地区的进步报刊大量刊登这一类文章,一时之间,形成了热烈积极的学习"五一口号"、迎接新政协的氛围。

1948年6月30日,香港分局方方、潘汉年、连贯等还邀请李济深、沈钧儒、谭平山、马叙伦等各民主党派人士在香港召开座谈会,商讨日后召开政协会议的具体问题。各民主党派民主人士对新政协召开的形式和内容等都进行了热烈讨论,提出了不少有用意见。④

1948年9月20日,中央就邀请参加新政协者的名单给香港分局做出指示。在指示中,中央提问香港分局今年内可以有几条苏轮南下,可装回多少民主人士。中央表示新政协打算在明年春天召开,所以要求香港分局必须在今年冬天明年春天之前把各方民主人士全部护送入解放区。

同时,中央提供了各界拟邀请人士的大致名单——国民党革命委员会如李济深能来最好,否则除蔡廷锴外,何香凝、柳亚子、朱蕴山仍望能来;民主同盟除沈钧儒外,还有史良、邓初民、周鲸文、罗隆基、张澜、梁漱溟等;救国会张志让、沙千里、李章达、曹孟君;第三党除章伯钧外,还有彭泽民、韩卓儒、邱哲;救国会李章达、胡愈之;民建党章乃器、孙起孟;上海人民团体联合会;文化界茅盾、叶圣陶;产业界张絅伯、吴羹梅;海外华侨陈嘉庚、冯裕芳、王任叔;社会贤达郭沫若、马寅初、陈叔通,等等。要求香港分局加以考虑,如有增减,要迅速电告中央,并建议香港分局为秘密慎重起见,先邀请可靠人士,待大多数都已动身之后,再邀请其他不甚可靠的人士。⑤

1948年10月30日,中央发出《关于向香港各民主党派团体负责人征求对召开新的政治协商会议诸问题的意见的指示》,要求香港分局"接到该项文件后

---

① 沈钧儒,章伯钧. 时局声明 [N]. 光明报,1948-12-16 (2).
② 方步. 学习"五一口号"短记 [N]. 正报,1948 (27).
③ 汽车工友座谈讨论"五一口号"提供六点意见 [N]. 华商报,1948-06-06 (2).
④ 香港分局召开各民主党派民主人士的座谈会记录(1948年6月30日)[A] //中央档案馆,广东省档案馆. 中共中央香港分局文件汇集(1947.5—1949.3)[G]. (内部资料),1989:162-169.
⑤ 中央关于邀请参加新政协者的名单给港分局的指示(1948年9月20日)[A] //中央统战部,中央档案馆. 中共中央解放战争时期统一战线文件选编 [G]. 北京:中国档案出版社,1988:207-208.

抄送给民革……无党派郭沫若等11人,并由潘汉年、连贯分访他们或邀请他们一起聚谈,征求他们的意见。同时,应声明在新政协筹备会未公开宣告成立前,仍请他们暂守秘密,以利各方代表继续北上"。①

护送民主人士北上的工作由中央城市工作部负责,并由周恩来指挥。由于大量民主人士聚集在华南地区,因此香港分局负责主要的护送工作,上海局、华东局和东北局密切配合。至于北上的方法,鉴于香港地区受到国民党和港英政府的密切监视,香港与东北解放区之间还相隔着国民党统治区,因此走海路较为实际。

1948年8月2日,周恩来致电东北财政负责人钱之光,要求以解放区救济总署特派员的名义前往香港,会同方方、潘汉年、连贯等接送民主人士。经过钱之光与香港分局的周密分析,决定租用外国轮船,设法穿过敌人的海上封锁线,分批、分期护送民主人士秘密北上。对于处在内陆解放区的民主人士,则采用先秘密运送到香港,再从香港出发北上的方法。为了完成这一任务,香港分局由饶彰风牵头《华商报》成立专门的工作小组,小组由杜宣、陈紫秋、赵沨、罗理实等人组成,分别开展与民主人士的秘密联系工作。香港分局还通过社会关系,通过购买香港太古轮船公司全部船票,以租借商船的方式,把大批民主人士、知识青年,连同西药、橡胶等物资运往天津。

1948年11月5日,中共中央就邀请民主人士北上给香港分局做出明确指示。中共中央要求邀请北上的民主人士,还有全国学联、全国总工会、解放区农民团体、青联、妇联等以上共21个单位,连同中共及人民解放军,共23个单位,每单位至少1人至多4人。到有过半数单位,筹备会即可集会。同时,中央还要求香港分局和钱之光,必须要在11、12两个月,将上述各单位代表送来解放区,其中最重要者为李济深、郭沫若、马叙伦、彭泽民、李章达、马寅初、孙起孟、茅盾、张绚伯、陈嘉庚10人。② 中央针对北上的方法指示香港分局"除乘苏轮经北鲜转至东北外,还可考虑利用与儿童救济基金会的关系及与英国进行贸易的谈判,允许用香港英国商轮载运儿童救济药品及我需要的物资开来烟台交换商品,如此项谈判成功,则某些民主人士便可公开买票来烟,家属亦可同来。估计英国急需与我拉关系和通商,我肯开放烟台。而美国利用儿

---

① 中央关于向香港各民主党派团体负责人征求对召开新的政治协商会议诸问题的意见的指示(1948年10月30日)[A]//中央统战部,中央档案馆.中共中央解放战争时期统一战线文件选编[G].北京:中国档案出版社,1988:218.
② 中央关于邀请民主人士北上给香港分局的指示(1948年11月5日)[A]//中央统战部,中央档案馆.中共中央解放战争时期统一战线文件选编[G].北京:中国档案出版社,1988:221-222.

童救济基金会亦可同来观察，此举很易谈成，望你们加紧进行。此外，凡非过分暴露的人及党内干部均可由港乘轮至天津进来……"①

从1948年9月到1949年9月，香港分局和香港工委共组织护送民主人士北上20多次，输送了350多人，加上党内干部共1000多人，其工作周密严谨，颇有成效，受到中央的肯定。

筹备新政协的过程中，香港分局一直配合中央指示，利用香港相对便利的环境，发挥主观能动性，有序开展了发动舆论宣传、联系民主人士磋商讨论、运送民主人士北上等工作，为新政协的顺利召开保驾护航。

解放战争时期，香港分局配合武装斗争的开展，运用灵活的统一战线策略，在复杂的政治较量和武装斗争中，充分动员社会各界人士，形成反美反蒋第二战线，孤立了国民党政权，并灵活处理与港英政府的关系，为中共争取了一定的发展空间。香港分局统战工作的突出成就，不仅有力地促进了华南地区解放斗争的胜利，更配合了全国解放战争的进程，是解放战争中的光辉一页。

八、结语

广东是华南政治经济文化军事的中心，有着悠长的革命传统。华南解放战场是全国解放战争的重要组成部分，也是与华中、华北地区有着同样重要意义的战略据点和战略中心。香港分局以配合全国解放战争为中心任务，建设了华南解放战争指挥中心，开展了武装斗争、经济建设、文化宣传、统一战线等各项工作，出色发挥了指挥中心的作用。

（一）香港分局的历史地位

首先，香港分局在香港地区的成立改变了华南地区中共势力薄弱的局面。在华南大部分地区处于国民党统治之下、短时间难以改变的局面下，香港分局在香港的成立和运作，打开了中共向华南城市扎根的道路。有了香港分局这一基点，中共在华南地区的发展才有更多的便利条件、资源和机会。

香港分局建立后，尹林平、方方等开展了各项重要的工作。在党建方面，领导华南各地区党组织的建设和党员整顿，为华南地区的革命斗争打造了坚实的组织后盾。

在武装斗争方面，香港分局在中央的指示下，配合全国解放战争的步伐，

① 中央关于邀请民主人士北上给香港分局的指示（1948年11月5日）[A]//中央统战部，中央档案馆．中共中央解放战争时期统一战线文件选编[G]．北京：中国档案出版社，1988：221-222．

顺应时势制定了较为科学的武装斗争策略。从隐蔽待机，发展小搞到全面大搞。从建立边区游击队，发展群众斗争，发展赤色割据，再到发展大规模的游击战争。这些斗争策略都很好地指导了华南地区武装斗争的恢复和发展。在正确的武装斗争策略的指引下，华南地区开展了反对"三征"的斗争，广大群众掀起游击战争的热潮，并有力粉碎了国民党的"清剿"。武装斗争的发展成熟，伴随的是华南解放总基地的建立，各边区纵队发展成熟，促进根据地联结成片，配合了南下解放军解放华南地区的斗争。香港分局把华南地区建设成为解放战争的坚强一翼，出色配合了全国解放战争的胜利推进。

在文化宣传方面，香港分局在香港建设了中共的政治文化宣传阵地，打破了国民党舆论封锁造成的中共政治宣传的荒漠状态。报刊、文化艺术、通讯社等事业建设了起来，作为中共的喉舌向华南地区乃至全国进行政治文化渗透，成为射向国民党心脏的无形的子弹。

在经济建设方面，香港分局开展了大量的经济工作，并针对华南地区实际情况，推行了"减租减息，赈灾救荒，发展生产"的土地改革运动。香港分局还发展了经济统战工作。在土改过程中团结各阶层农民，在发展解放区经济中积极联络工商界。中共的经济力量得以增强，为解放战争的胜利和新中国的建设提供了重要的物质保障。

在统一战线方面，香港分局利用条件优势，联络大量民主人士，发展了反美反蒋统一战线，形成了华南地区的第二战线。分局还妥善处理与港英政府的关系，为其政治活动的开展积累了更多资本。在解放战争后期，统战工作显示了明显成效。社会各界响应中共的"五一口号"，支持新政协的召开。香港分局在中央的指挥下，出色地完成了运送民主人士北上召开新政协的历史任务。

综上，在解放战争时期，香港分局既是华南地区党的各项工作的领导者，也是有力的执行者，巩固了中共在华南地区的斗争阵地，领导了华南地区的解放斗争，形成了华南解放战争指挥中心，做出了斐然成绩。这些成绩表现在截至1949年9月，香港分局解放了广东1300万以上的人民，创造了8万以上的人民武装，组织了150万以上的农会会员，并在广东全省三分之一以上的地区初步建立了人民民主政权。华南分局也曾在1949年1月总结道："我华南各地人民武装，在坚持和领导华南人民的武装斗争，直接配合野战军打败蒋匪军，解放华南同样也有很大的功绩"。① 华南地区虽孤悬敌后，但成功配合了三年来的

---

① 华南分局，广东省政府，原广东军区．关于春节拥护军队和拥政爱民运动的联合指示（1949年1月12日）[A]．广州：广东省档案馆，235-1-55-052-054．

全国解放战争的胜利。同时也给人民解放军主力南下作战、最终解放华南及广东全省提供有利条件。①

（二）指挥华南解放战争过程中的经验与教训

香港分局在解放战争时期的历史贡献为后人留下宝贵的历史经验。但是，我们也要看到香港分局在领导华南解放斗争的过程中存在一定的不足。

1. 过于强调长期黑暗

香港分局在华南地区开展工作的时候过于强调华南地区的长期黑暗。1946年，广东区党委在东纵北撤后就对广东的斗争环境表露出过于悲观的思想。例如，尹林平的《东江纵队北撤与广东新形势》一文，就指出东纵北撤后"党在华南的力量薄弱了……广东出现了新的形势，新的局面……人民还要暂时忍受着蹂躏"。② 同年6月，尹林平向中央表示广东工作的困难："广东为国顽绝不放松之地，并有英美矛盾，故斗争上有相当复杂性，在革命力量对比上又是敌强我弱，由于八年秘密武装斗争，今天许多据点与地区及较多的干部均已暴露，几乎全部都撤退，以前在工作布置与执行时未能抓紧时机和转变，以致造成弱点，其他民主势力已无实力，停留在国党高压下情绪不高。目前国党在进行"清剿"乡村，特务则破坏城市民主力量与运动，故东纵北撤后，广东时局必有相当严重的黑暗时期，并非短时期内可能好转。"③ 可见，广东区党委对广东形势的分析都过于强调斗争的长期残酷，没有看清斗争的前途。广东区党委过分强调黑暗而忽视有利的条件和时机，说明在开展工作时对华南地区缺乏全面正确的分析，也导致广东区党委错失了一些工作时机。

1947年春，广东区党委对自身的领导工作加以检讨，认识到过高估计广东情况特殊、过分强调广东困难、对广东情况缺乏调查研究的问题，并加以纠正，使得广东工作继续沿着中共中央的指示继续发展。

2. 经验不足，错失时机

在领导华南地区开展武装斗争时，香港分局存在对形势的分析和估计有误的问题，影响了分局对斗争时机的把握。抗战胜利后，广东区党委轻视国民党，

---

① 华南分局第三次会议记录——方方报告广东情况及决议案（1949年9月20日）[A] // 中央档案馆，广东省档案馆. 中共中央华南分局文件汇集（1949.4—1949.12）[G].（内部资料），1989：206.

② 林平. 东江纵队北撤与广东新形势（1946年）[A] //中央档案馆，广东省档案馆. 广东革命历史文件汇集：1946年1月—1947年1月 [G].（内部资料），1987：174.

③ 尹林平致中央转南京局电——关于港工委意见（1946年6月23日）[A] //中央档案馆，广东省档案馆. 广东革命历史文件汇集：1946年1月—1947年1月 [G].（内部资料），1987：75.

片面乐观，没有及时在边境山地建立武装根据地。在旧政协时期，广东区党委对形势的估计过于乐观，产生了"和平民主已经出现"的想法，"没有坚持强调武装斗争"。① 1946年初，广东区党委接连发出《目前形势与任务的指示》《目前形势与任务的补充指示》，过分向地方强调和平的到来，放松了武装斗争。

东纵北撤后，广东区党委对形势的估计又过于悲观，过分强调广东国民党统治的黑暗和斗争的长期残酷，没有着重估计到国民党的日趋困难。进而导致香港分局没有抓住时机领导华南地区开展地方党团建设，没有及早广泛发动群众开展武装斗争和游击战争。华南地区武装斗争恢复得较迟，使得华南地区发展游击战争较为吃力和被动，造成了一定损失。在华南解放前这些失误继续存在，在1949年9月的华南分局扩大会议上，华南分局就总结道，"游击主义及缺乏经验，不可能适应现在急剧发展的新形势的需求"。② 并表示要在新的华南分局中加以改正。

对时势估计不足的问题暴露了广东区党委工作经验不足的缺点。广东区党委和香港分局属于一支开拓新阵地的先行部队，加上华南地区形势复杂，因而在工作过程中对上级指示的理解和分析不足。1947年，尹林平检讨了区党委"对中央指示不深入研究，很易走入偏向"。连贯也认为区党委对中央的指示"只是从字面上了解，基本精神上有些了解，不是具体细心研究，联系实际情况去决定"。③ 广东区党委对上级政策的理解不够透彻，下级政策的决定不够具体，界限模糊，使得各地在实际执行中举棋不定，左右偏差。香港分局也直接指出："这些错误的思想根源，出于下面两点。甲：对革命战争的规律，没有全面去认识和做深刻的研究与了解。……过分夸张大军渡江的迅速出现，产生了速胜观点。但也有个别同志在有利的形势下，仍残存着留恋小规模的游击小组动作，对组织较大的战争表现出害怕困难与缺乏信心。乙：片面的狭隘经验主义，只接受内战时期的经验，没有把它和抗日时期的经验集合起来，再配合以

---

① 对广东区党委一年来领导工作的检查记录（1947年春）[A]//中央档案馆，广东省档案馆.广东革命历史文件汇集：1946年1月—1947年1月[G].（内部资料），1987：332.

② 华南分局致中央与华中局电——方、陈在两次会议上报告摘要（1949年9月26日）[A]//中央档案馆，广东省档案馆.中共中央华南分局文件汇集（1949.4—1949.12）[G].（内部资料），1989：246.

③ 对广东区党委一年来领导工作的检查记录（1947年春）[A]//中央档案馆，广东省档案馆.广东革命历史文件汇集：1946年1月—1947年1月[G].（内部资料），1987：332.

今天的新的情况，做出正确的决定。"①

此外，香港分局在工作过程中，还遇到党外人士不信任的问题。1948年，李济深、冯玉祥这些上层中间人士想利用美国的势力促蒋下台，由他们主政，下令国军就地停战，不听命令者以武力解决。这一倒蒋计划因李济深、冯玉祥觉得香港分局的人员幼稚，并没有告诉香港分局，反而让吴克坚将此事转告中央，吴克坚见此，向李冯表示香港分局的工作人员很好，大家应该合作。② 这说明，民主人士对香港分局还是存在一定的不信任，认为香港分局发展得不够成熟，不足以成为可密切合作的对象。这从侧面反映了香港分局的统战工作不够成熟，还有进步的空间。

尽管错失了一些时机，产生了一些偏差，广东区党委和香港分局在工作中及时检讨，总结经验，确保了革命斗争工作的顺利开展。

3. 干部出现分歧

华南地区的斗争形势相当复杂，既有被分割的游击战争环境，又有忙于建军打仗而被削弱的地下工作、地方党组织与上级党组织的联系。同时，华南地区党组织成分不齐，个别领导工作作风不正，各领导人、干部又各有自己的工作方式和思路，于是在工作过程中出现思想混乱，甚至出现无组织无纪律的现象。

据尹林平回忆，在1947年冬到1948年春期间，香港分局组织召开了一次分局扩大会议，讨论斗争经验。方方在会上做了"形势和任务"的报告，并提出一手抓枪，一手分田。尹林平指出，"开始我是同意方方这一意见的，但随后我提出还要考虑"。其理由有两条，一是华南地区武装斗争战斗力还弱；二是主要任务是先推翻蒋介石政权。为了集中反蒋力量，只能实行二五减租。后来，中央也明确指出广东提出的"一手抓枪、一手分田"的口号是错误的。③

除了上级的核心干部，香港分局上下级之间也出现过意见不一的情况。

方方曾经指出，华南党内无组织无纪律的不良现象："最严重的是四七年底

---

① 香港分局关于半年工作总结和今后工作方针任务（1949年初）[A]//中央档案馆，广东省档案馆. 中共中央香港分局文件汇集（1947.5—1949.3）[G]. （内部资料），1989：188—189.
② 中央关于对李济深、冯玉祥倒蒋活动的策略给沪局、港分局的指示（1948年8月2日）[A]//中央统战部，中央档案馆. 中共中央解放战争时期统一战线文件选编[G]. 北京：中国档案出版社，1988：204.
③ 尹林平. 回忆一九四六年华南恢复武装斗争的情况[A]//中国人民政治协商会议广东省委员会文史资料研究委员会. 广东文史资料：第35辑[M]. 广州：广东人民出版社，1982：3-4.

至四八年初的五岭地区，滇桂边区，及四七年的南路地区。"①

以南路地区为例，1946年5月，全国内战即将爆发之际，广东区党委派吴有恒担任南路副特派员。吴有恒坚持自卫斗争，大搞南路武装斗争，壮大了南路的武装队伍。同年9月，广东区党委在东纵北撤后发布九月指示，强调革命是长期的，要求分散隐蔽，不要过早暴露自己的力量。吴有恒考虑南路地区的形势，不同意区党委制定的从小搞到大搞等武装斗争原则，认为这是消极的武装政策。对于区党委随后解释的"放手小搞，准备大搞"，吴有恒也认为解释不通，是空话，在过右的南路地区无法开展这一方针。② 于是，吴有恒决定不遵循广东区党委的九月指示，继续坚持大搞武装。在抗击国民党对化县吴川地区的"清剿"时，遭遇惨重失败，"部队人数由四五千减到一千多人，控制地区丧失殆尽"。③

1947年末，吴有恒离开南路返回香港后，南路地区发来告状信指责吴有恒把南路搞乱了，香港分局认为吴没有贯彻广东区党委的九月指示，在南路大搞武装，于是决定让吴有恒进学习班被迫反省，并给予撤职处分。1948年4月，当时担任粤桂边区党委书记的梁广为了清算吴有恒在南路大搞武装斗争造成的所谓"错误"，没有进行深入调查，做了不符合事实的错误的判断，写出了《化吴武装斗争的初步总结》，并在粤桂边区党委扩大会议上宣读了这份《总结》，着重指出"造成化吴革命斗争中今天的严重局面，主要是在南路地委的领导错误，特别是吴（有恒）同志温同志负主要责任"。④ 香港分局任由这份错误的《总结》"印发出来教育全党同志"，⑤ 影响了党内的团结。左洪涛曾总结，南路地区在斗争中犯了"左倾"盲动主义的错误，其实"就是所谓'大搞'方针，

---

① 关于反无政府无纪律状态的学习与反省——方方一九四九年二月学习班总结［A］//广东省档案馆.华南党组织档案选编（1945年—1949年）［G］.（内部资料），1982：206-207.

② 吴有恒给方方的工作报告（1947年4月26日）［A］//中共广东省委党史研究委员会，广东省档案馆，中共湛江市委党史办.粤桂边区武装斗争史料［M］.广州：广东人民出版社，1989：89-90.

③ 广东情况介绍——方方在赣州高干会上的报告（1949年9月21日）［A］//中央档案馆，广东省档案馆.中共中央华南分局文件汇集（1949.4—1949.12）［G］.（内部资料），1989：214.

④ 贺朗.吴有恒传［M］.广州：花城出版社，1993：116.

⑤ 香港分局关于两年来组织工作总结（1949年初）［A］//中央档案馆，广东省档案馆.中共中央香港分局文件汇集（1947.5—1949.3）［G］.（内部资料），1989：383.

盲目'作乱''造反'方针",吴有恒"缺乏远大的战略眼光"①,没有对后续的几个战略阶段做出正确分析,造成了不必要的损失。方方也曾指出,吴有恒的错误"在于政策过左发展的保守主义,因此造成更多的敌人,影响党的政治威信,使党的正确政策不能在下层贯彻,同时又孤立于一个地区,强调困难,不敢向外发展,造成了受敌包围清剿的限制。"② 直到二十世纪九十年代,中共湛江市党史研究室写出了《粤桂边区党委的建立及其领导下的武装斗争》,③ 对南路武装斗争做出了较为公正的评价。

实质上,吴有恒虽然没有遵循广东区党委的指示,坚持大搞武装,但总体思路是紧跟中央方针的。但由于上下级之间没有达成有效的沟通与理解,造成了相当的误解。到分局学习期间,吴有恒受到巨大压力,反复要求他写检查,在压力之下,吴有恒不得不承认自己的思想意识的特点是"极度的自高自大、骄傲、偏见、不能容物、粗暴、急性、冲动性、破坏性、散漫无纪律等等","不管上级同意不同意,我搞出个局面再说"。④

还有五岭地区暴露的问题是"五岭向下级传达区党委决议时,有一次把地委自己对该决议的不同意见另外传播出去,意图供下级'选择',以便显出自己的'高超'。搞土改是很早就自行决定并做了的,在地委会议上公然提出一面报告,一面就干,向上级报告也说:'批准也干,不批准也干'。"⑤

方方认为,华南党内可以归纳出以下几种无组织无纪律的现象:一是一直走向闹独立性趋势。二是重大事件故意不报告或不知道要报告。三是一面家长制度,一面自由主义。四、强调依靠自己经验,不贯彻执行上级决定,对上级

---

① 左洪涛.南路工作报告(1948年1月)[A]//中共广东省委党史研究委员会,广东省档案馆,中共湛江市委党史办.粤桂边区武装斗争史料[M].广州:广东人民出版社,1989:1-29.
② 方方对南路工作的指示(1948年5月24日)[A]//中共广东省委党史研究委员会,广东省档案馆,中共湛江市委党史办.粤桂边区武装斗争史料[M].广州:广东人民出版社,1989:143.
③ 陈光中,黄稻藩.粤桂边区党委的建立及其领导下的武装斗争[A]//中共广东省委党史研究委员会,广东省档案馆,中共湛江市委党史办.粤桂边区武装斗争史料[M].广州:广东人民出版社,1989:1-29.
④ △△在三查三整中的自我反省(1948年3月)[A]//中央档案馆,广东省档案馆.广东革命历史文件汇集:1947年8月—1948年11月[G].(内部资料),1989:128-129.
⑤ 关于反无政府无纪律状态的学习与反省——方方一九四九年二月学习班总结[A]//广东省档案馆.华南党组织档案选编(1945年—1949年)[G].(内部资料),1982:206-207.

指示及中央文件都不够重视。① 香港分局也曾指出党内工作的一些问题，"上下级联系不密切，组织制度未完全建立起来，发现错误，上级不能及时纠正。……这些错误主要的责任是属于上级领导机关的，各级组织应当根据上面的检讨，加以详细的总结，得出经验教训"。②

应该指出，香港分局部分干部的分歧在华南地区复杂的形势下，是难以避免的，经过学习和开展批评与自我批评，大家逐步提高了认识，在不断总结经验和纠正缺点错误的基础上，隔阂有所消除，各项工作回到了正确的轨道上。

4. 土改出现偏差

1947年10月10日，中共中央公布《中国土地法大纲》，推动了全国各解放区土地改革的进程，但是也造成了一些地区出现了"左"的偏差。华南地区也不例外。

首先，香港分局在二月指示中的政策出现一定失误，"特别是土改，则过早过左。本来指示内虽有包含着步骤实现土改的精神，但不明确，且包罗万有"。③ 因此就产生了地方在执行过程中的过左急躁现象。香港分局在《关于半年工作总结和今后工作方针任务》中曾指出，二月指示中"我们却容纳了过早实行的土改，分耕，停租废债的政策，口号太高，扩大了打击面，违反中央关于新区土改工作指示的精神，这是不对的，不适合今天情况下的游击战争局面的"。④

香港分局之所以会出现土改偏差，主要有以下几个原因：一是没有充分考虑华南地区的具体形势是否适合土改；二是高估了农民的觉悟程度；三是领导缺乏经验，干部不足且缺少培训。于是，香港分局过早地在华南地区进行土地改革，并且土地改革的程度过火、进度过急，因此也就损害了中农工商业者和华侨人士的利益。"广东有些游击区在分田废债的过程中，在局部地方出了问

---

① 关于反无政府无纪律状态的学习与反省——方方一九四九年二月学习班总结［A］//广东省档案馆. 华南党组织档案选编（1945年—1949年）［G］.（内部资料），1982：206.
② 香港分局关于半年工作总结和今后工作方针任务（1948年8月）［A］//中央档案馆，广东省档案馆. 中共中央香港分局文件汇集（1947.5—1949.3）［G］.（内部资料），1989：188.
③ 香港分局负责同志在干部学习班上讲话提纲（1948年）［A］//中央档案馆，广东省档案馆. 中共中央香港分局文件汇集（1947.5—1949.3）［G］.（内部资料），1989：311.
④ 香港分局关于半年工作总结和今后工作方针任务（1948年8月）［A］//中央档案馆，广东省档案馆. 中共中央香港分局文件汇集（1947.5—1949.3）［G］.（内部资料），1989：188.

题,损害了若干中农的利益,对于地主、富农、工商业家以及华侨人士,有过'左'的不恰当措施。"其结果是影响了反美蒋统一战线斗争的开展,给中共树立了敌人,部分中农对中共失去信任,工商业家怀疑中共的工商业政策,贫农借贷无门,影响了生产,60%以上的农户保有的田地比原来减少了。① 土改也无法配合农民斗争,也增加了部队给养上的困难,最终影响了革命事业的开展。

为了缩小打击面,团结一切可以团结的力量,香港分局决定停止停租、废债、分粮、分浮财、分田、清算等斗争,开展土改纠偏工作。对已分田地的地区,原则上维持现状,未分田地区则实行减租减息、救灾救荒生产运动等社会政策。"由于范围不宽,为时未久",土地改革的错误便被纠正过来了。②

尽管存在一定的不足,我们也要看到新民主主义革命是一段艰苦的历程,同时也是一次成就辉煌的历程。"广东这是一个帝国主义、封建主义有长期侵略和统治历史和强固基础的省份。"③ 在国民党的破坏打击和复杂环境下,中共中央香港分局领导着华南地区人民排除一切困难,坚持不懈,百折不挠,为取得新民主主义革命的胜利而不断抗争。香港分局肩负着历史的重任,出色地完成了历史赋予的任务。

中共中央香港分局的成功说明中国共产党重视广东地区的客观实际,将马列主义与中国革命具体实践相结合,发挥了党中央的正确领导。同时,也折射出中共发挥了主动性和创造性,敢于创新工作方法,开拓新的工作局面。中共充分利用香港的特殊环境和有利条件,建立香港分局,以此构建华南解放战争的指挥中心,推进新民主主义革命事业的胜利发展,是务实的,创新的,值得肯定的。

【参考文献】

一、档案文献

[1] 中央档案馆,广东省档案馆.中共中央香港分局文件汇集(1947.5—1949.3)[G].(内部资料),1989.

[2] 中央档案馆,广东省档案馆.中共中央华南分局文件汇集(1949.4—

---

① 香港分局关于纠正偏向的经验(1948年)[A]//中央档案馆,广东省档案馆.中共中央香港分局文件汇集(1947.5—1949.3)[G].(内部资料),1989:312.
② 罗纯.华南人民武装当前行动纲领(东江前线通讯)[A]//中央档案馆,广东省档案馆.广东革命历史文件汇集(广东区党委等文件)[G].(内部资料),1989:389.
③ 方方同志关于一年来广东农村群众运动初步总结报告(1951年)[A].广州:广东省档案馆,236-1-24-53.

1949.12)［G］.（内部资料），1989.

［3］中央档案馆，广东省档案馆.广东革命历史文件汇集：1947年8月—1948年11月［G］.（内部资料），1989.

［4］中央档案馆，广东省档案馆.广东革命历史文件汇集（广东党组织文件）：1945年11月—1949年12月［G］.（内部资料），1989.

［5］广东省档案馆.华南党组织档案选编（1945年—1949年）［G］.（内部资料），1982.

［6］中共广东省委党史研究室，等.叶剑英与华南分局档案史料（上下册）［M］.（内部资料），1999.

［7］中共广东省委党史资料征集委员会，中共广东省委党史研究委员会.广东党史资料［M］.广州：广东人民出版社，1983.

［8］中国人民政治协商会议广东省委员会文史资料研究委员会.广东文史资料［M］.广州：广东人民出版社，1983.

［9］南方局党史资料征集小组.南方局党史资料：第4册［M］.重庆：重庆出版社，1990.

［10］中共中央组织部，中共中央党史研究室，中央档案馆.中国共产党组织史资料：第四卷（全国解放战争）［M］.北京：中共党史出版社，2000.

［11］中央统战部，中央档案馆.中共中央解放战争时期统一战线文件选编［G］.北京：中国档案出版社，1988.

［12］中央档案馆.中共中央文件选集（1946—1947）［M］.北京：中共中央党校出版社，1992.

［13］中央档案馆.中共中央文件选集（1948）［M］.北京：中共中央党校出版社，1992.

［14］中央档案馆.中共中央文件选集（1949.1—9）［M］.北京：中共中央党校出版社，1992.

［15］叶健青.蒋中正总统档案：事略稿本（卷64—66）［M］.台北：台湾"国史馆"，2012.

［16］叶惠芬.蒋中正总统档案：事略稿本（卷67）［M］.台北：台湾"国史馆"，2012.

［17］高素兰.蒋中正总统档案：事略稿本（卷68—69）［M］.台北：台湾"国史馆"，2012.

［18］周美华.蒋中正总统档案：事略稿本（卷70—71）［M］.台北：台湾"国史馆"，2012.

[19] 秦孝仪. "总统"蒋公大事长编初稿（卷6—7）[M]. (内部资料), 1978年.

[20] 中共云南省委党史研究室, 中共湖南省委党史研究室. 解放战争时期第二条战线——农民运动和武装斗争卷（上下册）[M]. 北京：中共党史出版社, 2003.

[21] 福建省档案馆, 广东省档案馆. 闽粤赣边区革命历史档案汇编[G]. 北京：中国档案出版社, 1987.

[22] 中共广东省委党史研究委员会, 广东省档案馆, 中共湛江市委党史办. 粤桂边区武装斗争史料 [M]. 广州：广东人民出版社, 1989.

[23] 广东省档案馆, 中共惠州市委党史办. 粤赣湘边区革命史料 [M]. 广州：广东人民出版社, 1989.

二、著作

[1] 中共广东省委党史研究室. 中国共产党广东地方史（第一卷）[M]. 广州：广东人民出版社, 1999.

[2] 中共广东省委党史研究室. 广东党史研究文集（第四册）[M]. 北京：中共党史出版社, 1994.

[3] 中共广东省委党史研究室. 香港与中国革命 [M]. 广州：广东人民出版社, 1997.

[4] 梁上苑. 中共在香港 [M]. 香港：广角镜出版社, 1989.

[5] 中共广东省委党史研究室, 广东省档案馆. 方方文集 [M]. 广州：广东人民出版社, 1990.

[6] 陆永棣, 刘子健. 方方 [M]. 广州：广东人民出版社, 1984.

[7]《尹林平》编委会. 尹林平 [M]. 广州：广东人民出版社, 1994.

[8]《章汉夫传》编写组. 章汉夫传 [M]. 北京：世界知识出版社, 2003.

[9] 张发奎. 蒋介石与我——张发奎上将回忆录 [M]. 香港：香港文化艺术出版社, 2008.

[10] 邓开颂, 陆晓敏. 粤港澳近代关系史 [M]. 广州：广东人民出版社, 1996.

[11] 刘曼容. 港英政府政治制度论 [M]. 北京：社会科学文献出版社, 2001.

[12] 李蓓蓓. 台港澳史稿 [M]. 上海：华东师范大学出版社, 2003.

[13] 袁小伦. 战后初期中共与香港进步文化 [M]. 广州：广东教育出版社, 1999年.

[14] 元邦建. 香港史略 [M]. 香港：中流出版社，1987.

[15]《闽粤赣边纵队第二支队史》编写组. 中国人民解放军闽粤赣边纵队：第二支队史 [M]. 广州：广东人民出版社，1989.

[16]《两广纵队史》编写领导小组. 两广纵队史 [M]. 广州：广东人民出版社，1988.

[17] 中共惠州市委党史办公室. 粤赣湘边纵队史 [M]. 广州：广东人民出版社，1989.

[18] 中共江门市委党史研究室. 粤中纵队史 [M]. 广州：广东人民出版社，1992.

[19] 中共湛江市委党史研究室，《粤桂边纵队史》编写组. 粤桂边纵队史 [M]. 广州：广东人民出版社，1992.

[20] 吴基林，方山. 桂滇黔边纵队史 [M]. 广州：广东人民出版社，1993.

[21]《闽粤赣边纵队史》编写组. 闽粤赣边纵队史 [M]. 广州：广东人民出版社，1995.

[22] 中共广东省委党史研究室. 战斗在北江——中国人民解放军粤赣湘边纵队北江第一支队史 [M].（内部资料），2001.

[23] 中共广州市委党史研究室. 中国人民解放军粤赣湘边纵队东江第三支队队史 [M]. 广州：广州出版社，2009.

[24] 王吉伦. 两广纵队情系珠江 [M]. 北京：军事科学出版社，2007.

[25] 彭新云. 解放战争广东敌后游击战纪实 [M]. 北京：中国人民解放军出版社，2011.

[26] 陈小澄. 从东江纵队到两广纵队 [M]. 广州：广东人民出版社，2015.

[27] 李建国. 从东江纵队到粤赣湘边纵队 [M]. 广州：广东人民出版社，2015.

[28] 毛泽东选集 [M]. 北京：人民出版社，1991.

[29] 中共中央统一战线工作部，中共中央文献研究室. 周恩来统一战线文选 [M]. 北京：人民出版社，1984.

[30] 周恩来选集（上）[M]. 北京：人民出版社，1984.

[31] Christine L. *Underground Front*：*The Chinese Communist Party in Hong Kong* [M]. Hong Kong：Hong Kong University Press，2010.

三、论文

[1] 陆永棣，刘子健. 中共中央香港分局的建立及其主要活动 [A] //中共广东省委党史研究室. 广东党史研究文集（第四册）[M]. 北京：中共党史出版社，1994：1—16.

[2] 陈流章. 方方与解放战争时期广东游击战争 [J]. 暨南学报（哲学社会科学），1995（1）.

[3] 杨业兢. 解放战争时期方方在领导广东人民武装斗争中的贡献 [J]. 暨南学报（哲学社会科学），1995（1）.

[4] 刘子健. 中共中央香港分局对华南革命斗争的指导 [A] //中共广东省委党史研究室. 香港与中国革命 [M]. 广州：广东人民出版社，1997：226—236.

[5] 尚东玲. 解放战争时期内地文化人在香港的活动及其作用 [J]. 陇东学院学报，2011（5）.

[6] 张虎. 中共在香港的活动（一九四五—一九四九）[J]. 中国大陆研究，1992（4）.

[7] 张寒. 历史上的中共香港分局 [J]. 文史杂志，1997（3）.

[8] 潘琦. 解放战争时期中共在香港的活动 [J]. 党史博览，2015（2）.

[9] 陈立平. 解放战争时期华南游击纵队的建立、发展及其历史作用[J]. 军事历史研究，1993（4）.

[10] 曾梅生，陈本亮. 华南坚强的一翼——闽粤赣边纵队在解放战争中的作用 [J]. 福建党史月刊，1990（2）.

[11] 盛明. 香港在民主革命时期的独特贡献 [J]. 四川党史，1997（5）.

[12] 王红续. 二十八年的不解之缘——建国前的中国共产党与香港（续）[J]. 党史天地，1997（3）.

[13] 叶汉明. 从"中间派"到"民主党派"：中国民主同盟在香港（1946—1949）[J]. 近代史研究，2003（6）.

[14] 陆文权. 解放战争时期李济深在香港的爱国民主活动 [J]. 广西社会主义学院学报，2005（2）.

[15] 张量. 中国教育史上的一朵奇葩——群星灿烂的香港达德学院述略 [A] //乔万敏，王学明，戴诚，等. 中国近代史及史料研究 [M]. 北京：社会科学文献出版社，2010：10—14.

[16] 鞠连和. 论解放战争时期中共统一战线政策策略运用的历史作用[J]. 东北师大学报，1996（4）.

[17] 王垒,袁小伦.论解放战争中后期香港文化阵地与中共财经统战活动[J].广东社会科学,2004(2).

[18] 张晓辉.简论建国前夕香港工商界与解放区的经贸往来[J].中共党史研究,2000(3).

[19] 林天乙.略论解放战争后期香港与解放区的通商贸易[J].中国经济史研究,2002(2).

[20] 李培德.1949年前中共在香港的发展及对本地华商的统战[A]//李培德.大过渡——时代变局中的中国商人[M].香港:商务印书馆(香港)有限公司,2013:212—232.

[21] 袁小伦.战后初期中共利用香港的策略运作[J].近代史研究,2002(6).

[22] 陈雷刚.章汉夫与《新华日报》和《群众》周刊[J].百年潮,2015(8).

[23] 康满堂.解放战争时期香港《华商报》的历史地位和特点[J].贵州文史丛刊,2006(4).

[24] JOHN P B. The Structure of Communist Party Control in Hong Kong[J].Asian Survey,1990,30(8).

[25] 刘素媛.解放战争时期中共报人群体研究(1945—1949)[D].南昌:南昌大学,2014.

[26] 周双全.大陆作家在香港(1945—1949)[D].上海:复旦大学,2004.

[27] 张春季.解放战争时期的香港《华商报》研究[D].广州:华南师范大学,2009.

[28] 胡吉军.解放战争时期中国民主党派在香港——以香港《华商报》为史料中心的考察[D].广州:华南师范大学,2008.

[29] 宋梅英.解放战争时期中国共产党的统一战线理论和政策[D].长春:东北师范大学,2008.

项目组负责人:左双文　华南师范大学历史文化学院教授,博士生导师
成　　员:潘丽芬　张淑贞
执　　笔:潘丽芬　张淑贞

新中国成立初期广东土地改革研究

马克思指出，土地是一切生产和一切存在的源泉。① 土地制度是否合理，关乎着一个国家社会经济的发展以及百姓的生计。新中国成立初期，全国开展了一场史无前例的土地改革运动，实现了千百年来农民拥有自己土地的愿望。随着国家工业化战略的提出，以小农经营为主的土地私有制无法适应国家工业化加快发展的需求，国家通过合作社的方式，引导农民走上了集体化的道路，但这种土地经营模式严重超出了当时社会生产力的发展，农民生产的积极性受到了沉重的打击。十一届三中全会后，农村率先开启了土地制度的改革，确立了家庭联产承包责任制，极大地推动了农村生产力的发展。随着市场经济的发展与中国城镇化脚步的加快，土地作为基本要素资源，逐渐参与到市场运作体系中来。自党的十八大召开以来，中央稳步推进以土地确权为突破口的农村集体产权制度改革，引导土地经营权有序流转。党的十九大报告更进一步提出要"巩固和完善农村基本经营制度，深化农村土地制度改革，完善承包地'三权'分置制度"。

一、绪论

（一）研究背景

目前，中国经济正处于转型升级的关键时期，进一步深化土地制度改革已迫在眉睫，中国比以往任何时候更需要真正适合中国国情的理论作指导。这种理论只能从自己的历史中抽象出来，从本国经验中抽象出来。新中国成立初期的土地改革问题作为国民经济恢复与发展进程中最为关键和根本的内容，有着极高的历史价值和意义。已有的学术研究，综合运用了历史学、政治学、社会学、经济学等研究方法，对土地改革的过程、性质、效果、影响与意义等多方面都有很多的研究成果。总体而言，针对土地改革的全局性影响的研究较多，

---

① 马克思恩格斯全集（第46卷 上册）[M]．北京：人民出版社，1979：44．

但对于这一意义深远的土地改革运动的研究，仍然有很多值得深入挖掘的空间。新中国成立初期，作为传统的经济发达省份，广东的土地改革问题，既有当时土地改革的共性，又具有广东自身地方社会的特殊性。本课题研究新中国成立初期的广东土地改革问题，正是在这一背景下，重新思考土地改革，尤其是作为传统的经济发达省份的广东，在新中国成立初期这一特殊的历史背景之下，面对复杂的土地、人群关系的情况下，如何推进土地改革，如何处理华侨、强宗大族、工商业地主等不同背景构成的复杂社会结构，以及如何分析与评价土地改革过程中的利弊得失，对丰富对土地制度与产权制度的研究、对当下土地改革的方向与思路的参考，有着重大的历史与现实意义，能为进一步丰富中国土地制度与产权制度研究，深化农村土地制度改革提供方向与思路。

（二）研究综述

新中国成立初期广东土地改革属于新区土地改革的范畴，在改革的政策内容、操作方式以及社会效果上，都与之前的土改有着很大区别。学界对新区土地改革问题的研究由来已久，成果丰硕，视角多维。早期成果主要有杜润生、董志凯、陈荷夫、张永泉、成汉昌、罗平汉等人的研究，他们主要从传统的政治学角度与历史学角度对土地改革问题进行研究。此外还有柳随年、孙健、董辅礽、武力等人编著的经济史著作。这一时期的研究成果主要集中于对土地改革运动的准备情况、实施政策以及其意义的评价上。近期较有代表性的有王瑞芳、张学强、张一平、莫宏伟、黄荣华、陈益元等人的研究，他们摆脱了革命话语的既有模式，开始尝试更多视角，结合更多学科与方法对土地改革进行研究。在这些代表性论著中，张永泉、陈荷夫、杜润生、成汉昌、董志凯、李里峰等学者主要从政治学角度对土地改革进行考察;① 费正清、罗平汉、李良玉、

---

① 主要从政治学角度切入的有：张永泉，赵泉钧. 中国土地改革史［M］. 武汉：武汉大学出版社，1985；陈荷夫. 土地与农民：中国土地革命的法律与政治［M］. 沈阳：辽宁人民出版社，1988；杜润生. 中国的土地改革［M］. 北京：当代中国出版社，1996；成汉昌. 中国土地制度与土地改革——20世纪前半期［M］. 北京：中国档案出版社，1994；董志凯，陈廷煊. 土地改革史话［M］. 北京：社会科学文献出版社，2000；李里峰. 经济的"土改"与政治的"土改"——关于土地改革历史意义的再思考［J］. 安徽史学，2008（2）.

莫宏伟、武力等学者则从历史学角度进行切入；① 此外，还有从毛泽东思想角度切入的莫里斯·迈斯纳、王明前、杨奎松等学者；② 从社会学和伦理学角度切入的张学强、陈益元、张一平等；③ 从经济学角度切入的有白云涛、余君、王瑞芳；④ 从心理学角度切入的莫宏伟、张望等。⑤ 以上论著多方位、多层次地对全国土地改革问题做出了有益探索，也为深入研究广东土地改革问题奠定了坚实的基础。

广东土地改革的研究，主要工作包括两大方面：一是土改史料的整理、编纂与利用；二是对广东土改历史的研究与评价，涌现了一批代表性论著。⑥ 如黄勋拔的《广东的土地改革》一文，概括了广东土地改革前夕的土地特点、土改的指导方针与具体政策、从清匪反霸到土改复查的五个阶段的土改过程、土改过程的若干分歧、对广东土改的总评价五个方面的主要问题。认为整体而言广东的土改运动取得了很大的胜利，从根本上改变了广东农村封建剥削的生产关系，巩固了新生政权。但也存在打击面过宽等问题。⑦ 莫宏伟《新中国成立初

---

① 主要从历史学角度切入的有：费正清. 剑桥中华人民共和国史（1949—1965）［M］. 北京：中国社会科学出版社，1990；罗平汉. 土地改革运动史［M］. 福州：福建人民出版社，2005；李良玉. 建国初期的土地改革运动［J］. 江苏大学学报（社会科学版），2004（1）；莫宏伟，张成洁. 新区农村的土地改革［M］. 镇江：江苏大学出版社，2009；武力. 中华人民共和国经济史（上）［M］. 北京：中国时代经济出版社，1999；杜润生. 杜润生自述：中国共产党农村体制变革中大决策纪实［M］. 北京：人民出版社，2005.

② 迈斯纳. 毛泽东的中国及后毛泽东的中国［M］. 成都：四川人民出版社，1990；王明前. 毛泽东土地制度变革思想探究［J］. 湖南第一师范学院学报，2004（1）；杨奎松. 关于战后中共和平土改的尝试与可能问题［J］. 南京大学学报（哲学·人文科学·社会科学版），2007（5）.

③ 从社会学和伦理学角度切入的：张学强. 乡村变迁与农民记忆：山东老区莒南县土地改革研究（1941—1951）［M］. 北京：社会科学文献出版社，2006；陈益元. 革命与农村——建国初期农村基层政权建设研究：1949—1957（以湖南省醴陵县为个案）［M］. 上海：上海社会科学院出版社，2006；张一平. 地权变动与社会重构——苏南土地改革研究（1949—1952）［M］. 上海：上海世纪出版集团，2009.

④ 从经济学角度切入的有：白云涛. 土地改革与中国的工业化［J］. 北京党史，2002（1）；余君. 建国初期土地改革与中国现代化的发展［J］. 党史研究与教学，2002（5）；王瑞芳. 土地制度与中国乡村社会变革——以新中国成立初期土改运动为中心的考察［M］. 北京：社会科学文献出版社，2010.

⑤ 从心理学角度切入的有：莫宏伟. 新区土地改革时期农村各阶层思想动态述析——以湖南、苏南为例［J］. 广西社会科学，2005（1）；张望，左传芳. 从民众心理看抗美援朝战争胜利的原因——以重庆市大足县龙水地区为考察对象［J］. 西南交通大学学报（社会科学版），2008（2）.

⑥ 蔡嘉生. 中华人民共和国成立初期广东土改研究述评［J］. 世纪桥，2018（3）.

⑦ 黄勋拔. 广东的土地改革［J］. 当代中国史研究，1995（1）.

期的广东土地改革研究》一书,则是既有研究中最为全面探讨新中国成立初期广东土改情况的论著。他从土改前夕的广东政局与土地关系、新区土改方针、广东土改的四个时期、土改中的"整队"问题、华侨问题、农村问题、对华南分局领导广东土改的评价等方面进行了详细探讨。① 正如李良玉指出:"莫宏伟依据历史资料,站在实事求是的立场上,客观地分析解答了这些问题,使对广东土改这个具有典型意义的历史事件的解释,带有高瞻远瞩的性质。"② 蔡嘉生以揭阳土改试点为中心,考察了广东土改试点,对了解中共为何要在新区实行土改试点、广东"和平分田"问题由来,以及土改试点与反"地方主义"运动的关系进行了细致讨论,对本研究有重要参考价值。③ 此外,对广东土改中的特殊问题,也有相关学者进行研究,如赖松玲聚焦广东侨乡土改问题。其研究指出,广东土改对华侨问题认识不足,对华侨侨眷打击过大、过重。土改结束后,才逐步贯彻和落实了侨务政策,对土改遗留问题进行了纠正。④

(三) 研究思路与方法

本课题尝试在诸位专家前辈的研究基础上,以历史学为本位,结合社会学、政治学等学科方法,进一步深化对广东土地改革研究。本课题从全国新区土改推进的整个大背景出发,以广东土地改革的具体过程与特点为主线,将广东土改分成准备时期、初始时期、高潮与完成时期进行研究,每个阶段又涉及土改的具体政策、领导层变化、地权形态、土地分配、土改效果等层面。以广东地方实际情况,以及政策制定与实施两大方面作为主轴。第一方面重点考察广东土改过程所面对的复杂的土地、人群以及宗族关系,尤其是华侨众多、强宗大族、工商业地主等不同背景构成的复杂社会结构。第二方面则对广东土地改革中的重要人物叶剑英、李坚真、方方、李雪峰、杜润生,以及毛泽东、邓子恢等人对广东土地改革思想及相关政策的制定实施进行探讨。通过梳理广东土地改革的发展过程,分析土改政策的利弊得失,总结广东土地改革过程中的经验与教训。

---

① 莫宏伟. 新中国成立初期的广东土地改革研究 [M]. 北京:中国社会科学出版社, 2010.
② 李良玉. 新中国成立初期的广东土地改革研究·序 [J]. 福建论坛·人文社会科学版, 2010 (7).
③ 蔡嘉生. 新中国初期广东土改试点与反地方主义研究 [D]. 北京:中共中央党校, 2017.
④ 赖松龄. 广东侨乡土地改革的偏差及其纠正 [J]. 华侨华人历史研究, 1992 (3).

二、新解放区土地改革的基本情况

破除农村封建关系的经济基础,是新中国成立后继续完成民主革命遗留任务的基本内容,也是实现国家工业化的前提条件。作为生产关系领域的一次伟大革命,土地改革的基本任务是通过对农村土地所有权、占有权、支配权和使用权的重新安排,变革封建土地所有制关系,消灭以封建土地所有制为基础的剥削制度。这一基本任务包含着两个环节,其一是没收剥削阶级所拥有的土地;其二是将没收来的土地分配给广大农民。① 为了完成土地改革,中央与地方需要根据这两个环节制定出具体的政策方针。不论是在政策方针的制定过程中,还是在政策方针的具体实施过程中,土地改革都会受到各种主观与客观条件的制约,不同区域也会因此呈现出差异化的土改进程与特点。

(一) 全国土地改革概况

新中国成立后,中国共产党面临的主要任务是恢复经济、发展生产。其中,在占全国人口大多数的广大新解放区进行土地改革,是获得财政经济情况根本好转的首要条件。若这项工作不做好,恢复经济和发展生产都无法从根本上得到实现。然而,土地改革是一场剧烈的社会变革,新解放区人口众多,情况也较为复杂,社会经济结构与老解放区有着较大的差别。

因此,中共中央对新区的土改采取了十分慎重的态度,经过广泛征求意见,中共中央将新解放区的土改推至1950年秋收以后,并提出,新解放区的土地改革必须分地区、分阶段进行,只有当新解放区的政治环境、群众觉悟与干部力量都达到土改的标准,才能开展土地改革;而不具备三者条件的地区,首先进行清匪反霸、减租减息,为实现土地改革创造条件。因此,从1948年秋起,除东北、华北部分地区和河南省外,全国各解放区暂停土地改革,转为实行减租减息。通过这一措施,给农民减轻了负担,促进了生产的初步恢复。同时还开展了肃清土匪、打击恶霸、建立革命秩序的工作,使农村社会环境走向安定,为新区实行土地改革准备了条件。

在1950年6月之前,全国尚有2.64亿农业人口的地区未进行土地改革。为了有准备、有秩序、有领导地进行这场规模巨大的土地改革运动,党和政府在总结过去20多年斗争经验的基础上,结合新时期的特点,制定了《中华人民共和国土地改革法》,为新区土改在方针政策上作了充分准备。

《中华人民共和国土地改革法》(以下简称《土地改革法》) 与1947年的

---

① 张雷声,董正平. 中国共产党经济思想史 [M]. 郑州:河南人民出版社,2006:34.

《中国土地法大纲》相比，作了以下几个方面的补充和修改。

其一，《土地改革法》规定，保存富农自耕和雇人耕种的土地和财产，其出租的少量土地一般保留不动。这意味着将过去征收富农多余土地的政策，改变为保存富农经济。

其二，增加了对小土地出租者的政策，把他们与地主阶级区分开来。小土地出租者往往是革命军人、烈士家属或从事其他职业的劳动者，他们出租土地是因为缺乏劳动力。因此《土地改革法》规定，小土地出租者如每人平均所有土地不超过当地每人平均占有土地的1倍，不予征收。

其三，明确规定保护中农（包括富裕中农在内）的土地和其他财产不受侵犯。过去采取的是彻底平分土地方式，中农多于平均数或者质量较好的土地也要被抽出来分掉，损害了部分中农的切身利益，不利于团结中农与调动他们的生产积极性。

其四，不分浮财和底财的政策。《土地改革法》规定，没收地主的土地、耕畜、农具、多余粮食及其在乡村中多余的房屋，其他财产不予没收，这就意味着地主经营的工商业及其直接用于经营工商业的土地财产，不予没收。

其五，城市郊区土地实行国有制。没收、征收的城市郊区土地收归国有，分配给农民使用，使用者只有使用权，没有所有权。

除了《中华人民共和国土地改革法》的出台以外，1950年党和政府对新区土地改革问题重要的讨论与政策文件主要包括：1950年2月28日《关于新解放区土地改革及征收公粮的指示》、1950年3月30日《关于土地法大纲若干问题征询各中央局的意见》、1950年6月14日《关于土地改革问题的报告》、1950年6月28日《中华人民共和国土地改革法》、1950年7月15日《农民协会组织通则》、1950年7月20日《人民法庭组织通则》、1950年8月24日《关于划分农村阶级成分的决定》、1950年11月6日《土地改革中对华侨土地财产的处理办法》、1950年11月21日《城市郊区土地改革条例》等。这些文件与法令，确定了新区土地改革的基本内容和路线方针。

新区的土地改革是分为三批进行的。第一批是1950年秋至1951年春，在1.28亿农业人口地区展开；第二批是1951秋季到1952年春，在1.1亿农业人口的地区进行；第三批是1952年冬到1953年春，在3000万农业人口地区进行。就每一个地区而言，并不是同时全面铺开，而是先典型示范，取得经验，从点到面，逐步展开。凡是政治环境、群众觉悟与干部力量等3个条件尚不成熟的地方，继续实行减租减息，创造条件。而条件成熟的地区，则集中力量发动群众，尽可能迅速完成土改。因此，到了1953年春，除一部分少数民族地区以外，全国土地改革基本完成。①

全国土改运动进行得很顺利，在全国范围内，新老解放区的人数达3亿多的无地少地农民，无偿获得了7亿亩土地和其他生产资料，摆脱了原先要向地主每年缴纳约700亿斤粮食的繁重地租，生产积极性得到了极大的提高。这一历史性任务的胜利完成，彻底消灭了延续两千多年的封建土地所有制，是一场规模空前的社会变革，为新生政权的巩固和发展提供了有力保证。

（二）中共中央对新区土地改革的新探索

新中国成立以后，整个形势已经发生了根本性变化，在这种情况下，毛泽东与中共中央吸取了过去土地改革过程中的经验与教训，进一步完善了关于土地改革的方针与政策，以尽可能地减少新区土改的偏差和不必要的震动。②

1949年8月10日，中共中央下达了《关于新区农村工作问题的指示》，提出："在中央人民政府成立后，土地法大纲须要有所修改。除上述一点外（以"中间不动两头平"的政策作为处理河南土地问题的基点），在南方及其他新区实行改革土地制度时，必须在某些政策上（例如不要使地富扫地出门等）及工作方法上（例如要开区乡农民代表会议等）改正过去在北方土改中做得不好的地方。"③ 可见，中共中央已经意识到解放战争时期实行的《中国土地法大纲》已不完全适用于新时期的土地改革，开始对新区土改工作的步骤与方法进行新的思考和探索。

第一，是将剿匪反霸、减租减息作为土地改革前的必要步骤。在新解放区，由于广大农民尚未接受过实行新土地制度的宣传和教育，还缺乏应有的政治觉悟，对地主阶级的剥削性质还没有正确的认识，因此一时难以发起彻底的土地改革。在中共七届二中全会决议中，中共中央便提出在南方乡村中，先要有步骤地展开反对土匪和反对恶霸即反对地主阶级当权派的斗争，完成减租的准备工作，以便在人民解放军到达那个地区大约一年或者两年以后，就能实现减租的任务，达成分配土地的先决条件。④《中国人民政治协商会议共同纲领》中的第27条也规定："尚未实行土地改革的解放区，必须发动农民群众，建立农民团体，经过清除土匪恶霸、减租减息和分配土地等项步骤，实现耕者有其田。"

---

① 苏少之. 中国经济通史·第十卷（上）[M]. 长沙：湖南人民出版社，2002：31-32.
② 张雷声，董正平. 中国共产党经济思想史 [M]. 郑州：河南人民出版社，2006：205.
③ 中央档案馆. 解放战争时期土地改革选编（1945—1949）[G]. 北京：中共中央党校出版社，1981：532.
④ 中共中央文献研究室，中央档案馆. 建党以来重要文献选编（1921—1949）：第26册[G]. 北京：中央文献出版社，2011：205.

这意味着新解放区在开展土地改革之前，要经过剿匪反霸、减租减息的工作，为开展土地改革奠定基础。

分配土地之前的清匪反霸、减租减息这一步实质上是政治斗争，是为了建立农民的政治优势和组织优势。清匪反霸是稳定政权、扫清土改障碍的必备条件，意义自不必多说。而开展普遍的减租减息工作，作为准备土改创造条件的中心工作之一，是中共中央根据新中国成立前后的严峻形势作出的重要决策。正如毛泽东在1948年5月指出："这一个减租减息阶段是任何新解放区所不能缺少的，缺少了这一阶段，我们就要犯错误的。"①

新中国一成立，新解放区的很多农民便提出了减租要求，多地出现了农民不向地主交租的情况；不少地主在这种收不到租的情况下，仍要缴纳大量公粮和阶级累进农业税，以致出现了自身口粮不足的问题。针对以上现象，中共中央规定，在土地改革以前，地主和旧式富农的土地，仍归他们所有，农民租种的土地在二五减租后应交租给他们，地主在二五减租后向农民收租是合法的。②在中央看来，土改开始之前保持这种状态对当时的生产是有好处的。③ 1950年2月28日，政务院发布了《关于新解放区土地改革及征收公粮的指示》，要求所有新解放区在实行分配土地以前，一律实行减租。

杜润生曾把新区的减租退押运动分为两个阶段：第一阶段是从1949年冬季到1950年6月。《中华人民共和国土地改革法》公布以前，在华东、中南以及华北晚解放的绥远省开展了减租运动。这一阶段具有两个重要特点：一是在政策上有意识地不提出退押和清债等内容，但有些地区曾自发开展退押斗争，发生了农民对地主追逼过甚的偏向。为此，中共中央在1950年4月指示各地停止退押。已经开展了退押斗争的中南区，则规定斗争对象只限于十分反动的大地主；二是减租斗争与当时的农村救灾工作紧密结合。

新解放区减租退押运动的第二阶段，是从《土地改革法》公布以后至1950年冬。这一阶段的减租退押运动明显地作为土地改革运动准备阶段进行的。各个地区已经制定了比较完善的减租退押斗争的政策和法令，政务院也通过《新区农村债务纠纷处理办法》，这使得这一阶段的运动具有清算地主阶级封建剥削

---

① 毛泽东选集（第四卷）[M]．北京：人民出版社，1991：1327．
② 中央关于各区军政委员会应讨论土改与征粮等项工作的电报［M］//建国以来刘少奇文稿（1949.7—1950.3）：第1册．北京：中央文献出版社，1998：228-232．
③ 曹树基，刘诗古．传统中国地权结构及其演变［M］．上海：上海交通大学出版社，2014：203．

的性质，直接目的是为土地改革准备先决条件。①

第二，土地改革的准备工作。1949年底，毛泽东提到："苏、浙、皖、鄂、湘、赣六省，可能还有广东，则须于明冬开始进行，后年可望初步完成。至于全部完成，则至少还需要一年。"② 在确定新区将于1950年冬季开展土改工作后，为了防止新区土地改革再出现过去"那样无政府、无纪律的状态"，③ 中共中央一直强调要做好土改的准备工作。

1950年1月4日，刘少奇提出了关于新区土改步骤的具体意见，并将相关电报转发给各省委研究讨论。他提议，各区土改的准备工作应包括以下几点内容：一是规定分配土地的法令和详细办法，并进行典型试验；二是训练分配土地的干部，分为领导干部与一般干部两种训练班进行训练；三是组织农会、农民代表会议、各级人民代表会议，使农民在思想上、组织上有充分准备；四是肃清地方土匪。④ 同月，毛泽东在《关于中南地区土改工作等问题给林彪的电报》，明确指出改造区乡政权是土改准备工作中的重要步骤，是土改先决条件之一，因此要求林彪与中南局尽快进行此项工作。⑤ 不久，中共中央又下达了《关于今后土地改革由各级人民政府及其所组织的土地委员会及农协委员会直接领导的指示》。

上述几项指示皆表明，党已经从新中国成立前土地改革中由党组织自下而上发动组织群众的方式，转变为在政府专职机构直接领导下，自上而下地组织农民，稳步开展土地改革。⑥ 随后，政务院又先后颁布了《农民协会组织通则》《人民法庭组织通则》等法规，保证新区土地改革在有领导、有政策和有秩序的情况下进行。

首先是培训大批土改干部，使他们掌握土地改革法及有关农村工作的政策法令，然后派赴各地农村，参与农民协会的领导，成为土改中的骨干；⑦ 其次是

---

① 杜润生. 中国的土地改革 [M]. 北京：当代中国出版社，1996：326.
② 毛泽东. 关于土地改革和财经工作 [M] // 毛泽东文集. 北京：人民出版社，1993：25-26.
③ 中央档案馆. 解放战争时期土地改革文件选编（1945—1949）[G]. 北京：中共中央党校出版社，1981：532.
④ 刘少奇. 中央关于各区军政委员会应讨论土改与征粮等项工作的电报 [M] // 建国以来刘少奇文稿（1949.7—1950.3）：第1册. 北京：中央文献出版社，1998：228-232.
⑤ 毛泽东. 关于中南地区土改工作等问题给林彪的电报 [M] // 建国以来毛泽东文稿（第1册）. 北京：中央文献出版社，1987：232.
⑥ 武力，郑有贵. 中国共产党"三农"思想政策史（1921—2013）[M]. 北京：中国时代经济出版社，2013：193.
⑦ 董辅礽. 中华人民共和国经济史（上）[M]. 北京：经济科学出版社，1999：82.

建立农代会等自治机构，组织农民自发参与土改。以 1950 年春季中南区的减租运动为例，各地区一经召开农代会，运动就迅速发展起来，不仅向群众宣传了土改政策，而且还能大规模地组织与发动群众。通过这种合法的、有组织的斗争方式，将农民充分发动起来，保证了运动有秩序地进行；少数地主顽抗不减租造谣破坏的行为，也受到了人民法院的依法制裁。①

第三，保存富农经济。新中国成立以后，改变了对富农征收其多余土地和财产的政策，变为保存富农经济。这一关键性的变化与新中国成立后国内外的政治与社会环境有着紧密关联。1949 年 11 月，在一次有华中、华东及东北局负责人参加的政治局会议上，毛泽东提出江南土改要慎重对待富农问题，因为关系到民族资产阶级、土改法令应与北方有所不同。1950 年 2 月，毛泽东、周恩来访问苏联期间，斯大林几次建议，在打倒地主阶级时，应中立富农并使生产不受影响。② 可见，此时斯大林与毛泽东在土改中保存富农经济的思想是一致的。

回国以后，毛泽东立即开始研究对富农的具体政策，考虑到土地改革中对富农土地的没收和分配容易诱发"左"倾错误的发展，造成中农在发展生产上的顾虑，不利于农村经济的恢复和发展。因此，毛泽东在 1950 年 3 月 12 日致电各中央局，提议："在今冬开始的南方几省及西北某些地区的土地改革运动中，不但不动资本主义富农，而且不动半封建富农，待到几年之后再去解决半封建富农问题。"其理由有以下三点：一是土改规模空前伟大，容易发生过左偏向，如果只动地主不动富农，更能孤立地主与保护中农，并防止乱打乱杀；二是过去北方土改在战争中进行，掩盖了土改空气，现在基本已无战争，土改给予社会的震动会显得特别重大，如果暂时不动半封建富农，待到几年之后再动，则会在政治上有更多主动权；三是与民族资产阶级统一战线的考虑，暂时不动半封建富农似乎更为妥当。③

毛泽东要求中南局、华东局、华南分局、西南局、西北局对处理富农问题加以讨论，并迅速反馈意见。各中央局和各省、市区党委在经过一番讨论后，基本达成一致，同意新区土改实行保存富农经济、在政治上中立富农的政策。

---

① 中共中央党校理论研究室. 历史的丰碑：中华人民共和国国史全鉴：4（经济卷）[M]. 北京：中共中央文献出版社，2005：50.
② 毛泽东，周恩来. 关于发表新区土改征粮指示给刘少奇的电报 [M] // 建国以来毛泽东文稿（第 1 册）. 北京：中央文献出版社，1987：264-265.
③ 毛泽东. 关于征询对富农策略问题的意见的电报 [M] // 建国以来毛泽东文稿（第 1 册）. 北京：中央文献出版社，1987：272-273.

因此，中央于4月20日电告中南局、华东局、西北局：从现在起，即可向群众口头宣传土改中不动富农的土地和财产，以稳定富农的情绪。① 到了6月，刘少奇向政协全国委员会作的《关于土地改革问题的报告》中指出："我们所采取的保存富农经济的政策，当然不是一种暂时的政策，而是一种长期的政策。这就是说，在整个新民主主义的阶段中，都要保存富农经济。"② 《中华人民共和国土地改革法》颁布，正式将党的保存富农经济的政策形成法律。

另一方面，我们也可以看到，与战争环境相比，新中国成立以后对地主的政策也宽大了许多，除了明确规定应没收地主的土地、耕畜、农具、多余粮食和在乡村中多余房屋外，还规定将这些财产分给农民时，也同时分给地主一份；并且对地主经营的工商业及其直接用于经营工商业的土地财产，采取了不予没收政策。根据过去的土改经验，如果没收和分配地主的浮财和底财，会引起地主隐匿这部分财产和农民对这部分财产的追索，容易造成混乱现象，并引发很大的社会财富的浪费和破坏。因此，将这部分财产保留给地主，一方面地主可以依靠这些财产生活，同时也可以将其投入生产，对社会也是有好处的。

（三）中南区土地改革的准备工作与方针政策

"中南区"是一个政治概念，即行政设置的管理区域，其所辖区域包括河南、湖北、湖南、江西、广东、广西、武汉③。中共中央派出领导中南地区工作的机构，原称华中局，1949年5月成立，驻汉口；1949年12月中南区全境解放（海南岛除外），华中局改称为中南局，第一书记林彪、第二书记邓子恢、第三书记叶剑英，副书记谭政、李雪峰、李先念。中南局设有派出机构华南分局，管辖广东、广西两省省委及广州市委，叶剑英担任华南分局第一书记。④

新中国成立初期，中南区人口数达1.41亿人，除了河南省约有1600万农业人口在1950年春完成了土地改革外，还有1.25亿人口尚未完成土地改革。⑤ 为了切实掌握中南区农村的土地情况，1950年5月中南军政委员会发出《关于举行农村经济调查的指示》，要求各省、专区、县财委对农村进行经济调查。根据

---

① 张雷声，董正平. 中国共产党经济思想史 [M]. 郑州：河南人民出版社，2006：210.
② 刘少奇. 关于土地改革问题的报告 [G] //中共中央文献研究室. 建国以来重要文献选编（第1册）. 北京：中央文献出版社，2011：251-268.
③ 当时的武汉、广州是直辖市。
④ 1954年6月，中央人民政府委员会第32次会议决定撤销大区一级行政机构，1954年11月7日中南局宣布撤销. 湖北省档案馆. 湖北省档案馆指南 [M]. 北京：中国档案出版社 1994：499-500.
⑤ 莫宏伟. 新中国成立初期的广东土地改革研究 [M]. 北京：中国社会科学出版社，2011：63.

当时对中南地区五省农村土地关系的调查情况，估计约 3.5% 的农业人口应划为地主，这些地主控制这一地区 30%~50% 的可耕地；而占有农业人口 90% 的中农、贫农和雇农，只占有 35%~50% 左右的耕地。（《南方日报》，1950.08.08）早在新中国成立前，原华中局领导班子便对在辖区内开展剿匪反霸、减租减息（后改为退租退押）达成了共识，杜润生曾提到："在林彪南下之前，我把同邓子恢、李雪峰商量过的一个意见告诉他：即土改要分三步走。第一步，减租减息，清匪反霸，打开政治局面，树立政治优势，建立政权基础；第二步，分配土地，结合分地搞诉苦斗争。干部与群众同吃、同住、同劳动，发现积极分子；第三步，组织建设，制度建设，土改复查。林彪认为可行。"①

在邓子恢的主持下，中原临时人民政府于 1949 年 9 月 10 日颁发了《新区减租减息条例》，同年 11 月 1 日华中局发出了《关于减租减息的指示》，该指示肯定了新区开展的剿匪反霸工作，并要求湘鄂赣粤几省"要使减租减息与剿匪反霸串着进行"。从此，中南区辖内尚未进行土地改革的新解放区相继开展了清匪反霸、减租退押运动。

首先是清匪反霸运动。新区的清匪与反霸斗争是密切结合的，"恶霸"一般是指地主阶级的当权派，他们往往与土匪相互勾结，只有除掉恶霸才能从根本上摧毁土匪生存的社会基础。对于这类罪行严重的恶霸分子，毛泽东在 1951 年 2 月 22 日致中南局电中指出："凡与剿匪有关的一切恶霸均可由军区军分区的军事法庭判处死刑。"对于一般恶霸分子，经过群众斗争，低头认错并赔偿群众经济损失后，可集中管训，给予生产自新之路。② 在对恶霸的经济斗争方面，主要是结合当时解放大军的征粮工作，清查恶霸地主田产，核实恶霸地主的公粮负担任务。③ 中南区剿匪反霸工作成果显著。1950 年 4 月至 9 月，中南区来共歼灭匪特武装 21 万余人，④ 初步树立了农民在乡村中的优势，为随之而来的减租减息运动做好了思想准备。

其次是减租减息运动（后改为退租退押）。1950 年 2 月 22 日，中南军政委

---

① 杜润生. 杜润生自述：中国农村体制变革重大决策纪实 [M]. 北京：人民出版社，2005：4.
② 杜润生. 中国的土地改革 [M]. 北京：当代中国出版社，1996：314.
③ 黄希源. 中国近现代农业经济史 [M]. 郑州：河南人民出版社，1986：362.
④ 杜润生. 关于过去半年内全区准备与实施土地改革情况的报告 [G] // 《中国的土地改革》编辑部，中国社科院及经济研究所现代经济史组. 中国土地改革史料选编. 北京：国防大学出版社，1988：668-672.

员会通过了《中南区减租减息条例》，规定了减租、减息清债和特殊土地的处理问题。① 但值得注意的是，中南区的减租减息运动很快转变为退租退押运动。从中南局一系列指示来看，当时中南区在经济生产、人民生活和社会稳定等方面都面临着严重危机。为了尽快稳定局面，中南局采取了多项措施，其中最重要并且也是最快见到成效的就是将原来的减租减息政策改为退租退押。通过开展退租运动，从相对宽裕的地主富农手中拿到粮食，实现救灾度荒和发展生产。正如1950年3月1日中南局所指示的，在未实行土改的地区，"克服危机的关键，是依照减租减息条例，迅速开展退租运动，只有领导农民向地主退回去年应减未减的租粮，才能解决农民缺粮缺种的困难，使农民有力量进行春耕生产，才能帮助灾区难民度过春荒，不误春耕"。②

截至1950年5月下旬，中南区总计有6000万人口展开了退租运动，占当地农业人口的一半，共退租谷10亿余斤，③ 为中南区度过春荒以及为后面的土地改革奠定了基础。1950年7月，中共中央在给各地的退押指示中，肯定了中南局成绩，并告诉各地："在适度的限度内，在土地改革前或土地改革中要地主向农民退还押金，是可以做的。"并针对退押斗争中，有的地区曾出现对地主追逼过甚的偏向，提出"领导上必须很好地掌握，必须做得很适当"，才能既有效果，又不致发生乱捕乱打等混乱现象。④ 这种经验普遍在新解放区得到推广，1951年在解决春荒问题时仍遵此旧法。

在中南区退租退押运动中也出现了一些过火的行为，例如以较为极端的方式对付地主，以及在运动过程中侵犯到了中农利益等。⑤ 为了推动运动的有序开展，中南区于1950年4月1日与6日分别出台了两项指示，即《关于减租运动二次的指示》与《关于推广全面退租加紧生产救灾工作的决定》。《指示》针对

---

① 中南军政委员会《减租减息条例》是在原中原临时人民政府所颁布的《新解放区减租减息条例》基础上制定。
② 中共中央中南局关于开展减租退租运动克服春荒准备生产的指示［G］//中南军政委员会土地改革委员会.土地改革重要文献与经验汇编（上册）.（内部资料），1951：223-226.
③ 杜润生.关于过去半年内全区准备与实施土地改革情况的报告［G］//《中国的土地改革》编辑部，中国社科院及经济研究所现代经济史组.中国土地改革史料选编.北京：国防大学出版社，1988：668-672.
④ 中共中央关于土改中退押与债务问题的处理给各地指示电［G］//中国社会科学院，等.1949—1952中华人民共和国经济档案资料选编（农村经济体制卷）.北京：社会科学文献出版社，1992：148-150.
⑤ 中共中央中南局关于减租运动二次的指示［G］//中南军政委员会土地改革委员会.土地改革重要文献与经验汇编（上册）.（内部资料），1951：253-256.

各地退押运动中出现的过火现象,要求保护中农利益,团结中农,并区别对待地主,对个别因公粮过重的地主,可酌情让步,或从减免的公粮中代付退租;同时《指示》指出:"各地经验证明普遍实行退押金,极易引起困难与纠纷。"因此决定对退押加以限制。《决定》则是要求除海南岛和个别地区外,全区都要将1949年秋季租粮依照二五减租规定实行减租;同时体念中小地主困难,规定各地执行减租法令时,应以退租为主;《决定》对退押采取了更为谨慎的态度,规定即便佃农生活困难须实行退押时,也应采取分期退还的办法。且在秋收以前,一般只准退回原押金额的20%~50%。①

由此可见,在中南区退租退押运动中,受冲击的不仅是地主,还波及了《中南区减租减息条例》中规定要酌情少减或不减的少量小土地出租者以及部分中农。② 1950年9月14日,中南军政委员会再次颁布了《中南区减租条例》,较之此前的《中南区减租减息条例》,在减租对象、减租年限、退押问题、债务问题等方面有了更为完善与彻底的规定,为即将开始的土地改革做准备。

当时负责中南区土改的是中南局第二书记、中南军政委员会副主席邓子恢。他在北京参加完中共七届三中全会后,就立刻回武汉筹备土地改革。1950年7月24日,邓子恢主持召开了座谈会,就土地改革的基本目的、方针、路线及准备工作进行了讨论。他提出:在确定进行土地改革的地区,1950年7月到10月训练干部,11月、12月进行典型试验,1951年1月到4月开始广泛实行土地改革。

中南区各省的行动很快,从8月开始,在实行土地改革的地区,县里都选取了一两个乡开展土改试点工作。到了9月16日至27日,邓子恢主持召开了中南军政委员会第二次全体会议,决定中南区于1950年冬至1951年春,首先在全区1.2亿农民当中的5000万人口的地区实行土地改革。③ 不久,中南军政委员会又先后颁布了《惩治不法地主暂行条例》《关于干部在土地改革工作时期的八项纪律》等文件,成为指导中南地区土地改革的纲领性文件。

自此,中南区5000万人口地区的土改运动热火朝天地开展起来。中南全区的土地改革,从1950年秋开始到1952年冬结束,分三期完成了约1.3亿人口地

---

① 关于推广全面退租加紧生产救灾工作的决定 [G] //中南军政委员会土地改革委员会. 土地改革重要文献与经验汇编(上册).(内部资料),1951:257-259.
② 汤水清. 传统与现代之间:中南乡村社会改造研究(1949—1953)[M]. 北京:社会科学文献出版社,2014:82.
③ 莫宏伟. 新中国成立初期的广东土地改革研究 [M]. 北京:中国社会科学出版社,2011:63,70.

区的土地改革目标。

三、广东土地改革的历史背景与准备工作（1949.10—1950.9）

广东土地改革属于新解放区土地改革的一部分，此时解放战争已在全国范围内取得胜利，中国共产党也积累了丰富的土改经验。然而，由于广东的迅速解放，原来的老区、半老区尚未来得及建立各种党的组织和制度，而占比例较大的新区也尚未将群众发动与组织起来，封建旧势力仍占据主导地位；同时，新中国成立后的广东毗邻港澳，社会经济情况复杂而且比较特殊，这就使得广东的土改工作更为复杂，任务也更为艰巨。在广东土改准备工作开展之际，领导广东土改的华南分局主张：广东土改应从广东实际出发，在政策上和方法上也应与北方的土改有所不同。

（一）新中国成立初期广东农村的土地关系和经济状况

广东的土地关系与经济状况与北方有着非常明显的不同，广东具有沿海农村社会结构的特征，土地关系较为复杂，主要体现在地主占地比例相对较小、族田多、沙田多、华侨和工商业地主占有土地比较多等方面，这也是导致广东的土地改革相较于其他省份的土改更为复杂的关键性因素。

第一，广东地主占地比例相对较小，族田较多。南方与北方的土地经营方式有着较大的差别。北方地主户数较少，占有土地多；富农户数多，占有土地较少。南方地主户数较多，富农户数少，占有土地都比较少。北方地主雇工经营土地的比较多，富农出租很少；南方地主出租土地给雇农，自己不经营的多，富农出租部分田者较多，有些占到其耕地的20%左右。①

在广东，族田的分布是较为广泛的。族田又称为太公田、祭田、蒸尝田、公尝田等名目。1933至1934年由陈翰笙领衔的广东农村经济调查团的报告，详细考察了当时广东土地与土地关系的基本情况。陈翰笙把广东诸县按照南路（相当于今天的海南省，广西的防城港、钦州、北海三个地级市以及广东的湛江、茂名、阳江三个地级市）、北江（相当于粤北的清远、韶关两个地级市）、东江韩江（相当于广州的番禺、东莞加粤东诸市）、西江（相当于佛山、中山、珠海、肇庆、云浮、江门六市）四个地区进行调查统计。调查认为：族田在南路占比约23%，在北江占比约25%，在东江韩江占比约35%，在西江占比约40%，如果集中考察珠江三角洲各县，则可占到50%，全省的族田占比平均数

---

① 张根生. 和谐与小康 [M]. 深圳：海天出版社，2006：294.

约为30%。①

第二，广东的沙田多。约占全省总耕地面积10%的沿海、沿江围垦沙田，高度集中在军阀、官僚、买办、恶霸、地主的手上。抗日战争前最著名的地主集体，如番禺县"沙湾何""石楼陈"、顺德县"碧江苏""大良龙"等，每个集团所占有的沙田数都达到三四万亩至六七万亩之多，他们的土地大部分出租，少数雇工经营。沙田区一带的租佃关系很复杂，农民往往要受到二路、三路、四路等地主几重地租的剥削。②

第三，广东华侨占有相当数量的土地。据1950年的统计，我国在海外华侨约1100万人，广东华侨人数达647万人，占广东总人口的20%，也占全国华侨总人数的60%，③可见，华侨以及华侨土地的数量是不容小觑的。华侨地主或华侨在国外大多数都是靠出卖劳动力谋生的工人、店员、小商贩等，在家乡购买或多或少的土地，多由华侨家属耕种，或少量出租给他人耕种。

第四，城镇较多且工商业发达，许多工商业与港台乃至海外有密切联系。据张晓辉研究，民国年间广东几乎每个省市都有侨办商业，而且范围广泛，涉及进出口业、百货业、棉布业、材料业、医药业、粮油业、土产杂货业等多个方面。④此外，广东商人也有不少在港澳、南洋等地从事商业活动，早在清末，在香港从事商业活动的广东商人就超过了20万人。⑤

以上就是广东土地关系的几个特点，这对广东土地改革政策的制定与执行都产生了重要影响，影响了广东土地改革的整个进程。

（二）新中国成立初期广东的政权组织与干部队伍

在解放战争时期，中共中央在华南地区的代表机构是华南分局，于1947年1月成立，最初称香港分局，1948年改称为华南分局，下设城市工委、侨务小组、统战小组、文化小组、财经小组等工作机构，主要领导广东（包括香港）、广西两省，以及福建、江西、湖南、云南、贵州等省部分地区的党组织。1949年7月，为配合华南解放的进程，加强对华南地区党组织的领导，中共中央决定组成以叶剑英为第一书记的华南分局。

---

① 陈翰笙. 广东的农村生产关系与农村生产力 [M]. 上海：中山文化教育馆，1934：14-17.
② 方方. 关于广东土地改革问题的报告 [G] //中共广东省委党史研究室，广东省档案馆. 广东省土地改革运动史料汇编.（内部资料），1999：48-65.
③ 赵增延. 建国初期侨乡的土地改革 [J]. 中共党史研究，1990（5）.
④ 张晓辉. 民国时期广东社会经济史 [M]. 广州：广东人民出版社，2005：242.
⑤ 张晓辉. 民国时期广东社会经济史 [M]. 广州：广东人民出版社，2005：245.

1949年9月,叶剑英在江西赣州召开了作战会议,制定解放广东的作战计划,并于当月24日、25日解放了"岭南第一关"的所在地南雄县和始兴县,撕开了国民党粤北地区的防线。10月2日,解放军正式拉开广东战役的序幕,10月14日,解放广州,随即成立广州市军事管制委员会,① 由叶剑英任主任,赖传珠任副主任,方方、曾生、朱光等13人为委员,对全市按系统、单位实行接管工作。广州解放以后,解放军分路追缴国民党残余部队,广东人民和当地游击队武装纷纷响应,博罗、惠州、汕尾、肇庆、江门、汕头、中山很快获得解放。12月19日,雷州半岛解放,宣告国民党失去了广东大陆最后一个重要据点,至12月24日连阳战役胜利,标志着除海南岛(1950年5月1日解放)及一些小岛外,广东全省解放。

战争结束后,广东省下一步工作就是接管新解放区以及在金融、商业、工业、交通、卫生、教育和文化等一切领域建立新秩序。首先是新政府的组建。1949年10月28日,广州市人民政府正式成立。11月6日,广东省人民政府正式成立,并迅速建立了全省各级人民政权。至1950年6月,广东省全境解放时,全省共建立99个县(市)、557个区、2411个乡、4403个行政村、16699个自然村,形成了从省到市县、直到基层的一整套政权机构。②

新政府当时面临的任务与挑战,包括建立公共秩序、恢复生产、抑制通货膨胀、控制事业、征收税收,领导经济、文化教育、卫生等事业,完成这一切需要强而有力的领导机构,不仅要重组现有的干部队伍,同时要积极吸收培养新的干部。这一工作早在解放前已着手筹备,到了解放初期正式在广东展开来。

新中国成立初期,广东新组建的领导干部机构主要是由四大群体所整合而成的,即国民党政府遗留人员,广东游击队武装,来自广州、香港的地下党和青年团成员,以及南下干部。

对于国民党政府遗留人员,接管城市后,新政权便号召原有人员继续留在他们的工作岗位上,他们熟悉政府事务,有着精湛的专业技术,领取着原薪。接管初期,共产党的干部被派往各个行政机关和重要的工厂企业,正式展开接管工作,但很多实际的行政和业务工作仍是由国民党时期的"留任人员"继续

---

① 广州市军事管制委员会下设8个委员会和4个部(处),负责治安、财经、交通、军事、文教、物资、电信、房屋、司法、卫生、供应、外侨等事务。后改为9个直属机构及所属20个处(部、会)。1954年7月,广州市第一届人民代表大会上,正式宣告广州市军事管制委员会结束。

② 中共广东省委党史研究室.中国共产党广东历史:第2卷(1949—1978)[M].北京:中共党史出版社,2014:31.

执行的。

广东游击队武装是由成分十分不同的群体构成,他们来自游击队组织活跃的地区,包括潮州人、海南岛人、客家人等,他们大都是未曾接受过正规教育的农民出身,这和南下工作队的干部形成了对照,但他们在革命中经受住了重重考验,革命立场坚定。他们大都来自山区,实战经验丰富,忠诚勇敢,但也有着不服从纪律约束、粗鲁等问题。

地下党组织的人数比进城的游击队人数要少很多,其构成主要是广东本地人,他们中的大多数人是从香港或广州的学生团体中吸收来的,在香港接受过特殊的训练后派回广州,在华南分局的指导下从事党的地下工作。他们的优势是了解当地情况,熟悉地方语言,有良好的教育背景,但缺乏实战锻炼。①

1949年6月11日,中共中央就指示"由香港及粤、桂、滇三省的党及游击队自筹五千个老干部(县以上干部约两千人)",以准备接管城市及担负新区各方面的工作。② 6月24日,由毛泽东亲自拟稿,中共中央再次指示华南分局,在7月至10月的4个月中,"在东江、韩江及闽西南三区,放手招收大量青年学生开办数千人的学校,训练干部",同时"抽调一千至二三千老的和较老的工作干部加以训练""亦可招收一批广州学生来东江训练""为准备接管广州及其他大城市之用"。华南分局接到中央指示后,于7月底电示潮汕地委从各县和部队抽调县、团级干部100多人,从潮汕军政干部学校抽调干部和学员200多人,由梅州地区从梅州公学抽调干部和学员共300多人,于8月间在潮汕地区组建华南工作团。9月下旬,另一个接管组织南华工作团成立,由黄焕秋、周钢鸣、张海鳌负责。在香港,则由周楠、钟明、杨应彬、左洪涛负责,组织党员、党的外围组织成员以及工运骨干、进步知识分子等,共约1000多人,成立东江教导团。华南工作团、东江教导团等经过短期的学习训练后,成为接管广州和广东其他城市的主要干部力量。③

南下干部是广东解放初期政权接管工作的重要领导力量。据1952年统计,广东省南下干部约2万余人,其中部队转地方8732人,随军南下1739人,从地

---

① 傅高义. 共产主义下的广州:一个省会的规划与政治(1949—1968)[M]. 高申鹏,译. 广州:广东人民出版社,2008:46.

② 中共中央关于准备抽调三万八千名干部问题给各中央局、分局的指示[G]//中共中央文献研究室中央档案馆. 建党以来重要文献选编(1921—1949):第26册. 北京:中央文献出版社,2011:459-461.

③ 中共广东省委党史研究室. 中国共产党广东历史:第2卷(1949—1978)[M]. 北京:中央党史出版社,2014:11.

方调来干部万余人。随着当地干部的成长，北方干部中有4719人调回原籍，加上随迁家属约万余人。① 他们当中有大批是从人民解放军中抽调的军队干部；有从北方城市的大学中吸收的青年知识分子；有从东北、华北等已搞完土改的老解放区调选有一定实践经验的中青年基层干部，在接管南方前，他们在新解放区作为干部，工作上曾受过简短的训练。到达新驻地后的工作安排基本是按照个人素质、能力、原职级别来进行的。

南下干部这个群体的人员之间有着诸多的差异，但同时又有着一个鲜明的共同点，即从经济、文化相对落后的江北地区来到了经济、文化相对发达的长江流域与珠江流域地区。这个特点，在"南下干部"群体人员后来的执政过程中愈益突出。如何面对新的情况以及如何运用老解放区的经验，这是对广东每一位南下干部的严峻考验。②

在这一时期的广东，要巩固好新政权，就必须同时协调好三方面关系。首先是不同干部群体的关系。1949年，中共中央在广东进行了两次党政组织改组，大量启用了广东籍的回乡干部，这些干部主要分为三种背景：一、早年便离开广东参与革命，在解放战争及建立政权后才重新回到广东开展工作，如叶剑英、古大存等人；二、解放前外地来粤干部，如尹林平是江西人，但长期在广东活动及任职；三、广东籍本地干部，即东江纵队等游击队出身且长期在当地发展的广东干部，如方方、冯白驹、曾生等人。他们的共同特点是熟悉广东情况，关注广东发展，因此力主因地制宜治理广东。③ 可见，在广东解放之初，虽然有一定数量的南下干部在广东任职，但广东省以及华南分局的党政军系统中仍以广东干部为主。直到1951年，中南局逐渐开始介入到广东土改问题，并派遣以四野系统④为主的大批南下干部入粤，广东本地干部与南下干部在执行中央关于土地改革相关政策的过程中，对于政策路线分别持有不同立场与理解，也不可避免地出现了一些矛盾和冲突。

解放初期，广东新组建的干部队伍与新中国当时绝大多数地方的党员干部一样，缺乏治理国家的成熟经验，尚未形成统一的标准；而不同干部群体的成长背景与革命经历不同，这就很难避免因为观点、方法等不同，产生一些矛盾和误解，由此引起的不同程度的摩擦与碰撞。

---

① 沈益民，童乘珠. 中国人口迁移 [M]. 北京：中国统计出版社，1992：150.
② 丁龙嘉. 论"南下"与"南下干部"研究中的若干问题及当代价值 [J]. 中共党史研究，2016（1）.
③ 陈华升. 广东"反地方主义"运动与派系冲突之分析 [J]. 中国大陆研究，2008（3）.
④ 曾于解放战争时期在林彪任总司令员的第四野战军中担任军职者。

方方作为当时主管分局组织干部工作的第三书记，在干部的分配、使用问题上，是根据叶剑英在赣州会议上所提出的"搞五湖四海"的原则进行的，地委以上的干部是经过分局集体讨论决定的。1950年以后，陆续调来的南下干部和转业到地方工作的军队干部，叶剑英、方方都给予了适当安排，很多人都放在了重要的领导岗位上；① 叶剑英本人也一直非常强调团结问题，他曾多次说，广东不论讲潮州话、客家话、广州话、海南话的，都是先后从北方迁移过来的，有的是从福建，有的是从江西，有的是在秦汉时来的，有的是在南宋时来的；不论是外地或本地的，军队的还是地方的，老的还是新的，以及各个地区调来的，一定要讲五湖四海，搞好革命团结。②

其次是各类政府组织的关系。为顺利完成接管工作，广东各地方临时组成了处理各类事务的委员会，但当时的局面尚处于严重的混乱与不连续性当中，各种情况不断变化，各类机构的人员更替频繁，执行的规章、委员会成员的身份以及政策说明都是临时性的，没有固定分工，缺少章法，只能按需而为。甚至出现了两个委员会之间的命令相互矛盾的现象，由于这些特殊情况，各类政府组织之间存在着分工不明、合作不畅等问题。但另一方面，虽然各组织的人员结构高度灵活，但核心领导层还是比较稳定统一的，比如叶剑英，他同时兼任军管会的负责人，华南分局第一书记、广东省省长，广州市委第一书记，广州市市长，同时还是许多临时委员会的成员。这一定程度上缓解了组织与政令的不连续性。

最后是中央与地方的关系。随着中央政府给地方下达的指示越来越多，涉及范围也越来越广，涵盖了社会生活的各个方面：党、政府、公共安全、群众组织、经济发展、教育、公共卫生等。在变化多端的条件下，新政权所制定的新政策具有一定的试验性，这容易造成政策执行的不连贯，从而使问题复杂化。在这一过程中，很多问题顺利得到解决，但也出现了不少的意见分歧。在这一时期，广东和中央出现意见分歧的主要问题，集中体现在一个政策不断变化的事件上，即土地改革运动。1952年广东的第一次"反地方主义"运动，直接原因便是中央与地方对土改政策的认识出现了较为严重的分歧。③

土地改革运动涉及农村最基本的政治、经济问题，是党和中央彻底控制农村的第一步。当时华南分局第一书记叶剑英认为，完成土地改革是新中国成立

---

① 宋凤英. 华南分局重要领导人方方蒙冤始末 [J]. 党史文苑, 2007 (17).
② 张根生. 和谐与小康 [M]. 深圳：海天出版社, 2006：304.
③ 李坤睿. "土改右倾"与反"地方主义"关系之再检视 [J]. 中共历史与理论研究, 2006 (1).

初期广东面临的最重要的任务。(《南方日报》,1950.12.18) 在广东土改完成以后,不仅广东农村发生了深刻的变化,广东的党组织与基层组织也发生了深刻的变化。

(三) 广东土改准备工作的推进

广东解放以后,华南分局便立刻着手土地改革的准备工作,在当地进行了大量的实地考察、政策讨论以及培训干部工作。1950年1月,华南分局召开了广东省首次党代表会议,叶剑英在会上提出要将准备土改作为1950年广东四大任务的中心环节,争取在1950年冬天开始土地改革。他强调,1950年做好土改准备工作的关键是"如何准备群众,准备干部,准备办法",5月,华南分局召开讨论土地改革问题的高干会议,针对华侨、沙田、富农和1950年冬开展土地改革的地区等问题进行了讨论。明确提出开展土地改革要具备治安条件、发动群众、干部准备三方面条件。① 叶剑英认为,1950年还是全省集中力量在有条件的地区进行,取得经验后再推广至全省。

到了1950年10月,叶剑英在广东省第一届各界人民代表会议的报告中指出:"广东的工作条件,是敌人统治久,解放过程快,工作时间短,加上地区新,情况杂,任务重,工作紧,干部少,经验缺。"因此,土改"必须周密审慎,全力以赴",采取"比较稳健的做法"。② 方方也指出:由于广东解放较晚,距离老解放区较远,群众和干部都没有土改的斗争经验,各地区工作发展也不平衡,加上地处国防最前线,接近匪特活动中心的港澳,因此,广东土地改革运动要采取稳步前进的工作方针,先在个别地区进行实验性的土改实施工作,取得经验后,再大规模地在全省进行土地改革。③

可以看到,从1950年初至1950年10月,叶剑英与华南分局关于广东土地改革的基本思路是统一的,即考虑到广东属新解放区,社会经济情况复杂,为避免引起混乱,强调在土改之前要做好人员、组织、制度等方面的充足准备,保障土改有步骤有秩序地进行。④ 这一基本思路始终贯彻于华南分局所领导的广东土地改革过程当中。

---

① 莫宏伟. 新中国成立初期的广东土地改革研究 [M]. 北京:中国社会科学出版社,2011:79.
② 黄勋拔. 广东的土地改革 [J]. 当代中国史研究,1995 (1).
③ 方方. 关于广东土地改革问题的报告 [G] //中共广东省委党史研究室,广东省档案馆. 广东省土地改革运动史料汇编. (内部资料),1999:48-65.
④ 1950年6月,毛泽东曾在中共七届三中全会上,提出要"有步骤有秩序地进行土地改革工作"。

1. 广东剿匪与反霸、土改运动

剿匪是铲除半殖民地半封建残余反动势力的斗争，它与彻底摧毁封建地主阶级的经济基础和在农村的政治统治，宣传和组织群众进行土地改革，恢复与发展生产等工作，是紧密结合在一起的。广东解放初期，土匪勾结地主恶霸和特务，从事各种破坏活动。据统计，1950年春，全省地方政府机关被土匪袭击近百次，其中包括乐昌、连平两县城被围，以及92个区、乡遭到袭击，13个乡发生匪特暴动，共计牺牲军政人员1000多人，受伤500人，被抢劫粮食1亿斤，其他物质不计其数，① 严重影响了社会治安和各项工作的开展。

根据中南局、中南军区的指示精神，华南分局、原广东军区决定首先集中兵力进剿股匪，再转入发动群众进行驻剿和清剿。1949年11月，广东剿匪运动正式开启，初期以北江、西江为重点进剿区，至1950年3月，歼匪3.8万余人，解放连县、连南、连山、阳山等4县城镇和被土匪控制的大块空白区，给主要股匪以沉重打击。在1950年4月至8月期间，广东省发起了对股匪的全面进剿，制定了"军事进剿、政治瓦解、发动群众三者相结合"的剿匪方针，并以北江、珠江两个地区为剿匪部署的重点。经过这一阶段的全面剿匪，除了北江边缘地区，股匪仍未彻底消灭外，全省土匪已经降至8500余人，初步实现了社会秩序的稳定。1950年9月、10月，随着朝鲜战事的升级，国民党积极派遣特务潜入内地，煽动"国军就要反攻"的言论，广东匪势又有所发展。在这种情况下，原广州军区确定对股匪未彻底消灭的北江边缘区继续进行军事进剿，其余地区则展开群众性剿匪为主的反霸清匪运动，部队组织大批的工作队，分区包干，相继开展退租减押、发展农会和建立基层政权等一系列农村社会改革运动。② 至1951年5月，基本消灭当地有形股匪，为广东省试点县土地改革的顺利进行创造了有利条件。

值得注意的是，广东的剿匪工作是与反霸、土改等运动有机结合起来的。在广东，"匪和霸是一个东西，无霸不通匪，不为匪亦资匪""所以剿匪必须结合反霸"。1950年始，华南分局召开多次会议，研究土改反霸问题，从地方机构调配了4万多名干部，从驻粤各部队抽调了1.2万多名干部，战士下乡指导土改反霸斗争。叶剑英和华南分局、军区要求"土改工作队及土改武装，对清匪、破获地下军亦必须视为土改任务中的首要部分"，并指令有关部队将兵力分为两

---

① 广东叶剑英研究会. 叶剑英在广东的实践与理论 [M]. 广州：广东高等教育出版社，1997：160.
② 广东省地方史志编纂委员会. 广东省志·军事志 [M]. 广州：广东人民出版社，1999：561-564.

部分，一部分负责剿匪工作，一部分负责反霸和发动群众，"剿匪部队为反霸工作开辟道路，反霸部队为剿匪部队创造条件，供给情报"。清剿土匪与土改反霸两方面斗争相互策应，相辅相成。①

经过清匪反霸后，残存匪首和顽固分子逐渐转入地下，用更隐蔽的手段继续进行破坏行动。根据这一转变，各地纷纷成立了以地方武装及公安机关为骨干的"清匪治安委员会"。驻广东的6个军和地方部队共抽调6800余名干部、5100余名老战士，组成工作队，直接参与土改。各军、师、团主要负责干部就地兼任地方党委、政府的领导。随着土改运动的深入，形成群众性的清匪肃特运动，普遍做到村村有哨、乡乡联防，大批潜藏匪特纷纷落网，② 从1949年底到1953年底的四年时间里，广东绝大部分地区的股、散、潜匪都被肃清，据统计，全省共歼灭匪特187335名，全省仅存的散匪只有17伙41人，不久也被彻底肃清。至此，广东社会秩序与治安逐步稳定，剿匪斗争胜利结束。③

2. 土改前的减租退押运动

1950年1月21日，叶剑英在广东省各地党代表会议上的报告曾提到："公开宣布今冬土改同时，应说明土改以前仍须贯彻'二五减租'，地主在土改前收租仍是合法的，并说明分田时不是采取扫地出门，不是打乱平分，不懂工商业等；而是实行按照原耕抽肥补瘦、抽多补少及中间不动两头平的政策，也是必要的。"④ 事实上，早在1927年广东部分地区就曾实行过二五减租。1926年7月，中共中央四届三中全会通过了《广东农民运动议决案》，把"减原租25%"、借贷率"不得超过'二分'"作为党号召农民群众的基本主张。⑤ 在抗日与解放战争时期，东江、兴梅、潮汕、南路、粤中、西江、珠江和海南岛的部分地区（约占广东省三分之一面积）都经历过减租退租。广东解放后，继续开展减租运动，兴梅地区开展得较为彻底和普遍，各县经过减租的地区，从

---

① 彭新云. 叶剑英与广东剿匪 [M] //中国军事科学学会，广东省中共党史学会. 论叶剑英的革命理论与实践. 北京：军事科学出版社，1993：538.
② 广东省地方史志编纂委员会. 广东省志·军事志 [M]. 广州：广东人民出版社，1999：561-564.
③ 中共广东省委党史办公室. 广东党史资料：第20辑 [M]. 广州：广东人民出版社，1992：167.
④ 叶剑英在广东省各地党代表会议上的报告 [G] //中共广东省委党史研究室，广东省档案馆. 广东省土地改革运动史料汇编.（内部资料），1999：37-40.
⑤ 俞荣根. 艰难的开拓——毛泽东的法思想与法实践 [M]. 桂林：广西师范大学出版社，1997：138.

80%到 95%。①

1950 年 3 月，广东省人民政府根据中南军政委员会的指示，在全省展开减租退租、生产度荒运动，②除了较晚解放的海南岛外，广东大部分农村都相继发起了减租运动。这一时期减租运动主要依据的文件是 1950 年 2 月中南军政委员会制定的《中南区减租减息条例》，包括了实行减租退租、取消押金制度并退还押金、减息清债等具体措施。到了 1950 年 9 月，广东全省共有 75 个县开展了减租退租运动。据省民政厅 1950 年 8 月收到来自 57 个县的数据统计，减退租谷共 9889 万多斤，在当时解决了不少农民的种子和口粮，克服了春耕生产和度荒上的许多困难。③

在广东土改前夕的这场减租退押运动壮大了农民的力量，削弱了地主阶级在乡村的政治优势，并且在组织各种群众运动和群众斗争中，帮助政府打击了不法地主与土匪恶霸。如禺北④维冈乡农民代表在开完代表会布置退租任务后，便回去发动群众，会同军队捉拿村里的大恶霸兼匪首高哲桂，并团结全村农民发起退租，追清地主所欠的公粮；新会外海村是当地有名的封建堡垒，在征粮时村里的不法地主公然抵抗政府法令，不交纳粮食，农民在减租退租运动中对他们发起了斗争，顺利展开了退租。⑤ 各地农民从减租退租运动中获得了胜利果实，大大地提高了生产热情。此外，还初步改造了一些地方的乡村政权，摧毁了当地的保甲制度，为顺利进行土地改革提供了必要的组织基础。

1950 年 8 月 10 日，广东省人民政府依据中南军政委员会制定的《中南区减租减息条例》及《关于推动全面退租加紧生产救灾工作的决定》，颁布了《广东省减租暂行实施办法》；1950 年 9 月 14 日，中南军政委员会出台了《中南区减租条例》。此后，这两份文件成了今后广东省实行减租退押运动的依据。

3. 组建广东省土改机构与确定工作步骤

1950 年 5 月，中南局第二书记邓子恢将土改经验丰富的李坚真派往广东，参与当地的土改工作。李坚真一抵达广东，叶剑英和方方便亲自上门慰问，叶剑英对他说道："要你回广东，主要是抓土改，准备成立省土改委员会，由你来

---

① 李章达在广东省第一届各界人民代表会议上的报告 [M] //东莞市政协. 李章达. 广州：广东人民出版社，2016：450-458.
② 中共中央中南局关于开展减租退租运动克服春荒准备生产的指示 [M] //干部学习资料：第 6 辑. 广州：华南新华书店，1950：82-85.
③ 陈弘君. 中共广东历史择要探究 [M]. 广州：广东人民出版社，2005：325-326.
④ 原属于番禺县，后划归广州市辖。
⑤ 1950.10.14 李章达在广东省第一届各界人民代表会议上的报告 [M] //东莞市政协. 李章达. 广州：广东人民出版社，2016：450-458.

负责。"除了对李坚真委以土改重任外,叶剑英也表达了对广东接下来的土改工作的一些顾虑:"广东刚刚解放,现在不知道具不具备土地改革的条件? 广东华侨多,工商业较发达,土地改革怎么搞法? 现在心里还没有数。"①

6月底,中央人民政府正式发布了《中华人民共和国土地改革法》,华南分局随即成立了广东省土地改革委员会,并决定了委员会人选。其中,任命李坚真为主任,副主任为林南美,委员有谭正文、区梦觉、李凡夫、陈冷、徐云、孔石泉、林平、张文、李伯球、罗明、刘兆麟、朱曼平、王维等人(10月,根据中南局对广东省土改委员会人员名单的批复,调整李坚真为副主任,主任由华南分局第三书记方方兼任)。广东土改委员会从各单位抽调了大批干部集中在分局党校进行培训,学习中央关于土地改革的方针、政策等相关文件,还邀请有土改经验的北方干部作报告,介绍老解放区土地改革的具体做法、经验、教训等。② 李坚真本人还亲自前往党校、南方大学和中山大学等地讲解土地改革路线和政策,听讲生达五六千人。

1950年10月,广东土改团团委会制定了《关于工作步骤的决定(草案)》,强调:土地改革工作应是重点试验,逐步推开,波浪式地前进,反对任何冒险、无计划、企图一下子轰开局面、贪图热闹的做法。第一步实际准备;第二步集中力量,重点分田;第三步全面铺开,但须以做好点的工作为基础。

第一步的中心内容是:一、建立与健全领导机构与整顿队伍,土委会、县农协、宣传教育委员会、人民法庭、人民检察分署、民兵委员会、党纪律检查委员会等要建立起来。二、展开社会宣传运动,步骤由市镇到乡村,市镇着重思想动员,着重各种座谈会、学习班、训练班、土改讲座等方式;农村着重农民的阶级教育,着重乡农代会、农协干部会议、各团体干部会、夜班识字班等方式。三、训练干部,尤其注意挑选受训分子,凡成分不纯、思想作风严重脱离群众、政治面目不清者,均不得参加土改。四、做好典型试验。五、完成秋收及秋征冬耕和兴修水利的准备工作。

第二步:每县挑选一两个区或每区挑选一两个乡进行重点分田,把典型试验的经验进一步在实际工作中推广,并进一步培养领导骨干;同时在实际斗争过程中给群众以普遍影响,为全面分田做好思想酝酿。

第三步:把力量铺向全面,进行全面分田。要预留较长时间,以便照顾全

---

① 李坚真. 李坚真回忆录 [M]. 北京:中共党史出版社,1991:191.
② 李坚真. 李坚真回忆录 [M]. 北京:中共党史出版社,1991:194.

面，同时深入工作。①

(四) 华南分局关于广东土改具体政策的制定

《中华人民共和国土地改革法》规定，因为各省实际情况不同，各省人民政府应依《中华人民共和国土地改革法》的原则及当地情况，制定当地的土地改革实施办法，以解决各种具体问题。1950年11月，在《中华人民共和国土地改革法》《中南局关于土地改革法实施办法的若干规定》等重要土改文件的基础上，华南分局颁布了《广东省土地改革实施办法》，②结合广东的实际情况，对地主、公尝田、富农、沙田、华侨等条文做了进一步的调整与补充。

1. 对待地主政策

《中华人民共和国土地改革法》规定，没收地主的土地、耕畜、农具、多余的粮食及其在农村中多余的房屋。《广东省土地改革实施办法》针对这一条文进行了补充：对于地主土地，若地主家庭中有人常年参加主要农业劳动，自己耕种部分的土地，基本上应予保留，但必要时得适当抽补；没收地主的耕畜，指的是从事农业耕作以及以收取租金为目的出租给农民的牛、马、驴、骡等，但全部或主要使用于运输业、手工业、作坊或是贩卖以及经营畜牧而以贩卖为目的之牛、马、驴、骡等，均不予没收分配，地主的鸡、鸭、鹅、猪、羊等，不予没收；没收地主的农具，是指适用于农业生产的工具，而地主所有的碾米机、轧花机、织布机等副业和手工业生产工具则予以保留；对于地主的粮食和房屋，采取先留后分的办法，粮食是减租纳粮，并按当地一般农民生活水平留给地主家庭口粮之外的多余部分，才予没收；房屋是指地主在原住房屋中，留足家庭居住以外的多余房屋，才予没收；而对于地主在城市、集镇的房屋以及在农村中直接用于工商业的房屋，均不得没收。

2. 公尝田问题

《中华人民共和国土地改革法》明确规定了对公尝田予以征收。然而，广东的公尝田除了地主、富农或恶霸掌握了大部分，成为"集体地主"形式外，在兴梅、潮汕、东江等地，有许多的小尝田是由祖尝分内的子孙轮流耕种的。这种尝田一般不收租，只是负责轮耕当年的祖宗祭祀费用。方方在谈到如何处理广东公尝土地问题时，指出应该统一征收分配，按照原耕基础上抽补调整的办

---

① 广东省土改团团委会. 关于工作计划步骤的决定 [G] //中共广东省委党史研究室，广东省档案馆. 广东省土地改革运动史料汇编. (内部资料)，1999：71-78.
② 广东省人民政府通过《广东省土地改革实施办法》[G] //中共广东省委党史研究室，广东省档案馆. 广东省土地改革运动史料汇编. (内部资料)，1999：79-91.

法，对于轮耕的土地，应在原来轮耕范围内，先分给无地少地的农民，这样比较合适。在征收公田、族田、学田等土地时，对依靠土地收入来维持费用的学校、孤儿院、养老院、医院等事业，属于公立者，在征收其土地后，经费由当地人民政府从地方经费中开支，不足者呈请上级予以补助。同时方方也强调要注意有些坏分子故意将尝田捐作学校经费使用，或地主通过捐田办学以逃避土地改革的这类现象，一经发现一律征收或没收土地。①

3. 富农问题

新中国成立以后，中央采取执行的是保存富农经济政策。广东省耕地缺乏，各地富农土地所占的比例并不大，但是富农出租部分土地的现象却很普遍。为了照顾农村贫雇农适当地分得土地，《广东省土地改革实施办法》规定，在没收地主所有土地以及征收公田、半地主式富农的出租土地与小土地出租者超过200%的土地后，还不能解决贫雇农最低土地要求（例如贫雇农还不能得到当地每人平均土地数80%左右）的特殊地区，可经县呈请广东省人民政府批准，分别征收富农此项小量出租土地的部分或全部，但须保证给原富农留足当地中农水平之土地；而在征收半地主富农超过其自耕和雇人耕种部分的大量出租土地时，如其自耕或雇人耕种的土地少于当地一般水平土地数者，应给其留下相当于当地平均水平的土地。

4. 农民典当土地问题

在典当的土地中，有农民相互之间的土地典当；有农民典当给地主、公尝、高利贷者以及其他剥削阶层，受典者往往又再转典或转租给其他农民耕种；有地主富农之间典当土地的；有破落地主典当给农民的。各种情形非常复杂。《广东省土地改革实施办法》规定，除了地权已卖断的不再处理以外，新中国成立前农民将土地典当给地主、富农、公尝、团体、高利贷者及其他剥削阶层，可以无代价收入，计入原出典者应分土地数中；如若该土地已经典给其他农民耕种，抽回时承典农民受到损失，分配土地时要予以适当照顾，如在该项土地上承典农民种有特种作物及加工，应由收回者适当补偿；地主、富农典给农民的土地，该归农民所有；地主、富农之间典当的土地，应没收征收统一分配，但富农典入自耕部分，应予以适当照顾；农民之间的典当行为，自行依约处理。

5. 沙田问题

沙田由沿海淤泥冲击而成，土地逐年增加，土质肥沃。广东沙田面积约 500

---

① 方方. 关于广东土地改革问题的报告［G］//中共广东省委党史研究室，广东省档案馆. 广东省土地改革运动史料汇编.（内部资料），1999：48-65.

万市亩，占全省耕地面积的 1/10 左右，其中沙田最多的是珠江三角洲，在中山、东莞、番禺、顺德、南海、宝安 6 县共有约 310 万亩，占了全省沙田数的 61% 左右，其次沙田较多的是新会、台山、潮汕等地。沙田主要集中在公田、学田等集体地主以及私人地主手中，实际上是由军阀、买办、官僚、豪绅、恶霸和地主所把持，如著名的番禺沙湾何、顺德大良龙等。① 在这种情况下，沙田农民往往要受到二路、三路、四路等地主重重的地租剥削和其他额外剥削，被压得喘不过气来，最终导致沙田生产力渐渐衰落。

在处理沙田问题时，不能完全与处理一般土地的方式来解决，既要考虑到耕种沙田农民群众的需要，又要符合农业生产发展的方针。就大部分沙田土地而言，不仅经营面积较大，而且必须具备大型的水利工程设备，不适合分散的小生产模式。因此，在广东省人民政府制定的《广东省土地改革中沙田处理办法（草案）》规定，属于地主和公共团体所有之沙田，收归国有，按实际情况分别采用下列四种办法经营：一、私人投资经营；二、国家与私人合作经营；三、农民合作社经营；四、国家经营。属于水利工程较小，适合分散经营者，均尽可能分配给农民所有。收归国有的沙田，一般以原耕原佃为基础，继续经营，包佃人应照常经营水利建筑，佃户亦应照常耕种，今后收益可由人民政府、农民协会协同包佃人及佃户共同商议，佃户所得不得低于二五减租标准；沙田收归国有后，原包佃人须继续投资经营或与国家合作经营，如收归国营者或分配给农民所有、耕种，则国家或农民须逐年归还原包佃人先前所投入之资本及利润。②

6. 对华侨土地财产的政策

广东是侨乡，如何处理华侨土地财产是广东土改过程中不可避免的问题之一。据 1950 年的统计，我国在海外华侨约 1100 万人，广东华侨人数达 647 万人，占广东总人口的 20%，占全国华侨总人数的 60%，③ 若加上国内的侨眷人数则更为庞大。侨眷的生活来源主要依靠侨汇，除去维持基本生活外，部分用于购买土地、房子，以及投资工商业等。在潮汕、兴梅、东江、珠江、粤中等华侨多的地区，华侨家庭的土地占比也大，但华侨家庭所有土地面积一般数量

---

① 方方. 关于广东土地改革问题的报告 [G]//中共广东省委党史研究室，广东省档案馆. 广东省土地改革运动史料汇编. （内部资料），1999：48-65.
② 广东省人民政府通过《广东省土地改革中沙田处理办法（草案）》[G]//中共广东省委党史研究室，广东省档案馆. 广东省土地改革运动史料汇编. （内部资料），1999：92-94.
③ 赵增延. 建国初期侨乡的土地改革 [J]. 中共党史研究，1990（5）.

是细小的,在三五亩至二三十亩以内。① 一般说来,华侨土地大部分是劳动人民(工人、店员、小商贩、自由职业者)的小量出租土地,而通过华侨汇款购买土地成为地主的人数较少。

事实上,大多数广东华侨在出国前都是生活困难的贫苦人,除了极少数能在海外发家致富外,绝大多数仍在国外过着贫困的生活。考虑到广东华侨的特殊情况,叶剑英与华南分局对处理华侨土地财产问题极为慎重,强调要保护华侨利益,团结争取华侨支援祖国建设。叶剑英明确指出:华侨在国内农村中所有的土地和房屋,大多是靠本人辛勤所得汇回国内购置的,与一般封建地主剥削阶级有所区别……对于华侨与农村土地关系之特殊性,应予适当照顾。②

根据对各地华侨的调查访问,显示出当时的华侨主要有以下几种诉求:华侨中成为地主成分者,他们希望在土改时仍能分得一份土地,同时希望不要动他们的房屋家具、农具、耕畜、粮食等和一切其他财产;华侨工人、店员、小商贩和自由职业者,许多都有小量土地出租,也希望不要动;无地少地生活困难的华侨家庭也盼望在土改中能分到一份土地。对此,方方在《关于广东土地改革问题的报告》中指出:为照顾侨胞利益,土改时我们首先要保护华侨劳动人民的小量出租土地,其出租土地超过当地每人平均土地数200%者,亦得酌情照顾;对于华侨家庭无地少地生活困难有劳动力耕种的,应与一般农民同样分得土地;其次,对于华侨地主,我们认为也应与一般地主不同看待,其房屋、家具、耕畜、农具与粮食等,均保留不动,只没收其出租土地。而在留给其所有之土地时,在土地较多的地区,可留相当于全乡平均水平的土地;对于华侨富农家庭,除一般地保护其自耕和雇人耕种的土地外,如当地确定征收富农小量出租土地时,得视其国内外人口多少,酌情照顾(例如其出租土地不超过其自耕自营土地20%以至30%者,可不征收)。③ 以上一系列关于广东华侨土地的思考最终反映在了1950年11月2日出台的《广东省土地改革中华侨土地处理办法》中。④

1950年11月6日,中央人民政府政务院通过了《土地改革中对华侨土地财

---

① 莫宏伟.新中国成立初期的广东土地改革研究[M].北京:中国社会科学出版社,2011:265.
② 蒲海燕,夏琢琼.主政南粤时期的叶剑英与华侨[J].华南师范大学学报(社会科学版),1993(1).
③ 方方.关于广东土地改革问题的报告[G]//中共广东省委党史研究室,广东省档案馆.广东省土地改革运动史料汇编.(内部资料),1999:48-65.
④ 广东省人民政府.广东省土地改革中华侨土地处理办法[G]//广东省土地改革委员会.广东土地改革法令汇编.广州:新华书店华南总分店,1950:16-17.

产的处理办法》(以下称《处理办法》),① 体现了党和政府在土改中保护与照顾华侨利益的原则,对华侨地主、华侨小土地出租者、无地少地归侨和侨眷给予适当照顾。虽然这一《处理办法》对《广东省土地改革中华侨土地处理办法》有所借鉴、吸收,但在基本内容上仍有较大不同,主要表现在:其一,不提华侨劳动人民;其二,不提保护华侨劳动人民的小量出租土地;② 其三,中央的办法严格区分出国前是地主者和出国后其家庭上升为地主者,对于前者,采取没收其土地、耕畜、农具、多余的粮食和由农民居住的房屋,其他房屋不动;对于后者,除没收其在农村的土地和原由农民居住的房屋外,其他财产一律不动。③ 此后,《处理办法》成为处理广东华侨土地财产问题的主要依据,《广东省土地改革中华侨土地处理办法》即时废止。

广东三县土改试点工作按照中央与华南分局相关政策处理华侨土地财产问题,保护了华侨、侨眷的正当权益,得到了广大华侨和侨眷的拥护。其中,比较突出与复杂的问题是对华侨房屋的处理。李坚真在土改试点过程中就意识到了这一问题的重要性。《中华人民共和国土地改革法》规定,对地主没收其多余的房屋。然而大多数华侨会在家乡盖房子,以便自己回乡探亲时住,且这些房子相较于当地农民的房屋要大些、好些,这些房子显然属于"多余的房屋",考虑到即便将这些房屋分给了贫雇农,也不能从根本上解决他们的居住要求;而华侨一旦回来探亲,发现祖屋被没收了,恐怕会产生较大的反感情绪,这样就容易失去海外华侨对土地改革以及人民政府的同情与支持。因此,李坚真等人主张将华侨的房屋保留,或暂时租借给无房少房的贫雇农民居住,所有权仍归华侨。华南分局与叶剑英同意将华侨这些多余房屋予以保留,华侨对这一举动的反映很好。④

然而,随着三县土改被批判为"和平土改",一些原本符合广东特殊情况的做法遭到批评和否定,被认为是:"照顾其他阶级多,体贴农民生活少……缺乏阶级分析。"广东部分地区出现了侵犯华侨利益的"左"倾偏差,比如根据侨汇任意提升阶级成分,抓华侨罚款,甚至出现一些吊打、肉刑逼供的现象,这些

---

① 中央人民政府政务院. 土地改革中对华侨土地财产的处理办法 [G]//中共广东省委党史研究室,广东省档案馆. 广东省土地改革运动史料汇编. (内部资料),1999:32-33.

② 郑群,刘子健. 叶剑英在土改中保护华侨 [J]. 炎黄春秋,2007 (8).

③ 莫宏伟. 新中国成立初期的广东土地改革研究 [M]. 北京:中国社会科学出版社,2011:276.

④ 李坚真. 李坚真回忆录 [M]. 北京:中共党史出版社,1991:205.

做法都是与《土地改革中对华侨土地财产处理办法》精神相违背的，也伤害到了海外华侨的感情。

1952年1月，中央侨委党组对广东在土改中的华侨问题提出了几点办法，要求华南分局正确处理华侨土地财产和侨汇问题，纠正当前偏差，主要包括以下几点：一、严禁看侨汇收入之多寡而任意提升侨眷的阶级成分，绝不能因为侨汇收入多而划为地主；二、不得将出国前原是劳动人民，出国后上升为地主者与出国前原是地主者混为一谈，不得同样处理；三、绝不能把许多侨眷因主要劳动力在国外而出租小量土地者简单划为地主，也不要把出国后因在国外从事其他职业，回国内购置少量土地出租者划为地主；四、在退租退押及其他赔罚斗争中，均应根据《中南区减租条例》第七条办理，不应漫无标准，看侨汇来源之多寡来随意决定数目。① 华南分局接到中央指示后，立即要求各地贯彻实施，但在具体执行过程中，仍出现了一些问题和分歧。

有些侨乡向华南分局反映：在侨乡土改，华侨地主占地主阶级之半数，对出国前是劳动人民，出国后上升为地主的华侨，如不动其余粮，则影响满足贫雇农要求，群众不满。基于这一情况，华南分局于1952年2月向中共中央、中南局请示，是否可以在侨乡对华侨"占有田亩数多（数量各专区自定）、群众要求没收余粮时，可经过区委批准，进行没收，但至多不超过一年的租子"。②

中南土改委员会在3月18日电复华南分局的指示中提出："集中打击那些出国前即是地主或出国后在国外已处于资本家地位，而又在国内兼并土地者，对于这种人，可依法清算，不应只以国内财产为限。"③ 然而，中央没有采纳这一意见，3月23日复电指出："某些华侨，出国前系劳动人民，出国后其留在国内的侨属上升为地主，在土地改革中，对他们的余粮仍应按照政务院通过的《土地改革中对华侨土地财产的处理办法》办理。因为这些华侨侨居在帝国主义国家或帝国主义的附庸国家，其留在国内的眷属虽因出租土地较多而被划为地主阶级，但其本人在国外大多数仍是劳动者，我们必须争取他们。"④

面对土改中运动偏差的进一步扩大，中共中央于1952年9月10日再次电告

---

① 中央对土改中华侨土地财产处理办法的指示［G］//中共广东省委党史研究室，广东省档案馆.广东省土地改革运动史料汇编.（内部资料），1999：517-520.
② 华南分局关于认真执行中央对华侨政策之请示［G］//中共广东省委党史研究室，广东省档案馆.广东省土地改革运动史料汇编.（内部资料），1999：537-539.
③ 陈模.古大存冤案及其平反［J］.炎黄春秋，2001（12）.
④ 中共中央关于土地改革中处理华侨成分等问题给华南分局的复示［G］//中共广东省委党史研究室，广东省档案馆.广东省土地改革运动史料汇编.（内部资料），1999：542.

中南局和华南分局，要求"严肃认真地加以检查纠正"。在这一指示下，华南分局迅速作出决定："追要余粮中，对华侨地主一般应少于一年租粮，严禁开大数，绝对禁止追要海外汇款，对无力缴纳的华侨小地主一律免交。"① 根据中央的指示，华南分局对华侨政策进行了补充和调整，检查、纠正各地执行华侨政策的偏差，② 并曾多次指示各地禁止向海外追缴侨汇，但各地仍时有发生类似追逼侨汇抵缴土改果实、将原本不该没收的华侨房屋一并没收等现象。

虽然在执行华侨土改政策的过程中出现了一些偏差和分歧，但总体来说，结合广东华侨情况所制定的特殊土改政策和具体措施，保证了侨乡土改的顺利完成，使无地少地和缺乏生产资料的贫苦侨眷获得了土地，也给予了其他侨眷劳动人民以及守法的华侨地主适当的照顾。

四、广东土地改革的进程（1950.10—1953.4）

新中国的土地改革运动既是一次在生产关系领域的重大变革，也是一场彻底破除封建制度的政治运动，正如邓子恢指出："土地改革就是要改变二千年来统治中国农村经济的封建剥削制度。"③ 因此，在中共中央的整体布局中，彻底打击地主阶级在乡村中的政治优势是推进土改的前提与保障，因此更倾向于执行严厉的土改政策。

新中国成立初期的土地改革，一如老区时期，在各地区都是不尽相同的，比如华东区各地搞得比较温和，而中南区和西南区等大多数地区，都搞得比较严厉，推行的是"斗争土改"的方式。广东的土改工作是由叶剑英与华南分局所主持的，在充分考虑到广东特殊的社会经济状况与土地情况的基础上，对广东土改的时序、对象与方式等问题上有着更多的思考。叶剑英主张根据他曾在北京郊区所推动的温和土改经验，开展广东的土改工作，他提出，在广东以"三县着手"的试点方式，逐步培养土改干部，累计土改经验，然后再向全省全面推广；并在试点地区采取"分田地、分浮财、不挖底财、不追底财"这种比较温和的土改方案，尤其是严格执行保护华侨、保护工商业政策，对华侨兼地主或地主兼华侨户，对工商业兼地主或者地主兼工商业户，均不没收其属于华

---

① 农业农村部农村经济研究中心当代农业史研究室. 中国土地改革研究 [M]. 北京：中国农业出版社，2000：243.
② 华南分局关于土改中对华侨政策的指示 [G] //中共广东省委党史研究室，广东省档案馆. 广东省土地改革运动史料汇编.（内部资料），1999：556-557.
③ 邓子恢. 关于土地改革的几个基本问题 [M] //土地改革中的几个基本问题. 武汉：中南人民出版社，1951：1-18.

侨财产、工商业财产部分。① 在这一思路的指导下，广东的土地改革往往未能完全遵循中共中央及中南局的政策行事，甚至会对若干南下干部以过去在北方的土改经验推动广东土改工作时所发生的过左、过激行动加以阻止或纠正。② 这也使得广东土改受到了来自中央与中南局的重点关注，中南局认为广东发动群众的力度不够，纠偏太早，华南分局的纠偏工作也因此受到了一定阻碍。

（一）广东开启土改试点工作

在1950年6、7月间，受叶剑英和方方指示，李坚真一行前往兴梅地区调研，了解该地区是否有条件在1950年冬进行土地改革。通过对兴梅地区土地占有、群众生活、群众觉悟、农民对土地的要求、基层干部和党组织等情况的摸底调查，李坚真等人一致认为兴梅地区可以在当年冬天开始土地改革。从兴梅地区回来时，李坚真一行又到东江若干县区以及珠三角地区了解情况，基本上把半个广东的情况摸了一遍，形成了一些意见和设想。③ 回到广州，李坚真向叶剑英、方方作了汇报，叶剑英听完汇报后说："农民对土地有迫切要求，我们就要尽快开始土地改革。从粤东到珠江三角洲地区比较来看，珠江三角洲比较富，粤东山区比较穷，山区、穷区的群众对土地要求更为迫切，群众容易发动，还是先从粤东穷区开始搞起为好。"④

经过一番商讨，广东最终选定了在揭阳、兴宁、龙川三县展开土改试点，这三个县曾是游击队的基地，当地有强而有力的共产党组织，被选为广东土改的试验田是较为合适的。叶剑英提出了"全省着眼，三县着手"的思路，通过三县试点取得土改经验，再向全省推广。同年8月，李坚真到中南局参加土改会议，向中南局汇报了"全省着眼，三县着手"这一做法，中南局领导并未提出异议。1950年9月，广东省土改工作团组建，以分局党校、南方大学学员为主，加上从中山大学和省直机关抽调来的干部共1000多人。团长由李坚真担任，下辖兴宁、揭阳、龙川3个分团，分别由廖伟、林美南、钟俊贤担任分团团长。1950年10月，区乡农民协会的组织在广东省绝大部分地区建立起来，参加农民协会的农民已经达到320万人左右，另外有许多地区建立了青年团、儿

---

① 吴有恒. 元帅的侧影［M］//袁鹰，谢大光. 中国当代百家散文. 广州：花城出版社，1988：127.
② 陈永发. 中国共产革命70年（下）［M］. 新北：联经出版社，2004：595.
③ 肖伟昌. 李坚真与广东土地改革［M］//中共梅州市党史研究室，中共丰顺县委党史研究室. 李坚真纪念文集.（内部资料），1998：92.
④ 李坚真. 李坚真回忆录［M］. 北京：中共党史出版社，1991：192.

童团、妇女代表会议、民兵等组织,培养了一大批积极分子作为农村工作的骨干。①

1950年10月中旬,广东土改工作团分赴试点三县开展土改试点工作,三县委主要力量都投入土地改革中来,兴梅、东江、潮汕三县地委也抽调了一批干部参与土改工作团的工作。② 广东土改工作团团部设在兴宁县,李坚真与罗明等人一起驻在兴宁。叶剑英在省土改工作团下到试点县开展工作之前,特地再三嘱咐李坚真:"在土改中要不折不扣地执行中央的方针、政策……对地主的斗争,侧重点放在发动群众,揭发地主阶级剥削的罪恶,除少数罪大恶极及公开和我们对抗的恶霸要坚决镇压外,一般不要在肉体上消灭,而要采取说理说法的斗争。因为土地改革要消灭的是地主阶级,而不是在肉体上消灭地主个人。"叶剑英还强调:"你们下去要依靠当地干部和当地党组织,地方干部人熟、地熟,和群众关系密切,要和地方干部搞好团结,互相帮助。"③ 土改工作团制定了明确的工作纪律、三县土改的工作计划与步骤,强调"重点实验,逐步推开,波浪式地前进"。土改工作分团下到各县后,便立即集中当地参与土改的干部进行培训,提高他们对土地改革重要性的思想认识,以及加强土改政策方面的教育。

兴宁、揭阳、龙川这三个试点县的土地改革主要分为三个阶段进行。第一,准备阶段。这一时期的中心内容是在三县选择八个乡进行典型试验,集中土改骨干在8个乡搞好典型试验,主要包括建立与健全领导机构,整顿队伍,培训干部,开展社会宣传,完成秋收、秋征、冬耕及兴修水利等生产工作。第二,重点分田阶段。从每县挑选一两个区,每区挑选一两个乡进行重点分田。把试点乡的经验推广,发动群众,同时动员社会力量支援土改。第三,全面分田阶段。土改运动在三个县全面铺开。④

以兴宁土改试点为例。1950年10月11日,李坚真、罗明亲自率领省土改团470名工作人员抵达兴宁,兴宁的土改试点工作是在李坚真直接领导下完成的,从1950年10月开始,先在宁新、浮东、光夏三个试点乡进行,再逐步推开。在李坚真的布置下,兴宁土改分为三步进行:

第一步是发动群众,访贫问苦,扎根串联。通过扎根串联和诉苦逐渐把贫

---

① 方方.关于广东土地改革问题的报告[G]//中共广东省委党史研究室,广东省档案馆.广东省土地改革运动史料汇编.(内部资料),1999:48-65.
② 李坚真.李坚真回忆录[M].北京:中共党史出版社,1991:195-196.
③ 李坚真.李坚真回忆录[M].北京:中共党史出版社,1991:199.
④ 李坚真.李坚真回忆录[M].北京:中共党史出版社,1991:200.

雇农组织起来，先组织贫雇农小组，再组织贫雇农代表会，继而成立贫雇主席团，使得贫雇农成为土地改革领导骨干力量；同时吸收中农和农村贫苦知识分子参加农民协会，结成反封建统一战线。

第二步是划分阶段。在发动起了群众，摸清农村各家各户基本情况后，便开始划分阶级。划分阶级由贫雇农主席团主持，工作队当参谋，采取自报公记办法，先由群众自报，贫雇农主席团研究后，张榜公布，再由群众评议。经过几上几下讨论、评议，最后三榜定案。先划分剥削阶级，再评贫雇农、中农和其他阶层。

第三步是没收、征收分配土地、财产。按照《土地改革法》没收地主土地、耕畜、农具、多余粮食及其在乡村中多余房屋。地主放的高利贷没收，地主的其他财产及经营的工商业不动，不追浮财、不挖底财，地主在城市集镇的房屋以及在农村用于工商业房屋，均保留不动，对富农在政治上中立，经济上保存富农经济，对其自耕和雇人耕种土地不动，小量土地保留不动，但在特殊情况下，经省以上人民政府批准可以征收其一部分或者全部。①

（二）中南局与华南分局土改意见的分歧

在广东三县土改试点工作开启之际，国际形势正发生着重大变化，导致中共中央加重了对当前形势的估计。1950年10月，应朝鲜党和政府的请求，中国人民志愿军跨过鸭绿江，与朝鲜人民军并肩抗击美国侵略者，全国掀起了轰轰烈烈的抗美援朝运动；与此同时，国民党政权趁机叫嚣"反攻大陆"，国内各种反动势力日益猖獗。为了保证土地改革和经济恢复的顺利进行，特别是为抗美援朝战争后建立稳固的后方基地，中央对地主采取了更严厉的斗争政策，同时，迅速指示各地的镇压反革命运动要纠正过去"宽大无比"的右倾偏向，② 实行"镇压与宽大相结合"的政策，③ 这一定程度上激化了当时国内的阶级斗争。

1. 中南局批评"和平分田"现象

以朝鲜战争爆发为标志，新生的中华人民共和国政权面临着严峻的考验。蔡嘉生指出，由于国内外形势的突变，使得毛泽东急于加速国内新区的土改进程，巩固新生政权。地处东南沿海、与港澳毗邻的广东，土改却速度明显落后

---

① 李坚真. 李坚真回忆录 [M]. 北京：中共党史出版社，1991：200-203.
② 蔡嘉生. 新中国初期广东土改试点与反地方主义研究 [D]. 北京：中共中央党校，2017.
③ 中共中央关于镇压反革命活动的指示 [G] //中共中央文献研究室. 建国以来重要文献选编（第1册）. 北京：中央文献出版社，2011：420.

于其他省份,因此成了毛泽东最为关切的地区之一。① 1950年10月叶剑英向毛泽东汇报广东土改工作,毛泽东指示应该扩大试点区域,除原定三县外,"其他各地委均需选一个区编进试点,并利用全年的农闲时间继续推广土改工作"。②

随后在11月短短一个月的时间里,毛泽东三次致电华南分局,要求广东加快土改。③ 根据毛泽东的指示,华南分局迅速做出调整,在1950年11月到1951年2月将土改试点县增至13县。④

随着毛泽东提出要加快包括广东在内的新区土改进程,中南局对土改的态度也正在逐渐发生转变。1950年9月20日,在中南军政委员会第二次全体会议上,时任中南区军政委土改委员会主席的李雪峰发表了名为《为完成今冬明春土地改革计划而斗争》的报告,他在报告中提到今年土改必须注意防止两种偏向:一种是可能发生的严重混乱现象,一种是严重"夹生现象";⑤ 同时,他还提出,对敌人的斗争,可以采取"各种形式的会议,也可以采取人民法庭……在人民民主政权下处理敌人,只应该采取合理合法的斗争形式,而不是采取非法斗争形式……我们已由国家的政策、土地改革法和其他法令规定了保障群众的合法执行土改的机关"。⑥ 可以看到,此时李雪峰以及他所代表的中南区土改委员会仍站在有序非暴力土改运动的一边,主张根据法律和道理来开展斗争。(《南方日报》,1950.12.11) 然而,到了11月中旬,在土地改革即将由典型试验转入全面展开的时刻,中南土地改革委员会副主任杜润生主持召开了总结土地改革试点工作的会议,会上所汇集的100个乡的土地改革试点工作情况,既有好的也有不好的。杜润生指出:好的地方是群众已经发动起来进行分田;不很好或很不好的地方,则是干部有"和平分田"的思想,不依靠群众,不组织斗争,田分得不公不好,农民要求没有得到满足,情绪不高。杜润生明确指出"和平分田思想是目前工作中的主要危险倾向",要求各地放手发动群众,开展

---

① 蔡嘉生. 新中国初期广东土改试点与反地方主义研究 [D]. 北京:中共中央党校,2017.
② 转毛主席的指示 叶廿四号始离京 [G] //中共广东省委党史研究室,广东省档案馆. 广东省土地改革运动史料汇编. (内部资料),1999:31页.
③ 蔡嘉生. 新中国初期广东土改试点与反地方主义研究 [D]. 北京:中共中央党校,2017.
④ 蔡嘉生. 新中国初期广东土改试点与反地方主义研究 [D]. 北京:中共中央党校,2017.
⑤ 所谓"夹生现象",是指土改后出现土地分配不够彻底的问题。
⑥ 李雪峰. 为完成今冬明春土地改革计划而斗争 [G] //广东省土地改革委员会. 广东土地改革法令汇编. 广州:新华书店华南总分店,1950:96-111.

一场大规模的农民反封建运动。①

11月26日,中南土委会将此情况向中南局汇报,邓子恢感到问题严重,他认为:"和平分田"实质上是一种近似改良主义的方法,是将土地改革这样剧烈而复杂的反封建革命斗争,误解为离开当时当地社会条件的、单纯的土地分配工作。他要求中南局发出指示,着重强调必须坚决抛弃"和平分田"的方法,放手发动群众,掀起一个大规模的农民反封建的革命运动;②并要求必须争取加快完成整个土改计划,从全区讲,大体应在1、2月间进入运动高潮,3、4月间完成分配确立地权,在插秧前转入生产运动。

在邓子恢的主持下,12月1日,中南局发布了《关于放手发动群众彻底完成土改计划的指示》,不仅宣告了要加快中南区的土改进程,同时一场检讨"和平土改"的运动在中南六省拉开帷幕。③

12月20日,中央批复了中南局《关于发动群众彻底完成土改计划的指示》,基本同意中南局关于着重纠正土改中的右倾偏向,以便发动群众进行土地改革的做法,但也同时指出,应增加一些防止"左"倾危险的指示,例如侵犯中农利益,忽视联合中农的重要性,破坏富农经济,对地主普遍扫地出门、乱打乱杀,在工作方式上的强迫命令、大轰大嗡等。④为了进一步给中南区的土地改革指明方向,26日,邓子恢执笔写下了《关于土地改革的几个基本问题》,以个人名义在《长江日报》发表,并通过中南人民广播电台向全区播出。在这篇文章中,邓子恢分析了产生和平土改的原因,他指出"把土改认为只是简单的分配土地,把分配土地当做单纯技术工作",以及片面地认为土地改革的目的仅仅是为了在经济上发展生产,而没有意识到土地改革是"消灭封建势力最后的而又是最激烈的一场有系统的阶级斗争",是各地产生和平土改的思想根源。⑤

从9月李雪峰提出要同时警惕两种倾向,到11月杜润生开始批评"和平土改"问题,再到12月邓子恢撰文分析"和平土改"原因,显示出中南局对土改的态度、方针已悄然发生改变。在中南局发出反对"和平土改"的指示后,广

---

① 杜润生.当前土地改革指导中的几个问题[M]//中南军政委员会民政部.民政工作手册(第三辑).(内部资料),1951.
② 《邓子恢传》编辑委员会.邓子恢传[M].北京:人民出版社,1996:409.
③ 蔡嘉生.新中国初期广东土改试点与反地方主义研究[D].北京:中共中央党校,2017.
④ 刘少奇.关于土改中纠正右倾偏向的同时不许再犯"左"的错误的指示[M]//建国以来刘少奇文稿:第2册.北京:中央文献出版社,1998:640-642.
⑤ 邓子恢.邓子恢文集[M].北京:人民出版社,1996:298-299.

东省人民政府于11月30日下达了《关于扩大土改地区工作的指示》，提出："必须防止干部的束手束脚，不敢领导群众斗争的'和平分田'倾向。"

12月10日，作为广东省土改工作团团长的李坚真向华南分局、中南土委汇报了三县典型试验的情况，她在报告中指出，三县土改工作在发动群众问题上确实走了一些弯路，有的干部由于思想上存在偏向，忽视了对贫雇农的教育和领导，导致发动群众不够充分；但李坚真始终认为，三县典型试验中和平分田不是主流，并基本克服了。李坚真关于土改试点区的报告直接影响了华南分局的判断。在根据中南局精神进行试点检查这一期间，叶剑英与方方并没有发表比较激进的言论，广州也并没有发动大规模的群众运动。① 叶剑英对当时参加鹤山县土改试点的吴有恒强调，在土改中要始终坚持"靠政策办事，不靠感情用事"，② 这也体现了叶剑英等华南分局领导当时坚持按政策进行土改。华南分局这种做法引起了中南局与中南区土改委员会的关注。1951年1月，华南分局召开了广东省11县土地改革总结会议，中南区土改委员会副主任杜润生在会上作了一篇名为《发动群众、整编队伍、推广土改》的报告，对华南分局进行了批评。③

叶剑英在其后的讲话中，肯定了中南局对广东土改的指导与杜润生的发言，指出要应付当前形势，完成并巩固土改与各项工作，中心问题就是将广大群众真正发动起来；并吸收了杜润生提出的土地改革过程中整编队伍的意见与方法。同时，叶剑英还重点强调了今后广东的土改方针：必须立足于当前抗美与土改高潮的形势下，以及广东所存在的主客观条件，采取"稳步加快土改，热和冷相结合指导运动（指经常保持领导者、领导机关头脑的冷静，但又同时保持群众运动的热烈）"。④ 而在2月的潮汕地委、汕头市委扩大干部会议上，方方再次强调了广东土改必须"快而稳"，一方面，他指出："广东阶级情况复杂。农业经济与工商业关系密切，华侨多，农闲间隙短，干部少而新，政策水平不高，基层组织不纯，现有的经验还不够完全和系统。"这就使得广东必须在快的要求下求稳。另一方面，他认为必须坚持贯彻政策，因为"政策是发动群众的斗争

---

① 蔡嘉生. 新中国初期广东土改试点与反地方主义研究［D］. 北京：中共中央党校，2017.
② 吴有恒. 元帅的侧影［M］//袁鹰，谢大光. 中国当代百家散文. 广州：花城出版社，1988：127.
③ 蔡嘉生. 新中国初期广东土改试点与反地方主义研究［D］. 北京：中共中央党校，2017.
④ 叶剑英. 在广东省十一县土改会议上的讲话［G］//中共广东省委党史研究室，广东省档案馆. 广东省土地改革运动史料汇编.（内部资料），1999：159-163.

纲领，交代政策也就是发动群众的基本方法"，任何时候都不能模糊政策界限，否则就会招致工作中的重大困难与损失。①

三县的土改试点工作于1951年3月基本结束，三县地主占有的土地分别从土改前的34%、40%、45%下降到1.6%、3%、4.4%。② 土改试点结束之后，方方代表华南分局对三县土改作了总结，认为：群众基本发动起来了，阶级敌人基本被消灭了，封建土地所有制已变成为农民的土地所有制；在土地改革中没有侵犯工商业，没有侵犯中农，没有乱杀，保存富农经济，照顾了华侨和其他劳动人民，打消了房界地界矛盾（这是当时衡量广东农村群众是否发动起来的重要标志之一），达到了预期效果，为全省的土改积累了经验，培养了干部。同时，方方也实事求是指出了三县土改中存在的缺点：如群众发动得不充分，不巩固；基层整顿不够；对敌人打击不够狠，不彻底。③

自此，历时近4个月的广东土改试点检查工作暂告一段落，开始转入到总结经验、整顿队伍阶段。④ 值得注意的是，这一阶段叶剑英、方方一直在强调土改要"稳"，即不侵犯工商业，不侵犯中农，不乱杀，保存富农经济，照顾了华侨，照顾了其他劳动人民，打破房界地界矛盾。他们认为，只有划清政策界限，即按照《土地改革法》执行土改，发动群众，才能实现土改工作的"快而稳"。

中南局坚决要求彻底发动群众，进行大规模的农民运动；华南分局则是有保留地遵从中南局指示，发动群众，加快了广东土改进度，但始终强调要结合广东的特殊情况，坚持政策开展土改。中南局并不认同华南分局对广东土改试点工作的评价，与华南分局在对广东特殊情况的看法、广东土改具体政策、发动群众等问题上也存在着严重分歧。

1951年4月广东土改试点工作结束之际，在中南局主要领导人的安排下，中南区土委会主任李雪峰来到广州，在华南分局扩大干部会议上作了一篇针对广东土改与农民运动的报告。他认为，广东11个试点县的土改缺乏全面的运动高潮，全省尚未形成大规模的有系统的农民运动，农民关于解除封建剥削、获得土地等迫切要求也尚未满足，他还批评了华南分局根据广东实际情况所制定

---

① 方方. 在潮汕地委、汕头市委扩大干部会议上的讲话 [G] //中共广东省委党史研究室，广东省档案馆. 广东省土地改革运动史料汇编. （内部资料），1999：188-197.
② 李坚真. 李坚真回忆录 [M]. 北京：中共党史出版社，1991：210.
③ 方方. 关于三县土改检查报告 [G] //中共广东省委党史研究室，广东省档案馆. 广东省土地改革运动史料汇编. （内部资料），1999：206-223.
④ 1951年3月18日，叶剑英签发《华南分局春耕地期间工作决定》，要求在春耕期间一律停止土改，整顿队伍，并重新调整计划. 中国人民解放军军事科学院. 叶剑英年谱（下册）[M]. 北京：中央文献出版社，2007：680.

的一系列具体政策与做法，他认为广东在土改中"照顾其他阶层多，体贴农民生活感情少"，是"右倾"表现。①

由于中南局方面对广东土地试点与广东土改政策的激烈批评，领导土改的各级领导干部都被迫做了检讨。李坚真作为负责三县土改试点工作的具体领导人，也受到了严厉批评，并作了几次检讨。她所担任的省土改委员会副主任、省土改工作团团长的职务，虽没有明确撤销，但随着她被下放到惠阳地区去土改，也名存实亡了。② 中南局认为，要改变广东土改软弱和进展缓慢的问题，需要物色得力的领导干部，因此，1951年4月，中南局调配原河南南阳地委第一书记赵紫阳接替李坚真，担任广东省土地改革委员会副主任。赵紫阳赴任后，仍在叶剑英和方方的领导下推动广东土改工作。大体说来，三县土改试点工作当然有其缺点和不足之处，但它并不是"和平土改"。在后来三县的土改复查过程中，倒是发生了违反土改政策、扩大打击面、错伤民主人士的现象。

2. 华南分局纠正运动偏差

在4月华南分局扩大干部会议上，李雪峰明确提出，要将土地改革分为三个阶段，第一阶段是清匪反霸、减租退押，打倒地主阶级的政治优势；第二阶段为划分阶级，没收征收、分配土地，消灭地主阶级；第三阶段为结合发土地证，进行复查，转入生产，是为了使得土改更为彻底而新增的阶段。自5月以来，全省有4万多名干部下乡，在63个县开展了清匪反霸、退租退押运动，其中，大军包了26个县，组成了6000至7000的工作队下乡，帮助地方干部开展运动。③ 7月开始运动进入高潮，到了1951年8月，全省3000万人口中，有1500万人口的地区开展了运动，直接参加斗争的群众达720万人，有230万人参加了农会组织。④

由于进入1951年5、6月后，广东土改运动发展异常迅速，加上中南局一些领导同志全面否定了广东土改试点工作，使叶剑英、方方领导制定的土改具体政策得不到继续贯彻，在若干重要方面出现了"左"的偏差。为了使这一时期的退租退押、清匪反霸运动健康发展，在叶剑英的主持下，华南分局连续发出

---

① 李雪峰. 关于农民运动中的几个问题 [G] //中共广东省委党史研究室，广东省档案馆. 广东省土地改革运动史料汇编. （内部资料），1999：282-295.

② 李坚真. 李坚真回忆录 [M]. 北京：中共党史出版社，1991：213.

③ "依靠大军进行土改问题"在蔡嘉生《新中国初期广东土改试点与反地方主义研究》一文中已有详细研究，在此不再展开。

④ 叶剑英. 继续猛进，注视敌情 [G] //中共广东省委党史研究室，广东省档案馆. 广东省土地改革运动史料汇编. （内部资料），1999：406-419.

《对当前退租退押运动的几项指示》《对退租退押反霸运动的几项指示》《关于退租退押应由农会统一领导》《关于减租年限和公偿财产的处理及废债等问题给粤东区党委的复电》等一系列指示,① 极力纠正运动偏差,情况有所缓和。

1951年6月30日,叶剑英发表了一篇题为《纪念中国共产党的三十周年与华南当前的斗争任务》的报告,其中专门对农民运动问题进行了论述。叶剑英肯定了当时农民运动所取得的成绩,并指出存在的若干问题:其一,由于少数领导运动的干部不能正确掌握政策,误以为"左"坚定,打吊就是坚决,以至有些重点地区出现了无限度清算和追挖,乱捕乱打,单纯追挖底财现象;其二,在非重点的面上,由于干部不足,出现了无领导无组织的自发斗争与大村斗小村、大姓斗小姓、强房斗弱房等宗派斗争;其三,既然出现了斗争可以自发,运动可以不要领导和组织的情况,有反动地主借此乘机破坏运动。这些都导致了整个斗争形势的复杂化。

因此,叶剑英要求土改运动中的领导者"必须善于依靠群众的创造力,善于引导群众的自发势力进行正确斗争,并克服由自发势力所引起的混乱状态,引导自发运动走上土地改革正常的轨道","在土地改革中,对待群众要求,应有清醒的分析",要"向干部、群众交代清楚政策,说明哪些应该做,哪些可以做,哪些不能做,哪些怎样做。把政策界限加以划清,把工作方法明白指示"。叶剑英认为,只有这样才能避免运动中产生的某些偏向与错误。②

然而,叶剑英在这一时期纠正运动偏差的做法,更加激化了中南局与华南分局之间的矛盾。7月,中南局机关报《长江日报》先后刊发了两篇关于广东农民运动的社论,锋芒直指叶剑英和方方。10号刊发的《论正在前进中的广东农民运动》一文,开头就以毛泽东当年考察湖南农民运动的口吻,把广东土改的问题,归结为"好得很"和"糟得很"的争论。中南局邓子恢、李雪峰认为是"好得很",而华南分局的叶剑英、方方显然是"糟得很"的代言人。③ 文章接着又列举了运动过程中的"许多错误的见解",比如"广东商业发达,封建并不严重""土地分散、地少人稠,反封建没油水"等,并对这种认识加以批

---

① 广东叶剑英研究会. 叶剑英在广东的实践与理论 [M]. 广州:广东高等教育出版社,1997:232.
② 叶剑英. 纪念中国共产党的三十周年与华南当前的斗争任务 [G] //中共广东省委党史研究室,广东省档案馆. 广东省土地改革运动史料汇编. (内部资料),1999:324-337.
③ 宋凤英. 华南分局重要领导人方方蒙冤始末 [J]. 党史文苑,2007 (17).

判。① 17号刊发的《认真学习，稳步前进——再论广东农民运动》一文不仅直接指出："应当对那些看到运动有些偏向而惊慌失措并发生动摇的人们说：动摇是不对的"，"只把'政策'当一盘冷水，泼在运动的火焰上，这当然是不能许可的一种错误，是一种错误，是一种坏办法。"该社论还严词质问："群众起来带来的一点偏向，比之群众起不来，我们应当选择哪一个呢？"② 接连两篇的《长江日报》社论无疑给当时的叶剑英造成了很大的压力，叶剑英的观点和做法被指责为"右倾""动摇"。但叶剑英并没有屈服于这种压力，在之后的各种场合始终坚持原则，继续表达自己的意见，坚决纠正偏差。

在1951年8月6日至23日，根据中南局紧急指示，华南分局召开了扩大干部会议。杜润生就发动群众与纠偏问题发表了讲话，他认为，局部地区某些混乱现象，好多是在没有充分发动群众的情况下发生的。在那里的错误并不是放手发动农民的方针引起的，而是因为领导者放错了手，手放给了群众的少数，放给了旧组织，放给了异己分子。他指出："因为有偏就对放手群众方针发生动摇是极端错误的。"③ 其后，以地委为单位小组，以地书带头在会上展开了批评和自我批评，重点讨论了"放手与政策"的关系，以及"放手与盲干"的界限，并总结认为"偏差的原因，不是由于放手发动群众的方针，而是由于群众发动的不够，今后仍应贯彻放手发动继续前进"。④

在此次华南分局扩大干部会议即将闭幕之际，叶剑英发表了题为《整顿队伍，继续前进》的总结报告，他再次强调："在运动中，任何偏向都必须纠正，因为任何偏向都是一种脱离群众的东西，那种'既有偏向，又不脱离群众'的论调是不能成立的。"⑤ 然而，叶剑英的一系列正确意见并没有被接受，致使广东土改在某些重要问题上"左"的偏差愈加严重。

（三）中央对广东土改工作的反馈

广东土地改革开启之初，华南分局与广东省人民政府便坚持从广东实际出

---

① 论正在前进中的广东农民运动[G]//中共广东省委党史研究室，广东省档案馆. 广东省土地改革运动史料汇编.（内部资料），1999：338-346.
② 认真学习，稳步前进——再论广东农民运动[G]//中共广东省委党史研究室，广东省档案馆. 广东省土地改革运动史料汇编.（内部资料），1999：347-355.
③ 杜润生. 争取土地改革第一阶段斗争的圆满胜利[G]//中共广东省委党史研究室，广东省档案馆. 广东省土地改革运动史料汇编.（内部资料），1999：372-389.
④ 华南分局扩大干部会议报告[G]//中共广东省委党史研究室，广东省档案馆. 广东省土地改革运动史料汇编.（内部资料），1999：390-393.
⑤ 叶剑英. 继续猛进，注视敌情[G]//中共广东省委党史研究室，广东省档案馆. 广东省土地改革运动史料汇编.（内部资料），1999：406-419.

发,强调求"快"更要求"稳"的土改方针,制定了一系列切合实际的具体政策,在前期的土改试点中也取得了很好的效果。但由于广东的土改进度始终未能达到中央与中南局所设想的局面,加之中途加入广东土改的南下干部大多数曾有过在北方农村开展"暴风疾雨"式的土改经历,从而不理解、不认可广东本地干部叶剑英、方方所提出的广东发展特殊性主张,在双方执行中央土改相关政策的过程中,存在着一定的矛盾和冲突。这不仅与新中国成立前后,中共中央在广东的政治与军事布局有关,同时也涉及本地干部与南下干部之间对于推动中央政策的不同立场。在相关历史因素的影响下,到1951年底,中南局直指广东省的土改工作右倾,提出"广东党组织严重不纯,要反对地方主义",逐渐形成了1952年的广东"反地方主义"运动。

1. 广东加快推动土改

1951年8月的扩大干部会议,初步总结了4月扩大干部会议以来的退租退押、清匪反霸运动,并决定在夏收后转入以反霸为中心,结合贯彻退(查)租退(查)押,① 争取秋收以后有1000万至1500万人口的地区相继转入土地没收分配的第二阶段。按照预定计划,广东省将在1952年夏收之前,力求完成2000万人口地区的土改,1952年底全省完成土改任务。

然而,经过夏收夏种的农忙期,不少地区的运动开始出现了停滞甚至是倒退的趋势,包括地主阶级在某些地区进行反抗破坏行动,工作队与农民干部中产生了自满思想,初步组织起来的农民队伍开始涣散等迹象。造成的结果不是"更勇敢的前进",而是在土改运动中束手束脚。② 为此,方方提出,查霸反霸是深入斗争的第一个中心环节,不抓住这个中心,离开斗争孤立静止地搞"思想运动",搞形式主义的"诉苦",是要走弯路的。③ 10月初赵紫阳考察阳江第一阶段的工作情况时,也提出了夏收以来普遍存在着运动进展缓慢、孤立静止地搞诉苦串联、对农民发动不够等问题。因此,他估计阳江原本要作为第一批土改县的计划是要破产的。④

鉴于毛泽东过去的指示,以及当时形势的发展,加快广东土改工作以配合

---

① 赵紫阳.退租退押清匪反霸运动初步总结与今后任务[G]//中共广东省委党史研究室,广东省档案馆.广东省土地改革运动史料汇编.(内部资料),1999:360-371.
② 华南分局关于纠正某些缺点,实现分局土改计划的指示[G]//中共广东省委党史研究室,广东省档案馆.广东省土地改革运动史料汇编.(内部资料),1999:443-444.
③ 方方.当前农民运动的几个问题[G]//中共广东省委党史研究室,广东省档案馆.广东省土地改革运动史料汇编.(内部资料),1999:445-454.
④ 华南分局关于转发赵紫阳通知阳江工作报告的通知[G]//中共广东省委党史研究室,广东省档案馆.广东省土地改革运动史料汇编.(内部资料),1999:464-469.

全国工作是有其必要性的。但由于种种原因，导致广东土改在第一阶段的时间拖得较长。在1951年9月底发给毛泽东的报告中，叶剑英就曾谈到要加速广东土改的主要困难，是"有过一度土改经验，基本上能够掌握政策，充任领导骨干的干部，还是太少"，根据这样的干部情况，叶剑英认为"把步骤放稳一点是必要的，同时和中央三年准备的计划基本也还是一致的"。①

到了1951年11月，全省第一批已开展清匪反霸、退租退押运动的1500万人口的地区，尚未转入第二阶段，即划分阶级，没收、征收和分配土地、财产的工作，另有1000万人口的地区还没有开展第一阶段的运动。照这种情况，广东显然无法在1952年完成全省的土地改革工作，这与中央既定的战略计划是相抵触的。1951年11月初，毛泽东便针对广东土改进度过慢问题提出了严厉批评："全国有三个乌龟，广东、福建和广西，两个都爬上去了，只有广东还没有爬上去。"② 毛泽东所谓的"没有爬上去"，虽然包括了对土改进度过慢的不满，但同时他也反对片面看重速度，他指出："如果只顾赶急图快，就有流于形式不能切实解决问题的危险的这种时机。"毛泽东更看重的是"深入工作，深入斗争"，正如杜润生所强调的，深入是"斗争的深入""深入的放手"，而不是"和平土改"。③

在这一情势下，为了加快并深入开展广东土改，华南分局于11月4日专门召开了地委书记联席会议，会议确定了今后一年广东的最中心任务是土地改革，其他一切任务必须服从这一中心任务；强调了要坚决反对"和平分田""技术分田"思想，继续加强整顿干部队伍的工作，并且决定：在今冬到明年夏收前，必须完成29个县的全部和8个县的一部，及原6个已土改县的未完成部分，共1500万人口地区的土地改革。再加上去冬今春已完成的430余万人口的地区，到明年夏收前全省完成土改的地区共约2000万人口左右。其余1000万左右人口的地区，争取明年春耕前完成反霸退租，明年秋间完成土地改革。④

1951年11月20日，华南分局发出《关于1952年秋完成广东省土地改革的决定》，对全省的土改运动进行了分阶段的工作部署，明确要求各地根据自身情

---

① 叶剑英. 给毛主席的综合报告［G］//中共广东省委党史研究室，广东省档案馆. 广东省土地改革运动史料汇编.（内部资料），1999：435-438.
② 莫宏伟. 新中国成立初期的广东土地改革研究［M］. 北京：中国社会科学出版社，2011：173.
③ 李坤睿. "土改右倾"与反"地方主义"关系之再检视［J］. 中共历史与理论研究，2006（1）.
④ 关于11月地委书记联席会议的报告［G］//中共广东省委党史研究室，广东省档案馆. 广东省土地改革运动史料汇编.（内部资料），1999：477-479.

况，有计划有步骤地推进土改工作，将土改作为压倒一切的中心任务。① 另外，时任广西自治区委代理书记的陶铸，于1951年12月初被派任为华南分局第四书记，后兼广东省土地改革委员会主任，接替方方，在赵紫阳的合作和协助下，开始全面接管广东土改工作。

为了贯彻毛泽东与中南局要求土改要"做得更好更深入"的指示，华南分局于1952年1月5日下达了《华南分局关于土改计划的补充意见》，把原定1952年秋前完成广东土改的时间延后到了1952年旧历年底完成，为重要县份深入开展土改工作提供较充足的时期。②

2. 加大力度整顿干部队伍

进入1952年后，对广东土改工作的讨论，仍是以强调广东地区干部不纯，以及要对干部进行整顿作为重点。北江地委于1951年12月25日至1952年1月9日召开了扩大干部会议，并向华南分局提交了会议报告。会议报告指出，由于"地委方针不够明确，思想不够统一，态度不够坚决"，以及在过去一年的整干工作中存在着"劲头不大，整上没整下，没有开展起党内外的思想斗争；严重包庇地主的分子没及时处理"等问题，所以"目前干部中立场不稳的错误仍极严重，不是像某些人想的'没什么问题'"。因此，在这次会议上进行的整干工作，是以整立场为中心的，先查立场进步，再查立场错误；先整上，再整下。报告提出：从此次查立场中"暴露了县区领导干部中确实存在着极其严重的问题""最突出的丧失立场是包庇地主家庭不交公粮，分散财物""其次是干部政策及建党建团路线有错误，五同主义，任用私人，使大批地主恶霸反动分子混进机关"等。

华南分局将北江地委扩大干部会议报告转发给了各区党委，并报中南局。华南分局认为，从这份报告中可以看出，"县区主要干部中地富思想，包庇家庭，还是一个严重的问题"，是"当前土改运动的最大障碍"，如不能下决心解决干部立场这一根本问题，则"其他一切正确的政策，良好的方法都绝不会有好的贯彻"。北江地委也因为在这次会议上"下定决心解决干部立场问题，并将整顿重点放在县区主要领导身上"，受到了华南分局的表扬。③

---

① 华南分局关于1952年秋完成广东全省土地改革的决定［G］//中共广东省委党史研究室，广东省档案馆．广东省土地改革运动史料汇编．（内部资料），1999：470-476.
② 华南分局关于土改计划的补充意见［G］//中共广东省委党史研究室，广东省档案馆．广东省土地改革运动史料汇编．（内部资料），1999：509-510.
③ 华南分局转发北江地委扩干会报告［G］//中共广东省委党史研究室，广东省档案馆．广东省土地改革运动史料汇编．（内部资料），1999：511-516.

1952年2月初，华南分局下达了《关于整顿队伍的决定》，认为"干部的立场不稳和政治不纯情况，至今并未基本改变。这是关系一切革命工作的根本问题，一些地区的土改不能开展或不能健康开展的症结，就在这里"，因此，华南分局提出要进行系统清理解决，措施有以下三项：一、责成各地委迅速摸清所属地区的区长、区委以上干部的政治情况，及时向分局汇报；二、对内奸、叛徒以及阶级异己分子予以逮捕，对一般有地主思想立场不够稳或其家庭为地富而本人斗争不坚决者，要批评教育并调离本地，对立场问题严重者给予纪律处分，有政治嫌疑而一时难以摸清者，送分局党校审查处理；三、在问题特别严重的地区，要派大军转业干部担任各级领导职务，依靠他们进行整顿和开展工作。①

到了4月，华南分局召开了扩大干部会议，明确提出要更坚决地贯彻依靠大军、依靠南下干部的方针，进一步开展土改整队、查出身、查立场工作。4月2日，分局组织部发出《关于春耕期间普遍进行一次整顿队伍的指示》，要求各地、县委在4月期间"无例外地、普遍深入地充分发动群众，坚决彻底地进行一次整顿队伍"；4月22日，中南局组织部在对这一指示的修改意见中提出，"此次整顿队伍主要的应当是解决当前土改和复查中的干部思想立场问题"。随后，全省各地开展了大规模的土改整队运动，称为"春耕整队"。②

当时广东有67个县，以地区为中心，集中土改小组长以上干部7703人，开展整队工作，结果处理了781名干部，占参加整队人数10%。其中县级干部90人，区级干部317人；有405人受撤销工作、集训审查、清洗和扣押法办等处理，占参加整队总人数的5.2%。③

广东基层干部、土改干部的不纯现象是存在的，但当时对这一问题的估计过于严重，对一些干部的思想认识、作风问题、家庭成分与社会关系看得过重，导致了在土改整队运动中实际上挫伤了一大批干部。在整个广东土改期间，广东省各级整队运动共进行了4~5次，共处分了6515名干部，④绝大多数干部在党的十一届三中全会后陆续获得了平反。

---

① 华南分局关于整顿队伍的决定 [G] //中共广东省委党史研究室，广东省档案馆.广东省土地改革运动史料汇编.（内部资料），1999：535-538.
② 广东省土地改革运动大事记 [G] //中共广东省委党史研究室，广东省档案馆.广东省土地改革运动史料汇编.（内部资料），1999：952-953.
③ 杨立.带刺的红玫瑰——古大存沉冤录 [M].广州：中共广东省党史研究室，1997：113.
④ 黄勋拔.广东的土地改革 [J].当代中国史研究，1995（1）.

3. 毛泽东对广东土改的意见

进入6、7月份以后,广东仍只有1000万人口的地区完成了土改(包括13个县和琼崖的一部分),尚有2000多万人口的地区没有进行土改,①广东土改进度尚未能达到中央与中南局的预期效果。对于广东土改进展缓慢的原因,中南局和华南分局是存在较大分歧的。早在1951年4月的华南分局扩大会议上,李雪峰就曾批评过广东土改进度缓慢,干部队伍严重不纯。叶剑英、方方则认为是广东省有其特殊性,以及土改干部不足等各方面原因所导致的。

针对当时华南分局与中南局对这一问题的分歧,6月12日,中央派专机把方方、陶铸接到北京,参加由毛泽东亲自主持的中央书记处会议,参会人员包括周恩来、薄一波、罗瑞卿、邓子恢、叶剑英、方方、赵尔陆、陶铸等人。中共中央认为,解放以后,广东在主要问题上,"在决定关键上犯了错误""迷失方向,在农民问题上犯了右倾错误"。②毛泽东在会上批评了方方,说"你犯了两条错误:一是土改右倾;二是干部问题犯了地方主义"。毛泽东接着说:"广东土改'迷失方向'。我要打快板,方方打慢板。全国三个乌龟,广东、福建和广西。现在福建、广西爬上来了,广东还在爬。"他对方方说:"你做了十件工作,九件做得好,但是土改这件工作没有做好,因此降你一级。"毛泽东宣布,由陶铸取代方方,并确定叶剑英抓总、张云逸主桂(广西)、谭政主军、陶铸主党、方方主政。③华南分局的一些领导也围绕着叶剑英、方方等人所谓的"地方主义"错误、"广东特殊论"等问题进行了批评。

1952年6月底,按照毛泽东的要求,华南分局召开了干部扩大会议,参加者有分局委员、各部委负责人,区党委、地委书记和一部分地委委员,省政府厅长,广州市委全体委员,共128人。此次会议传达了中共中央和中南局对广东问题的指示,开展了所谓反农民运动中的"右倾""地方主义"斗争,指责广东土改试点是"和平土改",是"改良主义"等。④为顾全大局,叶剑英、方方也分别在扩大会议上做了检讨和反省。叶剑英在会议上反复说:"在农民问题与地方主义倾向问题上,我都应该负主要责任,因为我是分局的主要负责人",

---

① 陶铸. 在分局扩大会议上的发言——关于土改和反地方主义问题 [G] //中共广东省委党史研究室,广东省档案馆. 广东省土地改革运动史料汇编. (内部资料),1999:615-621.
② 陈模. 古大存冤案及其平反 [J]. 炎黄春秋,2001 (12).
③ 张江明,刘子健. 广东省方方"地方主义"冤案始末 [J]. 炎黄春秋,1995 (6).
④ 张中华. 岭南风云:新中国成立前后广东档案秘闻 [M]. 广州:华南理工大学出版社,2009:238.

"分局领导及方方同志在工作上的失误,我要负总责任。"①

根据6月底华南分局扩大干部会议的指示,广东各地纷纷召开了县级以上干部会议,批判各地区的"地方主义倾向",以反"右倾"、反"地方主义"为主题的整队运动逐渐扩散至全省。在这次华南分局扩大会议召开后,华南分局进行了改组,叶剑英仍担任第一书记、省政府主席,陶铸为第四书记,全面主持分局工作,方方退居第五书记,赵紫阳任华南分局秘书长。到了8月中旬,叶剑英因病回北京疗养,华南分局和广东的工作,实际上由陶铸来主持。

4. 土地改革进入空前高潮

1952年夏收后,随着广东省整队运动和批判"地方主义"的开展,华南分局实施了一系列较为激进的土改政策,广东的土改运动猛烈而迅速地发展起来。1952年8月初,第二批单元重点1000余乡迅速展开了划分阶级、没收、征收和分配工作。9月初,又陆续铺开了2000多个乡。到了9月中旬,第二批单元3000多个乡已全面铺开,土改运动迅速达到了高潮。②

这一阶段的运动是镇反、反霸、追余粮三个斗争结合起来的,来势非常猛烈,也取得了很大的成果,但其中的偏差也大大升级,造成了较为严重的后果。各地普遍发生了地主自杀、损害华侨利益、侵犯工商业、扩大打击面等"左"的偏差,尤其集中发生在追余粮、划分阶级以及镇反工作中。

9月初,华南分局察觉到问题的严重性,立即着手纠正偏差,大力强调端正与贯彻政策,对运动适当予以收缩:其一,从追余粮问题入手,要求各地坚决执行分局关于追余粮标准的规定,各户应缴余粮一次性结清,不得再要;各地原余粮任务确定太高的,应注意从实际出发主动降低;要体现有底、有区别的政策精神,改变过去追缴的无底、无区别。其二,保护工商业,针对有工商业而多要余粮、无限清算和任意罚款,甚至农民直接动手没收城镇店铺等情况,分局重申对地主兼工商业或工商业兼地主者,不得对其追讨按分局规定标准以外的余粮,同时对县城及县城以下工商业较集中市镇的清算余粮或租押工作加大监管力度。其三,对一般华侨地主的住房不动,严格按照中央、中南局指示,不准追逼侨汇。其四,保存富农经济,除依法征收其出租土地外,不得向富农征收其他财产,亦不得清算赔偿或罚款。其五,针对划阶级中比较普遍的抬高成分问题,分局强调要依据划分阶级标准,严格控制打击面,在一区范围内,

---

① 李祯荪. 叶剑英年谱(1897—1986)[M]. 广州:广东旅游出版社,1999:141-142.
② 莫宏伟. 新中国成立初期的广东土地改革研究[M]. 北京:中国社会科学出版社,2011:214.

地主户数不得超过5%，地富户数合计不得超过8%，超过者必须认真审查。其六，要求今后镇反工作必须求准，在目前进行土改地区，只对待有严重罪行的恶霸分子和其他反革命分子结合运动个别镇压外，不再组织大的捕杀运动。①

1952年底，广东土改正式进入土地复查阶段，通过土地复查，华南分局对土改偏差进行了一些纠正。广东土改复查是分批进行的，此前，兴宁、龙川、揭阳等13个试点县已完成土地改革第二阶段工作的地区，由于被认为"土改不彻底"，从1951年6月先后展开了复查工作。复查时，首先发动贫雇农，整顿队伍，开展反霸反破坏斗争，然后查田查阶级，解决遗留问题，颁发土地证。到了1952年秋前，13个县共完成了300万人口地区的复查工作。到了1952年10月下旬，华南分局召开扩大干部会议，提出1952年冬至1953年春的主要任务是完成1800万人口地区的土改复查工作与最后约700万人口地区的土改工作。此后，土改复查正式铺开来，1952年12月初开始复查试点，随后于1953年1月大规模展开。②

这一阶段土改复查运动的方针是"要快要好"，把复查运动作为土改的结束工作去开展，处理清楚土改中未了的遗留问题，不留尾巴。在这一方针的指导下，复查过程中主要解决的问题包括：一、继续打击残余敌人，尤其是大地主当权派，强调政治打击而非经济打击，防止不讲策略扩大打击面，严格控制查阶级；二、发动组织与团结多数，主要是端正对中农、有污点农民、后进群众、乡村贫民、旧干部的政策问题，在政治上纠正对他们歧视打击的错误态度，经济上适当照顾他们的利益，组织上克服关门主义倾向；三、解决遗留问题，主要是改正错划阶级，清理分配果实，清理积压案犯，查田定产发地证；四、加强乡村的组织建设，把改革的政治成果，从组织上巩固起来，建设重点是加强农协，建设好乡村人民代表大会制度和进行党的教育，发展党、整理党的工作。③

此外，1952年，结合土改，在渔区、盐区也开展了清匪、反霸、肃特、清债的群众运动，满足了渔民、盐民在经济上、政治上的要求。④ 至1953年4月，全省除部分少数民族县和连南少数民族地区暂不进行土地改革外，其他各县区

---

① 华南分局对目前土改运动指导问题的指示 [G] //中共广东省委党史研究室，广东省档案馆. 广东省土地改革运动史料汇编. （内部资料），1999：700-704.
② 莫宏伟. 新中国成立初期的广东土地改革研究 [M]. 北京：中国社会科学出版社，2011：233-234.
③ 1952.10.20 赵紫阳《做好今冬明春的农村工作》，第733页.
④ 黄勋拔. 广东的土地改革 [J]. 当代中国史研究，1995（1）.

都完成了土地改革。4月18日,广东省人民政府正式发出布告,宣布全省土地改革胜利完成。

五、结语

在新中国实行土地改革,是中国共产党领导的民主革命的主要内容,其任务与目的是废除以地主土地所有制占主导地位的封建剥削制度,实行农民土地所有制,解放农村生产力。中国原是一个地广人多、农民与农业占主体的落后农业国,在近代以来又屡屡受到了资本-帝国主义国家的压迫与侵略,在这样一个国家实行土地改革,无疑是一件伟大的史无前例的革命事业,既没有他国现成的经验可以借鉴,也没有现成的马克思主义理论可以遵循,只能以马列主义为指导,结合中国实际不断地进行实践与探索。回顾新中国初期土地改革的历史,我们可以看到,中国共产党在从实践到认识、认识到实践的反复过程中,不断地认识与检验真理,才逐步形成了一整套具有中国特色的土地改革路线与政策,而广东土地改革也为丰富中国土地改革经验添加了浓墨重彩的一笔,同时也为后来的土地政策的制定规划留下了宝贵的经验教训。

(一)广东土地改革的经验总结与评价

广东毗邻港澳,有大量海外侨胞与海外关系,社会经济情况复杂且特殊。因此,在新区的土地改革中,广东的土改工作十分复杂,任务也十分艰巨。广东土地改革运动从1950年10月开始,到1953年4月基本结束,完成了3170万人口地区的土改工作,取得了很大的胜利,对新中国初期的新政权建设与巩固有着重要意义。一方面,通过土改工作的准备与开展,进一步加强和巩固了广东的党政组织建设,在党中央的领导下,形成了一支有一定数量和质量的广东干部队伍,能正确执行党的群众路线与阶级路线,为广东的社会主义建设做好了人员上的准备;另一方面,彻底改变了广东农村自封建社会遗留下来的封建剥削生产关系,建立了农村的人民民主政权,培养了大批农村基层的骨干分子,使农民当家做主、翻身做主人;农民通过土地改革分得了土地,大大地激发他们的生产积极性,解放了农村生产力,发展了农业生产,有力地支持了社会主义工业化建设。

广东是新中国成立初期新区土地改革中最复杂、最曲折、最典型的地区之一。新中国成立之初,新的历史环境要求新解放区迅速和彻底地解决土地问题,土改工作在广东地区的推行已经刻不容缓;与此同时,为了尽快稳定国民经济,尤其是恢复工农业生产与商业秩序,在广东地区所制定与实施的一系列政策必须符合当时的社会状况，要将土地问题的解决与恢复经济、发展生产、稳定社会秩序以及巩固人民民主统一战线等任务紧密结合起来，这也对广东土地改革的完成提出了更高的要求。

可以看到，广东土地改革的历史过程，尤其是在具体政策的制定与实施上，与北方的土改工作存在着一定的区别，这主要是因为广东与全国其他地方相比，有其特殊的一面。广东工商业发达，并且农村土地中有相当一部分归属于宗族，宗族势力强大；又毗邻港澳地区，大量已定居于海外的华人华侨在家乡仍拥有着土地，这就导致在划分土地的过程中所涉及的人群关系与政治情况较为复杂，既要对付当地根深蒂固的宗族势力，也需注意照顾和保护华侨和民族工商业者的利益。另一方面，由于中共中央、中南局与华南分局领导人对广东土改形势的认识和判断有一定差异，实际参与土改工作中的广东本土干部与南下干部也因成长背景与革命经历不同，在广东土改政策的制定与土改具体工作的展开过程中也会存在着一定的分歧。以上情况都使得广东土改工作要更为复杂，因此土改工作的展开实际上也是整合与统一步调的过程。

总的来说，由于广东省的特定省情，广东土改具体政策的制定与实施过程会有其特殊的一面，但广东土地改革所执行的总方针是以《中华人民共和国土地改革法》为依据，在如划分阶级成分、没收、征收和分配制度等方面都严格贯彻了中共中央推行新区土改的精神与方针，有关广东土改的决策部署也都上报中南局和党中央并得到了批准，虽然在具体执行过程中曾出现了一些偏差和错误，遭遇过挫折和困难，但也都较快得到了调整，取得的成果是显著的，并在1953年春紧跟全国新区土改的步骤，顺利完成了土地改革的伟大任务。至此，广东从大革命的策源地，变成社会主义建设的排头兵。

（二）广东土地改革中的政治动员及其作用

广东地区的土地改革，集中体现了中国共产党在新政权建设过程中的政治动员的作用。广东土地改革的准备工作，是与新区的政权与干部队伍建设，地方的剿匪、反霸、减租退押运动有机结合在一起。全国新中国成立之后，新区土地改革的准备阶段，无不非常重视把广大农民动员起来。其主要内容主要是向农民正面宣传土地改革法，以及从反面启发农民控诉地主的罪恶。而在实践过程中，往往会先确立一些典型试验区域，根据典型区域的经验，进一步明确工作路线与方法。如张一平指出，苏南地区的土改过程可以分为四个步骤："第一是宣传动员、整理组织、调查研究；第二是划分阶级；第三是没收、征收和分配；第四是总结土改，转入生产。"① 总体而言，土地改革的政治动员，其关键就是通过阶级的划分，重构乡村社会的生产关系。正如既有研究所指出的，传统乡村社会，是在租佃制下的小农业生产方式与宗法血缘的社群结构基础上形成的。而新中国政权则以阶级标准来对乡村社会进行结构重组，从而带给乡村社会以深刻的变革。大量乡村的地主阶级被剥夺了对乡村的控制权，农民则不仅分了田、翻了身，而且掌了权。由此带来的是生产积极性的空前高涨、政治心理从保守到激进、家族意识的淡薄与阶级意识的成长、民间信仰的衰微与领袖崇拜的形成等新变化。②

广东土地改革的开展，同样是在进行党内与社会民众的政治动员的基础上进行的。叶剑英领导下的华南分局，在土改开展之前就多次举行会议，就广东土改开展将会面临的各种问题统一意见，进而组建起广东省的土改机构，确定了"重点试验，逐步推开，波浪式地前进"的土改推进方针。在整党整风层面，广东土改的准备工作与实际开展，把原来具有不同成长背景与革命经历的广东党员干部群体打造成了一个服从组织纪律、强而有力的中央管理的政策执行力量。在这方面，土改比其他任何运动都更有效果。而在社会层面，上至知识分子，下至贫下中农，全社会的力量都被动员到土改运动之中。如1951年12月15日，在华南地区由广州出发赴农村参加土改的有中山大学、岭南大学、南方大学的师生5600多人，不一而足，虽难以对高校师生参加土改的人数有精确的统计，但约估有数十万或绝大多数大学教师参加了土改运动。③ 可以说，土改运动成为中国共产党教育和改造知识分子的一次重要社会实践活动，补充了土改干部严重缺乏带来的问题，也让知识分子通过社会实践接受马克思主义的思想教育和思想改造，让知识分子了解中国共产党的土地改革政策和马克思主义阶级观点，配合与支持土改运动，推进知识分子对中国共产党的政治认可，进而达到巩固新政权的目的。而在乡村社会，清剿土匪与土改反霸两方面斗争相互策应，相辅相成。这些活动有效地提高了广大群众的阶级觉悟，极大地激发了他们支持新政权的热情，从而使得土改和经济建设等工作得以顺利开展。减租退押运动更进一步壮大了农民的力量，削弱了地主阶级在乡村的政治优势，减少了地方社会对土改的抵制程度，为接下来的土改工作的开展打下了良好的社会基础。

---

① 张一平. 地权变动与社会重构 [M]. 上海：上海人民出版社, 2009：145.
② 李立志. 土地改革与农民社会心理变迁 [J]. 中共党史研究, 2002 (4).
③ 崔晓麟. 重塑与思考——1951年前后高校知识分子思想改造运动研究 [M]. 北京：中共党史出版社, 2005：116.

（三）新中国成立初期广东土地改革的政治意义

广东土地改革运动的开展，是理解新中国成立初期土地改革运动的核心意义的重要参照。从广东土地改革的曲折过程可以看出，土地改革运动，并不仅仅是一场对旧经济制度的改革，而是一场建立新政权的政治基础、重组中央与地方关系以及建立乡村基层新秩序的政治运动，具有强烈的政治意义。所以，我们会发现，在广东土地改革实践中，广东与中共中央、中南局领导层之间曾出现过一些意见分歧，其背后，并不仅仅是高层与广东当局对广东地区实际经济状况认识的差异，更多的是高层要从国家层面的政治高度出发，对广东土改的政策与过程进行的领导。

这些分歧主要集中在广东是否存在特殊性、广东具体土改政策的制定与执行、广东土改偏差问题、三县试点是不是"和平土改"、广东土改是否"迷失方向"、对土改整队与反地方主义的看法等若干方面。① 笔者认为，要了解这些分歧产生的背景与根源，关键是要理解新中国成立初期土地改革政策形成的内在逻辑，以及党中央高层对土地改革政治意义的高度重视。

首先是土地改革政策形成的内在逻辑。新中国成立初期制定土地改革政策的基本依据，是毛泽东对农村土地占有状况和阶级结构的估计。在1947年底，毛泽东在《目前形势和我们的任务》一文中指出：8%的地主富农占有全部土地的70%~80%，占据农村人口绝大多数的其他阶层只拥有20%~30%的土地。毛泽东对农村土地占有状况的这一估计很快深入人心，用以指导土地改革实践。然而，近40年来许多研究者在各地开展田野调查，搜集了更多的数据与史料文本，并对此进行统计分析，他们认为：不仅农村土地集中和贫富分化程度被高估了，对农村土地租佃率和阶级分化程度的判断也并不完全切合实际。② 因而，他们提出依此制定的土改政策在某种程度上是偏离农村实际的。

与党中央高层领导人相比，地方干部与基层干部由于长期在地方基层工作，对农村的土地状况，以及地方上的特殊省情、民情有着更准确的把握，因此能对党中央统一制定的土地政策提出一些不同意见，但在上级看来，这正是地方

---

① 黄勋拔. 广东的土地改革 [J]. 当代中国史研究，1995 (1).
② 珀金斯. 中国农业的发展（1368—1968）[M]. 宋海文，等译. 上海：上海译文出版社，1984；史建云. 近代华北平原自耕农初探 [J]. 中国经济史研究，1994 (1)；周锡瑞. "封建堡垒"中的革命：陕西米脂杨家沟 [M]//冯崇义. 华北抗日根据地与社会生态. 北京：当代中国出版社，1998；张佩国. 近代山东农村土地占有权分配的历史演变 [J]. 齐鲁学刊，2000 (2)；黄宗智. 华北的小农经济与社会变迁 [M]. 北京：中华书局，2000；杜润生. 杜润生自述：中国农村体制变革重要决策纪实 [M]. 北京：人民出版社，2005：18.

干部在土地改革运动中思想落后、觉悟不高、有畏难情绪的表现。党中央和党的地方干部之间的这种意见分歧，早在抗战期间的减租减息中已有所凸显，① 并且一直延续到新中国成立初期的土地改革。

广东土地改革中所产生的部分意见分歧便源于这一点。叶剑英、方方以及李坚真等人在土改的准备阶段，便对广东农村的社会经济结构、阶级关系、土地占有与经营方式、农民觉悟程度与组织情况、华侨分布以及对土地的占有情况、工商业发展情况、干部队伍素质等方面进行了大量的实地调研与研究。基于这些调研结果，华南分局领导根据党中央的土地改革政策，制定了符合广东实际的土改政策，区别于北方土改的措施与经验，叶剑英、方方等人主张用更温和、稳健的方式推进广东的土地改革运动。

然而，从三县土改试点开始，到1951年4月中南局开始激烈批评广东试点工作，再到1951年底毛泽东批评广东土改进度过慢，最后1952年6月毛泽东在中央书记处会议上点名批评华南分局叶剑英、方方等人，还有从中共中央与中南局对广东土改意见的一系列反馈中，可以看出，他们并不完全认同广东地方干部所提出的广东情况特殊、土地分散、地少人稠、干部不足等具体看法，以及区别于北方的"宁慢莫乱"的土改方针，并从立场上和态度上称之为"右倾""动摇"，认为这是广东干部不了解"农民生活情况"和"农运"重要性，不坚定站在农民立场，不放手发动群众的体现。

党中央高层领导人始终坚持从新民主主义革命任务出发，以阶级斗争与封建剥削制度的残酷性来认识土地改革的必要性与迫切性，因而，在新中国成立初期，中共中央尖锐地批评了新区土地改革中对地主过于温和的土改政策，反对不经过阶级斗争打倒地主阶级的"和平分田"，坚决地推行严厉的土改运动。而中南局也发起了对整个中南区"和平土改"问题的检查与检讨，"和平土改"在这一时期逐渐成了阶级调和论的一种代名词而遭到根本否定。②

另一方面，要理解党中央高层对土地改革政治意义的高度重视。③ 不论是毛泽东、刘少奇，还是统筹中南区土改工作的邓子恢、杜润生，都曾详细阐述过

---

① 李里峰. 经济的"土改"与政治的"土改"——关于土地改革历史意义的再思考[J]. 安徽史学，2008（2）.
② 杨奎松. 关于战后中共和平土改的尝试与可能问题[J]. 南京大学学报（哲学·人文科学·社会科学版），2007（5）.
③ 珀金斯（D. H. Perkins）认为，中国的土地改革一如世界上实行的大多数伟大的土地改革一样，主要是产生于政治原因而不是经济原因。珀金斯. 中国农业的发展（1368—1968）[M]. 宋海文，等译. 上海：上海译文出版社，1984.

他们对新中国土地改革的理解。他们始终认识到，由于农村根本没有足够的土地与财富给农民进行分配，所以土地改革并不能解决农村当时的贫困问题。① 所以，这一时期土地改革的目的与意义不仅是分配土地、发展生产，更是一种发动农村群众、改造农村基层、巩固与发展党的组织、变革阶级力量的政治变革。正如邓子恢指出，土改的基本方法是"先改革政治而后改革经济"，要从根本上发动群众，建立以贫雇农为中坚，联合中农的武装力量、政治力量、组织力量，改造地主所操纵的农会、民兵及乡村政权，消灭地主阶级武装上、政治上、组织上的力量，彻底打垮地主优势，确立农民优势。②

1951年1月，毛泽东曾在批转中南局的一份电报稿中，提出"土改运动主要应注意是否真正发动了群众，由群众自己动手（由上面派干部帮助）推翻地主阶级，分配土地。只要合乎这个方向就是好的"，他认为在土改运动中"要求不出一点乱子是很难的"。③ 再将这一时期中共中央与中南局对所谓"和平土改"的一再批评联系起来，不难发现，新中国土地改革的目的并不仅仅在于分田，更在于通过动员群众而使国家力量在农村中内在化。④

综上而言，广东土地改革的开展，其政治意义更大于其经济意义。杜润生作为土地改革的参与者、领导者之一，在谈及土地改革意义时，也更着重于政治层面，他强调了几点问题，其一是过去谈土地改革的必要性，往往偏重于分配土地。但可分配的土地并不很多。地主富农占有土地不到50%，而不是一向所说的70%~80%。中华人民共和国成立后，中国共产党对于土地改革曾有两种选择，一个是有偿征购，一个是无偿没收。最后选择了没收政策，这是因为中国共产党的土地改革既是一项经济制度的改革，又是推进政治变革的一场阶级斗争。土改推翻了封建统治，同时也彻底打破了乡村的旧秩序，完成了"重组基层"政权的任务，使上层和下层、中央和地方整合在一起，中央政府由此而

---

① 江旷."土改叙事"的特殊结构[J].开放时代，2007（1）.
② 邓子恢.关于土地改革的几个基本问题[M]//邓子恢文集.北京：人民出版社，1996：296-315.
③ 毛泽东.关于土改工作应注意的几个问题[M]//建国以来毛泽东文稿（第2册）.北京：中央文献出版社，1988：95.这是毛泽东为批转中共中央中南局关于发动群众做好土改工作给江西省委的指示所写的电报稿中关于土改工作的一段话。这份电报是准备发给各中央局书记的，还谈及镇压反革命问题，但现存下来的稿子没有写完，并将包括土改工作在内的全部批语又均用墨笔划去，原因不详。
④ 周祖文.中国农村土地制度变迁：一个农业剩余的视角（1949-1985）[M].杭州：浙江大学出版社，2012（61）.

获得了巨大的组织动员能力,以及政令统一通行等诸多好处。①

【参考文献】

一、文献档案:

[1] 邓子恢.邓子恢文集[M].北京:人民出版社,1996.

[2] 广东省地方史志编纂委员会.广东省志·军事志[M].广州:广东人民出版社,1999.

[3] 广东省土地改革委员会.广东土地改革法令汇编[G].广州:新华书店华南总分店,1950.

[4] 湖北省档案馆.湖北省档案馆指南[M].北京:中国档案出版社,1994.

[5] 揭阳县农运志领导小组.揭阳县农运志[M].(内部资料),1986.

[6] 东莞市政协.李章达[M].广州:广东人民出版社,2016.

[7] 李坚真.李坚真回忆录[M].北京:中共党史出版社,1991.

[8] 建国以来毛泽东文稿[M].北京:中央文献出版社,1987.

[9] 毛泽东选集(第四卷)[M].北京:人民出版社,1991.

[10] 中共广东省委党史研究室.中国共产党广东历史:第2卷(1949—1978)[M].北京:中共党史出版社,2014.

[11] 中共广东省委党史研究室,广东省档案馆.广东省土地改革运动史料汇编[G].(内部资料),1999.

[12] 建国以来刘少奇文稿(1949.7—1950.3)[M].北京:中央文献出版社,1998.

[13] 中共中央文献研究室中央档案馆.建党以来重要文献选编(1921—1949)[G].北京:中央文献出版社,2011.

[14] 中共中央文献研究室.建国以来重要文献选编[G].北京:中央文献出版社,2011.

[15] 毛泽东文集[M].北京:人民出版社,1993.

[16] 《中国的土地改革》编辑部,中国社科院及经济研究所现代经济史组.中国土地改革史料选编[G].北京:国防大学出版社,1988.

[17] 中国共产党中央华南分局宣传部.干部学习资料:第6辑[M].广

---

① 杜润生.杜润生文集:中(1980—2008)[M].太原:山西经济出版社,2008:961-962.

州：华南新华书店，1950.

[18] 中国社会科学院，等．中华人民共和国经济档案资料选编（农村经济体制卷）（1949—1952）[G]．北京：社会科学文献出版社，1992.

[19] 中南军政委员会民政部．民政工作手册（第三辑）[M]．（内部资料），1951.

[20] 中南军政委员会土地改革委员会．土地改革重要文献与经验汇编[G]．（内部资料），1951.

[21] 中央档案馆．解放战争时期土地改革选编（1945—1949）[G]．北京：中共中央党校出版社，1981.

[22]《南方日报》

二、研究论著：

[1] 蔡嘉生．新中国初期广东土改试点与反地方主义研究[D]．北京：中共中央党校，2017.

[2] 曹树基，刘诗古．传统中国地权结构及其演变[M]．上海：上海交通大学出版社，2014.

[3] 陈翰笙．广东的农村生产关系与农村生产力[M]．上海：中山文化教育馆，1934.

[4] 陈华升．广东"反地方主义"运动与派系冲突之分析[J]．中国大陆研究，2008，51（3）.

[5] 陈永发．中国共产革命70年（下）[M]．新北：联经出版社，2004.

[6] 崔晓麟．重塑与思考 1951年前后高校知识分子思想改造运动研究[M]．北京：中共党史出版社，2005.

[7]《邓子恢传》编辑委员会．邓子恢传[M]．北京：人民出版社，1996.

[8] 董辅礽．中华人民共和国经济史（上）[M]．北京：经济科学出版社，1999.

[9] 丁龙嘉．论"南下"与"南下干部"研究中的若干问题及当代价值[J]．中共党史研究，2016（1）.

[10] 杜润生．中国的土地改革[M]．北京：当代中国出版社，1996.

[11] 杜润生．杜润生自述：中国农村体制变革重大决策纪实[M]．北京：人民出版社，2005.

[12] 冯崇义．华北抗日根据地与社会生态[M]．北京：当代中国出版社，1998.

[13] 傅高义．共产主义下的广州：一个省会的规划与政治（1949—1968）

[M].高申鹏,译.广州:广东人民出版社,2008.

[14]广东叶剑英研究会.叶剑英在广东的实践与理论[M].广州:广东高等教育出版社,1997.

[15]黄希源.中国近现代农业经济史[M].郑州:河南人民出版社,1986.

[16]黄勋拔.广东的土地改革[J].当代中国史研究,1995(1).

[17]黄宗智.华北的小农经济与社会变迁[M].北京:中华书局,2000.

[18]江旷."土改叙事"的特殊结构[J].开放时代,2007(1).

[19]李坤睿."土改右倾"与反"地方主义"关系之再检视[J].中共历史与理论研究,2006(1).

[20]李里峰.经济的"土改"与政治的"土改"——关于土地改革历史意义的再思考[J].安徽史学,2008(2).

[21]李立志.土地改革与农民社会心理变迁[J].中共党史研究,2002(4).

[22]李祯荪.叶剑英年谱(1897—1986)[M].广州:广东旅游出版社,1999.

[23]莫宏伟.新中国成立初期的广东土地改革研究[M].北京:中国社会科学出版社,2011.

[24]南方大学.关于土地改革(续编)[M].(内部资料),1950.

[25]农业农村部农村经济研究中心,当代农业史研究室.中国土地改革研究[M].北京:中国农业出版社,2000.

[26]珀金斯.中国农业的发展(1368—1968)[M].宋海文,等译.上海:上海译文出版社,1984.

[27]蒲海燕,夏琢琼.主政南粤时期的叶剑英与华侨[J].华南师范大学学报(社会科学版),1993(1).

[28]沈益民,童乘珠.中国人口迁移[M].北京:中国统计出版社,1992.

[29]史建云.近代华北平原自耕农初探[J].中国经济史研究,1994(1).

[30]苏少之.中国经济通史·第十卷(上)[M].长沙:湖南人民出版社,2002.

[31]汤水清.传统与现代之间:中南乡村社会改造研究(1949—1953)[M].北京:社会科学文献出版社,2014.

[32] 武力,郑有贵.中国共产党"三农"思想政策史(1921—2013)[M].北京:中国时代经济出版社,2013.

[33] 杨奎松.关于战后中共和平土改的尝试与可能问题[J].南京大学学报(哲学·人文科学·社会科学版),2007(5).

[34] 杨立.带刺的红玫瑰——古大存沉冤录[M].广州:中共广东省党史研究室,1997.

[35]《叶剑英传》编写组.叶剑英传[M].北京:当代中国出版社,2006.

[36] 俞荣根.艰难的开拓——毛泽东的法思想与法实践[M].桂林:广西师范大学出版社,1997.

[37] 袁鹰,谢大光.中国当代百家散文[M].广州:花城出版社,1988.

[38] 张根生.和谐与小康[M].深圳:海天出版社,2006.

[39] 张江明.广东历史问题研究——广东"地方主义"平反研究资料[M].广州:学术研究杂志社,2000.

[40] 张江明,刘子健.广东省方方"地方主义"冤案始末[J].炎黄春秋,1995(6).

[41] 张雷声,董正平.中国共产党经济思想史[M].郑州:河南人民出版社,2006.

[42] 张佩国.近代山东农村土地占有权分配的历史演变[J].齐鲁学刊,2000(2).

[43] 张晓辉.民国时期广东社会经济史[M].广州:广东人民出版社,2005.

[44] 张一平.地权变动与社会重构[M].上海:上海人民出版社,2009.

[45] 张中华.岭南风云:新中国成立前后广东档案秘闻[M].广州:华南理工大学出版社,2009.

[46] 赵增延.建国初期侨乡的土地改革[J].中共党史研究,1990(5).

[47] 郑群,刘子健.叶剑英在土改中保护华侨[J].炎黄春秋,2007(8).

[48] 中共梅州市党史研究室,中共丰顺县委党史研究室.李坚真纪念文集[M].(内部资料),1988.

[49] 中共中央党史研究室一室.《中国共产党历史·上》注释集[M].北京:中共党史出版社,1991.

[50] 中共中央党校理论研究室.历史的丰碑:中华人民共和国国史全鉴:

4（经济卷）[M]．北京：中央文献出版社，2005．

[51] 中南人民出版社．土地改革中的几个基本问题[M]．武汉：中南人民出版社，1951．

[52] 中国军事科学学会，广东省中共党史学会．论叶剑英的革命理论与实践[M]．北京：军事科学出版社，1993．

[53] 中国人民解放军军事科学院．叶剑英年谱（下册）[M]．北京：中央文献出版社，2007．

[54] 周祖文．中国农村土地制度变迁 一个农业剩余的视角（1949－1985）[M]．杭州：浙江大学出版社，2012．

[55] 陈模．古大存冤案及其平反[J]．炎黄春秋，2001（12）．

[56] 宋凤英．华南分局重要领导人方方蒙冤始末[J]．党史文苑，2007（17）．

项目组负责人：周　肖（佛山科学技术学院马克思主义学院讲师）
成　员：任建敏　史　蕾
执　笔：周　肖

广东"小三线"建设研究

为了响应国家层面上的"大三线"建设，地处一线地区的广东省率先提出并积极推动地方层面上的"小三线"建设，对我国国防工业建设产生了重大而深远的影响。探究1964年至1978年的广东"小三线"建设，总结其经验教训，能够为新时代国家国防工业建设，以及实施和开展重大战略、重大工作、重大任务提供历史借鉴，具有重要意义。

本课题借助档案等文献资料与口述史新材料，充分梳理了广东"小三线"建设的历史过程，详细研究了其决策过程、领导机制、人员调配、项目规划等问题，系统地勾勒出广东"小三线"建设发展的历史全貌。通过分析广东"小三线"建设的国际国内背景与中央政策对广东省决策的影响，阐明了广东省在全国范围内率先提出"小三线"建设的根本原因。通过详细介绍国家和广东省各级领导机构为"小三线"建设所做的周密部署，突出了党在"小三线"建设过程中的重要性与领导地位。透过不同时期的"小三线"建设的发展情况，分析出广东"小三线"建设的战略地位始终随着国内外形势的变化而不断发生改变。此外，本文还选取了典型的广东"小三线"军工企业进行微观层面上的考察，剖析"小三线"建设在基层的具体运作模式。

最后，评价广东"小三线"建设的功过得失，本文从战略、区域协调、精神文化三个层面对其历史意义进行了深入的分析和探讨。在厘清史实及其规律的基础上，总结了广东"小三线"建设中可汲取的经验教训，以期能够为当前国防现代化建设、区域经济协调发展提供有益的借鉴，也能够为当下如何更好地坚持党的领导和人民当家作主的有机统一提供启示。

一、绪论

（一）选题缘起

从20世纪60年代中到20世纪70年代末，我国以备战为主要目标，开展了轰轰烈烈的三线建设。在三线地区（即相对远离海防边防的中西部地区）建设全国的国防后方，进行以国防工业为主的大规模建设，为"大三线"建设。同时，在全国一、二线地区（沿海沿边各省区市）的腹地进行以国防工业为主的"小三线"建设，形成各省（区、市）的战略后方。这是我国为备战、调整生产力布局而作出的一项重大战略决策，是这一时期经济建设的重中之重。在此大背景下，广东省也筹建了自己的战略后方，开始广东"小三线"建设，其以军工生产为主干，配套有特殊钢、铜材、电力及输配、通信、公路交通等设施。军工企业作为"小三线"建设的重心，其主要任务是生产轻型武器以充实地方武装，对我国国防工业建设产生了重大而深远的影响。

本文选择20世纪六七十年代的广东"小三线"建设为研究对象，主要基于以下缘由：第一，全国"大三线"建设一直是学术研究的热点，而对于地方"小三线"建设则显得关注不够。地方"小三线"建设实质上是对全国"大三线"建设的有力补充，其研究价值毋庸置疑。广东作为地方"小三线"建设的发起省份，针对其开展相关研究显得尤为迫切和意义非凡。第二，问题意识的驱使。"小三线"决策是如何形成的？中央与广东省之间是如何密切配合、共同推进各类项目建设的？建设期间遇到什么困难？如何解决？"小三线"建设在基层的具体运作模式如何？建设者的人生轨迹如何，在建设期间思想心态有何变化？这些问题激励着研究者对广东"小三线"进行深入研究。

1. 学术意义

（1）回应中国近现代史基本问题研究中的重大问题。随着近年来"小三线"建设研究的兴起，评价"小三线"建设出现一些不同的声音，一些学者站在经济发展角度对"小三线"建设的必要性存在疑虑，也有一些学者认为"小三线"军工企业的建设耗费了大量人力物力却没有得到相应回报。如何正确地认识和评价广东"小三线"建设的重要意义和历史作用，关乎如何正确看待这个时期党和国家领导人的决策，关乎回应近现代史研究中的重大问题。

（2）深化中国共产党国防工业建设史、军事史研究。国防工业建设是军事史研究的重要领域，而"小三线"建设是我国国防工业建设史上的一个重要篇章。这一建设中，中央与广东省之间是如何密切配合、共同推进地方国防工业发展的，将这些问题研究清楚，能够深化中国共产党国防工业建设史、军事史的研究。

（3）深化区域经济规划与建设理论的研究。"小三线"建设是一个在计划经济体制下发展地方国防工业的典型个案，涉及地方经济发展与国防建设协调的问题，但却是区域经济史研究的一个薄弱环节。总结其经验和教训，可为我们今天区域经济理论研究提供新的研究素材,启迪研究者的思考,促进研究者的反思。

2. 现实意义

(1) 对于国防现代化建设有一定的借鉴意义。习近平总书记指出,国防现代化建设"要坚持富国和强军相统一,形成军民融合深度发展格局,构建一体化的国家战略体系和能力"(《人民日报》,2017.10.28)。同时,他也充满忧患意识地指出,今天的国防建设还存在着"领导管理体制不够科学"的严峻课题。"小三线"建设,正是中国共产党的历史上将富国强军相统一,发展国防科技与国防工业,推动国防现代化的努力,其成败得失,对于今天的国防现代化建设有重要的借鉴意义。

(2) 能够为当前区域经济社会发展和产业布局规划提供有益的借鉴。当前,广东珠三角地区与粤东、西、北经济社会发展不平衡,仍然是困扰广东发展的重大问题。协调区域经济社会发展,是今天广东面临的重要课题。广东"小三线"建设主要布局在粤北地区,对广东地区经济产业布局规划起到了重要作用,但也带来一些不利的影响。总结"小三线"建设的经验和教训,继承"小三线"建设留下的物质和精神遗产,对于推动新时代广东改革开放的深入进行,促进区域经济社会协调发展,规划产业合理布局具有重大的参考价值和借鉴意义。

(3) 回顾小三线时期党领导人民群众的艰苦奋斗历程,汲取其经验教训,对新时期如何更好地坚持中国共产党的领导、坚持人民的主体地位有着重要的历史和现实意义。党的领导是"小三线"战略后方迅速、高效地建立起来的基础,万千"小三线"人不计个人利益奔赴山区,他们是这次建设中的中坚力量。但是,由于"小三线"建设忽视了建设者的个人生活,缺乏必要的后勤保障,给建设者带来很大的心理落差,改革开放后,在没有国家资金投入与规划指导的情况下,这些"小三线"人的发展道路越发坎坷。诚如恩格斯所说,"伟大的阶级,正如伟大的民族一样,无论从哪方面学习都不如从自己所犯错误的后果中学习来得快"[1],深入剖析"小三线"建设存在的问题,对于新时期更好地发挥党的战斗堡垒作用、发挥人民的首创精神具有重要意义。

---

[1] 中共中央马克思恩格斯列宁斯大林著作编译局. 马克思恩格斯选集(第二卷)[M]. 北京:人民出版社,2012:79.

(二) 国内外研究现状

1. 国内相关研究

国内学术界关于三线建设研究自 20 世纪 80 年代起才逐渐展开，关于专门的"小三线"建设的研究起步就更晚，从 20 世纪 80 年代至 21 世纪初期，学术界注重对三线建设决策原因分析及决策评价等宏观层面的研究，关于专门的"小三线"研究比较缺乏。21 世纪以来，学者们的研究视角逐渐多元化，涵盖了三线建设选址和布局、调整与改造、区域研究等内容。2010 年后，学术界开始关注到"小三线"建设的特殊性，有了专门的"小三线"建设研究，迄今为止，出现了一批关于"小三线"建设的研究成果。

(1) 关于三线建设的总体研究

关于三线建设决策的研究。目前学术界普遍认为三线建设决策的成因主要集中在备战、调整工业布局、领导个人谋略等方面。最开始以肖敏、孔繁敏为代表，他们从毛泽东本人的谈话找出两点：一是立足于战争，二是为了逐步改善工业分布过于集中的现状。① 随着研究的进一步深入，学者们对三线决策的缘由有了更多的思考，董宝训指出除上述两点原因外，三线的决策部署与总结苏联社会主义工业化的相关经验有直接联系。② 黄荣华提出三线决策的形成原因是多方面的、复杂的，他着重分析了"左"的指导思想与社会主义经验缺乏对决策形成的影响。③ 关于三线建设的决策是否存在其他方面的因素，还有待于进一步研究。关于三线建设决策的评价，一直有较大分歧。存在基本肯定、基本否定及功过参半三种态度。陈东林从国家安全、经济效益、区域经济发展三个视角对三线建设决策重新进行评价，肯定了其价值。④ 持否定态度的学者占少数，他们认为三线建设过于严重地估计了战争爆发的可能性⑤，台湾政治大学耿曙认为由于"巨大的浪费"，三线建设"应属重大的政治失败"，是"无发展的工业化"⑥。笔者不赞同对三线建设持完全否定态度，其功过与得失应当辩证地看待，因没有达到预期的目的或建设中暴露出来的一些问题而全盘否定三线建设，

---

① 肖敏，孔繁敏.三线建设的决策、布局和建设：历史考察 [J].经济科学，1989 (2).
② 董宝训.影响三线建设决策相关因素的历史透析 [J].山东大学学报（哲学社会科学版），2001 (1).
③ 黄荣华.三线建设原因再探 [J].河南大学学报（社会科学版），2002 (2).
④ 陈东林.评价毛泽东三线建设决策的三个新视角 [J].毛泽东邓小平理论研究，2012 (8).
⑤ 杨奎松.毛泽东与莫斯科的恩恩怨怨 [M].南昌：江西人民出版社，1999.
⑥ 耿曙."三线"建设始末——大陆西部开发的前驱 [J].台湾《中国大陆研究》，2001 (12).

是片面的观点。

关于三线建设选址和布局的研究。一是从总体上探讨三线建设的宏观布局。肖敏、孔繁敏较早地论述了三线建设的宏观战略布局。① 林凌、李树桂从经济学角度论述了三线建设的总体布局及其基本特征。② 二是以个别企业为研究对象的研究。从微观角度进行研究的学者近年来逐步增多，他们发现，个别三线企业在选址上并没有遵循"靠山、分散、隐蔽"的原则。③ 此外，大部分学者多关注三线建设选址原则对企业经济效益的损害，缺乏从历史的角度去探索选址在当时的合理性。

关于三线企业调整改造的研究。这方面关注点主要放在背景分析、内容总结和意义评价等方面。李彩华指出，国内外形势的变化和改革开放前期三线企业积累的问题是三线企业调整改造的主要原因。④ 综合评价上，陈东林认为调整改造的成绩值得肯定，这一过程不仅对优化企业的生存环境和保障三线建设者的基本利益有积极作用，而且为后来社会主义市场经济的建立和西部大开发战略的实施作了充分的铺垫。⑤ 近年来从微观视角对三线调整改造的研究不断增多，在学术研究的分量上稍显不足。

关于三线建设的区域研究，分省市进行研究是近十年三线建设研究的一个趋势。当前，区域研究呈现西南多、西北少的特点。第一，关于西南三线建设的研究。四川作为西南大省，宁志一对四川能成为三线首选省的特殊地理位置和资源优势做了分析。⑥ 周明长考察了三线建设对贵州城市化发展的影响。⑦ 晁丽华详细介绍了三线建设及其调整改造在云南的情况。⑧ 第二，关于西北三线建设的研究。三线建设在西北地区的投资约为西南地区的一半，从全国层面看，其重要性要小于西南地区，但也是国家战备计划的重要组成部分。孙燕京、岳珑着重研究了陕西工业发展与陕西三线建设之间的关系。段伟通过对甘肃天水

---

① 肖敏，孔繁敏. 三线建设的决策、布局和建设：历史考察［J］. 经济科学，1989（2）.
② 林凌，李树桂. 中国三线生产布局问题研究［M］. 成都：四川科学技术出版社，1992.
③ 胡悦晗. 三线建设初期的工厂筹建——以国营4504厂为例（1968—1971）［J］. 贵州社会科学，2017（5）.
④ 李彩华. 三线建设调整改造的历史考察［J］. 当代中国史研究，2002（3）.
⑤ 陈东林. 走向市场经济的三线建设调整改造［J］. 当代中国史研究，2002（3）.
⑥ 宁志一. 论三线建设与四川经济跨越式发展［J］. 中共党史研究，2000（4）.
⑦ 周明长. 三线建设与贵州省城市化［J］. 中共党史研究，2016（12）.
⑧ 晁丽华. "国防一线"的"三线建设"——云南三线建设的历史研究［J］. 学术探索，2009（4）.

市三线企业的研究,发现三线企业的发展与合理的选址之间关系密切。① 刘有安通过对六七十年代迁入宁夏固原市清河机械厂职工生活状况的实地调查来分析孤岛文化背景下移民的社会文化适应状况。② 分区域考察三线建设成为目前三线研究的主流,很大程度上取决研究上的地缘优势和学者们对该区域历史、经济各方面的熟悉程度。

(2)关于"小三线"建设的研究

"小三线"建设主要分布在一、二线地区的腹地,是全国三线建设的重要补充。到目前为止,关于各地"小三线"建设研究的专门著作或论文数量较少。通过梳理,对"小三线"建设的研究主要从区域视角着手,从内容来看,更多地偏向于社会生活史方面。

关于"小三线"建设的区域研究。"小三线"的研究最初以上海为主,徐有威③带领的研究小组通过整理口述史料和档案资料就上海"小三线"建设问题展开研究,并且研究广度得到了极大的拓展,不再局限于三线的国防建设与经济建设及其影响,而是扩展到对普通三线人的日常关怀。研究成果包括上海"小三线"移民问题④、地方关系问题⑤、婚恋问题⑥、环境问题⑦,以及国企改革问题⑧。除此之外,其他地区的"小三线"研究基本没有得到深入和展开,仍限于宏观方面。张志军、徐有威以档案资料为线索,辅以口述史资料,梳理三线建设时期江西"小三线"建设项目基本情况。⑨ 唐金权着重考察了北京和

---

① 段伟. 甘肃天水三线建设初探 [J]. 中国经济史研究。2012 (3).
② 刘有安. 孤岛文化背景下的移民社会文化适应——以宁夏清河机械厂为例 [J]. 内蒙古社会科学(汉文版), 2009 (5).
③ 徐有威:现任上海大学文学院历史系教授、博士生导师,历史系副主任,上海大学中国三线建设研究中心副秘书长。
④ 陈熙,徐有威. 落地不生根:上海皖南"小三线"人口迁移研究 [J]. 史学月刊, 2016 (2).
⑤ 李云,杨帅,徐有威. 上海"小三线"与皖南地方关系研究 [J]. 安徽史学, 2016 (4).
⑥ 徐有威,吴静. 危机与应对:上海"小三线"青年职工的婚姻生活——以八五钢厂为中心的考察 [J]. 军事历史研究, 2014 (4).
⑦ 徐有威,杨帅. 为了祖国的青山绿水:"小三线"企业的环境危机与应对 [J]. 贵州社会科学, 2016 (10).
⑧ 徐有威,杨华国. 政府让利与企业自主:20世纪80年代上海"小三线"建设的盈与亏 [J]. 江西社会科学, 2015 (10).
⑨ 张志军,徐有威. 成为后方:江西"小三线"的创设及其初步影响 [J]. 江西社会科学, 2018 (8).

福建"小三线"的筹备过程。①

关于"小三线"建设调整改造的研究。一是对企业经济效益的评价,徐有威和杨华国以上海"小三线"企业档案为中心,详细阐述了在政府扶持和企业自主权扩大的情况下,"小三线"企业中普遍存在的"先盈后亏"现象的成因。② 二是对该时期企业调整经验的总结,黄巍以辽宁新风机械厂为例,概述了工厂在积极自救的过程中采取的一系列措施。但终因受计划经济体制影响较深、设备陈旧等诸多因素拖累,最终宣告破产。③ 整体来说,"小三线"的调整改造研究成果还有待进一步深入。

关于"小三线"工业遗产的保护与开发研究。一些学者着重探讨了"小三线"建设工业遗产的继承、保护和开发利用等方面的问题。刘晖通过对广东省连阳地区的"小三线"遗产的实地调研,分析了工厂选址与地形的关系、生产生活设施分布、各类型建筑遗存的特点和价值,总结了利用现状,提出了工业遗产保护的若干意见。④ 刘洋指出"小三线"工业遗产既包含实实在在的物质遗产又囊括其中蕴含的精神文化遗产。他还提出了理性的评价体系,对完善"小三线"工业遗产价值评价理论具有积极的意义。⑤

关于"小三线"生态环境史的研究,徐有威等人通过剖析"小三线"企业针对环境问题的应对措施,揭示了"小三线"企业环境保护中存在的主要制约因素。目前仅有一篇期刊论文,是可供挖掘的研究点。⑥

纵观学术界的研究成果,与"大三线"的研究相比,"小三线"的研究相对薄弱,但也取得了不少代表性成果。"小三线"建设的研究内容突破了经济与国防战略层面的问题研究,开始关注社会层面问题。并且"小三线"建设研究的资料搜集和整理工作,在文献、档案和口述史方面都取得了很大进展,这些都是值得肯定的。

---

① 唐金权.20世纪60年代中国战备活动析评——以北京和福建为例[J].军事历史研究,2013(2).
② 徐有威,杨华国.政府让利与企业自主:20世纪80年代上海"小三线"建设的盈与亏[J].江西社会科学,2015(10).
③ 黄巍.经济体制转型中的三线调整——以辽宁新风机械厂(1965—1999)为例[J].江西社会科学,2018(8).
④ 刘晖.广东省连阳地区的"小三线"工业遗产初探[J].工业建筑,2018(8).
⑤ 刘洋.小三线工业遗产价值评价体系研究[D].济南:山东建筑大学,2012.
⑥ 徐有威,杨帅.为了祖国的青山绿水:小三线企业的环境危机与应对[J].贵州社会科学,2016(10).

(3) 关于广东"小三线"的研究

广东是祖国的南大门，同时也是地方"小三线"建设的首倡者，但倾注在广东"小三线"研究领域的关注明显还不够，研究成果也是屈指可数、不够深入。既没有一篇独立的硕博论文，也没有一部独立的著作，专门研究广东"小三线"建设的学术论文仅有3篇。

关于广东"小三线"决策与实施过程的研究，在广东各级党史研究室或史志办公室所编写的著作中有所记载。中共广东省委党史研究室著的《中国共产党广东历史》①，其中一章专门讲述"文化大革命"时期的广东"小三线"建设的基本情况，从战备角度肯定了广东"小三线"建设的必要性。《中国共产党韶关历史》②论述了中苏"珍宝岛"事件后，韶关专区进行战备疏散、组织民兵参加连县三线建设的过程。胡国民主编的《广东六十年代初的经济调整》③考察了1964—1965年间的广东"小三线"建设，包括"小三线"的提出、工厂内迁与兵工厂的兴建等等。最早发表广东"小三线"建设研究论文的学者是杨汉卿，他在查阅广泛文献资料和地方志的基础上对广东"小三线"建设的部署规划和实施过程进行了详细的论述。④

关于广东"小三线"实施项目的研究，这方面研究主要见于地方志和回忆录。作为广东"小三线"建设的领导成员，刘田夫在他的回忆录中详细论述了"文革"期间广东省委对"小三线"建设的部署情况和工业交通建设状况。⑤奚志伟主编的《广东省志·军事工业志》⑥考察了1967年至1971年间广东省属"小三线"兵器、船舶、电子等各类军事工业的基本建设情况、投资与经济效益。匡吉主编的《当代中国的广东》⑦不仅考察了广东地区"小三线"在"文革"期间遭到的破坏和缓慢发展，并且分析了主要工业行业状况，总结工业建设的历史经验，认为"由于过于片面推行'山、散、洞'的战略疏散方针，其中有的'小三线'企业根本不能发挥作用，以致后来被迫'关、停、并、

---

① 中共广东省委党史研究室. 中国共产党广东历史：第2卷（1949—1978）[M]. 北京：中共党史出版社，2014.
② 韶关市史志办公室，清远市史志办公室. 中国共产党韶关历史：第二卷（1949—1978）[M]. 北京：中共党史出版社，2013.
③ 胡国民，彭建新. 广东六十年代初的经济调整 [M]. 广州：广东经济出版社，2000.
④ 杨汉卿，梁向阳. 20世纪六七十年代广东的"小三线"建设 [J]. 红广角，2015（7）.
⑤ 刘田夫. 刘田夫回忆录 [M]. 北京：中共党史出版社，1995.
⑥ 广东省地方史志编纂委员会，奚志伟. 广东省志·军事工业志 [M]. 广州：广东人民出版社，1995.
⑦ 匡吉. 当代中国的广东 [M]. 北京：当代中国出版社，1991.

转'"。

关于广东"小三线"建设的评价。学者们在肯定广东"小三线"建设的积极作用的同时，也指出了其存在的问题。《中国共产党广东历史》①从战备角度肯定了广东"小三线"建设的必要性，但同时也指出它同全国的三线建设一样，普遍存在着准备不充分，计划不周密，管理不到位等方面的问题。《广东六十年代初的经济调整》②认为虽然进行"小三线"建设是必要的，但由于把敌情估计得过于严重，在缺乏严密科学的机会和安排情况下，仓促集中大批人力、物流、财力一哄而上，造成严重的浪费。

关于广东"小三线"其他方面的研究。刘晖通过对广东省连阳地区"小三线"遗产的实地调研，分析了各厂选址与地形结合的关系，生产生活设施分布、各类型建筑遗存的特点和价值，总结了利用现状，提出了工业遗产保护的若干意见。③ 姚昱研究了1962年台海危机时广东省开展的支前备战情况，他指出这次备战为日后广东"小三线"建设打下了一定的基础，并且揭示了经济发展与国防备战两者之间的辩证关系。④ 此外，还有一些关于广东"小三线"建设的文字散见于广东各地方志、广东省志、广东大事记这一类型的书籍中。

广东是华南地区的后方战略要地，属于"小三线"建设的重点地区，但广东"小三线"建设研究尚处于起步阶段，且大多停留在建设过程的考察，缺少从微观层面对"小三线"企业、"小三线"人的研究。关于广东"小三线"建设有较大的可拓展的研究空间，需要建立在不断挖掘史料的基础上，以实地调研和口述资料作补充，开采出可供探索的各个方面。

2. 国外的研究现状

国外关于三线建设的研究目前并不多见，现有成果大多将三线建设放在同中国经济的关系的视角之下进行考察。美国密歇根大学中国研究中心巴里·诺顿是国外较早研究三线建设，也是影响力较大的学者，他通过梳理我国三线建设的起源、发展和后果，得出了三线建设对我国经济发展的破坏远超"文化大革命"运动这一结论。⑤ 美国学者加州大学的约翰·弗里德曼（John

---

① 中共广东省委党史研究室. 中国共产党广东历史：第2卷（1949—1978）[M]. 北京：中共党史出版社，2014.
② 胡国民，彭建新. 广东六十年代初的经济调整[M]. 广州：广东经济出版社，2000.
③ 刘晖. 广东省连阳地区的"小三线"工业遗产初探[J]. 工业建筑，2018（8）.
④ 姚昱，万金金. 1962年广东省"支援前线"运动研究[J]. 华东师范大学学报（哲学社会科学版），2018（5）.
⑤ 巴里·诺顿. 三线：中国内陆的国防工业化[J]. 中国季刊，1988（115）.

Friedmann）对中国城市变迁进行考察，从区域经济发展的角度分析了毛泽东时代的三线建设的影响。① 日本神奈大学学者吴晓林用"三线经济目的论"的观点反驳了"三线国防目的论"的观点，同时他认为三线建设的基础应该追溯到中共抗战时期。日本学者丸川知雄认为中国的三线建设实质上属于经济学意义上的投资过热现象，战备只不过是借口，其真正目的在于经济建设。与此同时，他还驳斥了吴的一些观点。

也有学者从不同视角对中国三线建设的若干问题进行了探讨。美国的中国科技政策问题专家萨特米尔在他的《科研与革命——中国科技政策与社会变革》② 一书中概括了三线建设时期我国的科研状况和社会变革。在书中他将我国的科研模式划分为时间跨度从1961年到1966年的巩固合理期，以及时间跨度从1966年到1971年的破坏重建期。美国学者柯尚哲研究了三线建设时期西部地区的铁路建设情况，他指出抽调大批农村劳动力支援西部铁路建设虽然在一定程度上弥补了工业资本的短缺但同时也加重了中国农村的负担。为了鼓舞士气，中国共产党进行了"艰苦奋斗是为中国工业化和国防建设作贡献"的思想动员。这种捍卫国防安全和推进工业进步的集体主义叙事，并没有完全消解工人们的不满，但却为工人们提供了一条面对困难的可行之路。③ 关于"三线建设"中呈现的毛泽东战略思想，国外一些学者也进行了深入的思考。如梅斯纳在《毛泽东的中国及其发展——中华人民共和国史》④、费正清在《剑桥中华人民共和国史（1949—1965）》⑤ 一书中均对这方面有所涉及。

国外的研究，由于资料匮乏，多数不具有史料和资料方面的价值，并且其中有些观点透露出明显的意识形态的偏见。但其研究的方法、思考的角度和论述的深度还是具有一定的参考价值的。

3. 研究述评

当前学术界对于三线建设的决策、选址和布局、调整改造、实施过程等领

---

① John Friedmann. *China's Urban Transition* [M]. Chicago：University of Minnesota Press，2005.
② 萨特米尔. 科研与革命：中国科技政策与社会变革 [M]. 袁南生，等译. 长沙：国防科技大学出版社，1989.
③ 柯尚哲. 三线铁路与毛泽东时代后期的工业现代化 [J]. 周明长，译. 开放时代，2018（6）.
④ 梅斯纳. 毛泽东的中国及其发展——中华人民共和国史 [M]. 张瑛，等译. 北京：社会科学文献出版社，1992.
⑤ 麦克法夸尔. 剑桥中华人民共和国史：上（革命的中国的兴起：1949—1965年）[M]. 费正清，编. 谢亮生，等译. 北京：中国社会科学出版社，1990.

域展开了全面的研究，成果丰硕，为以后的学术研究打下了良好的基础。近年来，有关"小三线"建设区域研究成果涌现，在文献资料和口述史方面有很大进展，对本文的研究具有非常重要的意义。但从本文研究的视角来看，目前学术界的研究又是不足的。主要表现在以下几个方面：第一，对"小三线"建设的主题关注不够，目前"小三线"建设研究更多地偏向于"小三线"与社会的关系，但对"小三线"中地方国防工业建设的研究却相对弱化，在研究上缺乏档案史料和口述资料的运用；第二，"小三线"建设的整体性研究不够，"小三线"建设是一个从宏观、中观到微观的完整的系统。但与宏观层面的研究相比，学术界对"小三线"建设微观层面的研究重视程度还明显不够；第三，对"小三线"建设的评价不够全面。关于广东"小三线"建设的评价，很多学者从经济学角度，把经济效益的优劣作为评价"小三线"建设的标准，很容易做出"得不偿失"的结论。

这些不足，将是本文研究重点关注的地方。本文希望借助于丰富的档案资料，不仅包括广东省各级档案馆的馆藏档案，而且包括党史文献、地方志、回忆录和采访所得的第一手口述资料等，进行深入、系统、全面的研究，特别注重"小三线"建设宏观的经济史、政治史方面和微观层面的企业运行机制研究相结合。在全面了解的基础上，对"小三线"建设做出公正的评价。

二、广东"小三线"建设的背景与决策

20世纪六七十年代，中国以备战为主要目标，在内地的十几个省、自治区开展了以国防科技工业为主的大规模基本建设，史称"三线"[①]建设。广东省也随之开展了如火如荼的"小三线"建设[②]，由于地处华南沿海一线地区特殊性，广东成为全国最早开展"小三线"建设的省份之一，是全国"三线"建设的有力补充。分析广东"小三线"决策形成的背景，有必要从党和国家面临的国内外形势入手。

（一）全国三线建设的背景

1. 国际形势的日趋紧张

三线建设开启的背景与当时中国所面临的严峻国际形势密不可分。20世纪

---

① "三线"分两大片，一是包括云、贵、川三省的全部或大部分及湘西、鄂西地区的西南三线，二是包括陕、甘、宁、青四省区的全部或大部分及豫西、晋西地区的西北三线。
② "小三线"建设是指，在全国一、二线地区的腹地，以地方军工和工业交通设施为主的国防经济建设战略，主要用于本省的战略防御。

60年代初,中国一方面与美国的关系日趋紧张,另一方面与苏联的关系也日益恶化,中国面临的国际形势和国防压力相当严峻。目前国内外学者对三线建设发生的背景原因的分析已达成一定程度的共识:三线建设的筹备,主要是为了应对将来可能发生的与美国乃至苏联的大战。不过,这些研究主要描述外部环境如何从政治、经济、军事上对中国进行施压,对中国共产党和国家领导人如何发挥主观能动性予以应对的分析较少。本文将着重在这方面展开论述。

我们当时面临的国际环境是:美国在朝鲜战争失败后,又发动了越南战争,致使我国南部面临严重威胁;美国支持下的国民党武装部队不时侵扰我国的东南沿海地区,企图"反攻大陆",我国东部的安全受到严重威胁;印度政府不断在中印边境制造摩擦,我国西部的安全受到威胁;由于中苏交恶,苏联悍然在中苏边境陈兵百万,我国北部的安全受到严重威胁;侵略我国长达八年的日本,还未同我国恢复正常邦交。① 面对这些现实,为可能发生的战争做准备成为20世纪60年代初党中央首要考虑的事情。

2. 调整不合理的工业布局

新中国成立以来,中共中央就强调要调整过去不合理的工业布局,把建设独立完整的工业体系作为发展经济与巩固国防的一项重要任务。毛泽东在《论十大关系》中论述"中国所有的工业大约百分之七十集中于沿海,仅百分之三十在内地。为了平衡沿海和内地工业的布局,务必加快内地工业的发展",并进一步指出"应该在内地新建工业,只有这样才能使工业布局日趋合理,有助于之后的战略布局"②。但是由于"大跃进"运动导致经济发展受阻,大规模调整工业布局的想法被搁置。

1964年4月25日,总参作战部的报告让调整工业布局问题再次引起了中央领导人的高度重视,"工业布局过于集中。仅14个人口超过百万的大城市就集中了约百分之六十的主要民用机械工业,百分之五十的化工工业和百分之五十二的国防工业"③。5月27日,毛泽东看到报告后,从存在战争严重威胁的估计出发指出:"'三五'计划要考虑到平衡全国工业布局的问题,对一、二、三线地区进行战略布局,加强三线建设,防止敌人入侵。"④ 之后,国家计委拟定的"三五"计划纲要贯彻了毛泽东的指示,明确了加强战备,发展三线,调整工业布局的基本方针。因此,三线决策不仅仅为了"备战",调整不合理的工业布

---

① 薄一波. 若干重大决策与事件的回顾:下 [M]. 北京:中共党史出版社,2008:840.
② 毛泽东. 论十大关系 [M]. 北京:人民出版社,1976:4.
③ 陈夕. 中国共产党与三线建设 [M]. 北京:中共党史出版社,2014:55-56.
④ 金冲及. 周恩来传 [M]. 北京:中央文献出版社,1998:1768.

局，转移沿海地区的工业，加强内地工业建设也是一个直接原因。

3. 以毛泽东为核心的中央领导层决策

三线建设最早是由毛泽东提出来的。1964年5月11日，李富春在汇报"三五"计划时，毛泽东第一次提出了三线建设的构想，他首先注意到了酒泉和攀枝花钢铁厂建设问题，这是毛泽东三线建设思想的初步萌芽。此后，毛泽东在多个场合提到要搞三线建设，"只要有帝国主义存在，就有战争的危险。在原子弹时期，没有后方不行。要搞三线基地建设"①。可以看出，三线建设的构想在1964年5月初开始在毛泽东心中加速形成。

在5月28日讨论"三五"问题的会议上，周恩来、刘少奇、李富春等中央领导人各自发表了对三线建设的意见。在三线建设上刘少奇、李富春等领导人并不完全赞成毛泽东的意见。他们认为控制投资规模和提高人民生活才是"三五"计划的主要任务，而三线建设应该在不违背这些任务的前提下进行。但是，三线建设问题并没有就此搁置。在8月17日的中央书记处会议上，毛泽东再次向李富春询问三线建设的进展情况，并在这个会议上决定马上开始三线建设，提出了一些具体举措，"工厂可以一分为二，要抢时间赶到内地去"②。由此，三线建设的决策基本确立。

毛泽东对于推动三线建设决策从萌芽到迅速形成、基本确立这三个阶段有着突出贡献，这与毛泽东的国防建设思想是分不开的，它是在革命和建设中一步步建立发展起来的，是在继承了马克思主义国家学说原理的基础上，结合中国国防的具体实际阐发的新论断。毛泽东特别强调了社会主义建设中国防建设的地位和作用，在新中国成立之初他就提出了"中国必须建立强大的国防军，必须建立强大的经济力量，这是两件大事"③ 和"两个拳头，一个屁股"④ 方针，这也为之后，尤其是20世纪60年代初国家周边环境严峻的情况下，毛泽东发出"三线建设"的号召奠定了理论基础。同时，毛泽东提出进行"三线建设"加强战略后方基地的理论也丰富了国防建设理论，他提出了"深挖洞、广积粮、不称霸"和"备战、备荒、为人民"等主张，其出发点是防止外国敌对

---

① 陈夕. 中国共产党与三线建设 [M]. 北京：中共党史出版社，2014：52.
② 房维中. 中华人民共和国经济大事记（1949—1980）[M]. 北京：中国社会科学出版社，1984：379.
③ 中共中央文献研究室，中国人民解放军军事科学院. 建国以来毛泽东军事文稿：下（1959.1—1976.12）[M]. 北京：军事科学出版社，2010：217-218.
④ "两个拳头"就是一个农业、一个国防，"一个屁股"就是基础工业。这样就形成了"三位一体"的国防建设与经济建设布局。

势力入侵而准备打仗,在当时险恶的国际环境下,是有正面、积极作用的,也丰富和发展了社会主义国防建设理论。

(二) 广东"小三线"建设的背景与决策

1."小三线"建设的决策

广东"小三线"建设是全国"小三线"建设的一部分,是在中央进行决策,在全国开展"小三线"建设的背景下实施的。而中央决策的形成,广东省发挥了很大作用,因为"小三线"建设是广东省率先提出的,是中共中央的思考与各地方特别是广东省委的规划相结合的结果,体现了决策过程中中央和地方密切的互动。

在规划全国三线建设总体布局的同时,中共中央和毛泽东也看到了沿海地区筹备战略后方的必要性。在1964年6月8日的中央政治局常委扩大会议上,毛泽东首次提到"沿海各省要搞些手榴弹、炸药厂、军工厂……每个省都要有一、二、三线"①。将中央的这一想法最早付诸规划的是广东省,当时,广东省委第一书记陶铸提出,广东作为一线地区也可以在省内开展后方基地建设,即"小三线"建设。并作了如下指示:一方面立即专门组织人员进行深入调研,并作实地勘察之后,组织有关专家和工业部门的负责人反复论证;另一方面要求各地区行政公署、专署和自治州计委,提出1965年"小三线"建设的意见,并于1964年8月15日前报到省计委②。

1964年10月18日,广东省委根据调查人员的建议和各专区、单位报来的三线意见,向中央和中南局呈送《关于国防工业和三线备战工作的请示报告》。该报告是本着"有备无患,无备必有患"的精神,根据陶铸书记指示的原则,对广东的"小三线"建设进行了全面的研究和部署,对如何建立起地方军事工业及其配套工业、交通、通信设施等方面进行了系统的规划。

报告以建设地方军工企业为重点,计划在短时间、在粤北山区腹地建立6家军工企业,以生产56式半自动步枪、子弹、手榴弹、地雷和炸药为主;同时,计划在海南建设以生产地雷、手榴弹、合成氨为主的3家军工厂;其余各专区,各建以生产子弹厂、地雷厂、手榴弹为主的3家军工厂和1家军械修配厂。这些厂尽量利用原有的钢铁厂、铸锅厂和农械厂进行改建,或者从沿海城市的工厂迁去部分设备和技术力量组成,一般不新建。与此同时,在"小三线"

---

① 中共中央文献研究室,中国人民解放军军事科学院.建国以来毛泽东军事文稿:下(1959.1—1976.12)[M].北京:军事科学出版社,2010:225.

② 中共广东省委党史研究室.中国共产党广东历史:第2卷(1949—1978)[M].北京:中共党史出版社,2014:621.

后方拟建一防控指挥所，利用山区岩洞加以修理巩固。考虑到为军工企业配备必要的原料、燃料，建立起平战结合①的生产体系，计划搬迁 8 家民用工业到粤北地区，搬迁 1 家小电池厂到海南后方。后方的电力工业要有相应的发展，加快水电站的建设，尽量利用山区的水利资源，多搞小型水力发电。在交通、通信方面，重点建设省际交通和后方某些必要的公路，建设国防通信线 5 条（后又增加 4 条）。此外报告的内容还涵盖了仓库、农业、医疗等各个方面。②

从广东省委向中共中央和中南局的报告可以看出，广东省是做了充分的准备工作的，率先向中共中央报告"小三线"建设具体实施细则，涵盖了军事工业、民用工业、电力工业、交通、通信、物资等各个方面。其中，军事工业建设摆在首要位置，广东枪厂又是"小三线"军事工业建设的重中之重，正好迎合了毛泽东发展地方军事工业的想法，因而毛泽东对这份报告高度重视。毛泽东于 10 月 22 日立刻批示："广东省是动起来了，请总理约瑞卿谈一下……是否可以将此报告转发给一、二线各省，叫他们也讨论一下自己的第三线问题……无非增加一批建设费，全国大约 15 亿元左右，分二三年支付，可以解决一个长远的战略性的大问题。现在不为，后悔无及"③。从毛泽东的批语可以看出，他对广东省的"小三线"规划是非常满意的，并督促有关部门和各地尽快部署。

10 月 25 日，周恩来、罗瑞卿立即就广东省委《关于国防工业和三线备战工作的请示报告》约有关部门商谈，提出有关地处于一线或二线的省、区、市的三线建设和工作部署问题。29 日，周恩来、罗瑞卿亲自草拟了《中共中央关于加强一、二线的后方建设和备战工作的指示》，并报中央书记处审批。指示再次强调了"小三线"建设的战略意义，敦促各一、二线省市尽快于 12 月拟出战略后方基地建设的详细计划，提出了"小三线"建设需要注意的事项④。

当日，中共中央立即颁发了文件，通知东北、华北、华东、中南、西南 5 大局，18 个省、区党委，北京、上海 2 市委，3 大部委、经委、国防工委："现将广东省委 10 月 18 日报告和主席 10 月 22 日批语转给你们。中央同意周恩来、罗瑞卿两同志 10 月 29 日关于一、二两线各省区建设自己后方和备战工作的报

---

① 平时既能立足，并有力地支援三线建设，战时又能迅速投入军需品生产。
② 中共广东省委. 关于广东国防工业和三线战备工作的请示报告（1964 年 10 月 18 日）[M]//中共广东省委党史研究室. 中国共产党广东历史：第 2 卷（1949—1978）. 北京：中共党史出版社，2014：621-622.
③ 中共中央文献研究室，中国人民解放军军事科学院. 建国以来毛泽东军事文稿：下（1959.1—1976.12）[M]. 北京：军事科学出版社，2010：273.
④ 中共中央文献研究室. 周恩来年谱（1949—1976）：中[M]. 北京：中央文献出版社，1997：680.

告,望即抓紧进行"①。地处一、二线地区的各省(区、市)党委,接收到中央文件后立刻采取行动,纷纷仿照广东省举措,依据省情和实际规划后方基地建设。由此,"小三线"建设在全国各地轰轰烈烈地展开了,其行动之快如同在执行一场特殊的战斗。

由此可以看出,广东省率先提出开展"小三线"建设与响应中央层面的号召是分不开的。同时,中央对广东省报告的积极回应,密切互动和有效配合,使得"小三线"建设的决策得以迅速确立,"小三线"建设迅速在全国范围内得到展开,广东省也开始了大规模的"小三线"建设。不仅如此,广东"小三线"建设还是全国"小三线"建设的旗帜和标杆,广东省委提出的《关于国防工业和三线备战工作的请示报告》成为各地"小三线"建设开展的具有指导意义的文件。

2. 广东的海边防形势与"支前"经验

广东为何能在全国最早提出建立省后方的战略基地,又为何能成为率先采取行动开展"小三线"建设的省份,一方面是因为当时广东省委领导具有独到的战略眼光和魄力,另一方面得益于广东省特殊的省情。由于广东省地处国防前线,地理位置又与越南毗邻,面对美帝国主义发动新的战争挑衅的形势,备战的迫切性更强。

新中国成立后,位于国防前线的广东省海边防形势依然严峻。国民党当局逃亡台湾后,在美国的怂恿支持下,一直以"反攻大陆"②作为首要任务,不断派遣军队从海上和空中对大陆,特别是东南沿海地区进行各种袭扰和破坏,广东首当其冲。小规模的侦察与反侦察,袭扰与反袭扰,破坏与反破坏的斗争相当频繁。20世纪五六十年代,国民党空军经常出动飞机对广东沿海进行侦察轰炸,1952年一年就达2060批3808架次之多。除此之外,台湾国民党当局还向广东境内空降武装特务,1951年至1963年空降11批16股共95人。台湾国民党窜扰大陆的活动,在1962年以前,以中、小规模窜犯活动为主;1962年夏,其大规模窜扰大陆的企图破坏后,便改变手法,以派遣小股武装进行袭扰为主要形势,派遣最频繁、活动最猖獗的是1962年秋、冬。③这样使得广东省

---

① 钟声. 战略调整:三线建设决策与设计施工[M]. 长春:吉林出版集团有限责任公司, 2011:96.
② 反攻大陆,是国民党政权自1949年"国府"迁台至20世纪80年代常见的政治口号,意指反攻中国大陆,通常与"解救同胞""消灭共匪"等政治口号形成对句。
③ 广东省地方史志编纂委员会. 广东省志·军事志[M]. 广州:广东人民出版社,1999:564-574.

保卫海边防的任务更加紧迫。

　　1962年开始的"支援前线"运动，是广东支援备战的一次紧急动员，为广东"小三线"建设在各方面都打下了良好的基础。"支援前线"运动是为了应对1962年的"台海危机"，支援中国人民解放军在东南沿海地区紧急备战。中共中央于6月10日发布指示，动员有关沿海地区做好支援前线突发战争的一切准备工作。① 中央推测国民党将重点进攻汕头地区，所以着重观察广东省的有关备战情况。② 在此次支前运动中，广东作为沿海前线向前线部队提供了全方位的经济支持，不仅有力保证军事行动的成功和此次台海危机的顺利解决，也为随后"小三线"建设的开展打下了良好的基础。

　　首先，"支援前线"运动为"小三线"建设奠定了思想基础。支援前线运动期间，广东省党委组织各级工会调查了企业工人的备战思想状况。调查发现，工人由于对备战的重要意义认识不足，对备战表现出麻痹轻敌、惊慌失措、敌我不分三种情况。③ 对此，广东省对工厂职工进行了思想动员：一、反复动员。各工厂企业根据党委关于备战动员的指示，都进行了先党内，后党外；先干部，后群众，层层传达，广泛动员。二、自由控诉。发动群众控诉蒋介石统治时期的罪恶，激发职工们的阶级仇恨。"依靠老工人，认真开好控诉会，针对不同对象，组织员工控诉，深挖敌仇"。三、开展"六比"④。进一步划清了敌我界限，提高了工人阶级觉悟，克服了对敌幻想。四、广泛宣传。各工厂都充分利用广播、漫画、黑板报、标语等宣传工具，进行大力宣传。⑤ 经过备战的思想动员，职工备战的积极性有了很大提高，以至于之后"小三线"建设开展动员，由于职工的备战意识高、革命性强，因此能够被迅速动员起来，积极投入到"小三线"建设中。与此同时，广东省大力加强形势教育，使各级领导干部强化自身的备战意识，组织干部学习周恩来总理的政府工作报告，使全体干部提高了思想觉悟，保持旺盛的革命斗志，这也是广东省为何能领先于其他省份率先提出

---

① 中共中央文献研究室. 建国以来重要文献选编（第15册）[G]. 北京：中央文献出版社，2011：481-484.
② 广东省航运厅关于支前运输的方案（1962年6月22日）[A]. 广州：广东省档案馆，271-2-7-127~142.
③ 潮安县工厂企业备战支前情况综合报告（1962年7月14日）[A]. 广州：广东省档案馆，231-1-190-99~124.
④ 即新旧社会两种制度、两种生活、两个政党、两个政府、两种军队、两种干部和新旧社会工人阶级地位的对比。
⑤ 潮安县工厂企业备战支前情况综合报告（1962年7月14日）[A]. 广州：广东省档案馆，231-1-190-99~124.

开展"小三线"建设的一点原因。

其次,"支援前线"运动为"小三线"建设奠定了组织基础。在此次支前工作中,广东省按照中央指示建立了专门的领导机构,即广东省支前委员会,由广东省委、省人民委员会、原广州军区和各有关部门抽调人手组成。省支前委员会成立后,各级政府也纷纷组建各地区的支前委员会。此外,省支前委员会在位于前线的汕头地区成立了专署,与当地的汕头专区支前委员会共同合作,并与原广州军区成立的分支机构实时配合①。这种党政军多部门协调配合的组织构架不仅是广东省支前备战任务迅速完成的重要组织保障,也为随后开展的"小三线"建设迅速建立起高效统一的领导机构提供了直接的经验借鉴。

再次,"支援前线"运动为"小三线"建设奠定了军工生产的基础。广东省最紧迫的支前任务是要完成军工生产,包括供应前线紧缺的战备物资和军车的整修。为了尽可能快地将物资运送到前线,广东省各部门和企业都将军品任务摆在第一位。以军车整修为例,各地区单位需要承担一定的物资、零件生产任务,在工作量超负荷时,应加班进行生产,无法妥善安排生产活动的,必须优先解决军车材料和零部件问题,完成军车整修工作。② 广东省总结了此次备战中军工生产的经验,对后续的"小三线"建设起了很大作用。

最后,"支援前线"运动为"小三线"建设完善了交通运输网络。广东在支前运动中运送的物资主要依靠公路。此外,由于要为战争做准备,军队方面对道路的可承受力提出更高的标准。③ 在时间短、资金与人力缺乏等诸多限制情况下,广东省公路建设仍取得了很大的成果,在这段时间内,新建或改建了5条支前公路,完成了木桥加固、新建低水位便桥、钢筋混凝土桥等工作;完成了3000多个桥梁构件;修复了8处渡口、4对码头。④ 这些都为之后的"小三线"建设完善了公路运输网。

支前运动中开展的这些防患于未然的备战工作,都与20世纪60年代中期开展的广东"小三线"建设存在着密切的关系,是广东在全国率先提出开展"小三线"建设的重要原因,广东省因此得到了毛泽东的表扬。不仅如此,从中

---

① 广州市支前委员会. 关于支前工作情况报告(1962年7月20日)[A]. 广州:广东省档案馆,227-9-5-001~002.
② 广东省交通厅. 广东省1962年汽车运输备战工作情况及今后的意见(1962年10月1日)[A]. 广州:广东省档案馆,288-1-188-1~11.
③ 中共广东省委. 关于抢修支前公路经费预算的报告(1962年9月4日)[A]. 广州:广东省档案馆,227-9-2-023~044.
④ 广东省航运厅. 上报1962年交通备战工作总结(1963年3月9日)[A]. 广州:广东省档案馆,289-1-329-016~024.

共中央下发的《一、二两线各省区建设自己后方和备战工作的报告》中制定的统筹规划、逐步实施、厉行节约等原则的规定可以看出全国"小三线"建设也充分借鉴了广东经验①。

3. 广东良好的工业基础

从新中国成立到"小三线"建设开始前，尽管广东与全国的经济发展一样经历了一些曲折，但总的来看，广东省的经济逐步恢复发展，工业基础稳步提升，为之后"小三线"建设的开展打下了坚实的工业基础。

从新中国成立之初到1952年之前，广东省工业处于恢复调整时期。解放初期，因匪特困扰，金融混乱，广东省工业发展处于停滞状态，出现市场冷淡、货物滞销、停工停产、工人失业等现象。据统计，仅广州市停工停业的厂店达3000多家，占全市工商业总数的9%。在省委省政府的领导下，广东省各城市积极开展了工业整顿工作。一方面，发展社会主义工业，由政府投资建设、新建和改建了中南第一铁矿、韶关电厂、广东农具厂等40多个厂矿企业。另一方面，为了克服盲目性，加强计划性，对广东工业进行"慎重、彻底"和积极的整顿。上述方针和措施的贯彻落实，使全省的工业生产出现了新的面貌：1952年全省工业总产值达14.95亿元，比1949年的7.58亿元增长近1亿元，各主要产品的产量已恢复到抗日战争前的最高水平。②

广东省的大规模工业化建设始于"一五"计划期间，重点是发展食品工业、轻纺工业，新建和扩建的大小工厂达1739间。主要有：广州第一造船厂、广流输变电工厂、溪流河水电站、广州重型机器厂、广州冶炼厂、茂名页岩油厂、广州造纸厂、中山糖厂，并筹建广州氮肥厂和湛江化工厂。由于新建和扩建了许多工矿企业，加上原有企业的改造，"一五"期间，广东省工业总产值有很大增长。到1957年，全省工业总产值达到30.44亿元，比1952年增长1.2倍，平均每年增长17.3%；工业总产值在工农业总产值中所占比重，由1952年的36.1%上升到1957年的47.7%。③"一五"期间不仅工业发展快，而且物资、材料消耗降低，产品质量提高，轻、重工业比例关系比较协调，经济效益好，职工生活有了一定的改善。

"二五"期间，广东的工业建设执行"以钢为纲"的方针，以重工业为中心。这一时期，全省扩建新建了一批轻纺、化工、煤炭、电力、钢铁等骨干企

---

① 姚昱, 万金金. 1962年广东省"支援前线"运动研究 [J]. 华东师范大学学报（哲学社会科学版）, 2018（5）.
② 凌伯棠. 岭南纪事 [M]. 广州：广东人民出版社, 2004: 60.
③ 凌伯棠. 岭南纪事 [M]. 广州：广东人民出版社, 2004: 112-113.

业，促进了广东原材料、燃料工业的发展。然而，这一时期工业建设由于过分夸大主观意志的作用，缺乏实事求是的科学态度，贪多求快，急躁冒进，也遭受了严重挫折。1958年掀起"大跃进"和大办钢铁群众运动，广东各地的小钢铁厂一哄而起。由于缺乏技术和原料，严重破坏了生态环境，炼出的钢也十分低劣，造成人力、物力、财力的极大浪费。更为严重的是，这时期的工业基本建设总投资为24.49亿元，比"一五"时期的投资增加3.8倍，大大超过广东的实际承受能力，造成了生产资金的相对不足。重工业投资的比重为79.7%，轻工业得不到应有的发展，影响了人民生活水平的提高。由于国民经济比例严重失调，加上自然灾害的影响，导致广东经济陷入困境，工业增速由"一五"时期年递增17.3%下降到5.1%。这时期广东省重工业虽得到一定程度的发展，但因指导思想和方法、措施上的失误，产生了严重的不良后果。

从"二五"计划末期到三年经济调整时期，广东按照"调整、巩固、充实、提高"的方针和《工业七十条》，重新调整工业布局，压缩基本建设规模。工业投资由"二五"时期平均每年4.57亿元压缩到2.03亿元。对原材料、资源不足和消耗高、产品质量低劣、成本高和长期亏损的企业，区别不同情况，采取了关、停、并、转及精减职工等措施，扭转了困难局面。实行这些措施后，广东工业生产从1963年开始回升，1965年全面好转。在调整农、轻、重比例时，明确提出以发展轻工业为主的方针。1965年起全省轻工业出现了全面增长的好形势，轻工业总产值达到44.72亿元，比1957年增长80%。全省有60个主要轻工业产品保持或赶上全国先进水平，工业结构得到平衡。这一时期广东工业总产值年平均增长17.5%，增长速度达到了"一五"时期较高的水平。

直到"小三线"建设开展，广东省的工业基础已经稳步提升，工业结构和工业布局日趋合理，经济也基本恢复到了1957年的水平。为"三五"时期广东省贯彻"备战、备荒、为人民"的方针，突出"小三线"工业建设打下了一定基础。

4. 广东的自然条件

广东省的地形优势明显，后方多山的地貌为需要"靠山、隐蔽、分散"建设的"小三线"军工企业提供了有利的条件。广东省地势北高南低，山地的分布面积较广，据统计，全省海拔500米以上的山地约占全省土地的35.3%。这些山地主要分布在粤北、粤东和粤西①。其中，广东韶关的"三连一阳"② 地区

---

① 广东省地方史志编纂委员会. 广东省志·总述 [M]. 广州：广东人民出版社，2004：1.
② "三连一阳"过去指韶关区的连县、连山、连南、阳山一带，即今天的连州市、连山壮族瑶族自治县、连南瑶族自治县和阳山县。

位于粤北山地，山地多呈级状，山岭重叠，有利于隐蔽，山间谷和河谷盆地又有利于建设交通要道和农业基地。海南岛作为广东省所辖的一个海岛，又是中国的第二大岛，四周低平，中间高耸，呈穹隆山地，以五指山、鹦哥岭为隆起核心，向外围逐步下降。五指山位于海南岛中部地区，曾是海南岛的老革命根据地。因此，广东韶关的"三连一阳"地区及海南岛的五指山区，因其位置特殊和地形复杂，成为广东发展"小三线"的主要战略后方。

广东省的矿产资源分布广泛。在已找到的116种矿物中，探明储量的达85种。其中储量在国内占第一位的有硫铁矿、钛铁矿、锆英石、富铁矿、碲、泥炭土、独居石、磷钇矿、玻璃砂；占第二位的有铅、铌、钽、铋、银、油页岩、锗、铊、透闪石、蛇纹岩；占第三位的有锌、镉、高岭土、瓷土、冰洲石等。此外，锡、钨、铀矿和离子型重稀土矿等也占有重要地位。海南岛有全国品位最高的钴矿藏。丰富的金属矿产资源是广东历史上成为全国重要冶金工业和日用五金工业比较发达的地区的重要基础，也为广东"小三线"工业的发展提供良好的资源条件。

广东省的能源和水资源较为丰富。广东省煤炭资源的保有储量仅86121万吨，不足全国保有储量的1%，相对较少，但是广东省先后新建了梅田等8个矿，扩建和改造了曲仁、连阳、四望嶂等煤矿，保证了"小三线"建设的能源供应。同时，广东的水力资源丰富。由于降水多，多年平均径流总量达2000亿立方米。外来水仅西江便达2447亿立方米，工业发展用水丰富。据勘查，广东江河水能资源的理论蕴藏量为823万千瓦，其中可开发量743万千瓦。① 为广东"小三线"建设工业和交通运输提供丰富的能源和水源。

广东省山地多林，为"小三线"基建提供大量木材。首先，广东是"七山一水二分田"的省份，山地丘陵面积占全省土地面积的58%，在这些山区建设"小三线"符合中央制定的"少占耕地"原则。其次，广东省的平原地区很少林木，林地主要分布在粤北山区和海南岛中部，粤北山区林地占全省三分之一。蓄积量方面，始兴、仁化、怀集、封开等16个县的木材蓄积量占全省的四成，海南岛的白沙、琼中、乐东3县及其境内的尖峰岭、吊罗山、坝王岭3大林区的木材蓄积量占广东省的12.2%。② 在这些地区建设"小三线"有利于就地取材，减少运输成本。再次，广东气候湿热，植树成活率高，林木生长快，林木

---

① 匡吉. 当代中国的广东 [M]. 北京：当代中国出版社，1991：494.
② 广东省地方史志编纂委员会. 广东省志·地理志 [M]. 广州：广东人民出版社，1999：403.

树种丰富,其中杉树、马尾松、阔叶杂木林、桉树、木麻是本省的主要优质用材,具有挺直、速生、高产等特点,可保障基建的木材供应。

广东省有利的自然条件为"小三线"建设提供了诸多的先天优势。同时表明,广东省完全具有"小三线"建设的客观条件。

三、广东"小三线"建设的规划与开启

广东"小三线"建设正式上马时间是1965年,毛泽东对广东省委报告进行批示后,全省尤为重视,迅速掀起备战和"小三线"建设的高潮。广东省委在成立领导机构、选择和规划建设区域、安排具体项目等方面都在协调规划和精心部署,广东"小三线"建设正式启动。

(一)建立领导机构

广东省委关于国防工业和三线备战工作的设想,得到党中央和毛泽东的肯定后,全国各地方"小三线"建设展开部署,广东省立刻开始行动,首要的工作就是建立"小三线"建设领导机构,统领广东"小三线"建设。地方的"小三线"建设相对于全国的"大三线"建设有其自身的特殊性,各个省有较大的自主权。同时"小三线"建设又不同于一般的生产建设,它以备战为目的,以军工生产为主,生产团级以下轻武器,以此武装民兵和地方武装,战时配合野战部队。很明显,通过管理普通的生产建设的组织和机构是不够的,必须建立一个专业的、高效的领导机构。

为了加强"小三线"建设,广东省委在1964年11月成立了国防工业领导小组,由省委书记林李明兼任组长,下设办公室,具体工作由省经委四处承办,省经委副主任韩林兼任办公室主任。① 林李明曾亲自赴连南指挥建设军工企业,省委第一书记陶铸、原广州军区司令员黄永胜、省委书记赵紫阳等都亲自督查,视察过枪、弹厂的建设。1965年6月在省人委建立军工局,又称第二机械工业局,对全省范围内的"小三线"建设和军事工业进行管理,任命李海涛为省计委副主任兼军工局局长。②

省级领导机构成立后,各地区也分别按照广东省委要求建立了相应的"小三线"建设领导机构,在省国防工业办公室领导下安排好本地区的建设任务。

---

① 中共广东省委党史研究室.中国共产党广东历史:第2卷(1949—1978)[M].北京:中共党史出版社,2014:622-623.
② 广东省地方史志编纂委员会.广东省志·军事工业志[M].广州:广东人民出版社,1995:155.

为确保"小三线"建设的顺利进行，承担"小三线"建设任务的厅局和承担动员任务的企事业单位，应设立专门负责"小三线"建设工作的组织。① 韶关连阳地区的"小三线"建设由国家四机部、五机部和广东省机械厅组成的国防工业办公室领导，统一规划实施。在连县公安局设立办事处，省国防工办派省军区的1名副司令、1名副参谋长等具体领导连阳地区的"小三线"建设。② 连县革委会对参加"小三线"建设问题专门做出了规定：凡是"小三线"建设需要的，要什么给什么，要多少给多少，什么时候要什么时候给。对上级下达的指标不讲价钱，不打折扣。对指标以外的，凡是首长指示的，都坚决照办。同时，派出县革委会常委、武装部副部长1人，县革委会委员1人专抓此项工作，并设立"小三线"工程指挥部委和省属厂矿接待室专管"小三线"具体工作。海南地区也在毛泽东"加强防卫，巩固海南"的指导下，于1966年1月29日成立国防工业办公室，由海南区党委副书记窦英俊、海南省军区副司令张世英分管。国防工办属部队编制，是副师级，梁世勤任主任，王德坤任政委。③

当时从全国来看，地方军工单位的组织和管理工作由国家计委和国务院国防工业办公室负责。而技术工作则由五机部④负责，省区市国防工业办公室直接领导和管理。广东省军事工业管理体制是在国家集中统一计划领导下由国务院有关部和省两级实施管理。"小三线"军工生产企业基本分三种情况：一是国家有关部委直属设在广东的军事工业企、事业，以有关部委管理为主，省协助有关部委管理；二是省属"小三线"军工企、事业由省国防工业办公室（局）直接管理为主，各企事业所在地方政府（县以上）协助省管理；三是军工动员线承担军工生产的企、事业或军工配套厂，则由各企、事业地方政府主管部门管理为主，省国防工办（局）实行军品产、销计划领导。⑤

领导机构和管理体制的建立是广东"小三线"建设正式展开的起点。广东省所构建的架构清晰的各级管理机构和权责统一的管理体制，为建设全面展开提供了强有力的组织制度保证。

---

① 坚决执行毛主席"备战、备荒、为人民"的伟大战略方针，组织动员民兵群众参加三线建设（1970年9月9日）[A]. 连州：连州市档案馆，3-A12.3-359-013-184.
② 中共连州市委党史研究室. 中国共产党连县历史：第2卷（1949.12—1978.12）[M]. 广州：广东人民出版社，2015：141.
③ 中共海南省委党史研究室. 中国共产党海南历史：第1卷[M]. 北京：中共党史出版社，2007.
④ 关于地方军工厂建设、产品试制和生产、技术业务归口管理等由五机部负责。
⑤ 广东省地方史志编纂委员会. 广东省志·机械工业志[M]. 广州：广东人民出版社，1995：155.

（二）选定建设区域

"小三线"建设展开后，根据国务院国防工办的指示，选址必须坚持"靠山、分散、隐蔽"的原则。该原则有一定根据，"分散"的目的在于避免城市中的工业过于集中，战时遭到破坏，同时避免军工建设与城市发生争水、争电的情况。"靠山"的目的在于少占耕地，同时起到遮掩的作用，战时不容易被敌军侦测。"靠山、分散"都是为了"隐蔽"，只有"隐蔽"得到了保证，战时军工生产受敌军攻击的可能性才能降到最低。但是过分追求"隐蔽"原则而忽视经济发展的客观规律，为"小三线"建设带来了许多争议。

经过综合考量，广东"小三线"建设主要选定了两个点：一为粤北韶关的"三连一阳"①地区，二为海南岛琼中县。粤北的连阳地区作为广东"小三线"建设的重点，并选定以连县为中心，向其他县辐射。主要依据有四个方面：一是连阳地区远离沿海，与湖南、广西接壤，既是广东的三线后方，也是原广州军区之后方，一旦发生战争，从最坏处打算，敌军亦难占领连阳地区。即使是战争发展到最残酷阶段，军工企业亦能坚持武器生产，以供应军队和广大民兵。二是连县历来是兵家必争之地，是实施战略运作的"必争之地"，有着深厚的历史渊源。三是连县地处粤、桂、湘三省（区）的交通枢纽，交通运输条件好，水路、陆路交通方便，离铁路（京广）线不远，战略物资容易进出。四是连县地形复杂，山高林密，地形险峻，"山、散、洞"的复杂地形，适合"小三线厂"建设的原则。②此外，在梅县和肇庆两个地区又新增了"小三线"建设的布点。

而海南岛作为广东省所辖的一个海岛，与大陆隔海，运输不便，在毛主席"加强防卫，巩固海南"的号召下，要求在琼中县设军工企业生产枪、弹、手榴弹，一旦发生战争，在运输不便的条件下，海南也能坚持独立作战。根据广东省委要求，海南区党委以黎族、苗族自治州为中心，将琼中、保亭、白沙等五指山地区划为海南"小三线"进行规划建设，有计划地分期分批建立一批工厂，把自治州建设成为海南岛后方的战略基地，并且要求全区"重点建设山区，优先加速建设山区"。此外，海南的"小三线"地区除以琼中、白沙、保亭三县为中心，还包括毗邻的崖县、东方、陵水、昌江、乐东、万宁、定安、屯昌、儋县、澄迈、琼海等县的部分山区。

---

① "三连一阳"过去指韶关区的连县、连山、连南、阳山一带，即今天的连州市、连山壮族瑶族自治县、连南瑶族自治县和阳山县。
② 中共连州市委党史研究室.中国共产党连县历史：第2卷（1949.12—1978.12）[M]. 广州：广东人民出版社，2015：141.

（三）项目规划

选址确定后，广东省"小三线"的项目规划也在着手进行。由于广东省是祖国的南大门，又处于越南后方，面对紧张的国际形势，备战的工作更为紧迫。在具体项目的规划上，广东省委根据陶铸书记的指示，共计部署了44项建设工程落户粤北山区和海南的五指山地区，总投资额预计7249万元。

1. 军工项目

军工项目是"小三线"建设的主要内容，军工项目主要是指生产供应部队战时所需常规兵器的军工企业，共有10项，计划投资2918.41万元。其中，广东省计划在短时期内建立6个军工企业：（1）计划年产15000支，以生产56式半自动枪为主、兼产部分冲锋枪的小型枪厂；（2）计划年生产2200万到3000万发的子弹厂；（3）计划年产手榴弹、地雷120万到150万个的手榴弹地雷厂；（4）以现有韶关煤炭材料厂加以配套的炸药厂；（5）在海南建设年产40万枚以上的地雷和手榴弹厂；（6）在海南建设一个平时生产化肥、战时生产炸药的合成氨厂，规划年产2000吨。①

首要建成步枪厂、子弹厂和海南雷弹厂、硝铵厂，这四个厂需在第二年春天之前搬迁筹建。其余各专区，各建以生产子弹厂、地雷厂、手榴弹为主的3家军工厂和1家军械修配厂。这些厂尽量利用各地条件较好的，原有的钢铁厂、铸锅厂和农械厂进行改建，或者和中等城市的工业的疏散工作结合起来，从沿海城市的工厂迁去部分设备和技术力量组成，一般不新建。在此同时，广东省在"小三线"后方拟建一防空指挥所，利用山区岩洞加以修理加固，约需投资120万元。后方的电力工业要有相应的发展。连阳电厂第二机组要搞好配套，加快官陂水电站的建设。此外，尽量利用山区的水利资源，多搞小型水力发电。

工业生产建设全面、完整、配套。为在战争条件下能够坚持长期生产武器，既建立了枪厂、枪弹厂、炮弹厂、手榴弹厂、炸药厂，也为军工企业生产发展和保障建立了工模具厂，以及为军工企业提供原材料、燃料的配套厂。例如，在阳山县城建立专门为军工企业提供材料的特种炼钢厂，在连县、海南设立发电厂和水泥厂等。②

---

① 中共广东省委．关于广东国防工业和三线战备工作的请示报告（1964年10月18日）[M]//中共广东省委党史研究室．中国共产党广东历史：第2卷（1949—1978）．北京：中共党史出版社，2014：621-622．
② 广东省地方史志编纂委员会．广东省志·军事工业志[M]．广州：广东人民出版社，1995：64．

2. 配套项目

配套项目主要是为了支持军工企业的建设而展开的,包括公路、通信、仓库、农业、文化、教育、卫生等各个方面。这也体现出当时军工生产体系的"小而全""企业办社会"等特点。

建设国防公路是广东腹地建设的关键一环,它不仅为战备物资运输提供便利,而且为战争时期人口撤离创造条件。广东省计划安排新建国防公路11条290公里,计划投资2324.5万元。规划的公路包括:连山上草至鹰阳关,佛冈前所至英德青塘,乳源坪溪至阳山称架,五华安流至揭阳河婆,廉江六深村至广西英桥,连县冲口至湖南江华,连县朱岗至清水,广宁葵洞至清远桃源,揭阳关埠至塔岗,东兴防城至白龙尾,东兴华石至江平。改善公路2条100公里,即松口至大埔,青塘至望埠。桥梁改造121座,涵洞改造230道,渡口改善19处。经研究需再增加后方及省际公路3条35公里,即:封开至梧州,怀集至信都,白沙元门至保亭什运。公路建设要从军事战略来考虑它的利弊,因此,重点是先搞通省际公路和后方某些必要的公路。至于前沿公路,主要交给军委考虑①。

通信是"小三线"建设必需的重要设施,广东"小三线"建设在通信方面计划投资680万元。省邮电局已上报国防通信线5条,即:海南载波电路,通什那大钢线,江至饮县至载波电路,连县到怀集至军庆载波电路,海南第二无线电发信台。后又增加4个项目,即:连县迁建机务房,部关至源至佛岗至广州三路载波电路,边防哨所与县联防线路,湛江区第三通信网。广东省的"小三线"后方至惠阳、油头、策庆、佛山、活江等后方的有线通信也在计划建设之中。

物资储备与仓库建设是为了保障军工企业的职工生活而规划的项目,广东省及各地后方急需储备一定的战备物资,主要规划:(1)生活物资方面。粮食,第一年底储备12000万到15000万斤,准备20万军队和"小三线"干部工人一年的用粮;第二年计划存25000万斤,可供40万军队和"小三线"干部工人一年的用粮。主要存放于韶关区和惠阳、汕头、肇庆区的北部。另外,海南五指山区于第一年秋收后预计存足5000万斤以上的粮食,可备约10万人(包括部队、干部、工人)的一年吃粮。盐,第一年年底储存五六万吨,约2000万人半

---

① 中共广东省委. 关于广东国防工业和三线战备工作的请示报告(1964年10月18日)[M]//中共广东省委党史研究室. 中国共产党广东历史:第2卷(1949—1978). 北京:中共党史出版社,2014:621-622.

年吃用。第二年储存 13 万到 15 万吨，200 万人一年吃用。食油，第一年年底储存 500 吨，第二年存 1000 吨，主要供应部队。此外，考虑到省每年常库存粮食 10 亿斤左右，计划把其中的五六亿斤（包括上述所说的粮食储存数）存放于三线和二线，即山区和半山区。在沿海一线地区不宜多存粮，能应付市场需要即可。从第一年秋粮入库开始就有计划加以调整。（2）生产物资方面。生铁 4000 吨（其中海南 1000 吨），优质钢材 2000 吨，有色金属 400 吨（铜、铝、铅、锌等），合金钢材 200 吨（准备进口，以备修造枪用），橡胶 300 吨，石油 16800 吨。其他必要的物资亦应有一定的储备。（3）仓库建设。由于物资储存在后方山区，这些地区原仓库很少，因此需要修建一些仓库。规划建粮仓 43000 平方米，石油库容量 16800 吨，盐垛和简易盐仓 50000 平方米。其他物资的仓库及容器，亦应进行相应的建设。

加速后方农业建设和山区经济的发展，是一个战略性部署。后方多是山区，人少，可供应的土地不多，除尽量提高单产外，根据山区经济的特点，开展多种经营。加速后方农业的发展，主要从三方面着手：一是适当增加后方农业投资，特别是水利投资，计划次年适当调整和增加韶关、肇庆地区的水利和农业投资；二是适当支援农业的物资，如化肥和适合山区使用的农业机械（水轮泵，小型水力发电设备等）；三是当地的工业应结合当地农业需要，支持农业。广东省计划在后方建设 3 个小的、2 个大的综合性农场，共需投资 70 万元。

关于文教卫生建设，计划从广州市抽调一批医务人员和医疗设备，在连县建一综合性的小型医院，并加强韶关附近矿区、林区的医疗机构，安排给各县的病床时适当多给后方。高等院校计划、有重点的先搬一些科系到江西、湖南和韶关地区，为战时搬迁打下立足点。先将石油学校搬到茂名，将地质学校搬到韶关地区。

3. 迁厂规划

在规划选址与具体项目的同时，工厂的搬迁工作也随之而来。1964 年 12 月 13 日，中央向各省区市党委发布《关于搬迁工作分工管理问题的通知》，要求各省区市为了防止产生布局上的不合理和工作步调上的混乱，对该项工作必须按照统一计划、统一行动的原则进行，规定工业交通企业、国防工业企业和科研、设计单位、大专院校，凡是从一、二线迁往三线的，由主管部门迅速做出规划，报经中央批准后，立即行动。[①]

[①] 中共广东省委党史研究室. 中国共产党广东历史：第 2 卷（1949—1978）[M]. 北京：中共党史出版社，2014：623.

广东省计委接到此电文后，立即要求各单位迅速做出规划，迁建支援战备必需的企业。1965年9月9日，省计委提出了从广州等工业较为发达城市迁移一批民用工业支援"小三线"建设，这批工业需要平时进行民品生产，战时又能迅速转换成军品生产。为加速枪厂的建设，计划将汕头、罗定机械厂和农垦部的黄埔机械修配厂搬到连南，以这三个厂为基础作为主厂，另将地质、有色局系统的两个机修厂的主要车间设备迁到关溪和狗牙洞。同时，还计划于第二年春天前搬迁八个工厂到粤北山区，包括汽车修理厂、制药厂、干电池和蓄电池厂、纺织厂、针织厂、轮胎厂、电炉车间（1.5吨）和轧钢车间、广州光学仪器厂，迁建地点分散于"三连一阳"地区，此外还有乳源、乐昌、仁化等地。① 另外，搬迁一个小电池厂到海南后方。

企业在搬迁过程中的也产生了经费的支出，关于工业搬迁的费用开支问题，按财政部确定的标准。工业搬迁前，对选定厂址和联系工作的人员工资、差旅费等，在老厂企业管理费中开支。搬迁中所产生的停工费用，包括停工人员工资，在老厂营业外支出中列支。②

可以看出，在"小三线"建设的开启阶段，广东省委在各个方面做了周密的部署，中央与地方相互配合、协同领导，选址布局强调隐蔽，项目规划全面细致，为"小三线"的全面发展做了铺垫。但是，由于这个阶段广东省在国防和重工业方面的投资占了总投资的很大比重，导致人民群众的吃穿用等问题受到一定影响。

四、广东"小三线"建设的实施过程

1965年，随着规划初步实施，广东"小三线"迎来第一个建设高潮。但好景不长，由于"文化大革命"的影响，1966年至1969年"小三线"发展道路越发曲折，1969年至1973年，中苏珍宝岛战役的爆发使广东"小三线"建设地位提升，迎来第二个建设高潮，1973年至改革开放前，随着国际国内形势的平缓，广东"小三线"建设少有新的项目开工，主要是续建、收尾、调整时期。

（一）"小三线"建设的曲折发展（1966—1969）

"小三线"建设的提出始于1964年，于1965年大规模展开。就在广东"小三线"建设开展得热火朝天之际，"文化大革命"开始了。"文革"起始的标志

---

① 刘田夫．刘田夫回忆录［M］．北京：中共党史出版社，1995：376．
② 转发财政部"关于战备搬迁过程中费用开支复函"的通知（1970年7月20日）［A］．广州：广东省档案馆，285-21-17-103~103．

是 1966 年 5 月 16 日中共中央政治局扩大会议通过了由毛泽东主持起草的《中国共产党中央委员会通知》（简称《五·一六通知》）。同日，中南区召开"文化大革命"动员大会，公开点名邓拓、廖沫沙、吴晗是一伙"黑帮"。紧接着"斗、批、改""审理广东地下党""批林批孔""反击右倾翻案风"等大规模的运动，一个跟着一个接踵而至，正常的社会秩序、生产秩序、工作秩序完全被打乱。广东各地区的"小三线"建设也受到了不同程度的影响。

1. "文革"对"小三线"建设的破坏

（1）对"小三线"组织和制度上的破坏

"文革"对广东"小三线"的冲击，首先表现在对"小三线"建设领导机构和领导干部的冲击，直接影响了"小三线"建设的进度。至 1967 年初，广东省各级党组织、政府、机关团体和企事业单位的领导干部大都被打倒或"靠边站"处理，受到各种不切实际的指控。当时，已经被中央批准任命为广东省革委会副主任的林李明同志，"文革"前是广东"小三线"建设的国防工业领导小组组长，"文革"初期，被一些人诬陷为"叛徒、特务、走资派"等莫须有的罪名，所谓"揭发材料"有十几箱子①。韶关地区出现自发的群众组织批斗地委领导人、夺地委领导权的情况，1967 年地委处于瘫痪状态②。

各级党政领导机关和经济管理机构都受到严重冲击。在上海"一月风暴"爆发后，广东省内"造反派"迅速夺取了中共广东省委的领导权，广东省人民政府、广东省公安厅被接管，省计委、省经委等"小三线"职能主管部门被裁撤。随后省内各级党政领导机关被相继夺权，广东"小三线"的"主阵地"韶关地区及其下辖县（市）领导机构、职能部门处于半瘫痪状态。③ 韶关市委及其下辖的 12 个市人委会及其下辖的 30 个工作机构受到严重冲击，难以开展正常工作。经济管理体制方面的一些重要规章制度遭到废弃或随意更改，许多企业停工停产④。

省内的军工管理系统也受到"文革"影响，1966 年省政府设军工局（对外称第一机械工业局）统管全省军事工业系统企、事业的生产建设。中共广东省

---

① 龚堂德. 走向光明之路——我所经历过的事 [M]. （内部资料），2003：49.
② 韶关市史志办公室，清远市史志办公室. 中国共产党韶关地方史大事记（1949.10—1978.12）[M]. 广州：广东人民出版社，1994：172.
③ 中共韶关市委党史研究室. 中国共产党韶关历史 [M]. 北京：中共党史出版社，2013：392.
④ 中共广东省委党史研究室. 中国共产党广东历史：第 2 卷（1949—1978）[M]. 北京：中共党史出版社，2014：653.

委组织部于1966年6月3日发出通知，任命原由中共韶关地委副书记李海涛为省政府计划委员会副主任兼省政府军工局局长兼韶关地委副书记。但因"文化大革命"冲击，筹建中的机关机构建设未能得以完善。

(2) 对"小三线"生产上的冲击

"文化大革命"期间，一些地区放松了对基层的督促检查，职工对"小三线"厂址提出了许多意见，要求停止建设，更换新址，部分项目曾出现停工或瘫痪状态。还有的工厂因为参加运动生产停滞、遭受严重损失，被树立为搞运动典型的岭南工具厂"几百人的小厂就抓了几十个'反革命'，发生了数起重大责任事故，其中有凶杀案、纵火案等"。北江机械厂的工作由于受到错误路线的干扰，派性斗争激烈，许多蒙冤的干部群众被批斗、关押，生产和生活秩序荡然无存。① 南江机械厂也卷入了"文化大革命"的派性斗争，"工厂人员构成很复杂，当时大陆来的干部与海南本地干部闹派性，'文革'前期因为揭发批斗，甚至造成了一位中层干部的爱人上吊自杀的事件"②。武斗的时候，南江机械厂里成立了造反派，基本分为两派，领头都是职工，食堂里到处张贴着大字报，影响了工人的生产情绪③。受到"文革"的干扰，一部分工人不安心生产，内陆来海南支援"小三线"的想调走，这一切对军品生产任务的完成造成极大的隐患。

不仅如此，在军工厂的外围也危机四伏。据南江机械厂职工回忆，南江机械厂在"文革"高潮的时候，外面的造反派想冲进来抢枪，兵工厂有枪，"我们发现以后，提前做好准备，护厂大部分是退伍兵，枪也很多的，一百支左右，是国家派发的用于保卫工厂。当时他们已经冲到手榴弹车间了，差点干起来，退伍兵守在车间，不让他们进来，最后撤回去了"④。

---

① 根据原北江机械厂党委书记兼革委会主任高文暄书面回忆，时间2016年9月。高文暄，1922年12月24日生于河南确山县，1970年1月至1972年3月，担任北江机械厂党委书记、革委会主任，之后调眉县军分区工作，1983年离休。
② 根据原南江机械厂革委会主任张应龙的长女张淑芬书面回忆，时间：2019年2月28日。张应龙，祖籍黑龙江省拜泉县，1950年3月10日在解放海南岛的战役任排长，1969年6月被任命为596厂革委会主任，1973年10月，调回三亚海南省军区守备十团。
③ 根据原南江机械厂党委秘书、党委书记陈颖连口述整理。陈颖连，1942年出生于海南文昌，1965年从文昌公安局调到南江机械厂。采访人：邓海，采访时间：2019年12月3日。
④ 根据原南江机械厂团委书记黄循全口述整理。黄循全，1966年7月作为琼海初中应届毕业生被招进海南重工业技工学校（南江机械厂厂办学校），之后依次到南江机械厂基建办公室、导火索车间、共青团团委担任不同职务。采访人：黄怡凯，采访时间：2019年12月3日。

据统计，1968年与1966年相比，广东省工业总产值下降22%，农业总产值下降2.6%，主要工业产品产量全面下降。交通运输略有增长，但很不稳定，基本建设投资额、社会商品零售额、外贸出口总额、财政收入都连续下降，经济效益和国民收入也连续下降。①"小三线"企业的生产受到了极大影响。

（3）"左"的指导思想对"小三线"建设的影响

"左"的指导思想对"小三线"建设的影响更大，它贯穿在"文化大革命"的全过程。党的十一届六中全会《关于建国以来党的若干历史问题的决议》对"文革"做了总结。"文化大革命"中的错误是"全局性的、长时间的'左'倾严重错误"。这种错误体现在体制上，是坚持高度集中的行政管理模式。在经济发展战略和方针上，是片面强调"一个观点，三个一切"，即强调用战争的观点，观察一切，检查一切，落实一切，其"左"的主要表现是：

首先，片面强调"以战备为纲"，强调各级都要建立独立完整的国防工业体系，忽视了广东的经济发展规律。"小三线"投资过大，基建计划长，但设备利用率很低，"几年来国家花了4000多万元，添了几千台设备，但是大部分产品年年完不成计划"②，造成资金、材料、设备的严重分散，投资效果差，这也是当时造成广东省经济出现大滑坡的主要原因。不仅如此，由于片面贯彻"靠山、分散、进洞"的方针，造成极大的浪费。如北江钢厂由于地处山区，交通十分不便，加上原材料、燃料供应不足，生产一直处于比较被动的局面，产量一直没有达到设计能力。③

其次，"左"的思想对"小三线"职工也有很大影响，主要表现在职工们的思想认识和行动上。"文化大革命"期间，政治学习是常态，军工企业举办了整党建党学习班，把整党建党和清理阶级队伍工作结合起来。

正确的路线遭到错误的批判，扰乱了职工的思想；过多的政治学习，挤占了大量本该用于生产经营的时间以及其他资源；过分强调阶级斗争，使得一些职工受到了错误的批判；派性斗争影响了职工的团结，造成了无政府主义的泛滥。这些都严重扰乱了正常的生产经营秩序，影响了工作和生产。

最后，对培养专业人才体制的破坏。"文化大革命"期间，大专院校多年不招生，造成各方面类型人才奇缺。广东机械学校、农机技工学校被迫停办解散。

---

① 广东省地方史志编纂委员会. 广东省志·军事工业志 [M]. 广州：广东人民出版社，1995：29.
② 中共广东省委党史研究室. 中国共产党广东历史：第2卷（1949—1978）[M]. 北京：中共党史出版社，2014：654.
③ 阳山县地方志编纂委员会. 阳山县志 [M]. 北京：中华书局，2003：158.

广东机械学校 27 万平方米的校舍被占,仪器、图书资料散失,损失严重。科研事业也遭到严重摧残。全省的科研机构或被撤销,或被划归其他部门,科研力量被打散,许多宝贵的科研资料散失。一大批知名知识分子被打成"反动学术权威"而"靠边站"。① 1968 年,省机械研究设计院及省农机研究所亦被撤销,科研队伍解散,广大科技人员被下放劳动锻炼,直到 1971 年才复办。科技人员占职工总数,全国为 5%,广东为 2.1%。由于科研生产受到冲击,全省机械工业生产连续下降,1967 年比 1966 年下降 8.7%,1968 年仅完成总产值的 2.99 亿元,下降 29%,是"文化大革命"期间机械工业生产的最低点。② 覆巢之下,安有完卵,"小三线"企业的人才招收和人才培养受到了严重的干扰,造成了技术骨干缺乏的局面。

"文化大革命"的开展使得全国一片混乱,广东"小三线"建设也逐渐停滞,生产建设活动很难进一步开展。"文革"造成的动乱给整个广东的经济建设造成了很大的破坏,也给广大人民群众带来极大的伤害。广东经济在"文化大革命"期间,发展缓慢,增长速度低于全国平均水平,经济效益下降。1968 年广东省工业总产值增速比 1965 年下降了 7%,其中轻工业总产值增速从 14.5% 下降到 8.5%,重工业从 26.1% 下降到 14.8%③。在这样的宏观背景下,广东"小三线"建设也陷入低谷。

2. "小三线"建设在艰难中发展

(1) "小三线"领导体制的转变

1967 年 3 月 19 日,中央军委根据时任军委主席毛泽东的指示,首次向全国发布了"三支两军"④ 的总体任务。在短短 5 个月的时间内,中国人民解放军指挥部、各军区在全国范围内对 7752 个单位实施了"军事管制",并对 2145 个单位进行保卫。

进而革委会的成立,使得社会经济情况开始扭转,在 1968 年运动的关键时候,从上到下成立的"三结合"的各级革命委员会,对制止暴乱,及时恢复生产和生活秩序起到了不小的作用⑤。革委会对"小三线"建设进行了部署,使

---

① 广东省地方史志编纂委员会. 广东省志·政治纪要 [M]. 广州:广东人民出版社,2004:232.
② 中共广东省委党史研究室. 中国共产党广东历史:第 2 卷(1949—1978)[M]. 北京:中共党史出版社,2014:653.
③ 匡吉. 当代中国的广东 [M]. 北京:当代中国出版社,1991:593.
④ 关于集中力量执行支左、支农、支工、军管、军训任务的决定。
⑤ 中共广东省委党史研究室. 中国共产党广东历史:第 2 卷(1949—1978)[M]. 北京:中共党史出版社,2014:543.

得"小三线"企业的生产迅速恢复了正常。1968年7月，广东省革命委员会、省军区联合发布《关于"关于小三线建设要由军队管起来"的联合通知》，决定成立革命委员会、省军区国防工业办公室，列入省军区编制序列，以省军区为主管理。省军区副参谋长李月秋为国防工业办公室主任，嘉星楼为国防工业办公室副政治委员。省军区副司令张鸣夫、副政治委员杨挺分别兼任省革命委员会、省军区国防工业领导小组成员。全省"大三线""小三线"建设和国防工业企、事业，由国防工业办公室统一领导和管理。① 海南岛的"小三线"管理体制也相应发生了变化，1968年5月，海南的国防工业建设交接给海南军区国防工业办公室。②

军管之后，"小三线"军工企业进行了整顿，恢复了正常的生产。北江机械厂军管会领导周海鹏在做了大量内查外调的基础上，全部解放了这批干部群众，摘掉了强加给他们莫须有罪名的帽子③。作为军管干部，派遣到南江机械厂担任革委会主任的张应龙深入车间、工地调查研究，分别找机关中层干部、车间主任、老工人谈心，耐心给大家做思想工作，讲政策，讲团结，讲军工生产的重要意义，很快把大家的思想统一到了生产上来④。在革委会采取加大整治力度的有效措施下，重新调动了全厂职工的工作积极性，精神面貌焕然一新，生产和生活秩序逐步恢复，军品生产的产量在逐年增加，质量也在逐年提高，工厂逐步走上了良性发展的轨道。

需要指出的是，在"文革"最动荡的阶段，广东"小三线"建设的进程虽然受到了一定的阻碍，但由于"小三线"企业是军工企业的特殊性质，加上广大干部职工对"文革"的错误路线也有一定的抵制，因此相比于普通的地方单位，"文革"对"小三线"企业的影响相对没有那么严重。一方面，"小三线"建设是以备战为目的，军工企业多是准军事化管理，保密性、独立性和纪律性都很强，对当时混乱的社会局势具有一定的"免疫力"。实行军管后，工厂有部队驻守，外界就更难影响到企业。据南江机械厂职工回忆，"有三年左右的时间

---

① 广东省地方史志编纂委员会. 广东省志·军事工业志［M］. 广州：广东人民出版社，1995：29.
② 关于将海南国防工业办公室移交海南军区国防工业办公室接管的移交报告（1968年9月10日）［A］. 海口：南江机械厂档案室.
③ 根据原北江机械厂军管会领导周海鹏的儿子周广武书面回忆，时间：2016年9月。
④ 根据原南江机械厂革委会主任张应龙的长女张淑芬书面回忆，时间：2019年2月28日。张应龙，祖籍黑龙江省拜泉县，1950年3月10日在解放海南岛的战役任排长，1969年6月被任命为596厂革委会主任，1973年10月，调回三亚海南省军区守备十团。

实行军事管制，还有部队专门的一个排驻守这里，任何外来势力都进不来"①。在军工企业内部，也基本没有出现造反派夺权的现象，据南江机械厂职工杜家帮回忆："('文革'期间）工厂内部有过两三个月小乱，那个时候革委会主任、副主任，有些重要部门都按部队管理那一套实行了，没有受到大的影响"②。另一方面，"小三线"企业的政治觉悟和国防意识普遍较强，有自觉维护国防生产的意识，因而能够对影响和破坏生产的行为自觉抵制。"'文化大革命'那么乱，职工们都不理睬，按照工厂的正常步骤，每天都照常干"，"工厂内部有些人抓人来批斗一两个月，但是没有人听他们乱咋呼，立场还是比较坚定的"③。还有的干部和职工用真名实姓写信，揭露批判"四人帮"的反对观点和倒行逆施。正是广东省的各地各级干部和"小三线"职工对"四人帮"及其资产阶级帮派势力打乱广东的阴谋进行坚决的抵制和斗争，坚守岗位、积极搞生产，才保证了"小三线"军工企业生产的正常运行。

（2）各地区"小三线"项目安排与实施情况

第三个五年计划时期，广东结合中央三线建设的指导思想，提出的任务是：大力发展农业，加强基础工业，相应发展交通运输业，提出要建立以"五小"工业④为主的支农体系和"小三线"军事工业体系。其出发点是立足战争，方针是小而全，以支农为首要任务，重点发展轻化工业，积极发展机械、电力、煤炭和其他原材料工业。同时，加强后方工业建设，积极地、有步骤地调整工业布局⑤。在上述思想的指导下，省内各地区纷纷行动起来，建设"小三线"基地。

在政府政策、资金的推动下，从广州迁移了大批军工企业、骨干企业落户韶关，从而推动了韶关地方工业的急剧发展。韶关冶炼厂、广东长湖水电站动工兴建，韶关铸锻总厂建成，成为全省规模最大的一家铸锻件专业生产厂，韶

---

① 根据原南江机械厂四车间主任杜家帮口述整理。杜家帮，1966年以学生身份招进南江机械厂办的海南重工业技术学校，后任南江机械厂四车间主任。采访人：周晨阳、王良圣，采访时间：2019年12月3日。
② 根据原南江机械厂四车间主任杜家帮口述整理。杜家帮，1966年以学生身份招进南江机械厂办的海南重工业技术学校，后任南江机械厂四车间主任。采访人：周晨阳、王良圣，采访时间：2019年12月3日。
③ 根据原南江机械厂四车间主任杜家帮口述整理。杜家帮，1966年以学生身份招进南江机械厂办的海南重工业技术学校，后任南江机械厂四车间主任。采访人：周晨阳、王良圣，采访时间：2019年12月3日。
④ 小化肥、小农药、小水泥、小农机、小水电。
⑤ 中共广东省委党史研究室．中国共产党广东历史：第2卷（1949—1978）[M]．北京：中共党史出版社，2014：623.

关齿轮厂建成，成为全省最大的农机次轮生产厂。韶关逐渐形成机械、化工、机电、电子等较为完整的产业体系。①1967年5月，海南地区军管会根据海南岛孤悬海外的地理特点和客观实际的需要，提出了新的战备发展规划，即在"今后两三年内，除加强小型农田水利、加速粮食生产的发展外，还须新建和配套一批工厂，把海南岛山区早日变为海南人民战争的巩固后方"。计划新建、扩建15间工厂（水电站），新建、续建4条山区公路和邮电线路、发射台，修建1所医院，新建1个广播台及一批物资仓库②。在"文化大革命"期间，海南岛已经建成并投产了一批生产地雷、手榴弹、子弹、硝酸铵岩石炸药的军用工厂，民用工业的化肥厂、电池厂、制药厂、橡胶厂、水电站等也已建成投产或部分建成投产。其中，海南化肥厂、海南电池厂、海南制药厂、通什机械厂、毛阳水电站等民用工业已建成投产，海南橡胶厂、海南黎族苗族自治州水泥厂、海南汽车修理厂、毛丹水电站等正在建设，海南农具厂、光明机械厂、海南加工厂等军用工业正在建设③。梅县、肇庆等其他地区也都行动起来，建设起"小三线"基地，并搬迁进一批军用、民用的工厂，或在基地内新建一些小型的兵工厂，力争能够做到自给自用，以应战时之需④。

虽然有"文化大革命"的干扰与破坏，但在地方党委的重视和广大干部职工的努力下，该时期广东"小三线"建设也在艰难中有所发展，可以归结为以下几点原因：一是经过1967年、1968年两年大的动乱之后，广大干部和"小三线"职工迫切希望把生产建设搞上去，而毛主席"抓革命、促生产""把国民经济搞上去"的指示，对广大关心国家和社会利益的党员、干部、"小三线"人是一个很大的支持；二是大批干部和工程技术人员忍辱负重，有的甚至白天挨批斗，晚上抓工作，以此表示他们对错误路线和对林彪、江青反党集团横行无忌的抗争，表达他们对党、对国家、对人民的赤胆忠心⑤。三是广东省战备工作的展开，特别是"小三线"建设的全面铺开，要求加快生产，并调动一切有利

---

① 韶关市史志办公室，清远市史志办公室. 中国共产党韶关地方史大事记（1949.10—1978.12）[M]. 广州：广东人民出版社，1994：179.
② 海南地区军事管制委员会. 关于海南区"小三线"1968—1970年建设规划（1967年5月31日）[A]. 海口：海南省档案馆.
③ 中共海南省委党史研究室. 中国共产党海南历史：第2卷[M]. 北京：中共党史出版社，2007.
④ 中共广东省委党史研究室. 中国共产党广东历史：第2卷（1949—1978）[M]. 北京：中共党史出版社，2014：624.
⑤ 薄一波. 若干重大决策与事件的回顾：下[M]. 北京：中共中央党校出版社，1993：854.

条件投入军工生产建设当中来。正是这些因素的综合作用，才使得这一时期的广东"小三线"建设在党的领导和军队的管理下有所发展。这一时期，广东省与全国各地区初步形成了自己的军工生产后方基地，改善了全国国防工业布局，形成中央和地方、"大三线"与"小三线"配套的国防科技工业系统。

（二）"小三线"建设的再次推进（1969—1973 年）

1969 年 3 月，中苏珍宝岛冲突爆发，这一事件加剧了中央关于中苏之间爆发全面战争的担忧。为了抵御可能发生的侵略战争，全国又一次进入了战备高潮。在中共九届二中全会上，毛泽东指出我们要为战争做好物质上和精神上的双重准备。① 既要对群众进行国民形势教育，进行战略疏散，又要开展全民动员，号召"备战、备荒、为人民"，三线建设作为当务之急迅速得到恢复。在中共中央的统一指挥下，各省的建设规划、基建力量、材料设备、物资配送等"小三线"建设相关工作再次迅速运转起来。同年，广东省积极贯彻中央关于备战的相关战略方针，实行"一分为二"的战略疏散，在广东省革命委员会的领导下，全省"小三线"再次全面铺开。

1. 战备疏散人口与安置

1969 年 10 月 17 日，林彪作了《关于加强战备，防止敌人突然袭击的紧急指示》，其内容主要是宣布实行战略疏散，要将一部分城市人口疏散到农村。从 1970 年上半年开始，大规模的战略疏散活动在广东省内有序展开。广州市发出了"战略疏散，准备打仗，打起仗来城市没有人打白旗，没人当汉奸为敌人服务，没有当特务出卖国家利益"的口号，规定所有居住在城镇的"21 种人"②，通通往农村疏散，交给贫下中农监督。

1970 年，根据广东省革委会关于做好战备人口疏散和安置工作的指示精神，广州市初步计划疏散 20 万人左右，其中湛江地区 36000 人，佛山地区 35000 人，惠阳地区 31000 人，韶关地区 31000 人，肇庆地区 31000 人，梅县地区 24000 人，汕头地区 10000 人，海南行政区 1000 人，广州市所属两县 4000 人。③ 清远县革委会研究确定将县城 1600 名五类分子和闲散人员疏散到农村。连县革委会

---

① 1969 年 8 月 18 日，周恩来接见上海市革命委员会负责人时的指示。陈夕. 中国共产党与三线建设 [M]. 北京：中共党史出版社，2014：244.

② 地、富、反、坏、右分子，劳动教养人员，刑满留场（厂）就业人员，反动党团骨干分子，反动会道门中的中小道首和职业办道人员，敌伪军（连长以上）、政（保长以上）、警（警长以上）、宪（宪兵以上）和特务分子，投机倒把分子，刑满释放、接触劳教但改造不好的分子和被判杀、关、管、外逃的反革命分子及其家属等。

③ 关于战备疏散城市人口的方案（1970 年 5 月 12 日）[A]. 连州：连州市档案馆，3-A12.1-7-8-20.

将连州、星子、东陂等城镇530户2287人疏散到连县各公社农村插队落户。连南县疏散107户385人,另广州疏散来连南61户152人。① 短短几个月内,全省疏散了10.75万人②。

为加强对战备疏散安置工作的领导,省革委会领导设立了战备疏散安置办公室,负责处理日常工作。各级革命委员会设立相应的办事机构,或指定专人负责此项工作。疏散安置工作是按照先疏散老、幼、残人员和孕妇的原则进行的。疏散对象原籍有家可归的,原则上回原籍;疏散地区的迁移计划,要事先送给安置地区疏散人员,原则上由迁出地送到队,不通车、船的队则送到安置地区指定的接受点,然后由安置地自行运送;安置费由疏散地区财政局统一拨给安置地区财政部门,由接收安置的社、队根据情况掌握使用,安置费标准,单人疏散210元,成户疏散每人110元,回原籍的每人50元。安置费只能用于疏散人员的生产生活,包括修建必需的住房、生活补助、购置农具和炊具等等③。原是全民所有制单位疏散,现应复工、复职的战备疏散人员,安排在全民所有制单位复工、复职所需的劳动指标,由动员疏散城市将劳动指标拨给安置地区和单位④。

2. 建设项目的全面铺开

"备战、备荒、为人民"的口号首先是毛主席提出的。他强调,第一是为战争做准备,人民和军队在作战前必须先能吃饱穿暖,否则,尽管他们拥有枪支,但毫无用处。第二是防备灾荒,解决粮食、棉花和油储备不足等问题,依赖其他省份提供经济援助不是一项长期计划,万一发生战争,后果不可想象。第三是国家的储备不可过多,要考虑到一些地区的人粮食不够吃、衣服不够穿等问题;为了备战和备荒,将全体人民物资分散储存;地方资金的储备要以今后扩大再生产为目的。⑤

1969年底,为了贯彻中央关于加强战备的最新指示,广东省革委会开始加大对"小三线"建设的投入,一批新建或迁建的"小三线"项目在韶关、梅

---

① 中共连南县历史编委会. 中国共产党连南瑶族自治县历史:第2卷(1949—1978)[M]. 广州:广东人民出版社,2015:184.
② 凌伯棠. 岭南纪事[M]. 广州:广东人民出版社,2004:322.
③ 关于战备疏散城市人口的方案(1970年5月12日)[A]. 连州:连州市档案馆,3-A12.1-7-8-20.
④ 关于大、中、城市战备疏散人员在当地安排工作划拨劳动指标的通知(1973年7月11日)[A]. 广州:广东省档案馆,256-A1.1-0137-024.
⑤ 这是毛泽东给刘少奇3月11日关于农业机械化来信的复信。陈夕. 中国共产党与三线建设[M]. 北京:中共党史出版社,2014:213.

县、肇庆和海南等地的山区相继上马。粤北新建广东矿山通用机器厂、连南轴承厂、北江钢铁厂、韶关钢铁厂、大宝山矿、四望嶂矿务局等。为了满足迅速增长的工业用电需求，南水、泉水、长湖、潭岭等新建水电厂开始陆续并网发电①。海南地区也在1969年提出了新的发展规划，计划在"小三线"地区新建钢铁厂、通用机械厂、电讯器材厂、锌片厂、电筒电珠厂、纸浆厂、聚氯烯厂、橡胶厂、四间小糖厂、毛拉洞水电站及其电力网，扩建汽车配件厂、电池厂，新建2条公路，大力加强"小三线"地区的农业生产建设，扩大粮食播种面积，实现一人一亩一水田，把海南区"小三线"建设成为有粮食、有钢铁，能独立自主，坚持独立作战的根据地②。海南地区革委会和海南黎族苗族自治州革委会根据规划的要求，在广东省委、广东省革委会的支持下，从水利、农业、工业、交通等方面对"小三线"地区进行全面建设。

为加速"小三线"建设，1971年7月，广东省委成立了广东省国防工业领导小组，主管全省范围内的军工生产，由张景耀、袁德良、张鸣夫、林李明、杨挺、黎奇、李建安、李月秋及省国防工办政委共9位同志组成，张景耀同志任组长，袁德良、张鸣夫、林李明同志任副组长③。这一阶段"小三线"建设的突出特征是广东电子军工发展壮大起来，在粤北山区组建了东方红、红权、先锋3家电子骨干军工企业④。发展了一批地方电子企业承担的电子军品生产任务，生产了一批军用通信指挥的主电台、电子元器件、航行雷达和电子配套设备，以及舰用导航设备和通信设备。这一时期，全省军事电子工业共为国防生产无线通信和导航设备9种8615台（套），有线通信、指挥设备544部（另军民两用的设备191万部套），雷达类产品4242套，其他军用电子产品119万部，电子器件1264万余只，还有用于核潜艇、运载火箭、人造卫星上的电子尖端产品⑤。

由于珍宝岛事件的发生，广东"小三线"建设重新掀起高潮，新增了梅县和肇庆两个"小三线"建设点，广东"小三线"电子工业也在这一时期发展壮大起来，初步改变了广东省的工业布局，一定程度上带动了粤北山区经济和社

---

① 韶关市地方志编纂委员会. 韶关市志：中 [M]. 北京：中华书局，2001：748.
② 海南区1970—1972年国民经济发展规划（草案）（1969年8月）[A]. 海口：海南省档案馆.
③ 同意成立广东省国防工业领导小组（1971年7月11日）[A]. 广州：广东省档案馆，306-A0.02-33-2.
④ 刘田夫. 刘田夫回忆录 [M]. 北京：中共党史出版社，1995：378.
⑤ 广东省地方史志编纂委员会. 广东省志·军事志 [M]. 广州：广东人民出版社，1999：128.

会的发展①。

(三)"小三线"建设的逐步收尾(1973—1978年)

1973年后,中国周边的国际局势开始缓和,越南战争逐步结束,中美关系也朝着好的方向发展。国内也因发生了林彪事件,开始"批林整风",纠正了一些在战争问题上的极"左"思潮。根据国内外形势的变化,7月1日,国家计委在原"四五"计划纲要草案基础上拟订了最新的《第四个五年计划国民经济计划纲要(修正草案)》。在《修正草案》中,重新确立了战备、三线建设、经济建设这三者之间的关系;对若干方针政策进行了针对性的调整,如将针对临战状态的军工优先调整为继续加强军工,将农业发展服务战备调整为农轻重协调发展,并重新确立了农业在国民经济中的基础地位。可以看出,在中央相关方针的指导下,三线建设的地位发生了明显变化,国防方面的开支减少,工业建设规模压缩,并且国家开始逐步调整三线军工单位的领导体制。

1973年,随着《关于调整国防工业管理体制的决定》《关于小三线军工企业归地方领导的若干问题的通知》等文件的下发,"小三线"国防工业的领导权从国务院和中央军委下放到了地方。同年9月,中央军委国防工业领导小组被撤销,其职能被新成立的国务院国防工业办公室取代。

根据中央精神,11月21日,广东省对省国防工业体制作了调整,国防工业由省军区移交地方领导,改变了"小三线"的隶属关系。为了全面统筹省内的国防工业建设,广东省革命委员会新成立了省国防工业办公室。按精兵简政的原则和军民结合、平战结合的方针,省国防工业办公室与省工交办公室合署办公,两个牌子一套机构,由省工交党委统一领导。省工交办公室(国防工业办公室)内相应增设国防工业处管理日常业务工作,工交办副主任李月秋兼省国防工业办公室副主任。同时,在省革命委员会下,设立军工局(对外称第二机械工业局)和电子工业局。②

1974年初,省军工局正式成立,毛绍仪任军工局局长。军工局接管了原省军区国防工办的任务,统一管理全省常规武器的军工企业及六机部下放的船厂和配套厂。上与国务院第五、六机械工业部对口,下管25个直属厂、站和单位。这些单位多在三线地区的粤北和海南岛,而且军工与造船规划、计划、投资、原材料、设备等都分别组织实施、分别管理、分别列账、分别使用,任务

---

① 凌伯棠. 岭南纪事[M]. 广州:广东人民出版社,2004:248.
② 关于调整我省国防工业管理体制的通知(1973年11月23日)[A]. 广州:广东省档案馆,281-4-12-079~079.

比较繁重。因此，根据任务要求，军工局设置了相应的组织机构，一部一室九处，定员150人，其中干部135人，工勤人员15人。局领导5人，下领导政治部、办公室、基建计划处、科研技术处、劳动工资处、财务处、常规兵器生产技术处、造船工业生产技术处，此外设广东省军工局物资供应公司。①

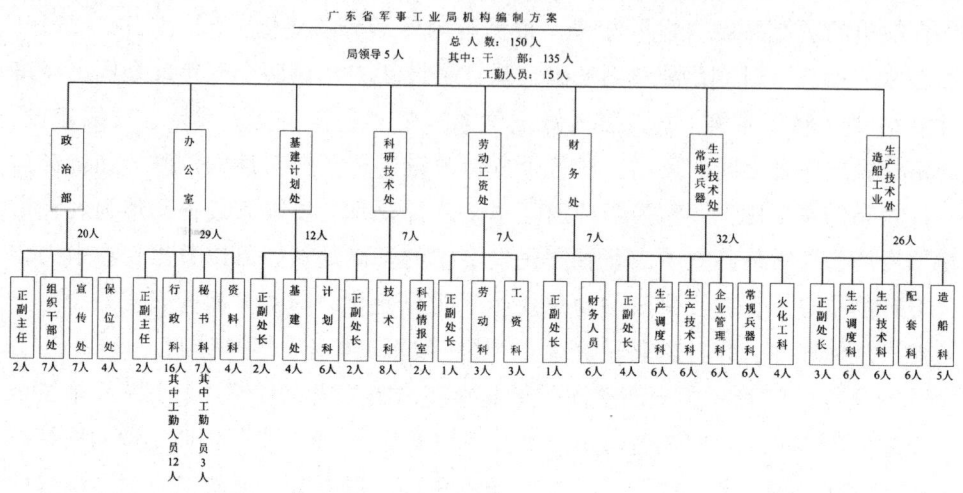

图1

广东省"小三线"企业日常运转中遇到的问题，由省国防工业办公室会同省计委一起研究后上报省委。广东省内军工省属企业和接管的军工央企，实行省和地区（广州市、海南行政区和各地区）双重领导，以省为主。为加强"小三线"军工企业政治工作的领导，海南、韶关地区工交办公室内增设国防工业政工科。日常文件的发放，由省革委会办公室负责②。在调整交接工作完成后，省革委会、省军区国防工业领导小组及国防工业办公室便撤销了。

物资供应方面。国家计划委员会物资局和第五机械工业部规定，从1974年1月1日起，第五机械工业部不再参与"小三线"军工企业的物资申请工作，企业所需要的国家统配物资和部管物资由企业所在的省、市、自治区相关部门向国家计委物资局和有关部门提出申请。申请物资的交接工作，由国家计委物资局、各有关部物资分配部门、第五机械工业部和各省、市、自治区共同负责，

---

① 广东省军事工业局机构编制方案（1973年10月30日）[A].广州：广东省档案馆，505-A1.1-27-62.

② 关于改变国防工办隶属关系的会议纪要（1973年1月11日）[A].广州：广东省档案馆，222-5-119.

认真做好衔接工作,保证了"小三线"军工生产的正常进行①。

1974年后,我国经济建设开始步入正轨,逐步把以战备为中心转向为强调经济效益。三线建设不再盲目上马大型项目,大部分精力转向帮助建成企业尽快发挥效益上来。对于那些不急需、不具备建设条件的项目采取停建或缓建的措施,对农业和沿海地区的投资比重明显增加。在这种大背景下,广东省对"小三线"建设规划作了较大的调整。省内"小三线"不再上马新项目、不再投资兴建大型厂矿,集中精力帮助"小三线"建成企业尽快投产、实现效益。广东省大多数"小三线"基建工程不得不压缩规模、控制体量,"小三线"建设的热潮逐渐降温。以韶关地区为例,1974年,国家对韶关地区国防工业计划投资额削减至68万元,实际完成63.6万元②。韶关地区的施工项目中全部投产或交付使用的项目有87个,部分投产的项目有108个,竣工而不增加生产能力(或效益)的项目数150个③。1977年,广东省已经开始贯彻、执行中央提出的"军民结合,平战结合"的方针,广东省国防工办于1978年后积极引导各军工企业开发民品生产。至此,广东"小三线"建设画上句号,进入全面的调整改造时期。

五、广东"小三线"军工企业的建设

广东"小三线"建设在全国"小三线"建设中意义重大,而军工企业建设又是"小三线"建设的重点。关于广东"小三线"建设的研究相对薄弱,尤其是考察军工企业的征地、组建、人员调配、生产及组织架构等问题,还未有专文探讨。本章在前三章从宏观把握广东"小三线"建设发展脉络的基础上,从微观视角选取典型的"小三线"军工企业进行考察,了解"小三线"建设在基层的具体运作模式,分析军工企业的人员组织、运行机制、产品属性的特殊性。

(一)军工企业的概况

军工企业通常包括兵器工业、军用航空工业、军用舰船工业、军用电子工业、军用核工业、军用航天工业、军需工业等军工企业④。在"小三线"建设

---

① 关于小三线军工企业归地方领导后有关物资供应问题的通知(1973年9月6日)[A]. 广州:广东省档案馆,253-2-133-51~51.
② 韶关地区1974年基本建设项目概况(按行业总表)[A]. 韶关:韶关市档案馆,34-A12.3-326-20.
③ 1974年各县市基建年报(1975年4月29日)[A]. 韶关:韶关市档案馆,34-A12.3-326-2.
④ 中国人民解放军军事科学院. 中国人民解放军军语[M]. 北京:中国人民解放军战士出版社,1982.

中，广东省建立起自己相对独立的军工体系是以兵器工业为主。因此，在本章中，主要讨论军工企业中的兵器工业。

新中国成立后，军事工业受到国家严格管理，从新中国成立初期到1964年，广东没有部署建立地方军事工业，广州造船厂及黄埔造船厂等企业是国家部属企业，也只是生产小型炮艇。广东机械工业系统只有部分企业承担军工配套任务，为国家军事工业提供通用配套产品。1964年以后，基于国内外形势的需要和中央开展三线建设的指示，中共广东省委决定开展"小三线"建设，国防工业领导小组组长林李明将军工项目摆在首位。广东在海南、肇庆、韶关的边远山区内，先后建起多间地方军工企业，从事生产步枪、自动步枪、冲锋枪、机枪子弹、高射炮、高射机枪、炮弹、手榴弹、TNT炸药、水中兵器——各型水雷等。

通过梳理有关历史档案得知，1964年至1978年，全省国防工业累计投资2.5亿元（国家投资1亿多元，省财政投资1.4亿多元），建成兵工企业14间。其中，第五机械部直属厂4间，属国家投资建设的"大三线"军工企业，即"四联"高射机枪厂2间（一为枪身厂、一为枪架和总装厂）、"30"航空炮弹厂1间、夜视仪器厂1间[①]。10间为广东地方财政投资，属省"小三线"军工企业，由省国防工办（军工局）直接领导和管理，即步枪厂1间、子弹厂2间、手榴弹厂2间、TNT炸药厂1间、硝铵炸药厂2间、水中兵器厂1间、工模具厂1间[②]。相关情况详见下表。

表1 广东"小三线"建设时期的兵工企业

建设时间	对外厂名	代号	建设地点	生产任务
1965年1月	国营北江机械厂	980厂	连南县寨岗区	五六式7.62毫米半自动步枪
1965年1月	国营岭南工具厂	946厂	连南九陂墩头	五六式7.62毫米半自动步枪、冲锋枪、机枪子弹
1965年2月	国营海南农具厂	596厂	海南岛琼中县毛阳区	67式木柄手榴弹、59式防步兵绊索雷、60炮弹、反坦克枪榴弹、工业雷管、导火索

[①] 对外厂名依次为国营南方机械厂、国营南方修配厂、国营卫国机械厂、国营光明机械厂。

[②] 广东省地方史志编纂委员会. 广东省志·军事志 [M]. 广州：广东人民出版社，1999：65. 对外厂名依次为国营北江机械厂、国营岭南工具厂、国营光华修配厂、国营海南农具厂、国营明华机械厂、国营卫民机械厂、国营海南加工厂、国营利华加工厂、国营长征机械厂、国营星光工模具厂。

续表

建设时间	对外厂名	代号	建设地点	生产任务
1965年11月	国营明华机械厂	806厂	连南县寨岗区	手榴弹、迫击炮弹、工业雷管、反坦克枪榴弹
1965年12月	国营海南加工厂	9665厂	海南岛琼中县毛阳区	硝铵炸药
1966年3月	国营光华修配厂	9671厂	海南岛琼中县毛阳区	五六式7.62毫米半自动步枪、冲锋枪、机枪子弹
1966年8月	国营星光工模具厂	9609厂	连县宝安区	供应粤北各军工企业工模具和部分工装设备
1967年1月	国营长征机械厂	8402厂	封开县城郊	水雷、鱼雷装药
1967年3月	国营利华加工厂	9655厂	连县保安区本公洞	硝铵炸药
1970年4月	国营南方机械厂	5606厂	连县瑶安鹅进地区	14.5毫米高射机枪枪管
1970年4月	国营南方修配厂	5616厂	连县瑶安清水地区	14.5毫米高射机枪枪架及总装
1970年12月	国营光明机械厂	5628厂	阳山县黎埠区	夜视仪
1971年5月	国营卫民机械厂	5625厂	乐昌县鸡公山	梯恩梯炸药
1971年10月	国营卫国机械厂	5693厂	连县丰阳区飞水洞	航空炮弹

表1反映了广东"小三线"建设中兵工企业的基本情况，从中可以看出：

第一，从生产任务来看，生产的武器品种有步枪、子弹、手榴弹、炮弹、地雷、雷管、导火索、炸药、水中兵器等等。广东"小三线"军工企业的主要任务是生产轻型武器和炸药，以供应地方军队和广大民兵。其中，连阳四县的军工企业生产的产品主要是供驻守广东、广西和湖南的解放军和民兵使用①。"小三线"军工企业生产的各种武器为国防建设奠定了坚实的基础。

---

① 中共连州市委党史研究室.中国共产党连县历史：第2卷（1949.12—1978.12）[M].广州：广东人民出版社，2015：142.

第二，从"小三线"军工企业的名称代号来看，所有军工企业都有一个代号，而对外只有一个普通厂名。根据当时中央保密委员会的规定，"对党外群众不讲一、二、三线问题，只讲沿海、内地建设"等。北江机械厂的代号是"980厂"，对外厂名是"国营北江机修厂"，岭南工具厂的代号是"946厂"。海南"小三线"的琼中县以"四厂二库"为代表，"四厂"分别是"9665厂""9571厂""596厂""9716厂"，对外称海南加工厂、光华修配厂、海南农具厂和红岛机械厂，又称13、14、15号信箱，"信箱是'小三线'厂人员给外界写信标注的地址，由于不能透露工厂的具体位置，所以信箱对于外界来说比较神秘"①。"二库"指物资储备仓库570库和605库。当时，"小三线"建设的领导机构国防工业办公室对外称"岭南招待所"，设在连县人民路，无一不体现出"小三线"建设在那个年代的特殊性和保密性。

第三，军工企业新建时间主要集中在1965—1966年和1970—1971年两个时间段，而这两个时间段正好处于外部环境不稳定、国内紧急备战时期，表明"小三线"建设的状况与当时国际国内形势密切相关。从1965年开始，广东"小三线"建设由逐步规划转向实质性实施阶段。全省的军事工业规模、工厂的生产、生产武器的种类和数量，皆达历史之巅峰。从厂址选择来看，在"靠山、分散、隐蔽"的要求下，厂址大都选在粤北三连一阳地区及海南琼中县内的峡谷或山脚下。地区分布分别是：韶关的连县5家、连南县3家、阳山1家、乐昌县1家，海南岛的琼中县3家，肇庆的封开县1家。

这里只列出广东"小三线"军工企业14间。此外，还有一些与军工生产相配套的钢铁、电力、电子工业也可归入广义的"小三线"范畴，包括北江钢铁厂（特种钢）、东方红机械厂（电子器件）、先锋机械厂（碳膜电位器）等等。海南岛还设立了与"小三线"军工配套的水力发电站、轴承厂、汽车修理厂、海军鱼雷修理厂。为保证"小三线"军工企业生产的物资供应，在连县设有385仓库，海南海口设有605仓库，乐昌设有570仓库（坪石仓库），由仓库负责组织转运军工所需之物资材料，直接供应到各生产厂。这些配套企业与军工企业一起共同构成了基本齐备的轻武器生产体系。

---

① 根据原南江机械厂四车间主任杜家帮口述整理。杜家帮，1966年以学生身份招进南江机械厂办的海南重工业技术学校，后任南江机械厂四车间主任。采访人：周晨阳、王良圣，采访时间：2019年12月3日。

（三）军工企业的选址与征地

1. 厂址的选择

军工企业厂址的选择除了考虑宏观上的"靠山，分散，隐蔽"原则，微观上的选址还要经过层层考察和审慎分析。军工企业的选址一般经过了建厂提案、勘探选址、实地考察三个阶段，选址过程也有多个机构同时参与、互相配合，包括广东省矿山冶金工业管理局、广州市设计院、市建工局、市政工程局等等。以北江钢铁厂为例，北江钢铁厂是在"文化大革命"时期由广东省革命委员会领导组建的。1969年5月24日，广东省革命委员会生产组办公室会议作出《关于做好我省小三线小型钢厂建设准备的决定》。与此同时，省计划战线革命委员会也下发了建厂提案。据此，省矿山冶金工业管理局迅速组织人员到粤北地区进行勘察选点。1970年1月12日，广东省革命委员会生产组组织了由武汉黑色冶金设计院、广州市设计院等单位24人组成的选址小组，先后到乐昌、阳山等县的10个地点进行考察，最后提出在阳山县小江公社石螺大队境内建北江钢铁厂。①

出于防空隐蔽和少占农田的考虑，广东"小三线"军工厂厂址皆选择在两山相夹的深山峡谷之中，或背靠大山的山脚之下，且有意识地远离城镇②。以连阳地区为例，卫国机械厂坐落在人迹罕至的峡谷之中，利华加工厂、星光工模具厂的选址都与周围的村庄有一定的距离。一般情况下，居住区位于工厂的外围，生产区域靠近内部，而防护级别最高的仓库和弹药设施都布置在峡谷最深处。考虑到部分军工厂相互配合的需要，这些生产上有联系的工厂在"大分散"的原则下会相对靠近，例如国营南方机械厂和国营南方修配厂分别负责生产14.5毫米高射机枪的枪身和枪架，它们的位置也相邻近，两厂相距约9公里，分布在两个相邻的大山峡谷之中。

此外，选址还综合考虑了电力、水源、交通等多个方面因素。以海南的南江机械厂为例，其选址经历了三次变更，最开始定在什运，考虑到这里靠山、靠水、隐蔽，并且靠近海榆中线，但没有电。后来向外圈寻，第二次定在毛阳区，考虑到这里有毛阳水电站，水电站是640千瓦，且只有一个农村用，此地获得海南重工业处处长的批准。但是毛阳靠水不靠山，也被否定了。最后选择在海南省琼中县毛阳镇的海渝中线185公里（简称"185"），距离海榆中线不

---

① 阳山县地方志编纂委员会．阳山县志［M］．北京：中华书局，2003：158．
② 广东省地方史志编纂委员会．广东省志·军事工业志［M］．广州：广东人民出版社，1995：64．

远,交通便利,又靠山隐蔽,所以就定到185。① 工厂位于三面环山狭窄弯曲的峡谷里,工厂的厂房、宿舍依山而建。可以看出,选址所考量的因素是多方面的。不仅如此,选址完成后不是立即就可以建厂的,还需要许多现场施工准备工作,比如征地移民、迁坟、平整土地、修筑公路、搭建临时工棚等等。

2. 土地的征收

选址确定后,军工企业面临的众多问题中,最紧迫的是征地问题。征地对象多为生产队的旱地、水田、荒山,为建设厂房、宿舍以及修建公路之用。中共中央对征地问题做了明确的规定,"要加强工农联盟,地方军工企业必须贯彻不占高产田,少占可耕地,不迁居民,便利居民的原则"。广东省革委会对此作出了响应,要求"用地单位在施工中要加强管理,注意爱护农田作物,并积极协同生产队做好开荒造田(地)工作,以利发展农业生产"②。

征地过程中不可避免地存在协商与补偿问题。由军工企业与当地生产队之间进行协商,协商一致后双方签订协议书。协议首先对征用目的、征用范围、征地补偿问题做了明确的规定。需要注意的是,征地补偿按照当时的规定,荒山为无偿征用,而征用旱地、水田等的补偿费用除了交纳领取补偿年限的农业税外,还需拨到当地信用社,由他们协助生产队发展生产,壮大集体经济,被征地应负担的公购粮任务需相应核减。与此同时,军工企业作为用地单位,还需承担与被征地生产队共同完成开荒造田计划的任务。③ 这也为进一步密切工农关系打下了基础。

协议书对双方所使用土地的权限作了具体规定。军工企业作为甲方具有管理和使用所征土地的权利,而生产队作为乙方仍有权自由出入被征用土地区域,并保留经营管理权,双方就土地中的争议问题需要展开商议。根据星光工模具厂与连县保安公社莳田冲生产队所签订的协议,"已征用过的土地,地权属国家所有,由甲方(国营星光工模具厂)负责管理和使用,允许乙方(连县保安公社莳田冲生产队)所属人员(不包括地、富、反、坏等不纯分子)自由出入经营管理,但为确保厂区绿化和隐蔽,甲方有权同乙方共同管理原有树林,乙方

---

① 根据张德福在南江机械厂部分老职工座谈会的发言整理。张德福,1964 年由重工业处处长调来南江机械厂,参与了南江机械厂选址、厂房设计、订购设备等工作,历任南江机械厂技术科副科长、副厂长。主持人:周云;录音整理:王良圣,时间:2019 年 12 月 3 日。
② 关于 07213 工程指挥部征地问题的批复(1972 年 10 月 28 日)[A]. 连州:连州市档案馆,3-A12.1-12-5-8.
③ 关于七一四工程等补办征地手续的批复(1972 年 3 月 17 日)[A]. 连州:连州市档案馆.

社员不得随意砍伐厂区两旁和三工田附近的树木，如有必要砍伐时，需经甲方商量同意有计划地砍伐。甲方所在乙方稻田附近的道路修成后，路基宽度保证4.5米，乙方社员不得任意挖削，以保证道路通畅。本冲原有水流、沟渠，甲方不得任意断绝，如实有需要改变流线时，经双方协商同意后方可进行"①。

协议书签订后，需把内容上报至广东省军区国防工办、专区革命委员会、县革命委员会、公社委员会进行审查核实，确认无误后，协议书才可生效。为了促进征地手续更好地落实，广东省革命委员会下发通知，要求各单位迅速派人到被征用土地，进一步落实双方协议中的各项规定，如征用土地、树木赔偿、退还借用的土地等等。各单位迅速与被征用地划一界限，作出标记，明确土地范围，以免以后发生争执。有造田还田的单位，应按协议中规定，在被征地单位的支持协助下，按期按量造田还给生产队。②

在此期间，一些军工项目未经批准就征用土地进行施工，带来了不好的影响。例如，07033工程未经批准征地就动土施工，在施工过程中又没有很好地注意保护农田，造成沙土流失覆盖损坏农田达七十多亩。广东省革命委员会对此进行了批评，要求有关单位应从中吸取教训，加强对征地工作的指导，认真贯彻省革命委员会《关于国家建设征地问题的通知》，教育干部爱惜土地，节约用地，克服不注意节约农田和先用后征的不良倾向。并请仁化县督促社队积极组织劳动力开荒造田（地），弥补被征用了的耕地面积，以利发展农业生产。③ 广东省革委会在批复07123工程征地问题时，再次强调了保护农业发展的原则，"用地单位在施工中要加强管理，注意爱护农田作物，并积极协同生产队做好开荒造田（地）工作，以利发展农业生产"④。可以看出，军工企业征地时需要注意的两点原则，一是保护农田、节约用地，二是协调好工农关系。广东省"小三线"军工企业征地基本情况详见表2。

---

① 关于省人委批准星光工模具厂征地问题的通知（1966年3月13日）[A]. 连州：连州市档案馆，12-A12.2-222-004-008.
② 广东省革命委员会，中国人民解放军广东省军区国防工业办公室. 转发"关于省革命委员会七一四工程等补办征地手续的批复"（1972年4月17日）[A]. 连州：连州市档案馆.
③ 关于07033工程指挥部和保洛工程指挥部补办征地问题的批复（1972年10月4日）[A]. 连州：连州市档案馆，3-A12.1-12-4-6.
④ 关于07213工程指挥部征地问题的批复（1972年10月28日）[A]. 连州：连州市档案馆，3-A12.1-12-5-8.

表2 1966年"小三线"军工厂征地情况统计表

征用方	被征用方	征地用途	征用面积
星光工模具厂	连县保安公社本公洞大队	建设厂房	水田三十二亩九分八厘、旱地一亩四分二厘、荒山五亩三分五厘
653工程	连县西岸公社	修建公路	水田二十亩五分四厘、旱地九亩四分八厘、清水公社水田三亩零七厘、旱地七厘
岭南工具厂	连县九陂公社爱民大队	基建厂房	水田六十六亩零六分七厘、旱地三十二亩四分
利华加工厂	连县瑶安公社四和大队，保安公社林场	基建	旱田三十八亩八分九厘
利华加工厂	连县保安公社保安、本公洞大队	基建	水田三十八亩、旱地一亩
714工程	连县附城公社协民、红阳生产大队	基建	旱地二十亩五分六厘
南方机械厂	连县瑶安公社碧梧、大营大队	基建	水田四十六亩五分三厘、旱地三亩二分三厘
南方修配厂	连县瑶安公社自安、清源、碧梧大队	基建	水田一百一十四亩六厘二、荒山二百五十五亩四分四厘
711工程	连县丰阳公社梁家、丰阳大队	基建	水田六十五亩一分四厘、旱田四十四亩二分三厘二、旱地一百三十二亩七分三厘五、荒山三百六十八亩三分二厘
712工程	阳山县黎埠公社马惊、隔江、黎埠队	基建	水田四十亩四分七厘、旱田七十七亩五分五厘四、旱地一百三十七亩六分一厘六、开荒地九亩七分五厘七
715工程	乐昌县安口农场红旗、全民、安口大队	基建	水田七十九亩三分五厘、旱地五十二亩六分三厘
716工程	封开县封川公社封川、署光大队	基建	水田三十二亩七分三厘一、旱地十一亩、山地七十亩五分零九

续表

征用方	被征用方	征地用途	征用面积
连阳煤矿	保安公社水口大队	建水泥、支架厂和生产原料	旱地十八亩八分八厘、荒山五十九亩
385仓库、北江机修厂	连县附城公社东风大队	建厂房、宿舍	旱地八十八亩四分一厘、荒地四亩五分一厘
385仓库、北江机修厂	连南县寨岗公社阳爱、头冲大队	建厂房、宿舍	水田十八亩三分五厘、旱田五亩二分五厘、旱地九亩一分、茶山二十一亩七分七厘
07033工程	仁化县闻韶、扶溪公社	扩建公路	水田二百三十八亩一分九厘、旱地八分六厘、藕塘一亩一分三厘、鱼塘一亩八分一厘、荒山地一百四十六亩二分六厘
保洛公路	连县保安公社	扩建公路	水田九亩九分九厘、旱地二分八厘一毫、荒山四十八亩五分一厘一毫
07123工程	附城、保安、西岸、东陂、丰阳公社	迁建房屋、谷场等建筑物	水田二百六十九亩九分五厘、旱地十六亩七分四厘、鱼塘等其他耕地八亩五分三厘、荒山荒地四百七十三亩四分六厘
连阳化肥厂	连县公社四和大队、新庄生产队	建宿舍	山坡五亩四分

(三) 军工企业的组建

广东"小三线"军工企业的组建，先要完成基建工作。基建工作首先强调"勤俭节约、艰苦奋斗"的原则，"坚决贯彻省委关于勤俭节约、反对铺张浪费决定的精神，应做到该清的要清，可简的坚决从简；建设标准必须因地制宜，就地取材，因陋就简"①。这一原则在实践当中得到了彻底的落实。据统计，至1973年底，全省"小三线"军工企业的建设自行烧红砖700万块、石灰9600

---

① 下达1966年小三线建设计划（1965年12月16日）[A]. 广州：广东省档案馆，281-1-60-270~271.

吨，采石8.8万多立方米，盖干打垒、石打垒厂房和宿舍5万多平方米。南江机械厂的厂房地基没有大型机械，都是人工进行的，除了部分土石方工程有请民工干，其他都由职工自己干。钢钎、铁铲、锄头和手推车是必备的工具，草帽、水壶、胶鞋和工作服是必备的防用具护，完成了诸多需要大型机械才能完成的工作。①

军工企业多是按照"边基建边试制"②的原则进行的，主要是为了使军工企业尽快建成投产。"抓紧施工前的准备工作，迅速完成设计，建筑材料、设备订货、施工安排、协作条件都必须提前落实"③。以南江机械厂为例，一开始就组建了基建办公室，迅速展开了基建工作，基建办公室包括工人和技术员，约10多个人④。前期准备工作就有落实协作单位，机器设备的拆借、调运和制造，生产工人的培训，厂房的布局、勘察、测量，"三通一平"等工作同时展开⑤。"边基建边试制"的做法可以缩短试制周期，较快地拿出合格产品。基建工程开始的同时，军工企业也在广东各工业企业的配合下开始生产试制。

军工企业的基建任务往往由多个部门相互配合，共同参与。北江钢铁厂于1970年开始筹建，广东省革命委员会和广东省军区组织花县、从化县、阳山县等县民工和广州市郊民兵团工2400余人，先后进入北钢建设工地。与此同时，广州市建工局、广州市建材公司、广州市运输公司第二运输队、中央推土机四十二队单位也相继投入北江钢铁厂建设，由齐齐哈尔钢厂和打野钢厂200多名志愿工程技术人员和老工人陆续来到北江钢厂。8月18日，炼钢车间率先破土动工，厂房土建仅用了两个月。⑥

---

① 根据原南江机械厂四车间主任杜家帮口述整理。杜家帮，1966年以学生身份招进南江机械厂办的海南重工业技术学校，后任南江机械厂四车间主任。采访人：周晨阳、王良圣，采访时间：2019年12月3日。
② 指在后方基地建厂的同时，在城市中组织班底厂或技术力量较强的民用工业企业，采取广泛协作的办法，进行产品试制和生产，待工厂建成后，参加试制的人员和设备再全部搬到新厂址投入批量生产。
③ 下达1966年小三线建设计划（1965年12月16日）[A]. 广州：广东省档案馆，281-1-60-270~271.
④ 根据原南江机械厂团委书记黄循全口述整理。黄循全，1966年7月作为琼海初中应届毕业生被招进海南重工业技工学校（南江机械厂厂办学校），之后依次到南江机械厂基建办公室、导火索车间、共青团团委担任不同职务。采访人：黄怡凯，采访时间：2019年12月3日。
⑤ 根据原南江机械厂四车间主任杜家帮口述整理。杜家帮，1966年以学生身份招进南江机械厂办的海南重工业技术学校，后任南江机械厂四车间主任。采访人：周晨阳、王良圣，采访时间：2019年12月3日。
⑥ 阳山县地方志编纂委员会. 阳山县志[M]. 北京：中华书局，2003：158.

还有的军工企业在建设中利用已有的厂房,用迁进设备和人员的方式进行组建。岭南机械厂是利用煤矿下马留下的部分房屋建立起的枪厂,1965年省委、省政府将汕头机械厂、广州黄埔农垦机械修配厂等的有关人员、技术和设备,一并搬迁到粤北连南,作为建设枪厂的基础。这种做法不仅可以节减基建投资,还能既快又省地建立起枪厂,实现尽快投产。

在广东"小三线"军工企业组建过程中,对口援建的方式发挥了重大作用。新建军工企业在建厂规划,设备的置办、安装、调查,企业的管理,产品的设计、生产,技术的规范,职工的技能培训等多个方面,都缺乏必要的基础,需要同行业同类型有经验的老军工企业进行全方位的帮助。因此以五机部①为主导,按专业对口原则,在部属同类工厂中为地方军工厂指定对口工厂,对新厂进行全方位的援建。对口厂的任务有三:一是有计划地协助地方军工厂进行生产规划,为军工企业提供必要的机械设备和工装,具体数量及供货时间可由双方协商;二是为军工厂提供完整的产品图②和工艺资料③;三是提供技术上的指导,培训军工厂职工,接待军工厂职工前来参观并帮助攻克技术难题等等。④

机械设备和工装⑤。如北江机械厂所需的"通用机器设备除了搬迁汕头机械厂、广州黄埔农垦机械修配厂有关设备外,从省范围内有关单位选调一批设备"。重庆296厂作为北江机械厂的对口厂,为其提供了制造枪支的整套专用设备。另外,对口456厂调配了大批的工装设备和专用量具,保证了北江机械厂试制产品及后续生产发展的需求。作为广东"小三线"重点项目之一,"省政府动员全省范围30多间工厂为枪厂的建设制造工装设备,集中人力、物力、技术力量确保了北江机械厂迅速建成投产"⑥。

产品图和工艺资料。经原广州军区和第五机械部批准,南江机械厂由对口厂国营343厂供给的WL203A产品图纸技术进行试生产,经过反复多次试验,于1966年5月试制产品成功。北江机械厂1966年5月接收生产WL203A木柄手榴弹的任务,为工厂生产的第一代第一种类型产品,图纸由732厂供应,五机

---

① 关于地方军工厂建设、产品试制和生产、技术业务归口管理等由五机部负责。
② 包括总图、部件、组合件图、零件图。
③ 包括工艺规程、工装图纸、原材料消耗定额等。
④ 中华人民共和国第五机械部关于印发对口厂和地方军工厂工作关系试行办法的通知(1965年1月11日)[A]. 北京:北京市档案馆,005-002-60-01146.
⑤ "工装"即生产过程工艺装备,指制造过程中所用的各种工具的总称。包括刀具、夹具、模具、量具、检具、辅具、钳工工具、工位器具等。
⑥ 广东省地方史志编纂委员会. 广东省志·军事工业志[M]. 广州:广东人民出版社,1995:65-66.

部的专家组会同筹建组,以及刚从全国各地调入的工程技术人员,不到两个月的时间,便完成了产品图纸和工艺流程的设计①,同年11月正式试制,12月28日通过各项技术鉴定,并被批准投入批量生产。

技术指导。本着全国一盘棋大协作精神,广东"小三线"军工厂的生产工人和管理人员,主要是从对口的"老三线"厂抽调熟练工和本地工厂的技术骨干,这些人为厂里带来先进的管理和技术,让工厂能够迅速投入产品的研发工作中。1964年,长安机械厂(456厂)按照五机部指示紧急抽调一批技术骨干到北江机械厂工作,1965年重庆机械厂分两批共抽调75人进北江机械厂,重庆望江厂抽调5人进北江机械厂。岭南工具厂抽调广州电机厂部分设备及工人、湖南枪弹厂(861厂)生产枪弹技术干部68人。

正是由于对口厂的积极配合,广东"小三线"军工厂仅用数月时间,就顺利完成了厂房的基建及相应的准备工作,继而投入产品试制、生产研发等各项工作当中。

(四)劳动力的招收和组织

广东"小三线"建设项目多、时间紧、任务重,需要投入大量的劳动力参加建设,当时参与广东"小三线"建设的劳动力主要包括两部分:有参加企业生产经营的干部和职工,他们主要来源于调配来的技术工人、干部、上山下乡知青、退伍军人等等;另外还有参与基本建设的劳动力,他们主要是民兵和民工。"小三线"建设具有备战的特殊性质,因此对建设人员要求比较高,有"好人好马上三线"的说法,招收的人员有一定的标准,一是文化程度,二是政治审核。要符合政审的条件,政治上可靠,"三代要清白,不能有任何污点,像贫下中农子弟,最好是革命后代。如果是富农、地主出身就不行。这是政审招人第一条,就是根要正"②。

1. 招收职工

为保证"小三线"军工企业建成后后续工作的顺利开展,战备人员的选调和培训是关键。当时,"小三线"职工的招收主要来源有以下几个方面:

(1)从对口厂抽调技术工人。广东省筹建"小三线"军工企业时,军工生产专业技术人员最初皆由其他省专业对口厂调来广东工作。国营岭南工具厂初建时,除抽调广州电机厂部分设备及工人、干部外,生产枪弹的技术干部和工

---

① 根据原北江机械厂职工杨木朝、蔡元俤书面回忆,时间:2016年9月。杨木朝,原北江机械厂供销科长;蔡元俤,原北江机械厂供销科长助手。
② 根据原南江机械厂职工翁克海口述整理。翁克海,原南江机械厂劳资科科长。采访人:周晨阳、王良圣,采访时间:2019年12月3日。

人从湖南枪弹厂（861厂）调来68人①。北江机械厂（980厂）的工厂技术人员来源于本省和17个省、市90个单位，北江机械厂筹建时期，其对口厂分别是广东省农垦厅机械厂、重庆建设厂（296厂）、重庆长安厂（456厂）、汕头机械厂。1964年到1965年间，这些对口厂分两批调入北江机械厂共计476人，具体如表3所示。

表3 1964—1965年调入北江机械厂人数统计

	第一批人数	第二批人数	合计
广东省农垦机械厅	7	99	106
重庆建设厂	5	70	75
重庆长安厂	12	—	12
重庆望江厂	5		5
潮汕地区	—	278	278
合计	29	447	476

（2）从"小三线"企业所在地抽调技术工人也是补充厂内劳动力的途径之一。1967年，海南省新建的军工企业缺乏技术工人，决定从海南岛老厂中抽调60名技术工人支援光华厂、农具厂、加工厂和毛丹水电站等四处建设。具体抽调技术人数"光华厂37人，农具厂16人，加工厂3人，毛丹水电站3人。抽调的单位有海南农垦局、海南铁矿、海南铁路办事处、海南松涛水库工程局、海南邮电局、八所港务局、海南电业局、海南汽车修理厂。抽调工人的工种包括锅炉工、磨工、铣工、电风焊工、钳工、锻工等等"②。一些海南当地企业的领导干部和技术骨干也被抽调参加"小三线"建设，如海南龙唐糖厂技术科副科长张德福、琼海电厂副厂长肖旭山、海南八一厂书记王颖、海南八一厂技术员等人，1964年被抽调参加"小三线"建设，直接负责"小三线"军工企业的选址筹建等工作。③由此，"小三线"企业劳动力初步得到了保障。

---

① 广东省地方史志编纂委员会.广东省志·军事工业志[M].广州：广东人民出版社，1995：65-66.
② 关于抽调技术工人支援国防工厂的通知（1967年）[A].海口：南江机械厂档案室.
③ 原南江机械厂职工张德福在南江机械厂部分老职工座谈会的发言。张德福，1964年由重工业处处长调来南江机械厂，参与了南江机械厂选址、厂房设计、订购设备等工作，历任南江机械厂技术科副科长、副厂长。主持人：周云；录音整理：王良圣，时间：2019年12月3日。

尽管如此，各"小三线"企业在建成后都不约而同地出现了人员紧缺的情况。首先是自然减员①所导致的。利华加工厂"经审批有政治不纯人员已调离的 15 人，将准备调离的 4 人，另为照顾职工生活一起调走的及其他原因的 9 人，共 29 人"②，岭南工具厂"对政治不纯人员已调走 11 人，另支援新厂及其他原因人员 16 人，共 27 人"③，星光工模具厂自然减员 8 名。

而减员后，劳动力短期内没有办法得到及时补充，虽然各"小三线"企业都有招工指标，但由于招工标准过高等原因，多数没有完成招工指标，"连县 40 名指标，根据两县可吸收的数量人员和政治质量等情况，仅可完成 20 名指标。就是这 20 名中，我们也已经按照原遴选条件降低到最低要求，尽可能吸收了"④，"连县化肥厂新增工人 70 名已在十月份下旬分别在连县、翁源县吸收，时间已过半月，但收获甚少，很难完成任务……至今为止，翁源县一个也没有，30 名指标已不能完成"。可以看出，尽管有对口厂和当地的支援，"小三线"厂的劳动力短缺问题还是相当严重的，在当时的社会条件下，如此严苛的政审标准使得很难寻找到满足条件的人。

（3）安排"小三线"职工家属、子女进厂。为了切实解决上述问题，"小三线"厂分别从多种途径吸纳人员，最主要的一种是安排随迁职工家属、子女工作。要求每户一人，首先招收随父母生活、户口在本单位的职工子女，让职工子女以学徒工的身份进厂，在工厂积累足够的经验后再转为正式工。例如，岭南工具厂将职工子女留在该厂当学徒，两年后转为正式工人⑤。进厂的职工家属也需要满足招收的标准。星光工模具厂考察了 2 名没有工作的职工家属，包括"她们的户口在厂，属社会劳动力，都属随军家属，有初中文化程度"⑥ 等等。各厂下达给职工家属的指标虽然各有不同，但是名额还是相当多的。南江机械厂针对现有劳动力不足的情况下，根据已批准的新产品工艺设计人员，安

---

① 自然减员是指某个建制的行政区划单位所拥有的人口，或者企事业单位的在职员工因为年老、疾病、事故、自然灾害等不可抗拒的力量或原因而人员自然减少的现象。
② 省军区国防工业办公室. 关于利华厂自然减员问题（1970 年 10 月 29 日）[A]. 连州：连州市档案馆，3-365.
③ 省军区国防工业办公室. 关于利华厂自然减员问题（1970 年 10 月 29 日）[A]. 连州：连州市档案馆，3-365.
④ 韶关区革委会计划办. 有关连县化肥厂新增工人问题的批复（1970 年 11 月 8 日）[A]. 连州：连州市档案馆，3-365.
⑤ 国营南方机械厂（1971 年 11 月 4 日）[A]. 连州：连州市档案馆，3-A12.3-381.
⑥ 国营星光工模具厂革命委员会（1972 年 3 月 4 日）[A]. 连州：连州市档案馆，3-A12.3-381.

排一批16到22岁的职工子女20人为学徒工。① 广东省电子工业办公室有50名职工子弟随父母迁至连县，在省下达总指标中招收。② 715工程（5625厂）新增职工指标270名，其中16名指标拨给711工程（5693厂）户口在厂的职工子女。③

安排"小三线"职工子女进厂工作，一方面可以有效解决"小三线"二代的就业和前途问题，让他们消除后顾之忧。同时，军工企业劳动力也得到了保障，"小三线"职工子女同他们父母当年一样，毫不畏惧从事各项具有一定危险性的工作，将自己的青春驻扎在了这里。因此，"献完青春献终身，献完终身献子孙"这句口号是"小三线"人最真实、最鲜活的写照。

（4）招收上山下乡的知识青年、复退军人、学生、当地农民等劳动力。由于劳动力短缺，招收"小三线"职工的标准也适当放宽。比如对有海外、港澳关系的人，要做具体的分析；要根据"有成分论，不唯成分论，重在政治表现"的政策，出身于剥削阶级家庭的子女和"可以教育好的子女"对表现好的可适当招收一部分。④ 因此，职工的招收渠道也日益拓宽。主要招收对象包括：

上山下乡的知识青年，包括到地、县属农村劳动和从城市回原籍插队知青。工厂招收知识青年的需满足三条标准：首先，要求经过劳动锻炼两年以上。其次，凡用工单位需在本地入户的，应召回本地户口的知青。最后，政治清楚，身体健康，年龄28岁以下，男女要有适当比例。招工工作在基层单位的统一领导下进行，招收对象要经知青小组评议推荐，征求带队干部及贫下中农意见，招工单位及县知青办审查，县劳动局批准。⑤ 5625厂在仁化等县招收70名知青，其中女性占40%，连山10名，乐昌10名，连县30名，连南20名⑥。8532

---

① 关于录用我厂职工子弟为学徒工的报告（1969年4月11日）[A]. 海口：南江机械厂档案室.
② 韶关专区革命委员会生产组计划办公室. 关于调整省电子工业办公室工业办公室劳动指标的通知（1970年6月10日）[A]. 连州：连州市档案馆，3-365.
③ 韶关地区劳动局. 关于划给5693厂十六名新增职工指标通知（1975年7月26日）[A]. 韶关：韶关市档案馆，35-A3.1-4-8-9.
④ 关于下达今年省属单位在我区招工任务的通知（1972年7月7日）[A]. 韶关：韶关市档案馆，34-A12.3-326-118.
⑤ 韶关地区劳动局. 关于驻我区省属企业单位招工通知（1975年8月21日）[A]. 韶关：韶关市档案馆，35-A3.1-4-34.
⑥ 韶关地区劳动局. 关于5625厂改变招工来源通知（1975年8月18日）[A]. 韶关：韶关市档案馆，35-A3.1-4-7-7.

厂在韶关区连县招收知青20名①。北江钢铁厂在韶关市招收知青24名，其中乳源县20名，阳山县3名，连县1名②。1975年省军工系统等11个单位招收知青287名③，具体分配如表4。

表4　1975年广东省军工系统招收知识青年地区人数分配表

厂名	知青人数	招收地区及知青人数
5625厂	35	乳源15、20
806厂	46	连县16　连南20　阳山10
9655厂	26	连山6　阳山20
980厂	24	连县14　阳山10
201医院	29	连南15　阳山14
946厂	26	连县6
9609厂	8	连县3
5693厂	10	连县10
5628厂	10	阳山10
南岑铁路管理所	58	——
曲仁铁路管理所	40	——

复退军人。复退军人进入"小三线"厂也需满足招工条件：第一，身体健康，表现好，年龄28周岁以下，可适当放宽年龄；第二，政治条件，要按一级保密单位要求进行审查；第三，对于招收技术兵种，必须技术对口，汽车司机

---

① 韶关地区劳动局. 关于8532厂招工的通知（1977年1月25日）[A]. 韶关：韶关市档案馆，35-A3.1-4-16-14.

② 关于改变北江钢铁厂招工地点的通知（1977年12月28日）[A]. 韶关：韶关市档案馆，35-A3.1-4-16-74.

③ 韶关地区劳动局. 关于军工系统等十一个单位招工通知（1975年9月16日）[A]. 韶关：韶关市档案馆，35-A3.1-4-8-17.

要有汽车驾驶执照。招收对象应经社、队推荐，征求贫下中农意见，用工单位审查，报县劳动局批准①。1971年，南江机械厂开始从近两年回省的退伍军人招收②。1975年，5625厂在乐昌县招收复退军人50名，5693厂在连县招50名；5628厂在阳山县招10名；806厂在连南招10名③。北江钢铁厂城镇复退军人指标20名，安排在连县招6名，连南县招7名，阳山县招7名④。

  城镇初、高中毕业生。中学毕业生的吸收为"小三线"工人需求满足条件，"出身于劳动人民家庭，政治表现好，年满十六周岁，身体健康，符合生产和工作需要的应届毕业生"⑤。同时规定，学生本人不能挑选企业和工种，要服从统一安排。各学校要按条件分配，新招的工人一律要经过体格检查，不合格的不分配到国营企业⑥。连县化肥厂50名指标名额拟从连县连州镇中学初、高中应届毕业的农村学生中遴选，为照顾当地农村的具体情况，工厂分别给指标在瑶安西和大队和保安子沟林场招收。对分配来的学生，工作满一年以上，仍然实行见习期临时工资的，可以定级⑦。

  当地农民。工厂在招收职工的同时也考虑到调节征地过程中的工农关系，因此下放一定的指标给当地农民。例如，国营利华加工厂因基本建设需要，征用附近保安公社、本公洞大队土地过多，在这一次新增工人中，在附近社队吸收部分农民为学徒工，以解决附近社队的土地不足及调节"工农关系"。其中计划在本公洞大队限收"农业人口"为学徒工9名⑧。1975年，省军工系统等11个单位招收农民20名，其中5625厂在乐昌县招5名，806厂在连南县招5名，

---

① 韶关地区劳动局. 关于驻我区省属企业单位招工通知（1975年8月21日）[A]. 韶关：韶关市档案馆，35-A3.1-4-34.
② 关于分配1971年新增工人指标的通知（1971年6月14日）[A]. 海口：南江机械厂档案室.
③ 同意省二机局在省今年分配指标内招收城镇复退军人的通知（1976年4月23日）[A]. 韶关：韶关市档案馆，35-A3.1-11-15.
④ 韶关地区劳动局. 关于北江钢铁厂招工的通知（1977年4月15日）[A]. 韶关：韶关市档案馆，35-A3.1-4-16-34.
⑤ 韶关区革委会生产组. 关于连阳化肥厂招募新人（1970年12月28日）[A]. 连州：连州市档案馆，3-365.
⑥ 韶关市革委会生产组. 关于做好从中学毕业生中招收新工人的通知（1971年6月25日）[A]. 韶关：韶关市档案馆，87-A12.4-184-29.
⑦ 关于中等专业学校、技工学校、半工半读学校毕业生转正定级问题的通知（1972年1月13日）[A]. 韶关：韶关市档案馆，87-A12.4-233-19.
⑧ 省军区国防工业办公室. 关于利华厂自然减员问题（1970年6月14日）[A]. 连州：连州市档案馆，3-365.

980厂在连南县招5名；201医院在连南县招5名；946厂连县招3名①。

在招收安排知青、复退军人、农民的过程中还需遵循以下原则。第一，应尽量安排城镇复退军人和上山下乡两年以上的知青，以及按政策批准留城、回城的知青。第二，要严格控制从农村招工，确需招收农民时，应精打细算，尽量减少。第三，招工安排应以就地就近原则，尽量避免远距离招工。第四，安置征地农民，必须具有基建计划和征地证明文件。每亩征地安置人数，可根据土地不同情况决定，但最高不超过2人。第五，年龄17周岁以上、35周岁以下。男性应占70%以上，并需经体检合格。②

由于"小三线"建设的特殊性，能进入"小三线"军工厂的必须是政治条件好、做事突出的青年知识分子、工人和军人，他们充实了"小三线"厂的生产力量，为工厂注入新鲜血液，带来了新思路，同时，"小三线"厂也为他们提供了发展的平台，创造了发展的机遇。

3. 组织民兵

（1）民兵的招收

在"小三线"建设过程中，许多基础设施的建设需要耗费大量劳动力，在时间紧、任务重的情况下，各地区从战略备战的高度积极组织动员民兵轮流支援"小三线"建设。与"小三线"厂职工不同的是，民兵主要担负的是军工厂房、国防公路、机场、桥梁、水电站建设等基建任务。招募的民兵需要满足一定的条件，"首先，政治上要可靠，思想先进；其次，身体健康，能胜任基建工作；年龄在18—45岁的男民兵，18—35岁的女民兵，女民兵不能超过20%，最多不超过30%"③。

民兵的组织和领导也遵循统一严格的规则。抽调支援"小三线"建设的民兵组成团、营、连。以营连为作战单位承担建设任务，各级干部按编制由组调地区配齐。民兵队伍由基建单位革委会或基建指挥部统一领导，并吸收适当数量的民兵干部参加现场"三结合"的指挥机构，实行一元化领导。工程建设实行专业队伍与民兵队伍相结合，以工人为骨干，民兵为主力，集中兵力打歼灭战。现场指挥部根据工程任务，组织适当数量额工人为骨干，配备一定数量的

---

① 韶关地区劳动局.关于军工系统等十一个单位招工通知（1975年9月16日）[A].韶关：韶关市档案馆，35-A3.1-4-8-17.
② 广东省劳动局.关于下达1978年中央部属和省、地、市属单位招工安排的通知：急件（1978年6月2日）[A].韶关：韶关市档案馆，35-A3.1-19-44.
③ 关于抽调民兵参加三线建设的通知（1971年8月19日）[A].连州：连州市档案馆，3-A12.3-388-015-064.

技术干部，以民兵为主力军负责完成全部或单项工程任务。而参加建设的广大民兵则"从战争中学习战争"，边干边学，不断总结提高，尽快掌握各种施工技术，保证建设质量，多快好省地完成基建任务。①

参与"小三线"建设的民兵人数众多，并根据实际情况被分配到各个地区。1970年5月，广东省计划战线革委会发出"关于组织民兵参加三线建设的报告"，计划组织民兵参加建设的工程有701工程、702工程、韶关钢铁厂、北江钢铁厂、大宝山矿及铜冶炼厂、广东电解铝厂、梅田矿务局、四望嶂矿区、梅西电厂、枫树坝水电站、英德水泥厂（中央项目）等11项，约共需民兵13800人。② 如表5所示：

表5 1970年组织民兵参加"小三线"建设计划表

建设单位名称	主要建设内容及计划军工投产日期	营数(个)	人数(人)	工作时间	
总计		27	13800		
韶关钢铁厂	255平方米高炉12月竣工，转炉车间及连柱12月竣工投产，23米中板12月投产，二组焦化11月投产，出苯回收及精制车间12月竣工，耐火车间8月竣工。	4	2000	一年	湛江专区
北江钢铁厂	公路30公里，铁路45公里，架设28公里，轧钢车间、炼钢车间及相应附属工程，3吨电炉12月投产。	2	1000	一年	广州市郊区
大宝山矿及铜冶炼厂	铁路1.8公里，索道3公里，矿仓1万吨，电解铜年产14吨，四季度投产。	2	1000	六个月	韶关专区清远
广东电解铝厂	场地平整、厂房、福利区建设，电解铝年产1万吨，先建成5000吨，第四季投产。	1	600	六个月	广州市郊区
梅田矿务局	江水斜井7月投产，新井文化村10月竣工，余家寮10月投产。	1	600	一年	佛山专区
四望嶂矿区	房建7万平方米，铁路3公里，平硐年产60万吨，大窝里平硐20万吨，梨树坑平硐4万吨，四季度投产。	2	1000	一年	汕头专区
梅西电厂	大厂房土建4865平方米，其中：干煤棚2900平方米，主厂房2900平方米，烟囱一座，及其他附属工程，三季度投产。	1	600	四个月	梅县专区
枫树坝水电站	房建6000平方米，公路13公里。（其中：公路大桥二座500米）	8	4000	三个月	惠阳专区
英德水泥厂	生料、熟料车间及仓库等土建工程和窑体安装，今年一条窑投产。	2	1000	一年	佛山专区
701、702工程		4	2000	一年	肇庆专区

（资料来源：广东省档案馆）

各地区也在积极配合省计划战线革委会的工作，从下属各县抽调民兵参与

---

① 关于组织民兵参加三线建设的通知（1970年5月6日）[A]. 广州：广东省档案馆，229-4-123-008~021.
② 关于组织民兵参加三线建设的通知（1970年5月6日）[A]. 广州：广东省档案馆，229-4-123-008~021.

国防工厂的施工。以韶关地区为例，抽调清远、南雄、乳源县的民兵参加连县701工程施工，抽调佛岗、新丰、连南、连山县的民兵参加702工程施工。连南县革委会组织6个公社300名民兵前往连县702工地参加"小三线"建设。① 连县革委在赛岗公社抽调150名民兵到连县南工具厂，在寨南公社抽调100名、九赛公社抽调50名到北江机修厂参加国防建设。②

分配到各地区的民兵在工作任务的安排上也有所不同，主要有军工厂房建设，国防公路建设，机场、桥梁、水电站建设等等。以韶关地区为例，"小三线"建设期间，韶关共组织了10万多名民兵，参加了14间国防工厂、两座飞机场等工程的建设。③ 连南县参加"小三线"建设的民兵主要施工任务是兴建军工厂厂房。④ 连县共组织3万余名民兵参加国家在连县修建8间军工厂的建筑工程，及通往各厂的公路约70公里，其中星子至瑶安、东陂至洛阳两条国防公路共24公里。在此期间，民兵参加兴建大小桥梁113座。⑤ 佛山地区民兵2500人分别参与修建坪梅铁路、韶关钢铁厂和开采大宝山矿，惠阳地区1800人均安排去修建枫树坝水电站，肇庆地区150人参与云浮硫铁矿的开采，汕头地区1000人分别去了乐昌7103油库工程和英德硫铁矿，湛江地区500人修建坪梅铁路。⑥

各建设单位和组调地区根据工程进度状况确定民兵轮换时间，1970年来广东省先后组织了两批民兵参加"小三线"建设，1970年22800人，1971年19900人，每批的时间为1年，期满后组织轮换。按照既要尽量少占用农村劳动力，又要保证重点工程，抓好收尾、续建和配套工程，广东省革命委员会确定了各组地区论调调整人数和建设单位。如表6所示：

---

① 中共韶关市委党史研究室. 中国共产党韶关历史 [M]. 北京：中共党史出版社，2013：309-310.
② 中共连南县历史编委会. 中国共产党连南瑶族自治县历史：第2卷（1949—1978）[M]. 广州：广东人民出版社，2015：184.
③ 韶关市地方志编纂委员会. 韶关市志：下 [M]. 北京：中华书局，2001.
④ 中共韶关市委党史研究室. 中国共产党韶关历史 [M]. 北京：中共党史出版社，2013：309-310.
⑤ 连州市地方志编纂委员会. 连州市志 [M]. 广州：广东人民出版社，2011：850.
⑥ 关于抽调民兵参加重点厂、矿建设的报告（1972年5月）[A]. 广州：广东省档案馆，229-4-290-182-185.

表6 1971年民兵参加"小三线"建设轮换调整表

原调地区	建设单位	建设地点	退换人数	接换人数	轮接换日
广州	北江钢铁厂	阳山	1200	—	1971年8—10月退场
	英德水泥厂	英德	1000	—	1971年8—10月退场
	连县煤矿	连县	1500	—	1971年10月退场
	省耐火材料厂	清远	—	600	1971年6—7月退场
	省机床厂	英德	—	300	1971年6—7月退场
	四〇九工程	广州	—	300	1971年6—7月退场
	凡口铅锌矿	仁化	—	1200	1971年7月退场
	省铁合金厂	英德	—	600	1971年6—7月退场
小计			3700	3000	
佛山	韶关钢铁厂	曲江	2400	2400	1971年6、7、9、10月
	大宝山矿	曲江	200	1500	1971年6、7、10、11月
	梅田矿务局	宜章	600	1000	1971年6月
	英德硫铁矿	英德	1000	—	1971年10月
	省玻璃纤维厂	英德			1971年6—7月
小计			6200	5500	
肇庆	省大岭冶炼厂	仁化	600	600	1971年7月
	广宁横山矿	广宁	1000	1000	1971年10月
小计			1600	1600	
汕头	四望嶂矿	兴宁	1200	1200	1971年6—7月
	七〇〇二工厂	乐昌	600	600	1971年11月
小计			1800	1800	
惠阳	枫树坝水电站	龙川	2400	2400	1971年7、8月
	增城派潭矿	增城	1000	1000	1971年10月
	龙门铁钢矿	龙门	1000	1000	1971年10月
小计			4400	4400	
梅县	梅西电厂	梅县	600	350	1971年6—7月
	梅县矿务局	梅县	—	1500	1971年6—7月
小计			600	1850	

续表

原调地区	建设单位	建设地点	退换人数	接换人数	轮接换日
湛江	南山海矿	阳江	800	800	1971年10月
小计			800	800	
海南	沙老矿	琼海	300	300	1971年10月
	烟墩矿	文昌	500	500	
小计			800	800	

（资料来源：广东省档案馆①）

（2）民兵的思想动员

在建设过程中，参与"小三线"建设的民兵逐渐暴露出一些问题。连县革命委员会在组织民兵兴建的过程中发现"有的因审查不严，发现个别民兵不纯；有的动员不深透政治思想工作比较薄弱，问题较多，工程进度缓慢"。于是加强了在招收民兵时的思想素质把关，要求"人的素质第一，一定要挑选最精干的民兵投入'小三线'建设"②。在动员民兵参加"小三线"建设过程中，广东省着重从以下几个方面加强民兵的思想建设。

举办民兵学习班进行重点教育。连县革委会举办了学习班，深入地进行了战备教育、阶级教育，贯彻毛主席关于三线建设的指示，以此提高民兵的战备观念和政权观念，使搞好"小三线"建设成为广大民兵的自觉要求。并且掀起了一个人人以参加"小三线"建设为荣，争先恐后的报名热潮。"九陂公社的民兵报名后就立即到公社集中，公社发现有少数年小体弱的，劝他们回去，他们说'我们人小，埋葬反帝反修的决心大，坚决不回去'；山塘公社民兵，坚持带病来工地，唯恐落后。"民兵学习班在发动报名的基础上，以社、队为单位编成营、连、排、班，使广大民兵以更好的精神面貌和战斗姿态回到工地③。

协同工地做好民兵的政治思想工作。为了保证民兵上工地后始终保持高昂的战斗意志，连县革委会采取了各种途径同工地做好思想工作。第一，由县社领导经常深入工地征求意见，检查民兵情况，发现问题及时帮助解决。第二，

---

① 关于组织轮换参加三线建设的民兵问题的报告（1971年6月4日）[A]. 广州：广东省档案馆，229-4-157-083~088.
② 坚决执行毛主席"备战、备荒、为人民"的伟大战略方针，组织动员民兵群众参加三线建设（1970年9月9日）[A]. 连州：连州市档案馆，3-A12.3-359-013-184.
③ 坚决执行毛主席"备战、备荒、为人民"的伟大战略方针，组织动员民兵群众参加三线建设（1970年9月9日）[A]. 连州：连州市档案馆，3-A12.3-359-013-184.

县和各公社先后组织慰问团，由领导率领，带着红宝书、学习资料慰问品，带着宣传队、电影机，带着广大贫下中农的亲切关怀，对民兵进行慰问鼓励。第三，大力宣扬"小三线"建设中的好人好事，号召全县人民和广大"小三线"战士学英雄，当英雄。通过县斗批改简报和工程指挥部的战报刊登"小三线"建设中的英勇事迹来树立典型。第四，做好民兵家属和农村贫下中农的思想工作。除合理地解决家属的实际问题外，也教育家属和广大贫下中农大力支持"小三线"建设，动员他们经常写信鼓励工地上的民兵安心搞好"小三线"建设，没有后顾之忧。第五，生活上多关心。对民兵工地后的口粮问题，及时与有关单位研究，有限安排，合理安排①。

不断加强"小三线"建设民兵的领导力量。遵照毛主席所提出的"政治路线确定之后，干部就是决定因素"，连县革委会把比较得力的干部调到工地抓"小三线"建设。当发现某些营连领导力量比较薄弱时，立即要求公社加以充实；当发现某些干部在工地上表现不好时，县、社领导立即到工地上帮助整风。每个公社都设立了革委会副主任或常委、委员1人，武装干部1人，大队民兵营长亲自担任营、连、排的主要领导。

（3）民兵的粮油、防寒用品和抚恤问题

参加"小三线"建设的民兵的经费开支、粮食补助等问题，按照中央军委和广东省军区有关规定办理。民兵到现场的住、食、工具由建设单位负责，个人用具、行李自备②。

粮油问题上，广东省财贸战线革命委员会对参加"小三线"建设民兵的粮油供应做了明确的规定，要求民兵的食油按当地非农业人口定量食油标准供应。粮食供应上，按照革委会要求，参加国防施工的民兵和施工建设的民工除带足原生产队分配的口粮外，和部队一个伙食单位的，其粮油可按施工部队战士标准给予差额补助。凡不同部队同一个伙食单位的，按四十斤大米标准给予差额补助。参加"小三线"建设的民兵，除带足原分配口粮外，仍低于所在单位工人同等工种的定量水平的，可按同等工种工粮水平给予差额补助。③

防寒用品上，"由国家统一招收的新工人和省、地区革委会、省军区抽调参

---

① 坚决执行毛主席"备战、备荒、为人民"的伟大战略方针，组织动员民兵群众参加三线建设（1970年9月9日）[A].连州：连州市档案馆，3-A12.3-359-013-184.
② 关于组织民兵参加三线建设的通知（1970年5月6日）[A].广州：广东省档案馆，229-4-123-008~021.
③ 关于参加国防施工、军工、三线建设的民兵粮油供应问题的通知（1970年9月18日）[A].广州：广东省档案馆，294-A2.9-24-134.

加我省"小三线"建设和支援外省建设的民兵、民工（包括建设兵团）的各种御寒用品，包括棉胎、被套、棉衣、卫生衣或毛线衣、卫生裤以及蚊帐等应由个人自备。如个人没有，按困难多多补，苦难少少补的原则，由调出方在当地临时用布指标和民用絮棉指标中予以补出，分配在海南、湛江、佛山、惠州、广州、汕头等较热地区应根据实际情况不补卫生裤和只补卫生衣、不补棉衣，布票免收，费用由个人负责。补助用品一律供应成品，不发布票"①。

抚恤问题上，参加"小三线"国防施工的民兵与直接支援战争的民兵不同。参加国防工程施工中伤亡的民兵抚恤问题，仍参照中央人民政府政务院1954年5月20日批准的《关于经济建设工程民工伤亡抚恤问题的暂行规定》处理，由工程单位进行抚恤，死者一般不称烈士，受伤致残的也不评残。对死者生前的光荣事迹可采取其他方式表彰②。

各地区着重抓民兵的思想动员工作，为民兵提供充足的后勤保障，确保了"小三线"基础设施建设的顺利展开。同时，在建设过程中，广大民兵发扬"一不怕苦、二不怕死"的革命精神，加速了"小三线"建设，有力地促进了各地区生产的发展。以连县为例，1971年连县工业总产值比上年同期增长了82.5%，50项主要工业产品中有44项获得了大幅度增长，其中有13项翻了一番，试制成功新产品72项③。

（四）军工企业的生产

1. 设备和工装的供应

广东"小三线"军工企业所需的机械设备和工装④来源有三：一是第五机械部和省统一安排从有关工厂调拨或订购。二是广东省属星光工模具厂投产后，为省各军工企业提供部分工装、设备。1968年至1985年，星光工模具厂为各军工企业提供各种刀具66.1971万件、量具3.6922万件、夹模具6156套、M6025C万能工具磨床211台，另坦克平衡块2.3412万件。三是各军工企业在基建过程中，自力更生，自行装备，本厂机修车间一边建设一边生产，为本厂设备安装制造部分零配件或完整设备。建成投产后，各厂机修车间为本厂扩大

---

① 工矿工人参加三线建设的民兵、民工防寒用品补助通知（1970年12月5日）[A]．广州：广东省档案馆，294-A1.6-10-46.
② 关于参加国防建设民兵民工伤亡抚恤问题的函（1972年3月27日）[A]．广州：广东省档案馆，A12.1-136-001-009-025.
③ 坚决执行毛主席"备战、备荒、为人民"的伟大战略方针，组织动员民兵群众参加三线建设（1970年9月9日）[A]．连州：连州市档案馆，3-A12.3-359-013-184.
④ "工装"即生产过程工艺装备，指制造过程中所用的各种工具的总称。包括刀具、夹具、模具、量具、检具、辅具、钳工工具、工位器具等。

再生产自行制造部分专用和通用设备。

军工企业生产的武器是战备之急需，往往要求当年建厂，产品当年就要打响，时间要求非常紧迫。但在军工企业筹建完成之初，设备的供应能力还没有跟上，导致生产存在一定的困难。而国内机械加工设备制造和铁路运输能力相对落后，一般机床设备从订货到交货都要一两年以上。因此，广东省机械厅不得不加大力度催促设备，迅速组成队伍派驻全国各地生产厂家，以确保能在军工企业试制前顺利交货。以北江机械厂为例，广东省机械厅成套设备局派了一位处长和两位科长带领北江机械厂 30 多人，跑遍了全国 18 个省市，催交和发运所需设备。通过各方努力，绝大部分设备都能提前交货，只有云南省昆明机床厂的靠模铣床，到试制前还未能交货，此事惊动了中南局首长，在首长的协调下，用火车发运到坪石，从而解了燃眉之急。①

产品试制还需要大量配套的工装设备，军工厂作为"小三线"建设的重中之重，所有生产要素都得到了优先保障。北江机械厂在筹备所需设备之时，广东省委副书记林李明曾亲自过问，省机械厅厅长毛绍仪亲自抓此项工作。机械厅二处全力以赴，动员以广州地区为主的 30 多家机械厂，1000 多名技术骨干，从 1965 年 1 月起，日夜加班加点，半年之内，赶制出了北江厂产品试制所需的 11550 套工具夹具。不仅如此，当北江厂急需非标、特殊的专用设备时，全省大开绿灯，江门甘化厂把订了三年才到货的 13 台电子高温仪器控制仪全部让了出来；省拖拉机厂抽调专人苦战一个多月，造了一台非标电极铅熔炉和硝盐炉；省农具厂、研究所试验厂赶制了两台电焊机；湛江机械厂、轴承厂支援了两台电极盐炉；华南缝纫机厂和广州市工业产品检验所各借出一台坩埚电炉和高精度万能工具检测仪。广东省物资厅、省化工公司打开仓库查对现有物资，按军工企业产品试制的要求，凡是库存有的一律无条件调拨。这样才解决了北江厂急需的各类金属材料 250 吨、化工材料 60 种 26 吨，各种常用刀具、工具、磨具 600 多种 11000 多件。②

除了有广东省有关部门的动员和广州等地区各厂配合，军工企业自身也在采购设备上花费了很大工夫。北江机械厂供销科的采购计划大到汽车和锅炉，小到锉刀和砂纸，与全国 100 多家企业签订购销合同，并且需要到全国各地催货。当时，北江厂最重要的供货渠道重庆 296 厂供货有困难，全国有近 10 家同

---

① 根据原北江机械厂职工杨木朝、蔡元俅书面回忆，时间：2016 年 9 月。杨木朝，原北江机械厂供销科长；蔡元俅，原北江机械厂供销科长助手。
② 根据原北江机械厂职工杨木朝、蔡元俅书面回忆，时间：2016 年 9 月。杨木朝，原北江机械厂供销科长；蔡元俅，原北江机械厂供销科长助手。

类步枪厂上马,都找296厂要物资。为了打赢这场物资争夺战,北江厂供销科长不得不采取长期驻扎的办法,才保证了试制产品所需的紧缺物资。据统计,至1971年,北江机械厂有金属切削机床285台,锻压、铸造设备28台,其他各种机器、热处理、表面处理、焊接、仪衡器、仪表灯202台。

"小三线"军工企业在政治任务和生产任务都十分繁重的情况下,仍然能顺利地完成试制任务,很重要的一个原因是其在物力、人力、时间各方面都得到充分的保证,这也反映了当时的口号"从战备观点出发,优先保证三线建设需要"。至1976年底,全省"小三线"军工企业拥有金属切削机床及锻压设备3116台,其中维修用机床351台,高精度机床40台,大型机床51台,重型机床1台,普通车床636台①。

1. 产品的试制与生产

(1) 试制

军工产品的试制在整个生产链中非常关键,省委书记林李明曾亲自在北江机械厂督战、指挥、协调各方面工作,并和工人们同吃同住,以确保试制顺利。

"小三线"军工企业一般会成立"三结合"的试制小组,由干部、科技人员、工人组成,试制经费由国防工业办公室进行分配。以海南地区为例,1971年分配海南区各厂新产品试制费15万元,科研费6万元。其中光华厂试制费5万元,农具厂试制费6万元,科研费3万元,加工厂试制费3万元,国防工办掌握机动试制费1万元,科研费2万元。每个军工企业都有特定的产品试制计划,岭南工具厂、光华修配厂设计全年生产7.62毫米步、冲、机枪子弹能力初期为2300万发,南江机械厂计划木柄手榴弹30万枚、67式木柄手榴弹50万枚、手榴弹及地雷壳15万个、防步兵地雷15万枚,利华加工厂、海南加工厂设计年产硝铵炸药2000吨,卫民机械厂设计年产梯恩炸药1万吨,卫国机械厂生产纲领是年产"23""30"航空炮弹400万发,星光工模具厂设计生产能力4500种3万套各种兵器工业所用之模具。

试制过程中,军工企业需要攻克各种各样的技术难题。在新环境、新条件下试制出符合本厂情况的生产流水线是一项艰难的任务。对于刚刚建立不久的军工企业,虽然有对口厂的支持和援助,但其提供的技术图纸和工装设备图并不能直接使用,在技术层面上还需要一个消化再吸收的过程。首先,军品往往比普通机械产品要求更高的精度,据相关技术人员回忆,"全套图纸是从苏联引

---

① 广东省地方史志编纂委员会. 广东省志·军事工业志[M]. 广州:广东人民出版社,1995:70-71.

进的，标注的公差尺寸精度非常高，公差尺寸以'μ'来标注，相当于一根头发丝的半分之一"①，这无疑对于生产工艺是非常高的要求，对于刚刚迈入军品生产领域的技术工人来说，挑战性更高，因此必须熟练掌握工艺。北江机械厂工具车间的技术工人在生产枪管镀铬的重要工具阴极丝时，因直径2.6毫米钢线直线要求度很高，厂里找不到任何符合要求的镀铬阴极丝，产品试制受阻，于是设计加工了一套工具，在车床上进行阴极丝的校直，效果非常好，但生产率太低，后来又尝试用电加热后迅速冷却的校直方法，几秒钟便能够校直一根阴极丝，生产效率大为提高，顺利解决了试制过程中遇到的困难。②

根据节约和降低成本的原则，各军工企业采取因陋就简、因地制宜、就地取材的方式开展工作。南江机械厂在研制导火索的核心黑火药时，考察了海南几个大林场，确定了两个木材材种。生产木炭没有现成的专用设备，该厂就自己设计制造，采用烘焙式，木炭隔火烧制而成。黑火药的另外一个重要成分就是硝酸钾，而海南也没有符合技术质量要求的硝酸钾，该厂技术工人就用土办法一口大铁锅来提纯。经过多次的提炼、反复的试验，提炼出高纯度、符合技术指标的原材料。凭着几台半旧的机器设备，边培训人员、边试验、边生产、边补充、边完善的做法，为之后的批量生产打下了坚实的基础。1970年该厂工业导火索正式定型投入批量生产，1971年达到单班年产500万米的生产能力。③

(2) 生产

军工产品的生产是一个系统的工程，需要各个车间的相互配合。一般先由各个车间进行零部件的生产，最后送到总装车间进行组装。北江钢铁厂以生产高炮、半自动步枪、迫击炮等常规武器关键金属材料为主，有炼钢、轧钢、锻钢、机修、中试、运输、辅料等7个车间，南江机械厂以生产六七式木柄手榴弹为主，有木工车间、手榴弹车间、冲压车间、导火索车间、雷管车间、弹壳铸造车间等6个车间，北江机械厂以生产五六式7.62毫米半自动步枪为主，有13个车间。车间的生产制作工序也十分复杂，北江机械厂三车间的机匣班，要加工的机匣零件有85道工序，是半自动枪毛坯最重、工序最多的。④

---

① 根据林吉忠书面回忆，时间：2016年9月。林吉忠，1932年出生，1965年1月从汕头机械厂调至北江机械厂，在广州筹建处负责北江机械厂的筹建工作，北江机械厂建成和产品打响后，调至其他工作岗位。
② 根据钟昆龙书面回忆，时间2016年9月。钟昆龙，曾任职于北江机械厂工具科。
③ 根据原南江机械厂四车间主任杜家帮口述整理。杜家帮，1966年以学生身份招进南江机械厂办的海南重工业技术学校，后任南江机械厂四车间主任。采访人：周晨阳、王良圣，采访时间：2019年12月3日。
④ 根据原北江机械厂三车间职工张庆粤、司志国书面回忆，时间：2016年9月。

军工厂每年的生产计划由国防工业办公室下达，各季度的生产进度也有细微差别，北江机械厂对每个产品产量及每个季度产量任务分配都是非常严格的，且北江机械厂生产的产品不仅供应到各军工厂，也有部分供应到越南进行援助。北江机械厂生产、试制、协作计划表详见附录二。

为配合军工企业生产的大力发展，提高生产效率，军工企业一般还设有科研所。科研所分为两个部分：一个是科研设计室，设计室的主要任务是研究新工艺、新方法。为生产所需的专用机器设备出谋献策，提供切实可行的方案。二是实验工厂，其主要任务是依照设计室的设计图纸，为机械加工及组装完成试制成品。北江机械厂科研所的具体任务是设计完成一条半自动生产线，由多台专用机器连接成一条生产流水线，用以加工机匣、机身、机心等半自动步枪的重要零件。仅用一年时间，科研所先后设计出部分自动生产线的配套工装、夹模具、机座及液压控制系统。①

军工企业在生产过程中通过对传统产品工序不断改进，探索出新的加工技术，并开发了新的产品。例如，北江机械厂对五六式 7.62 毫米半自动步枪的改进，改木质枪托为塑料枪托，这一技术改进被列为中国轻武器科研成果之一。南江机械厂研制的第二代手榴弹取得三项科研成果，改铸铁弹体为钢板铁冲压弹体，改木柄为钢柄，并在弹体、柄内壁压槽，因重量轻、体积小、投掷远、生产成本低，获得全国科学大奖。长征机械厂研制的 80 式火箭布撒漂浮雷，是水雷中的一种新产品，改变了 TNT 装药为梯黑 50 装药，获国务院国防工办授予协助抗登陆锚系漂浮水雷国防工业重要科技成果二等奖。②

3. 军品质量检查制度

军品质量的好坏关系到战场上战士的生命，因此，它对质量有绝对严格的要求。作为"小三线"军工企业，必定有一套严格的产品质量检查制度来确保军工产品的质量。根据"质量第一，数量第二"的原则，广东"小三线"军工企业成立了专门的军品质量检验机构，质量检验科配有专职检验员，对成品、半成品、原材料，按设计技术标准从生产小组到工段、车间、工厂逐级检查验收，工厂对产品质量负责到底。

广东"小三线"军工企业从试制开始就特别关注军品的质量，每个军工生产系统都设置了专门的军品质量检验体系，严格把控军品生产的各个环节。如

---

① 根据古东森书面回忆，2016 年 10 月 12 日。古东森，原北江机械厂科研设计室成员。
② 广东省地方史志编纂委员会. 广东省志·军事工业志 [M]. 广州：广东人民出版社，1995：27-28.

北江机械厂第一批试验枪装配,由总装车间主任和车间支部书记亲自操作,带领几名经过培训的技工,对每个车间零件再次认真检查。从试制开始就严格控制质量,2个生产工人配3个检验员,严格遵循"军工生产,质量第一"的宗旨。试制完成需上靶场检验,参与检验的有五机部专家组、原广州军区、省军区代表、省里有关部门代表,射击试验严格按照五机部规定的《五项质量检测标准》进行,完毕之后,专家组宣布五大性能全部合格。①

军品的检验过程存在一定的危险性。南江机械厂在检验反空降子母弹②时,一开始由于控制不了子母弹的飞行方向,也难以掌握在空中爆炸的时间,一次同时发射出去的两颗子母弹没有在空中爆炸,一颗落在了附近山头一棵大树上,把树枝炸得四处横飞,同时还炸死了几只松鼠。另外一颗没有爆炸也没有找到。从这次试验可见军品检验的危险性,据参加检验的张应龙介绍,子母弹如果落在人群里爆炸,上百片的弹片杀伤威力其后果不可想象。③

受"文革"影响,军工企业生产受到一定程度的冲击,军品质量检测力度也有所削弱。紧急时刻,广东省革命委员会果断派驻军代表成立军管会,实行军管。军代表进驻军工企业保证了工厂生产能够正常运行,也迅速恢复了军品质量检测体系。原广州军区后勤部在原材料采购上严格规定,必须保质保量。每个军工企业设置1个军代表室,其中有1个总代表、2个副总代表,其余是营级、副营级干部,还有战士,一般十余人。驻军工企业代表的主要任务是对军品生产进行监督、验收。军代表需对整个生产过程有所掌握,首先了解产品的图纸设计,用技术手段来和工厂交涉。其次跟踪流水线,了解每个环节,最后进行抽样检查,抽查率在10%到20%之间。质量检验过关后,由军方盖章,工厂的生产经费才能下达。④ 在军工企业与军代表的合作中,双方积极配合,有分歧及时商量,极大地保证了军工产品的质量。

20世纪70年代中期,各军工企业先后对生产实施全面质量管理,加强了生产活动中全过程的产品质量控制工作,组织质量管理小组,称"TQ"活动,以

---

① 根据张业成书面回忆,时间:2016年9月。张业成,原北江机械厂车间支部书记。
② 为了防范外部敌对势力对我国的侵略,原广州军区向工厂下达了研制一种可以大量杀伤空降兵武器的任务,采用手榴弹拉发火原理,将子母弹抛射到空中后瞬间爆炸,造成杀伤伞兵的目的。
③ 根据原南江机械厂革委会主任张应龙的长女张淑芬书面回忆,时间:2019年2月28日。张应龙,祖籍黑龙江省拜泉县,1950年3月10日在解放海南岛的战役任排长,1969年6月被任命为596厂革委会主任,1973年10月,调回三亚海南省军区守备十团。
④ 根据陈仲满在清远市史志办小三线座谈会上的发言整理。陈仲满,原明华机械厂(806厂)副连级军代表。采访人:黄怡凯、王良圣,时间:2019年12月27日。

控制每一道工序、每一个生产环节、半成品、零部件的质量，口号是：质量第一。军工产品的检查过程也是十分严密的。原广州军区后勤部琼中地区验收组曾对南江机械厂进行弹药质量的考察，组成弹药质量考察小组，组长由验收组同志担任，副组长由工厂革委会副主任担任。检验是从开始生产的每一批弹药都抽出30枚，只作单项考察发火率的情况，再从10个批发产品里抽出一批30枚做四项一贯制考察，另从不同的年份中抽几批各要5枚进行破片考察。① 这种将工厂自检与军队验收相结合的军品质量双重检查体系，保证了军品在使用过程中的万无一失。

（五）军工企业的特点

广东"小三线"军工企业与一般企业相比既有共性，又有其特殊性。共性表现在，都有自己的名称、机构、规章制度和固定的生产任务。特殊性表现在"小三线"军工企业是20世纪六七十年代"小三线"建设的产物，运行机制、产品属性、人员组织都与一般企业有所不同。

（六）军工企业的组织架构

广东省"小三线"军工企业的领导机构几经转换，1964年建设之初，广东省委成立国防工业领导小组、省人民委员会成立军工局，管理全省范围内的"小三线"建设和军事工业。到1968年7月，领导"小三线"建设交由广东省革命委员会、省军区国防工业办公室，领导国防工业系统各单位各项工作。1973年再次进行调整，由省军区移交地方领导，省革命委员会设立国防工业办公室、军工局和电子工业局。关于"小三线"军工企业的领导机构已经在论文第三章有详细论述，本节不再赘述。

"小三线"军工企业的内部实行党委负责制，通过党委（后为革命委员会）对厂实行管理。干部来源主要有两方面：一是由原区党委从地方抽调和部队转业来的；二是由中央五机部从对口厂调来的，主要包括生产技术厂长、科长、车间主任和技术员。科室和车间组成企业组织的基本构架，各车间各司其职，功能配置逐步齐全，工厂科室负责协调完善，此外还有军代表室负责产品质量的监督和检查，是一个相对封闭且完整的生产体系。这便是"小三线"军工企业内部组织体系。

这里主要以南江机械厂（又称海南农具厂）为例进行剖析。南江机械厂，

---

① 对596厂、9671厂弹药质量考察汇报（1971年1月22日）[A]．海口：南江机械厂档案室．

1968年4月，成立国营海南农具革命委员会，由18名委员组成①。根据海南区党委决定，南江机械厂为正团级厂。根据厂的规模大小、职工人数以及生产需要，南江机械厂配备了各级领导干部，设置若干科室、车间。在干部的配备和管理上，该厂的党委正副书记、行政正副厂长、工会主席等一级领导是由原区党委组织部调配和任命的；其他如科长、车间主任有些是中央五机部从对口厂调来的。建厂初期，南江机械厂只设三个基本车间：一车间为木工车间，主要生产木柄手榴弹的木柄和包装木箱；二车间为手榴弹的生产装配；三车间为钢铁配件和工厂的供水供电及机器设备的维护保证。此外，还设有技术、安全、检验科，1968年又建起了弹壳铸造车间。②随着规模不断扩大，生产和生活步入正轨后，各种问题也凸显出来，因此，相应的职能机构应运而生，原有的科室也将职能不断细化。至1975年，南江机械厂共建成6个车间，14个科室。从一车间至六车间分别是木工车间、手榴弹车间、冲压车间、导火索车间、雷管车间、弹壳铸造车间，此外还有机动科、检验科、供销科、行政科、技术科、治安科等等。③

其他"小三线"企业的内部结构基本与南江机械厂大同小异，以红权电器厂和北江钢铁厂为例。红权电器厂总共是4个车间。后第一车间改称科室，包括机动科、检验科、技术科、供销科、劳资科、基建科、宣传科等等，第二到五车间分别是工具车间、机械加工车间、电镀车间、总装车间④。北江钢铁厂于1972年成立厂革委会，1972年11月成立了工厂的核心小组。设有19个科室和部门，分别是办公室、组织科、宣传科、保卫科、计划科、技术科、检查科、劳安科、财务科、供销科、生活管理科、基建科、机动科、设计科、工代会、共青团筹委、武装部、派出所和职工医院。生产上有炼钢、轧钢、锻钢、机修、搬运、辅料车间及中心实验室、废钢站共8个生产单位。⑤

---

① 关于成立国营海南农具厂革命委员会的批示（1968年4月22日）[A]．海口：南江机械厂档案室．
② 根据原南江机械厂四车间主任杜家帮口述整理。杜家帮，1966年以学生身份招进南江机械厂办的海南重工业技术学校，后任南江机械厂四车间主任。采访人：周晨阳、王良圣，采访时间：2019年12月3日。
③ 根据许位三口述整理。许位三，原南江机械厂二车间主任、厂长。采访人：周晨阳、王良圣，采访时间：2019年12月3日。
④ 根据莫可安在清远市史志办小三线座谈会上的发言整理。原103红权电器厂机动科职工。采访人：黄怡凯、王良圣，时间：2019年12月27日。
⑤ 北江钢铁厂抓革命、促生产的调查报告（1974年9月27日）[A]．韶关：韶关市档案馆，13-A12.2-132-1.

1. 集中国家资源优势

由于"小三线"建设受到党和国家的高度重视,因此在人才、资源上都优先得到了保障,当时流传着一句口号"好人好马上三线"。当"小三线"与工农业生产存在冲突时,优先保证"小三线"建设需要,因此,确保了"小三线"建设在国家战略布局中的地位。由此,确保了"小三线"建设在国家战略布局中的地位,而军工企业作为"小三线"建设的核心,在人力、物力、运输各方面更是得到了充分的保障。

人力优先安排。首先,表现在能够进入"小三线"军工厂的人员都是从全国各地精挑细选的,经过了层层审核。其次,表现在参与筹建"小三线"军工企业的人员的量上。例如在建设5606、5616厂时,上级下达的指标是5000人,为了加速军工企业建设,连县根据"小三线"工地的要求,实际派上去人数是5600人。施工过程中若发现不符合"小三线"建设人员要求的,就及时进行调整。对比而言,同时期的煤炭生产大会战原计划安排8500人,因劳动力安排不开只派去了3000人。最后,表现在当参与"小三线"建设人员不够时,便采取广泛动员方式,发动广大群众大力配合"小三线"军工企业建设,采取固定人员与打人民战争相结合的办法,为军工企业烧砖瓦、运沙石,赶制各种工具。由此,"小三线"人员的质和量都得到了保障。

物资优先供应。凡是有条件生产的,首先保障"小三线"军工企业的需要,实行有关部门主动让路与发动群众自觉捐献相结合。在木材比较紧张的情况下,广东省各地区从大局出发,压缩其他建设项目,减少其他方面的用材,优先满足"小三线"军工企业建设的需要。"小三线"建设需要大量的砖瓦,各地就多次召开有关单位会议,反复动员研究,想方设法保证"小三线"建设急需。同时,根据实际需要,军工厂的建设必须因地制宜,就地取材。全省"小三线"军工企业的建设,至1973年底,自行烧红砖700万块、石灰9600吨,采石8.8万多立方米,盖干打垒、石打垒厂房和宿舍5万多平方米。①

运输优先保障。当时军工企业的物资主要靠公路运输,运输线较长任务较重,车辆缺乏。各地区运输站车队除积极为"小三线"工地运送物资外,还打破车队不向外借车的常规,抽出10部汽车专门给"小三线"工地使用,其中5606、5616厂有5部。同时,还采取车辆和人力运输相结合的办法,动员广大

---

① 广东省地方史志编纂委员会. 广东省志·军事工业志[M]. 广州:广东人民出版社,1995:65.

群众把工地所需的砖瓦、禾草挑到公路两旁,保证迅速运往军工企业建设工地。①

2. 产品的政治属性强

"小三线"军工产品的研制和生产,不仅关系到国家的军事、政治和经济安全,更关系到国家的国际地位和影响力。"小三线"军工企业在完成生产任务时,始终将国家利益摆在首位,以完成政治任务的态度对待重大军工项目,这也说明了为什么"小三线"人在进入军工企业后,有那么强的荣誉感和使命感。同时他们对工程质量的把关异乎寻常的严格,因为军工产品在使用时一旦出现差错,带来的损失是不可估量的,周恩来总理曾对军工产品提出了"严肃认真、细致周到、稳妥可靠"等要求。在国家利益、民族荣誉等综合因素的作用下,"小三线"军工企业承担的责任更重,军工产品的政治属性也较强。

3. 人员构成的广泛性

广东"小三线"建设中,数以万计的人响应党的号召,从当时发展较好的区域迁徙到广东后方和海南岛一穷二白的偏远山区,从零开始展开建设各项工业的生产线。1967年后,在原有职工的基础上,军工企业先后调入了数千名职工。经统计,1975年广东省兵器工业系统共有职工11982人,其中工程技术人员363人。各军工企业人数和新建厂设计人数如表7:

表7 1975年各单位现有人数和技术人员人数

单位	现有人数	技术人员	单位	现有人数	技术人员
北江机修厂(980厂)	2206	100	701工程(5606厂)	1102	—
南华机械厂(750厂)	2410	—	702工程(5616厂)	1106	—
利华加工厂(9655厂)	339	—	711工程(5693厂)	443	—
岭南工具厂(946厂)	763	27	712工程(5628厂)	91	—
星光工模具厂(9609厂)	806	18	713工程(8571厂)	53	—
跃进铁厂(806厂)	815	—	715工程(5625厂)	47	—
红权电器厂(8500厂)	733	—	716工程(6491厂)	52	—
长征机械厂(8402厂)	456	—	海南农具厂(596厂)	725	41
光华修配厂(9671厂)	782	12	光明机械厂(712厂)	450	—

人员构成的广泛性一方面体现在招收对象的广泛性,另一方面体现在来源

---

① 坚决执行毛主席"备战、备荒、为人民"的伟大战略方针,组织动员民兵群众参加三线建设(1970年9月9日)[A].连州:连州市档案馆,3-A12.3-359-013-184.

地域的广泛性。从"小三线"职工的来源来看，不仅有各厂调配来的三线职工、干部，还有上山下乡知青、退伍军人、民兵、民工等等。南江机械厂最初的工厂职工主要由湖南516厂、山西104厂、山东732厂及海南部分机械工厂的管理干部、技术工人、复员转业军人组成，另外还从海口、文昌、东方县等地招了一批社会青年入厂当工人。从"小三线"职工的地域来看，广东"小三线"军工企业的技术人员、干部、工人来源于本省和17个省市，包括山东、湖南、重庆、西安、山西、辽宁等地。

发展军工企业，培养人才是关键。随着发展，各军工企业先后陆续派干部、工人赴外省各专业对口厂学习、培训。工厂建成后，对干部、工人的大量教育、培训工作，主要是边生产、边实践、边学习，工厂分期、分批举办各种短期培训班（脱产、半脱产、业余等形式），提高职工的生产技能。"小三线"军工企业职工的培训工作由第五机械工业部第七局规划进行，该部自1965年以来，相继为各省地方军工企业培训了一批技术工人。①

六、广东"小三线"建设的评价

习近平总书记指出，回顾历史是为了充分吸取历史的"养分"并将其转化为砥砺向前的动力。② 作为特殊历史时期下的一项重大战略决策，"小三线"建设不仅有特殊的政治使命，也有经济使命。在政治上，"小三线"建设的历史使命和作用得到了广泛的认可。但在经济上，学术界针对广东"小三线"建设的评价产生了明显的分歧。有些学者基于宏观因素诸如产业布局调整、基础设施升级等的考量，肯定广东"小三线"建设的经济成果。但有些学者着眼于企业效益低下、作用模糊等微观因素否定广东"小三线"建设的经济成果。厘清广东"小三线"建设的历史作用与贡献，才能以史为鉴，为之后的发展指引方向。本章将深入探讨广东"小三线"的功过得失，以期能够为当前国防现代化建设、区域经济协调发展提供有益的借鉴，也能够为当下如何更好地坚持党的领导和人民当家作主的有机统一提供启示。

（一）从战略层面看"小三线"

广东"小三线"建设，是在当时准备打仗和"文化大革命"的特定历史环

---

① 关于地方军工企业今后培训实习的几点意见（1967年8月9日）[A]. 海口：南江机械厂档案室.
② 习近平. 在庆祝中国共产党成立95周年大会上的讲话[N]. 人民日报，2016-07-02（2）.

境下进行的。从战备的角度来说，广东根据具体情况建立自己的"小三线"是十分必要的。从当时国家周边局势看，特别是祖国的东面和南面，来自外部的挑衅不断，广东作为祖国的南大门，建立起完整的军工生产和国防建设体系，是一种居安思危、自力更生、不等不靠的表现，对保卫国家安全具有重要意义。从这个层面上说，对于广东"小三线"建设的评价应给予肯定。不能因为战争并没有爆发而武断地认为"小三线"建设是多虑了、是一种浪费，因为积极备战也是抑制战争爆发的一种重要手段，"小三线"建设向敌对势力展示了我们国家和人民捍卫国家领土和主权完整、捍卫生存和发展权利的决心。

"小三线"建设对初步建立广东省的国防工程防御体系起到一定的后备力量作用。1964年至1978年，广东省国防工业累计投资2.5亿元，建成三线兵工企业14间，共有职工11982人，生产的武器品种有五六式7.62毫米半自动步枪、步枪、冲锋枪、机枪子弹、枪榴弹、手榴弹、六三式60毫米迫击炮弹、五九式航空炮弹、六五式37毫米双管高射炮及其瞄准具、五八式14.5毫米二联高射机枪及瞄准具、信号弹、地雷、雷管、炸药、防毒面具、水中兵器、水中爆炸武器等。1969年至1970年，全省先后组建军工动员生产线26条，定点生产厂300多间。1972年调整为生产线13条，定点生产厂143间，可生产7.62毫米半自动步枪、37双管高射机关炮、改40火箭筒、高射炮指挥仪、雷达、14.5毫米二联高射机枪、飞机副油箱、防毒面具、尼龙防弹衣、七〇一直升机等。1967年至1978年，是广东电子军工的发展壮大时期，增建了一批"小三线"电子企业，发展了一批地方电子企业承担电子军品生产任务，生产了一批军用通信指挥的主电台、电子元器件、航行雷达和电子配套设备，以及舰用导航设备和通信设备。全省军事电子工业共为国防生产无线通信和导航设备9种8615台(套)，有线通信、指挥设备544部（另军民两用的设备191万部套），雷达类产品4242套，其他军用电子产品119万部，电子器件1264万余只，还有用于核潜艇、运载火箭、人造卫星上的电子尖端产品[①]。

"小三线"时期是我国地方国防工业发展的关键时期，它为之后的地方军事工业的战略布局和体制改革奠定了技术基础和人才储备。这个时期，广东省的地方国防工业从无到有逐步建立起来，生产的军品品种日趋丰富，使用领域越发广泛，技术水平显著提升，电子军工企业逐步发展壮大，都为今天的国防现代化建设打下了扎实的基础。

---

① 广东省地方史志编纂委员会. 广东省志·军事志[M]. 广州：广东人民出版社，1999：128.

(二) 从区域协调发展层面看"小三线"

"小三线"建设是区域经济史研究的一个薄弱环节。它虽然是我国经济发展史上一次大规模的区域性重大战略举措,然而却在极短的时期内形成决策并实施,再加上其大多涉及国防机密,使得大多数人对其发生、发展过程和结果都不甚清楚。在广东省"小三线"建设时期,许多骨干企业从沿海地区或省内重要城市搬迁至后方地区,改变了省内原有的工业布局,对于优化广东省工业发展的地区性结构具有积极的作用。

新中国成立之初,广东省的工业布局很不平衡,90%以上的工业集中在交通比较方便、商品经济比较发达、人口比较密集的南部沿海地区,如广州、佛山、汕头、湛江等少数城市。1949年仅广州市就集中了全省工业企业的43%,工业产值的32%。① 其次,广东省的轻重工业比例很不协调,重工业非常薄弱。1949年全省的轻纺工业产值5.7亿元,占工业总产值的90.5%。② 并且工业原材料和燃料大多依赖其他兄弟省份的供应。海南地区工业中轻工业占有绝大多数比重,并且主要集中在海口一地。如何平衡广东的工业布局和工业结构,也是当时广东省委头疼的问题。在"小三线"建设中,广东省的工业发展得到一定均衡化。

"小三线"建设时期,在广东省政策和资金的推动下,从广州、梅州、佛山等地迁移了大批军工企业、骨干企业落户韶关,从而推动力韶关地方工业的急剧扩展。在此期间,中央和省投资建设的韶关冶炼厂、广东综合塑料厂、七四五矿等一批企业陆续建成投厂;工具厂、铸锻厂、轴承厂等大批企业在韶关市区和各县相继涌现。1969年,韶关全区工业总产值达44232万元,占全区工农业总产值的51%,工业总产值首次超过农业总产值,韶关工业开始形成机电、机械、冶炼等门类比较齐全的工业体系。20世纪70年代初,南水、泉水、长湖、潭岭等省属骨干水电厂陆续建成并网发电,改变了韶关电网原来单一依靠韶关电厂火力发电的状况。至1978年底,全区工业企业达1781家,工业总产值149744万元,占全区总产值的66.2%。这个时期,由于重工业投资较大,重工业比重上升到历史最高峰达73%。③ 乘着"小三线"建设的东风,韶关市在短短17年的时间里就改变了工业落后的局面,成为广东省内仅次于广州的重工业

---

① 广东省地方史志编纂委员会. 广东省志·经济综述 [M]. 广州:广东人民出版社, 2004:406-407.
② 匡吉. 当代中国的广东 [M]. 北京:当代中国出版社, 1991:495.
③ 中共韶关市委党史研究室. 中国共产党韶关历史 [M]. 北京:中共党史出版社, 2013:310-311.

城市。

"小三线"建设也推动了山区公路的建设。在1964年至1972年这一时期，韶关地区新建公路总里程达508公里，改建公路总里程达233公里，并且开通了多条省际公路干线。到1975年上半年，韶关地区建成公路网络总里程数达7500多公里，能够东通江西、北连湖南、西接广西，南与本省佛山、肇庆、惠阳等地的公路相连。全区所有的公社和80%的大队都通了汽车。连县境内，在九陂、瑶安、丰阳、保安、大路边、附城、东陂等公社的10处"小三线"建设工程，共修筑国防公路约70公里，兴建大小桥梁113座，大大加快了韶关地区的交通建设步伐，也进一步促进各区域平衡发展。①

（三）从精神文化层面看"小三线"

广东"小三线"建设所取得的成就离不开"小三线"人的无私奉献。他们不怕苦、不怕累、不怕牺牲，勇敢地肩负起国家和人民赋予他们的重托。他们放弃了城市的优越条件，怀揣梦想来到艰苦的"小三线"地区奉献青春、挥洒汗水。他们不仅创造了一项项工程上的奇迹，更创造了永不磨灭的三线精神。三线精神的内核是"无私奉献、艰苦创业、团结协作、勇于创新"。

"无私奉献"是三线精神的优良传统。参与广东"小三线"建设的都是从全国四面八方调来的工人、干部、技术人员、退伍军人，当时叫作"好人好马上三线"，他们都是技术骨干和政治骨干，是国家的建设人才。但是为了服务国家战略建设的需要，他们发扬哪里需要哪里搬的螺丝钉精神，自愿放弃较好的城市条件，义无反顾地投身条件艰苦的"小三线"地区。有条件要上，没有条件创造条件也要上。没有运输工具，就靠手拉肩扛；没有住房，就自建茅屋毡房。为了伟大的事业，他们"献了青春献终身，献了终身献子孙"。这种无私的奉献精神并没有湮没在中华民族的历史长河中，至今三线精神依然光彩夺目。

广东"小三线"建设者回忆，"当年虽然工厂的职工来自全国各地五湖四海，但大家都非常团结，也特别有战斗力。大家都抱着响应毛主席'加强防卫，巩固海南'的伟大号召，为了祖国的国防建设贡献一份力量的信念而努力奋斗"②。"小三线"人之所以能在极其恶劣艰苦的环境中无私地奉献他们的才华和青春，是因为他们对国防"小三线"有极强的归属感、自豪感和荣誉感，"我

---

① 中共连州市委党史研究室. 中国共产党连县历史：第2卷（1949.12-1978.12）[M]. 广州：广东人民出版社，2015：143.
② 根据原南江机械厂四车间主任杜家帮口述整理。杜家帮，1966年以学生身份招进南江机械厂办的海南重工业技术学校，后任南江机械厂四车间主任。采访人：周晨阳、王良圣，采访时间：2019年12月3日。

们印象最深的就是,每一个来军工企业当工人的,这种自豪感、荣誉感就特别的强烈,能够成为一个军工战士,是人的一生中非常光荣的事情,这是每一个到厂里的工人都能体会到的。成为军工工人要三代成分好,在政治上要求很高的"[①]。

"艰苦创业"是三线精神的制胜法宝。从基建到物资搬运,再到生产的过程,处处能看到"小三线"建设者们不畏艰辛的背影。南江机械厂在最初的筹建过程中,其工业雷管和工业导火索两个产品生产线规划在一个狭长的山沟里,厂房的布局需要爬山越岭、实地考察才能确定。山里没有现成的路,每前进一步都很艰难,前面荆棘重生,树木藤萝挡路,地下蚂蟥数不胜数。在此过程中,广大职工经过一段时间的摸索,找到了行动规律,进行厂房的布局、勘察、测量工作。尽管生产条件落后,缺乏必要的搬运设备,但职工们不畏艰苦,往往用人力完成了机器设备才能完成的任务,"当时受工作条件限制,我们生产时都是用肩背身扛,把生产原料从原料库一袋袋运到机房,装入机器加工成成品后,又一袋袋背回成品库"[②]。

三线建设孕育了三线精神,三线精神是两代三线人在长期的艰苦实践中探索形成的,给了三线后代很大的精神慰藉和鼓励,一位广东"小三线"建设者的子女说:"我们希望能有人把父辈那一代的历史记录下来,今后我们的子孙看到还知道有那么一段不为人知的故事,它是一笔宝贵的精神财富。"[③] 不仅如此,"小三线"建设所孕育的宝贵的精神财富应该被充分地挖掘并加以利用,在当前加快经济建设步伐的新时期,需要全社会继续大力弘扬三线精神,使其成为加速经济发展的强大精神动力。

(四)科学认识"小三线"建设中存在的问题

在"小三线"建设中的确存在一些问题,如选址不够科学、资源配置不够合理以及职工生活水平较低等问题,因此也出现了一些否定"小三线"建设的声音,对"小三线"建设的必要性存在争议,认为在这段时期,国家和广东省将大部分资金、人力和物力投向后方山区,但最终战争并没有爆发,还给国民经济带来了一些不利影响,造成严重的亏损和浪费。那么"小三线"建设是否

[①] 根据苏耀发之子苏小军在清远市史志办小三线座谈会上的发言整理。苏耀发,原国营红权电器厂军代表。采访人:黄怡凯、王良圣,时间:2019年12月27日。
[②] 根据南江机械厂职工朱继湘书面回忆,时间2020年2月18日。朱继湘,1970年7月高中毕业进入南江机械厂四车间二班工作。
[③] 根据原南江机械厂子弟张丽颖口述整理。张丽颖,原南江机械厂技术科副科长、副厂长张德福的子女。采访人:周晨阳,采访时间:2019年12月5日。

有必要呢？笔者认为"小三线"建设是有必要的。首先，地方层面的积极备战也是抑制战争的一种手段，维护了国家利益，为中国抵御霸权主义的战争威胁建立了可靠的后方；其次，要看到广东"小三线"建设的"失"是需要付出的经济代价，也是暂时的，终会得到补偿。如果仅以经济效益作为评价广东"小三线"建设的唯一标准，很容易陷入"得不偿失"甚至"悔不当初"的错误情绪中。正确评价广东"小三线"应该综合考虑经济成就和历史意义，正如列宁所说，"在分析任何一个社会问题时，马克思主义理论的绝对要求，就是要把问题提到一定的历史范围之内"①。我们应该充分汲取"小三线"建设的经验教训，吸取历史的"养分"并将其转化为砥砺向前的动力，为当前国防现代化建设、区域经济协调发展提供有益的借鉴，也为当下如何更好地坚持党的领导和人民当家作主的有机统一提供启示。

七、结语

广东作为地方"小三线"建设的发起省份，针对其开展相关研究既能为全国"大三线"建设研究提供有力补充，又能为地方"小三线"建设研究提供范例。本文首次系统全面地还原了广东"小三线"建设的历史风貌，凸显了广东"小三线"建设研究的学术价值。本文的最大创新之处体现出了"地方国防工业"的意识，将"小三线"建设置于地方国防工业的视野下进行考察。这种比较强烈的"地方"意识，是以往的研究成果所欠缺的。其次，本文在宏观研究的基础上增加了微观层面对军工企业和"小三线"人的考察。最后，在广东"小三线"建设评价上，本文总结出了三个维度看待其历史意义，并针对"小三线"建设评价的争议点进行讨论，肯定"小三线"建设的必要性。但是，由于部分涉密档案尚未解封、实地调研的面还不够宽，对军工企业的保密机制、组织构架等论证不足，今后，随着口述资料的进一步扩充，有望对"小三线"建设做进一步深入研究。

广东"小三线"建设是一场中央和地方密切配合下的国防建设运动。它的创建、发展到结束反映出全国"小三线"建设的一个缩影，折射出那段时期我国国防战略部署的一个侧面，其成就是显著的。它是在紧急战备的情况下建设的，从这个意义上讲，它是一次战备动员，这项建设活动中央和地方密切配合，形成了一套在战时体制下迅速扩大军工企业生产能力的一整套措施和办法，对今天的国防现代化建设强化统一领导和顶层设计，改变"领导管理体制不够科

---

① 列宁选集：第 2 卷 [M]. 北京：人民出版社，1972：512.

学"的现状具有重要启示作用。

广东"小三线"建设又是一场经济建设运动。它对于粤北山区经济的发展起了重要的促进作用。但是，由于忽视经济客观规律，在某程度上阻碍了国民经济的正常发展。这启示我们，中央和地方各级政府在制定区域发展战略时必须坚持实事求是的原则，遵循价值规律，促进区域经济协调发展。

广东"小三线"建设还是一场党领导群众在社会主义建设道路上的探索。其实践充分证明了我们党的领导和执政能力，事实证明，只有坚持党的领导，由党组织发挥战斗堡垒作用，就一定能够带领群众战胜困难，取得成功。同时，广东"小三线"建设是依靠广大"小三线"建设者的力量进行的，启示我们要充分尊重人民群众的主体地位，发挥人民的首创精神，把实现好、维护好、发展好最广大人民群众的根本利益，作为党和政府一切工作的出发点和落脚点。

【参考文献】

一、经典著作类

[1] 马克思恩格斯选集（第二卷）[M]. 北京：人民出版社，2012.

[2] 马克思恩格斯文集（第五卷）[M]. 北京：人民出版社，2009.

[3] 马克思恩格斯文集（第六卷）[M]. 北京：人民出版社，2009.

[4] 列宁选集：第2卷 [M]. 北京：人民出版社，1972.

[5] 中共中央文献研究室. 建国以来重要文献选编（第15册）[G]. 北京：中央文献出版社，2011.

[6] 中共中央文献研究室. 建国以来重要文献选编（第20册）[G]. 北京：中央文献出版社，2011.

[7] 毛泽东文集 [M]. 北京：人民出版社，1993.

[8] 中共中央文献研究室，中国人民解放军军事科学院. 建国以来毛泽东军事文稿 [M]. 北京：军事科学出版社，2010.

[9] 毛泽东选集 [M]. 北京：人民出版社，1964.

[10] 毛泽东军事文集：第6卷 [M]. 北京：中央文献出版社，1993.

[11] 毛泽东. 矛盾论 [M]. 北京：人民出版社，1975.

[12] 毛泽东. 论十大关系 [M]. 北京：人民出版社，1976.

[13] 中共中央文献研究室. 周恩来年谱：中（1949—1976）[M]. 北京：中央文献出版社，2007.

[14] 中共中央文献研究室. 周恩来传 [M]. 北京：中央文献出版社，1998.

[15] 中共中央党史教研室. 中共党史大事年表 [M]. 北京: 人民出版社, 1987.

[16] 中共中央党史研究室. 中国共产党历史（1949—1978）[M]. 北京: 中共党史出版社, 2011.

[17] 周恩来选集 [M]. 北京: 人民出版社, 1980.

[18] 邓小平文选 [M]. 北京: 人民出版社, 1989.

[19] 刘少奇选集 [M]. 北京: 人民出版社, 1985.

二、档案类

[1] 广东省航运厅关于支前运输的方案（1962年6月22日）[A]. 广州: 广东省档案馆, 271-2-7-127~142.

[2] 潮安县工厂企业备战支前情况综合报告（1962年7月14日）[A]. 广州: 广东省档案馆, 231-1-190-99~124.

[3] 广州市支前委员会. 关于支前工作情况报告（1962年7月20日）[A]. 广州: 广东省档案馆, 227-9-5-001~002.

[4] 中共广东省委. 关于抢修支前公路经费预算的报告（1962年9月4日）[A]. 广州: 广东省档案馆, 227-9-2-023~044.

[5] 广东省交通厅. 广东省1962年汽车运输备战工作情况及今后的意见（1962年10月1日）[A]. 广州: 广东省档案馆, 288-1-188-1~11.

[6] 广东省航运厅. 上报1962年交通备战工作总结（1963年3月9日）[A]. 广州: 广东省档案馆, 289-1-329-016~024.

[7] 下达1966年小三线建设计划（1965年12月16日）[A]. 广州: 广东省档案馆, 281-1-60-270~271.

[8] 关于组织民兵参加三线建设的通知（1970年5月6日）[A]. 广州: 广东省档案馆, 229-4-123-008~021.

[9] 转发财政部"关于战备搬迁过程中费用开支复函"的通知（1970年7月20日）[A]. 广州: 广东省档案馆, 285-21-17-103~103.

[10] 关于参加国防施工、军工、三线建设的民兵粮油供应问题的通知（1970年9月18日）[A]. 广州: 广东省档案馆, 294-A2.9-24-134.

[11] 工矿工人参加三线建设的民兵、民工防寒用品补助通知（1970年12月5日）[A]. 广州: 广东省档案馆, 294-A1.6-10-46.

[12] 关于组织轮换参加三线建设的民兵问题的报告（1971年6月4日）[A]. 广州: 广东省档案馆, 229-4-157-083~088.

[13] 同意成立广东省国防工业领导小组（1971年7月11日）[A]. 广州:

广东省档案馆，306-A0.02-33-2.

[14] 关于参加国防建设民兵民工伤亡抚恤问题的函（1972年3月27日）[A].广州：广东省档案馆，A12.1-136-001-009-025.

[15] 关于抽调民兵参加重点厂、矿建设的报告（1972年5月）[A].广州：广东省档案馆，229-4-290-182-185.

[16] 关于大、中、城市战备疏散人员在当地安排工作划拨劳动指标的通知（1973年7月11日）[A].广州：广东省档案馆，256-A1.1-0137-024.

[17] 关于改变国防工办隶属关系的会议纪要（1973年1月11日）[A].广州：广东省档案馆，222-5-119.

[18] 关于小三线军工企业归地方领导后有关物资供应问题的通知（1973年9月6日）[A].广州：广东省档案馆，253-2-133-51~51.

[19] 广东省军事工业局机构编制方案（1973年10月30日）[A].广州：广东省档案馆，505-A1.1-27-62.

[20] 关于调整我省国防工业管理体制的通知（1973年11月23日）[A].广州：广东省档案馆，281-4-12-079~079.

[21] 韶关市革委会生产组.关于做好从中学毕业生中招收新工人的通知（1971年6月25日）[A].韶关：韶关市档案馆，87-A12.4-184-29.

[22] 关于中等专业学校、技工学校、半工半读学校毕业生转正定级问题的通知（1972年1月13日）[A].韶关：韶关市档案馆，87-A12.4-233-19.

[23] 关于下达今年省属单位在我区招工任务的通知（1972年7月7日）[A].韶关：韶关市档案馆，34-A12.3-326-118.

[24] 韶关地区1974年基本建设项目概况（按行业总表）[A].韶关：韶关市档案馆，34-A12.3-326-20.

[25] 北江钢铁厂抓革命、促生产的调查报告（1974年9月27日）[A].韶关：韶关市档案馆，13-A12.2-132-1.

[26] 1974年各县市基建年报（1975年4月29日）[A].韶关：韶关市档案馆，34-A12.3-326-2.

[27] 韶关地区劳动局.关于划给5693厂十六名新增职工指标通知（1975年7月26日）[A].韶关：韶关市档案馆，35-A3.1-4-8-9.

[28] 韶关地区劳动局.关于5625厂改变招工来源通知（1975年8月18日）[A].韶关：韶关市档案馆，35-A3.1-4-7-7.

[29] 韶关地区劳动局.关于驻我区省属企业单位招工通知（1975年8月21日）[A].韶关：韶关市档案馆，35-A3.1-4-34.

[30] 韶关地区劳动局. 关于军工系统等十一个单位招工通知（1975年9月16日）[A]. 韶关：韶关市档案馆, 35-A3.1-4-8-17.

[31] 同意省二机局在省今年分配指标内招收城镇复退军人的通知（1976年4月23日）[A]. 韶关：韶关市档案馆, 35-A3.1-11-15.

[32] 韶关地区劳动局. 关于8532厂招工的通知（1977年1月25日）[A]. 韶关：韶关市档案馆, 35-A3.1-4-16-14.

[33] 韶关地区劳动局. 关于北江钢铁厂招工的通知（1977年4月15日）[A]. 韶关：韶关市档案馆, 35-A3.1-4-16-34.

[34] 关于改变北江钢铁厂招工地点的通知（1977年12月28日）[A]. 韶关：韶关市档案馆, 35-A3.1-4-16-74.

[35] 广东省劳动局. 关于下达1978年中央部属和省、地、市属单位招工安排的通知：急件（1978年6月2日）[A]. 韶关：韶关市档案馆, 35-A3.1-19-44.

[36] 关于省人委批准星光工模具厂征地问题的通知（1966年3月13日）[A]. 连州：连州市档案馆, 12-A12.2-222-004-008.

[37] 关于战备疏散城市人口的方案（1970年5月12日）[A]. 连州：连州市档案馆, 3-A12.1-7-8-20.

[38] 韶关专区革命委员会生产组计划办公室. 关于调整省电子工业办公室工业办公室劳动指标的通知（1970年6月10日）[A]. 连州：连州市档案馆, 3-365.

[39] 省军区国防工业办公室. 关于利华厂自然减员问题（1970年6月14日）[A]. 连州：连州市档案馆, 3-365.

[40] 坚决执行毛主席"备战、备荒、为人民"的伟大战略方针，组织动员民兵群众参加三线建设（1970年9月9日）[A]. 连州：连州市档案馆, 3-A12.3-359-013-184.

[41] 省军区国防工业办公室. 关于利华厂自然减员问题（1970年10月29日）[A]. 连州：连州市档案馆, 3-365.

[42] 韶关区革委会计划办. 有关连县化肥厂新增工人问题的批复（1970年11月8日）[A]. 连州：连州市档案馆, 3-365.

[43] 韶关区革委会生产组. 关于连阳化肥厂招募新人（1970年12月28日）[A]. 连州：连州市档案馆, 3-365.

[44] 关于抽调民兵参加三线建设的通知（1971年8月19日）[A]. 连州：连州市档案馆, 3-A12.3-388-015-064.

［45］国营南方机械厂（1971年11月4日）［A］.连州：连州市档案馆，3-A12.3-381.

［46］国营星光工模具厂革命委员会（1972年3月4日）［A］.连州：连州市档案馆，3-A12.3-381.

［47］关于七一四工程等补办征地手续的批复（1972年3月17日）［A］.连州：连州市档案馆.

［48］广东省革命委员会，中国人民解放军区广东省军区国防工业办公室.转发"关于省革命委员会七一四工程等补办征地手续的批复"（1972年4月17日）［A］.连州：连州市档案馆.

［49］关于07033工程指挥部和保洛工程指挥部补办征地问题的批复（1972年10月4日）［A］.连州：连州市档案馆，3-A12.1-12-4-6.

［50］关于07213工程指挥部征地问题的批复（1972年10月28日）［A］.连州：连州市档案馆，3-A12.1-12-5-8.

［51］海南地区军事管制委员会.关于海南区"小三线"1968—1970年建设规划（1967年5月31日）［A］.海口：海南省档案馆.

［52］海南区1970—1972年国民经济发展规划（草案）（1969年8月）［A］.海口：海南省档案馆.

［53］关于抽调技术工人支援国防工厂的通知（1967年）［A］.海口：南江机械厂档案室.

［54］关于地方军工企业今后培训实习的几点意见（1967年8月9日）［A］.海口：南江机械厂档案室.

［55］光华厂学徒来厂培训的情况（1967年8月31日）［A］.海口：南江机械厂档案室.

［56］关于成立国营海南农具厂革命委员会的批示（1968年4月22日）［A］.海口：南江机械厂档案室.

［57］关于将海南国防工业办公室移交海南省军区国防工业办公室接管的移交报告（1968年9月10日）［A］.海口：南江机械厂档案室.

［58］关于录用我厂职工子弟为学徒工的报告（1969年4月11日）［A］.海口：南江机械厂档案室.

［59］关于我厂清理阶级队伍的情况（1969年7月10日）［A］.海口：南江机械厂档案室.

［60］对596厂、9671厂弹药质量考察汇报（1971年1月22日）［A］.海口：南江机械厂档案室.

[61] 关于分配1971年新增工人指标的通知（1971年6月14日）[A]. 海口：南江机械厂档案室.

三、地方志、专著

（一）著作类

[1] 逄先知，金冲及. 毛泽东传（1949—1976）[M]. 北京：中央文献出版社，2003.

[2] 房维中，金冲及. 李富春传[M]. 北京：中央文献出版社，2001.

[3] 金冲及，中共中央文献研究室. 周恩来传[M]. 北京：中央文献出版社，1998.

[4] 马齐彬，等. 中国共产党执政四十年（1949—1989）[M]. 北京：中共党史出版社，1991.

[5] 顾龙生. 毛泽东经济年谱[M]. 北京：中共中央党校出版社，1993.

[6] 房维中. 中华人民共和国经济大事记（1949—1980）[M]. 北京：中国社会科学出版社，1984.

[7] 周太和. 当代中国的经济体制改革[M]. 北京：中国社会科学出版社，1984.

[8] 杨奎松. 毛泽东与莫斯科的恩恩怨怨[M]. 南昌：江西人民出版社，1999.

[9] 薄一波. 若干重大决策与事件的回顾[M]. 北京：中共中央党校出版社，1993.

[10] 陈夕. 中国共产党与三线建设[M]. 北京：中共党史出版社，2014.

[11] 何郝炬，等. 三线建设与西部大开发[M]. 北京：当代中国出版社，2003.

[12] 陈东林. 三线建设——备战时期的西部开发[M]. 北京：中共中央党校出版社，2003.

[13] 四川省中共党史学会，中共四川省委党史研究室. 三线建设纵横谈[M]. 成都：四川人民出版社，2015.

[14] 李彩华. 三线建设研究[M]. 长春：吉林大学出版社，2004.

[15] 王春才. 元帅的最后岁月——彭德怀在三线[M]. 成都：四川人民出版社，1998.

[16]《当代中国》丛书编辑部. 当代中国的基本建设：下[M]. 北京：中国社会科学出版社，1989.

[17] 中共广东省委党史研究室. 中国共产党广东历史：第2卷 1949—1978

[M]. 北京：中共党史出版社，2014.

[18] 胡国民，彭建新. 广东六十年代初的经济调整[M]. 广州：广东经济出版社，2000.

[19] 匡吉. 当代中国的广东[M]. 北京：当代中国出版社，1991.

[20] 凌伯棠. 岭南纪事[M]. 广州：广东人民出版社，2004.

[21] 钟声. 战略调整：三线建设决策与设计施工[M]. 长春：吉林出版集团有限责任公司，2011.

[22] 中共连州市委党史研究室. 中国共产党连县历史：第2卷（1949.12—1978.12）[M]. 广州：广东人民出版社，2015.

[23] 中共韶关市委党史研究室. 中国共产党韶关历史[M]. 北京：中共党史出版社，2013.

[24] 中共海南省委党史研究室. 中国共产党海南历史：第1卷[M]. 北京：中共党史出版社，2007.

[25] 韶关市史志办公室，清远市史志办公室. 中国共产党韶关地方史大事记（1949.10—1978.12）[M]. 北京：中共党史出版社，1994.

[26] 中共连南县历史编委会. 中国共产党连南瑶族自治县历史：第2卷（1949—1978）[M]. 广州：广东人民出版社，2015.

[27] 中国人民政治协商会议广东省韶关市委员会文史和学习委员会. 韶关文史资料：第26辑[M].（内部资料），2000.

[28] 广东省地方史志编纂委员会. 广东省志·军事工业志[M]. 广州：广东人民出版社，1995.

[29] 广东省地方史志编纂委员会. 广东省志·机械工业志[M]. 广州：广东人民出版社，1995.

[30] 广东省地方史志编纂委员会. 广东省志·军事志[M]. 广州：广东人民出版社，1999.

[31] 广东省地方史志编纂委员会. 广东省志·经济综述[M]. 广州：广东人民出版社，2003.

[32] 广东省地方史志编纂委员会. 广东省志·总述[M]. 广州：广东人民出版社，2004.

[33] 广东省地方史志编纂委员会. 广东省志·地理志[M]. 广州：广东人民出版社，1999.

[34] 广东省地方史志编纂委员会. 广东省志·政治纪要[M]. 广州：广东人民出版社，2004.

[35] 邹北林，梁九胜．阳山县志［M］．北京：中华书局，2003．

[36] 连州市地方志编纂委员会．连州市志［M］．广州：广东人民出版社，2011．

[37] 韶关市地方志编纂委员会．韶关市志：上［M］．北京：中华书局，2001．

[38] 韶关市地方志编纂委员会．韶关市志：中［M］．北京：中华书局，2001．

[39] 麦克法夸尔．剑桥中华人民共和国史［M］．费正清，编．谢亮生，等译．北京：中国社会科学出版社，1990．

[40] 萨特米尔．科研与革命：中国科技政策与社会变革［M］．袁南生，等译．长沙：国防科技大学出版社，1989．

[41] 梅斯纳．毛泽东的中国及其发展——中华人民共和国史［M］．张瑛，等译．北京：社会科学文献出版社，1992．

[42] Jhon F. *China's Urban Transition* [M]. Chicago：University of Minnesota Press，2005．

（二）回忆录、口述史

[1] 程子华．程子华回忆录［M］．北京：中央文献出版社，2005．

[2] 谷牧．谷牧回忆录［M］．北京：中央文献出版社，2014．

[3] 王春才．三线建设铸丰碑［M］．成都：四川人民出版社，1999．

[4] 刘田夫．刘田夫回忆录［M］．北京：中共党史出版社，1995．

[5] 梁灵光．梁灵光回忆录［M］．北京：中共党史出版社，1996．

[6] 杨祥银．与历史对话：口述史学的理论与实践［M］．北京：中国社会科学出版社，2004．

[7] 朱元石．共和国要事口述史［M］．长沙：湖南人民出版社，1999．

[8] 中共上海市委党史研究室，上海市现代上海研究中心．口述上海"小三线"建设［M］．上海：上海教育出版社，2015．

[9] 徐有威，陈东林．"小三线"建设研究论丛：第1辑［M］．上海：上海大学出版社，2015．

[10] 徐有威．"小三线"建设研究论丛：第2辑"小三线"建设与国防现代化［M］．上海：上海大学出版社，2016．

[11] 徐有威，陈东林．"小三线"建设研究论丛：第3辑"小三线"建设与城乡关系［M］．上海：上海大学出版社，2018．

[12] 徐有威，陈东林．"小三线"建设研究论丛：第4辑［M］．上海：上

海大学出版社，2019.

四、论文类

（一）期刊论文

［1］陈东林．中国共产党三代领导集体的西部开发思想与实践［J］．当代中国史研究，2001（4）．

［2］肖敏，孔繁敏．三线建设的决策、布局和建设：历史考察［J］．经济科学，1989（2）．

［3］董宝训．影响三线建设决策相关因素的历史透析［J］．山东大学学报（哲学社会科学版），2001（1）．

［4］陈东林．从"吃穿用计划"到"战备计划"——"三五"计划指导思想的转变过程［J］．当代中国史研究，1997（2）．

［5］陈东林．评价毛泽东三线建设决策的三个新视角［J］．毛泽东邓小平理论研究，2012（8）．

［6］李彩华．三线建设研究述评［J］．社会科学战线，2011（10）．

［7］董志凯．三线建设中企业搬迁的经验与教训［J］．江西社会科学，2015（10）．

［8］胡悦晗．三线建设初期的工厂筹建——以国营4504厂为例（1968—1971）［J］．贵州社会科学，2017（5）．

［9］张勇，肖彦．三线建设企业选址的变迁与博弈研究——以四川三家工厂为例［J］．贵州社会科学，2017（5）．

［10］王毅，万黎明．三线建设中川渝地区国防企业发展与布局［J］．西南交通大学学报（社会科学版），2018（1）．

［11］王毅．三线建设中川渝地区冶金企业发展与布局探析［J］．西南交通大学学报（社会科学版），2017（5）．

［12］王毅．三线建设中重庆化工企业发展与布局初探［J］．党史研究与教学，2015（2）．

［13］刘洋，张藜．备战压力下的科研机构布局——以中国科学院对三线建设的早期应对为例［J］．中国科技史杂志，2012（4）．

［14］李彩华．三线建设调整改造的历史考察［J］．当代中国史研究，2002（3）．

［15］陈东林．走向市场经济的三线建设调整改造［J］．当代中国史研究，2002（3）．

［16］孟韬．空间变化、结构调整与三线企业的集群创新［J］．改革，2013

(1).

［17］胡悦晗．地缘、利益、关系网络与三线工厂搬迁［J］．社会学研究，2013（28）．

［18］黄巍．经济体制转型中的三线调整——以辽宁新风机械厂（1965—1999）为例［J］．江西社会科学，2018（8）．

［19］宁志一．论三线建设与四川经济跨越式发展［J］．中共党史研究，2000（4）．

［20］崔一楠，李群山．1965年四川广元对三线建设的支援［J］．当代中国史研究，2014（2）．

［21］王小蓉．略论三线建设在广安的发展及影响［J］．中共党史研究，2013（3）．

［22］王毅，钟谋智．三线企业的搬迁对内迁职工生活的影响——以重庆的工资、物价为例［J］．中共党史研究，2016（4）．

［23］王毅．三线企业的搬迁对随迁子女入学教育的影响——以重庆为例［J］．山西档案，2016（4）．

［24］刘凤凌，褚冬竹．三线建设时期重庆工业遗产价值评估体系与方法初探［J］．工业建筑，2011（11）．

［25］周明长．三线建设与贵州省城市化［J］．中共党史研究，2016（12）．

［26］周坚．贵州"三线"工业建筑遗产保护和再利用研究［J］．工业建筑，2015（4）．

［27］晁丽华．"国防一线"的"三线建设"——云南三线建设的历史研究［J］．学术探索，2009（4）．

［28］崔一楠，陈君锋．三线建设与广西城镇发展研究［J］．广西社会科学，2018（2）．

［29］岳珑，王涛．政府宏观规划与地方城市化——"一五"计划、"三线"建设与陕西城市化初探［J］．当代中国史研究，2001（1）．

［30］段伟．甘肃天水三线建设初探［J］．中国经济史研究，2012（3）．

［31］刘有安．孤岛文化背景下的移民社会文化适应——以宁夏清河机械厂为例［J］．内蒙古社会科学（汉文版），2009（5）．

［32］徐有威，杨华国．政府让利与企业自主：20世纪80年代上海"小三线"建设的盈与亏［J］．江西社会科学，2015（10）．

［33］徐有威，吴静．危机与应对：上海"小三线"青年职工的婚姻生活——以八五钢厂为中心的考察［J］．军事历史研究，2014（4）．

［34］徐有威，杨帅.为了祖国的青山绿水："小三线"企业的环境危机与应对［J］.贵州社会科学，2016（10）.

［35］段伟.安徽宁国"小三线"企业改造与地方经济腾飞［J］.当代中国史研究，2009（3）.

［36］张志军，徐有威.成为后方：江西"小三线"的创设及其初步影响［J］.江西社会科学，2018（8）.

［37］唐金权.20世纪60年代中国战备活动析评——以北京和福建为例［J］.军事历史研究，2013（2）.

［38］杨汉卿，梁向阳.20世纪六七十年代广东的"小三线"建设［J］.红广角，2015（7）.

［39］姚昱，万金金.1962年广东省"支援前线"运动研究［J］.华东师范大学学报（哲学社会科学版），2018（5）.

［40］朱彩云.韶关"小三线"建设述评［J］.红广角，2016（9）.

［41］刘晖.广东省连阳地区的"小三线"工业遗产初探［J］.工业建筑，2018（8）.

（二）学位论文

［1］向东.20世纪六七十年代攀枝花地区三线建设述论［D］.成都：四川师范大学，2010.

［2］宋红团.三线军工企业发展及其当代思考［D］.南京：南京航空航天大学，2018.

［3］黄腾飞.福建小三线建设研究（1964—1978）［D］.福州：福建师范大学，2018.

［4］郭存存.四川三线建设研究［D］.南充：西华师范大学，2017.

［5］胡远波.毛泽东三线建设决策及其哲学启示［D］.湘潭：湘潭大学，2016.

［6］余娇.单位制变迁背景下"三线人"身份认同的转变与重构［D］.成都：四川省社会科学院，2015.

［7］夏慧芳."三线建设"与中国工业化进程研究［D］.绵阳：西南科技大学，2018.

［8］张文怡.论二十世纪六十至八十年代天水地区三线建设［D］.兰州：西北师范大学，2014.

［9］李浩.上海三线建设搬迁动员工作研究［D］.上海：华东师范大学，2010.

[10] 刘存龙. 陕西"三线建设"的历程及其现实启示[D]. 西安：陕西师范大学，2011.

[11] 黄腾飞. 福建小三线建设研究（1964—1978）[D]. 福州：福建师范大学，2018.

附录一：人物采访名单

一、南江机械厂

张德福，原南江机械厂技术科副科长、副厂长、厂长，1964年由重工业处调来南江机械厂，参与了南江机械厂选址、厂房设计、订购设备等工作。

张应龙，原南江机械厂革委会主任，祖籍黑龙江省拜泉县，1950年3月10日在解放海南岛的战役任排长，1969年6月被任命为南江机械厂革委会主任，1973年10月，调回三亚海南省军区守备十团。

黄循全，原南江机械厂团委书记，1966年7月作为琼海初中应届毕业生被招进海南重工业技工学校（南江机械厂厂办学校），之后依次到南江机械厂基建办公室、导火索车间、共青团团委担任不同职务。

杜家帮，原南江机械厂四车间主任，1966年以学生身份招进南江机械厂办的海南重工业技术学校。

钟淑莲，原南江机械厂二车间职工，1965年从湖南向阳机械厂分配到南江机械厂二车间工作。

朱继湘，原南江机械厂四车间职工，1970年7月高中毕业进入南江机械厂工作。

许位三，原南江机械厂二车间主任、厂长。

陈颖连，原南江机械厂党委秘书、党委书记。

龙腾云，原南江机械厂机动科科长、高级工程师。

翁克海，原南江机械厂劳资科科长。

黄培雄，原南江机械厂六车间主任、供销科科长。

黄田清，原南江机械厂财务科副科长。

李林丰，原南江机械厂技术科副科长，副厂长。

梁康洲，原南江机械厂组织科科长。

刘金银，原南江机械厂供销科长。

冯同益，南江机械厂保卫科科长。

王茂刚，南江机械厂职工。

南江机械厂子弟：张丽颖、董建华、邹南华、陈力中、王小寅、罗春英、凌琼辉、符力、吴秀玉、古文英、王晓婷、吴海燕、王体英、陈勇。

二、北江机械厂

高文暄，原北江机械厂党委书记、革委会主任，1922年12月24日生于河南确山县，1970年1月至1972年3月，担任北江机械厂党委书记、革委会主任，之后调眉县军分区工作，1983年离休。

周广武，父亲周海鹏，原北江机械厂军管会领导，1925年12月生于河北，1969年开始担任北江机械厂军管会领导，1983年离休。

林吉忠，1965年1月从汕头机械厂调至北江机械厂，在广州筹建处负责北江机械厂的筹建工作，北江机械厂建成和产品打响后，调至其他工作岗位。

蓝炳尧，原北江技工学校党支部书记、副校长，1965年至1969年任职于北江技工学校。

杨木朝，原北江机械厂供销科长。

蔡元俩，原北江机械厂供销科长助手。

钟昆龙，原北江机械厂工具科职工。

张庆粤，原北江机械厂三车间职工。

司志国，原北江机械厂三车间职工。

张业成，原北江机械厂车间支部书记。

古东森，原北江机械厂科研设计室成员。

三、其他军工厂

陈李生，原光华修配厂职工。

莫可安，原红权电器厂机动科职工。

苏耀发，原红权电器厂军代表。

陈仲满，原明华机械厂副连级军代表。

附录二：1971年北江机械厂生产、试制、协作计划表

序号	产品名称	单位	全年计划	进度要求				备注
				一季度	二季度	三季度	四季度	
（一）	总产值	万元	570	133	171	133	133	
（二）	主要产品产量							
	五六式7.62毫米半自动步枪	支	30066	7030	9028	7008	7000	其中供946、9671厂66只
	其中：援外（越南）	支	10000		5000	5000		
（三）	协作产品							
1	五六式7.62毫米半自动步枪零件	项/件	3/150			3/150		供9671厂
2	14.5高机枪工装	种/件（套）						
（1）	专用量具	种/件（套）	150/450		50/150	300/300		供5616厂
（2）	标准量具	种/件（套）	1353/4056		552/1656	800/2400		
	其中供5056厂	种/件（套）	200/600		200/600			
	其中供5916厂	种/件（套）	1152/3456		200/600	952/2856		
3	非标准设备	项/台	4/7			4/7		供5606厂
4	刨床加工平板							
	1000*1000*200	块	13			13		
	1000*600*200	块	4			4		
（四）	设备制造							
	C616普通车床	台	10			10		铸件由806厂供应，供5616厂、5606厂

项目组负责人：周　云　华南理工大学马克思主义学院教授

成　　员：周晨阳　黄贻凯　王良圣

执　　笔：周晨阳

后 记

《中共广东历史问题研究》是广东省哲学社会科学规划党史特别委托项目成果选编，由中共广东省委党史研究室、广东中共党史学会共同编辑出版。在本书出版过程中，得到广东省"扶持省社科类基础学科学术性社团发展项目"扶持资金的大力支持，得到光明日报出版社的大力支持。因能力和水平所限，书中错漏之处在所难免，敬请读者批评指正。

本书编辑委员会
2020 年 12 月